AF360444

LE
CORRICOLO

PAR

ALEXANDRE DUMAS.

PREMIÈRE PARTIE.

Introduction.

Le *corricolo* est le synonyme de *calessino*, mais comme il n'y a pas de synonyme parfait, expliquons la différence qui existe entre le corricolo et le calessino.

Le corricolo est un espèce de tilbury primitivement destiné à contenir une personne et à être attelé d'un cheval ; on l'attelle de deux chevaux, et il charrie de douze à quinze personnes.

Et qu'on ne croie pas que ce soit au pas, comme la charrette à bœufs des rois francs, ou au trot, comme le cabriolet de régie ; non, c'est au triple galop ; et le char de Pluton, qui enlevait Proserpine sur les bords du Symète, n'allait pas plus vite que le corricolo qui sillonne les quais de Naples en brûlant un pavé de laves et en soulevant leur poussière de cendres.

Cependant un seul des deux chevaux tire véritablement : c'est le timonier. L'autre, qui s'appelle le bilancino, et qui est attelé de côté, bondit, caracole, excite son compagnon, voilà tout. Quel dieu, comme à Tityre, lui a fait ce repos ? C'est le hasard, c'est la Providence, c'est la fatalité : les chevaux, comme les hommes, ont leur étoile.

Nous avons dit que ce tilbury, destiné à une personne, en charriait d'ordinaire douze ou quinze ; cela, nous le comprenons bien, demande une explication. Un vieux proverbe français dit : « Quand il y en a pour un, il y en a pour deux. » Mais je ne connais aucun proverbe dans aucune langue qui dise : « Quand il y en a pour un, il y en a pour quinze. »

Il en est cependant ainsi du corricolo, tant, dans les civilisations avancées, chaque chose est détournée de sa destination primitive !

Comment et en combien de temps s'est faite cette agglomération successive d'individus sur le corricolo, c'est ce qu'il est impossible de déterminer avec précision. Contentons-nous donc de dire comment elle y tient.

D'abord, et presque toujours, un gros moine est assis au milieu, et forme le centre de l'agglomération humaine que le corricolo emporte comme un de ces tourbillons d'âmes que Dante vit suivant un grand étendard dans le premier cercle de l'enfer. Il a sur un de ses genoux quelque fraîche nourrice d'Aversa ou de Nettuno, et sur l'autre quelque belle paysanne de Bauci ou de Procida ; aux deux côtés du moine, entre les roues et la caisse, se tiennent debout les maris de ces dames. Derrière le moine se dresse sur la pointe des pieds le propriétaire ou le conducteur de l'attelage, tenant de la main gauche la bride, et de la main droite le long fouet avec lequel il entretient d'une égale vitesse la marche de ses deux chevaux. Derrière celui-ci se groupent à leur tour, à la manière des valets de bonne maison, deux ou trois lazzaroni, qui montent, qui descendent, se succèdent, se renouvellent, sans qu'on pense jamais à leur demander un salaire en échange du service rendu. Sur les deux brancards sont assis deux gamins ramassés sur la route de Torre del Greco ou de Pouzzoles, ciceroni surnuméraires des ant quités d'Herculanum et de Pompeïa, guides marrons des antiquités de Cumes et de Baïa. Enfin, sous l'essieu de la voiture, entre les deux roues, dans un filet à grosses mailles qui va ballottant de haut en bas, de long en large. grouille quelque chose d'informe, qui rit, qui pleure, qui crie, qui hogne, qui se plaint, qui chante, qui raille, qu'il est impossible de distinguer au milieu de la poussière que soulèvent les pieds des chevaux : ce sont trois ou quatre enfans qui appartiennent on ne sait à qui, qui vont on ne sait où, qui vivent on ne sait de quoi, qui sont là on ne sait comment, et qui y restent on ne sait pourquoi.

Maintenant, mettez au dessous l'un de l'autre, moine, paysannes, maris, conducteurs, lazzaroni, gamins et enfans; additionnez le tout, ajoutez le nourrisson oublié, et vous aurez votre compte. Total, quinze personnes.

Parfois il arrive que la fantastique machine, chargée comme elle est ; passe sur une pierre et verse ; alors toute la carrossée s'éparpille sur le revers de la route, chacun lancé selon son plus ou moins de pesanteur. Mais chacun se retire aussitôt et oublie son accident pour ne s'occuper que de celui du moine ; on le tâte, on le tourne, on le retourne, on le relève, on l'interroge. S'il est blessé, tout le monde s'arrête, on le porte, on le soutient. on le choie, on le couche. on le garde. Le corricolo est remisé au coin de la cour, les chevaux entrent dans l'écurie ; pour ce jour-là, le voyage est fini; on pleure, on se lamente, on prie. Mais si . au contraire, le moine est sain et sauf, personne n'a rien ; il remonte à sa place, la nourrice et la paysanne reprennent chacune la sienne ; chacun se rétablit, se regroupe, se rentasse, et, au seul cri excitateur du cocher, le corricolo reprend sa course. rapide comme l'air et infatigable comme le temps.

Voilà ce que c'est que le corricolo.

Maintenant, comment le nom d'une voiture est-il devenu le titre d'un ouvrage ? C'est ce que le lecteur verra au second chapitre.

D'ailleurs, nous avons un antécédent de ce genre que, plus que personne, nous avons le droit d'invoquer : c'est le *Speronare*.

I

Osmin et Zaïda.

Nous étions descendus à l'hôtel de la Victoire. M. Martin Zir est le type du parfait hôtelier italien : homme de goût, homme d'esprit, antiquaire distingué, amateur de tableaux, convoiteur de chinoiseries, collectionneur d'autographes, M. Martin Zir est tout, excepté aubergiste. Cela n'empêche pas l'hôtel de la Victoire d'être le meilleur hôtel de Naples. Comment cela se fait-il? Je n'en sais rien. Dieu est parce qu'il est.

C'est qu'aussi l'hôtel de la Victoire est situé d'une manière ravissante : vous ouvrez une fenêtre, vous voyez Chiaja, la Villa-Reale, le Pausilippe; vous en ouvrez une autre, voilà le golfe, et à l'extrémité du golfe, pareille à un vaisseau éternellement à l'ancre, la bleuâtre et poétique Caprée; vous en ouvrez une troisième, c'est Sainte-Lucie avec ses mellonari, ses fruits de mer, ses cris de tous les jours, ses illuminations de toutes les nuits.

Les chambres d'où l'on voit toutes ces belles choses ne sont point des appartemens; ce sont des galeries de tableaux, ce sont des cabinets de curiosités, ce sont des boutiques de bric-à-brac.

Je crois que ce qui détermine M. Martin Zir à recevoir chez lui les étrangers, c'est d'abord le désir de leur faire voir les trésors qu'il possède ; puis il loge et nourrit les hôtes par circonstance. A la fin de leur séjour à la Vittoria, un total de leur dépense arrive, c'est vrai : ce total se monte à cent écus, à vingt-cinq louis, à mille francs, plus ou moins, c'est vrai encore ; mais c'est parce qu'ils demandent leur compte. S'ils ne le demandaient pas, je crois que M. Martin Zir, perdu dans la contemplation d'un tableau, dans l'appréciation d'une porcelaine ou dans le déchiffrement d'un autographe, oublierait de le leur envoyer.

Aussi, lorsque le dey, chassé d'Alger, passa à Naples, charriant ses trésors et son harem, prévenu par la réputation de M. Martin Zir, il se fit conduire tout droit à l'hôtel de la Vittoria, dont il loua les trois étages supérieurs, c'est-à-dire le troisième, le quatrième et les greniers.

Le troisième était pour ses officiers et les gens de sa suite.

Le quatrième était pour lui et ses trésors.

Les greniers étaient pour son harem.

L'arrivée du dey fut une bonne fortune pour M. Martin Zir, non pas, comme on pourrait le croire, à cause de l'argent que l'Algérien allait dépenser dans l'hôtel, mais relativement aux trésors d'armes, de costumes et de bijoux qu'il transportait avec lui.

Au bout de huit jours, Hussein-Pacha et M. Martin Zir étaient les meilleurs amis du monde; ils ne se quittaient plus. Qui voyait paraître l'un s'attendait à voir immédiatement paraître l'autre. Oreste et Pylade n'étaient pas plus inséparables; Damon et Pythias n'étaient pas plus dévoués. Cela dura quatre ou cinq mois. Pendant ce temps, on donna force fêtes à Son Altesse. Ce fut à l'une de ces fêtes, chez le prince de Cassaro, qu'après avoir vu exécuter un cotillon effréné le dey demanda au prince de Tricasie, gendre du ministre des affaires étrangères, comment, étant si riche, il se donnait la peine de danser lui-même.

Le dey aimait fort ces sortes de divertissemens, car il était fort impressionnable à la beauté, à la beauté comme il la comprenait bien entendu. Seulement il avait une singulière manière de manifester son mépris ou son admiration. Selon la maigreur ou l'obésité des personnes, il disait :

— Madame une telle ne vaut pas trois piastres. Madame une telle vaut plus de mille ducats.

Un jour on apprit avec étonnement que M. Martin Zir et Hussein-Pacha venaient de se brouiller. Voici à quelle occasion le refroidissement était survenu :

Un matin, le cuisinier de Hussein-Pacha, un beau nègre de Nubie, noir comme de l'encre et luisant comme s'il eût été passé au vernis; un matin, dis-je, le cuisinier de Hussein-Pacha était descendu au laboratoire et avait demandé le plus grand couteau qu'il y eût dans l'hôtel.

Le chef lui avait donné une espèce de tranchelard de dix-huit pouces de long, pliant comme un fleuret et affilé comme un rasoir. Le nègre avait regardé l'instrument en secouant la tête, puis il était remonté à son troisième étage.

Un instant après il était redescendu et avait rendu le tranchelard au chef en disant :

— Plus grand, plus grand!

Le chef avait alors ouvert tous ses tiroirs, et ayant découvert un coutelas dont il ne se servait lui-même que dans les grandes occasions, il l'avait remis à son confrère. Celui-ci avait regardé le coutelas avec la même attention qu'il avait fait du tranchelard, et, après avoir répondu par un signe de tête qui voulait dire : « Hum! ce n'est pas encore cela qu'il me faudrait, mais cela se rapproche, » il était remonté comme la première fois.

Cinq minutes après, le nègre redescendit de nouveau, et, rendant le coutelas au chef :

— Plus grand encore, lui dit-il.

— Et pourquoi diable avez-vous besoin d'un couteau plus grand que celui-ci? demanda le chef.

— Moi en avoir besoin, répondit flegmatiquement le nègre.

— Mais pour quoi faire?

— Pour moi couper la tête à Osmin.

— Comment! s'écria le chef, pour toi couper la tête à Osmin.

— Pour moi couper la tête à Osmin, répondit le nègre.

— A Osmin, le chef des eunuques de Sa Hautesse?

— A Osmin, le chef des eunuques de Sa Hautesse.

— A Osmin que le dey aime tant?

— A Osmin que le dey aime tant.

— Mais vous êtes fou, mon cher! Si vous coupez la tête à Osmin, Sa Hautesse sera furieuse.

— Sa Hautesse l'a ordonné à moi.

— Ah diable! c'est différent alors.

— Donnez donc un autre couteau à moi, reprit le nègre, qui revenait à son idée avec la persistance de l'obéissance passive.

— Mais qu'a fait Osmin? demanda le chef.

— Donnez un autre couteau à moi, plus grand, plus grand.

— Auparavant, je voudrais savoir ce qu'a fait Osmin.

— Donnez un autre couteau à moi, plus grand, plus grand, plus grand
encore !

— Eh bien ! je te le donnerai ton couteau, si tu me dis ce qu'a fait
Osmin.

— Il a laissé faire un trou dans le mur.

— A quel mur?

— Au mur du harem.

— Et après ?

— Le mur, il était celui de Zaïda.

— La favorite de Sa Hautesse?

— La favorite de Sa Hautesse.

— Eh bien ?

— Eh bien ! un homme est entré chez Zaïda.

— Diable !

— Donnez donc un grand, grand, grand couteau à moi pour couper
la tête à Osmin.

— Pardon ; mais que fera-t-on à Zaïda?

— Sa Hautesse aller promener dans le golfe avec un sac, Zaïda être
dans ce sac, Sa Hautesse jeter le sac à la mer... Bonsoir, Zaïda.

Et le nègre montra, en riant de la plaisanterie qu'il venait de faire,
deux rangées de dents blanches comme des perles.

— Mais quand cela ? reprit le chef.

— Quand, quoi? demanda le nègre.

— Quand jette-t-on Zaïda à la mer ?

— Aujourd'hui. Commencer par Osmin, finir par Zaïda.

— Et c'est toi qui t'es chargé de l'exécution ?

— Sa Hautesse a donné l'ordre à moi, dit le nègre en se redressant
avec orgueil.

— Mais c'est la besogne du bourreau et non la tienne.

— Sa Hautesse pas avoir eu le temps d'emmener son bourreau, et il a
pris cuisinier à lui. Donnez donc à moi un grand couteau pour couper
la tête à Osmin.

— C'est bien, c'est bien, interrompit le chef ; on va te le chercher,
ton grand couteau. Attends-moi ici.

— J'attends vous, dit le nègre.

Le chef courut chez M. Martin Zir et lui transmit la demande du cui-
sinier de Sa Hautesse.

M. Martin Zir courut chez Son Excellence le ministre de la police, et le
prévint de ce qui se passait à son hôtel.

Son Excellence fit mettre les chevaux à sa voiture et se rendit chez
le dey.

Il trouva Sa Hautesse à demi couchée sur un divan, le dos appuyé à
la muraille, fumant du latakié dans un chibouque, une jambe repliée
sous lui et l'autre jambe étendue, se faisant gratter la plante du pied par
un icoglan et éventer par deux esclaves.

Le ministre fit les trois saluts d'usage, le dey inclina la tête.

— Hautesse, dit Son Excellence, je suis le ministre de la police.

— Je te connais, répondit le dey.

— Alors, Votre Hautesse se doute du motif qui m'amène.

— Non. Mais n'importe, sois le bien-venu.

— Je viens pour empêcher Votre Hautesse de commettre un crime.

— Un crime!, Et lequel? dit le dey, tirant son chibouque de ses lèvres et regardant son interlocuteur avec l'expression du plus profond étonnement.

— Lequel? Votre Hautesse le demande! s'écria le ministre. Votre Hautesse n'a-t-elle pas l'intention, de faire couper la tête à Osmin?

— Couper la tête à Osmin n'est point un crime, reprit le dey.

— Votre Hautesse n'a-t-elle pas l'intention de jeter Zaïda à la mer?

— Jeter Zaïda à la mer n'est point un crime, reprit encore le dey.

— Comment! ce n'est point un crime de jeter Zaïda à la mer et de couper la tête à Osmin?

— J'ai acheté Osmin cinq cents piastres et Zaïda mille sequins, comme j'ai acheté cette pipe cent ducats.

— Eh bien! demanda le ministre, où Votre Hautesse en veut-elle venir?

— Que, comme cette pipe m'appartient, je puis la casser en dix morceaux, en vingt morceaux, en cinquante morceaux, si cela me convient, et que personne n'a rien à dire. Et le pacha cassa sa pipe, dont il jeta les débris dans la chambre.

— Bon pour une pipe, dit le ministre; mais Osmin, mais Zaïda!

— Moins qu'une pipe, dit gravement le dey.

— Comment, moins qu'une pipe! Un homme moins qu'une pipe! Une femme moins qu'une pipe!

Osmin n'est pas un homme, Zaïda n'est point une femme : ce sont des esclaves. Je ferai couper la tête à Osmin, et je ferai jeter Zaïda à la mer.

— Non, dit Son Excellence.

— Comment, non!, s'écria le pacha avec un geste de menace.

— Non, reprit le ministre, non; pas à Naples du moins.

— Giaour, dit le dey, sais-tu comment je m'appelle?

— Vous vous appelez Hussein-Pacha.

— Chien de chrétien!, s'écria le dey avec une colère croissante; sais-tu qui je suis?

— Vous êtes l'ex-dey d'Alger, et moi je suis le ministre actuel de la police de Naples.

— Et cela veut dire? demanda le dey.

— Cela veut dire que je vais vous envoyer en prison si vous faites l'impertinent, entendez-vous, mon brave homme? répondit le ministre avec le plus grand sang-froid.

— En prison! murmura le dey en retombant sur son divan.

— En prison, dit le ministre.

— C'est bien, reprit Hussein. Ce soir je quitte Naples.

— Votre Hautesse est libre comme l'air, répondit le ministre.

— C'est heureux, dit le dey.

— Mais à une condition cependant.

— Laquelle?

— C'est que Votre Hautesse me jurera sur le prophète qu'il n'arrivera malheur ni à Osmin ni à Zaïda.

— Osmin et Zaïda m'appartiennent, dit le dey, j'en ferai ce que bon me semblera.

— Alors Votre Hautesse ne partira point.

— Comment, je ne partirai point!

— Non, du moins avant de m'avoir remis Osmin et Zaïda.

— Jamais! s'écria le dey.

— Alors je les prendrai, dit le ministre.

— Vous les prendrez? vous me prendrez mon eunuque et mon esclave?

— En touchant le sol de Naples, votre esclave et votre eunuque sont devenus libres. Vous ne quitterez Naples qu'à la condition que les deux coupables seront remis à la justice du roi.

— Et si je ne veux pas vous les remettre, qui m'empêchera de partir?

— Moi.

— Vous?

Le pacha porta la main à son poignard; le ministre lui saisit le bras au dessus du poignet.

— Venez ici, lui dit-il en le conduisant vers la fenêtre, regardez dans la rue. Que voyez-vous à la porte de l'hôtel?

— Un peloton de gendarmerie.

— Savez-vous ce que le brigadier qui le commande attend? Que je lui fasse un signe pour vous conduire en prison.

— En prison, moi? je voudrais bien voir cela!

— Voulez-vous le voir?

Son Excellence fit un signe: un instant après, on entendit retentir dans l'escalier le bruit de deux grosses bottes garnies d'éperons. Presque aussitôt la porte s'ouvrit, et le brigadier parut sur le seuil, la main droite à son chapeau, la main gauche à la couture de sa culotte.

— Gennaro, lui dit le ministre de la police, si je vous donnais l'ordre d'arrêter monsieur et de le conduire en prison, y verriez-vous quelque difficulté?

— Aucune, Excellence.

— Vous savez que monsieur s'appelle Hussein-Pacha?

— Non, je ne le savais pas.

— Et que monsieur n'est ni plus ni moins que le dey d'Alger?

— Qu'est-ce que c'est que ça, le dey d'Alger?

— Vous voyez, dit le ministre.

— Diable! fit le dey.

— Faut-il? demanda Gennaro en tirant une paire de poucettes de sa poche et en s'avançant vers Hussein-Pacha, qui, le voyant faire un pas en avant, fit de son côté un pas en arrière.

— Non, il ne le faut pas, dit le ministre. Sa Hautesse sera bien sage. Seulement cherchez dans l'hôtel un certain Osmin et une certaine Zaïda, et conduisez-les tous les deux à la préfecture.

— Comment, comment, dit le dey, cet homme entrerait dans mon harem!

— Ce n'est pas un homme ici, répondit le ministre; c'est un brigadier de gendarmerie.

— N'importe. Il n'aurait qu'à laisser la porte ouverte!

— Alors il y a un moyen. Faites-lui remettre Osmin et Zaïda.

— Et ils seront punis? demanda le dey.

— Selon toute la rigueur de nos lois, répondit le ministre.

— Vous me le promettez?

— Je vous le jure.

— Allons, dit le dey, il faut bien en passer par où vous voulez, puisqu'on ne peut pas faire autrement.

— A la bonne heure, dit le ministre; je savais bien que vous n'étiez pas aussi méchant que vous en aviez l'air.

Hussein-Pacha frappa dans ses mains; un esclave ouvrit une porte cachée dans la tapisserie.

— Faites descendre Osmin et Zaïda, dit le dey.

L'esclave croisa les mains sur sa poitrine, courba la tête et s'éloigna sans répondre un mot. Un instant après il reparut avec les coupables.

L'eunuque était une petite boule de chaire, grosse, grasse, ronde, avec des mains de femme, des pieds de femme, une figure de femme.

Zaïda était une Circassienne, aux yeux peints avec du cool, aux dents noircies avec du bétel, aux ongles rougis avec du henné.

En apercevant Hussein-Pacha, l'eunuque tomba à genoux, Zaïda releva la tête. Les yeux du dey étincelèrent, et il porta la main à son canjiar. Osmin pâlit, Zaïda sourit.

Le ministre se plaça entre le pacha et les coupables.

— Faites ce que j'ai ordonné, dit-il en se retournant vers Gennaro.

Gennaro s'avança vers Osmin et vers Zaïda, leur mit à tous deux les poucettes et les emmena.

Au moment où ils quittaient la chambre avec le brigadier, Hussein poussa un soupir qui ressemblait à un rugissement.

Le ministre de la police alla vers la fenêtre, vit les deux prisonniers sortir de l'hôtel, et, accompagné de leur escorte, disparaître au coin de la rue Chiatamone.

— Maintenant, dit-il en se retournant vers le dey, Votre Hautesse est libre de partir quand elle voudra.

— A l'instant même! s'écria Hussein, à l'instant même! Je ne resterai pas un instant de plus dans un pays aussi barbare que le vôtre!

— Bon voyage! dit le ministre.

— Allez au diable! dit Hussein.

Une heure ne s'était pas écoulée que Hussein avait freté un petit bâtiment; deux heures après il y avait fait conduire ses femmes et ses trésors. Le même soir il s'y rendait à son tour avec sa suite, et à minuit il mettait à la voile, maudissant ce pays d'esclaves où l'on n'était pas libre de couper le cou à son eunuque et de noyer sa femme.

Le lendemain, le ministre fit comparaître devant lui les deux coupables et leur fit subir un interrogatoire.

Osmin fut convaincu d'avoir dormi quand il aurait dû veiller, et Zaïda d'avoir veillé quand elle aurait dû dormir.

Mais comme dans le code napolitain ces deux crimes de lèze-hautesse n'étaient point prévus, ils n'étaient passibles d'aucune punition.

En conséquence, Osmin et Zaïda furent, à leur grand étonnement, mis en liberté le lendemain même du jour où le dey avait quitté Naples.

Or, comme tous les deux ne savaient que devenir, n'ayant ni fortune ni état, ils furent forcés de se créer chacun une industrie.

Osmin devint marchand de pastilles du sérail, et Zaïda se fit demoiselle de comptoir.

Quant au dey d'Alger, il était sorti de Naples avec l'intention de se rendre en Angleterre, pays où il avait entendu dire qu'on avait au moins la liberté de vendre sa femme, à défaut du droit de la noyer: mais il se trouva indisposé pendant la traversée et fut forcé de relâcher à Livourne, où il fit, comme chacun sait, une fort belle mort, si ce n'est cependant qu'il mourut sans avoir pardonné à M. Martin Zir, ce qui aurait eu de grandes conséquences pour un chrétien, mais ce qui est sans importance pour un Turc.

II

Les Chevaux spectres.

J'avais été recommandé à M. Martin Zir comme artiste; j'avais admiré ses galeries de tableaux, j'avais exalté son cabinet de curiosités, et j'avais augmenté sa collection d'autographes. Il en résultait que M. Martin Zir, à mon premier passage, si rapide qu'il eût été, m'avait pris en grande affection; et la preuve, c'est qu'il s'était, comme on l'a vu ailleurs, défait en ma faveur de son cuisinier Cama, dont j'ai raconté l'histoire (voir le *Speronare*), et qui n'avait d'autre défaut que d'être *appassionnato* de Roland et de ne pouvoir supporter la mer, ce qui était cause que sur terre il faisait fort peu de cuisine, et que sur mer il n'en faisait pas du tout.

Ce fut donc avec grand plaisir que M. Martin Zir nous vit, après trois mois d'absence, pendant lesquels le bruit de notre mort était arrivé jusqu'à lui, descendre à la porte de son hôtel.

Comme sa galerie s'était augmentée de quelques tableaux, comme son cabinet s'était enrichi de quelques curiosités, comme sa collection d'autographes s'était recrutée de quelques signatures, il me fallut avant toute chose parcourir la galerie, visiter le cabinet, feuilleter les autographes.

Après quoi je le priai de me donner un appartement.

Cependant il ne s'agissait pas de perdre mon temps à me reposer. J'étais à Naples, c'est vrai; mais j'y étais sous un nom de contrebande; et comme d'un jour à l'autre le gouvernement napolitain pouvait découvrir mon incognito et me prier d'aller voir à Rome si son ministre y était toujours, il fallait voir Naples le plus tôt possible.

Or, Naples, à part ses environs, se compose de trois rues où l'on va toujours, et de cinq cents rues où l'on ne va jamais.

Ces trois rues se nomment la rue de Chiaja, la rue de Tolède et la rue de Forcella.

Les cinq cents autres rues n'ont pas de nom. C'est l'œuvre de Dédale; c'est le labyrinthe de Crète, moins le Minautore, plus les lazzaroni.

Il y a trois manières de visiter Naples :

A pied, en corricolo, en calèche.

A pied, on passe partout.

En corricolo, l'on passe presque partout.

En calèche, l'on ne passe que dans les rues de Chiaja, de Tolède et de Forcella.

Je ne me souciais pas d'aller à pied. A pied, l'on voit trop de choses.

Je ne me souciais pas d'aller en calèche. En calèche, on n'en voit pas assez.

Restait le corricolo, terme moyen, juste milieu, anneau intermédiaire qui réunissait les deux extrèmes.

Je m'arrêtai donc au corricolo.

Mon choix fait, j'appelai M. Martin Zir. M. Martin Zir monta aussitôt.

— Mon cher hôte, lui dis-je, je viens de décider dans ma sagesse que je visiterai Naples en corricolo.

— A merveille, dit M. Martin. Le corricolo est une voiture nationale qui remonte à la plus haute antiquité. C'est la biga des Romains, et je vois avec plaisir que vous appréciez le corricolo.

— Au plus haut degré, mon cher hôte. Seulement, je voudrais savoir ce qu'on loue un corricolo au mois.

— On ne loue pas un corricolo au mois, me répondit M. Martin.

— Alors à la semaine.

— On ne loue pas le corricolo à la semaine.

— Eh bien ! au jour.

— On ne loue pas le corricolo au jour.

— Comment donc loue-t-on le corricolo ?

— On monte dedans quand il passe et l'on dit : « Pour un carlin. » Tant que le carlin dure, le cocher vous promène ; le carlin usé, on vous descend. Voulez-vous recommencer ? vous dites : « Pour un autre carlin ; » le corricolo repart, et ainsi de suite.

— Mais moyennant ce carlin on va où l'on veut ?

— Non, on va où le cheval veut aller. Le corricolo est comme le ballon, on n'a pas encore trouvé moyen de le diriger.

— Mais alors pourquoi va-t-on en carricolo !

— Pour le plaisir d'y aller.

— Comment ! c'est pour leur plaisir que ces malheureux s'entassent à quinze dans une voiture où l'on est gêné à deux !

— Pas pour autre chose.

— C'est original !

— C'est comme cela.

— Mais si je proposais à un propriétaire de corricoli de louer un de ses berlingo au mois, à la semaine ou au jour ?

— Il refuserait.

— Pourquoi ?

— Ce n'est pas l'habitude.

— Il la prendrait.

— A Naples, on ne prend pas d'habitudes nouvelles : on garde les vieilles habitudes qu'on a.

— Vous croyez ?

— J'en suis sûr.

— Diable ! diable ! J'avais une idée sur le corricolo ; cela me vexera horriblement d'y renoncer.

— N'y renoncez pas.

— Comment voulez-vous que je la satisfasse, puisqu'on ne loue les corricoli ni au mois, ni à la semaine, ni au jour ?

— Achetez un corricolo.

— Mais ce n'est pas le tout que d'acheter un corricolo, il faut acheter les chevaux avec.

— Achetez les chevaux avec.

— Mais cela me coûtera les yeux de la tête.

— Non.

— Combien cela me coûtera-t-il donc ?

— Je vais vous le dire.

Et M. Martin, sans se donner la peine de prendre une plume et du papier, leva le nez au plafond et calcula de mémoire.

— Cela vous coûtera, reprit-il, le corricolo, dix ducats; chaque cheval, trente carlins; les harnais, une pistole; en tout quatre-vingts francs de France.

— C'est miraculeux ! Et pour dix ducats j'aurai un corricolo ?

— Magnifique.

— Neuf ?

— Oh ! vous en demandez trop. D'abord, il n'y a pas de corricoli neufs. Le corricolo n'existe pas, le corricolo est mort, le corricolo a été tué légalement.

— Comment cela ?

— Oui, il y a un arrêté de police qui défend aux carrossiers de faire des corricoli.

— Et combien y a-t-il que cet arrêté a été rendu ?

— Oh ! il y a cinquante ans peut-être.

— Alors comment le corricolo survit-il à une pareille ordonnance ?

— Vous connaissez l'histoire du couteau de Jeannot.

— Je crois bien ! c'est une chronique nationale.

— Ses propriétaires successifs en avaient changé quinze fois le manche.

— Et quinze fois la lame.

— Ce qui ne l'empêchait pas d'être toujours le même.

— Parfaitement.

— Eh bien ! c'est l'histoire du corricolo. Il est défendu de faire des corricoli, mais il n'est pas défendu de mettre des roues neuves aux vieilles caisses, et des caisses neuves aux vieilles roues.

— Ah ! je comprends.

— De cette façon, le corricolo résiste et se perpétue ; de cette façon, le corricolo est immortel.

— Alors vive le corricolo, avec des roues neuves et une vieille caisse ! Je le fais repeindre, et fouette cocher ! Mais l'attelage ? Vous dites que pour trente francs j'aurai un attelage.

— Superbe ! et qui ira comme le vent.

— Quelle espèce de chevaux ?

— Ah ! dame ! des chevaux morts.

— Comment ! des chevaux morts?

— Oui ; vous comprenez que pour ce prix-là vous ne pouvez pas exiger autre chose.

— Voyons, entendons-nous, mon cher monsieur Martin, car il me semble que nous pataugeons.

— Pas le moins du monde.

— Alors expliquez-moi la chose ; je ne demande pas mieux que de m'instruire, je voyage pour cela.

— Vous connaissez l'histoire des chevaux ?

— L'histoire naturelle ? M. de Buffon ? Certainement : le cheval est, après le lion, le plus noble des animaux.

— Non pas, l'histoire philosophique ?

— Je m'en suis moins occupé ; mais n'importe ! allez toujours.

— Vous savez les vicissitudes auxquelles ces nobles quadrupèdes sont soumis.

— Dame ! quand il sont jeunes, on en fait des chevaux de selle.

— Après?

— De la selle, ils passent à la calèche; de la calèche, ils descendent au fiacre; du fiacre, ils tombent dans le coucou; du coucou, ils dégringolent jusqu'à l'abattoir.

— Et de l'abattoir?

— Ils vont où va l'âme du juste; aux Champs-Élysées, je présume.

— Eh bien! ici ils parcourent une phase de plus.

— Laquelle?

— De l'abattoir, ils vont au corricolo.

— Comment cela?

— Voici l'endroit où l'on tue les chevaux, au ponte della Maddelena.

— J'écoute.

— Il y a des amateurs en permanence.

— Bon!

— Et lorsqu'on amène un cheval...

— Lorsqu'on amène un cheval?

— Ils achètent la peau sur pieds trente carlins, c'est le prix; il y a un tarif.

— Eh bien?

— Eh bien! au lieu de tuer le cheval et de lui enlever la peau, les amateurs prennent la peau et le cheval, et ils utilisent les jours qui restent à vivre au cheval, sûrs qu'ils sont que la peau ne leur échappera pas. Voilà ce que c'est que des chevaux morts.

— Mais que diable peut-on faire de ces malheureuses bêtes!

— On les attelle aux corricoli.

— Comment! ceux avec lesquels je suis venu de Salerne à Naples?...

— Étaient des fantômes de chevaux, des chevaux spectres!

— Mais ils n'ont pas quitté le galop!

— Les morts vont vite.

— Au fait, je comprends qu'en les bourrant d'avoine...

— D'avoine? Jamais un cheval de corricolo n'a mangé d'avoine!

— Mais de quoi vivent-ils?

— De ce qu'ils trouvent?

— Et que trouvent-ils?

— Toutes sortes de choses, des trognons de choux, des feuilles de salade, de vieux chapeaux de paille.

— Et à quelle heure prennent-ils leur aliment?

— La nuit on les mène paître.

— A merveille. Restent les harnais.

— Oh! quant à cela, je m'en charge.

— Et des chevaux?

— Des chevaux aussi.

— Et du corricolo?

— Encore, si cela peut vous rendre service.

— Et quand tout cela sera-t-il prêt?

— Demain au matin.

— Vous êtes un homme adorable!

— Vous faut-il un cocher?

— Non, je conduirai moi-même.

— Très bien. Mais en attendant, que ferez-vous?

— Avez-vous un livre?

— J'ai douze cents volumes.

— Eh bien ! je lirai. Avez-vous quelque chose sur votre ville ?

— Voulez-vous *Napoli senza sole ?*

— Naples sans soleil ?

— Oui.

— Qu'est-ce que c'est que cela ?

— Un ouvrage à l'usage des gens à pied, et qui vous sera plus utile que tous les Ebels et tous les Richards de la terre.

— Et de quoi traite-t-il?

— De la manière de parcourir Naples à l'ombre.

— La nuit.

— Non, le jour.

— A une heure donnée ?

— Non, à toutes les heures.

— Même à midi?

— A midi surtout. Le beau mérite qu'il y aurait de trouver de l'ombre le soir et le matin !

— Mais quel est le savant géographe qui a exécuté ce chef-d'œuvre ?

— Un jésuite ignorant, que ses confrères avaient reconnu trop bête pour l'occuper à autre chose.

— Et cette besogne l'a occupé combien d'années?

— Toute sa vie... C'est une publication posthume.

— Moyennant laquelle on peut, dites-vous ?...

— Partir d'où on voudra et aller où cela fera plaisir, à quelque instant de la matinée ou à quelque heure de l'après-midi que ce soit, sans avoir à traverser un seul rayon de soleil

— Mais voilà un homme qui méritait d'être canonisé!

— On ne sait pas son nom.

— Ingratitude humaine !

— Alors ce livre vous convient ?

— Comment donc! c'est un trésor. Envoyez-le-moi le plus tôt possible.

Je passai la journée à étudier ce précieux itinéraire : deux heures après, je connaissais mon Naples sans soleil, et je serais allé à l'ombre du ponte della Maddalena au Pausilippe, et de la Vuaria à Saint-Elmo.

Le soir vint, et avec le soir la fraîcheur. Alors, à cette douce brise de mer, on vit toutes les fenêtres s'ouvrir comme pour respirer. Les portes roulèrent sur leurs gonds, les voitures commencèrent à sortir, Chiaja se peupla d'équipages, et la Villa-Reale de piétons.

Je n'avais pas encore mon équipage, je me mêlai aux piétons.

La Villa-Reale fait face à l'hôtel de la Victoire ; c'est la promenade de Naples. Elle est située, relativement à la rue de Chiaja, comme le jardin des Tuileries à la rue de Rivoli. Seulement, au lieu de la terrasse du bord de l'eau, c'est la plage de l'Arno ; au lieu de la Seine, c'est la Méditerranée ; au lieu du quai d'Orsay, c'est l'étendue, c'est l'espace, c'est l'infini.

La Villa-Reale est, sans contredit, la plus belle et surtout la plus aristocratique promenade du monde. Les gens du peuple, les paysans et les laquais en sont rigoureusement exclus et n'y peuvent mettre le pied qu'une fois l'an, le jour de la fête de la Madone du Pied-de-la-Grotte. Aussi ce jour-là la foule se presse-t-elle sous ses allées d'acacias, dans ses bosquets de myrtes, autour de son temple circulaire. Chacun, homme et femme, accourt de vingt lieues à la ronde avec son costume national ; Ischia, Caprée, Castellamare, Sorrente, Procida, envoient en députation leurs plus belles filles,

et la solennité de ce jour est si grande, si ardemment attendue, qu'il est
d'habitude de faire dans les contrats de mariage une obligation au mari
de conduire sa femme à la promenade de la Villa-Reale, le 8 septembre de
chaque année, jour de la fête della Madona di Pie-di-Grotta.

Tout au contraire des Tuileries, d'où l'on renvoie le public au moment
où il est le plus agréable de s'y promener, la Villa-Reale reste ouverte
toute la nuit. Les grandes grilles se ferment, il est vrai, mais deux petites
portes dérobées offrent aux promeneurs attardés une entrée et une sor-
tie toujours praticables à quelque heure que ce soit.

Nous restâmes jusqu'à minuit assis sur le mur que vient battre la vague.
Nous ne pouvions nous lasser de regarder cette mer limpide et azurée
que nous venions de sillonner en tous sens et à laquelle nous allions dire
adieu. Jamais elle ne nous avait paru si belle.

En entrant à l'hôtel, nous trouvâmes M. Martin Zir, qui nous prévint
que toutes les commissions dont nous l'avions chargé étaient faites, et que
le lendemain notre attelage nous attendrait à huit heures du matin à la
porte de l'hôtel.

Effectivement, à l'heure dite, nous entendîmes sonner les grelots de nos
revenans; nous mîmes le nez à la fenêtre, et nous vîmes le roi des cor-
ricoli.

Il était fond rouge avec des dessins verts. Ces dessins représentaient
des arbres, des animaux et des arabesques. La composition générale repré-
sentait le paradis terrestre.

Deux chevaux qui paraissaient pleins d'impatience disparaissaient sous
les harnais, sous les panaches, sous les pompons dont ils étaient couverts.

Enfin un homme, armé d'un long fouet, se tenait debout près de notre
équipage, qu'il paraissait admirer avec toute la satisfaction de l'orgueil.

Nous descendîmes aussitôt, et nous reconnûmes dans l'homme au fouet
Francesco, c'est-à-dire l'automédon qui nous avait amené en calessino de
Salerne à Naples. M. Martin Zir s'étai tadressé à lui comme à un homme
de l'état. Flatté de la confiance, Francesco avait fait vite et en conscience.
Il s'était procuré la caisse, il avait acheté les chevaux, et il avait trouvé
de rencontre des harnais presque neufs; enfin, malgré la prétention que
nous avions manifestée de conduire nous-mêmes, il venait nous offrir ses
services comme cocher.

Je commençai par lui demander la note des ses déboursés : il me la pré-
senta. Comme l'avait dit M. Martin Zir, elle montait à quatre-vingt-un
francs.

Je lui en donnai quatre-vingt-dix; il mit sa croix au dessous du total
en forme de quittance; puis je lui pris le fouet des mains, et je m'apprê-
tai à monter dans notre équipage.

— Est-ce que ces messieurs ne me gardent pas à leur service? nous
demanda Francesco.

— Et pourquoi faire, mon ami? répondis-je.

— Mais pour faire tout ce dont je serai capable, et particulièrement
pour faire marcher vos chevaux.

— Comment! pour faire marcher nos chevaux?

— Oui.

— Nous les ferons bien marcher nous-mêmes.

— Il faudra voir.

— J'en ai mené de plus fringans que les tiens !

— Je ne dis pas qu'ils sont fringans, excellence.

— Et dans une ville où il est plus difficile de conduire qu'à Naples , où jusqu'à cinq heures de l'après-midi il n'y a personne dans les rues.

— Je ne doute pas de l'adresse de son excellence, mais...

— Mais quoi ?

— Mais son excellence a peut-être mené jusqu'ici des chevaux vivans, tandis que...

— Tandis que ?' Voyons, parle.

— Tandis que ceux-ci sont des chevaux morts.

— Eh bien !

— Eh bien ! je ferai observer à son excellence que c'est tout autre chose.

— Pourquoi ?

— Son excellence verra.

— Est-ce qu'ils sont vicieux, tes chevaux ?

— Oh ! non, excellence ; ils sont comme la jument de Roland, qui avait toutes les qualités ; seulement toutes ces qualités étaient contrebalancées par un seul défaut.

— Lequel ?

— Elle était morte.

— Mais s'ils ne marchent pas avec moi, ils ne marcheront avec personne.

— Pardon, excellence.

— Et qui les fera marcher ?

— Moi.

— Je serais curieux de faire l'expérience.

— Faites, excellence.

Francesco alla d'un air goguenard s'appuyer contre la porte de l'hôtel, tandis que je sautais dans le corricolo, où m'attendait Jadin, et que je m'accommodais près de lui.

A peine établi, je rassemblai mes rênes de la main gauche, et j'allongeai de la droite un coup de fouet qui enveloppa le bilancino et le porteur.

Ni le porteur ni le bilancino ne bougèrent ; on eût dit des chevaux de marbre.

J'avais opéré de droite à gauche, je recommençai en opérant cette fois de gauche à droite. Même immobilité.

Je m'attaquai aux oreiles.

Ils se contentèrent de secouer les oreilles comme ils auraient fait pour une mouche qui les eût piqués.

Je pris le fouet par la lanière et je frappai avec le manche.

Ils se contentèrent de tourner leur peau comme fait un âne qui veut jeter son cavalier à terre.

Cela dura dix minutes.

Au bout de ce temps, toutes les fenêtres de l'hôtel étaient ouvertes, et il y avait autour de nous un rassemblement de deux cents lazzaroni.

Je vis que je donnais la comédie gratis à la population de Naples. Comme je n'étais pas venu pour faire concurrence à Polichinelle, je pris mon parti. A l'instant même je jetai le fouet à Francesco, curieux de voir comment il s'en tirerait à son tour.

Francesco sauta derrière nous, prit les rênes que je lui tendais, poussa un petit cri, allongea un petit coup de fouet, et nous partîmes au galop.

Après quelques évolutions autour de la place, Francesco parvint à diriger son attelage vers la rue de la Chiaja.

III

Chiaja.

Chiaja n'est qu'une rue : elle ne peut donc offrir de curieux que ce qu'offre toute rue, c'est-à-dire une longue file de bâtimens modernes d'un goût plus ou moins mauvais. Au reste, Chiaja, comme la rue de Rivoli, a sur ce point un avantage sur les autres rues : c'est de ne présenter qu'une seule ligne de portes, de fenêtres et de pierres plus ou moins maladroitement posées les unes sur les autres. La ligne parallèle est occupée par les arbres taillés en berceaux de la Villa-Reale, de sorte qu'à partir du premier étage des maisons, ou plutôt des palais de la rue de Chiaja, comme on les appelle à Naples, on domine cette seconde partie du golfe qui sépare de l'autre le château de l'Œuf.

Mais si la rue de Chiaja n'est pas curieuse par elle-même, elle conduit à une partie des curiosités de Naples : c'est par elle qu'on va au tombeau de Virgile, à la grotte du Chien, au lac d'Agnano, à Pouzzoles, à Baïa, au lac d'Averne et aux Champs-Élysées.

De plus et surtout, c'est la rue où tous les jours, à trois heures de l'après-midi pendant l'hiver, et à cinq heures de l'après-midi pendant l'été, l'aristocratie napolitaine fait corso.

Nous allons donc abandonner la description des palais de Chiaja à quelque honnête architecte qui nous prouvera que l'art de la bâtisse a fait de grands progrès depuis Michel-Ange jusqu'à nous, et nous allons dire quelques mots de l'aristocratie napolitaine.

Les nobles de Naples, comme ceux de Venise, n'indiquent jamais de date à la naissance de leurs familles. Peut-être auront-ils une fin, mais à coup sûr ils n'ont pas eu de commencement. Selon eux, l'époque florissante de leurs maisons était sous les empereurs romains ; ils citent tranquillement parmi leurs aïeux les Fabius, les Marcellus, les Scipions. Ceux qui ne voient clair dans leur généalogie que jusqu'au douzième siècle sont de la petite noblesse, du frétin d'aristocratie.

Comme toutes les autres noblesses européennes, à quelques exceptions près, la noblesse de Naples est ruinée. Quand je dis ruinée, il est bien entendu qu'on doit prendre le mot dans une acception relative, c'est-à-dire que les plus riches sont pauvres comparativement à ce qu'étaient leurs aïeux.

Il n'y a pas, au reste, à Naples quatre fortunes qui atteignent cinq cent mille livres de rente, vingt qui dépassent deux cent mille, et cinquante qui flottent entre cent et cent cinquante mille. Les revenus ordinaires sont de cinq à dix mille ducats. Le commun des martyrs a mille écus de rentes, quelquefois moins. Nous ne parlons pas des dettes.

Mais la chose curieuse, c'est qu'il faut être prévenu de cette différence pour s'en apercevoir. En apparence, tout le monde a la même fortune.

Cela tient à ce qu'en général tout le monde vit dans sa voiture et dans sa loge.

Or, comme, à part les équipages du duc d'Éboli, du prince de Sant'-Antimo ou du duc de San-Theodo, qui sortent de la ligne, tout le monde possède une calèche plus ou moins neuve, deux chevaux plus ou moins

vieux, une livrée plus ou moins fanée, il n'y a souvent, à la première
vue, qu'une nuance entre deux fortunes où il y a un abîme.

Quant aux maisons, elles sont presque toutes hermétiquement closes
aux étrangers. Quatre ou cinq palais princiers ouvrent orgueilleusement
leurs galeries dans la journée, et fastueusement leurs salons le soir;
mais pour tout le reste il faut en faire son deuil. Le temps est passé où,
comme Ferdinand Orsini, duc de Gravina, on écrivait au dessus de sa
porte : *Sibi, suisque, et amicis omnibus ;* pour soi, pour les siens et pour
tous ses amis.

C'est qu'à part ces riches demeures, qui perpétuent à Naples l'hospi-
talité nationale, toutes les autres sont plus ou moins déchues de leur
ancienne splendeur. Le curieux qui, avec l'aide d'Asmodée, lèverait la
terrasse de la plupart de ces palais, trouverait dans un tiers la gêne, et
dans les deux autres la misère.

Grâce à la vie en voiture et en loge, on ne voit rien de tout cela. On
met sa carte au palais, mais on se rencontre au Corso, mais on fait ses
visites au Fondo ou à Saint-Charles. De cette façon, l'orgueil est sauvé;
comme François Ier on a tout perdu, mais du moins il reste l'honneur.

Vous me direz qu'avec l'honneur on ne mange malheureusement pas,
et qu'il faut manger pour vivre. Or, il est évident que, lorsqu'on prend
sur mille écus de rente l'entretien d'une voiture la nourriture de deux
chevaux, les gages d'un cocher et la location d'une loge au Fondo ou à
Saint-Charles, il ne doit pas rester grand'chose pour faire face aux dé-
penses de la table. A cela je répondrai que Dieu est grand, la mer pro-
fonde, le macaroni à deux sous la livre, et l'asprino d'Aversa à deux
liards le fiasco.

Pour l'instruction de nos lecteurs, qui ne savent probablement pas ce
que c'est que l'asprino d'Aversa, nous leur apprendrons que c'est un
joli petit vin qui tient le milieu entre la tisane de Champagne et le cidre
de Normandie. Or, avec du poisson, du macaroni et de l'asprino, on fait
chez soi un charmant dîner qui coûte quatre sous par personne. Suppo-
sez que la famille se compose de cinq personnes, c'est vingt sous.

Restent neuf francs pour soutenir l'honneur du nom.

— Mais le déjeûner ?

— On ne déjeûne pas. Il est prouvé que rien n'est plus sain que de
faire un seul repas toutes les vingt-quatre heures. Seulement le repas
change de nom et d'heure selon la saison où on le prend. En hiver, on
dîne à deux heures, et moyennant ce dîner on en a jusqu'au lende-
main deux heures. En été, on soupe à minuit, et moyennant ce souper
on en a pour jusqu'au lendemain minuit.

Puis il y a encore les élégans, qui mangent du pain sans macaroni ou
du macaroni sans pain pour s'en aller prendre le soir à grand fracas une
glace chez Donzelli ou chez Benvenuti.

Il va sans dire que cette hygiène n'est adoptée que par les petites
bourses. Ceux qui ont cinq cent mille livres de rente ont un cuisinier
français dont la filiation de certificats est aussi en règle que la généalogie
d'un cheval arabe. Ceux-là font deux et quelquefois trois repas par jour.
Pour ceux-là il n'y a pas de pays : le paradis est partout.

Le premier plaisir de l'aristocratie napolitaine est le jeu. Le matin on
va au Casino et l'on joue; l'après-midi on va à la promenade, et le soir
au spectacle. Après le spectacle, on revient au Casino et l'on joue encore.

L'aristocratie n'a qu'une carrière ouverte : la diplomatie. Or, comme,
si étendues que soient ses relations avec les autres puissances, le roi de
Naples n'occupe pas dans ses ambassades et dans ses consulats plus d'une
soixantaine de personnes, il en résulte que les cinq sixièmes des jeunes
nobles ne savent que faire, et par conséquent ne font rien.

Quant à la carrière militaire, elle est sans avenir. Quant à la carrière
commerciale, elle est sans considération.

Je ne parle pas des carrières littéraires ou scientifiques, elles n'exis-
tent pas : il y a à Naples, comme partout, plus que partout même, une
certaine quantité de savants qui disputent sur la forme des pincettes grec-
ques et des pelles à feu romaines, qui s'injurient à propos de la grande
mosaïque de Pompéia ou des statues des deux Balbus. Mais cela se passe
en famille, et personne ne s'occupe de pareilles puérilités.

La chose importante, c'est l'amour. Florence est le pays du plaisir :
Rome, celui de l'amour ; Naples, celui de la sensation.

A Naples, le sort d'un amoureux est décidé tout de suite. A la pre-
mière vue il est sympathique ou antipathique. S'il est antipathique, ni
soins, ni cadeaux, ni persistance ne le feront aimer. S'il est sympathi-
que, on l'aime sans grand délai : la vie est courte, et le temps qu'on
perd ne se rattrape pas. L'amant préféré s'installe au logis ; on le re-
connaît, malgré la distance respectueuse où il se tient de la maîtresse de
la maison, au laisser-aller avec lequel il s'assied et à la manière facile
avec laquelle il appuie sa tête contre les fresques. En outre, c'est lui qui
sonne les domestiques, qui reconduit les visiteurs et qui ramasse les
poissons rouges que les bambins font tomber du bocal sur le parquet.

Quant à l'amant malheureux, il s'en va tout consolé, certain que son
infortune ne sera pas constante et qu'il trouvera bientôt à ramasser des
poissons rouges ailleurs.

L'aristocratie napolitaine est peu instruite : en général, son éducation
est négligée sous le rapport intellectuel : cela tient à ce qu'il n'y a pas
dans tout Naples un seul bon collége, celui des jésuites excepté. En com-
pensation, ceux qui savent savent bien : ils ont appris avec des professeurs
attachés à leur personne. J'ai vu des femmes plus fortes en histoire, en
philosophie et en politique que certains historiens, que certains philoso-
phes et que certains hommes d'État de France. La famille du marquis de
Gargallo, par exemple, est quelque chose de merveilleux en ce genre.
Le fils écrit notre langue comme Charles Nodier, et les filles la parlent
comme madame de Sévigné.

Les exercices physiques sont, au contraire, fort suivis à Naples : pres-
que tous les hommes montent bien à cheval et tirent remarquablement
le fusil, l'épée et le pistolet. Leur réputation sur ce point est même assez
étendue et à peu près incontestée. Ce sont des duellistes fort dangereux.

Cette dernière période de notre alinéa nous amène tout naturellement
à parler du courage chez les Napolitains.

La nation napolitaine, toute proportion gardée et en raison de l'état
politique de l'Italie actuelle, n'est ni une nation militaire comme la
Prusse, ni une nation guerrière comme la France : c'est une nation pas-
sionnée. Le Napolitain, insulté dans son honneur, exalté par son patrio-
tisme, menacé dans sa religion, se bat avec un courage admirable. A
Naples, un duel est aussi vite et aussi bravement accepté que partout
ailleurs ; et s'il varie sur les préliminaires, qui appartiennent à des habi-

tudes de localités, le dénouement en est toujours mené à bout aussi vigou-
reusement qu'à Paris, à Saint-Pétersbourg ou à Londres. Citons quel-
ques faits.

Le comte de Rocca Romana, le Saint-Georges de Naples, se prend de
querelle avec un colonel ; le rendez-vous est indiqué à Castellamare.
l'arme choisie est le sabre. Le colonel français se rend sur le terrain à
cheval ; Rocca Romana prend un fiacre, arrive au lieu désigné, où l'at-
tend son adversaire ; le colonel rappelle à Rocca Romana qu'une des
conditions du duel est qu'il aura lieu à cheval. — C'est vrai, répond
Rocca Romana, je l'avais oublié ; mais qu'à cela ne tienne, l'oubli est
facile à réparer. Aussitôt il dételle un des chevaux de son fiacre, saute
sur le dos de l'animal, combat sans selle et sans bride, et tue son adver-
saire.

A l'époque de la restauration, c'est-à-dire vers 1815, Ferdinand.
grand-père du roi actuel, de retour à Naples, qu'il avait quitté depuis
dix ou douze ans, voulut rétablir les gardes-du-corps. En conséquence,
on recruta cette troupe privilégiée dans les premières familles des deux
royaumes, et on les divisa en cinq compagnies, dont trois napolitaines
et deux siciliennes.

J'ai dit dans le *Speronare*, et à l'article de Palerme, quelle est l'anti-
pathie profonde qui sépare les deux peuples. On comprend donc que les
Siciliens et les Napolitains ne se trouvèrent pas plutôt en contact, surtout
à cette époque où les haines politiques étaient encore toutes chaudes, que
les querelles commencèrent d'éclater. Quelques duels sans conséquence
eurent lieu d'abord, mais bientôt on résolut de confier en quelque sorte
la cause des deux peuples à deux champions choisis parmi leurs enfans :
on y voulait voir non seulement une haine accomplie, mais une super-
stitieuse révélation de l'avenir. Le choix tomba sur le marquis de Cres-
cimani, Sicilien, et sur le prince Mirelli, Napolitain. Ce choix fait et
accepté par les adversaires, on décida qu'ils se battraient au pistolet à
vingt pas, et jusqu'à blessure grave de l'un ou de l'autre champion.

Un mot sur le prince Mirelli, dont nous allons nous occuper particu-
lièrement.

C'était un jeune homme de vingt-quatre ou vingt-cinq ans, prince de
Teora, marquis de Mirelli, comte de Conza, et qui descendait en droite
ligne du fameux condottiere Dudone dit Conza, dont parle le Tasse. Il
était riche, il était beau, il était poète ; il avait par conséquent reçu du
ciel toutes les chances d'une vie heureuse ; mais un mauvais présage
avait attristé son entrée dans la vie. Mirelli était né au village de Sant'-
Antimo, fief de sa famille. A peine eut-on su que sa mère était accouchée
d'un fils, que l'ordre fut envoyé à la chapelle d'un couvent de mettre
les cloches en branle pour annoncer cet heureux événement à toute la
population. Le sacristain était absent ; un moine se chargea de ce soin,
mais, inhabile à cet exercice, il se laissa enlever par la volée de la
corde, et au plus haut de son ascension, perdant la tête, pris par un ver-
tige, il lâcha son point d'appui, tomba dans le chœur et se brisa les deux
cuisses. Quoique mutilé ainsi, le pauvre religieux ne se traîna pas moins
du chœur à la porte, où il appela au secours : on vint à son aide, on le
transporta dans sa cellule ; mais, quelque soin qu'on prît de lui, il expira
le lendemain.

Cet événement avait fait une grande sensation dans la famille, et cette histoire, souvent racontée au jeune Mirelli, s'était profondément gravée dans son esprit. Cependant il en parlait rarement.

Voilà l'homme que les Napolitains avaient choisi pour leur champion.

Quant au marquis Crescimani, c'était un homme digne en tout point d'être opposé à Mirelli, quoique les qualités qu'il avait reçues du ciel fussent peut-être moins brillantes que celles de son jeune adversaire.

Au jour et à l'heure dits, les deux champions se trouvèrent en présence : ni l'un ni l'autre n'était animé d'aucune haine personnelle, et ils avaient vécu jusque-là, au contraire, plutôt en amis qu'en ennemis.

En arrivant au rendez-vous, ils marchèrent l'un à l'autre en souriant, se serrèrent la main et se mirent à causer de choses indifférentes, tandis que les témoins réglaient les conditions du combat.

Le moment arrivé, ils s'éloignèrent de vingt pas, reçurent leurs armes toutes chargées, se saluèrent en souriant, puis, au signal donné, tirèrent tous les deux l'un sur l'autre : aucun des deux coups ne porta.

Pendant qu'on rechargeait les armes, Mirelli et Crescimani échangèrent quelques paroles sur leur maladresse mutuelle, mais sans quitter leur place. On leur remit les pistolets chargés de nouveau. Ils firent feu une seconde fois, et, cette fois comme l'autre, ils se manquèrent tous deux.

Enfin, à la troisième décharge, Mirelli tomba.

Une balle l'avait percé à jour au dessus des deux hanches; on le crut mort, mais lorsqu'on s'approcha de lui on vit qu'il n'était que blessé. Il est vrai que la blessure était terrible : la balle lui avait traversé tout le corps, et avait en passant ouvert le tube intestinal.

On fit approcher une voiture pour transporter le blessé chez lui; on voulut le soutenir pour l'aider à y monter; mais il écarta de la main ceux qui lui offraient leurs secours, et, se relevant vivement par un effort incroyable sur lui-même, il s'élança dans la voiture en disant : « Allons donc! il ne sera pas dit que j'aie eu besoin d'être soutenu pour monter, fût-ce dans mon corbillard! » À peine fut-il entré dans la voiture que la douleur reprit le dessus, et il s'évanouit. Arrivé chez lui, il voulut descendre comme il était monté; mais on ne le souffrit point. Deux amis le prirent à bras et le portèrent sur son lit.

On envoya chercher le meilleur chirurgien de Naples, le docteur Ponza; c'était un homme qui s'était fait dans la science un nom européen. Le docteur sonda la blessure et dit qu'il ne répondait de rien, mais qu'en tout cas la cure serait longue et horriblement douloureuse.

— Faites ce que vous voudrez, docteur, dit Mirelli. Marius n'a pas jeté un cri pendant qu'on lui disséquait la jambe, je serai muet comme Marius.

— Oui, dit le docteur; mais lorsque le chirurgien en eut fini avec la jambe droite, Marius ne voulut jamais lui donner la gauche. N'allez pas me laisser entreprendre une opération et m'arrêter au milieu.

— Vous irez jusqu'au bout, docteur, soyez tranquille, répondit Mirelli; mon corps vous appartient, et vous pouvez l'anatomiser tout à votre aise.

Sur cette assurance, le docteur commença.

Mirelli tint sa parole; mais à mesure que la nuit s'approcha, il parut plus agité, plus inquiet; il avait une fièvre terrible. Sa mère le gardait avec deux de ses amis. Vers les onze heures il s'endormit, mais au pre-

mier coup de minuit il se réveilla. Alors, sans paraître voir ceux qui
étaient là, il s'appuya sur son coude et parut écouter. Il était pâle
comme un mort, mais ses yeux étaient ardens de délire. Peu à peu ses
regards se fixèrent sur une porte qui donnait dans un grand salon.
Sa mère se leva alors et lui demanda s'il avait besoin de quelque chose.

— Non, rien, répondit Mirelli. C'est lui qui vient.

— Qui, lui? demanda sa mère avec inquiétude.

— Entendez-vous le traînement de sa robe dans le salon? s'écria le
malade. L'entendez-vous? Tenez, il vient, il s'approche; voyez, la
porte s'ouvre... sans que personne la pousse... Le voilà... le voilà!... il
entre... il se traîne sur ses cuisses brisées... il vient droit à mon lit. Lève
ton froc, moine, lève ton froc, que je voie ton visage. Que veux-tu?...
parle... voyons!... viens-tu pour me chercher?... d'où sors-tu?... de la
terre... Tenez, voyez-vous?... il lève les deux mains; il les frappe l'une
contre l'autre; elles rendent un son creux, comme si elles n'avaient plus
de chair... Eh bien! oui, je t'écoute. parle!...

Et Mirelli, au lieu de chercher à fuir la terrible vision, s'approchait
au bord de son lit comme pour entendre ses paroles; mais au bout de
quelques secondes d'attention, pendant lesquelles il resta dans la pose
d'un homme qui écoute, il poussa un profond soupir et tomba sur son
lit en murmurant :

— Le moine de Sant'Antimo !

C'est alors qu'on se rappela seulement cet événement arrivé le jour
de sa naissance, c'est-à-dire vingt-cinq ans auparavant, et qui, conservé
toujours vivant dans la pensée du jeune homme, prenait un corps au
milieu de son délire.

Le lendemain, soit que Mirelli eût oublié l'apparition, soit qu'il ne
voulût donner aucun détail, il répondit à toutes les questions qui lui
furent faites qu'il ignorait complétement ce qu'on voulait lui dire.

Pendant trois mois l'apparition infernale se renouvela chaque nuit,
détruisant ainsi en quelques minutes les progrès que le reste du temps
le blessé faisait vers la guérison. Mirelli ressemblait à un spectre lui-
même. Enfin, une nuit il demanda instamment à rester seul, avec tant
d'insistance, que sa mère et ses amis ne purent s'opposer à sa volonté.
A neuf heures, tout le monde ayant quitté sa chambre, il mit son épée
sous le chevet de son lit et attendit. Sans qu'il le sût, un de ses amis
était caché dans une chambre voisine, voyant par une porte vitrée et
prêt à porter secours au malade s'il en avait besoin. A dix heures il s'en-
dormit comme d'habitude, mais au premier coup de minuit il s'éveilla.
Aussitôt on le vit se soulever sur son lit et regarder la porte de son re-
gard fixe et ardent ; un instant après il essuya son front, d'où la sueur
ruisselait ; ses cheveux se dressèrent sur sa tête, un sourire passa sur
ses lèvres ; puis saisissant son épée, il la tira hors du fourreau, bondit
hors de son lit, frappa deux fois comme s'il eût voulu poignarder quel-
qu'un avec la pointe de sa lame, et, jetant un cri, il tomba évanoui
sur le plancher.

L'ami qui était en sentinelle accourut et porta Mirelli sur son lit; celui-
ci serrait si fortement la garde de son épée qu'on ne put la lui arracher
de la main.

Le lendemain, il fit venir le supérieur de Sant'Antimo et lui demanda,
dans le cas où il mourrait des suites de sa blessure, à être enterré dans

le cloître du couvent, réclamant la même faveur, en supposant qu'il en
échappât cette fois, pour l'époque où sa mort arriverait, quelle que fût
cette époque et en quelque lieu qu'il expirât. Puis il raconta à ses amis
qu'il avait résolu la veille de se débarrasser du fantôme en luttant corps
à corps, mais qu'ayant été vaincu, il lui avait promis enfin de se faire
enterrer dans son couvent : promesse qu'il n'avait pas voulu lui accor-
der jusque-'à, tant il lui répugnait de paraître céder à une crainte, même
religieuse et surnaturelle.

A partir de ce moment, la vision disparut, et neuf mois après Mi-
relli était complétement guéri.

Nous avons raconté en détail cette anecdote, d'abord parce que de
pareilles légendes, surtout parmi les contemporains, sont rares en Italie,
le pays le moins fantastique de la terre ; et ensuite parce qu'elle nous a
paru développer dans un seul homme trois courages bien différens : le
courage patriotique, qui consiste à risquer froidement sa vie pour la
cause de la patrie ; le courage physique, qui consiste à supporter stoïque-
ment la douleur ; et enfin le courage moral, qui consiste à réagir contre
l'invisible et à lutter contre l'inconnu. Bayard eût certainement eu les
deux premiers, mais il est douteux qu'il eût eu le troisième.

Maintenant passons au courage civil.

Nous sommes en 99 : les Français ont évacué la ville des délices. Le
cardinal Ruffo, parti de Palerme, descendu de la Calabre et soutenu par
les flottes turque, russe et anglaise, qui bloquent le fort, a assiégé
Naples, et, voyant l'impossibilité de prendre la ville défendue du côté de
la mer par Caracciolo, et du côté de la terre par Manthony, Caraffa et
Schiappani, a signé une capitulation qui assure aux patriotes la vie et la
fortune sauves : près de sa signature on lit celle de Foote, commandant
la flotte britannique ; de Keraudy, commandant la flotte russe ; et de
Bonnieu, commandant la flotte ottomane. Mais, dans une nuit de dé-
bauche et d'orgie, Nel on a déchiré le traité. Le lendemain, il déclare
que la capitulation est nulle, que Bonnieu, Keraudy et Foote ont outre-
passé leurs pouvoirs en transigeant avec les rebelles, et il livre à la haine
de la cour, en échange de l'amour de lady Hamilton, les troupeaux de vic-
times qu'on lui demande. Alors il y eut spectacle et joie pour bien des
jours, car on avait à peu près vingt mille têtes à faire tomber. Eh bien !
toutes ces têtes tombèrent, et pas une seule ne tomba déshonorée par
une larme ou par un soupir.

Citons au hasard quelques exemples.

Cyrillo et Pagano sont condamnés à être pendus. Comme André Chénier
et Roucher, ils se rencontrent au pied de l'échafaud ; là ils se disputent
à qui mourra le premier ; et comme aucun des deux ne veut céder sa
place à l'autre, ils tirent à la courte paille. Pagano gagne, tend la main
à Cyrillo, met la courte paille entre ses dents, et monte l'échelle infâme,
le sourire sur les lèvres et la sérénité sur le front.

Hector Caraffa, l'oncle du compositeur, est condamné à avoir la tête
tranchée ; il arrive sur l'échafaud ; on s'informe s'il n'a pas quelque
désir à exprimer.

— Oui, dit-il, je désire regarder le fer de la mandaja.

Et il est guillotiné couché sur le dos, au lieu d'être couché sur le
ventre.

Quoique cet article soit consacré à l'aristocratie, un mot sur le courage religieux. Ce courage est celui du peuple.

Au moment où Championnet marchait sur Naples, proclamant la liberté des peuples et créant des républiques sur son passage, les royalistes répandirent le bruit dans la ville que les Français venaient pour b ûler les maisons, piller les églises, enlever les femmes et les filles et transporter en France la statue de saint Janvier. A ces accusations d'autant plus accréditées qu'elles sont plus absurdes, les lazzaroni, que les mots d'honneur, de patrie et de liberté n'auraient pu tirer de leur sommeil, se lèvent des portiques des palais dont ils ont fait leur demeure, encombrent les places publiques, s'arment de pierres et de bâtons, et à moitié nus, sans chefs, sans tactique militaire, avec l'instinct de bêtes fauves qui gardent leur antre, leur femelle et leurs petits, aux cris de : Vive saint Janvier! vive la sainte Foi! mort aux Jacobins! ils combattent soixante heures les soldats qui avaient vaincu à Montenotte, passé le pont de Lodi, pris Mantoue. Au bout de ce temps, Championnet n'était encore parvenu qu'à la porte de Saint-Janvier, et sur tous les autres points n'avait pas encore gagné un pouce de terrain.

A tout cela on m'objectera sans doute la révolution de 1820, le passage des Abruzzes, abandonné presque sans combat. Je répondrai une seule chose : c'est que les chefs qui commandaient cette armée, et qui avaient en face d'eux les baïonnettes autrichiennes, voyaient se relever derrière eux les bûchers, les échafauds et les potences de 99; c'est qu'ils se savaient trahis à Naples, tandis qu'eux venaient mourir à la frontière; c'est qu'enfin c'était une guerre sociale que Pépé et Carrascosa avaient entreprise à leurs risques et périls, et que le peuple napolitain n'avait pas sanctionnée.

Lorsque nous traversons Naples avec nos idées libérales, puisées, non pas dans l'étude individuelle des peuples, mais dans de simples théories émises par des publicistes, et que nous jetons un coup d'œil léger à la surface de ce peuple que nous voyons couché presque nu sur le seuil des palais et dans les angles des places où il mange, dort et se réveille, notre cœur se serre à la vue de cette misère apparente, et nous crions dans notre philanthropique élan : « Le peuple napolitain est le peuple le plus malheureux de la terre. »

Nous nous trompons étrangement.

Non, le peuple napolitain n'est pas malheureux, car ses besoins sont en harmonie avec ses désirs. Que lui faut-il pour manger? une pizza ou une tranche de cocomero à mettre sous sa dent; que lui faut-il pour dormir? une pierre à mettre sous sa tête. Sa nudité, que nous prenons pour une douleur, est au contraire une jouissance dans ce climat ardent où le soleil l'habille de sa chaleur. Quel dais plus magnifique pourrait-il demander aux palais qui lui prêtent leur seuil que le ciel de velours qui flamboie sur sa tête? Chacune des étoiles qui scintillent à la voûte du firmament n'est-elle pas dans sa croyance une lampe qui brûle au pied de la Madone? Avec deux grains par jour, ne se procure-t-il pas le nécessaire, et de son superflu ne lui reste-t-il pas encore de quoi payer largement l'improvisateur du môle et le conducteur du corricolo?

Ce qui est malheureux à Naples, c'est l'aristocratie, qui, à peu d'exceptions près, est ruinée, comme nous l'avons dit à propos de la noblesse de Sicile, par l'abolition des majorats et des fidéicommis; c'est la noblesse, qui porte un grand nom et qui n'a plus de quoi le dorer, qui possède des palais et qui laisse vendre ses meubles.

Ce qui est malheureux à Naples, c'est la classe moyenne, qui n'a ni commerce ni industrie, qui tient une plume et qui ne peut écrire, qui a une voix et qui ne peut parler; c'est cette classe qui calcule qu'elle aura le temps d'être morte de faim avant qu'elle réunisse à elle assez de nobles philosophes et de lazzaroni intelligens pour se faire une majorité constitutionnelle.

Nous reviendrons en temps et lieu sur le mezzo ceto et sur les lazzaroni. Cet article nous a déjà entraîné trop loin, puisqu'il ne devait être consacré qu'à la noblesse; mais de déduction en déduction on fait le tour du monde. Que notre lecteur se rassure; nous nous apercevons à temps de notre erreur, et nous nous arrêtons à Tolède.

IV

Toledo.

Toledo est la rue de tout le monde. C'est la rue des restaurans, des cafés, des boutiques; c'est l'artère qui alimente et traverse tous les quartiers de la ville; c'est le fleuve où vont se dégorger tous les torrens de la foule. L'aristocratie y passe en voiture, la bourgeoisie y vend ses étoffes, le peuple y fait sa sieste. Pour le noble, c'est une promenade; pour le marchand, un bazar; pour le lazzarone, un domicile.

Toledo est aussi le premier pas fait par Naples vers la civilisation moderne, telle que l'entendent nos progressistes, c'est le lien qui réunit la cité poétique à la ville industrielle, c'est un terrain neutre où l'on peut suivre d'un œil curieux les restes de l'ancien monde qui s'en va et les envahissemens du nouveau monde qui arrive. A côté de la classique osteria aux vieux rideaux tachetés par les mouches, un galant pâtissier français étale sa femme, ses brioches et ses babas. En face d'un respectable fabricant d'antiquités à l'usage de messieurs les Anglais se pavane un marchand d'allumettes chimiques. Au dessus d'un bureau de loterie s'élève un brillant salon de coiffure; enfin, pour dernier trait caractéristique de la fusion qui s'opère, la rue de Toledo est pavée en lave comme Herculanum et Pompéia, et éclairée au gaz comme Londres et Paris.

Tout est à voir dans la rue de Toledo; mais comme il est impossible de tout décrire, il faut se borner à trois palais, qui sont ce qu'elle offre de plus saillant et de plus remarquable : le palais du roi à une extrémité, le palais de la ville à l'autre extrémité, et au milieu le palais de Barbaja.

Quant au palais du roi de Naples, l'occasion se présentera de nous en occuper. Passons à la ville. La ville se compose : 1º d'un carrosse à douze places, peint et doré dans le plus beau style espagnol du dix-septième siècle; 2º de douze magistrats, élus moitié parmi les nobles, moitié parmi les bourgeois napolitains, portant fièrement la cape et l'épée, chaussés de petits souliers à boucles et coiffés d'énormes perruques à la Louis XIV; 3º de six chevaux harnachés, empanachés, caparaçonnés avec la plus grande magnificence. Voici maintenant les fonctions respectives de tout le personnel de la ville ; le carrosse est tenu de sortir deux fois par an de sa remise, les douze magistrats sont chargés de s'asseoir dans le carrosse, et les six chevaux sont obligés de traîner le tout d'un bout de Toledo à l'autre, le plus lentement possible. Tout le monde s'acquitte à merveille de ses devoirs.

Reste donc à expliquer à mes lecteurs ce que c'est, ou plutôt ce que c'était que Barbaja ; car, hélas ! au moment où j'écris ces lignes, ce grand homme a disparu, cette grande gloire s'est évanouie, ce grand astre s'est éteint..

Domenico Barbaja était le véritable type de l'impresario italien. En France, nous connaissons le directeur, le régisseur, le commissaire du roi, le caissier, les contrôleurs, nous ne connaissons pas l'impresario: L'impresario est tout cela à la fois, mais il est plus encore. Nos théâtres sont régis constitutionnellement, nos directeurs règnent et ne gouvernent pas, suivant la célèbre maxime parlementaire. L'impresario italien est un despote, un czar, un sultan, régnant par le droit divin dans son théâtre, n'ayant, comme les rois les plus légitimes, d'autres règles que sa propre volonté, et ne devant compte de son administration qu'à Dieu et à sa conscience.

Il est à la fois pour les artistes un exploiteur habile et un père indulgent, un maître absolu et un ami fidèle, un guide éclairé et un juge incorruptible.

C'est un homme faisant la traite des blancs pour son compte et en disposant à son gré, sans reconnaître à qui que ce soit au monde le droit de visite sur ses planches, couvrant sa marchandise de son pavillon, et défendant les droits de son pavillon avec une intrépidité tout américaine.

Au reste, l'impresario n'a pas seulement le droit pour lui, il a aussi la force. Il a à ses ordres un piquet de cavalerie et un peloton d'infanterie, un commissaire de police et un capitaine de place, des sbires, des carabiniers, des gendarmes pour envoyer immédiatement en prison les chanteurs qui s'aviseraient d'avoir des caprices et le public qui oserait siffler sans raison.

.Domenico Barbaja 1er a donc régné d'une manière aussi complète et aussi absolue pendant l'espace de quarante ans. C'était un homme de taille moyenne, mais bâti en Hercule, la poitrine large, les épaules carrées, le poignet de fer. Sa tête était assez commune, et ses traits ne se piquaient pas d'une grande régularité ; mais ses yeux pétillaient d'esprit, d'intelligence et de malice.

Goldoni l'avait prévu en écrivant *le Bourru bienfaisant*. Excellent cœur, mais les manières les plus brusques, le caractère le plus violent et le plus emporté du monde. Il est impossible de traduire dans aucune langue le dictionnaire d'injures et de gros mots dont il se servait à l'égard des artistes de son théâtre. Mais il n'en est pas un qui lui ait gardé rancune, tant ils étaient sûrs qu'au moindre succès Barbaja serait là pour les embrasser avec effusion, à la moindre chute pour les consoler avec délicatesse, à la moindre maladie pour les veiller nuit et jour avec une tendresse et un dévoûment paternels.

Parti d'un café de Milan, où il servait en qualité de garçon, il était arrivé à diriger en même temps les théâtres de Saint-Charles, de la Scala et de Vienne, à régner sans contestation et sans contrôle sur le public

italien et sur le public allemand, c'est-à-dire sur deux publics dont l'un
passe pour être le plus capricieux et l'autre pour être le plus difficile de
l'univers. Après avoir amassé sou par sou sa fortune, Barbaja la dépen-
sait noblement en prodigalités royales et en généreux bienfaits. Il avait un
palais pour loger les artistes, une villa pour traiter ses amis, des jeux pu-
blics pour amuser tout le monde. Génie vraiment extraordinaire et instinc-
tif, n'ayant jamais su écrire une lettre ni déchiffrer une note, et traçant
avec un parfait bon sens aux poètes le plan de leurs libretti, aux compo-
siteurs le choix de leurs morceaux ; doué par Dieu de la voix la plus criarde
et la plus dissonnante, et formant par ses conseils les premiers chanteurs
de l'Italie ; ne parlant que son patois milanais, et se faisant comprendre à
merveille par les rois et par les empereurs avec lesquels il traitait de puis-
sance à puissance.

Aussi prenait-il ses engagemens sur parole et sans jamais accepter la
moindre condition. Il fallait se livrer à discrétion à Barbaja. Il avait tou-
jours sous sa main de quoi récompenser largement et de quoi punir avec
la dernière sévérité. Une ville se montrait-elle accommodante à l'endroit des
décors, un public encourageait-il les débutans avec cette bienveillance qui
triple les moyens d'un artiste, un gouvernement ne lésinait-il pas trop sur
la subvention ? ville, public, gouvernement, étaient aussitôt dans les
bonnes grâces de l'impresario ; il leur envoyait Rubini, la Pasta, Lablache,
l'élite de sa troupe. Mais si une autre ville, au contraire, se montrait par
trop exigeante, si un autre public abusait de son droit de siffler acheté à
la porte, si un autre gouvernement affichait des prétentions excessives,
Barbaja leur lâchait le rebut de ses chanteurs, ses *chiens*, comme il les
appelait par une expression énergique ; leur faisait écorcher les oreilles
pendant une entière saison, et écoutait les plaintes et les sifflets des p ttiens
avec le même sang-froid qu'un empereur romain assistant au spectacle du
cirque.

Il fallait voir le noble impresario assis dans sa belle loge d'avant-scène,
en face du roi, un soir de première représentation, grave, impassible, se
tournant tantôt vers les acteurs, tantôt vers le public. Si c'était l'artiste
qui bronchait, Barbaja était le premier à l'immoler avec une sévérité digne
de Brutus, en lui jetant un : « *Can de Dio !* » qui faisait trembler la salle.
Si, au contraire, c'était le public qui avait tort, Barbaja se redressait
comme une vipère, et lui lançait à pleine voix un : « *Fioli d'una vacca*,
voulez-vous vous taire ! vous ne méritez que de la canaille ! » Si c'était
le roi par hasard qui manquait d'applaudir à temps, Barbaja se conten-
tait de hausser les épaules et sortait en grommelant de sa loge.

Barbaja ne se fiait à personne du soin de former sa troupe ; il avait pour
principe d'engager le moins possible les artistes connus, parce qu'une répu-
tation arrivée à son apogée ne pouvait plus que décroître, et qu'avec des
talens célèbres il y avait plus à perdre qu'à gagner. Il aimait mieux
les créer lui-même, et commençait d'ordinaire ses expériences *in anima
vili.*

Voici sa manière de procéder :

Il sortait par une belle matinée de mai ou de septembre, et se faisait
conduire par son cocher dans les environs de Naples. Arrivé à la campagne,
il descendait de sa calèche, congédiait ses gens, et s'acheminait seul et à
pied à la recherche de l'*ut* de poitrine. S'il rencontrait un paysan assez
beau, assez bien tourné et assez paresseux pour faire un ténor, il s'ap-

prochait de lui amicalement, lui posait la main sur l'épaule, et engageait la conversation à peu près en ces termes :

— Eh bien ! mon ami, le travail nous fatigue un peu, n'est-ce pas ? Nous n'avons pas la force de lever la bêche ?

— Je me reposais, eccellenza.

— Connu ! connu ! le paysan napolitain se repose toujours.

— C'est qu'il fait une chaleur étouffante. Et puis la terre est si dure !

— Je parie que tu dois avoir une belle voix ; je ne connais rien qui soulage et qui donne des forces comme un peu de musique ; si tu me chantais une chanson ?

— Moi, monsieur ! Je n'ai jamais chanté de ma vie.

— Raison de plus ; tu auras la voix plus fraîche.

— Vous voulez plaisanter !

— Non, je veux t'entendre.

— Et qu'est-ce que je gagnerai à me faire entendre de vous ?

— Mais peut-être que si ta voix me plaît tu ne travailleras plus, je te prendrai avec moi.

— Pour domestique ?

— Mieux que cela.

— Pour cuisinier ?'

— Mieux, te dis-je.

— Et pourquoi donc ? demandait alors le paysan avec quelque défiance.

— Qu'est-ce que ça te fait ? chante toujours.

— Bien fort ?

— De tous tes poumons, et surtout ouvre bien la bouche.

Si le malheureux n'avait qu'une voix de baryton ou de basse-taille, l'impresario tournait lestement sur ses talons en lui laissant quelque maxime bien consolante sur l'amour du travail et le bonheur de la vie champêtre ; mais s'il était assez heureux dans sa journée pour mettre la main sur un ténor, il l'emmenait avec lui et le faisait monter... derrière sa voiture.

Il ne gâtait pas les artistes, celui-là.

S'agissait-il d'engager un homme : — Qu'est-ce qu'il te faut, mon garçon ? lui demandait Barbaja de sa voix brusque et de son ton bourru ; tu auras assez de cinquante francs par mois pour commencer. Des souliers pour te chausser, un habit pour te couvrir, du macaroni pour te régaler, que demandes-tu davantage ? Sois grand artiste d'abord, et ensuite tu me feras la loi comme je te la fais maintenant. Hélas ! ce temps ne viendra que trop tôt ; tu as une belle voix, et la preuve c'est que je t'ai engagé ; tu as de l'intelligence et la preuve c'est que tu voudrais me voler. Attends donc, cher ami, le bien te viendra en chantant. Si je te donnais beaucoup d'argent tout de suite, tu ferais le beau, tu te griserais tous les jours, et tu perdrais ta voix au bout de trois semaines.

Avec les femmes, le raisonnement était beaucoup plus court et plus simple :

— Chère enfant, je ne te donnerai pas un sou ; c'est toi, au contraire, qui dois me payer. Je t'offre les moyens de montrer au public tout ce que tu possèdes d'agrémens naturels. Tu es jolie ; si tu as du talent, tu arriveras bien vite ; si tu n'en as pas, tu arriveras plus vite encore. Crois-moi, tu m'en remercieras plus tard lorsque tu auras acquis un peu plus d'expérience. Si tu étais déjà riche à tes débuts, tu épouserais un choriste qui te battrait ou un prince qui te réduirait à la misère.

Convaincus par une logique aussi entraînante, les artistes s'engageaient pour cinquante francs par mois; mais il arrivait le plus souvent qu'après le premier trimestre ils devaient six mille francs à un usurier. Alors Barbaja, pour ne pas les faire aller en prison, payait leurs dettes, et le compte était soldé.

Pendant mon séjour à Naples, on racontait plusieurs anecdotes sur le grand impresario, qui peignent l'homme tout entier et donnent une exacte mesure de ses connaissances en musique.

Je ne sais plus quel marquis napolitain, dont l'influence était grande à la cour, lui avait recommandé une jeune fille comme ayant pour le théâtre la vocation la plus décidée et annonçant le plus bel avenir. Barbaja fit une moue très significative et enfonça ses deux mains dans les poches de sa veste de nankin, attitude qu'il prenait habituellement quand il ne pouvait pas donner un libre cours à sa colère.

— Vous verrez, mon cher, répliqua le marquis avec un air de suffisance qui échauffait de plus en plus la bile du terrible impresario, c'est un véritable prodige!

— Bien, bien! qu'elle vienne demain à midi.

Le lendemain, à l'heure dite, la débutante met sa plus belle robe, prend ses cahiers, et, flanquée de l'éternelle mère que vous connaissez, se présente au palais de Barbaja.

Le directeur de l'orchestre était déjà au piano, Barbaja se promenait de long en large dans son salon.

— Signor impresario, dit la vieille femme après une profonde révérence, il est du devoir d'une mère, devoir religieux et sacré, de vous avertir que cette pauvre enfant, étant pure comme le cristal, et timide comme une colombe...

— Nous commençons mal, interrompit brusquement Barbaja; au théâtre il faut être effrontée.

— Ce n'est pas cependant que je veuille entendre, reprend la mère de sa voix la plus mielleuse...

Mais l'impresario, lui tournant le dos, s'approcha de la jeune fille et lui dit d'un ton passablement impatienté : — Voyons, ma chère, que veux-tu me chanter?

Il aurait tutoyé la reine en personne.

— Monsieur, balbutie la débutante, devenue rouge jusqu'au blanc des yeux, j'ai la prière de *Norma*...

— Comment, malheureuse! s'écrie Barbaja d'une voix tonnante; après la Ronzi, oserais-tu aborder la prière de *Norma?* Quelle audace!

— Je chanterez, si vous le préférez, la cavatine du *Barbier*.

— La cavatine du *Barbier!* après la Fodor! Quelle indignité!

— Pardon, monsieur, dit la jeune fille en tremblant; j'essaierai la romance du *Saule*.

— La romance du *Saule!* après la Malibran! Quelle profanation !

— Alors il ne me reste plus que des solféges, reprend la pauvre débutante presque en sanglotant.

— A la bonne heure ! Va pour les solféges !

La jeune fille essuie ses larmes, la mère lui glisse à l'oreille un mot de consolation, l'accompagnateur l'encourage; bref, elle s'en tire à merveille. Jamais solféges n'avaient été mieux exécutés.

La physionomie de Barbaja s'éclaircit, son front se déride, un sourire de satisfaction erre sur ses lèvres.

— Eh bien, monsieur! s'écrie la mère dans la plus grande anxiété, que pensez-vous de ma fille?

— Eh, madame! la voix n'est pas mauvaise, mais du diable si j'ai pu comprendre un seul mot.

Une autre fois (on était en plein hiver) on répétait un opéra nouveau, et les chanteurs chargés des premiers rôles, désolés de quitter leur édredon, étaient toujours en retard. Barbaja, furieux, avait juré la veille de mettre à l'amende le premier qui ne se trouverait pas à l'heure, fût-ce le ténor ou la prima donna elle-même, pour faire un exemple.

La répétition commence, Barbaja s'éloigne un peu vers le fond d'une coulisse pour gronder le machiniste; tout à coup les voix se taisent, l'orchestre s'arrête, on attend quelqu'un.

— Qu'y a-t-il? s'écrie l'impresario en se précipitant vers la rampe.

— Rien, monsieur, répond le premier violon.

— Qu'est-ce qui manque? Je veux le savoir.

— Il manque un *ré*.

— A l'amende.

Tout cela n'empêche pas que Domenico Barbaja n'ait créé Lablache, Tamburini, Rubini, Donzelli, la Colbron, la Pasta, la Fodor, Donizetti, Bellini, Rossini lui-même; oui, le grand Rossini.

Les plus grands chefs-d'œuvre du maître souverain ont été composés pour Barbaja, et Dieu seul peut savoir ce qu'il en a coûté au pauvre impresario de prières, de violences et de ruses pour forcer au travail le génie le plus libre, le plus insouciant et le plus heureux qui ait jamais plané sur le beau ciel de l'Italie.

J'en citerai un exemple qui caractérise parfaitement l'impresario et le compositeur.

V

Otello.

Rossini venait d'arriver à Naples, précédé déjà par une grande réputation. La première personne qu'il rencontra en descendant de voiture fut, comme on s'en doute bien, l'impresario de Saint-Charles. Barbaja alla au devant du maestro les bras et le cœur ouverts, et, sans lui donner le temps de faire un pas ni de prononcer une parole :

— Je viens, lui dit-il, te faire trois offres, et j'espère que tu ne refuseras aucune des trois.

— J'écoute, répondit Rossini avec ce fin sourire que vous savez.

— Je t'offre mon hôtel pour toi et pour tes gens.

— J'accepte.

— Je t'offre ma table pour toi et pour tes amis.

— J'accepte.

— Je t'offre d'écrire un opéra nouveau pour moi et pour mon théâtre.

— Je n'accepte plus.

— Comment! tu refuses de travailler pour moi?

— Ni pour vous ni pour personne. Je ne veux plus faire de musique.

— Tu es fou, mon cher.

— C'est comme j'ai l'honneur de vous le dire.

— Et que viens-tu faire à Naples ?

— Je viens manger des macaroni et prendre des glaces. C'est ma passion.

— Je te ferai préparer des glaces par mon limonadier, qui est le premier de Toledo , et je te ferai moi-même des macaroni dont tu me diras des nouvelles.

— Diable ! cela devient grave.

— Mais tu me donneras un opéra en échange.

— Nous verrons.

— Prends un mois, deux mois, six mois, tout le temps que tu désires.

— Va pour six mois.

— C'est convenu.

— Allons souper.

Dès le soir même, le palais de Barbaja fut mis à la disposition de Rossini ; le propriétaire s'éclipsa complétement, et le célèbre maestro put se regarder comme étant chez lui, dans la plus stricte acception du mot. Tous les amis ou même les simples connaissances qu'il rencontrait en se promenant étaient invités sans façon à la table de Barbaja, dont Rossini faisait les honneurs avec une aisance parfaite. Quelquefois ce dernier se plaignait de ne pas avoir trouvé assez d'amis pour les convier aux festins de son hôte : à peine s'il avait pu en réunir, malgré toutes les avances du monde, douze ou quinze. C'étaient les mauvais jours.

Quant à Barbaja, fidèle au rôle de cuisinier qu'il s'était imposé, il inventait tous les jours un nouveau mets, vidait les bouteilles les plus anciennes de sa cave, et fêtait tous les inconnus qu'il plaisait à Rossini de lui amener, comme s'ils avaient été les meilleurs amis de son père. Seulement, vers la fin du repas, d'un air dégagé, avec une adresse infinie et le sourire à la bouche, il glissait entre la poire et le fromage quelques mots sur l'opéra qu'il s'était fait promettre et sur l'éclatant succès qui ne pouvait lui manquer.

Mais, quelque précaution oratoire qu'employât l'honnête impresario pour rappeler à son hôte la dette qu'il avait contractée, ce peu de mots tombés du bout de ses lèvres produisait sur le maestro le même effet que les trois paroles terribles du festin de Balthazar. C'est pourquoi Barbaja, dont la présence avait été tolérée jusque alors, fut prié poliment par Rossini de ne plus paraître au dessert.

Cependant les mois s'écoulaient, le libretto était fini depuis long-temps, et rien n'annonçait encore que le compositeur se fût décidé à se mettre à l'ouvrage. Aux dîners succédaient les promenades, aux promenades les parties de campagne. La chasse, la pêche, l'équitation se partageaient les loisirs du noble maître ; mais il n'était pas question de la moindre note. Barbaja éprouvait vingt fois par jour des accès de fureur, des crispations nerveuses, des envies irrésistibles de faire un éclat. Il se contenait néanmoins, car personne plus que lui n'avait foi dans l'incomparable génie de Rossini.

Barbaja garda le silence pendant cinq mois avec la résignation la plus exemplaire. Mais le matin du premier jour du sixième mois, voyant qu'il n'y avait plus de temps à perdre ni de ménagemens à garder, il tira le maestro à l'écart et entama l'entretien suivant :

— Ah ça! mon cher, sais-tu qu'il ne manque plus que vingt-neuf jours pour l'époque fixée?

— Quelle époque? dit Rossini avec l'ébahissement d'un homme à qui on adresserait une question incompréhensible en le prenant pour un autre.

— Le 30 mai.

— Le 30 mai!

Même pantomime.

— Ne m'as-tu pas promis un opéra nouveau qu'on doit jouer ce jour-là?

— Ah! j'ai promis?

— Il ne s'agit pas ici de faire l'étonné! s'écria l'impresario, dont la patience est à bout; j'ai attendu le délai de rigueur, comptant sur ton génie et sur l'extrême facilité de travail que Dieu t'a accordée. Maintenant il m'est impossible de plus attendre : il me faut mon opéra.

— Ne pourrait-on pas arranger quelque opéra ancien en changeant le titre?

— Y penses-tu? Et les artistes qui sont engagés exprès pour jouer dans un opéra nouveau?

— Vous les mettrez à l'amende.

— Et le public?

— Vous fermerez le théâtre.

— Et le roi?

— Vous donnerez votre démission.

— Tout cela est vrai jusqu'à un certain point. Mais si ni les artistes, ni le public, ni le roi lui-même ne peuvent me forcer à tenir ma promesse, j'ai donné ma parole, monsieur, et Domenico Barbaja n'a jamais manqué à sa parole d'honneur.

— Alors c'est différent.

— Ainsi, tu me promets de commencer demain.

— Demain, c'est impossible, j'ai une partie de pêche au Fusaro.

— C'est bien, dit Barbaja, enfonçant ses mains dans ses poches, n'en parlons plus. Je verrai quel parti il me reste à prendre.

Et il s'éloigna sans ajouter un mot.

Le soir, Rossini soupa de bon appétit, et fit honneur à la table de l'impresario en homme qui avait parfaitement oublié la discussion du matin. En se retirant, il recommanda bien à son domestique de le réveiller au point du jour et de lui tenir prête une barque pour le Fusaro. Après quoi il s'endormit du sommeil du juste.

Le lendemain, midi sonnait aux cinq cents cloches que possède la bienheureuse ville de Naples, et le domestique de Rossini n'était pas encore monté chez son maître; le soleil dardait ses rayons à travers les persiennes. Rossini, réveillé en sursaut, se leva sur son séant, se frotta les yeux et sonna : le cordon de la sonnette resta dans sa main.

Il appela par la croisée qui donnait sur la cour : le palais demeura muet comme un sérail.

Il secoua la porte de sa chambre : la porte résista à ses secousses, elle était murée au dehors!

Alors Rossini, revenant à la croisée, se mit à hurler au secours, à la trahison, au guet-apens! Il n'eut pas même la consolation que l'écho répondît à ses plaintes , le palais de Barbaja étant le bâtiment le plus sourd qui existe sur le globe.

Il ne lui restait qu'une ressource, c'était de sauter du quatrième étage ; mais il faut dire , à la louange de Rossini, que cette idée ne lui vint pas un instant à la tête.

Au bout d'une bonne heure , Barbaja montra son bonnet de coton à une croisée du troisième. Rossini, qui n'avait pas quitté sa fenêtre, eut envie de lui lancer une tuile ; il se contenta de l'accabler d'imprécations.

— Désirez-vous quelque chose? lui demanda l'impresario d'un ton patelin.

— Je veux sortir à l'instant même.

— Vous sortirez quand votre opéra sera fini.

— Mais c'est une séquestration arbitraire.

— Arbitraire tant que vous voudrez; mais il me faut mon opéra.

— Je m'en plaindrai à tous les artistes, et nous verrons.

— Je les mettrai à l'amende.

— J'en informerai le public.

— Je fermerai le théâtre.

— J'irai jusqu'au roi.

— Je donnerai ma démission.

Rossini s'aperçut qu'il était pris dans ses propres filets. Aussi, en homme supérieur, changeant tout à coup de ton et de manières, demanda-t-il d'une voix calme :

— J'accepte la plaisanterie, et je ne m'en fâche pas ; mais puis-je savoir quand me sera rendue ma liberté?

— Quand la dernière scène de l'opéra me sera remise, répondit Barbaja en ôtant son bonnet.

— C'est bien : envoyez ce soir chercher l'ouverture.

Le soir, on remit ponctuellement à Barbaja un cahier de musique sur lequel était écrit en grandes lettres : *Ouverture d'Otello.*

Le salon de Barbaja était rempli de célébrités musicales au moment où il reçut le premier envoi de son prisonnier. On se mit sur-le-champ au piano, on déchiffra le nouveau chef-d'œuvre, et on conclut que Rossini n'était pas un homme, et que, semblable à Dieu, il créait sans travail et et sans effort, par le seul acte de sa volonté. Barbaja, que le bonheur rendait presque fou, arracha le morceau des mains des admirateurs et l'envoya à la copisterie. Le lendemain il reçut un nouveau cahier sur lequel on lisait : *Le premier acte d'Otello;* ce nouveau cahier fut envoyé également aux copistes, qui s'acquittaient de leur devoir avec cette obéissance muette et passive à laquelle Barbaja les avait habitués. Au bout de trois jours, la partition d'*Otello* avait été livrée et copiée.

L'impresario ne se possédait pas de joie ; il se jeta au cou de Rossini, lui fit les excuses les plus touchantes et les plus sincères pour le stratagème qu'il avait été forcé d'employer, et le pria d'achever son œuvre en assistant aux répétitions.

— Je passerai moi-même chez les artistes, répondit Rossini d'un ton dégagé, et je leur ferai répéter leur rôle. Quant à ces messieurs de l'orchestre, j'aurai l'honneur de les recevoir chez moi!

— Eh bien! mon cher, tu peux t'entendre avec eux. Ma présence n'est pas nécesssaire, et j'admirerai ton chef-d'œuvre à la répétition générale. Encore une fois, je te prie de me pardonner la manière dont j'ai agi.

— Pas un mot de plus sur cela, ou je me fâche.

— Ainsi, à la répétition générale?

— A la répétition générale.

Le jour de la répétition générale arriva enfin : c'était la veille de ce fameux 30 mai qui avait coûté tant de transes à Barbaja. Les chanteurs étaient à leur poste, les musiciens prirent place à l'orchestre, Rossini s'assit au piano.

Quelques dames élégantes et quelques hommes privilégiés occupaient les loges d'avant-scène. Barbaja, radieux et triomphant, se frottait les mains et se promenait en sifflottant sur son théâtre.

On joua d'abord l'ouverture. Des applaudissemens frénétiques ébranlèrent les voûtes de Saint-Charles. Rossini se leva et salua.

— Bravo! cria Barbaja. Passons à la cavatine du ténor.

Rossini se rassit à son piano, tout le monde fit silence, le premier violon leva l'archet, et on recommença à jouer l'ouverture. Les mêmes applaudissemens, plus enthousiastes encore, s'il était possible, éclatèrent à la fin du morceau.

Rossini se leva et salua.

— Bravo! bravo! répéta Barbaja. Passons maintenant à la cavatine.

L'orchestre se mit à jouer pour la troisième fois l'ouverture.

— Ah ça! s'écria Barbaja exaspéré, tout cela est charmant, mais nous n'avons pas le temps de rester là jusqu'à demain. Arrivez à la cavatine.

Mais, malgré l'injonction de l'impresario, l'orchestre n'en continuait pas moins la même ouverture. Barbaja s'élança sur le premier violon, et, le prenant au collet, lui cria à l'oreille :

— Mais que diable avez-vous donc à jouer la même chose depuis une heure?

— Dame! dit le violon avec un flegme qui eût fait honneur à un Allemand, nous jouons ce qu'on nous a donné.

— Mais tournez donc le feuillet, imbéciles!

— Nous avons beau tourner, il n'y a que l'ouverture.

— Comment! il n'y a que l'ouverture! s'écria l'impresario en pâlissant : c'est donc une atroce mystification?

Rossini se leva et salua.

Mais Barbaja était retombé sur un fauteuil sans mouvement. La prima donna, le ténor, tout le monde s'empressait autour de lui. Un moment on le crut frappé par une apoplexie foudroyante.

Rossini, désolé que la plaisanterie prît une tournure aussi sérieuse, s'approche de lui avec une réelle inquiétude.

Mais à sa vue, Barbaja, bondissant comme un lion, se prit à hurler de plus belle.

— Va-t'en d'ici, traître, ou je me porte à quelque excès!

— Voyons, voyons, dit Rossini en souriant, n'y a-t-il pas quelque remède?

— Quel remède, bourreau! C'est demain le jour de la première représentation.

— Si la prima donna se trouvait indisposée? murmura Rossini tout bas à l'oreille de l'impresario.

— Impossible, lui répondit celui-ci du même ton ; elle ne voudra jamais attirer sur elle la vengeance et les citrons du public.

— Si vouliez la prier un peu ?

— Ce serait inutile. Tu ne connais pas la Colbron.

— Je vous croyais au mieux avec elle.

— Raison de plus.

— Voulez-vous me permettre d'essayer, moi?

— Fais tout ce que du voudras ; mais je t'avertis que c'est du temps perdu.

— Peut-être.

— Le jour suivant, on lisait sur l'affiche de Saint-Charles que la première représentation d'*Otello* était remise par l'indisposition de la prima donna.

Huit jours après on jouait *Otello*.

Le monde entier connaît aujourd'hui cet opéra ; nous n'avons rien à ajouter. Huit jours avaient suffi à Rossini pour faire oublier le chef-d'œuvre de Shakspeare.

Après la chute du rideau, Barbaja, pleurant d'émotion, cherchait partout le maître pour le presser sur son cœur ; mais Rossini, cédant sans doute à cette modestie qui va si bien aux triomphateurs, s'était dérobé à l'ovation de la foule.

Le lendemain, Domenico Barbaja sonna son souffleur, qui remplissait auprès de lui les fonctions valet de de chambre, impatient qu'il était, le digne impresario, de présenter à son hôte les félicitations de la veille.

Le souffleur entra.

— Va prier Rossini de descendre chez moi, lui dit Barbaja.

— Rossini est parti, répondit le souffleur.

— Comment ! parti ?

— Parti pour Bologne au point du jour.

— Parti sans rien me dire !

— Si fait, monsieur, il vous a laissé ses adieux.

— Alors va prier la Colbron de me permettre de monter chez elle.

— La Colbron ?

— Oui, la Colbron ; es-tu sourd ce matin?

— Faites excuse, mais la Colbron est partie.

— Impossible !

— Ils sont partis dans la même voiture.

— La malheureuse ! elle me quitte pour devenir la maîtresse de Rossini.

— Pardon, monsieur, elle est sa femme.

— Je suis vengé ! dit Barbaja.

VI

Forcella.

De même que Chiaja est la rue des étrangers et de l'aristocratie, de même que Toledo est la rue des flaneurs et des boutiques, Forcella est la rue des avocats et des plaideurs.

Cette rue ressemble beaucoup, pour la population qui la parcourt, à la galerie du Palais-de-Justice, à Paris, qu'on appelle salle des Pas-Perdus, si ce n'est que les avocats y sont encore plus loquaces et les plaideurs plus râpés.

C'est que les procès durent à Naples trois fois plus long-temps qu'ils ne durent à Paris.

Le jour où nous la traversions, il y avait encombrement ; nous fûmes forcés de descendre de notre corricolo pour continuer notre route à pied, et nous allions à force de coups de coude parvenir à traverser cette foule lorsque nous nous avisâmes de demander quelle cause la rassemblait : on nous répondit qu'il y avait procès entre la confrérie des pélerins et don Philippe Villani. Nous demandâmes quelle était la cause du procès : on nous répondit que le défendeur, s'étant fait enterrer quelques jours auparavant aux frais de la confrérie des pélerins, venait d'être assigné afin de prouver légalement qu'il était mort. Comme on le voit, le procès était assez original pour attirer une certaine affluence. Nous demandâmes à Francesco ce que c'était que don Philippe Villani. En ce moment, il nous montra un individu qui passait tout courant.

— Le voici, nous dit-il.

— Celui qu'on a enterré il y a huit jours?

— Lui-même.

— Mais comment cela se fait-il?

— Il sera ressuscité.

— Il est donc sorcier?

— C'est le neveu de Cagliostro.

En effet, grâce à la filiation authentique qui le rattache à son illustre aïeul, et à une série de tours de magie plus ou moins drôles, don Philippe était parvenu à accréditer à Naples le bruit qu'il était sorcier.

On lui faisait tort : don Philippe Villani était mieux qu'un sorcier, c'était un type : don Philippe Villani était le Robert Macaire napolitain. Seulement l'industriel napolitain a une grande supériorité sur l'industriel français ; notre Robert Macaire à nous est un personnage d'invention, une fiction sociale, un mythe philosophique, tandis que le Robert Macaire ultramontain est un personnage de chair et d'os, une individualité palpable, une excentricité visible.

Don Philippe est un homme de trente-cinq à quarante ans, aux cheveux noirs, aux yeux ardens, à la figure mobile, à la voix stridente, aux gestes rapides et multipliés ; don Philippe a tout appris et sait un peu de tout ; il sait un peu de droit, un peu de médecine, un peu de chimie, un peu de mathématiques, un peu d'astronomie ; ce qui fait qu'en se comparant à tout ce qui l'entourait, il s'est trouvé fort supérieur à la société et a résolu de vivre par conséquent aux dépens de la société.

Don Philippe avait vingt ans lorsque son père mourut : il lui laissait tout juste assez d'argent pour faire quelques dettes. Don Philippe eut le soin d'emprunter avant d'être ruiné tout à fait, de sorte que ses premières lettres de change furent scrupuleusement payées : il s'agissait d'établir son crédit. Mais toute chose a sa fin dans ce monde ; un jour vint où don Philippe ne se trouva pas chez lui au moment de l'échéance : on y revint le lendemain matin, il était déjà sorti ; on y revint le soir, il n'était pas encore rentré. La lettre de change fut protestée. Il en résulta que don Philippe fut obligé de passer des mains des banquiers aux mains des escompteurs, et qu'au lieu de payer six du cent, il paya douze.

Au bout de quatre ans, don Philippe avait usé les escompteurs comme

Il avait usé les banquiers; il fut donc obligé de passer des mains des escompteurs aux mains des usuriers. Ce nouveau mouvement s'accomplit sans secousse sensible, si ce n'est qu'au lieu de payer douze pour cent, don Philippe fut obligé de payer cinquante. Mais cela importait peu à don Philippe, qui commençait à ne plus payer du tout. Il en résulta qu'au bout de deux ans encore don Philippe, qui éprouvait le besoin d'une somme de mille écus, eut grand'peine à trouver un juif qui consentît à la lui prêter à cent cinquante pour cent. Enfin, après une foule de négociations dans lesquelles don Philippe eut à mettre au jour toutes les ressources inventives que le ciel lui avait données, le descendant d'Isaac se présenta chez don Philippe avec sa lettre de change toute préparée ; elle portait obligation d'une somme de neuf mille francs : le juif en apportait trois mille; il n'y avait rien à dire, c'était la chose convenue.

Don Philippe prit la lettre de change, jeta un coup d'œil rapide dessus, étendit négligemment la main vers sa plume, fit semblant de la tremper dans l'encrier, apposa son acceptation et sa signature au bas de l'obligation, passa sur l'encre humide une couche de sable bleu, et remit au juif la lettre de change toute ouverte.

Le juif jeta les yeux sur le papier; l'acceptation et la signature étaient d'une grosse écriture fort lisible ; le juif inclina donc la tête d'un air satisfait, plia la lettre de change et l'introduisit dans un vieux portefeuille où elle devait rester jusqu'à l'échéance, la signature de don Philippe ayant depuis long-temps cessé d'avoir cours sur la place.

A l'échéance du billet, le juif se présente chez don Philippe. Contre son habitude, don Philippe était à la maison. Contre l'attente du juif, il était visible. Le juif fut introduit. ·

— Monsieur, dit le juif en saluant profondément son débiteur, vous n'avez point oublié, j'espère, que c'est aujourd'hui l'échéance de notre petite lettre de change.

— Non, mon cher monsieur Félix, répondit don Philippe. Le juif s'appelait Félix.

— En ce cas, dit le juif, j'espère que vous avez eu la précaution de vous mettre en règle?

— Je n'y ai pas pensé un seul instant.

— Mais alors vous savez que je vais vous poursuivre?

— Poursuivez.

— Vous n'ignorez pas que la lettre de change entraîne la prise de corps ?

— Je le sais.

— Et, afin que vous ne prétextiez cause d'ignorance, je vous préviens que, de ce pas, je vais vous faire assigner.

— Faites.

Le juif s'en alla en grommelant, et fit assigner don Philippe à huitaine.

Don Philippe se présenta au tribunal.

Le juif exposa sa demande.

— Reconnaissez-vous la dette? demanda le juge.

— Non seulement je ne la reconnais pas, répondit don Philippe, mais je ne sais pas même ce que monsieur veut dire.

— Faites passer votre titre au tribunal, dit le juge au demandeur.

Le juif tira de son portefeuille la lettre de change souscrite par don Philippe et la passa toute pliée au juge.

Le juge la déplia; puis, jetant un coup d'œil dessus :

— Oui, dit-il, voilà bien une lettre de change, mais je n'y vois ni acceptation ni signature.

— Comment! s'écria le juif en pâlissant.

— Lisez vous-même, dit le juge.

Et il rendit la lettre de change au demandeur.

Le juif faillit tomber à la renverse. L'acceptation et la signature avaient effectivement disparu comme par magie.

— Infâme brigand! s'écria le juif en se retournant vers don Philippe. Tu me paieras celle-là.

— Pardon, mon cher monsieur Félix, vous vous trompez, c'est vous qui me la paierez au contraire. Puis se tournant vers le juge :

— Excellence, lui dit-il, nous vous demandons acte que nous venons d'être insulté en face du tribunal, sans motif aucun.

— Nous vous l'accordons, dit le juge.

Muni de son acte, don Philippe attaqua le juif en diffamation, et comme l'insulte avait été publique, le jugement ne se fit pas attendre.

Le juif fut condamné à trois mois de prison et à mille écus d'amende.

Maintenant expliquons le miracle.

Au lieu de tremper sa plume dans l'encre, don Philippe l'avait purement et simplement trempée dans sa bouche et avait écrit avec sa salive. Puis, sur l'écriture humide, il avait passé du sable bleu. Le sable avait tracé les lettres; mais, la salive séchée, le sable était parti et avec lu l'acceptation et la signature.

Don Philippe gagna six mille francs à ce petit tour de passe-passe, mais il y perdit le reste de son crédit; il est vrai que le reste de son crédit ne lui eût probablement pas rapporté six mille francs.

Mais si bien qu'on ménage mille écus, ils ne peuvent pas éternellement durer; d'ailleurs, don Philippe avait une assez grande foi dans son génie pour ne point pousser l'économie jusqu'à l'avarice. Il essaya de négocier un nouvel emprunt, mais l'affaire du pauvre Félix avait fait grand bruit, et, quoique personne ne plaignît le juif, chacun éprouvait une répugnance marquée à traiter avec un escamoteur assez habile pour effacer sa signature dans la poche de son créancier.

Sur ces entrefaites, on arriva au commencemeut d'avril. Le 4 mai est l'époque des déménagemens à Naples : don Philippe devait deux termes à son propriétaire, lequel lui fit signifier que s'il ne payait pas ces deux termes dans les vingt-quatre heures, il allait, par avance et en se pourvoyant devant le juge, se mettre en situation de le renvoyer à la fin du troisième.

Le troisième arriva, et, comme don Philippe ne paya point, on saisit et l'on vendit les meubles, à l'exception de son lit et de celui d'une vieille domestique de la famille qui n'avait pas voulu le quitter et qui partageait toutes les vicissitudes de sa fortune. La veille du jour où il devait quitter la maison, il se mit en quête d'un autre logement. Ce n'était pas chose facile à trouver : don Philippe commençait à être fort connu sur le pavé de Naples. Désespérant donc de trouver un propriétaire avec qui traiter à l'amiable, il résolut de faire son affaire par force ou par surprise.

Il connaissait une maison que son propriétaire, vieil avare, laissait tomber en ruines plutôt que de la faire réparer. Dans tout autre temps, cette maison lui eût paru fort indigne de lui; mais don Philippe était devenu facile dans la fortune adverse. Il s'assura pendant la journée que la maison n'était point habitée, et, lorsque la nuit fut venue, il déménagea avec sa vieille servante, chacun portant son lit, et s'achemina vers son nouveau domicile. La porte était close, mais une fenêtre était ouverte; il passa par la fenêtre, alla ouvrir la porte à sa compagne, choisit la meilleure chambre, l'invita à choisir après lui, et une heure après tous deux étaient installés.

Quelques jours après, le vieil avare, en visitant sa maison, la trouva habitée. C'était une bonne fortune pour lui : depuis deux ou trois années elle était dans un tel état de délabrement qu'il ne pouvait plus la louer à personne ; il se retira donc sans mot dire ; seulement, il fit constater l'occupation par deux voisins.

Le jour du terme, don Bernardo se présenta, cette attestation à la main, et après force révérences : — Monsieur, lui dit-il, je viens réclamer l'argent que vous avez bien voulu me devoir, en me faisant l'agréable surprise de venir loger chez moi sans m'en prévenir.

— Mon cher, mon estimable ami, lui répondit don Philippe en lui serrant la main avec effusion, informez-vous partout où j'ai demeuré si j'ai jamais payé mon loyer ; et si vous trouvez dans tout Naples un propriétaire qui vous réponde affirmativement, je consens à vous donner le double de ce que vous prétendez que je vous dois, aussi vrai que je m'appelle don Philippe Villani.

Don Philippe se vantait, mais il y a des momens où il faut savoir mentir pour intimider l'ennemi.

A ce nom redouté, le propriétaire pâlit. Jusque-là il avait ignoré quel illustre personnage il avait eu l'honneur de loger chez lui. Les bruits de magie qui s'étaient répandus sur le compte de don Philippe se présentaient à son esprit, et il se crut non seulement ruiné pour avoir hébergé un locataire insolvable, mais encore damné pour avoir frayé avec un sorcier.

Don Bernardo se retira pour réfléchir à la résolution qu'il devait prendre. S'il eût été le diable boiteux, il eût enlevé le toit; il n'était qu'un pauvre diable, il se décida à le laisser tomber, ce qui ne pouvait, au reste, entraîner de longs retards, vu l'état de dégradation de la maison. C'était justement dans la saison pluvieuse, et quand il pleut à Naples on sait avec quelle libéralité le Seigneur donne l'eau; le propriétaire se présenta de nouveau au seuil de la maison.

Comme nos premiers pères poursuivis par la vengeance de Dieu, à laquelle ils cherchaient à échapper, don Philippe s'était retiré de chambre en chambre devant le déluge. Le propriétaire crut donc, au premier abord, qu'il avait pris le parti de décamper, mais son illusion fut courte. Bientôt, guidé par la voix de son locataire, il pénétra dans un petit cabinet un peu plus imperméable que le reste de la maison, et le trouva sur son lit tenant d'une main son parapluie ouvert, de l'autre main un livre, et déclamant à tue-tête les vers d'Horace : *Impavidum ferient ruinæ !*

Le propriétaire s'arrêta un instant immobile et muet devant l'enthousiaste résignation de son hôte, puis enfin, retrouvant la parole :

— Vous ne voulez donc pas vous en aller? demanda-t-il faiblement et d'une voix consternée :

— Écoutez-moi, mon brave ami, écoutez-moi, mon digne propriétaire, dit don Philippe en fermant son livre. Pour me chasser d'ici, il faut me faire un procès; c'est évident : nous n'avons pas de bail, et j'ai la possession. Or, je me laisserai juger par défaut : un mois, je formerai opposition au jugement : autre mois ; vous me réassignerez : troisième mois ; j'interjetterai appel : quatrième mois ; vous obtiendrez un second jugement : cinquième mois ; je me pourvoirai en cassation : sixième mois. Vous voyez qu'en allongeant tant soit peu la chose, car je cote au plus bas, c'est une année de perdue, plus les frais.

— Comment les frais ! s'écria le propriétaire ; c'est vous qui serez condamné aux frais.

— Sans doute, c'est moi qui serai condamné aux frais, mais c'est vous qui les paierez, attendu que je n'ai pas le sou, et que, comme vous serez le demandeur, vous aurez été forcé de faire les avances.

— Hélas ! ce n'est que trop vrai ! murmura le pauvre propriétaire en poussant un profond soupir.

— C'est une affaire de six cents ducats, continua don Philippe.

— A peu près, répondit le propriétaire, qui avait rapidement calculé les honoraires des juges, des avocats et des greffiers.

— Eh bien ! faisons mieux que cela, mon digne hôte, transigeons.

— Je ne demande pas mieux, voyons.

— Donnez-moi la moitié de la somme, et je sors à l'instant de ma propre volonté, et je me retire à l'amiable.

— Comment ! que je vous donne trois cents ducats pour sortir de chez moi, quand c'est vous qui me devez deux termes !

— La remise de l'argent portera quittance.

— Mais c'est impossible !

— Très bien. Ce que j'en faisais, c'était pour vous obliger.

— Pour m'obliger, malheureux !

— Pas de gros mots, mon hôte ; cela n'a pas réussi, vous le savez, au papa Félix.

— Eh bien ! dit l'avare faisant un effort sur lui-même, eh bien ! je donnerai moitié.

— Trois cents ducats, dit don Philippe, pas un grain de plus, pas un grain de moins.

— Jamais ! s'écria le propriétaire.

— Prenez garde que, lorsque vous reviendrez, je ne veuille plus pour ce prix-là.

— Eh bien ! je risquerai le procès, dût-il me coûter six cents ducats !

— Risquez, mon brave homme, risquez.

— Adieu ; demain vous recevrez du papier marqué.

— Je l'attends.

— Allez au diable !

— Au plaisir de vous revoir.

Et tandis que don Bernardo se retirait furieux, don Philippe reprit son ode au *Justum et tenacem*.

VII

Suite.

Le lendemain se passa, le surlendemain se passa, la semaine se passa, et don Philippe, comme il s'y attendait, ne vit apparaître aucune somma-

tion; loin de là, au bout de quinze jours, ce fut le propriétaire qui revint,
aussi doux et aussi mielleux au retour qu'il s'était montré menaçant et
terrible au départ.

— Mon cher hôte, lui dit-il, vous êtes un homme si persuasif qu'il faut
en passer par où vous voulez : voici les trois cents ducats que vous avez
exigés; j'espère que vous allez tenir votre promesse. Vous m'avez pro-
mis, si je vous apportais trois cents ducats, de vous en aller à l'instant,
de votre propre volonté et à l'amiable.

— Si vous me les donniez le jour même; mais je vous ai dit que si
vous attendiez ce serait le double. Or, vous avez attendu. Payez-moi six
cents ducats, mon cher, et je me retire.

— Mais c'est une ruine !

— C'est la vingtième partie de la somme qu'on vous a offerte hier
pour votre maison.

— Comment! vous savez...

— Que milord Blumfild vous en donne dix mille écus.

— Vous êtes donc sorcier ?

— Je croyais que c'était connu. Payez-moi mes six cents ducats, mon
cher, et je me retire.

— Jamais!

— A votre prochaine visite, ce sera douze cents.

— Eh bien! quatre cent cinquante.

— Six cents, mon hôte, six cents. Et songez que si vous n'avez pas
rendu réponse demain à milord Blumfild, milord Blumfild achète la mai-
son de votre digne confrère le papa Félix.

— Allons, dit le propriétaire tirant une plume et du papier de sa poche,
faites-moi votre obligation, quoiqu'on dise que votre obligation et rien
c'est la même chose.

— Comment, mon obligation! c'est ma quittance que vous voulez dire?

— Va pour votre quittance alors, et n'en parlons plus. Signez. Voici
votre argent.

— Voici votre quittance.

— Maintenant, dit le propriétaire en lui montrant la porte.

— C'est juste, répondit don Philippe en s'apprêtant à se retirer...

— Mais votre domestique !

— Marie ! cria don Philippe.

La vieille domestique parut.

— Marie, mon enfant, nous déménageons, dit don Philippe; prenez
mon parapluie, saluez notre digne hôte et suivez-moi.

Marie prit le parapluie, fit une révérence au propriétaire, et suivit son
maître.

Le lendemain, le propriétaire attendit toute la journée la visite de milord
Blumfild. Il l'attendit toute la journée du surlendemain, il l'attendit toute
la semaine : milord Blumfild ne parut pas. Le pauvre propriétaire visita
tous les hôtels de Naples; on n'y connaissait aucun Anglais de ce nom.
Seulement, un soir, en allant par hasard aux Fiorentini, don Bernardo vit
un acteur qui ressemblait comme deux gouttes d'eau à son introuvable
milord; il s'informa à la direction et apprit que le ménechme de sir Blum-
fild jouait à merveille les rôles d'Anglais. Il demanda si par hasard cet
artiste n'était pas lié avec don Philippe Villani, et il apprit que non seu-
lement ils étaient amis intimes, mais encore que l'artiste n'avait rien à refu-

ser à l'industriel, l'industriel faisant des articles à la louange de l'artiste dans le *Rat savant*, seul journal littéraire qui existât dans la ville de Naples.

Grâce à cette recrudescence de fortune, don Philippe parvint à trouver un logement convenable dont il paya, pour ôter toute méfiance au propriétaire, le premier terme à l'avance. De plus, il fit l'acquisition de quelques meubles d'absolue nécessité.

Cependant six cents ducats dans les mains d'un homme à qui l'avenir appartenait d'une façon si certaine ne devaient pas durer long-temps ; mais l'exactitude de ses paiemens lui avait rendu quelque crédit ; et lorsque ses six cents ducats furent épuisés, il trouva moyen, sur lettre de change, d'en emprunter cent cinquante autres.

Ces cent cinquante autres s'usèrent comme les premiers ; les ducats disparurent, la lettre de change resta. Il n'y a que deux choses qui ne sont jamais perdues : un bienfait et une lettre de change.

Toute lettre de change a une échéance : l'échéance de la lettre de change de don Philippe arriva, puis le créancier suivit l'échéance, puis l'huissier suivit le créancier, puis la saisie devait le surlendemain suivre le tout.

Le soir, don Philippe rentra chargé de vieilles porcelaines du plus beau Chine et du plus magnifique Japon ; seulement la porcelaine était en morceaux. Il est vrai que, comme dit Jocrisse, il n'y avait pas un de ces morceaux de cassé.

Aussitôt, avec l'aide de la vielle servante, il dressa un buffet contre la porte d'entrée et sur le buffet il dressa toute sa porcelaine, puis il se coucha et attendit les événemens.

Les événemens étaient faciles à prévoir : le lendemain, à huit heures du matin, l'huissier frappa à la porte, personne ne répondit ; l'huissier frappa une seconde fois, même silence ; une troisième, néant.

L'huissier se retira et s'en vint requérir l'assistance d'un commissaire de police et l'aide d'un serrurier ; puis tous trois revinrent sur le palier de don Philippe. L'huissier frappa aussi inutilement que la première fois ; le commissaire donna au serrurier l'autorisation d'ouvrir la porte ; le serrurier introduisit le rossignol dans la serrure : le pène céda. Quelque chose cependant s'opposait encore à l'ouverture de la porte.

— Faut-il pousser? demanda l'huissier.

— Poussez! dit le commissaire. Le serrurier poussa.

Au même instant on entendit un bruit pareil à celui que ferait en tombant un étalage de marchand de bric-à-brac ; puis de grandes clameurs retentirent :

— A l'aide! au secours! on me pille! on m'assassine! Je suis un homme perdu! je suis un homme ruiné! criait la voix.

Le commissaire entra, l'huissier suivit le commissaire, et le serrurier suivit l'huissier. Ils trouvèrent don Philippe qui s'arrachait les cheveux devant les morceaux de sa porcelaine multipliés à l'infini.

— Ah! malheureux que vous êtes! s'écria don Philippe en les apercevant, vous m'avez brisé pour deux mille écus de porcelaine!

C'eût été au bas prix si la porcelaine n'avait pas été brisée auparavant. Mais c'est ce qu'ignoraient le commissaire de police et l'huissier ; ils se trouvaient en face des débris : le buffet était renversé, la porcelaine en morceaux ; ce malheur était arrivé de leur fait, et si à la rigueur ils n'étaient légalement pas tenus d'en répondre, consciencieusement ils n'en étaient pas moins coupables.

La fausseté de leur situation s'augmenta encore du désespoir de don Philippe.

On devine que pour le moment il ne fut pas question de saisie. Le moyen de saisir, pour une misérable somme de cent cinquante ducats, les meubles d'un homme chez qui l'on vient de briser pour deux mille écus de porcelaine !

Le commissaire et l'huissier essayèrent de consoler don Philippe, mais don Philippe était inconsolable, non pas précisément pour la valeur de la porcelaine, don Philippe avait fait bien d'autres pertes et de bien plus con- sidérables que celle-là ; mais don Philippe n'était que dépositaire : le pro- priétaire qui était un amateur de curiosités, allait venir réclamer son dé- pôt ; don Philippe ne pouvait le lui remettre ; don Philippe était déshonoré.

Le commisaire et l'huissier se cotisèrent. L'affaire en s'ébruitant pou- vait leur faire grand tort ; la loi accorde à ses agens le droit de saisir les meubles, mais non celui de les briser. Ils offrirent à don Philippe une somme de trois cents ducats à titre d'indemnité, et leur influence près de son créancier pour lui faire obtenir un mois de délai à l'endroit du paie- ment de sa lettre de change. Don Philippe, de son côté, se montra large et grand envers l'huissier et le commissaire ; la douleur réelle n'est point calculatrice ; il consentit à tout sans rien discuter : le commissaire et l'huis- sier se retirèrent le cœur brisé de ce muet désespoir.

Le délai accordé à don Philippe s'écoula sans que, comme on s'en doute bien, le débiteur eût songé à donner un sou d'à-compte. Il en résulta qu'un matin don Philippe, en regardant attentivement par sa fenêtre ce qui se passait dans la rue, précaution dont il usait toujours lorsqu'il se sentait sous le coup d'une prise de corps, vit sa maison cernée par des gardes du commerce. Don Philippe était philosophe ; il résolut de passer sa journée à méditer sur les vicissitudes humaines, et de ne plus sortir désormais que le soir. D'ailleurs, on était en plein été, et qui est-ce qui, en plein été, sort pendant le jour dans les rues de Naples, excepté les chiens et les recors ? Huit jours se passèrent donc pendant lesquels les recors firent bonne, mais inutile garde.

Le neuvième jour, don Philippe se leva comme d'habitude, à dix heures du matin : don Philippe était devenu fort paresseux depuis qu'il ne sortait plus. Il regarda par la fenêtre : la rue était libre ; pas un seul recors ! Don Philippe connaissait trop bien l'activité de l'ennemi auquel il avait affaire pour se croire ainsi, un beau matin et sans cause, delivré de lui. Ou ses persécuteurs sont cachés pour faire croire à leur absence, et tomber sur lui au moment où, affamé d'air et de soleil, il sortira pour respirer : et le moyen serait bien faible et bien indigne d'eux et de lui ! ou ils sont chez le président à solliciter une ordonnance pour l'arrêter à domicile. A peine cette idée a-t-elle traversé la tête de don Philippe, qu'il la reconnaît juste avec la sagacité du génie et s'y arrête avec la persistance de l'instinct. Le danger devient enfin digne de lui : il s'agit d'y faire face.

Don Philippe était un de ces généraux habiles qui ne risquent une bataille que lorsqu'ils sont sûrs de la gagner, mais qui, dans l'occasion, savent temporiser comme Fabius ou ruser comme Anibal. Cette fois, il ne s'agissait pas de combattre, il s'agissait de fuir ; cette fois, il s'agissait de gagner une retraite inviolable ; cette fois, il s'agissait d'atteindre une église, l'église étant à Naples lieu d'asile pour les voleurs, les assassins, les parricides et même pour les débiteurs.

Mais gagner une église n'était pas chose facile. L'église la plus proche était distante de six cents pas au moins. Il existe, comme nous l'avons dit, un livre intitulé : *Naples sans soleil*, mais il n'en existe pas qui soit intitulé : *Naples sans recors*.

Tout à coup une idée sublime traverse son cerveau. La veille, il a laissé sa vieille domestique un peu indisposée ; il entre chez elle, la trouve au lit, s'approche d'elle et lui tâte le pouls.

— Marie, lui dit-il en secouant la tête, ma pauvre Marie, nous allons donc plus mal qu'hier ?

— Non, excellence, au contraire, répond la vieille, je me sens beaucoup mieux, et j'allais me lever.

— Gardez-vous-en bien, ma bonne Marie ! gardez-vous-en bien ! je ne le souffrirai pas. Le pouls est petit, saccadé, sec, profond ; il y a pléthore.

— Eh mon Dieu ! monsieur, qu'est-ce que c'est que cette maladie-là ?

— C'est un engorgement des canaux qui conduisent le sang veineux aux extrémités et qui ramènent le sang artériel au cœur.

— Et c'est dangereux, excellence ?

— Tout est dangereux, ma pauvre Marie, pour le philosophe ; mais pour le chrétien tout est louable : la mort elle-même qui, pour le philosophe, est une cause de terreur, est pour le chrétien un objet de joie ; le philosophe essaie de la fuir, le chrétien se hâte de s'y préparer.

— Monsieur, voudriez-vous dire que l'heure est venue de penser au salut de mon âme ?

— Il faut toujours y penser, ma bonne Marie, c'est le moyen de ne pas être pris à l'improviste.

— Et qu'il serait temps que je me préparasse ?

— Non, non, certainement ; vous n'en êtes pas là ; mais à votre place, ma bonne Marie, j'enverrais toujours chercher le viatique.

— Ah ! mon Dieu ! mon Dieu !

— Allons, allons, du courage ! Si tu ne le fais pas pour toi, fais-le pour moi, ma bonne Marie, je suis fort tourmenté, fort inquiet, et cela me tranquillisera, parole d'honneur !

— Ah ! en effet, je me sens bien mal.

— Là, tu vois !

— Et je ne sais pas s'il est temps encore.

— Sans doute, en se pressant.

— Oh ! le viatique ! le viatique ! mon cher maître.

— A l'instant même, ma bonne Marie.

— Le petit garçon du portier fut expédié à la paroisse, et, dix minutes après, on entendit les clochettes du sacristain : don Philippe respira.

La vieille Marie fit ses dernières dévotions avec une foi et une humilité qui édifièrent tous les assistans ; puis, ses dévotions faites, son pieux maître, qui lui avait donné un si bon conseil et qui ne l'avait pas quittée pendant tout le temps qu'elle l'accomplissait, prit un des bâtons du dais, pour reconduire la procession à l'église.

A la porte, il trouva les gardes du commerce qui, leur ordonnance à la main, venaient l'arrêter à domicile. A l'aspect du Saint-Sacrement, ils tombèrent à genoux et virent d'abord défiler le sacristain sonnant sa

sonnette, puis deux lazzaroni vêtus en anges, puis les ouvriers de la
paroisse qui étaient de tour et qui marchaient deux à deux une torche
à la main, puis le prêtre qui portait le Saint-Sacrement, puis enfin leur
débiteur qui leur échappait, grâce au bâton du dais qu'il tenait des deux
mains, et qui passait devant eux en chantant à tue-tête le *Te Deum
laudamus.*

Arrivé dans l'église, et par conséquent se trouvant en lieu de sûreté,
il écrivit à la bonne Marie qu'elle n'était pas plus malade que lui, et
qu'elle eût à venir le rejoindre le plus tôt possible.

Une heure après, le digne couple était réuni.

Le créancier trouva quatre chaises, un buffet et quatre corbeilles de
porcelaine cassée : le tout fut vendu à la criée pour la somme de dix
carlins.

Don Philippe n'avait plus besoin de meubles; il avait momentané-
ment trouvé un logement garni. Son ami l'artiste, qui contrefaisait si
admirablement les Anglais, était devenu millionnaire tout à coup par
un de ces caprices de fortune aussi inouï que bien-venu. Un Anglais im-
mensément riche, et qui avait quitté l'Angleterre attaqué du spleen, était
venu à Naples comme y viennent tous les Anglais; il était allé voir Poli-
chinelle, et il n'avait pas ri; il était allé entendre les sermons des ca-
pucins, et il n'avait pas ri; il avait assisté au miracle de saint Janvier,
et il n'avait pas ri. Son médecin le regardait comme un homme perdu.

Un jour il s'avisa d'aller aux Fiorentini; on y jouait une traduction
des *Anglaises pour rire*, de l'illustrissimo signore Scribe. En Italie,
tout est Scribe. J'y ai vu jouer le *Marino Faliero*, de Scribe; la *Lucrèce
Borgia*, de Scribe; l'*Antony*, de Scribe; et lorsque j'en suis parti, on
annonçait le *Sonneur de Saint-Paul*, de Scribe.

Le malade était donc allé voir les *Anglaises pour rire*, de Scribe;
et à la vue de Lélio, qui jouait l'une de ces dames (Lélio était l'ami de
don Philippe), notre Anglais avait tant ri que son médecin avait craint
un instant qu'il n'eût, comme Bobèche, la rate attaquée.

Le lendemain, il était retourné aux Fiorentini : on jouait les *Deux
Anglais*, de Scribe, et le splénitique 'y avait ri plus encore que la
veille.

Le surlendemain, le convalescent ne s'était pas fait faute d'un remède
qui lui faisait si grand bien : il était retourné, pour la troisième fois,
aux Fiorentini; il avait vu le *Grondeur*, de Scribe, et il avait ri plus
encore qu'il n'avait fait les jours précédens.

Il en était résulté que l'Anglais, qui ne mangeait plus, qui ne buvait
plus, avait peu à peu retrouvé l'appétit et la soif; et cela de telle façon',
qu'au bout de trois mois qu'il était au Lélio, il avait pris une indigestion
de macaroni et de muscats calabrais qui l'avait joyeusement conduit la
nuit suivante au tombeau. De laquelle fin, plein de reconnaissance pour
qui de droit, le digne insulaire avait laissé trois mille livres sterling
de rente à Lélio, qui l'avait guérit. Lélio, comme nous l'avons dit, se
trouvait donc millionnaire. En conséquence, il s'était retiré du théâtre,
s'appelait don Lélio, et avait loué le premier étage du plus beau palais
de la rue de Tolède, où, fidèle à l'amitié, il s'était empressé d'offrir
un appartement à don Philippe Villani. C'était cette offre, faite de la
veille seulement, qui rendait don Philippe si 'insoucieux sur la perte
de ses meubles.

On fut un an à peu près sans entendre aucunement parler d e don Philippe Villani. Les uns disaient qu'il était passé en France, où il s'était fait entrepreneur de chemins de fer; les autres, qu'il était passé en Angterre, où il avait inventé un nouveau gaz.

Mais personne ne pouvait dire positivement ce qu'était devenu don Philppe Villani, lorsque, le 15 du mois de novembre 1835, la congrégation des pélerins reçut l'avis suivant :

« Le sieur don Philippe Villani étant décédé du spleen, la vénérable confrérie des pélerins est priée de donner les ordres les plus opportuns pour ses obsèques. »

Pour que nos lecteurs comprennent le sens de cette invitation, il est bon que nous leur disions quelques mots de la manière dont se fait à Naples le service des pompes funèbres.

Une vieille habitude veut que les morts soient enterrés dans les églises : c'est malsain, cela donne l'aria cattiva, la peste, le choléra ; mais n'importe, c'est l'habitude, et d'un bout de l'Italie à l'autre on s'incline devant ce mot.

Les nobles ont des chapelles héréditaires enrichies de marbres et d'or, ornées de tableaux du Dominiquin, d'Andre del Sarto et de Ribeira.

Le peuple est jeté pêle-mêle, hommes et femmes, vieillards et enfans, dans la fosse commune, au milieu de la grande nef de l'église.

Les pauvres sont transportés par deux croque-morts dans une charrette au Campo-Santo.

C'est le plus cruel des malheurs, le dernier des avilissemens, la plus cruelle punition qu'ou puisse infliger à ces malheureux qui ont bravé la misère toute leur vie, et qui n'en sentent le poids qu'après leur mort. Aussi, chacun de son vivant prend-il ses précautions pour échapper aux croque-morts, à la charrette et au Campo-Santo. De là les associations pour les pompes funèbres entre citoyens ; de là les assurances mutuelles, non pas sur la vie, mais sur la mort.

Voici les formalités générales de réception pour être admis dans un des cinquante clubs mortuaires de la joyeuse ville de Naples. Un des membres de la société présente le néophyte, qui est élu *frère* par les votes d'un scrutin secret : à partir de ce moment, chaque fois qu'il veut se livrer à quelque pratique religieuse, il va à l'église de sa confrérie : c'est sa paroisse adoptive ; elle doit, moyennant une légère contribution mensuelle, le communier, le confirmer, le marier, lui donner l'extrême-onction pendant sa vie, et enfin l'enterrer après sa mort. Le tout gratis et magnifiquement.

Si, au contraire, on a négligé cette formalité, non seulement on est obligé de payer fort cher toutes les cérémonies qui s'accomplissent pendant la vie, mais encore les parens sont forcés de dépenser des sommes fabuleuses pour arriver à cette magnificence de funérailles qui est le grand orgueil du Napolitain, à quelque classe qu'il appartienne et à quelque degré qu'il ait pratiqué sa religion.

Mais si le défunt fait partie de quelque confrérie, c'est tout autre chose : les parens n'ont à s'occuper de rien au monde que de pleurer plus ou moins le mort ; tous les embarras, tous les frais, toutes les magnificences regardent les confrères. Le défunt est transporté pompeusement à l'église. On le dépose dans une fosse particulière, sur laquelle on écrit son nom , le jour de sa naissance et celui de sa mort ; plus, deux lignes de vertus, au choix des parens.

Enfin, pendant une année entière, on célèbre tous les jours une messe pour le repos de son âme. Et ce n'est pas tout : le 2 novembre, jour de la fête des trépassés, les catacombes de chaque confrérie sont ouvertes au public ; les parvis sont tendus de velours noir ; des fleurs et des parfums embaument l'atmosphère, et les caveaux mortuaires sont éclairés comme le théâtre Saint-Charles les jours de grand gala. Alors on hisse les squelettes des frères qui sont morts dans l'année , on les habille de leurs plus beaux habits , on les place religieusement dans des niches préparées à cet effet tout autour de la salle ; puis ils reçoivent les visites de leurs parens, qui, fiers d'eux , amènent leurs amis et connaissances, pour leur faire voir la manière convenable dont sont traités après leur mort les gens de leur famille. Après quoi on les enterre définitivement dans un jardin d'orangers qu'on appelle *Terra santa*.

Toutes les corporations funèbres ont des rentes, des droits, des priviléges fort respectés ; elles sont gouvernées par un prieur élu tous les ans parmi les confrères. Il y a des confréries pour tous les ordres et pour toutes les classes : pour les nobles et pour les magistrats, pour les marchands et pour les ouvriers.

Une seule, la confrérie des pélerins, qui est une des plus anciennes, admet, avec une égalité qui fait honneur à la manière dont elle a conservé l'esprit de la primitive Église, les nobles et les plébéiens. Chez elle, pas le moindre privilége. Tous siégent aux mêmes bancs, tous sont couverts du même costume, tous obéissent aux mêmes lois ; et l'esprit républicain de l'institution est poussé à ce point, que le prieur est choisi une année parmi les nobles, une année parmi les plébéiens, et que , depuis que la confrérie existe, cet ordre n'a pas été une seule fois interverti.

C'est de cette honorable confrérie que faisait partie don Philippe Villani ; et il avait si bien senti l'importance d'en rester membre, que, si bas qu'il eût été précipité par la roue de la Fortune , il avait toujours pieusement et scrupuleusement acquitté sa part de la cotisation annuelle et générale.

On fut donc affligé , mais non surpris, lorsqu'on reçut, au bureau de la confrérie, l'avis de la mort de don Philippe et l'invitation de préparer ses obsèques.

Le choix de la majorité était tombé, cette année, sur un célèbre marchand de morue, qui jouissait d'une réputation de piété qui eût été remarquable en tout temps, et qui de nos jours était prodigieuse. Ce fut lui qui, en sa qualité de prieur, eût mission de donner les ordres nécessaires à l'enterrement de don Philippe Villani ; il envoya donc ses ouvriers au n° 15 de la rue de Toledo, dernier domicile du défunt, pour tendre la chambre ardente, convoqua tous les confrères et invita le chapelain à se tenir prêt. Vingt-quatre heures après le décès, terme exigé par les réglemens de la police, le convoi s'achemina en conséquence vers la maison de don Philippe. Un comte, choisi parmi la plus ancienne noblesse de Naples, tenait le gonfalon de la confrérie ; puis les confrères, rangés deux à deux et habillés en pénitens rouges, précédaient une caisse mortuaire en argent massif, richement sculptée et ciselée , que recouvrait un magnifique poêle en velours rouge, brodé et frangé d'or, et que soutenaient douze vigoureux porteurs. Derrière la caisse marchait le prieur, seul et tenant en main le bâton d'ébène à pomme d'ivoire, insigne de sa charge ; enfin, derrière le prieur, venait, pour clore le convoi, le respectable corps des pauvres de saint Janvier.

Pardon encore de cette nouvelle digression ; mais, comme nous marchons sur un terrain à peu près inconnu à nos lecteurs, nous allons leur expliquer d'abord ce que c'est que les pauvres de saint Janvier, puis nous reprendrons cet intéressant récit à l'endroit même où nous l'avons interrompu.

A Naples, quand les domestiques sont devenus trop vieux pour servir les maîtres vivans, qui en général sont fort difficiles à servir, ils changent de condition et passent au service de saint Janvier, patron le plus commode qui ait jamais existé. Ce sont les invalides de la domesticité.

Dès qu'un domestique a atteint l'âge ou le degré d'infirmité exigé pour être reçu pauvre de saint Janvier, et qu'il a son diplôme signé par le trésorier du saint, il n'a plus à s'inquiéter de rien que de prier le ciel de lui envoyer le plus grand nombre d'enterremens possible.

En effet, il n'y a pas d'enterrement un peu fashionable sans les pauvres de saint Janvier. Tout mort qui se respecte un peu doit les avoir à sa suite. On les convoque à domicile, ils se rendent à la maison mortuaire, reçoivent trois carlins par tête et accompagnent le corps à l'église et au lieu de la sépulture, en tenant à la main droite une petite bannière noire flottant au bout d'une lance. Tant qu'ils accompagnent le convoi, le plus grand respect accompagne les pauvres de saint Janvier ; mais comme il n'est pas de médaille, si bien dorée qu'elle soit, qui n'ait son revers, à peine les malheureux invalides cessent-ils d'être sous la protection du cercueil qu'ils perdent le prestige qui les défendait, et qu'ils deviennent purement et simplement les *lanciers de la mort*. Alors ils sont hués, conspués, poursuivis et reconduits à domicile à coups d'écorce de citrons et de trognons de choux, à moins que par bonheur il ne passe, entre eux et les assaillans, un chien ayant une casserole à la queue. On sait que, dans tous les pays du monde, une casserole et un chien réunis par un bout de ficelle sont un grave événement.

Le gonfalonier, les confrères, la caisse mortuaire, les porteurs, le marchand de morue et les pauvres de saint Janvier arrivèrent donc devant le n° 15 de la rue de Toledo ; là, comme le convoi était parvenu à sa destination, il fit halte. Quatre portefaix montèrent au premier, prirent la bière posée sur deux tréteaux, la descendirent et la déposèrent dans la caisse d'argent : aussitôt le prieur frappa la terre de son bâton, et le convoi, reprenant le chemin par lequel il était venu, rentra lentement dans l'église des Pélerins.

Le lendemain des obsèques, le prieur, selon ses habitudes bourgeoises, qui le tenaient toute la journée à son comptoir, sortait à la nuit tombante pour aller faire son petit tour au Môle, récitant menta'ement un *De profundis* pour l'âme de don Philippe Villani, lorsqu'au détour de la rue San-Giacomo, il vit venir à sa rencontre un homme qui lui paraissait ressembler si merveilleusement au défunt, qu'il s'arrêta stupéfait. L'homme s'avançait toujours, et, à mesure qu'il s'avançait, la ressemblance devenait de plus en plus frappante. Enfin, lorsque cet homme ne fut plus qu'à dix pas de distance, tout doute disparut : c'était l'ombre de don Villani elle-même.

L'ombre, sans paraître s'apercevoir de l'effet qu'elle produisait, s'avança droit vers le prieur. Le pauvre marchand de morue était resté immobile; seulement la sueur coulait de son front, ses genoux s'entrechoquaient, ses dents étaient serrées par une contraction convulsive; il ne pouvait ni avancer ni reculer : il essaya de crier au secours; mais, comme Énée sur la tombe de Polydore, il sentit sa voix expirer dans son gosier, et un son sourd et inarticulé qui ressemblait à un râle d'agonie s'en échappa seul.

— Bonjour, mon cher prieur, dit le fantôme en souriant.

— *In nomine Patris et Filii et Spiritus sancti,* murmura le prieur.

— *Amen!* répondit le fantôme.

— *Vade retrò, Satanas!* s'écria le prieur.

— A qui donc en avez-vous, mon très·cher? demanda le fantôme en regardant autour de lui, comme s'il cherchait quel objet pouvait causer la terreur dont paraissait saisi le pauvre marchand de morue.

— Va-t'en, âme bienveillante! continua le prieur, et je te promets que je ferai dire des messes pour ton repos.

— Je n'ai pas besoin de vos messes, dit le fantôme; mais si vous voulez me donner l'argent que vous comptiez consacrer à cette bonne œuvre, cet argent me sera agréable.

— C'est bien, lui dit le prieur; il revient de l'autre monde pour emprunter. C'est bien lui!

— Qui, lui? demanda le fantôme.

— Don Philippe Villani.

— Pardieu! et qui voulez-vous que ce soit?

— Pardon, mon cher frère, reprit le prieur en tremblant. Peut-on sans indiscrétion vous demander où vous demeurez, ou plutôt où vous demeuriez?

— Rue de Toledo, n° 15. A propos de quoi me faites-vous cette question?

— C'est qu'on nous a écrit, il y a trois jours, que vous étiez mort. Nous nous sommes rendus à votre maison, nous avons mis votre bière dans le catafalque, nous vous avons conduit à l'église, et nous vous avons enterré.

— Merci de la complaisance! dit don Philippe.

— Mais comment se fait-il, puisque vous êtes mort avant-hier et que nous vous avons enterré hier, que je vous rencontre aujourd'hui?

— C'est que je suis ressuscité, dit don Philippe.

Et, donnant au bon prieur une tape d'amitié sur l'épaule, don Philippe continua son chemin. Le prieur resta dix minutes à la même place, regardant s'éloigner don Philippe, qui disparut au coin de la rue de Toledo. La première idée du bon prieur fut que Dieu avait fait un miracle en faveur de don Philippe; mais en y réfléchissant bien, le choix fait par Notre-Seigneur lui sembla si étrange qu'il convoqua le soir même le chapitre pour lui exposer ses doutes. Le chapitre convoqué, le digne marchand de morue lui raconta ce qui lui était arrivé, comment il avait rencontré don Philippe, comment don Philippe lui avait parlé, et comment enfin don Philippe en le quittant lui avait annoncé, comme avait fait le Christ à la Madeleine, qu'il était ressuscité le troisième jour.

Sur dix personnes dont se composait le chapitre, neuf parurent disposées à croire au miracle; une seule secoua la tête.

— Doutez-vous de ce que j'ai avancé? demanda le prieur.

— Pas le moins du monde, répondit l'incrédule ; seulement je crois peu aux fantômes, et comme tout ceci pourrait bien cacher quelque nouveau tour de don Philippe, je serais d'avis, en attendant plus amples informations, de le faire assigner en dommages-intérêts comme s'étant fait enterrer sans être mort.

Le lendemain, on laissa chez le portier de la maison n° 15, rue de Toledo, une sommation conçue en ces termes : « L'an 1835, ce 18 novembre, à la requête de la vénérable confrérie des Pélerins, moi, soussigné, huissier près le tribunal civil de Naples, j'ai fait sommation à feu don Philippe Villani, décédé le 15 du même mois, de comparaître dans la huitaine devant le susdit tribunal, pour prouver légalement sa mort, et, dans le cas contraire, se voir condamner à payer à ladite vénérable confrérie des Pélerins cent ducats de dommages-intérêts, plus les frais de l'enterrement et du procès. »

C'était le jour même du jugement du procès que nous nous étions trouvés au milieu du rassemblement qui attendait, rue de Forcella, l'ouverture du tribunal. Le tribunal ouvert, la foule se précipita dans la salle d'audience et nous entraîna avec elle. Tout le monde s'attendait à voir juger le défunt par défaut ; mais tout le monde se trompait : le défunt parut, au grand étonnement de la foule, qui s'ouvrit en le voyant paraître, et le laissa passer avec un frissonnement qui prouvait que ceux qui la composaient n'étaient pas bien certains au fond du cœur que don Philippe Villani fût encore réellement de ce monde. Don Philippe s'avança gravement et de ce pas solennel qui convient aux fantômes ; puis, s'arrêtant devant le tribunal, il s'inclina avec respect.

— Monsieur le président, dit-il, ce n'est pas moi qui suis mort, mais un de mes amis chez lequel je logeais ; sa veuve m'a chargé de son enterrement, et comme, pour le quart d'heure, j'avais plus besoin d'argent que de sépulture, je l'ai fait enterrer à ma place. Au surplus, que demande la vénérable confrérie? J'avais droit à un enterrement pour un : elle m'a enterré. Mon nom était sur le catalogue : elle a rayé mon nom. Nous sommes quittes. Je n'avais plus rien à vendre : j'ai vendu mes obsèques.

En effet, le pauvre Lélio, qui avait tant fait rire les autres, venait de mourir du spleen, et c'était lui que la vénérable confrérie des Pélerins avait enseveli au lieu et place de don Philippe. Celui-ci fut renvoyé de la plainte aux grands applaudissemens de la foule, qui le reporta en triomphe jusqu'à la porte du n° 15 de la rue de Toledo.

Au moment où nous quittâmes Naples, le bruit courait que don Philippe Villani allait faire une fin en épousant la veuve de son ami, ou plutôt ses trois mille livres sterling.

VIII

Grand Gala.

Avant d'abandonner les rues où l'on passe, pour conduire nos lecteurs dans les rues où on ne passe pas, disons un mot du fameux théâtre de San-Carlo, le rendez-vous de l'aristocratie.

Lorsque nous arrivâmes à Naples, la nouvelle de la mort de Bellini était encore toute récente, et, malgré la haine qui divise les Siciliens et

BIBLIOTHÈQUE ROYALE

les Napolitains, elle y avait produit, quelles que fussent les opinions musicales des dilettanti, une sensation douloureuse; les femmes surtout, pour qui la musique du jeune maestro semble plus spécialement écrite et sur le jugement desquelles la haine nationale a moins d'influence, avaient presque toutes dans leur salon un portrait *del gentile maestro*, et il était bien rare qu'une visite, si étrangère qu'elle fût à l'art, se terminât sans qu'il y eût échange de regrets entre les visiteurs et les visités sur la perte que l'Italie venait de faire.

Donizetti surtout, qui déjà portait le sceptre de la musique et qui héritait encore de la couronne, était admirable de regrets pour celui qui avait été son rival sans jamais cesser d'être son ami. Cela avait, du reste, ravivé les querelles entre les bellinistes et les donizettistes, querelles bien plus promptement terminées que les nôtres, où chacun des antagonistes tient à prouver qu'il a raison, tandis que les Napolitains s'inquiètent peu, au contraire, de rationaliser leur opinion, et se contentent de dire d'un homme, d'une femme ou d'une chose qu'elle leur est sympathique ou antipathique. Les Napolitains sont un peuple de sensations. Toute leur conduite est subordonnée aux pulsations de leur pouls.

Cependant les deux partis s'étaient réunis pour honorer la mémoire de l'auteur de *Norma* et des *Puritains*. Les élèves du Conservatoire de Naples avaient ouvert une souscription pour lui faire des funérailles; mais le ministre des cultes s'était opposé à cette fête mortuaire, sous le seul prétexte, peu acceptable en France, mais suffisant à Naples, que Bellini était mort sans recevoir les sacremens. Alors ils avaient demandé la permission de chanter à *Santa-Chiara* la fameuse messe de Winter; mais cette fois le ministre était intervenu, disant que ce *Requiem* avait été exécuté aux funérailles de l'aïeul du roi, et qu'il ne voulait pas qu'une messe qui avait servi pour un roi fût chantée pour un musicien. Cette seconde raison avait paru moins plausible que la première. Cependant les amis du ministre avaient calmé l'irritation en faisant observer que Son Excellence avait fait une grande concession au progrès constitutionnel des esprits en daignant instruire le public du motif de son refus, puisqu'il pouvait tout bonnement dire : Je ne veux pas, sans prendre la peine de donner la raison de ce non-vouloir. Cet argument avait paru si juste que le mécontentement des bellinistes s'était calmé en le méditant.

Puis, comme les jours poussent les jours, et comme un soleil fait oublier l'autre, un événement à venir commençait à faire diversion à l'événement passé. On parlait comme d'une chose incroyable, inouïe, et à laquelle il ne fallait pas croire, du reste, avant plus ample informé, de la présomption d'un musicien français qui, lassé des ennuis qu'ont à éprouver les jeunes compositeurs parisiens pour arriver à l'Opéra-Comique ou au grand Opéra, avait acheté un drame à l'un de ces mille poètes librettistes qui marchent à la suite de Romani, et qui, de plein saut et pour son début, venait s'attaquer au public le plus connaisseur de l'Europe et au théâtre le plus dangereux du monde. A l'appui de cette opinion sur eux-mêmes et sur Saint-Charles, les dilettanti napolitains rappelaient avec la béatitude de la suffisance qu'ils avaient hué Rossini et sifflé la Malibran, et ne comprenaient rien à la politesse française, qui se contentait de leur répondre en souriant : Qu'est-ce que cela prouve ? Une chose encore nuisait on ne peut plus à mon pauvre compatriote, j'aurais dû dire deux choses : il avait le malheur d'être riche, et le tort d'être noble, double imprudence des plus graves de la part d'un compositeur à Naples, où l'on est encore à ne pas comprendre le talent qui va en voiture et le nom célèbre qui porte une couronne de vicomte.

Enfin, comme un point plus sombre en ce sombre horizon, une cabale, chose, il faut l'avouer, si rare à Naples qu'elle est presque inconnue, menaçait pour cette fois de faire infraction à la règle et d'éclater en faveur du compositeur étranger. Voici comment elle s'était formée; je la raconte moins à cause de son importance que parce qu'elle me conduit tout naturellement à parler des artistes.

La direction du théâtre Saint-Charles avait, sur la foi de ses succès passés, engagé la Ronzi pour soixante représentations, et cela à mille francs chacune. Il était donc de son intérêt de faire valoir un pensionnaire qui lui coûtait par soirée la recette ordinaire d'un théâtre de France. En conséquence, elle avait exigé que le rôle de la prima donna fût écrit pour la Ronzi. Mais, par une de ces fatalités qui rendent les dilettanti de Saint-Charles si fiers de leur supériorité dans l'espèce, la nouvelle prima donna, fêtée, adorée, couronnée six mois auparavant, était venue tomber à plat, et si j'osais me servir d'un terme de coulisse, fit un fiasco complet à Naples. On avait trouvé généralement qu'il était absurde à l'administration de payer mille francs par soirée pour un reste de talent et un reste de voix, tandis qu'en ajoutant mille francs de plus on aurait pu avoir la Malibran, qui était le commencement de tout ce dont l'autre était la fin. En conséquence de ce raisonnement, une espèce de bande noire s'était attachée aux ruines de la Ronzi et la démolissait en sifflant chaque soir.

Dès lors, l'administration avait compris deux choses : la première, qu'il fallait obtenir de la nouvelle pensionnaire qu'elle réduisît de moitié le nombre de ses représentations, et les dégoûts qu'elle éprouvait chaque soir rendaient la négociation facile ; la deuxième, que c'était une mauvaise spéculation de soutenir un talent qui n'était pas adopté par un opéra, qui ne pouvait pas l'être. En conséquence, le rôle de la *prima donna* était passé des mains de la Ronzi dans celle de la Persiani, pour la voix de laquelle, du reste, il n'était pas écrit, celle-ci étant un soprano de la plus grande étendue. De là l'orage dont nous avons signalé l'existence.

Au reste, la troupe de Saint-Charles restait toujours la plus belle et la plus complète d'Italie : elle se composait de trois élémens musicaux nécessaires pour faire un tout : d'un ténor mezzo carattero, d'une basse, d'un soprano. Par bonheur encore les trois élémens étaient aussi parfaits qu'on pouvait le désirer, et avaient nom : Duprez, Ronconi, Taquinardi.

A cette époque, la France ne connaissait Duprez que vaguement : on parlait bien d'un grand artiste, d'un admirable chanteur qui parcourait l'Italie et commençait à imposer des conditions aux impresarii de Naples, de Milan et de Venise ; mais des qualités de sa voix on ne savait rien que ce qu'en disaient les journaux ou ce qu'en rapportaient les voyageurs. Quelques amateurs se rappelaient seulement avoir entendu chanter à l'Odéon un jeune élève de Choron, à la voix fraîche, sonore, étendue : mais l'identité du grand chanteur était si problématique qu'on se demandait avec doute si c'était bien celui-là que les étudians avaient sifflé qui était applaudi à cette heure par les dilettanti italiens. Deux ans après, Duprez vint à Paris, et débuta dans *Guillaume Tell*. Nous n'avons rien de plus à dire de ce roi du chant.

Ronconi était, à cette même époque, un jeune homme de vingt-trois à vingt-quatre ans, inconnu, je crois, en France, et qui se servait d'une magnifique voix de baryton que le ciel lui avait octroyée, sans se donner la peine d'en corriger les défauts ou d'en développer les qualités. Engagé par un entrepreneur qui le vendait trente mille francs et qui lui en donnait six, il puisait dans la modicité de son traitement une excellente excuse pour ne pas étudier, attendu, disait-il, que lorsqu'il étudiait on l'entendait, et que lorsqu'on l'entendait il ne pouvait pas dire qu'il n'était pas chez lui. Depuis lors Ronconi, payé à sa valeur, a fait les progrès qu'il devait faire, et c'est aujourd'hui le premier baryton de l'Italie.

La Taquinardi était une espèce de rossignol qui chante comme une autre parle : c'était madame Damoreau pour la méthode, avec une voix plus étendue et plus fraîche ; rien n'était comparable à la douceur de cet organe, jeune et pur, mais rarement dramatique. Du reste, talent intelligent au suprême degré, sans devenir jamais ni mélancolique ni passionné ; figure froide et jolie : c'était une brune qui chantait blond. La Taquinardi, en épousant l'auteur d'*Inès de Castro,* est devenue la Persiani.

Voilà quels étaient les artistes chargés de représenter le poème de *Lara.*

Lorsque j'arrivai à Naples, l'ouvrage était en pleine répétition, c'est-à-dire qu'on l'avait mis à l'étude le 8 du mois de novembre, et qu'il devait passer le 19 dudit ;· ce qui faisait onze répétitions en tout pour un ouvrage du premier ordre. Tous les opéras cependant ne se montent pas avec cette rapidité. Il y en a auxquels on accorde jusqu'à quinze et dix-huit répétitions. Mais cette fois il y avait ordre supérieur : la reine-mère s'était plainte de ne pas avoir cette année pour sa fête une nouveauté musicale, ce qui ne manque jamais d'arriver pour celle de son fils ou de sa fille ; et le roi de Naples, faisant droit à la plainte, avait ordonné qu'on jouerait l'opéra du Français pour faire honneur à l'anniversaire maternel : c'était une espèce de victime humaine sacrifiée à l'amour filial.

Aussi ne faut-il pas demander dans quel état je retrouvai mon pauvre compatriote. Il se regardait comme un homme condamné par le médecin, et qui n'a plus que sept à huit jours à vivre. Le fait est qu'en examinant sa position il n'y avait guère qu'un charlatan qui pût promettre de le sauver. J'essayai cependant de ces consolations banales qui ne consolent pas. Mais à tous mes argumens il répondait par une seule parole : *Grand gala !* mon ami, *grand gala !* Je lui pris la main : il avait la fièvre ; je me retournai vers le chef d'orchestre, qui fumait avec un chibouque, et je lui dis en soupirant : Il y a un commencement de délire.

— Non, non, dit Festa en ôtant gravement le tuyau d'ambre de sa bouche : il a parbleu raison, grand gala ! grand gala ! mon cher monsieur, grand gala !

J'allai alors vers Duprez, qui faisait dans un coin des boulettes avec de la cire d'une bougie, et je le regardai comme pour lui dire : Voyons, tout le monde n'est-il pas fou ici ? Il comprit ma pantomime avec une rapidité qui aurait fait honneur à un Napolitain.

— Non, me dit-il en s'appliquant la boulette de cire sur le nez, non, ils ne sont pas fous ; vous ne savez pas ce que c'est que grand gala, vous ?

Je sortis humblement. J'allai prendre mon Dictionnaire, je cherchai à la lettre G : je ne trouvai rien.

— Auriez-vous la bonté, dis-je en rentrant, de m'expliquer ce que veut dire grand gala ?

— Cela veut dire, répondit Duprez, qu'il y a ce jour-là dans la salle douze cents bougies qui vous aveuglent et dont la fumée prend les chanteurs à la gorge.

— Cela veut dire, continua le chef d'orchestre, qu'il faut jouer l'ouverture la toile levée, attendu que la cour ne peut pas attendre; ce qui nuit infiniment au chœur d'introduction.

— Cela veut dire, termina Ruoltz, que toute la cour assiste à la représentation, et que le public ne peut applaudir que lorsque la cour applaudit, et la cour n'applaudit jamais.

— Diable! diable! dis-je, ne trouvant pas autre chose à répondre à cette triple explication. Et joignez à cela, ajoutai-je pour avoir l'air de ne pas rester court, que vous n'avez plus, je crois, que sept jours devant vous.

— Et que les musiciens n'ont pas encore répété l'ouverture, dit Ruoltz.

— Oh! l'orchestre, cela ne m'inquiète pas, répondit Festa.

— Que les acteurs n'ont point encore répété ensemble, ajouta l'auteur.

— Oh! les chanteurs, dit Duprez, ils iront toujours.

— Et je n'aurai jamais ni la force ni la patience de faire la dernière répétition.

— Eh bien! mais ne suis-je pas là? dit Donizetti en se levant. Ruoltz alla à lui et lui tendit la main.

— Oui, vous avez raison, j'ai trouvé de bons amis.

— Et, ce qui vaut mieux encore pour le succès, vous avez fait de la belle musique.

— Croyez-vous? dit Ruoltz avec cet accent naïf et modeste qui lui est propre. Nous nous mîmes à rire.

— Allons à la répétition! dit Duprez.

En effet, tout se passa comme l'avaient prévu Festa, Duprez et Donizetti. L'orchestre joua l'ouverture à la première vue; les chanteurs, habitués à jouer ensemble, n'eurent qu'à se mettre en rapport pour s'entendre, et Ruoltz, mourant de fatigue, laissa le soin de ses trois dernières répétitions à l'auteur d'*Anna Bolena*.

Je revins du théâtre fortement impressionné. J'avais cru assister à l'essai d'un écolier, je venais d'entendre une partition de maître. On se fait malgré soi une idée des œuvres par les hommes qui les produisent, et malheureusement on prend presque toujours de ces œuvres et de ces hommes l'opinion qu'ils en ont eux-mêmes. Or, Ruoltz était l'enfant le plus simple et le plus modeste que j'aie jamais vu. Depuis trois mois que nous nous connaissions, je ne l'avais jamais entendu dire du mal des autres, ni, ce qui est plus étonnant encore pour un homme qui en est à son premier ouvrage, du bien de lui. J'ai trouvé en général beaucoup plus d'amour-propre dans les jeunes gens qui n'ont encore rien fait que dans les hommes *arrivés*, et, qu'on me passe le paradoxe, je crois qu'il n'y a rien de tel que le succès pour guérir de l'orgueil. J'attendis donc, avec plus de confiance, le jour de la première représentation. Il arriva.

C'est une splendide chose que le théâtre Saint-Charles, jour de grand gala. Cette immense et sombre salle, triste pour un œil français pendant les représentations ordinaires, prend, dans les occasions solennelles

un air de vie qui lui est communiqué par les faisceaux de bougies qui
brûlent à chaque loge. Alors les femmes sont visibles , ce qui n'arrive
pas les jours où la salle est mal éclairée. Ce n'est, certes, ni la toilette
de l'Opéra ni la fashion des Bouffes ; mais c'est une profusion de dia-
mans dont on n'a pas d'idée en France ; ce sont des yeux italiens qui
pétillent comme des diamans, c'est toute la cour avec son costume d'ap-
parat , c'est le peuple le plus bruyant de l'univers, sinon dans la plus
belle , du moins dans la plus grande salle du monde.

Le soir, contre l'habitude des premières représentations, la salle était
pleine. La foule italienne, tout opposée à la nôtre, n'affronte jamais
une musique inconnue. Non ; à Naples surtout , où la vie est toute
de bonheur, de plaisir, de sensations, on craint trop que l'ennui n'en
ternisse quelques heures. Il faut à ces habitans du plus beau pays
de la terre une vie comme leur ciel avec un soleil brûlant, comme
leur mer avec des flots qui réfléchissent le soleil. Lorsqu'il est bien
constaté que l'œuvre est du premier mérite, lorsque la liste est faite des
morceaux qu'on doit écouter et de ceux pendant lesquels on peut se
mouvoir, oh ! alors on s'empresse, on s'encombre, on s'étouffe : mais
cette vogue ne commence jamais qu'à la sixième ou huitième représen-
tation. En France, on va au théâtre pour se montrer ; à Naples, on va à
l'Opéra pour jouir.

Quant aux claqueurs, il n'en est pas question : c'est une lèpre qui n'a
pas encore rongé les beaux succès, c'est un ver qui n'a pas encore piqué
les beaux fruits. L'auteur n'a de billets que ceux qu'il achète, de loges
que celles qu'il loue. Auteurs et acteurs sont applaudis quand le parterre
croit qu'ils méritent de l'être, les jours de grand gala exceptés, où,
comme nous l'avons dit, l'opinion du public est subordonnée à l'opinion
de la cour ; quand le roi n'y est pas, à celle de la reine ; quand la reine
est absente, à celle de don Carlos, et ainsi de suite jusqu'au prince de
Salerne.

A sept heures précises, des huissiers parurent dans les loges destinées
à la famille royale. Au même instant la toile se leva, et l'ouverture fit
entendre son premier coup d'archet.

Ce fut donc une chose perdue que l'ouverture, si belle qu'elle fût.
Moi-même tout le premier, et malgré l'intérêt que je prenais à la pièce
et à l'auteur, j'étais plus occupé de la cour, que je ne connaissais pas,
que de l'opéra qui commençait. Les aides-de-camp s'emparèrent de l'a-
vant-scène ; la jeune reine, la reine-mère et le prince de Salerne prirent
la loge suivante ; le roi et le prince Charles occupaient la troisième, et
le comte de Syracuse, exilé dans la quatrième, conserva au théâtre la
place isolée que sa disgrâce lui assignait à la cour.

L'ouverture, si peu écoutée qu'elle fût, parut bien disposer le public.
L'ouverture d'un opéra est comme la préface d'un livre ; l'auteur y
explique ses intentions, y indique ses personnages et y jette le prospec-
tus de son talent. On reconnut dans celle de *Lara* une instrumentation
vigoureuse et soutenue, plutôt allemande qu'italienne, des motifs neufs
et suaves qu'on espéra retrouver dans le courant de la partition, enfin
une connaissance approfondie du matériel de l'orchestre.

Dès les premiers morceaux , je m'aperçus de la différence qui existe
entre l'orchestre de Saint-Charles et celui de l'Opéra de Paris, qui tous
deux passent pour les premiers du monde. L'orchestre de Saint-Charles

consent toujours à accompagner le chanteur et laisse pour ainsi dire flotter la voix sur l'instrument comme un liége sur l'eau ; il la soutient, s'élève et s'abaisse avec elle, mais ne la couvre jamais. En France, au contraire, le moindre triangle prétend avoir sa part des applaudissemens, et alors c'est la voix de l'artiste qui nage entre deux eaux. Aussi, à moins d'avoir dans le timbre une vigueur peu commune, est-il très rare que quelques notes de chant bondissent hors du déluge d'harmonie qui les couvre ; et encore, comme les poissons volans, qui ne peuvent se maintenir au dessus de l'eau que tant que leurs ailes sont mouillées, à peine la voix redescend-elle dans le médium qu'on n'entend plus que l'instrumentation.

Un très beau duo entre Ronconi et la Persiani passa sans être remarqué. De temps en temps un général portait son lorgnon à ses yeux, examinait avec grand soin quelques dilettanti, puis appelait un aide-de-camp, et désignait tel ou tel individu au parquet ou dans les loges. L'aide-de-camp sortait aussitôt, reparaissait une minute après derrière le personnage désigné, lui disait deux mots, et alors celui-ci sortait et ne reparaissait plus. Je demandai ce que cela signifiait ; on me répondit que c'étaient des officiers qu'on envoyait aux arrêts pour être venus en bourgeois au théâtre. Du reste, la cour paraissait si occupée de l'application de la discipline militaire, qu'elle n'avait pas encore pensé à donner ni aux musiciens ni aux acteurs un signe de sa présence ; par conséquent l'ouverture et les trois quarts du premier acte avaient passé déjà sans un applaudissement. Ruoltz crut son opéra tombé et se sauva.

Le second acte commença, les beautés allèrent croissant ; des flots d'harmonie se répandaient dans la salle : le public était haletant. C'était quelque chose de merveilleux à voir que cette puissance du génie qui pèse sur trois mille personnes qui se débattent et étouffent sous elle ; l'atmosphère avait presque cessé d'être respirable pour tous les hommes, autour desquels flottaient des vapeurs symphoniques chaudes comme ces bouffées d'air qui précèdent l'orage ; de temps en temps la belle voix de Duprez illuminait une situation comme un éclair qui passe. Enfin vint le morceau le plus remarquable de l'opéra : c'est une cavatine chantée par Lara au moment où, poursuivi par le tribunal, abandonné de ses amis, il en appelle à leur dévoûment et maudit leur ingratitude. L'acteur sentait qu'après ce morceau tout était perdu ou sauvé ; aussi je ne crois pas que l'expression de la voix humaine ait jamais rendu avec plus de vérité l'abattement, la douleur et le mépris : toutes les respirations étaient suspendues, toutes les mains prêtes à battre, toutes les oreilles tendues vers la scène, tous les yeux fixés sur le roi. Le roi se retourna vers les acteurs, et au moment où Duprez jetait sa dernière note, déchirante comme un dernier soupir, Sa Majesté rapprocha ses deux mains. La salle jeta un seul et grand cri : c'était la respiration qui revenait à trois mille personnes.

Le premier torrent d'applaudissemens fut, comme d'habitude, reçu par l'acteur, qui salua ; mais aussitôt trois mille voix appelèrent l'auteur avec une unanimité électrique ; il n'y avait plus de rivalité nationale, il n'était plus question de savoir si le compositeur était Français ou Napolitain ; c'était un grand musicien, voilà tout. On voulait le voir, l'écraser d'applaudissemens comme il avait écrasé le public d'émotions ; on voulait rendre ce que l'on avait reçu.

Duprez chercha l'auteur de tous les côtés et revint dire au public qu'il était disparu. Le public comprit la cause de cette fuite, et les applaudissemens redoublèrent. Au bout d'un quart d'heure on reprit l'opéra.

Le dernier morceau était un rondo chanté par la Taquinardi; c'était quelque chose de déchirant comme expression. La maîtresse de Lara, après avoir essayé de le perdre par une fausse accusation, se traîne empoisonnée et mourante aux pieds de son amant en demandant grâce. La Malibran ou la Grisi, en pareille situation, se serait peu inquiétée de la voix, mais beaucoup du sentiment; la Taquinardi réussit par le moyen contraire; elle fila des sons d'une telle pureté, fit jaillir des notes si fleuries, s'épanouit en roulades si difficiles, qu'une seconde fois le roi applaudit et que la salle suivit son exemple. Cette fois l'auteur était revenu : on l'avait retrouvé, je ne sais où, dans les bras de Donizetti, qui l'assistait à ses derniers momens. Duprez le prit par une main, la Taquinardi par l'autre, et on le traîna plutôt qu'on ne le conduisit sur la scène.

Quant à moi, qui, comme compatriote et comme camarade, par esprit national et par amitié, avais senti dans cette soirée mon cœur passer par toutes les émotions, et qui avais appelé ce triomphe de toute mon âme, je le vis s'accomplir avec une pitié profonde pour celui qui en était l'objet : c'est que je connaissais ce moment suprême et cette heure où l'on est porté par Satan sur la plus haute montagne et où l'on voit au dessous de soi tous les royaumes de la terre; c'est que je savais que de ce faîte on n'a plus qu'à redescendre. Riche et heureux jusque alors, un homme venait tout à coup de changer son existence tranquille contre une vie d'émotions, sa douce obscurité contre la lumière dévorante du succès. Aucun changement physique ne s'était opéré en lui, et cependant cet homme n'était plus le même homme : il avait cessé de s'appartenir; pour des applaudissemens et des couronnes, il s'était vendu au public; il était maintenant l'esclave d'un caprice, d'une mode, d'une cabale; il allait sentir son nom arraché de sa personne comme un fruit de sa tige. Les mille voix de la publicité allaient le briser en morceaux, l'éparpiller sur le monde; et maintenant, voulût-il le reprendre, le cacher, l'éteindre dans la vie privée, cela n'était plus en son pouvoir, dût-il se briser d'émotions à trente-quatre ans ou se noyer de dégoût à soixante; dût-il, comme Bellini, succomber avant d'avoir atteint toute sa splendeur, ou, comme Gros, disparaître après avoir survécu à la sienne.

1842.

Je ne m'étais pas trompé dans ma prévision : le vicomte Ruoltz, après avoir eu un succès à l'Opéra de Paris comme il en avait eu un à l'Opéra de Naples, a complétement abandonné la carrière musicale, et aussi bon chimiste qu'il était excellent compositeur, vient de faire cette excellente découverte dont le monde savant s'occupe en ce moment, et qui consiste à dorer le fer par l'application de la pile voltaïque.

IX

Le Lazzarone.

Nous avons dit qu'il y avait à Naples trois rues où l'on passait et cinq cents rues où l'on ne passait pas ; nous avons essayé, tant bien que mal, de décrire Chiaja, Toledo et Forcella ; essayons maintenant de donner une idée des rues où l'on ne passe pas : ce sera vite fait.

Naples est bâtie en amphithéâtre ; il en résulte qu'à l'exception des quais qui bordent la mer, comme Marinella, Sainte-Lucie et Mergellina, toutes les rues vont en montant et en descendant par des pentes si rapides, que le corricolo seul, avec son fantastique attelage, peut y tenir pied.

Puis ajoutons que, comme il n'y a que ceux qui habitent de pareilles rues qui peuvent y avoir affaire, un étranger ou un indigène qui s'y égare avec un habit de drap est à l'instant même l'objet de la curiosité générale.

Nous disons un habit de drap, parce que l'habit de drap a une grande' influence sur le peuple napolitain. Celui qui est *vestito di pano* acquiert par le fait même de cette supériorité somptuaire de grands priviléges aristocratiques. Nous y reviendrons.

Aussi l'apparition de quelque Cook ou de quelque Bougainville est-elle rare dans ces régions inconnues, où il n'y a rien à découvrir que l'intérieur d'ignobles maisons, sur le seuil ou sur la croisée desquelles la grand-mère peigne sa fille, la fille son enfant et l'enfant son chien. Le peuple napolitain est le peuple de la terre qui se peigne le plus ; peut-être est-il condamné à cet exercice par quelque jugement inconnu, et accomplit-il un supplice analogue à celui qui punissait les cinquante filles de Danaüs, avec cette différence que, plus celles-ci versaient d'eau dans leur barrique, moins il en restait.

Nous passâmes dans cinquante de ces rues sans voir aucune différence entre elles. Une seule nous parut présenter des caractères particuliers : c'était la rue de Morta-Capuana, une large rue poussiéreuse, ayant des cailloux pour pavés et des ruisseaux pour trottoirs. Elle est bordée à droite par des arbres, et à gauche par une longue file de maisons, dont la physionomie n'offre au premier abord rien de bizarre ; mais si le voyageur indiscret, poussant un peu plus loin ses recherches, s'approche de ces maisons ; s'il jette un regard en passant dans les ruelles borgnes et tortueuses qui se croisent en tout sens dans cet inextricable labyrinthe, il est étonné de voir que ce singulier faubourg, de même que l'île de Lesbos, n'est habité que par des femmes, lesquelles, vieilles ou jeunes, laides ou jolies, de tout âge, de tout pays, de toutes conditions, sont jetées là pêle-mêle, gardées à vue comme des criminelles, parquées comme des troupeaux, traquées comme des bêtes fauves. Eh bien, ce n'est pas, comme on pourrait s'y attendre, des cris, des blasphèmes, des gémissemens qu'on entend dans cet étrange pandémonium, mais au contraire des chansons joyeuses, de folles tarentelles, des éclats de rire à faire damner un anachorète.

Tout le reste est habité par une population qu'on ne peut nommer, qu'on ne peut décrire, qui fait on ne sait quoi, qui vit on ne sait comment, qui se croit fort au dessus du lazzarone, et qui est fort au dessous.

Abandonnons-la donc pour passer au lazzarone.

Hélas ! le lazzarone se perd : celui qui voudra voir encore le lazzarone devra se hâter. Naples éclairé au gaz, Naples avec des restaurans, Naples avec ses bazars, effraie l'insouciant enfant du môle. Le lazzarone, comme l'Indien rouge, se retire devant la civilisation.

C'est l'occupation française de 99 qui a porté le premier coup au lazzarone.

A cette époque, le lazzarone jouissait des prérogatives entières de son paradis terrestre ; il ne se servait pas plus de tailleur que le premier homme avant le péché : il buvait le soleil par tous les pores.

Curieux et câlin comme un enfant, le lazzarone était vite devenu l'ami du soldat français qu'il avait combattu ; mais le soldat français est avant toutes choses plein de convenance et de vergogne ; il accorda au lazzarone son amitié, il consentit à boire avec lui au cabaret, à l'avoir sous le bras à la promenade, mais à une condition *sine qua non*, c'est que le lazzarone passerait un vêtement. Le lazzarone , fier de l'exemple de ses pères et de dix siècles de nudité, se débattit quelque temps contre cette exigence, mais enfin consentit à faire ce sacrifice à l'amitié.

Ce fut le premier pas vers sa perte. Après le premier vêtement vint le gilet , après le gilet viendra la veste. Le jour où le lazzarone aura une veste, il n'y aura plus de lazzarone ; le lazzarone sera une race éteinte, le lazzarone passera du monde réel dans le monde conjectural , le lazzarone rentrera dans le domaine de la science, comme le mastodonte et l'ichtyosaurus, comme le cyclope et le troglodite.

En attendant, comme nous avons eu le bonheur de voir et d'étudier les derniers restes de cette grande race qui tombe , hâtons-nous , pour aider les savans à venir dans leurs investigations anthropologiques , de dire ce que c'est que le lazzarone.

Le lazzarone est le fils aîné de la nature : c'est à lui le soleil qui brille ; c'est à lui la mer qui murmure ; c'est à lui la création qui sourit. Les autres hommes ont une maison , les autres hommes ont une villa , les autres hommes ont un palais ; le lazzarone, lui, a le monde.

Le lazzarone n'a pas de maître, le lazzarone n'a pas de lois, le lazzarone est en dehors de toutes les exigences sociales : il dort quand il a sommeil, il mange qand il a faim , il boit quand il a soif. Les autres peuples se reposent quand ils sont las de travailler ; lui, au contraire, quand il est las de se reposer, il travaille.

Il travaille non pas de ce travail du Nord qui plonge éternellement l'homme dans les entrailles de la terre pour en tirer de la houille ou du charbon; qui le courbe sans cesse sur la charrue pour féconder un sol toujours tourmenté et toujours rebelle ; qui le promène sans relâche sur les toits inclinés ou sur les murs croulans, d'où il se précipite et se brise; mais de ce travail joyeux, insouciant, tout brodé de chansons et de lazzis, tout interrompu par le rire qui montre ses dents blanches, et par la paresse qui étend ses deux bras ; de ce travail qui dure une heure , une demi-heure, dix minutes, un instant, et qui dans cet instant rapporte un salaire plus que suffisant aux besoins de la journée.

Quel est ce travail ? Dieu seul le sait.

Une malle portée du bateau à vapeur à l'hôtel , un Anglais conduit du môle à Chiaja, trois poissons échappés du filet qui les emprisonne et vendus à un cuisinier, la main tendue à tout hasard et dans laquelle le *forestiere* laisse tomber en riant une aumône ; voilà le travail du lazzarone.

Quant à sa nourriture, c'est plus facile à dire : quoique le lazzarone appartienne à l'espèce des omnivores, le lazzarone ne mange en général que deux choses : la pizza et le cocomero.

On croit que le lazzarone vit de macaroni : c'est une grande erreur qu'il est temps de relever ; le macaroni est né à Naples, il est vrai, mais aujourd'hui le macaroni est un mets européen qui a voyagé comme la civilisation, et qui, comme la civilisation, se trouve fort éloigné de son berceau. D'ailleurs, le macaroni coûte deux sous la livre, ce qui ne le rend accessible aux bourses des lazzaroni que les dimanches et les jours de fêtes. Tout le reste du temps le lazzarone mange, comme nous l'avons dit, des pizze et du cocomero ; du cocomero l'été, des pizze l'hiver.

La pizza est une espèce de talmouse comme on en fait à Saint-Denis ; elle est de forme ronde et se pétrit de la même pâte que le pain. Elle est de différentes largeurs, selon le prix. Une pizza de deux liards suffit à un homme ; une pizza de deux sous doit rassasier toute une famille.

Au premier abord, la pizza semble un mets simple ; après examen, c'est un mets composé. La pizza est à l'huile , la pizza est au lard, la pizza est au saindoux, la pizza est au fromage, la pizza est aux tomates, la pizza est aux petits poissons ; c'est le thermomètre gastronomique du marché : elle hausse ou baisse de prix, selon le cours des ingrédiens sus-désignés, selon l'abondance ou la disette de l'année. Quand la pizza aux poissons est à un demi-grain , c'est que la pêche a été bonne ; quand la pizza à l'huile est à un grain, c'est que la récolte a été mauvaise.

Puis une chose influe encore sur le cours de la pizza, c'est son plus ou moins de fraîcheur ; on comprend qu'on ne peut plus vendre la pizza de la veille le même prix qu'on vend celle du jour ; il y a pour les petites bourses des pizze d'une semaine ; celles-là peuvent, sinon agréablement, du moins avantageusement, remplacer le biscuit de mer.

Comme nous l'avons dit, la pizza est la nourriture d'hiver. Au 1er mai, la pizza fait place au cocomero ; mais la marchandise disparaît seule , le marchand reste le même. Le marchand c'est le Janus antique , avec sa face qui pleure au passé , et sa face qui sourit à l'avenir. Au jour dit, le pizza-jolo se fait mellonaro.

Le changement ne s'étend pas jusqu'à la boutique : la boutique reste la même. On apporte un panier de cocomeri au lieu d'une corbeille de pizze ; on passe une éponge sur les différentes couches d'huile, de lard, de saindoux, de fromage , de tomates ou de poissons , qu'a laissées le comestible d'hiver, et tout est dit, on passe au comestible d'été.

Les beaux cocomeri viennent de Castellamare ; ils ont un aspect à la fois joyeux et appétissant : sous leur enveloppe verte, ils offrent une chair dont les pepins nous font encore ressortir le rose vif ; mais un bon cocomero coûte cher ; un cocomero de la grosseur d'un boulet de quatre-vingts coûte de cinq à six sous. Il est vrai qu'un cocomero de cette grosseur, sous les mains d'un détailleur adroit , peut se diviser en mille ou douze cents morceaux.

Chaque ouverture d'un nouveau cocomero est une représentation nouvelle ; les concurrens sont en face l'un de l'autre : c'est à qui donnera le coup de couteau le plus adroitement et le plus impartialement. Les spectateurs jugent.

Le mellonaro prend le cocomero dans le panier plat, où il est posé pyramidalement avec une vingtaine d'autres, comme sont posés les boulets dans un arsenal. Il le flaire, il l'élève au dessus de sa tête, comme un empereur romain le globe du monde. Il crie : « C'est du feu! » ce qui annonce d'avance que la chair sera du plus beau rouge. Il l'ouvre d'un seul coup, et présente les deux hémisphères au public, un de chaque main. Si, au lieu d'être rouge, la chair du cocomero est jaune ou verdâtre, ce qui annonce une qualité inférieure, la pièce fait fiasco ; le mellonaro est hué, conspué, honni : trois chutes, et un mellonaro est déshonoré à tout jamais!

Si le marchand s'aperçoit, au poids ou au flair, que le cocomero n'est point bon, il se garde de l'avouer. Au contraire, il se présente plus hardiment au peuple ; il énumère ses qualités, il vante sa chair savoureuse, il exalte son eau glacée : — Vous voudriez bien manger cette chair! vous voudriez bien boire cette eau ! s'écrie-t-il ; mais celui-ci n'est pas pour vous ; celui-ci vous passe devant le nez ; celui-ci est destiné à des convives autrement nobles que vous. Le roi me l'a fait retenir pour la reine.

Et il le fait passer de sa droite à sa gauche, au grand ébahissement de la multitude, qui envie le bonheur de la reine et qui admire la galanterie du roi.

Mais si, au contraire, le cocomero ouvert est d'une qualité satisfaisante, la foule se précipite, et le détail commence.

Quoiqu'il n'y ait pour le cocomero qu'un acheteur, il y a généralement trois consommateurs : d'abord son seul et véritable propriétaire, celui qui paie sa tranche un demi-denier, un denier ou un liard, selon sa grosseur ; qui en mange aristocratiquement la même portion à peu près que mange d'un cantalou un homme bien élevé, et qui le passe à un ami moins fortuné que lui ; ensuite l'ami qui le tient de seconde main, qui en tire ce qu'il peut et le passe à son tour au gamin qui attend cette libéralité inférieure ; enfin le gamin, qui en grignote l'écorce, et derrière lequel il est parfaitement inutile de chercher à glaner.

Avec le cocomero on mange, on boit et on se lave, à ce qu'assure le marchand ; le cocomero contient donc à la fois le nécessaire et le superflu.

Aussi le mellonaro fait-il le plus grand tort aux aquajoli. Les aquajoli sont les marchands de coco de Naples, à l'exception qu'au lieu d'une exécrable décoction de réglisse ils vendent une excellente eau glacée, acidulée par une tranche de citron ou parfumée par trois gouttes de sambuco.

Contre toute croyance, c'est l'hiver que les aquajoli font les meilleures affaires. Le cocomero désaltère, tandis que la pizza étouffe ; plus on mange de cocomero, moins on a soif ; on ne peut pas avaler une pizza sans risquer la suffocation.

C'est donc l'aristocratie qui défraie l'été les aquajoli. Les princes, les ducs, les grands seigneurs ne dédaignent pas de faire arrêter leurs équipages aux boutiques des aquajoli et de boire un ou deux verres de cette délicieuse boisson, dont chaque verre ne coûte pas un liard.

C'est que rien n'est tentant au monde, sous ce climat brûlant, comme la boutique de l'aquajolo, avec sa couverture de feuillage, ses franges de citrons et ses deux tonneaux à bascule pleins d'eau glacée. Je sais que

pour mon compte je ne m'en lassais pas, et que je trouvais adorable
cette façon de se rafraîchir sans presque avoir besoin de s'arrêter. Il y a
des aquajoli de cinquante pas en cinquante pas; on n'a qu'à étendre la
main en passant, le verre vient vous trouver, et la bouche court d'elle-
même au verre.

Quant au lazzarone, il fait la nique aux buveurs en mangeant son
cocomero.

Maintenant ce n'est point assez que le lazzarone mange, boive et dorme;
il faut encore que le lazzarone s'amuse. Je connais une femme d'esprit
qui prétend qu'il n'y a de nécessaire que le superflu et de positif que
l'idéal. Le paradoxe semble violent au premier abord, et cependant, en
y songeant, on reconnaît qu'il y a, surtout pour les *gens comme il faut*,
quelque chose de vrai dans cet axiome.

Or, le lazzarone a beaucoup des vices de l'*homme comme il faut*. Un
de ses vices est d'aimer les plaisirs. Les plaisirs ne lui manquent pas.
Énumérons les plaisirs du lazzarone.

Il a l'improvisateur du môle. Malheureusement, nous avons dit qu'à
Naples il y avait beaucoup de choses qui s'en allaient, et l'improvisateur
est une des choses qui s'en vont.

Pourquoi l'improvisateur s'en va-t-il? quelle est la cause de sa déca-
dence? Voilà ce que tout le monde s'est demandé et ce que personne n'a
pu résoudre.

On a dit que le prédicateur lui avait ouvert une concurrence : c'est
vrai; mais examinez sur la même place le prédicateur et l'improvisa-
teur, vous verrez que le prédicateur prêche dans le désert, et que l'im-
provisateur chante pour la foule. Ce ne peut donc être le prédicateur qui
ait tué l'improvisateur.

On a dit que l'Arioste avait vieilli; que la folie de Roland était un peu
bien connue; que les amours de Médor et d'Angélique, éternellement
répétées, étaient au bout de leur intérêt; enfin que, depuis la découverte
des bateaux à vapeur et des allumettes chimiques, les sorcelleries de
Merlin avaient paru bien pâles.

Rien de tout cela n'est vrai, et la preuve c'est que, l'improvisateur
coupant les séances comme le poète coupe ses chants, et s'arrêtant chaque
soir à l'endroit le plus intéressant, il n'y a pas de nuit que quelque lazza-
rone impatient n'aille réveiller l'improvisateur pour avoir la suite de
son récit.

D'ailleurs, ce n'est pas l'auditoire qui manque à l'improvisateur, c'est
l'improvisateur qui manque à l'auditoire.

Eh bien! cette cause de la décadence de l'improvisation, je crois l'a-
voir trouvée : la voici. L'improvisateur est aveugle comme Homère;
comme Homère, il tend son chapeau à la foule pour en obtenir une faible
rétribution; c'est cette rétribution, si modique qu'elle soit, qui perpétue
l'improvisateur.

Or, qu'arrive-t-il à Naples? C'est que, lorsque l'improvisateur fait le
tour du cercle tendant son chapeau, il y a des spectateurs poétiques et
consciencieux qui y plongent la main pour y laisser un sou; mais il y
en a aussi qui, abusant du même geste, au lieu d'y mettre un sou, en
retirent deux.

Il en résulte que, lorsque l'improvisateur a fini sa tournée, il retrouve son chapeau aussi parfaitement vide qu'avant de l'avoir commencée, moins la coiffe.

Cet état de choses, comme on le comprend, ne peut durer : il faut à l'art une subvention; à défaut de subvention, l'art disparaît. Or, comme je doute que le gouvernement de Naples subventionne jamais l'improvisateur, l'art de l'improvisation est sur le point de disparaître.

C'est donc un plaisir qui va échapper au lazzarone; mais, Dieu merci! à défaut de celui-ci, il en a d'autres.

Il a la revue que le roi tous les huit jours passe de son armée.

Le roi de Naples est un des rois les plus guerriers de la terre; tout jeune, il faisait déjà changer les uniformes des troupes. C'est à propos d'un de ces changemens, qui ne s'opéraient pas sans porter quelque atteinte au trésor, que son aïeul Ferdinand, roi plein de sens, lui disait les paroles mémorables qui prouvaient le cas que le roi faisait, non pas sans doute du courage, mais de la composition de son armée : — Mon cher enfant, habille-les de blanc, habille-les de rouge, ils s'enfuiront toujours.

Cela n'arrêta pas le moins du monde le jeune prince dans ses dispositions belliqueuses; il continua d'étudier le demi-tour à droite et le demi-tour à gauche; il amena des perfectionnemens dans la coupe de l'habit et la forme du schako; enfin, il parvint à élargir les cadres de son armée jusqu'à ce qu'il pût y faire entrer cinquante mille hommes à peu près.

C'est, comme on le voit, un fort joli joujou royal que cinquante mille soldats qui marchent, qui s'arrêtent, qui tournent, qui virent à la parole, ni plus ni moins que si chacune de ces cinquante mille individualités était une mécanique.

Maintenant, examinons comment cette mécanique est montée, et cela sans faire tort le moins du monde au génie organisateur du roi et au courage individuel de chaque soldat.

Le premier corps, le corps privilégié, le corps par excellence de toutes les royautés qui tremblent, celui auquel est confiée la garde du palais, est composé de Suisses; leurs avantages sont une paie plus élevée; leurs priviléges, le droit de porter le sabre dans la ville.

La garde ne vient qu'en second, ce qui fait que, quoique jouissant à peu près des mêmes avantages et des mêmes priviléges que les Suisses, elle exècre ces dignes descendans de Guillaume Tell, qui, à ses yeux, ont commis un crime irrémissible, celui de lui avoir pris le premier rang.

Après la garde vient la légion sicilienne, qui exècre les Suisses parce qu'ils sont Suisses, et les Napolitains parce qu'ils sont Napolitains.

Après les Siciliens vient la ligne, qui exècre les Suisses et la garde parce que ces deux corps ont des avantages qu'elle n'a pas et des priviléges qu'on lui refuse, et les Siciliens par la seule raison qu'ils sont Siciliens.

Enfin, vient la gendarmerie, qui, en sa qualité de gendarmerie, est naturellement exécrée par les autres corps.

Voilà les cinq élémens dont se compose l'armée de Ferdinand II, cette formidable armée que le gouvernement napolitain offrait au prince impérial de Russie comme l'avant-garde de la future coalition qui devait marcher sur la France.

Mettez dans une plaine les Suisses et la garde, les Siciliens et la ligne;

faites-leur donner le signal du combat par la gendarmerie, et Suisses, Napolitains, Siciliens et gendarmes s'entr'égorgeront depuis le premier jusqu'au dernier, sans rompre d'une semelle. Échelonnez ces cinq corps contre l'ennemi, aucun ne tiendra peut-être, car chaque échelon sera convaincu qu'il a moins à craindre de l'ennemi que de ses alliés, et que, si mal attaqué qu'il sera par lui, il sera encore plus mal soutenu par les autres.

Cela n'empêche pas que, lorsque cette mécanique militaire fonctionne, elle ne soit fort agréable à voir. Aussi, quand le lazzarone la regarde opérer, il bat des mains; lorsqu'il entend sa musique, il fait la roue. Seulement, lorsqu'elle fait l'exercice à feu, il se sauve : il peut rester une baguette dans les fusils; cela s'est vu.

Mais le lazzarone a encore d'autres plaisirs.

Il a les cloches qui, partout, sonnent, et qui, à Naples, chantent. L'instrument du lazzarone, c'est la cloche. Plus heureux que Guildenstern qui refuse à Hamlet de jouer de la flûte sous prétexte qu'il ne sait pas en jouer, le lazzarone sait jouer de la cloche sans l'avoir appris. Veut-il, après un long repos, un exercice agréable et sain, il entre dans une église et prie le sacristain de lui laisser sonner la clocle; le sacristain, enchanté de se reposer, se fait prier un instant pour donner de la valeur à sa concession : puis il lui passe la corde : le lazzarone s'y pend aussitôt, et, tandis que le sacristain se croise les bras, le lazzarone fait de la voltige.

Il a la voiture qui passe et qui le promène gratis. A Naples, il n'y a pas de domestique qui consente à se tenir debout derrière une voiture, ni de maître qui permette que le domestique se tienne assis à côté de lui. Il en résulte que le domestique monte près du cocher et que le lazzarone monte derrière. On a essayé tous les moyens de chasser le lazzarone de ce poste, et tous les moyens ont échoué. La chose est passée en coutume, et, comme toute chose passée en coutume, a aujourd'hui force de loi.

Il a la parade des Puppi. Le lazzarone n'entre pas dans l'intérieur où se joue la pièce, c'est vrai. Aux Puppi, les premières coûtent cinq sous, l'orchestre trois sous, et le parterre six liards. Ces prix exorbitans dépassent de beaucoup les moyens des lazzaroni. Mais, pour attirer les chalands, on apporte sur des tréteaux dressés devant l'entrée du théâtre les principales marionnettes revêtues de leur grand costume. C'est le roi Latinus avec son manteau royal, son sceptre à la main, sa couronne sur sa tête; c'est la reine Amata, vêtue de sa robe de grand gala et le front serré avec le bandeau qui lui serrera la gorge; c'est le pieux Eneas, tenant à la main la grande épée qui occira Turnus; c'est la jeune Lavinie, les cheveux ombragés de la fleur d'oranger virginale; c'est enfin Polichinelle. Personnage indispensable, diplomate universel, Talleyrand contemporain de Moïse et de Sésostris, Polichinelle est chargé de maintenir la paix entre les Troyens et les Latins; et, lorsqu'il perdra tout espoir d'arranger les choses, il montera sur un arbre pour regarder la bataille, et n'en descendra que pour en enterrer les morts. Voilà ce qu'on lui montre, à lui, cet heureux lazzarone; c'est tout ce qu'il désire. Il connaît les personnages, son imagination fera le reste.

Il a l'Anglais. Peste! nous avions oublié l'Anglais.

L'Anglais, qui est plus pour lui que l'improvisateur, plus que la revue, plus que les cloches, plus que les Puppi; l'Anglais, qui lui procure non seulement du plaisir, mais de l'argent; l'Anglais, sa chose, son bien, sa propriété ; l'Anglais, qu'il précède pour lui montrer son chemin, ou qu'il suit pour lui voler son mouchoir ; l'Anglais, auquel il vend des curiosités ; l'Anglais, auquel il procure des médailles antiques ; l'Anglais, auquel il apprend son idiome ; l'Anglais, qui lui jette dans la mer des sous qu'il rattrape en plongeant ; l'Anglais enfin, qu'il accompagne dans ses excursions à Pouzzoles, à Castellamare, à Capri ou à Pompéia. Car l'Anglais est original par système : l'Anglais refuse parfois le guide patenté et le cicerone à numéro ; l'Anglais prend le premier lazzarone venu, sans doute parce que l'Anglais a une attraction instinctive pour le lazzarone, comme le lazzarone a une sympathie calculée pour l'Anglais.

Et, il faut le dire, le lazzarone est non seulement bon guide, mais encore bon conseiller. Pendant mon séjour à Naples, un lazzarone avait donné à un Anglais trois conseils dont il s'était trouvé fort bien. Aussi, les trois conseils avaient rapporté cinq piastres au lazzarone, ce qui lui avait fait une existence assurée et tranquille pour six mois.

Voici le fait.

X

Le Lazzarone et l'Anglais.

Il y avait à Naples en même temps que moi et dans le même hôtel que moi un de ces Anglais quinteux, flegmatiques, absolus, qui croient l'argent le mobile de tout, qui se figurent qu'avec de l'argent on doit venir à bout de tout, enfin pour qui l'argent est l'argument qui répond à tout.

L'Anglais s'était fait ce raisonnement : Avec mon argent, je dirai ce que je pense ; avec mon argent, je me procurerai ce que je veux ; avec mon argent, j'achèterai ce que je désire. Si j'ai assez d'argent pour donner un bon prix de la terre, je verrai après cela à marchander le ciel.

Et il était parti de Londres dans cette douce illusion. Il était venu droit à Naples par le bateau à vapeur *the Sphinx*. Une fois à Naples, il avait voulu voir Pompéia ; il avait fait demander un guide ; et comme le guide ne se trouvait pas là sous sa main à l'instant même où il le demandait, il avait pris un lazzarone pour remplacer le guide.

En arrivant la veille dans le port, l'Anglais avait éprouvé un premier désappointement : le bâtiment avait jeté l'ancre une demi-heure trop tard pour que les passagers pussent descendre à terre le même soir. Or, comme l'Anglais avait eu constamment le mal de mer pendant les six jours que le bâtiment avait mis pour venir de Porsmouth à Naples, ce digne insulaire avait supporté fort impatiemment cette contrariété. En conséquence, il avait fait offrir à l'instant même cent guinées au capitaine du port ; mais comme les ordres sanitaires sont du dernier positif, le capitaine du port lui avait ri au nez ; l'Anglais alors s'était couché de fort mauvaise humeur, envoyant à tous les diables le roi qui donnait de pareils ordres et le gouvernement qui avait la bassesse de les exécuter.

Grâce à leur tempérament lymphatique, les Anglais sont tout particulièrement rancuniers ; notre Anglais conservait donc une dent contre le roi Ferdinand ; et, comme les Anglais n'ont pas l'habitude de dissimuler ce qu'ils pensent, il déblatérait tout en suivant la route de Pompéia, et dans le plus pur italien que pouvait lui fournir sa grammaire de Vergani, contre la tyrannie du roi Ferdinand.

Le lazzarone ne parle pas italien, mais le lazzarone comprend toutes les langues. Le lazzarone comprenait donc parfaitement ce que disait l'Anglais, qui, par suite de ses principes d'égalité sans doute, l'avait fait s'asseoir dans sa voiture. La seule distance sociale qui existât entre l'Anglais et le lazzarone, c'est que l'Anglais allait en avant, et le lazzarone allait en arrière.

Tant qu'on fut sur le grand chemin, le lazzarone écouta impassiblement toutes les injures qu'il plut à l'Anglais de débiter contre son souverain. Le lazzarone n'a pas d'opinion politique arrêtée. On peut dire devant lui tout ce qu'on veut du roi, de la reine ou du prince royal ; pourvu qu'on ne dise rien de la Madone, de saint Janvier ou du Vésuve, le lazzarone laissera tout dire.

Cependant, en arrivant à la rue des Tombeaux, le lazzarone, voyant que l'Anglais continuait son monologue, mit l'index sur sa bouche en signe de silence ; mais, soit que l'Anglais n'eût pas compris l'importance du signe, soit qu'il regardât comme au dessous de sa dignité de se rendre à l'invitation qui lui était faite, il continua ses invectives contre Ferdinand le Bien-Aimé. Je crois que c'est ainsi qu'on l'appelle.

— Pardon, excellence, dit le lazzarone en appuyant une de ses mains sur le rebord de la calèche et en sautant à terre aussi légèrement qu'aurait pu le faire Auriol, Lawrence ou Redisha ; pardon, excellence, mais avec votre permission je retourne à Naples.

— Pourquoi toi retourner à Naples ? demanda l'Anglais.

— Parce que moi pas avoir envie d'être pendu, dit le lazzarone, empruntant pour répondre à l'Anglais la tournure de phrase qu'il paraissait affectionner.

— Et qui oserait pendre toi ? reprit l'Anglais.

— Roi à moi, répondit le lazzarone.

— Et pourquoi pendrait-il toi ?

— Parce que vous avoir dit des injures de lui.

— L'Anglais être libre de dire tout ce qu'il veut.

— Le lazzarone ne l'être pas.

— Mais toi n'avoir rien dit.

— Mais moi avoir entendu tout.

— Qui dira toi avoir entendu tout ?

— L'invalide.

— Quel invalide ?

— L'invalide qui va nous accompagner pour visiter Pompéia.

— Moi pas vouloir d'invalide.

— Alors vous pas visiter Pompéia.

— Moi pas pouvoir visiter Pompéia sans invalide ?

— Non.

— Moi en payant ?

— Non.

— Moi, en donnant le double, le triple, le quadruple ?

— Non, non, non !

— Oh ! oh ! fit l'Anglais ; et il tomba dans une réflexion profonde.

Quant au lazzarone, il se mit à essayer de sauter par dessus son ombre.

— Je veux bien prendre l'invalide, moi, dit l'Anglais au bout d'un instant.

— Prenons l'invalide alors, répondit le lazzarone.

— Mais je ne veux pas taire la langue à moi.

— En ce cas, je souhaite le bonjour à vous.

— Moi vouloir que tu restes.

— En ce cas, laissez-moi donner un conseil à vous.

— Donne le conseil à moi.

— Puisque vous ne vouloir pas taire la langue à vous, prenez un invalide sourd au moins.

— Oh ! dit l'Anglais émerveillé du conseil, moi bien vouloir le invalide sourd. Voilà une piastre pour toi avoir trouvé le invalide sourd.

Le lazzarone courut au corps-de-garde et choisit un invalide sourd comme une pioche.

On commença l'investigation habituelle, pendant laquelle l'Anglais continua de soulager son cœur à l'endroit de Sa Majesté Ferdinand Ier, sans que l'invalide l'entendît et sans que le lazzarone fît semblant de l'entendre : on visita ainsi la maison de Diomède, la rue des Tombeaux, la villa de Cicéron, la maison du Poète. Dans une des chambres à coucher de cette dernière était une fresque fort anacréontique qui attira l'attention de l'Anglais, qui, sans demander la permission à personne, s'assit sur un siége de bronze, tira son album et commença à dessiner.

A la première ligne qu'il traça, l'invalide et le lazzarone s'approchèrent de lui ; l'invalide voulut parler, mais le lazzarone lui fit signe qu'il allait porter la parole.

— Excellence, dit le lazzarone, il est défendu de faire des copies des fresques.

— Oh ! dit l'anglais, moi vouloir cette copie.

— C'est défendu.

— Oh ! moi, je paierai.

— C'est défendu, même en payant.

— Oh ! je paierai le double, le triple, le quadruple.

— Je vous dis que c'est défendu ! défendu ! défendu ! entendez-vous ?

— Moi vouloir absolument dessiner cette petite bêtise pour faire rire milady.

— Alors l'invalide mettre vous au corps-de-garde.

— L'Anglais être libre de dessiner ce qu'il veut.

Et l'Anglais se remit à dessiner. L'invalide s'approcha d'un air inexorable.

— Pardonnez, excellence, dit le lazzarone.

— Parle à moi.

— Voulez-vous absolument dessiner cette fresque ?

— Je le veux.

— Et d'autres encore ?

— Oui, et d'autres encore ; moi vouloir dessiner toutes les fresques.

— Alors, dit le lazzarone, laissez-moi donner un conseil à votre excellence. Prenez un invalide aveugle.

— Oh ! oh ! s'écria l'Anglais, plus émerveillé encore du second conseil que du premier. moi bien vouloir le invalide aveugle. Voilà deux piastres pour toi avoir trouvé le invalide aveugle.

— Alors, sortons ; j'irai chercher l'invalide aveugle, et vous renverrez l'invalide sourd, en le payant, bien entendu.

— Je paierez le invalide sourd.

L'Anglais renfonça son crayon dans son album, et son album dans sa

poche ; puis, sortant de la maison de Salustre, il fit semblant de s'ar-
rêter devant un mur pour lire les inscriptions à la sanguine qui y sont
tracées. Pendant ce temps , le lazzarone courait au corps-de-garde et
en ramenait un invalide aveugle, conduit par un caniche noir. L'Anglais
donna deux carlins à l'invalide sourd et le renvoya.

L'Anglais voulait rentrer à l'instant même dans la maison du poète
pour continuer son dessin ; mais le lazzarone obtint de lui que, pour dé-
router les soupçons, il ferait un petit détour. L'invalide aveugle marcha
devant, et l'on continua la visite.

Le chien de l'invalide connaissait son Pompeia sur le bout de la patte;
c'était un gaillard qui en savait, en antiquités, plus que beaucoup de
membres des inscriptions et belles-lettres. Il conduisit donc notre voya-
geur de la boutique du forgeron à la maison de Fortunata, et de la maison
de Fortunata au four public.

Ceux qui ont vu Pompeia savent que ce four public porte une singu-
lière enseigne, modelée en terre cuite, peinte en vermillon, et au dessous
de laquelle sont écrits ces trois mots : *Hic habitat Felicitas*.

— Oh! oh! dit l'Anglais , les maisons être numérotées à Pompeia!
Voilà le n° 1. Puis il ajouta tout bas au lazzarone : Moi vouloir peindre
le n° 1 pour faire rire un peu milady.

— Faites, dit le lazzarone ; pendant ce temps j'amuserai le invalide.

Et le lazzarone alla causer avec l'invalide tandis que l'Anglais faisait
son croquis.

Le croquis fut fait en quelques minutes.

— Moi très content , dit l'Anglais ; mais moi vouloir retourner à la
maison du poète.

— Castor! dit l'invalide à son chien ; Castor, à la maison du poète!

Et Castor revint sur ses pas et entra tout droit chez Salustre.

Le lazzarone se remit à causer avec l'invalide, et l'Anglais acheva son
dessin.

— Oh! moi très content , très content! dit l'Anglais ; mais moi vou-
loir en faire d'autres.

— Alors continuons, dit le lazzarone.

Comme on le comprend bien , l'occasion ne manqua pas à l'Anglais
d'augmenter sa collection de drôleries; les anciens avaient à cet endroit
l'imagination fort vagabonde. En moins de deux heures, il se trouva avoir
un album fort respectable.

Sur ces entrefaites, on arriva à une fouille : c'était, à ce qu'il parais-
sait , la maison d'un fort riche particulier, car on en tirait une multi-
tude de statuettes, de bronzes, de curiosités plus précieuses les unes que
autres, que l'on portait aussitôt dans une maison à côté. L'Anglais entra
dans ce musée improvisé et s'arrêta devant une petite statue de satyre
haute de six pouces, et qui avait toutes les qualités nécessaires pour attirer
son attention.

— Oh ! dit l'Anglais , moi vouloir acheter cette petite statue.

— Le roi de Naples pas vouloir la vendre, répondit le lazzarone.

— Moi je paierai ce qu'on voudra, pour faire rire un peu milady.

— Je vous dis qu'elle n'est point à vendre.

— Moi la paierai le double, le triple, le quadruple.

— Pardon, excellence, dit le lazzarone en changeant de ton , je vous
ai déjà donné deux conseils, vous vous en êtes bien trouvé; voulez-vous

que je vous en donne un troisième ? Eh bien ! n'achetez point la statue,
volez-la.

— Oh! toi avoir raison. Avec cela, nous avoir l'invalide aveugle. Oh!
oh ! oh ! ce être très original.

— Oui ; mais avoir Castor, qui a deux bons yeux et seize bonnes
dents , et qui , si vous y touchez seulement du bout du doigt , vous
sautera à la gorge.

— Moi, donner une boulette à Castor.

— Faites mieux : prenez un invalide boiteux. Comme vous avez à peu
près tout vu , vous mettrez la statuette dans votre poche et nous nous
sauverons. Il criera ; mais nous aurons des jambes, et il n'en aura pas.

— Oh ! s'écria l'Anglais, encore plus émerveillé du troisième conseil
que du second, moi bien vouloir le invalide boiteux ; voilà trois piastres
pour toi avoir trouvé le invalide boiteux.

Et pour ne point donner de soupçons à l'invalide aveugle et surtout à
Castor, l'Anglais sortit et fit semblant de regarder une fontaine en co-
quillages d'un rococo mirobolant, tandis que le lazzarone était allé cher-
cher le nouveau guide.

Un quart d'heure après il revint accompagné d'un invalide qui avait
deux jambes de bois ; il savait que l'Anglais ne marchanderait pas , et il
ramenait ce qu'il avait trouvé de mieux dans ce genre.

On donna trois carlins à l'invalide aveugle, deux pour lui , un pour
Castor, et on les renvoya tous les deux.

Il ne restait à voir que les théâtres, le Forum nundiarium et le temple
d'Isis ; l'Anglais et le lazzarone visitèrent ces trois antiquités avec la vé-
nération convenable ; puis l'Anglais , du ton le plus dégagé qu'il put
prendre , demanda à voir encore une fois le produit des fouilles de la
maison qu'on venait de découvrir ; l'invalide , sans défiance aucune ,
ramena l'Anglais au petit musée.

Tous trois entrèrent dans la chambre où les curiosités étaient étalées
sur des planches clouées contre la muraille.

Tandis que l'Anglais allait , tournait, virait, revenant sans avoir l'air
d'y toucher, à sa statuette, le lazzarone s'amusait à tendre, à la hauteur
de deux pieds, une corde devant la porte. Quand la corde fut bien assu-
rée il fit signe à l'Anglais, l'Anglais mit la statuette dans sa poche, et ,
pendant que l'invalide ébahi le regardait faire, il sauta par dessus la
corde, et, précédé par le lazzarone, il se sauva à toutes jambes par la
porte de Stabie, se trouva sur la route de Salerne, rencontra un corri-
colo qui retournait à Naples, sauta dedans et rejoignit sa calèche, qui
l'attendait à la via del Sepolcri. Deux heures après avoir quitté Pompeia
il était à Torre del Greco, et une heure après avoir quitté Torre del
Greco il était à Naples.

Quant à l'invalide , il avait d'abord essayé d'enjamber par dessus la
corde , mais le lazzarone avait établi sa barrière à une hauteur qui ne
permettait à aucune jambe de bois de la franchir : l'invalide avait alors
tenté de la dénouer ; mais le lazzarone avait été pêcheur dans ses
momens perdus, et savait faire ce fameux nœud à la marinière qui
qui n'est autre chose que le nœud gordien. Enfin l'invalide, à l'exemple
d'Alexandre-le-Grand , avait voulu couper ce qu'il ne pouvait dénouer,
et avait tiré son sabre ; mais son sabre, qui n'avait jamais coupé que
très peu, ne coupait plus du tout : de sorte que l'Anglais était à moitié

chemin de Resina , que l'invalide en était encore à essayer de scier sa corde.

Le même soir l'Anglais s'embarqua sur le bateau à vapeur *the King George* , et le lazzarone se perdait dans la foule de ses compagnons.

L'Anglais avait fait les trois choses les plus expressément défendues à Naples : il avait dit du mal du roi , il avait copié des fresques, il avait volé une statue ; et tout cela , non pas grâce à son argent , son argent ne lui servit de rien pour ces trois choses , mais grâce à l'imaginative d'un lazzarone.

Mais , pensera-t-on , parmi ces choses, il y en a une qui n'est ni plus ni moins qu'un vol. Je répondrai que le lazzarone est essentiellement voleur ; c'est-à-dire que le lazzarone a ses idées à lui sur la propriété , ce qui l'empêche d'adopter à cet endroit les idées des autres. Le lazzarone n'est pas voleur, il est conquérant ; il ne dérobe pas, il prend. Le lazzarone a beaucoup du Spartiate : pour lui la soustraction est une vertu , pourvu que la soustraction se fasse avec adresse. Il n'y a de voleurs, a ses yeux , que ceux qui se laissent prendre. Aussi , afin de n'être pas pris , le lazzarone s'associe parfois avec le sbire.

Le sbire n'est souvent lui-même qu'un lazzarone armé par la loi. Le sbire a un aspect formidable ; il porte une carabine, une paire de pistolets et un sabre. Le sbire est chargé de faire la police de seconde main : il veille sur la sécurité publique entre deux patrouilles. En cas d'association, aussitôt que la patrouille est passée, le sbire met une pierre sur une borne pour indiquer au lazzarone qu'il peut voler en toute sûreté.

Quand le lazzarone a volé, le sbire paraît.

Alors le sbire et le lazzarone partagent en frères.

Seulement, en ce cas, il arrive parfois aussi que le sbire vole le lazzarone ou que le lazzarone escroque le sbire : notre pauvre monde va tellement de mal en pis, qu'on ne peut plus compter sur la conscience, même des fripons.

Le gouvernement sait cela, et il essaie d'y remédier en changeant les sbires de quartier ; alors ce sont de nouvelles associations à faire, de nouvelles compagnies d'assurance mutuelle à organiser.

Le sbire se met en embuscade dans la rue de Chiaja, de Toledo ou de Forcella, et, quand il veut, il est sûr, dès le soir de la première journée, d'avoir déjà établi des relations commerciales qui le dédommagent de celles qu'il vient d'être forcé de rompre.

Comme le lazzarone n'a pas de poches, on le trouve éternellement la main dans la poche des autres.

Le lazzarone ne tarde donc jamais à être pris en flagrant délit par le sbire ; alors le marché s'établit.

Le sbire, généreux comme Orosmane, propose une rançon.

Le lazzarone , fidèle à sa parole comme Lusignan, dégage sa parole au bout de dix minutes, d'une demi-heure, d'une heure au plus tard.

Parfois cependant, comme je l'ai dit, le sbire abuse de sa puissance ou le lazzarone de son adresse.

Un jour, en passant dans la rue de Tolède, j'ai vu arrêter un sbire. Comme le chasseur de La Fontaine, il avait été insatiable, et il était puni par où il avait péché.

Voici ce qui était arrivé :

Un sbire avait pris un lazzarone en flagrant délit.

— Qu'as-tu volé à ce monsieur en noir qui vient de passer? demanda
le sbire.

— Rien, absolument rien, excellence, répondit le lazzarone (le lazza-
rone appelle le sbire excellence).

— Je l'ai vu la main dans sa poche.

— Sa poche était vide.

— Comment! pas un mouchoir, pas une tabatière, pas une bourse?

— C'était un savant, excellence.

— Pourquoi t'adresses-tu à ces sortes de gens

— Je l'ai reconnu trop tard.

— Allons, suis-moi à la police.

— Comment! mais puisque je n'ai rien volé, excellence.

— C'est justement pour cela, imbécile. Si tu avais volé quelque chose,
on s'arrangerait.

— Eh bien! c'est partie remise, voilà tout; je ne serai pas toujours si
malheureux.

— Me promets-tu, d'ici à une demi-heure, de me dédommager?

— Je vous le promets, excellence.

— Comment cela?

— Ce qu'il y a dans la poche du premier passant sera pour vous.

— Soit, mais je choisirai l'individu; je ne me soucie pas que tu ailles
encore faire quelque bêtise pareille à l'autre.

— Vous choisirez.

Le sbire s'appuie majestueusement contre une borne; le lazzarone se
couche paresseusement à ses pieds.

Un abbé, un avocat, un poète, passent successivement sans que le
sbire bouge. Un jeune officier, leste, pimpant, paré d'un charmant uni-
forme, paraît à son tour; le sbire donne le signal.

Le lazzarone se lève et suit l'officier; tous deux disparaissent à l'angle
de la première rue. Un instant après, le lazzarone revient tenant sa
rançon à la main.

— Qu'est-ce que c'est que cela? demande le sbire.

— Un mouchoir, répond le lazzarone.

— Voilà tout?

— Comment, voilà tout? c'est de la batiste!

— Est-ce qu'il n'en avait qu'un seul (1)?

— Un seul dans cette poche-là.

— Et dans l'autre?

— Dans l'autre il avait son foulard.

— Pourquoi ne l'as-tu pas apporté?

— Celui-là, je le garde pour moi, excellence.

— Comment, pour toi?

— Oui. N'est-il pas convenu que nous partageons?

— Eh bien?

— Eh bien! chacun sa poche.

— J'ai droit à tout.

— A la moitié, excellence.

____

(1) A Naples, on a toujours deux mouchoirs dans sa poche : un mouchoir de
batiste pour s'essuyer, un mouchoir de soie pour se moucher; il y a même des
élégans qui en ont un troisième avec lequel ils époussettent leurs bottes, pour faire
croire qu'ils sont venus en voiture.

— Je veux le foulard.

— Mais, excellence...

— Je veux le foulard !

— C'est une injustice.

— Ah ! tu dis du mal des employés du gouvernement. En prison, drôle ! en prison !

— Vous aurez le foulard, excellence.

— Je veux celui de l'officier.

— Vous aurez celui de l'officier.

— Où le retrouveras-tu !

— Il était allé chez sa maîtresse, rue de Foria ; je vais l'attendre à la porte.

Le lazzarone remonte la rue, disparaît, et va s'embusquer dans une grande porte de la rue de Foria.

Au bout d'un instant, le jeune officier sort ; il n'a pas fait dix pas qu'il fouille à sa poche et s'aperçoit qu'elle est vide.

— Pardon, excellence, dit le lazzarone, vous cherchez quelque chose?

— J'ai perdu un mouchoir de batiste.

— Votre excellence ne l'a pas perdu, on le lui a volé.

— Et quel est le brigand?...

— Qu'est-ce que votre excellence me donnera si je lui trouve son voleur ?

— Je te donnerai une piastre !

— J'en veux deux.

— Va pour deux piastres. Eh bien! que fais-tu?

— Je vous vole votre foulard?

— Pour me faire retrouver mon mouchoir?

— Oui.

— Et où seront-ils tous les deux?

— Dans la même poche. Celui à qui je donnerai votre foulard est celui à qui j'ai déjà donné votre mouchoir.

L'officier suit le lazzarone ; le lazzarone remet le foulard au sbire, le sbire fourre le foulard dans sa poche. Le lazzarone, rendu à la liberté, s'esquive. Derrière le lazzarone vient l'officier. L'officier met la main sur le collet du sbire, le sbire tombe à genoux. Comme le sbire de cette espèce a été lazzarone avant d'être sbire, il comprend tout : c'est lui qui est le volé. Il a voulu jouer son associé, il a été joué par lui. Tous autres qu'un lazzarone et un sbire se brouilleraient en pareille circonstance ; mais le lazzarone et le sbire ne se brouillent pas pour si peu de chose : c'est à l'œuvre qu'on reconnaît l'ouvrier. Le lazzarone et le sbire se sont reconnus pour deux ouvriers de première force ; ils ont pu s'apprécier l'un l'autre. Gare aux poches ! ce sera désormais entre eux à la vie et à la mort.

<h1 style="text-align:center">XI</h1>

<h2 style="text-align:center">Le roi Nasone.</h2>

Je ne sais pas si les lazzaroni, ennuyés de leur liberté, demandèrent jamais un roi comme les grenouilles de la fable, mais ce que je sais, c'est qu'un jour Dieu leur envoya un.

Celui-là n'était ni un baliveau ni une grue : c'était un renard, et un des plus fins que la race royale ait jamais produits. Ce roi eut trois noms : Dieu le nomma Ferdinand IV, le congrès le nomma Ferdinand Ier, et les lazzaroni le nommèrent le roi Nasone.

Dieu et le congrès eurent tort : un seul de ses trois noms lui resta : c'est celui qui lui a été donné par les lazzaroni.

L'histoire, à la vérité, lui a conservé indifféremment les deux autres, ce qui n'a pas contribué à la rendre plus claire : mais qui est-ce qui lit l'histoire, si ce n'est les historiens lorsqu'ils corrigent leurs épreuves!

A Naples, personne ne connaît donc ni Ferdinand Ier ni Ferdinand IV; mais, en revanche, tout le monde connaît le roi Nasone.

Chaque peuple a eu son roi qui a résumé l'esprit de la nation. Les Écossais ont eu Robert-Bruce, les Anglais ont eu Henri VIII, les Allemands ont eu Maximilien, les Français ont eu Henri IV, les Espagnols ont eu Charles V, les Napolitains ont eu *Nasone* (1).

Le roi Nasone était l'homme le plus fin, le plus fort, le plus adroit, le plus insouciant, le plus indévot, le plus superstitieux de son royaume, ce qui n'est pas peu dire. Moitié Italien, moitié Français, moitié Espagnol, jamais il n'a su un mot d'espagnol, de français ni d'italien ; le roi Nasone n'a jamais su qu'une langue, c'était le patois du môle.

Il a eu pour enfans le roi François, le prince de Salerne, la reine Marie-Amélie, c'est-à-dire un des hommes les plus savans, un des princes les meilleurs, une des femmes les plus admirablement saintes qui aient jamais existé.

Le roi Nasone monta sur le trône à six ans, comme Louis XIV, et mourut presque aussi vieux que lui. Il régna de 1759 à 1825, c'est-à-dire 66 ans y compris sa minorité. Tout ce qui s'accomplit de grand en Europe dans la dernière moitié du siècle passé et dans le premier quart du siècle présent s'accomplit sous ses yeux. Napoléon tout entier passa dans son règne. Il le vit naître et grandir, il le vit décroître et tomber. Il se trouva mêlé à ce drame gigantesque qui bouleversa le monde de Lisbonne à Moscou, et de Paris au Caire.

Le roi Nasone n'avait reçu aucune éducation ; il avait eu pour gouverneur le prince de San-Miandro, qui, n'ayant jamais rien su, n'avait pas jugé nécessaire que son élève en apprît plus que lui. En échange, le roi faisait des armes comme Saint-Georges, montait à cheval comme Rocca Romana, et tirait un coup de fusil comme Charles X. Mais d'arts, mais de sciences, mais de politique, il n'en fut pas un seul instant question dans le programme de l'éducation royale.

Aussi de sa vie le roi Nasone n'ouvrit-il un livre ou ne lut-il un mémoire. Quand il fut majeur, il laissa régner son ministre, quand il fut marié, il laissa régner sa femme. Il ne pouvait se dispenser d'assister aux conseils d'État, mais il avait défendu qu'il y parût un seul encrier, de peur que sa vue n'entraînât à des écritures. Restait son seing, qu'il ne pouvait se dispenser de donner au moins une fois par jour. Napoléon, dans le même cas, avait réduit le sien à cinq lettres d'abord, à trois ensuite, puis enfin à une seule. Le roi Nasone fit mieux, il eut une griffe.

Aussi passait-il le meilleur de son temps à chasser à Caserte ou à pêcher au Fusaro ; puis la chasse finie ou la pêche terminée, le roi se faisait cabaretier, la reine se faisait cabaretière, les courtisans se faisaient

____

(1) Qu'on ne prenne point ce sobriquet en mauvaise part ; c'est comme si, au lieu de dire Philippe V, nous disions Philippe-le-Long.

garçons de cabaret, et l'on détaillait au dessous du cours des comestibles ordinaires, les produits de la chasse ou de la pêche, le tout avec l'accompagnement de disputes et de jurons qu'on aurait pu rencontrer dans une halle ordinaire. Cela était un des grands plaisirs du roi Nasone.

Le roi Nasone savait de qui tenir son amour pour la chasse. Son père, le roi Charles III, avait fait bâtir le château de Capo-di-monti par la seule raison qu'il y avait sur cette colline, au mois d'août, un abondant passage de becfigues. Malheureusement, en jetant les fondations de cette villa, on s'était aperçu qu'au dessous des fondations s'étendaient de vastes carrières d'où, depuis dix mille ans, Naples tirait sa pierre. On y ensevelit trois millions dans des constructions souterraines; après quoi on s'aperçut qu'il ne manquait qu'une chose pour se rendre au château, c'était un chemin. On comprend que si Charles III, comme son fils, avait eu le goût du commerce et avait vendu ses becfigues, il eût, selon toute probabilité, en les vendant au prix ordinaire, perdu quelque chose, comme un millier de francs sur chacun d'eux.

Le contre-coup de la révolution française vint troubler le roi Nasone au milieu de ses plaisirs. Un jour il lui prit envie de chasser à l'homme au lieu de chasser au daim ou au sanglier; il lâcha sa meute sur la piste des républicains et vint les attaquer aux environs de Rome. Malheureusement le Français est un animal qui revient sur le chasseur. Le roi Nasone le vit revenir et fut obligé d'abandonner la place et de gouverner au plus vite sur Naples; encore fallut-il qu'il changeât de costume avec le duc d'Ascoli, son écuyer. Il prit la gauche, ordonna au duc de le tutoyer, et le servit tout le long de la route comme si le duc d'Ascoli eût été Ferdinand et qu'il eût été le duc d'Ascoli.

Plus tard, un des grands plaisirs du roi était de raconter cette anecdote. L'idée que le duc d'Ascoli aurait pu être pendu à la place du roi mettait la cour en fort belle humeur.

Arrivé à Naples sans accident, le roi jugea qu'il n'était point prudent à lui de s'arrêter là; il s'adressa à son bon ami Nelson, lui demanda un vaisseau, monta dessus avec la reine, son ministre Acton et la belle Emma Lyonna, à laquelle nous reviendrons bientôt; mais un vent contraire s'éleva : le vaisseau ne put sortir du golfe et fut forcé de revenir jeter l'ancre à une centaine de pas de la terre. Alors, ministres, magistrats, officiers, accoururent pour supplier le roi de revenir à Naples; mais le roi tint bon pour la Sicile et envoya promener officiers, magistrats et ministres, marmottant sans cesse ses meilleures prières pour que le vent changeât de direction. Au premier souffle qui vint du nord, on leva l'ancre et on s'éloigna à pleines voiles.

Mais la satisfaction du roi ne fut point de longue durée. A peine la flottille avait-elle gagné la haute mer qu'une tempête terrible s'éleva; en même temps le jeune prince Alberto tomba malade. Le roi avait pris pour capitaine de son vaisseau l'amiral Nelson, qui passait à cette époque pour le premier marin du monde, et cependant, comme si Dieu eût poursuivi le roi en personne, le mât de misaine et la grande vergue de son bâtiment furent brisés, tandis qu'il voyait à cent pas de lui la frégate de l'amiral Carracciolo, sur laquelle il avait refusé de monter, se fiant plus à son allié qu'à son sujet, s'avancer au milieu de la tempête, calme et comme si elle commandait aux vents. Plusieurs fois le roi héla ce bâtiment, qui, pareil à celui du *Corsaire rouge*, semblait un navire enchanté, pour s'informer

s'il ne pourrait point passer à son bord ; mais quoiqu'à chaque signal du
roi l'amiral lui-même se fût mis en mer dans une chaloupe et se fût ap-
proché du vaisseau royal pour recevoir les ordres de Sa Majesté, le péril
du transport était trop grand pour que Carracciolo osât en courir la res-
ponsabilité. Cependant à chaque heure le danger augmentait. Enfin on
arriva en vue de Palerme, mais le voisinage de la terre augmentait encore
le danger : si habile marin que fût Nelson, il en savait moins pour entrer
dans le port par un gros temps que le dernier pilote côtier. Il fit donc un
signal pour demander s'il se trouvait sur la flottille un homme plus fami-
liarisé que lui avec ces parages. Aussitôt une barque montée par un offi-
cier se détacha d'un des bâtimens, emportée par le vent comme une feuille,
et s'approcha du vaisseau royal. Lorsqu'elle fut à portée, on jeta une corde,
l'officier la saisit, on le hissa à bord : c'était le capitaine Giovanni Beau-
san, élève et ami de Carracciolo; il répondit de tout. Nelson lui remit le
commandement : une heure après on entrait dans le port de Palerme, et
le même soir on débarquait à Castello-à-Mare.

Le lendemain, au point du jour, le roi chassait à son château de la Fa-
vorite, avec autant de plaisir et d'entrain que s'il n'eût pas perdu la moi-
tié de son royaume.

Pendant ce temps Championnet prenait Naples, et un beau matin le roi
Nasone apprit que le monde libéral comptait une république de plus.
C'était la république parthénopéenne.

Sa colère fut grande ; il ne comprenait pas que ses sujets, abandonnés
par lui, ne lui eussent pas gardé plus exactement leur serment de fidélité;
c'était fort triste : le patrimoine de Charles III était diminué de moitié ;
le roi des Deux-Siciles n'en avait plus qu'une. Noblesse et bourgeoisie
avaient embrassé avec ardeur la cause de la révolution; il ne restait plus
au roi Nasone que ses bons lazzaroni.

Le roi Nasone s'en rapporta à Dieu et à saint Janvier de changer le cœur
de ses sujets, fit vœu d'élever une église sur le modèle de Saint-Pierre
s'il rentrait jamais dans sa bonne ville de Naples, et continua de chasser.

Il est vrai que, comme nous l'avons dit, le roi Nasone était un mer-
veilleux tireur. Quoiqu'il ne chassât jamais qu'à balles franches, il était
sûr de ne toucher l'animal qu'au défaut de l'épaule; et, sur ce point,
Bas-de-Cuir aurait pu prendre de ses leçons. Mais le curieux de la chose,
c'est qu'il exigeait que les chasseurs de sa suite en fissent autant que lui,
sinon il entrait dans des colères toujours fort préjudiciables au coupable.
Un jour qu'on avait chassé toute la journée dans la forêt de Fienzza, et
que les chasseurs faisaient cercle autour d'un double rang de sangliers
abattus, le roi avisa un des cadavres frappés au ventre. Aussitôt le rouge
lui monta à la figure, et se retournant vers sa suite : — *Che è il porco
che a fatto un tal colpo ?* s'écria-t-il, ce qui voulait dire en toutes lettres :
Quel est le porc qui a fait un pareil coup ?

— C'est moi, sire, répondit le prince de San-Cataldo. Faut-il me
pendre pour cela ?

— Non, dit le roi, mais il faut rester chez vous.

Et désormais le prince de San-Cataldo ne fut plus invité aux chasses
royales.

Un des crimes qui avaient le privilége d'exciter à un degré presque égal
la colère de Sa Majesté, était de se présenter devant elle avec des favoris
longs et des cheveux courts. Tout homme dont le menton n'était point

rasé, dont le crâne n'était point poudré à blanc, et dont la nuque n'était point ornée d'une queue plus ou moins longue, était pour le roi Nasone un jacobin à pendre. Un jour, le jeune prince Peppino Ruffo, qui avait tout perdu au service du prince, qui avait abandonné famille et patrie pour le suivre, eut l'imprudence de se présenter devant lui sans poudre et avec une paire de ces beaux favoris napolitains que vous savez. Le roi ne fit qu'un bond de son fauteuil à lui, et, le saisissant à pleines mains par la barbe : — Ah! brigand! ah! jacobin! ah! septembriseur! s'écria-t-il. Mais tu sors donc d'un club, que tu oses te présenter ainsi devant moi?

— Non, sire, répondit le jeune homme, je sors d'une prison où j'ai été jeté il y a trois mois, comme trop fidèle sujet de Votre Majesté.

Cette raison, si péremptoire qu'elle fût, ne calma pas entièrement le roi, qui garda rancune au pauvre Peppino Ruffo, même après qu'il eut rasé ses favoris, poudré ses cheveux, pris une queue postiche et substitué une culotte courte à ses pantalons.

Il n'y avait par toute la Sicile qu'un homme qui fût aussi colère que le roi : c'était le président Cardillo, qui, n'ayant pas un seul cheveu sur la tête et pas un seul poil au menton, était entré tout d'abord dans les faveurs de son souverain, grâce à la majestueuse perruque dont son front était orné. Aussi, malgré son caractère emporté, le roi l'avait-il pris en amitié grande, malgré sa haine pour les gens de robe. Il le désignait quelquefois pour faire sa partie reversi. Alors c'était un spectacle donné à la galerie. Quand il jouait avec tout autre qu'avec le roi, le président lâchait la bride à sa colère, foudroyait son partner de gros mots, faisait voler les jetons, les fiches, les cartes, l'argent, les chandeliers. Mais, lorsqu'il avait l'honneur de jouer avec le roi, le pauvre président avait les menottes, et il lui fallait ronger son frein. Il prenait bien toujours, dans une intention parfaitement claire, chandeliers, argent, cartes, fiches et jetons; mais tout à coup le roi, qui ne le perdait pas de vue, le regardait ou lui adressait une question; alors le président souriait agréablement, reposait sur la table la chose quelconque qu'il tenait à la main et se contentait d'arracher les boutons de son habit, qu'on retrouvait le lendemain semés sur le parquet. Un jour cependant que le roi avait poussé le pauvre président plus loin qu'à l'ordinaire, et que cette plaisanterie lui avait fait négliger son jeu, le prince s'aperçut qu'un as dont il aurait pu se défaire lui était resté.

— Ah! mon Dieu! que je suis bête! s'écria le prince, j'aurais pu donner mon as, et je ne l'ai pas fait.

— Eh bien! je suis plus bête encore que votre Majesté, s'écria le président, car j'aurais pu donner le quinola et il m'est resté dans les mains.

Le prince, au lieu de se fâcher, éclata de rire; la réponse lui rappelant probablement l'urbanité de ses bons lazzaroni.

Il faut tout dire aussi : le président Cardillo était, comme Nemrod, un grand chasseur devant Dieu, et avait de magnifiques chasses, des chasses royales auxquelles il invitait son roi et auxquelles son roi lui faisait l'honneur d'assister. C'était dans son magnifique fief d'Ilice que se passait la chose; et comme au milieu de la propriété s'élevait un château digne d'elle, Sa Majesté daignait, la veille des chasses, arriver, souper et coucher dans ce château, où elle demeurait quelquefois deux ou trois jours de suite. Un soir on y arriva comme d'habitude avec l'intention de chasser le lendemain. Quand il s'agissait de chasser, le roi ne dormait pas. Aussi, après s'être tourné et retourné toute la nuit dans son lit , se leva-t-il au point du jour , et , allumant son bougeoir, se dirigea-t-il en chemise vers la chambre du seigneur suzerain. La clé était à la porte; Ferdinand eut envie de voir quelle mine un président avait dans son lit. Il tourna la clé et entra dans sa chambre. Dieu servait le roi à sa guise.

Le président, sans perruque et en chemise, était assis au milieu de la chambre. Le roi alla droit à lui. Tandis que, surpris à l'improviste, le pauvre président demeurait sans bouger, le roi lui mit le bougeoir sous le nez pour bien voir la figure qu'il faisait, puis il commença à faire le tour de la statue et du piédestal avec une gravité admirable, tandis que la tête seule du président, mobile comme celle d'un magot de la Chine, l'accompagnait par un mouvement de rotation centrale, égal au mouvement circulaire. Enfin les deux astres qui accomplissaient leur périple, se retrouvèrent en face l'un de l'autre. Et, comme le roi continuait de garder le silence :

— Sire, dit le président avec le plus grand sang-froid, le fait n'étant pas prévu par les lois de l'étiquette, faut-il que je me lève ou faut-il que je reste?

— Reste, reste, dit le roi, mais ne nous fais pas attendre; voilà quatre heures qui sonnent.

Et il sortit de la chambre aussi gravement qu'il y était entré.

Bientôt l'honneur que le roi faisait au président Cardillo en allant ainsi chasser chez lui éveilla l'ambition des courtisans; il n'y eut pas jusqu'aux abbesses des premiers couvens de Palerme qui, peuplant leurs parcs de chevreuils, de daims et de sangliers, ne fissent inviter le roi à venir donner aux pauvres recluses dont elles dirigeaient les âmes la distraction d'une chasse. On comprend que Sa Majesté se garda bien de refuser de pareilles invitations. Le roi était quelque peu galant; il oublia presque sa colonie de San-Lucio. Cette colonie de San-Lucio était cependant quelque chose de fort agréable. C'était un charmant village, situé à trois ou quatre lieues de Naples, appartenant corps et biens au roi; les âmes seules appartenaient à Dieu, ce qui n'empêchait pas le diable d'en avoir sa part. San-Lucio était, moins le turban et le lacet, devenu le sérail du sultan Nasone. Comme le shah de Perse, il aurait pu une fois faire part à ses amis et connaissances de quatre-vingts naissances dans le même mois.

Aussi la population de San-Lucio a-t-elle encore aujourd'hui des priviléges que n'a aucun autre village du royaume des Deux-Siciles : ses habitans ne paient pas de contributions et échappent à la loi du recrutement. En outre, chacun, quel que soit son âge ou son sexe, a la prétention d'être quelque peu parent du roi actuel. Seulement, les plus âgés l'appellent mon neveu, et les plus jeunes mon cousin.

Le roi Nasone en était donc là en Sicile, chassant tous les jours soit dans ses forêts à lui, soit dans celles du président, soit dans les parcs des abbesses, faisant tous les soirs sa partie d'ombre, de whist ou de reversi, et ne regrettant au monde que son château de Capo-di-Monti, où il y avait tant de becfigues; son lac de Fusaro, où il y avait tant de poissons; et sa place du Môle, où il y avait tant de lazzaroni, lorsqu'un jour un homme de cinquante à cinquante-cinq ans environ se présenta pour lui demander l'autorisation de reconquérir son royaume : cet homme, c'était le cardinal Ruffo.

Fabrizio Ruffo était né d'une famille noble, mais peu considérable.

Seulement, comme il avait le génie de l'intrigue développé à un point fort remarquable, il avait fait, grâce au pape Pie VI, dont il était devenu le favori, un assez beau chemin dans la carrière de la prélature, et il avait été nommé à un haut emploi dans la chambre pontificale. Arrivé là, il eut l'adresse de faire sa fortune en trois ans et la maladresse de laisser voir qu'il l'avait faite. Il en résulta que son faste ayant fait scandale, Pie VI fut forcé de lui demander sa démission. Ruffo la lui donna, vint à Naples, et obtint l'intendance du château de Caserte. Il y servait de son mieux le roi Nasone dans les plaisirs que Sa Majesté allait chercher dans sa villa, lorsque Sa Majesté se réfugia en Sicile. Le cardinal Ruffo l'y suivit.

Là, tandis que le roi chassait le jour et jouait le soir, Ruffo rêvait de reconquérir le royaume. La face des choses changeait en Italie, les défaites succédaient aux défaites; Bonaparte semblait avoir transporté de l'autre côté de la Méditerranée la statue de la Victoire. Les ennemis que le directoire avait à combattre croissaient chaque jour. La flotte turque et la flotte russe combinées avaient repris quelques unes des îles Ioniennes, assiégeaient Corfou et annonçaient hautement que, dès qu'elles se seraient rendues maîtresses de ce point important, elles feraient voile vers les côtes de l'Italie. L'escadre anglaise n'attendait qu'un signal pour se réunir à elles. Fabrizio Ruffo espérait donc qu'en mettant le feu aux Calabres, ce feu, comme une traînée de poudre, gagnerait rapidement Naples et embraserait la capitale. Il vint donc, comme nous l'avons dit, trouver le roi.

Le roi, à qui il ne demandait ni hommes ni argent, mais seulement son autorisation et ses pleins pouvoirs, donna tout ce que le cardinal demandait; après quoi, roi et cardinal échangèrent leur bénédiction. Le cardinal partit pour les montagnes de la Calabre, et le roi pour la forêt de Fienzza.

Deux mois à peu près s'écoulèrent. Pendant ces deux mois, le roi, tout en chassant à la Favorite, à Montréal ou à Ilice, avait vu passer une foule de vaisseaux russes, turcs et anglais se dirigeant vers sa capitale. Un soir même, en rentrant, il avait appris que Nelson avait quitté Palerme pour prendre le commandement général de la flotte. Enfin, un matin, il reçut un courrier qui lui annonça que le cardinal Ruffo venait d'entrer à Naples, que la république parthénopéenne, qui était venue avec Championnet, s'en était allée avec Macdonald, et que les républicains avaient obtenu une capitulation en vertu de laquelle ils rendaient les forts, mais qui leur accordait en échange vie et bagages saufs. Cette capitulation était signée de Foote pour l'Angleterre, de Keraudy pour la Russie, de Bonnieu pour la Porte, et de Ruffo pour le roi.

Tout au contraire de ce à quoi l'on s'attendait, Sa Majesté entra dans une grande colère; on lui avait reconquis son royaume, ce qui était fort agréable, mais on avait traité avec des rebelles, ce qui lui paraissait fort humiliant. Nasone était petit-fils de Louis XIV, et il y avait en lui, tout populaire qu'il était, beaucoup de l'orgueil et de l'omnipotence du grand roi.

Il s'agissait donc de sauver l'honneur royal en déchirant la capitulation (1).

(1) Voici les termes de cette capitulation :
1° Le château Neuf et le château de l'OEuf, avec armes et munitions, seront

Cependant on craignait une chose : il y avait à cette heure à Naples un homme qui était plus roi que le roi lui-même ; cet homme, c'était Nelson. Or, Nelson était arrivé à l'âge de quarante-un ans sans que son plus mortel ennemi eût eu d'autre reproche à lui faire qu'une trop grande intrépidité. Il avait des honneurs autant qu'un vainqueur en pouvait amasser sur sa tête. La ville de Londres lui avait envoyé une épée, et le roi l'avait fait chevalier du Bain, baron du Nil et pair du royaume. Il avait une fortune princière ; car le gouvernement lui faisait mille livres sterling de rente, le roi l'avait doté d'une pension de cinquante mille francs, et la compagnie des Indes lui avait fait cadeau de cent mille écus. Il y avait donc à craindre que Nelson, reconnu jusque alors, non seulement pour brave entre les braves, mais encore pour loyal entre les loyaux, n'eût le ridicule de tenir à cette double réputation, et, n'ayant rien fait jusque-là qui portât atteinte à son courage, ne voulût rien faire qui portât atteinte à son honneur.

Et pourtant il fallait que la capitulation signée par Foote, de Kéraudy et Bonnieu fut déchirée. On se rappela que c'était une femme qui avait perdu Adam, et on jeta les yeux sur son amie Emma Lyonna pour damner Nelson. — Emma Lyonna était une femme perdue de Londres. Son père, on ne le connaît pas ; sa patrie, on l'ignore : on sait seulement que sa mère était pauvre ; on croit qu'elle naquit dans la principauté de Galles, voilà tout. Un charlatan la rencontra et lui offrit de prendre part à une spéculation nouvelle : c'était de représenter la déesse Hygie. Ce charlatan était le docteur Graham, auteur de la *Mégalanthropogénésie.* Emma Lyonna accepte ; elle est installée dans le cabinet du docteur, à qui elle sert d'explication vivante. Emma Lyonna était belle, on accourut pour la voir, les peintres demandèrent à la copier ; Romney, l'un des artistes les plus populaires de l'Angleterre, la peignit en Vénus, en Cléopâtre, en Phryné. Dès lors la vogue d'Emma Lyonna fut établie, et la fortune de Graham fut faite.

Parmi les jeunes gens qui, depuis l'exposition de la déesse Hygie, suivaient avec le plus d'assiduité les cours du docteur était un jeune homme de la maison de Warwick, nommé Charles Greville. Du jour où il avait vu Emma Lyonna, il en était devenu amoureux ; il proposa à la belle

remis aux commissaires de Sa Majesté le roi des Deux-Siciles et de ses alliés, l'Angleterre, la Prusse, la Porte-Ottomane.

2º Les garnisons républicaines des deux châteaux sortiront avec les honneurs de la guerre et seront respectées dans leurs personnes et dans leurs biens meubles et immeubles.

3º Elles pourront choisir de s'embarquer sur des vaisseaux parlementaires pour être transportées à Toulon, ou de rester dans le royaume sans avoir rien à craindre ni pour elles ni pour leurs familles. Les vaisseaux seront fournis par les ministres du roi.

4º Ces conditions et ces clauses seront communes aux personnes des deux sexes enfermées dans les forts, aux républicains faits prisonniers dans le cours de la guerre par les troupes royales ou alliées, et au camp de Saint-Mart n.

5º Les garnisons républicaines ne sortiront des châteaux que quand les vaisseaux destinés au transport de ceux qui auront choisi le départ seront prêts à mettre à la voile.

6º L'archevêque de Salerne, le comte Michevieux, le comte Dillon et l'évêque d'Avellino resteront comme otages dans le fort Saint-Elme, jusqu'à ce qu'on ait appris à Naples la nouvelle certaine de l'arrivée à Toulon des vaisseaux qui auront transporté dans cette ville les garnisons républicaines. Les prisonniers du parti du roi et les otages retenus dans les forts seront mis en liberté aussitôt après la ratification de la présente capitulation.

statue de quitter le docteur pour lui. Emma Lyonna commençait à se lasser de poser pour les curieux et pour les peintres. Sa réputation était faite ; un jeune homme de l'aristocratie allait la mettre à la mode ; elle accepta. En trois ans, la fortune de Charles Greville fut mangée, une place honorable qu'il occupait dans la diplomatie perdue, et il ne lui resta rien que la femme à laquelle il devait sa ruine pécuniaire et sa chute sociale. Alors il offrit à Emma de l'épouser, si grande était la fascination que cette autre Laïs exerçait sur cet autre Alcibiade. Mais Emma Lyonna était trop bonne calculatrice pour épouser un homme ruiné ; elle avait pris l'habitude de l'or et des diamans pendant ces trois années, et elle ne voulait pas la perdre. Sous un prétexte de délicatesse dont le pauvre Charles Greville fut dupe, elle refusa. Alors une autre idée lui vint. Il avait à la cour de Naples un oncle riche et puissant, nommé sir Williams Hamilton. Il était l'héritier du vieillard ; il lui avait fait demander de l'argent et la permission d'épouser Emma Lyonna. L'oncle avait répondu par un double refus à cette double demande. Charles Greville connaissait le pouvoir d'Emma Lyonna sur les cœurs : il envoya sa belle sirène solliciter pour elle et pour lui.

Il y avait en effet un charme fatal attaché à cette femme. Le vieillard vit Emma Lyonna et en devint amoureux. Il offrit de faire à son neveu deux mille cinq cents livres sterling de rente si Emma Lyonna consentait à l'épouser lui-même. Quinze jours après, Charles Greville recevait son contrat de rente et Emma Lyonna devenait lady Hamilton.

Le scandale fut grand. Toutefois, on ne pouvait refuser de recevoir la nouvelle mariée dans le monde. Tous les salons lui furent donc ouverts. La reine Caroline, cette fière princesse d'Autriche, cette sœur de Marie-Antoinette, plus hautaine qu'elle encore, refusa complétement de lui parler et affecta de lui tourner le dos chaque fois que le hasard jeta la reine et l'ambassadrice sur le même chemin.

Sur ces entrefaites, Nelson vint à Naples : le vainqueur de la Vera-Cruz, qui devait être celui d'Aboukir et de Trafalgar, subit l'influence commune et devint amoureux. Nelson pouvait être un Achille, mais ce n'était ni un Hyacinthe ni un Pâris ; il avait perdu un œil à Carvi et un bras à la Vera-Cruz. Mais lady Hamilton était trop habile pour laisser échapper la fortune qui passait à la portée de sa main. Elle comprit tout de suite l'influence que Nelson allait prendre sur les événemens et par conséquent sur les hommes. L'Angleterre, pour Ferdinand et Caroline, était non seulement une alliée, mais encore une libératrice : Nelson devenait pour eux non seulement un héros, mais presque un dieu.

L'amour de Nelson changea tout pour Emma Lyonna. La reine descendit de son trône et fit la moitié du chemin qui la séparait de l'aventurière ; Emma Lyonna daigna faire l'autre. Bientôt on ne vit plus l'une sans l'autre. A la cour, au théâtre, à Chiaja, à Toledo, dans sa voiture comme dans la loge royale, Emma Lyonna eut sa place de tous les jours, de toutes les heures, de tous les instans, Emma Lyonna fut la favorite de Caroline.

Le jour des désastres arriva : Emma Lyonna, fidèle à l'amitié ou plutôt à l'ambition, accompagna le roi et la reine en Sicile, traînant Nelson à sa suite. Le terrible capitaine de la mer était, avec elle, obéissant et doux comme un enfant.

Ce fut sur cette femme que Caroline jeta les yeux pour perdre Nelson ;

ce fut à ces mains étranges que Dieu remit l'existence des hommes et le destin des royaumes.

Emma Lyonna portait une lettre de créance conçue en ces termes :

« La Providence vous remet le sort de la monarchie napolitaine ; je » n'ai pas le temps de vous écrire une lettre détaillée sur le service im- » mense que nous attendons de vous. Milady, mon ambassadrice et mon » amie, vous exposera ma prière et toute la reconnaissance do votre » affectionnée, CAROLINE. »

Dans cette lettre était contenu un décret du roi qui portait « que l'intention du roi n'avait jamais été de traiter avec des sujets rebelles ; qu'en conséquence les capitulations des forts étaient révoquées ; que les partisans de la prétendue république parthénopéenne étant plus ou moins coupables de lèse-majesté, une junte d'État serait établie pour les juger, et punirait les plus coupables par la mort, les autres par la prison et l'exil, tous par la confiscation de leurs biens. »

Une autre ordonnance devait faire connaître les volontés ultérieures de Sa Majesté et la manière dont elles seraient exécutées. A la rigueur, le roi et la reine pouvaient écrire ces choses, ils n'avaient rien signé : ils voyaient les événemens accomplis au point de vue de leur pouvoir et de leur dignité. Mais Nelson, l'homme du peuple ; Nelson, le fils d'un pauvre ministre du village de Burnham-Thorp ; Nelson, dont la parole était engagée par la signature de son représentant ; Nelson, qui, dans tous ces démêlés de peuple à rois, devait être calme, impartial et froid comme la statue de la Justice ; Nelson, sur lequel l'Europe avait les yeux ouverts, et dont le monde n'attendait qu'un mot pour le proclamer le défenseur de l'humanité, comme il était déjà l'élu de la gloire ; Nelson, quelle excuse avait-il et que répondra-t-il à Dieu quand Dieu lui demandera compte de l'existence de vingt-cinq mille hommes sacrifiés à un fol amour ? Le navire qui portait Emma Lyonna aborda un soir le navire qui portait Nelson ; une heure après, le navire repartait pour Palerme, emportant pour tout message cette seule réponse : « Tout va bien. » Le lendemain la capitulation était déchirée.

Parmi toutes les victimes, il y en avait une qui devait être sacrée pour Nelson : c'était son collègue l'amiral Carracciolo. Après avoir conduit le roi en Sicile avec un bonheur qui avait fait envie à celui qui passait à cette époque pour le premier homme de mer qui existât, Carracciolo avait demandé la permission de revenir à Naples et l'avait obtenue. Là il avait pris parti pour les républicains, avait combattu avec eux, avait traité comme eux, et, comme eux, eût dû être sous la garde de l'honneur de trois grandes nations.

Carracciolo était parvenu à échapper aux premières recherches, et par conséquent aux premiers massacres ; mais, trahi par un domestique, il fut pris dans la chambre où il était caché. A peine Nelson eut-il appris son arrestation qu'il le réclama comme son prisonnier. Une action grande et généreuse pouvait servir non pas de contre-poids, mais de palliatif à la trahison de l'amiral anglais ; Nelson pouvait réclamer son collègue pour l'arracher à la junte d'État ; on le crut, on l'applaudit : Nelson réclamait son collègue pour le faire pendre sur son propre vaisseau !

Le procès fut court : il commença à neuf heures du matin ; à dix heures, on fit dire à Nelson que la cour venait de décider qu'on accueillerait les preuves et les témoignages en faveur de l'accusé, décision qui,

dans tous les pays du monde, est un droit et non une faveur. Nelson
répondit que c'était inutile, et la cour passa outre.

A midi, on vint annoncer à Nelson que l'accusé était condamné à la
prison perpétuelle.

— Vous vous trompez, dit Nelson au comte de Thun, qui lui annon-
çait cette sentence, il a été condamné à la peine de mort.

La cour gratta le mot *prison* et écrivit le mot *mort* à la place.

A une heure, on vint dire à Nelson que le condamné demandait à être
fusillé au lieu d'être pendu.

— Il faut que justice ait son cours, répondit Nelson.

En conséquence, on transporta Carracciolo à bord de la *Minerve*; c'é-
tait le vaisseau sur lequel il combattait de préférence. L'amiral l'avait
constamment soigné comme un père soigne son propre fils; et cepen-
dant, pendant le temps qu'il était resté à bord du vaisseau anglais, il
avait remarqué une foule de ces détails de construction qui faisaient alors
et qui font encore de la marine de la Grande-Bretagne une des premières
marines du monde : ces détails, il les expliquait à un jeune officier qui
avait servi sous lui, et il en était arrivé à un point important de sa dé-
monstration, lorsque le greffier s'avança vers lui, le jugement à la main.
Carracciolo s'interrompit, écouta la sentence avec le plus grand calme;
puis, la lecture terminée :

— Je disais donc... reprit l'amiral, et il continua sa démonstration à
l'endroit même où l'arrêt de mort l'avait interrompu.

Dix minutes après, le corps de l'amiral se balançait suspendu au bout
d'une vergue. Le soir on coupa la corde, on attacha un boulet de trente-
six aux pieds du cadavre, et on le jeta à la mer. Douze heures avaient
suffi pour rassembler la cour, porter ce jugement, exécuter la sentence,
e faire disparaître jusqu'à la dernière trace du condamné.

Pendant ce temps, les bons lazzaroni faisaient de leur mieux : ils atten-
daient en chantant et en dansant au pied de l'échafaud ou de la po-
tence les cadavres qui sortaient des mains du bourreau, les jetaient dans
des bûchers; puis, lorsqu'ils étaient cuits selon leur goût, ils en grigno-
taient le foie ou le cœur, tandis que les autres, portés par leur nature à
des amusemens plus champêtres, se faisaient des sifflets avec les os des
bras, et des flûtes avec les os des jambes.

Trois mois de jugemens, d'exécutions et de supplices avaient rétabli
le calme dans la ville de Naples. Le roi et la reine reçurent donc avis
qu'ils pouvaient rentrer dans leur capitale. Pendant ces trois mois, Nel-
son et Emma Lyonna ne s'étaient point quittés : ce furent trois mois
heureux pour ces tendres amans.

D'ailleurs, de nouveaux honneurs pleuvaient sur Nelson et rejaillis-
saient sur sa maîtresse : le vainqueur d'Aboukir avait été fait baron du
Nil, le lacérateur du traité de Naples fut fait duc de Bronte.

Le surlendemain de l'exécution de Carracciolo, on signala une flottille
venant de Sicile; c'était le roi qui revenait prendre possession de son
royaume. Mais le roi ne regardait pas encore le sol de Naples comme
bien affermi; il résolut de stationner quelques jours dans le port, et de
recevoir ses fidèles sujets sur son vaisseau.

Bientôt le vaisseau fut entouré de barques; c'étaient des ministres qui
apportaient des ordonnances, c'étaient des députés qui venaient débiter
des harangues, c'étaient des courtisans qui venaient mendier des places.

Tous furent reçus avec ce visage souriant et paternel d'un roi qui rentre dans son royaume. Quelques barques seulement furent écartées de la cour comme importunes : c'étaient celles qui portaient quelques ennuyeux solliciteurs venant demander la grâce de leurs parens condamnés à mort.

La soirée se passa en fêtes : il y eut illumination et concert sur le vaisseau royal.

Or, écoutez que je vous dise l'étrange spectacle qu'éclaira cette illumination, que je vous raconte l'événement inoui qui troubla ce concert.

C'était dans la nuit du 30 juin au 1er juillet : le roi était fatigué de tout ce bruit, de toutes ces adulations, de toutes ces lâchetés, car Nasone était homme d'esprit avant tout, et son regard voyait tout d'abord le fond de la chose. Il monta seul sur le pont et alla s'appuyer au bastingage du gaillard d'arrière, et, tout en sifflotant un air de chasse, il se mit à regarder cette mer infinie, si calme et si tranquille qu'elle réfléchissait toutes les étoiles du ciel. Tout à coup, à vingt pas de lui, du milieu de cette nappe d'azur surgit un homme qui sort de l'eau jusqu'à la ceinture et demeure immobile en face de lui. Le roi fixe les yeux sur l'apparition, tressaille, regarde encore, pâlit, veut reculer et sent ses jambes qui lui manquent ; il veut appeler et sent sa voix qui le trahit. Alors, immobile, l'œil fixe, les cheveux hérissés, la sueur au front, il reste cloué par la terreur.

Cet homme qui sort de l'eau jusqu'à la ceinture, c'est l'ancien ami du roi, c'est le condamné de la surveille, c'est l'amiral Carracciolo, qui, la tête haute, la face livide, la chevelure ruisselante, s'incline et se redresse à chaque mouvement de la houle, comme pour saluer une dernière fois le roi.

Enfin les liens qui retenaient la langue de Ferdinand se brisent, et l'on entend ce cri terrible retentir jusque dans les entrailles du bâtiment.

— Carracciolo ! Carracciolo !...

A ce cri, tout le monde accourt ; mais au lieu de s'évanouir, l'apparition reste visible pour tous. Les plus braves s'émeuvent. Nelson, qui, enfant, demandait ce que c'était que la peur, pâlit d'émotion et d'angoisse ; et répète l'ordre donné par le roi de gouverner vers la terre.

Alors, en un clin d'œil, le bâtiment se couvre de voiles, s'incline et glisse doucement vers Sainte-Lucie, poussé par la brise de mer ; mais voilà, chose terrible ! que le cadavre, lui aussi, s'incline, suit le sillage, et, mû par la force d'attraction, semble poursuivre son meurtrier.

En ce moment, le chapelain paraît sur le pont ; le roi se jette dans ses bras : — Mon père ! mon père ! s'écria-t-il, que me veut donc ce mort qui me poursuit ?

— Une sépulture chrétienne, répond le chapelain.

— Qu'on la lui donne, qu'on la lui donne à l'instant même ! s'écria Ferdinand en se précipitant par l'écoutille, afin de ne plus voir cet étrange spectacle.

Nelson ordonna de mettre une barque à la mer et d'aller chercher le cadavre ; mais pas un matelot napolitain ne consentit à se charger de cette mission. Dix matelots anglais descendirent dans la yole, huit ramèrent, deux tirèrent le cadavre hors de l'eau. La cause du miracle fut alors connue.

L'amiral, comme nous l'avons dit, avait été jeté à la mer avec un boulet de trente-six seulement attaché aux pieds. Or, le corps s'était enflé dans l'eau , et le poids étant trop faible pour le retenir au fond , il était remonté à la surface de la mer, et , par un effet d'équilibre , il s'était dressé jusqu'à la ceinture ; puis, poussé par le vent et entraîné par le sillage, il avait suivi le vaisseau.

Le lendemain il fut enterré dans la petite église de Sainte-Marie-à-la-Chaîne. Après quoi, le roi fit son entrée triomphale dans sa capitale, et régna paisiblement sur son peuple jusqu'au moment où Napoléon lui fit signifier qu'il venait de disposer du royaume de Naples en faveur de son frère Joseph.

Le roi Nasone prit la chose en philosophe , et s'en retourna chasser à Palerme.

Ce nouvel exil dura jusqu'au 9 juin 1815, époque à laquelle Joachim Murat, qui avait succédé à Joseph Napoléon, était tombé à son tour. Sa Majesté napolitaine revint chasser à Capo-di-Monti et à Caserte.

XIII

Anecdotes.

Quelque temps après le retour du roi à Naples, Charles IV vint l'y rejoindre ; celui-là aussi était exilé de son royaume ; mais il n'avait pas même une Sicile où se refugier, et il venait demander l'hospitalité à son frère.

Celui-là aussi était un grand chasseur et un grand pêcheur : aussi les deux frères, si long-temps séparés, ne se quittaient-ils plus, et chassaient-ils ou pêchaient-ils du matin jusqu'au soir. Ce n'était plus que parties de chasse dans le parc de Caserte ou dans le bois de Persano, que parties de pêche au lac Fusaro ou à Castellamare.

On se rappelle la grande tendresse de Louis XIV pour Monsieur. Assez indifférent pour sa femme, assez égoïste envers ses maîtresses, assez sévère pour ses enfans, Louis XIV n'aimait que Monsieur, et cette amitié s'augmentait, disait-on, de son indifférence profonde pour tout autre. Quelques nuages avaient bien de temps en temps passé entre eux ; mais ces nuages s'étaient promptement dissipés au soleil ardent de la fraternité. Aussi, le lendemain de la nuit où mourut Monsieur, personne n'osait se risquer à aborder le grand roi, qui, enfermé dans son cabinet, s'abandonnait à la douleur.

Enfin, dit Saint-Simon, madame de Maintenon se risqua, et trouva Louis XIV le nez au vent, le jarret tendu, et chantonnant un petit air d'opéra à sa louange.

Même chose à peu près devait se passer entre Ferdinand Ier et Charles IV. Une partie avait été liée entre les deux princes pour aller chasser au bois de Persano, lorsqu'au moment du départ du roi Charles IV se trouva légèrement indisposé ; mais comme l'auguste malade savait par sa propre expérience quelle contrariété c'est qu'une partie de chasse remise, il exigea que son frère allât à Persano sans lui ; ce à quoi Ferdinand Ier ne consentit qu'à la condition que si le roi Charles IV se sentait plus indisposé il le lui ferait dire. Le malade s'y engagea sur sa parole. Le roi embrassa son frère et partit.

Dans la journée, l'indisposition sembla prendre quelque gravité. Le soir, le malade était fort souffrant. Pendant la nuit, la situation empira tellement que, sur les deux heures du matin, on expédia un courrier porteur d'une lettre de la duchesse de San-Florida, laquelle annonçait au roi que, s'il voulait embrasser une dernière fois son frère, il fallait qu'il revînt en toute hâte. Le courrier arriva comme Sa Majesté montait à cheval pour se rendre à la chasse. Le roi prit la lettre, la décacheta, et levant lamentablement les yeux au ciel :

— Oh! mon Dieu! mon Dieu! messieurs, quel malheur! s'écria-t-il, le roi d'Espagne est gravement malade!

Et comme chacun, prenant une figure de circonstance, allongeait son visage le plus qu'il pouvait :

— Heu! continua le roi avec cet accent napolitain dont rien ne peut rendre l'expression, je crois qu'il y a beaucoup d'exagération dans le rapport qu'on me fait. Chassons d'abord, messieurs; ensuite on verra.

Les courtisans reprirent leur figure habituelle; on arriva au rendez-vous et l'on commença de chasser.

A peine avait-on tiré dix coups de fusils, car la chasse que préférait Sa Majesté était la chasse au tir, qu'un second courrier arriva. Celui-ci annonçait que le roi Charles IV était à toute extrémité et ne cessait de demander son frère. Il n'y avait plus de doute à conserver sur la situation désespérée du malade. Aussi le roi Ferdinand, qui était homme de résolution, prit-il aussitôt son parti; et comme les courtisans attendaient les premières paroles du roi pour régler leur visage sur ces paroles :

— Heu! fit-il de nouveau, mon frère est malade mortellement ou il ne l'est pas. S'il l'est, quel bien lui fera-t-il que je vienne? S'il ne l'est pas, il sera désespéré de savoir que pour lui j'ai manqué une si belle chasse. Chassons donc, messieurs.

Et on se remit à la besogne de plus belle.

Le soir, en rentrant, on trouva un courrier qui annonçait que Charles IV était mort.

La douleur que ressentit le roi fut si profonde qu'il comprit qu'il devait, avant tout, la combattre par quelque puissante distraction. En conséquence, il donna ses ordres pour qu'une chasse plus belle encore que celle qu'on venait de faire eût lieu pour le lendemain et le surlendemain. On tua cent cinquante sangliers et deux cents daims dans ces trois chasses. Mais qu'on ne croie point pour cela que Ferdinand avait oublié le défunt. A chaque beau coup qu'il faisait ou voyait faire, il s'écriait : — Ah! si mon pauvre frère était là, qu'il serait heureux!

Le troisième jour le roi revint, ordonna un convoi magnifique et prit le deuil pour trois mois, lui et toute sa cour.

Qu'on ne croie pas non plus que le roi Nasone avait un mauvais cœur. Les cœurs des dix-septième et dix-huitième siècles étaient faits ainsi. On vint un jour dire à Bassompierre, au moment où il s'habillait pour aller danser un quadrille chez la reine Marie de Médicis, que sa mère, qu'il adorait, était morte.

— Vous vous trompez, répondit tranquillement Bassompierre en continuant de nouer ses aiguillettes, elle ne sera morte que lorsque le quadrille sera dansé.

Bassompierre dansa le quadrille; il y eut le plus grand succès, et rentra chez lui pour pleurer sa mère.

La sensibilité est une invention moderne. Espérons qu'elle durera.

A côté de cette indifférence, à l'endroit de sa passion dominante, le roi Nasone avait parfois d'excellens mouvemens. Un jour, une pauvre femme, dont le mari venait d'être condamné à mort, part d'Aversa sur le conseil de l'avocat qui l'avait défendu, et vint à pied à Naples pour demander au roi la grâce de son mari. C'était chose facile que d'aborder le roi, toujours courant qu'il était, à pied ou à cheval, dans les rues et sur les places de Naples, quand il n'était pas à la chasse. Cette fois, malheureusement ou heureusement, le roi n'était ni dans les rues ni dans son palais; il était à Capo-di-Monti : c'était la saison des becfigues.

La pauvre femme était écrasée de fatigue ; elle venait de faire quatre grandes lieues tout courant; elle demanda la permission d'attendre le roi. Le capitaine des gardes, touché de compassion pour elle, lui accorda sa demande. Elle s'assit sur la première marche de l'escalier par lequel devait monter le roi pour rentrer dans son appartement. Mais quelles que fussent la gravité de la situation où elle se trouvait et la préoccupation qui agitait ses esprits, la fatigue fut plus forte que l'inquiétude, et, après avoir pendant quelque temps lutté en vain contre le sommeil, elle renversa sa tête contre le mur, ferma les yeux et s'endormit. Elle dormait à peine depuis un quart d'heure lorsque le roi rentra.

Le roi avait été ce jour-là plus adroit que d'habitude, et avait trouvé des becfigues plus nombreux que la veille. Il était donc dans une situation d'esprit des plus bienveillantes, lorsqu'en rentrant il aperçut la pauvre femme qui l'attendait. On voulut la réveiller, mais le roi fit signe qu'on ne la dérangeât point. Il s'approcha d'elle, la regarda avec une curiosité mêlée d'intérêt, puis, voyant l'angle de la pétition qui sortait de sa poitrine, il la tira doucement et avec précaution, afin de ne pas troubler son sommeil, la lut, et ayant demandé une plume, il écrivit au bas : *Fortuna e duorme.* Ce qui correspond à peu près à notre proverbe français : *La fortune vient en dormant.* Puis il signa *Ferdinand, roi.*

Après quoi il ordonna de ne reveiller la bonne femme sous aucun prétexte, défendit qu'on la laissât parvenir jusqu'à lui, replaça la pétition dans l'ouverture où il l'avait prise, et remonta joyeusement chez lui, une bonne action sur la conscience.

Au bout de dix minutes, la solliciteuse ouvrit les yeux, s'informa si le roi était rentré, et apprit qu'il venait de passer devant elle pendant qu'elle dormait.

Sa désolation fut grande ; elle avait manqué l'occasion qu'elle était venue chercher de si loin et avec tant de fatigue ; elle supplia le capitaine des gardes de lui permettre d'arriver jusqu'au roi ; mais le capitaine des gardes refusa obstinément, en disant que Sa Majesté était renfermée chez elle, déclarant que de la journée ni de celle du lendemain elle ne sortirait de la chambre ni ne recevrait personne. Il fallut renoncer à l'espoir de voir le roi ; la pauvre femme repartit pour Aversa désolée.

La première visite, à son retour, fut pour l'avocat qui lui avait donné le conseil de venir implorer la clémence du roi; elle lui raconta tout ce qui s'était passé et comment, par sa faute, elle avait laissé échapper une occasion désormais introuvable. L'avocat, qui avait des amis à la cour, lui dit alors de lui rendre la pétition, et qu'il aviserait à quelque moyen de la faire remettre au roi.

La femme remit à l'avocat la pétition demandée. Par un mouvement machinal, l'avocat l'ouvrit; mais à peine y eut-il jeté les yeux qu'il poussa un cri de joie. Dans la situation où l'on se trouvait, le proverbe consolateur écrit et signé de la main du roi équivalait à une grâce. Effec-

tivement, huit jours après, le prisonnier était rendu à la liberté, et cette
fortune qui arrivait à la pauvre femme, ainsi que l'avait écrit le roi
Nasone, lui était venue en dormant.

Près de cette action qui ferait honneur à Henri IV, citons des juge-
mens qui feraient honneur à Salomon.

La marquise de C... avait été, à l'époque de la mort de son mari,
nommée tutrice de son fils, alors âgé de douze ans. Pendant les neuf
années qui le séparaient encore de sa majorité, la marquise, femme
pleine de sens et d'honneur. avait géré la fortune de son fils de telle
façon que, grâce à la retraite où, quoique jeune encore, elle avait vécu,
cette fortune s'était presque doublée. La majorité du jeune homme arri-
vée, la marquise lui rendit ses comptes; mais celui-ci, pour tout remer-
ciement, se contenta de faire à sa mère une espèce de pension alimen-
taire qui la soutenait à peine au dessus de la misère. La mère ne dit
rien, reçut avec résignation l'aumône filiale, et se retira à Sorrente, où
elle avait une petite maison de campagne.

Au bout d'un an, la petite pension manqua tout à coup ; et tandis que
le fils menait à Naples le train d'un prince, la mère se trouva à Sorrente
sans un morceau de pain. Il fallait se résigner à mourir de faim ou se
décider à se plaindre au roi. La pauvre mère épuisa jusqu'à sa dernière
ressource avant d'en venir à cette extrémité. Enfin, il n'y eut plus moyen
d'aller plus avant. La marquise de C... vint se jeter aux pieds de Nasone
en lui demandant justice pour elle et pardon pour son fils. Le roi reçut
la pétition que lui présentait la marquise de C..., et dans laquelle étaient
consignés les détails de la gestion maternelle ; puis il se fit rendre compte
de la situation des choses, vit que tous ces détails étaient de la plus
exacte vérité, prit une plume et écrivit :

Duri la minorità del figlio giache vive la madre.

« Dure la minorité du fils tant que vivra la mère. »

De singuliers bruits avaient couru sur le comte de B... Son fils avait
disparu, et l'on prétendait que, dans une querelle survenue entre le père
et le fils pour une femme qu'ils auraient aimée tous deux, le père, dans un
mouvement d'emportement, aurait tué le fils. Cependant ces bruits va-
gues n'existaient point à l'état de réalité ; seulement, au dire du père, le
jeune homme était absent et voyageait pour son instruction. Sur ces
entrefaites, Ferdinand fut relégué en Sicile, et Joseph, puis Murat, vin-
rent occuper le trône de Naples.

De si graves événemens firent oublier les inculpations qui pesaient sur
le comte de B..., qui, ayant pris du service à la cour du frère et du
beau-frère de Napoléon, et étant parvenu à une grande faveur, vit s'é-
teindre jusqu'aux allusions à la sanglante aventure dans laquelle le bruit
public l'accusait d'avoir joué un si terrible rôle. Tout le monde avait
donc oublié ou paraissait avoir oublié le jeune homme absent, lorsque ar-
riva la catastrophe de **1815**. Murat, forcé de fuir de Naples, se réfugia en
France, et tous ceux qui l'avaient servi, sachant qu'il n'y avait point de
pardon à espérer pour eux de la part de Ferdinand, n'attendirent point
son arrivée et s'éparpillèrent par l'Europe. Le comte de B... fit comme
les autres, et alla demander un asile à la Suisse, où il demeura six ans.

Au bout de six ans, il pensa que son erreur politique était expiée par

son exil, et écrivit à Ferdinand pour lui demander la permission de ren-
trer à la cour. La lettre fut ouverte par le ministre de la police, qui, au
remier travail, la présenta au roi.

— Qu'est cela? dit Ferdinand.

— Une lettre du comte de B..., Majesté.

— Que demande-t-il?

— Il demande à rentrer en grâce près de vous.

—Comment donc! mais certainement, ce cher comte de B..., je le
reverrai avec le plus grand plaisir. Passez-moi une plume.

Le ministre passa la plume à Sa Majesté, qui écrivit au dessous de la
demande : *Torni, ma col figlio* (qu'il revienne, mais avec son fils).

Le comte de B... mourut en exil.

—

Comme ses amis les lazzaroni, le roi Nasone n'avait pas un grand atta-
chement pour les moines. En échange, et comme eux encore, il avait
un profond respect pour padre Rocco, dont il avait plus d'une fois écouté
les sermons en plein air. Aussi padre Rocco, dont nous aurons à parler
longuement dans la suite de ce récit, avait-il au palais du roi des en-
trées aussi faciles que dans la plus pauvre maison de Naples. De plus, il
va sans dire que padre Rocco, aux yeux duquel tous les hommes étaient
égaux, avait conservé la même liberté de paroles vis-à-vis du roi qu'à
l'égard du dernier lazzarone.

Un jour que toute la famille royale était à Capo-di-Monte, on vit arri-
ver padre Rocco. Aussitôt de grands cris de joie retentirent dans le pa-
lais, et chacun accourut au devant du bon prêtre, que personne n'avait
vu depuis plus de dix-huit mois; c'était au premier retour de Sicile, et
après la terrible réaction dont nous avons dit quelques mots.

Padre Rocco venait de quêter pour les pauvres prisonniers. Quand le
roi, la reine, le prince François, le duc de Salerne et les dix ou douze
courtisans qui avaient suivi la famille royale à Capo-di-Monte eurent
donné leur aumône, padre Rocco voulut se retirer, mais Ferdinand
l'arrêta.

— Un instant, un instant, padre Rocco, dit le roi; on ne s'en va pas
comme cela.

— Et comment s'en va-t-on, sire?

— Chacun son impôt. Nous vous devions une aumône, nous vous l'a-
vons donnée. Vous nous devez un sermon : donnez-nous-le.

— Oh! oui, oui, un sermon! crièrent la reine, le prince François et
le duc de Salerne.

—Oh! oui, oui, un sermon! répétèrent en chœur tous les courtisans.

— J'ai l'habitude de prêcher devant des lazzaroni, sire, et non devant
des têtes couronnées, répondit padre Rocco : excusez-moi donc si je crois
devoir récuser l'honneur que vous me faites.

— Oh! non pas, non pas; vous ne vous en tirerez point ainsi : nous
vous avons donné votre aumône, il nous faut notre sermon; je ne sors
pas de là.

— Mais quel genre de sermon? demanda le prêtre.

— Faites-nous un sermon pour amuser les enfans.

Le prêtre se mordit les lèvres; puis, s'adressant au roi :

— Vous le voulez donc absolument, sire?

— Oui, certes, je le veux.

— Ce sermon étant fait pour les enfans, ne vous étonnez point qu'il commence comme un conte de fée.

— Qu'il commence comme il voudra, mais que nous l'ayons.

— À vos ordres, sire.

Et padre Rocco monta sur une chaise pour mieux dominer son auguste auditoire.

— Au nom du Père, du Fils et du Saint-Esprit! commença padre Rocco.

— Amen! interrompit le roi.

— Il y avait une fois, continua le prêtre en saluant le roi, comme pour le remercier de ce qu'il avait bien voulu lui servir de sacristain, il y avait une fois un crabe et une crabe...

— Comment dites-vous cela? s'écria Ferdinand, qui croyait avoir mal entendu.

— Il y avait une fois un crabe et une crabe, reprit gravement padre Rocco, lesquels avaient eu en légitime mariage trois fils et deux filles qui donnaient les plus belles espérances. Aussi le père et la mère avaient-ils placé près de leurs enfans les professeurs les plus distingués et les gouvernantes les plus instruites qu'ils avaient pu trouver à trois lieues à la ronde : ils avaient surtout recommandé aux instituteurs et aux institutrices d'apprendre à leurs enfans à marcher droit.

Quand l'éducation des trois enfans mâles fut finie, le père les convoqua devant lui, et ayant laissé le professeur à la porte, afin que, les élèves n'étant pas soutenus par sa présence, il pût mieux juger de l'éducation qu'ils avaient reçue :

— Mon cher fils, dit-il à l'aîné, j'ai recommandé entre autres choses que l'on vous apprît à marcher droit. Marchez un peu, que je voie comment mes instructions ont été suivies.

— Volontiers, mon père, dit le fils aîné. Regardez, et vous allez voir.

Et aussitôt il se mit en mouvement.

— Mais, dit le père, que diable fais-tu donc là ?

— Ce que je fais? je vous obéis : je marche.

— Oui, tu marches, mais tu marches de travers. Est-ce que cela s'appelle marcher? Voyons, recommençons.

— Recommençons, mon père.

Et le fils aîné se remit en mouvement. Le père jeta un cri de douleur. La première fois son enfant avait marché de droite à gauche ; la seconde fois il marchait de gauche à droite.

— Mais ne peux-tu donc pas aller droit? s'écria le père.

— Est-ce que je ne vais pas droit ? demanda le fils.

— Il ne voit pas son infirmité! s'écria le malheureux crabe en joignant ses deux grosses pinces et en les élevant avec douleur vers le ciel.

Puis, se retournant vers son fils cadet :

— Viens ici, toi, lui dit-il, et montre à ton frère aîné comment on marche.

— Volontiers, mon père, dit le second.

Et il recommença exactement la même manœuvre qu'avait faite son frère aîné, si ce n'est qu'au lieu d'aller la première fois de droite à gauche et la seconde fois de gauche à droite, il alla la première fois de gauche à droite et la seconde fois de droite à gauche.

— Toujours de travers! toujours de travers! s'écria le père au déses-

poir. Puis, se retournant, les larmes aux yeux, vers le plus jeune de
ses fils :

— Voyons, toi, lui dit-il, à ton tour, et donne l'exemple à tes frères.

— Mon père, reprit le troisième, qui était un jeune crabe plein de
sens, il me semble que l'exemple serait bien autrement profitable pour
nous si vous nous le donni z vous-même. Marchez donc, et montrez-
nous comment il faut faire. Ce que vous ferez, nous le ferons !

Alors, continua padre Rocco, alors le père...

— Bien, bien, dit Ferdinand, bien, padre Rocco ; nous avons notre
affaire, la reine et moi ; vous pouvez nous revenir demander l'aumône
tant que vous voudrez, nous ne vous demanderons plus de sermons.
Adieu, padre Rocco.

— Adieu, sire.

Et padre Rocco se retira laissant son sermon inachevé, mais empor-
tant son aumône tout entière.

Voilà le roi Nasone, non pas tel que l'histoire l'a fait ou le fera. L'his-
toire est trop grande dame pour entrer dans la chambre des rois à toute
heure du jour et de la nuit, et pour les surprendre dans la position où
Sa Majesté napolitaine surprit le président Cardillo. Ce n'est pourtant
que lorsqu'on a fait avec un flambeau le tour de leur trône, et avec un
bougeoir le tour de leur chambre, qu'on peut porter un jugement im-
partial sur ceux-là que Dieu, dans son amour ou dans sa colère, a choisis
dans le sein maternel pour en faire des pasteurs d'hommes ; et encore
peut-on se tromper. Après avoir vu le roi Nasone vendre son poisson,
détailler son gibier, écouter au coin d'un carrefour le sermon de padre
Rocco, s'humaniser avec les vassales dans son sérail de San-Lecco, rire
de son gros rire avec le premier lazzarone venu, peut-être ira-t-on croire
qu'il éia t prêt à tendre la main à tout le monde : point ; il y avait entre
l'aristocratie et le peuple une classe de la société que le roi Nasone exé-
crait particulièrement, c'était la bourgeoisie.

Racontons l'histoire d'un bourgeois sicilien qui voulut absolument
devenir gentilhomme. Ceux qui voudront savoir le nom de cet autre
monsieur Jourdain pourront recourir aux mœurs siciliennes de mon
spirituel ami Palmieri de Micciche, qui voyage depuis une vingtaine
d'années dans tous les pays, excepté dans le sien, pour expier l'habitude
qu'il a prise d'appeler les choses et les hommes par leur nom. Ce qui fait
qu'instruit par son exemple, je tâcherai d'éviter le même inconvénient.

XIII

La Bête noire du roi Nasone.

Il y avait à Fermini, vers l'an de grâce 1798, un jeune homme de
seize à dix-sept ans, lequel, comme le cardinal Lecada, ne demandait
qu'une chose au ciel : être secrétaire d'État et mourir.

C'était le fils d'un honnête fermier nommé Neodad. Le nom est tant
soit peu arabe peut-être, mais nos lecteurs voudront bien se souvenir que
la Sicile a été autrefois conquise par les Sarrasins. Puis, comme je l'ai
dit, ils peuvent recourir pour les racines à mon ami Palmieri de Micciche.

Son père lui avait laissé quelque petite fortune ; il résolut d'acheter un
costume à la mode, de poudrer ses cheveux, de raser son menton, d'at-

tacher un catogan au collet de son habit, et de venir chercher un titre à Palerme. En conséquence, en vertu de l'axiome : Aide-toi, et Dieu t'aidera, il commença par changer son nom de Neodad en celui de Soval, quoiqu'à mon avis le premier fût bien plus pittoresque que le second. Il est vrai qu'un peu plus tard il ajouta à ce nom la particule *de*, ce qui le rendit, sinon plus aristocratique, du moins plus original encore.

Ainsi déguisé, et croyant avoir suffisamment caché sa crasse paternelle sous la poudre à la maréchale, le jeune Soval essaya tout doucettement de se glisser à la cour. Mais Sa Majesté napolitaine n'avait pas reçu le nom de Nasone pour rien. Elle flaira l'intrus d'une lieue, lui fit fermer toutes les portes des palais royaux et des villes royales, lui laissant toute liberté, au reste, de se promener partout ailleurs que chez lui.

Mais le jeune fermier n'était pas venu à Palerme dans la seule intention de faire admirer sa tournure à la Marine ou sa jambe à la Fiora. Il était venu pour avoir ses entrées à la cour. Il résolut de les avoir à quelque prix que ce fût, et, puisque le roi Nasone les lui refusait de bonne volonté, de les enlever de force.

Il y avait plusieurs moyens pour cela. C'était le moment où le cardinal Ruffo cherchait des hommes de bonne volonté pour l'aider à reconquérir le royaume de Naples, que, comme Charles VII, le roi Nasone perdait le plus gaîment du monde. Le jeune Soval, déjà habitué aux métamorphoses, pouvait changer son habit de seigneur contre une casaque de soldat, comme il avait changé sa veste de fermier contre un habit de seigneur ; il pouvait ajouter à cette casaque un fusil, un sabre, une giberne, et aller se faire un nom dans le genre de ceux de Mammone et de Fra-Diavolo. Il ne fallait qu'un peu de courage pour cela ; mais une des vertus héréditaires de la famille Neodad était la prudence. Les Calabres sont longues, il pouvait arriver un accident entre Bagnara et Naples. Puis, notre héros connaissait le vieux proverbe : Loin des yeux, loin du cœur. Il résolut de rester sous les yeux de ses souverains bien-aimés, afin de demeurer le plus près possible de leur cœur.

Comme nous l'avons dit, c'était le roi Nasone qui était roi ; mais c'était la reine Caroline qui régnait. Or, la reine Caroline, qui ne pouvait pas, comme le calife Al-Raschid, se déguiser en kalender ou en portefaix pour entrer dans les maisons de ses fidèles sujets et savoir ce qu'on y pensait de son gouvernement, suppléait à cet inconvénient en correspondant avec une foule de gens qui y entraient pour elle, et qui, dans un but tout patriotique, lui rendaient un compte exact des choses qu'elle ne pouvait voir par elle-même. Malheureusement, ce dévoûment si louable n'était pas tout à fait désintéressé. En échange de ces petits services, la reine donnait à ceux qui les lui rendaient des appointemens plus ou moins élevés sur sa cassette particulière. Le jeune Soval, qui avait une écriture magnifique, un style épistolaire des plus lucides et pas la moindre vocation pour la carrière militaire, eut un beau matin la révélation de l'avenir qui lui était réservé : il sollicita l'honneur d'être reçu surnuméraire, obtint l'objet de sa demande, et, au bout de trois mois, avait fait preuve d'une si haute intelligence dans le choix des discours, pensées et maximes qu'il recueillait çà et là pour les transmettre à Sa Majesté, qu'il fut définitivement reçu au nombre de ses correspondans.

Le pauvre garçon faillit en perdre la tête de joie ; du moment où il correspondait avec la reine ; il lui semblait que toute difficulté allait s'a-

planir. Il redoubla donc de zèle ; et, comme la nature l'avait doué d'une
finesse d'ouïe extrême, il rendit vraiment des services incroyables. Aussi,
la reine, qui, toute maîtresse qu'elle était des choses politiques, avait
cependant conservé l'habitude de consulter son mari pour les choses
d'étiquette, demanda-t-elle pour le jeune Soval ses entrées à la cour.
Mais Sa Majesté napolitaine, en entendant ce nom qui lui était devenu
si profondément antipathique, bondit comme un chevreuil relancé par
les chiens, et refusa tout net. Ni prières, ni supplications, ni menaces,
ne purent rien : l'interdit lancé sur le malheureux Soval fut maintenu.

La restauration de 1799 arriva : c'était l'époque des punitions, mais
c'était aussi celle des récompenses ; le jeune Soval résolut de donner une
nouvelle et grande preuve de son dévoûment à la famille royale et
s'expatria à sa suite. Ce fut alors que, pensant qu'il avait assez fait pour
s'accorder à lui-même la récompense qu'on lui refusait, il ajouta un *de*
à son nom, sans qu'il y eût au reste plus d'empêchement à l'adjonction
de cette particule que n'en avait éprouvé Alfieri, après avoir créé l'ordre
d'Homère, à s'en décorer lui-même chevalier. C'est donc à partir de ce
moment, et en même temps que Buonaparte retranchait une lettre à son
nom, que notre héros ajoutait deux lettres au sien.

Arrivé à Naples, non seulement le jeune de Soval conserva ses an-
ciennes fonctions près de la reine Caroline ; mais, comme on le comprend
bien, ces fonctions acquirent une nouvelle importance : il en résulta que
la reine ne se contenta plus de recevoir de simples lettres, mais lui per-
mit de lui faire dans les grandes occasions des rapports verbaux. C'était
ce que notre héros regardait comme le marchepied infaillible de sa gran-
deur. En effet, pour conférer avec la reine, il fallait qu'il vînt chez le
roi. Il est vrai qu'il entrait pour ces conférences par une petite porte
dérobée par laquelle on n'introduisait que les familiers du premier mi-
nistre Giaffar ; mais c'était toujours un pas de fait. La question était
maintenant de passer par la grande porte au lieu de passer par la petite,
et d'entrer de jour au lieu d'entrer de nuit. La reine ne désespérait pas
d'obtenir cette faveur du roi. Mais, contre toutes les prévisions de sa
protectrice, le pauvre Soval ne put rien intervertir dans l'ordre établi,
et sept ans de services s'écoulèrent sans qu'il eût pu une seule fois entrer
par la porte de devant.

C'était à désespérer un saint : aussi le pauvre garçon se désespéra
tout de bon, et, un beau jour que la reine venait de lui porter une nou-
velle rebuffade qu'elle avait reçue du roi, il résolut de partir à la ma-
nière des chevaliers errans, et de chercher à accomplir de par le monde
quelque grande action qui forçât le roi à lui donner une récompense
éclatante.

Ce fut vers 1808 que le nouveau don Quichotte se mit à chercher
aventure. A cette époque, il n'y avait pas besoin d'aller bien loin pour en
trouver : aussi, à son arrivée à Venise, le pauvre de Soval crut-il enfin
avoir rencontré ce qu'il cherchait.

Il y avait à cette époque à Venise une madame S***, Allemande de
naissance, mais belle-sœur d'un des plus illustres amiraux de la marine
anglaise. Cette dame était prisonnière dans sa maison, gardée à vue, et
conservée par le gouvernement français comme un précieux otage. Le
jeune Soval vit dans cette circonstance l'aventure qu'il cherchait, et
résolut de tenter l'entreprise.

Ce n'était pas chose facile, si adroit, si souple et si retors que fût le paladin ; Napoléon était à cette époque un géant assez difficile à vaincre, et un enchanteur assez rebelle à endormir. Cependant notre héros avait une telle habitude des portes dérobées, qu'à force de tourner autour de la maison de madame S***, il en aperçut une qui donnait sur un des mille petits canaux qui sillonnent Venise. Trois jours après, madame S*** et lui sortaient par cette porte ; le lendemain, ils étaient à Trieste ; trois jours après, à Vienne ; quinze jours après, en Sicile. Comme on doit se le rappeler, c'était en Sicile que se trouvait la cour à cette époque ; Joseph Napoléon étant monté en 1806 sur le trône de Naples.

Le chevalier errant se présenta hardiment à la reine. Cette fois, il ne doutait plus que cette grande porte, si longtemps fermée pour lui, ne s'ouvrît à deux battans. La reine elle-même en eut un instant l'espérance. En effet, son protégé venait d'enlever une prisonnière d'État aux Français ; cette prisonnière d'État appartenait à l'aristocratie d'Allemagne et était alliée à celle d'Angleterre. La reine se hasarda à demander au roi le titre de marquis pour son libérateur.

Malheureusement, le roi était en ce moment-là de très mauvaise humeur. Il reçut donc la reine de fort mauvaise grâce, et, au premier mot qu'elle dit de son ambassade, il l'envoya promener avec plus de véhémence qu'il n'avait l'habitude de le faire en pareille occasion. Cette fois, la bourrade avait été si violente que Caroline exprima tous ses regrets à son protégé, mais lui déclara que c'était la dernière négociation de ce genre qu'elle tenterait près de son auguste époux, et que s'il se sentait décidément une vocation invincible à être marquis, elle l'invitait à trouver quelque autre canal plus sûr que le sien pour arriver à son marquisat.

Il n'y avait rien à dire : la reine avait fait tout ce qu'elle avait pu. Le pauvre Soval ne lui conserva donc aucun ressentiment de son échec ; bien au contraire, il continua de lui rendre ses services habituels : seulement cette fois il partagea son temps entre elle et l'ambassadeur d'Angleterre. L'ambassadeur d'Angleterre était, à cette époque, une grande puissance en Sicile, et Soval espérait obtenir par lui ce qu'il n'avait pu obtenir par la reine. La reine, de son côté, ne fut point jalouse de n'occuper plus que la moitié du temps de son protégé ; on prétendit même que ce fut elle qui lui donna le conseil d'en agir ainsi.

Cependant, malgré ce redoublement de besogne et ce surcroît de dévoûment, l'aspirant marquis était encore bien loin du but tant désiré ; six ans s'écoulèrent sans que sir W. A'Court, ambassadeur d'Angleterre, pût rien obtenir du souverain près duquel il était accrédité. Enfin 1815 arriva.

Ce fut l'époque de la seconde restauration : l'Angleterre en avait fait les dépenses ; or, l'Angleterre ne fait rien pour rien, comme chacun sait ; en conséquence, dès que Ferdinand fut rentré dans sa très fidèle ville de Naples, qui a conservé ce titre malgré ses vingt-six révoltes tant contre ses vice-rois que ses rois, l'Angleterre présenta ses comptes par l'organe de son ambassadeur. Sir W. A'Court profita de cette occasion, et à l'article des titres, cordons et faveurs, il glissa, espérant que l'ensemble seul frapperait le roi et qu'il négligerait les détails, cette ligne de sa plus imperceptible écriture :

M. de Soval sera nommé marquis.

Mais l'instinct a des yeux de lynx ; Sa Majesté napolitaine, qui, comme on le sait, avait la haine des rapports, mémoires, lettres, etc., et qui

signait ordinairement tout ce qu'on lui présentait sans rien lire, flaira,
dans l'arrêté des comptes que lui présentait son amie la Grande-Bretagne,
une odeur de roture qui lui monta au cerveau. Il chercha d'où la chose
pouvait venir, et comme un limier ferme sur sa piste, il arriva droit à
l'article concernant le pauvre Soval.

Malheureusement, cette fois, il n'y avait pas moyen de refuser; mais
Ferdinand voulut, puisqu'on le violentait, que la nomination même du fu-
tur marquis portât avec elle protestation de la violence. En conséquence,
au dessous du mot *accordé*, il écrivit de sa propre main :

« Mais uniquement pour donner une preuve de la grande considération
que le roi de Naples a pour son haut et puissant allié le roi de la Grande-
Bretagne. »

Puis il signa, cette fois-ci, non pas avec sa griffe, mais avec sa plume;
ce qui fit que, grâce au tremblement dont sa main était agitée, la signa-
ture du titre est à peu près indéchiffrable.

N'importe, lisible ou non, la signature était donnée, et Soval était en-
fin — marquis de Soval.

Le fils du pauvre fermier Neodad pensa devenir fou de joie à cette nou-
velle; peu s'en fallut qu'il ne courût en chemise dans les rues de Naples,
comme deux mille ans auparavant son compatriote Archimède avait fait
dans les rues de Syracuse. Quiconque se trouva sur son chemin pendant
les trois premiers jours fut embrassé sans miséricorde. Il n'y avait plus
pour le bienheureux Soval ni ami ni ennemi : il portait la création tout
entière dans son cœur. Comme Jacob Ortis, il eût voulu répandre des
fleurs sur la tête de tous les hommes.

A son avis, il n'avait plus rien à désirer; il n'avait, pensait-il, qu'à se
présenter avec son nouveau titre à toutes les portes de Naples, et toutes
les portes lui seraient ouvertes. Toutes les portes lui furent ouvertes, ef-
fectivement, excepté une seule. Cette porte était celle du palais royal, à
laquelle le malheureux frappait depuis vingt ans.

Heureusement le marquis de Soval, comme on a pu s'en apercevoir
dans le cours de cette narration, n'était pas facile à rebuter; il mit le
nouvel affront qu'il venait de recevoir près des vieux affronts qu'il avait
reçus, et se creusa la tête pour trouver un moyen d'entrer, ne fût-ce
qu'une seule fois en sa vie, dans ce bienheureux palais, qui était l'Éden
aristocratique auquel il avait éternellement visé.

Le carnaval de l'an de grâce 1816 sembla arriver tout exprès pour lui
fournir cette occasion. Le nouveau marquis, qui, grâce à la faveur toute
particulière dont l'honorait la reine, s'était lié avec ce qu'il y avait de
mieux dans l'aristocratie des deux royaumes, proposa à plusieurs jeunes
gens de Naples et de Palerme d'exécuter un carrousel sous les fenêtres du
palais royal. La proposition eut le plus grand succès, et celui qui avait eu
l'idée du divertissement reçut mission de l'organiser.

Le carrousel fut splendide; chacun avait fait assaut de magnificence,
tout Naples voulut le voir. Il n'y eut qu'une seule personne qu'on ne put
jamais déterminer à s'approcher de son balcon : cette personne c'était le roi.

Sa Majesté napolitaine avait appris que le directeur de l'œuvre choré-
graphique en question était le marquis de Soval, et il n'avait pas voulu
voir le carrousel afin de ne pas voir le marquis.

Un autre que notre héros se serait tenu pour battu, il n'en fut point
ainsi; c'était un gaillard qui, pareil au renard de La Fontaine, avait plus

d'un tour dans son bissac : il résolut de mettre son antagoniste royal au pied du mur.

Le soir même du carrousel, il y avait à la cour bal costumé. Or, le carrousel n'avait été inventé que dans le but d'attirer une invitation à son inventeur. Le but ayant été manqué, puisque, le carrousel exécuté, l'invitation n'était pas venue, le marquis proposa à ses compagnons d'envoyer une députation au roi pour le prier d'accorder à *tous* les acteurs de la mascarade la permission d'exécuter le soir au bal de la cour, et à pied, le ballet qu'ils avaient exécuté le matin sur la place et à cheval. Comme tous les compagnons du marquis avaient leurs entrées au palais et étaient invités à la soirée royale, ils ne virent aucun inconvénient à la proposition et nommèrent une députation pour la porter au roi. Le marquis aurait bien voulu être de cette députation ; mais, malheureusement, de peur d'éveiller quelques unes de ces susceptibilités ou de ces jalousies qui ne manquent jamais de surgir en pareil cas, on décida que le sort désignerait les quatre ambassadeurs. Notre héros était dans son mauvais jour : son nom resta au fond du chapeau, si ardente que fût sa prière mentale pour qu'il sortît. Les quatre élus se présentèrent à la porte du palais, qui s'ouvrit aussitôt pour eux, et, sur la simple audition de leurs noms et qualités, furent introduits devant le roi Ferdinand, à qui ils exposèrent le but de leur visite. Ferdinand vit d'où venait le coup ; mais, comme nous l'avons dit, c'était un vrai Saint-Georges pour la parade.

— Messieurs, dit-il, tous ceux d'entre vous à qui leur naissance donne entrée chez moi pourront y venir ce soir, soit avec leur costume du carrousel, soit avec tel autre costume qui leur conviendra.

La réponse était claire. Aussi arriva-t-elle directement à son adresse. Le pauvre marquis vit que c'était un parti pris, et que, si fin et si entêté qu'il fût, il avait affaire encore à plus rusé et plus tenace que lui. Il perdit courage, et de ce moment ne fit plus aucune tentative pour vaincre la répugnance du roi à son égard. Cette répugnance du roi des lazzaroni ne venait point de l'état qu'avait exercé le pauvre marquis, mais de l'infériorité sociale dans laquelle il était né.

Au reste, si le roi Nasone avait son Croquemitaine qu'il ne voulait voir ni de près ni de loin, il avait d'un autre côté son Jocrisse, dont il ne pouvait pas se passer.

Ce Jocrisse était monseigneur Perelli.

XIV

Anecdotes.

Chaque pays a sa queue rouge qui résume dans une seule individualité la bêtise générale de la nation : Milan a Girolamo, Rome a Cassandre, Florence a Stentarello, Naples a monsignor Perelli.

Monsignor Perelli est le bouc émissaire de toutes les sottises dites et faites à Naples pendant la dernière moitié du dernier siècle. Pendant cinquante ans qu'il a vécu, monsignor Perelli a défrayé de lazzis, d'anecdotes et de quolibets la capitale et la province, et depuis quarante ans que monsignor Perelli est mort, comme on n'a encore trouvé personne digne de le remplacer, c'est à lui que l'on continue d'attribuer tout ce qui se dit de mieux dans ce genre.

Monsignor Perelli, ainsi que l'indique son titre, avait suivi la carrière
de la prélature et était arrivé aux bas rouges, ce qui est une position en
Italie; puis, comme au bout du compte il était d'une probité reconnue, il
avait été nommé trésorier de Saint-Janvier, place que, ses jocrisseries à
part, il occupa honorablement pendant toute sa vie.

Monsignor Perelli était de bonne famille. Aussi, comme nous l'avons
dit, était-il parfaitement reçu en cour; il faut dire qu'aux yeux du roi
Ferdinand, comme aux yeux du roi Louis XIV, si un homme eût pu se
passer d'aïeux, c'eût été un prêtre. Le pape, souverain temporel de Rome,
roi spirituel du monde, n'est le plus souvent qu'un pauvre moine. Mais
la question n'est point là. Monsignor Perelli était noble, et le roi Nasone
n'avait pas même eu la peine de vaincre à son égard les répugnances que
nous avons racontées à l'endroit du pauvre marquis de Soval.

Aussi Sa Majesté napolitaine, spirituelle et railleuse de sa nature, avait-
elle vu tout de suite le parti qu'elle pouvait tirer d'un homme tel que
monsignor Perelli. Comme le *Charivari*, qui tous les matins raconte un
nouveau bon mot de M. Dupin et une nouvelle réponse fine de M. Sauzet,
le roi Ferdinand demandait tous les matins à son lever: — Eh bien!
qu'a dit hier monsignor Perelli? Alors, selon que l'anecdote de la veille
était plus ou moins bouffonne, le roi, pour tout le reste de la journée,
était lui-même plus ou moins joyeux. Une bonne histoire sur monsignor
Perelli était la meilleure apostille présentée au roi Ferdinand.

Une fois seulement il arriva à monsignor Perelli de rencontrer plus
bête que lui : c'était un soldat suisse. Le roi Ferdinand le fit caporal, le
soldat bien entendu.

Un ordre avait été donné par l'archevêché de ne laisser entrer dans les
églises que les ecclésiastiques en robe, et des sentinelles avaient été mises
aux portes des trois cents temples de Naples avec ordre de faire observer
cette consigne. Justement, le lendemain même du jour où cette mesure avait
été prise, monsignor Perelli sortait du bain en habit court, et n'ayant que
son rabat pour le faire distinguer des laïques; soit qu'il ignorât l'ordon-
nance rendue, soit qu'il se crût exempt de la règle générale, il se présenta
avec la confiance qui lui était naturelle à la porte de l'église del Carmine.

La sentinelle mit son fusil en travers.

— Qu'est-ce à dire? demanda monsignor Perelli.

— Vous ne pouvez point entrer, répondit la sentinelle.

— Et pourquoi ne puis-je entrer?

— Parce que vous n'avez point de robe.

— Comment! s'écria monsignor Perelli, comment! je n'ai point de
robe! Que dites-vous donc là? J'en ai quatre chez moi, dont deux toutes
neuves.

— Alors, c'est autre chose, répondit le Suisse; passez.

Et monsignor Perelli passa malgré l'ordonnance.

Monsignor Perelli eut un jour un autre triomphe qui ne fit pas moins
de bruit que celui-là. Il éclaircit d'un seul mot un grand point de l'his-
toire naturelle resté obscur depuis la naissance des âges.

Il y avait réunion de savans aux Studi, et l'on discutait, sous la pré-
sidence du marquis Arditi, sur les causes de la salaison de la mer. Chacun
avait exposé son système plus ou moins probable, mais aucun encore n'a-
vait été d'une assez grande lucidité pour que la majorité l'adoptât, lorsque
monsignor Perelli, qui assistait comme auditeur à cette intéressante

séance, se leva et demanda la parole. Elle lui fut accordée sans difficulté
ni retard.

— Pardon, messieurs, dit alors monsignor Perelli ; mais il me semble
que vous vous écartez de la véritable cause de ce phénomène, qui, à mon
avis, est patente. Voulez-vous me permettre de hasarder une opinion ?

— Hasardez, monsignor, hasardez, cria-t-on de toutes parts.

— Messieurs, reprit monsignor Perelli, une seule question.

— Dites.

— D'où tire-t-on les harengs salés ?

— De la mer.

— N'est-il pas dit dans l'histoire naturelle que ce cétacé se trouve dans
les mers, et presque toujours par bandes innombrables?

— C'est la vérité.

— Eh bien donc, reprit mons'gnor Perelli satisfait de l'adhésion géné-
rale, qu'avez-vous besoin de chercher plus loin?

— C'est juste, dit le marquis Arditi. Personne de nous n'y avait ja-
mais songé : ce sont les harengs salés qui salent la mer.

Et cette lumineuse révélation fut inscrite sur les registres de l'Acadé-
mie, où l'on peut encore la lire à cette heure, quoique je sois le premier
peut-être qui l'ait communiquée au monde savant.

Lors du baptême de son fils aîné, le roi Ferdinand fit un cadeau plus
ou moins précieux à chacun de ceux qui assistaient à la cérémonie sainte.
Monsignor Perelli obtint dans cette distribution générale une tabatière
d'or enrichie du chiffre du roi en diamans.

On comprend qu'une pareille preuve de la magnifique amitié de son
roi devint on ne peut plus chère à monsignor Perelli. Aussi cette bien-
heureuse tabatière était-elle l'objet de son éternelle préoccupation. Il était
toujours à la poursuivre des poches de sa veste dans les poches de son
habit, et des poches de son habit dans celles de sa veste. Un savant ma-
thématicien calcula, en procédant du connu à l'inconnu, que monsignor
Perelli dépensait, par jour et par nuit, quatre heures trente-cinq minutes
vingt-trois secondes à chercher ce précieux bijoux ; or, comme, pendant
les quatre heures trente-cinq minutes vingt-trois secondes qu'il passait
par nuit et par jour à cette recherche, monsignor, ainsi qu'il le disait lui-
même, ne vivait pas, c'était autant de secondes, de minutes et d'heures
à retrancher à son existence. Il en résulta que, tout compte fait, mon-
signor Perelli eût vécu dix ans de plus si le roi Ferdinand ne lui eût point
donné une tabatière.

Un soir que monsignor Perelli était allé faire sa partie de reversi chez
le prince de C...., et que, selon son habitude, le digne prélat avait perdu
une partie de sa soirée à s'inquiéter de sa tabatière, il arriva qu'en ren-
trant chez lui, et en fouillant dans ses poches, monsignor s'aperçut que
le bijou était pour cette fois bien réellement disparu. La première idée
de monsignor Perelli fut que sa tabatière était restée dans sa voiture. Il
appela donc son cocher, lui ordonna de fouiller dans les poches du car-
rosse, de retourner les coussins, de lever le tapis, enfin de se livrer aux
recherches les plus minutieuses. Le cocher obéit ; mais cinq minutes après
il vint rapporter cette désastreuse nouvelle, que la tabatière n'était pas
dans la voiture.

Monsignor Perelli pensa alors que peut-être, comme les glaces de son
carrosse étaient ouvertes, et qu'il avait plusieurs fois passé les mains par

les portières, il avait pu, dans un moment de distraction, laisser échapper sa tabatière; elle devait donc en ce cas se retrouver sur le chemin suivi pour revenir du palais du prince de C... à la maison qu'occupait monsignor Perelli. Heureusement il était deux heures du matin, il y avait quelque chance que le bijou perdu n'eût point encore été retrouvé. Monsignor Perelli ordonna à son cocher et à sa cuisinière, qui composaient tout son domestique, de prendre chacun une lanterne et d'explorer les rues intermédiaires, pavé par pavé.

Les deux serviteurs rentrèrent désespérés; ils n'avaient pas trouvé vestige de tabatière.

Monsignor Perelli se décida alors, quoiqu'il fût trois heures du matin, à écrire au prince de C... pour qu'il fît immédiatement et par tout son palais chercher le bijou dont l'absence causait au digne prélat de si graves inquiétudes. La lettre était pressante et telle que peut la rédiger un homme sous le coup de la plus vive inquiétude. Monsignor Perelli s'excusait vis-à-vis du prince de l'éveiller à une pareille heure, mais il le priait de se mettre un instant à sa place et de lui pardonner le dérangement qu'il lui causait.

La lettre était écrite et signée, pliée, et il n'y manquait plus que le sceau, lorsqu'en se levant pour aller chercher son cachet, monsignor Perelli sentit quelque chose de lourd qui lui battait le gras de la jambe. Or, comme le docte prélat savait qu'il n'y a point dans ce monde d'effet sans cause, il voulut remonter à la cause de l'effet, et il porta la main à la basque de son habit : c'était la fameuse tabatière qui, par son poids ayant percé la poche, avait glissé dans la doublure, et donnait signe d'existence en chatouillant le mollet de son propriétaire.

La joie de monsignor Perelli fut grande. Cependant, il faut le dire, si sa première pensée fut pour lui-même, la seconde fut pour son prochain : il frémit à l'idée de l'inquiétude qu'aurait pu causer sa lettre à son ami le prince de C....., et, pour en atténuer l'effet, il écrivit au dessous le *post scriptum* suivant :

« Mon cher prince, je rouvre ma lettre pour vous dire que vous ne preniez pas la peine de faire chercher ma tabatière. Je viens de la retrouver dans la basque de mon habit. »

Puis il remit l'épître à son cocher, en lui ordonnant de la porter à l'instant même au prince de C..., que ses gens réveillèrent à quatre heures du matin pour lui remettre, de la part de monsignor Perelli, le message qui lui apprenait à la fois qu'il avait perdu et retrouvé sa tabatière.

Cependant monsignor Perelli avait un avantage sur beaucoup de gens de ma connaissance : c'était une bête et non un sot; il y avait en lui une certaine conscience de son infirmité d'esprit, d'où il résultait qu'il ne demandait pas mieux que de s'instruire. Aussi, un soir, ayant entendu dire au comte de... que vers l'*Ave Maria* il était malsain de rester à l'air, attendu que le crépuscule tombait à cette heure, la remarque hygiénique lui resta dans la tête et le préoccupa gravement. Monsignor Perelli n'avait jamais vu tomber le crépuscule et ignorait parfaitement quelle espèce de chose c'était.

Pendant plusieurs jours, il eut des velléités de demander à ses amis quelques renseignemens sur l'objet en question ; mais le pauvre prélat était tellement habitué aux railleries qu'éveillaient presque toujours ses demandes et ses réponses, qu'à chaque fois que la curiosité lui ouvrait la bouche, la crainte la lui refermait. Enfin, un jour que son cocher le servait à table :

— Gaëtan, mon ami, lui dit-il, as-tu jamais vu tomber le crépuscule?

— Oh ! oui, monseigneur, répondit le pauvre diable, à qui, comme on le comprend bien, depuis vingt-cinq ans qu'il était cocher, une pareille aubaine n'avait pas manqué; certainement que je l'ai vu.

— Et où tombe-t-il ?

— Partout, monseigneur.

— Mais plus particulièrement ?

— Dame ! au bord de la mer.

Le prélat ne répondit rien, mais il mit à profit le renseignement, et, avant de faire sa sieste, il ordonna que les chevaux fussent attelés à six heures précises.

A l'heure dite, Gaëtan vint prévenir son maître que la voiture était prête. Monsignor Perelli descendit son escalier quatre à quatre, tant il était curieux de la chose inconnue qu'il allait voir : il sauta dans son carrosse, s'y accommoda de son mieux, et donna l'ordre d'aller stationner au bout de la villa Reale, entre le Boschetto et Mergellina.

Monsignor Perelli demeura à l'endroit indiqué depuis sept jusqu'à neuf, regardant de tous ses yeux s'il ne verrait pas tomber ce crépuscule tant désiré ; mais il ne vit rien que la nuit qui venait avec cette rapidité qui lui est toute particulière dans les climats méridionanx. A neuf heures, elle était si obscure que monsignor Perelli perdit toute espérance de rien voir tomber ce soir-là. D'ailleurs, l'heure indiquée pour la chute était passée depuis long-temps. Il revint donc tout attristé à la maison ; mais il se consola en songeant qu'il serait probablement plus heureux le lendemain.

Le lendemain, à la même heure, même attente et même déception ; mais monsignor Perelli avait entre autres vertus chrétiennes une patience développée à un haut degré ; il espéra donc que sa curiosité, trompée déjà deux fois, serait enfin satisfaite la troisième.

Cependant Gaëtan ne comprenait rien au nouveau caprice de son maître qui, au lieu de s'en aller passer sa soirée, comme il en avait l'habitude, chez le prince de C... ou chez le duc de N..., venait s'établir au bord de la mer, et, la tête à la portière, restait aussi attentif que s'il eût été dans sa loge de San-Carlo un jour de grand gala ; et puis Gaëtan n'était plus tout à fait un jeune homme, et il craignait, pour sa santé, l'humidité du soir, dont, assis sur son siège, rien ne le garantissait. Le troisième jour arrivé, il résolut de tirer au clair la cause de ces stations inaccoutumées. En conséquence, au moment où commençait à sonner l'*Ave Maria* :

— Pardon, excellence, dit-il, en se penchant sur son siège de manière à dialoguer plus facilement avec monsignor Perelli, qui se tenait à la portière, les yeux écarquillés dans leur plus grande dimension, peut-on, sans indiscrétion, demander à votre excellence ce qu'elle attend ainsi ?

— Mon ami, dit le prélat, j'attends que le crépuscule tombe; j'ai attendu inutilement hier et avant-hier; je ne l'ai pas vu malgré la grande attention que j'y ai faite ; mais aujourd'hui j'espère être plus heureux.

— Peste ! dit Gaëtan, il est cependant tombé, et joliment tombé, ces deux jours-ci, excellence, et je vous en réponds !

— Comment ! tu l'as donc vu, toi ?

— Non seulement je l'ai vu, mais je l'ai senti !

— On le sent donc aussi ?

— Je le crois bien qu'on le sent !

— C'est singulier, je ne l'ai vu ni senti.

— Et tenez, dans ce moment même...

— Eh bien ?

— Eh bien ! vous ne le voyez pas, excellence ?

— Non.

— Voulez-vous le sentir ?

— Je ne te cache pas que cela me serait agréable.

— Alors rentrez la tête entièrement dans la voiture.

— M'y voilà.

— Étendez la main hors de la portière.

— J'y suis.

— Plus haut. Encore. Là, bien.

Gaëtan prit son fouet et en cingla un grand coup sur la main de monsignor Perelli.

Le digne prélat poussa un cri de douleur.

— Eh bien ! l'avez-vous senti ? demanda Gaëtan.

— Oui, oui, très bien ! répondit monsignor Perelli. Très bien ; je suis content, très content. Revenons chez nous.

— Cependant, si vous n'étiez pas satisfait, excellence, continua Gaëtan, nous pourrions revenir encore demain.

— Non, mon ami, non, c'est inutile ; j'en ai assez. Merci.

Monsignor porta huit jours sa main en écharpe, racontant son aventure à tout le monde, et assurant que, malgré les premiers doutes, il en était revenu à l'avis du comte de M..., qui avait dit qu'il était fort malsain de rester dehors tandis que le crépuscule tombait, ajoutant que si le crépuscule lui était tombé sur le visage au lieu de lui tomber sur la main, il n'y avait pas de doute qu'il n'en fût resté défiguré tout le reste de sa vie.

Malgré sa fabuleuse bêtise, et peut-être même à cause d'elle, monsignor Perelli avait l'âme la plus évangélique qu'il fût possible de rencontrer. Toute douleur le voyait compatissant, toute plainte le trouvait accessible. Ce qu'il craignait surtout, c'était le scandale ; le scandale, selon lui, avait perdu plus d'âmes que le péché même. Aussi faisait-il tout au monde pour éviter le scandale. Non pas pour lui ; Dieu merci, monsignor Perelli était un homme de mœurs non seulement pures, mais encore austères. Malheureusement, le bon exemple n'est pas celui que l'on suit avec le plus d'entraînement. Monsignor Perelli avait, dans sa maison même, une jeune voisine, et dans la maison en face de la sienne un jeune voisin qui donnaient fort à causer à tout le quartier. C'était la journée durant, et d'une fenêtre à l'autre, les signes les plus tendres, si bien que plusieurs fois les âmes charitables de la rue qu'habitait monsignor Perelli le vinrent prévenir des distractions mondaines que donnait aux esprits réservés cet éternel échange de signaux amoureux.

Monsignor Perelli commença par prier Dieu de permettre que le scandale cessât ; mais, malgré l'ardeur de ses prières, le scandale, loin de cesser, alla toujours croissant. Il s'informa alors des causes qui forçaient les deux jeunes gens à passer à cet exercice télégraphique un temps qu'ils pouvaient infiniment mieux employer en louant le Seigneur, et il

apprit que les coupables étaient deux amoureux que leurs parens refu-
saient d'unir sous prétexte de disproportion de fortune. Dès lors, au sen-
timent de réprobation que lui inspirait leur conduite se mêla un grain de
pitié que lui inspirait leur malheur; il alla les trouver l'un après l'autre
pour les consoler, mais les pauvres jeunes gens étaient inconsolables; il
voulut obtenir d'eux qu'ils se résignassent à leur sort, comme devaient
le faire des chrétiens soumis et des enfans respectueux; mais ils décla-
rèrent que le mode de correspondance qu'ils avaient adopté étant le seul
qui leur restât après la cruelle séparation dont ils étaient victimes, ils ne
renonceraient pour rien au monde à cette dernière consolation, dût-elle
mettre en rumeur toute la ville de Naples. Monsignor Perelli eut beau
prier, supplier, menacer, il les trouva inébranlables dans leur obstina-
tion. Alors, voyant que, s'il ne s'en mêlait pas plus efficacement, les
deux malheureux pécheurs continueraient d'être pour leur prochain une
pierre d'achoppement, le digne prélat leur offrit, puisqu'ils ne pouvaient
se voir ni chez l'un ni chez l'autre pour se dire, loin de tous les yeux,
ce qu'ils étaient forcés de se dire ainsi *coram populo*, de se rencontrer
chez lui une heure ou deux tous les jours, à la condition que les portes
et les fenêtres de la chambre où ils se rencontreraient seraient fermées,
que personne ne connaîtrait leurs rendez-vous, et qu'ils renonceraient
entièrement à cette malheureuse correspondance par signes qui mettait
en rumeur tout le quartier. Les jeunes gens acceptèrent avec reconnais-
sance cette évangélique proposition, jurèrent tout ce que monsignor Perelli
leur demandait de jurer, et, à la grande édification du quartier, parurent
avoir, à compter de ce jour, renoncé à leur fatal entêtement.

Plusieurs mois se passèrent, pendant lesquels monsignor Perelli se féli-
citait chaque jour davantage de l'expédient ingénieux qu'il avait trouvé
à l'endroit des deux amans, lorsqu'un matin, au moment où il rendait
grâces à Dieu de lui avoir inspiré une si heureuse idée, les parens de la
jeune fille tombèrent chez monsignor Perelli pour lui demander compte
de sa trop grande charité chrétienne. Seulement alors monsignor Perelli
comprit toute l'étendue du rôle qu'il avait joué dans cette affaire. Mais
comme monsignor Perelli était riche, comme monsignor Perelli était la
bonté en personne, comme toute chose pouvait s'arranger, au bout du
compte, avec une niaiserie de deux ou trois mille ducats, monsignor
Perelli dota la jeune pécheresse, à la grande satisfaction du père du jeune
homme, de la part duquel venait tout l'empêchement, et qui ne vit plus
dès lors aucun inconvénient à la recevoir dans sa famille. La chose,
grâce à monsignor Perelli, finit donc comme un conte de fée : les deux
amans se marièrent, furent constamment heureux, et obtinrent du ciel
beaucoup d'enfans.

Maintenant, il me resterait bien une dernière histoire à raconter, qui,
à l'heure qu'il est, désopile encore immodérément la rate des Napoli-
tains; mais l'esprit des nations est chose si différente, que l'on ne peut
jamais répondre que ce qui fera pouffer de rire l'une fera sourciller l'au-
tre. Conduisez Falstaff à Naples, et il y passera incompris; transplantez
Polichinelle à Londres, et il mourra du spleen.

Et puis nous avons une malheureuse langue moderne si bégueule
qu'elle rougit de tout, et même de sa bonne aïeule la langue de Molière
et de Saint-Simon, à laquelle je lui souhaiterais cependant de ressembler.
Il en résulte que, tout bien pesé, je n'ose point vous raconter l'histoire

de monsignor Perelli, laquelle fit néanmoins tant rire le bon roi Nasone, lequel, à coup sûr, avait au moins autant d'esprit que vous et moi en pouvons avoir, soit séparément, soit même ensemble. Et pourtant, elle lui avait été racontée un certain jour où il ne fallait rien moins qu'une pareille histoire pour dérider le front de Sa Majesté. On venait d'apprendre à Naples une nouvelle escapade des Vardarelli.

Comme ces honnêtes bandits m'offrent une occasion de faire connaître le peuple napolitain sous une nouvelle face, et qu'on ne doit négliger dans un tableau aucun des détails qui peuvent en augmenter la vérité ou l'effet, disons ce que c'était que les Vardarelli.

XV

Les Vardarelli.

Le peuple est en général aux mains des rois ce qu'un couteau bien affilé est aux mains des enfants : il est rare qu'ils s'en servent sans se blesser. La reine Louise de Prusse organisa les sociétés secrètes : les sociétés secrètes produisirent Sand. La reine Caroline protégea le carbonarisme : le carbonarisme amena la révolution de 1820.

Au nombre des premiers carbonari reçus, se trouvait un Calabrais nommé Gaëtano Vardarelli. C'était un de ces hommes d'Homère, possédant toutes les qualités de la primitive nature, aux muscles de lion, aux jambes de chamois, à l'œil d'aigle. Il avait d'abord servi sous Murat ; car Murat, dans le projet qu'il conçut un instant de se faire roi de toute l'Italie, avait calculé que le carbonarisme lui serait en ce cas un puissant levier ; puis, s'apercevant bientôt qu'il fallait un autre bras et surtout un autre génie que le sien pour diriger un pareil moteur, Murat, de protecteur des carbonari qu'il était, s'en fit bientôt le persécuteur. Gaëtano Vardarelli alors déserta et se retira dans la Calabre, au sein de ses montagnes maternelles, où il croyait qu'aucun pouvoir humain ne serait assez hardi pour le poursuivre.

Vardarelli se trompait : Murat avait alors parmi ses généraux un homme d'une bravoure inouïe, d'une persévérance stoïque, d'une inflexibilité suprême ; un homme comme Dieu en envoie pour les choses qu'il veut détruire ou élever : cet homme, c'était le général Manhès.

Parcourez la Calabre de Reggio à Pestum : tout individu possédant un ducat et un pied de terrain vous dira que la paisible jouissance de ce pied de terrain et de ce ducat, c'est au général Manhès qu'il la doit. En échange, quiconque ne possède pas ou désire posséder le bien des autres a le général Manhès en exécration.

Vardarelli fut donc forcé comme les autres de se courber sous la main de fer du terrible proconsul. Traqué de vallée en vallée, de forêt en forêt, de montagne en montagne, il recula pied à pied, mais enfin il recula ; puis un beau jour, acculé à Scylla, il fut forcé de traverser le détroit et d'aller demander du service au roi Ferdinand.

Vardarelli avait vingt-six ans, il était grand, il était fort, il était brave. On comprit qu'il ne fallait pas mépriser un pareil homme, on le fit sergent de la garde sicilienne. C'est avec ce grade et dans cette position que Vardarelli rentra à Naples en 1815, à la suite du roi Ferdinand.

Mais c'était une position bien secondaire que celle de sergent pour un homme du caractère dont était Gaëtano Vardarelli. Toute son espérance, s'il continuait sa carrière militaire, était d'arriver au grade de sous-lieutenant; et cette espérance, le jeune ambitieux n'eût pas même voulu l'accepter comme un pis-aller. Après avoir balancé quelque temps, il fit donc ce qu'il avait déjà fait; il déserta le service du roi Ferdinand, comme il avait déserté celui du roi Joachim, et, la première comme la seconde fois, il s'enfuit dans la Calabre, sentant, comme Antée, sa force s'accroître à chaque fois qu'il touchait sa mère.

Là il fit un appel à ses anciens compagnons. Deux de ses frères et une trentaine de bandits errans et dispersés y répondirent. La petite troupe réunie élit Gaëtano Vardarelli pour son chef, s'engageant à lui obéir passivement, et lui reconnaissant sur tous le droit de vie et de mort. D'esclave qu'il était à la ville, Vardarelli se retrouva donc roi dans la montagne, et roi d'autant plus à craindre que le terrible général Manhès n'était plus là pour le détrôner.

Vardarelli procéda selon la vieille rubrique, grâce à laquelle les bandits ont toujours fait de si bonnes affaires en Calabre et à l'Opéra-Comique; c'est-à-dire qu'il se proclama le grand régularisateur des choses de ce monde, et que, joignant l'effet aux paroles, il commença le nivellement social qu'il rêvait, en complétant le nécessaire aux pauvres avec le superflu dont il débarrassait les riches. Quoique ce système soit un peu bien connu, il est juste de dire qu'il ne s'use jamais. Il en résulta donc qu'il s'attacha au nom de Vardarelli une popularité et une terreur grâce auxquelles il ne tarda pas à être connu du roi Ferdinand lui-même.

Le roi Ferdinand, qui venait d'être réintégré sur son trône, trouvait naturellement que le monde ne pouvait pas aller mieux qu'il n'allait, et appréciait assez médiocrement tout réformateur qui essayait de tailler au globe une nouvelle facette; il résulta de cette opinion bien arriérée chez lui, que Vardarelli lui apparut tout bonnement comme un brigand à pendre, et qu'il ordonna qu'il fût pendu.

Mais pour pendre un homme, il faut trois choses : une corde, une potence et un pendu. Quant au bourreau, il est inutile de s'en inquiéter, cela se trouve toujours et partout.

Les agens du roi avaient la corde et la potence, ils étaient à peu près sûrs de trouver le bourreau, mais il leur manquait la chose principale : l'homme à pendre.

On se mit à courir après Vardarelli; mais comme il savait parfaitement dans quel but philanthropique on le cherchait, il n'eut garde de se laisser rejoindre. Il y a plus : comme il avait fait son éducation sous le général Manhès, c'était un gaillard qui connaissait à fond son jeu de cache-cache. Il en donna donc tant et plus à garder aux troupes napolitaines, ne se trouvant jamais où on s'attendait à le rencontrer, se montrant partout où ne l'attendait pas, s'échappant comme une vapeur et revenant comme un orage.

Rien ne réussit comme le succès. Le succès est l'aimant moral qui attire tout à lui. La troupe de Vardarelli, qui ne montait d'abord qu'à vingt-cinq ou trente personnes, fut bientôt doublée : Vardarelli devint une puissance.

Ce fut une raison de plus pour l'anéantir; on fit des plans de campagne contre lui, on doubla les troupes envoyées à sa poursuite, on mit sa tête à prix, tout fut inutile. Autant eût valu mettre au ban du royaume l'aigle et le chamois, ses compagnons d'indépendance et de liberté.

Et cependant chaque jour on entendait raconter quelque prouesse nouvelle qui indiquait dans le fugitif un redoublement d'adresse ou un surcroît d'audace. Il venait jusqu'à deux ou trois lieues de Naples, comme pour narguer le gouvernement. Une fois, il organisa une chasse dans la forêt de Persiano, comme aurait pu faire le roi lui-même, et, comme il était excellent tireur, il demanda ensuite aux gardes qu'il avait forcés de le suivre et de le seconder s'ils avaient jamais vu leur auguste maître faire de plus beaux coups que lui.

Une autre fois, c'étaient le prince de Lésorano, le colonel Calcedonio, Casella, et le major Delponte, qui chassaient eux-mêmes avec une dizaine d'officiers et une vingtaine de piqueurs dans une forêt à quelques lieues de Bari, quand tout à coup le cri : *Vardarelli! Vardarelli!* se fit entendre. Chacun alors de fuir le plus vite possible, et dans la direction où il se trouvait. Bien en prit aux chasseurs de fuir ainsi, car tous eussent été pris, tandis que, grâce à la vitesse de leurs chevaux habitués à courre le cerf, un seul tomba entre les mains des bandits.

C'était le major Delponte : les bandits jouaient de malheur, ils avaient fait prisonnier un des plus braves, mais aussi un des plus pauvres officiers de l'armée napolitaine. Lorsque Vardarelli demanda au major Delponte mille ducats de rançon pour l'indemniser de ses frais d'expédition, le major Delponte lui fit des cornes en lui disant qu'il le défiait bien de lui faire payer une seule obole. Vardarelli menaça Delponte de le faire fusiller si la somme n'était pas versée à une époque qu'il fixa. Mais Delponte lui répondit que c'était du temps de perdu que d'attendre, et que s'il avait un conseil à lui donner, c'était de le faire fusiller tout de suite.

Vardarelli en eut un instant la velléité; mais il songea que, plus Delponte faisait bon marché de sa vie, plus Ferdinand devait y tenir. En effet, à peine le roi eut-il appris que le brave major était entre les mains des bandits, qu'il ordonna de payer sa rançon sur ses propres deniers. En conséquence, un matin, Vardarelli annonça au major Delponte que, sa rançon ayant été exactement et intégralement payée, il était parfaitement libre de quitter la troupe et de diriger ses pas vers le point de la terre qui lui agréait le plus. Le major Delponte ne comprenait pas quelle était la main généreuse qui le délivrait ; mais comme, quelle qu'elle fût, il était fort disposé à profiter de sa libéralité, il demanda son cheval et son sabre, qu'on lui rendit, se mit en selle avec un flegme parfait, et s'éloigna au petit pas et en sifflotant un air de chasse, ne permettant pas que sa monture fît un pas plus vite que l'autre, tant il tenait à ce qu'on ne pût pas même supposer qu'il avait peur.

Mais le roi, pour s'être montré magnifique à l'endroit du major, n'en avait pas moins juré l'extermination des bandits qui l'avaient forcé de traiter de puissance à puissance avec eux. Un colonel, je ne sais plus lequel, qui l'avait entendu jurer ainsi, fit à son tour le serment, si on voulait lui confier un bataillon, de ramener Vardarelli, ses deux frères et le soixante hommes qui composaient sa troupe, pieds et poings liés, dans les cachots de la Vicaria. L'offre était trop séduisante pour qu'on ne l'acceptât point; le ministre de la guerre mit cinq cents hommes à la disposition du colonel, et le colonel et sa petite troupe se mirent en quête de Vardarelli et de ses compagnons.

Vardarelli avait des espions trop dévoués pour ne pas être prévenu à temps de l'expédition qui s'organisait. Il y a plus : en apprenant cette nouvelle, lui aussi, il avait fait un serment : c'était de guérir à tout jamais le colonel qui s'était si aventureusement voué à sa poursuite, d'un second élan patriotique dans le genre du premier.

Il commença donc par faire courir le pauvre colonel par monts et par vaux, jusqu'à ce que lui et sa troupe fussent sur les dents; puis, lorsqu'il les vit tels qu'il les désirait, il leur fit, à deux heures du matin, donner une fausse indication ; le colonel prit le renseignement pour or en barre, et partit à l'instant même, afin de surprendre Vardarelli, qu'on lui avait assuré être, lui et sa troupe, dans un petit village situé à l'extrémité d'une gorge si étroite qu'à peine y pouvait-on passer quatre hommes de front. Quelques âmes charitables qui connaissaient les localités firent bien au brave colonel quelques observations, mais il était tellement exaspéré qu'il ne voulut entendre à rien, et partit dix minutes après avoir reçu l'avis.

Le colonel fit une telle diligence qu'il dévora près de quatre lieues en deux heures, de sorte qu'au point du jour il se trouva sur le point d'entrer dans la gorge de l'autre côté de laquelle il devait surprendre les bandits. Quand il fut arrivé là, l'endroit lui parut si effroyablement propice à une embuscade qu'il envoya vingt hommes explorer le chemin, tandis qu'il faisait halte avec le reste de son bataillon; mais au bout d'un quart d'heure les vingt hommes revinrent, en annonçant qu'ils n'avaient rencontré âme qui vive.

Le colonel n'hésita donc plus et s'engagea dans la gorge lui et ses cinq cents hommes : mais au moment où cette gorge s'élargissait, pareille à une espèce d'entonnoir, entre deux défilés, le cri : *Vardarelli! Vardarelli!* se fit entendre comme s'il tombait des nuages, et le pauvre colonel, levant la tête, vit toutes les crêtes de rochers garnies de brigands qui le tenaient en joue lui et sa troupe. Cependant il ordonna de se former en peloton ; mais Vardarelli cria d'une voix terrible : « A bas les armes, ou vous êtes morts! » A l'instant même les bandits répétèrent le cri de leur chef, puis l'écho répéta le cri des bandits; de sorte que les soldats, qui n'avaient pas fait le même serment que leur colonel et qui se croyaient entourés d'une troupe trois fois plus nombreuse que la leur, crièrent à qui mieux mieux qu'ils se rendaient, malgré les exhortations, les prières et les menaces de leur malheureux chef.

Aussitôt Vardarelli, sans abandonner sa position, ordonna aux soldats de mettre les fusils en faisceaux, ordre qu'ils exécutèrent à l'instant même; puis il leur signifia de se séparer en deux bandes, et de se rendre chacun à un endroit indiqué, nouvel ordre auquel ils obéirent avec la même ponctualité qu'ils avaient fait pour la première manœuvre. Enfin, laissant une vingtaine de bandits en embuscade, il descendit avec le reste de ses hommes, et, leur ordonnant de se ranger en cercle autour des faisceaux, il les invita à mettre les armes de leurs ennemis hors d'état de leur nuire momentanément par le même moyen qu'avait employé Gulliver pour éteindre l'incendie du palais de Lilliput.

C'est le récit de cet événement qui avait mis le roi de si mauvaise humeur, qu'il ne fallait rien moins que l'anecdote nouvelle dont monsignor Perelli était le héros pour le lui faire oublier.

On comprend que cette nouvelle frasque ne remit pas don Gaëtano

dans les bonnes grâces du gouvernement. Les ordres les plus sévères
furent donnés à son égard; seulement, dès le lendemain, le roi, qui était
homme de trop joyeux esprit pour garder rancune à Vardarelli d'un si
bon tour, racontait en riant à gorge déployée l'aventure à qui voulait
l'entendre, de sorte que, comme il y a toujours foule pour entendre les
aventures que veulent bien raconter les rois, le pauvre colonel n'osa de
trois ans remettre le pied dans la capitale.

Mais le général qui commandait en Calabre prit la chose d'une façon
bien autrement sérieuse que ne l'avait fait le roi. Il jura que, quel que
fût le moyen qu'il dût employer, il exterminerait les Vardarelli depuis
le premier jusqu'au dernier. Il commença par les poursuivre à outrance;
mais, comme on s'en doute bien, cette poursuite ne fut qu'un jeu de
barres pour les bandits. Ce que voyant, le général commandant proposa
à leur chef un traité par lequel lui et les siens entreraient au service du
gouvernement. Soit que les conditions fussent trop avantageuses pour
être refusées, soit que Gaëtano se lassât de cette vie de dangers sans fin
et d'éternel vagabondage, il accepta les propositions qui lui étaient faites,
et le traité fut rédigé en ces termes :

« Au nom de la très sainte Trinité.

» Art. 1er. Il sera octroyé pardon et oubli aux méfaits des Vardarelli
et de leurs partisans.

» Art. 2. La bande des Vardarelli sera transformée en compagnie de
gendarmes.

» Art. 3. La solde du chef Gaëtano Vardare'li sera de 90 ducats par
mois; celle de chacun de ses trois lieutenans, de 43 ducats, et celle de
chaque homme de la compagnie, de 30. Elle sera payée au commence-
ment de chaque mois et par anticipation (1).

» Art. 4. La susdite compagnie jurera fidélité au roi entre les mains
du commissaire royal; ensuite elle obéira aux généraux qui comman-
dent dans les provinces, et sera destinée à poursuivre les malfaiteurs
dans toutes les parties du royaume.

» Naples, 6 juillet 1817. »

Les conditions ci-dessus rapportées furent immédiatement mises à
exécution de part et d'autre; les Vardarelli changèrent de nom et d'uni-
forme, touchèrent d'avance, comme ils en étaient convenus, le premier
mois de leurs appointemens, en échange de quoi ils se mirent à la poursuite
des bandits qui désolaient la Capitanate, ne leur laissant ni paix ni relâ-
che, tant ils connaissaient toutes les ruses du métier; si bien qu'au bout de
quelque temps on pouvait s'en aller de Naples à Reggio sa bourse à la main.

Mais ce n'était pas là précisément le but que s'était proposé le géné-
ral; il avait contre les Vardarelli, à cause de l'histoire du colonel, une
vieille dent que vint encore corroborer la promptitude avec laquelle les
nouveaux gendarmes venaient d'exécuter, au nombre de cinquante ou
soixante seulement, des choses qu'avant eux des compagnies, des batail-
lons, des régimens et jusqu'à des corps d'armée avaient entreprises en
vain. Il fut donc résolu que, maintenant que les Vardarelli avaient dé-
barrassé la Capitanate et les Calabres des brigands qui les infestaient, on
débarrasserait le royaume des Vardarelli.

Mais c'était chose plus facile à entreprendre qu'à exécuter, et proba-

____

(1) Ces différens appointemens correspondaient aux soldes des colonels, des
capitaines et des lieutenans.

blement toutes les troupes que le général avait sous ses ordres, réunies ensemble, n'eus-ent pas pu y parvenir, si les bandits gendarmisés eussent eu le moindre soupçon de ce qui se tramait contre eux. Mais, à défaut de soupçons positifs, ils étaient doués d'un instinct de défiance qui ne leur permettait pas de donner la moindre prise à leurs ennemis, et près d'une année se passa sans que le général trouvât moyen de mettre à exécution son projet exterminateur.

Mais le général trouva des alliés dans les anciens amis des ex-brigands : un homme de Porto-Canone, dont Gaëtano Vardarelli avait enlevé la sœur, vint le trouver, et, lui racontant les causes de haine qu'il avait contre les Vardarelli, lui offrit de le débarrasser au moins de Gaëtano Vardarelli et de ses deux frères. L'offre était trop selon les désirs du général pour qu'il hésitât un instant à l'accepter. Il offrit à l'homme qui venait lui faire cette proposition une somme d'argent considérable ; mais celui-ci, tout en acceptant pour ses compagnons, refusa pour lui-même, disant que c'était du sang et non de l'or qu'il lui fallait ; que, quant aux compagnons qu'il comptait s'adjoindre dans cette expédition, il s'informerait de ce qu'ils demandaient pour le seconder, et qu'il rendrait compte de leurs exigences au général, qui traiterait directement avec eux.

Quelles furent ces exigences ? nul historien ne l'a dit. Ce qui fut donné, ce qui fut reçu, on l'ignore. Ce qu'on sait seulement, ce furent les faits qui s'accomplirent à la suite de cet entretien.

Un jour les Vardarelli, se croyant au milieu d'amis sûrs, stationnaient pleins de confiance et d'abandon sur la place d'un petit village de la Pouille, nommé Uriri. Tout à coup, et sans que rien au monde eût pu faire présager une pareille agression, une douzaine de coups de feu partirent d'une des maisons situées sur la place, et de cette seule décharge, Gaëtano Vardarelli, ses deux frères et six bandits tombèrent morts. Aussitôt les autres, ne sachant pas à quel nombre d'ennemis ils avaient affaire, et soupçonnant qu'ils étaient enveloppés d'une vaste trahison, sautèrent sur leurs chevaux, dont ils ne s'éloignaient jamais, et disparurent en un clin d'œil, comme une volée d'oiseaux effarouchés.

Aussitôt que la place fut vide et qu'il n'y eut plus de morts, l'homme qui était allé trouver le général sortit le premier de la maison d'où était parti le feu, s'avança vers Gaëtano Vardarelli, et tandis que ses compagnons dépouillaient les autres cadavres, s'emparant de leurs armes et de leur ceinture, lui se contenta de tremper ses deux mains dans le sang de son ennemi, et après s'en être barbouillé le visage :

— Voici la tache lavée dit-il ; et il se retira sans rien prendre du pillage commun, sans rien accepter de la récompense promise.

Cependant ce n'était point assez : Gaëtano Vardarelli, ses deux frères et six de ses compagnons étaient morts, c'est vrai ; mais quarante autres étaient encore vivans et pouvaient, en reprenant leur ancien métier et en élisant de nouveaux chefs, donner infiniment de fil à retordre à Son Excellence le général commandant. Il résolut donc de continuer à jouer le rôle d'ami, et donna l'ordre que les meurtriers d'Uriri fussent arrêtés. Comme ceux-ci ne s'attendaient à rien de pareil, la chose ne fut pas difficile ; on s'empara d'eux à l'improviste et sans qu'ils essayassent de tenter la moindre résistance ; on les jeta en prison, et l'on cria bien haut qu'on allait leur faire leur procès, et que prompte et sévère vengeance serait tirée du crime qu'ils avaient commis.

Il pouvait y avoir du vrai dans tout cela; aussi les fugitifs se laissè-
rent-ils prendre au piége. Comme il était notoire qu'à la tête des meur-
triers se trouvait le frère de la jeune fille outragée par Gaëtano Varda-
relli, on crut généralement dans la troupe que cet assassinat était le
résultat d'une vengeance particulière; de sorte que, lorsque les malheu-
reux qui s'étaient sauvés virent leurs assassins arrêtés et entendirent ré-
péter de tous côtés que leur procès se poursuivait avec ardeur, ils
n'eurent aucune idée que le gouvernement fût pour quelque chose dans
cette trahison. D'ailleurs, eussent-ils conçu quelque doute, qu'une lettre
qu'ils reçurent de lui les eût fait évanouir : il leur écrivait que le traité
du 6 juillet restait toujours sacré, et les invitait à se choisir d'autres
chefs en remplacement de ceux qu'ils avaient eu le malheur de perdre.

Comme ce remplacement était urgent, les Vardarelli procédèrent im-
médiatement à la nomination de leurs nouveaux officiers, et, à peine
l'élection achevée, ils prévinrent le général que ses instructions étaient
suivies. Alors ils reçurent une seconde lettre qui les convoquait à une
revue dans la ville de Foggia. Cette lettre leur recommandait, entre au-
tres choses importantes, de venir tous tant qu'ils étaient, afin qu'on ne
pût douter que les élections faites ne fussent le résultat positif d'un scrutin
unanime et incontestable.

A la lecture de cette lettre, une longue discussion s'éleva entre les
Vardarelli; la majorité était d'avis qu'on se rendît à la revue; mais une
faible minorité s'opposait à cette proposition : selon elle, c'était un nou-
veau guet-apens dressé pour exterminer le reste de la troupe. Les Var-
darelli avaient le droit de nomination entre eux; c'était chose incontestée
et qui par conséquent n'avait besoin d'aucune sanction gouvernementale;
on ne pouvait donc les convoquer que dans quelque sinistre dessein.
C'était du moins l'avis de huit d'entre eux, et, malgré les sollicitations
de leurs camarades, ces huit clairvoyans refusèrent de se rendre à Foggia :
le reste de la troupe, qui se composait de trente-un hommes et d'une
femme qui avait voulu accompager son mari, se trouva sur la place de
la ville au jour et à l'heure dits.

C'était un dimanche; la revue était solennement annoncée, de sorte
que la place publique était encombrée de curieux. Les Vardarelli entrèrent
dans la ville avec un ordre parfait, armés jusqu'aux dents, mais sans
donner aucun signe d'hostilité. Au contraire, en arrivant sur 'a place, ils
levèrent leurs sabres, et d'une voix unanime firent entendre le cri de
Vive le roi! A ce cri, le général parut sur son balcon pour saluer les
arrivans, tandis que l'aide-de-camp de service descendait pour les re-
cevoir.

Après force complimens sur la beauté de leurs chevaux et le bon état
de leurs armes, l'aide-de-camp invita les Vardarelli à défiler sous le balcon
du général, manœuvre qu'ils exécutèrent avec une précision qui eût
fait honneur à des troupes réglées. Puis, cette évolution exécutée, ils
vinrent se ranger sur la place, où l'aide-de-camp les invita à mettre pied
à terre et à se reposer un instant, tandis qu'il porterait au général la liste
des trois nouveaux officiers.

L'aide-de-camp venait de rentrer dans la maison d'où il était sorti;
les Vardarelli, la bride passée au bras, se tenaient près de leurs chevaux,
lorsqu'une grande rumeur commença à circuler dans la foule; puis à
cette rumeur succédèrent des cris d'effroi, et toute cette masse de curieux

commença d'aller et de venir comme une marée. Par toutes les rues
aboutissantes à la place, des soldats napo itains s'avançaient en colonnes
serrées. De tous côtés les Vardarelli étaient cernés.

Aussitô!, reconnaissant la trahison dont ils étaient victimes, les Var-
darelli sautèrent sur leurs chevaux et tirèrent leurs sabres ; mais au même
instant le général ayant ôté son chapeau, ce qui était le signal convenu,
le cri : Ventre à terre! retentit ; et tous les curieux ayant obéi à cette
injonction dont ils comprenaient l'importance, les feux des soldats se croi-
sèrent au dessus de leurs têtes, et neuf Vardarelli tombèrent de leurs
chevaux, tués ou blessés à mort. Ceux qui étaient restés debout, com-
prenant alors qu'il n'y avait pas de quartier à attendre, se réunirent,
sautèrent à bas de leurs chevaux, et, armés de leurs carabines, s'ouvri-
rent en combattant un passage jusqu'aux ruines d'un vieux château dans
lesquelles ils se retranchèrent. Deux seulement, se confiant à la vitesse
de leur monture, fondirent tête baissée sur le groupe de soldats qui leur
parut le moins nombreux, et, faisant feu à bout portant, profitèrent de
la confusion que causait dans les rangs leur décharge, qui avait tué deux
hommes, pour passer à travers les baïonnettes et s'échapper à fond de
train. La femme, aussi heureuse qu'eux, dut la vie à la même manœu-
vre, opérée sur un autre point, et s'éloigna au grand galop, après avoir
déchargé ses deux pistolets.

Tous les efforts se réunirent aussitôt sur les vingt Vardarelli restans,
lesquels, comme nous l'avons dit, s'étaient réfugiés dans les ruines d'un
vieux château. Les soldats, s'encourageant les uns les autres, s'avancèrent,
croyant que ceux qu'ils poursuivaient allaient leur disputer les approches
de leur retraite ; mais, au grand étonnement de tout le monde, ils par-
vinrent jusqu'a la porte sans qu'il y eût un seul coup de fusil tiré. Cette
impunité les enhardit ; on attaqua la porte à coups de hache et de levier,
la porte céda ; les soldats se précipitèrent alors dans la cour du château,
se répandirent dans les corridors, parcourant les appartemens ; mais, à
leur grand étonnement, tout était désert : les Vardarelli avaient disparu.

Les assaillans furetèrent une heure dans tous les coins et recoins de la
vieille masure ; enfin ils allaient se retirer, convaincus que les Varda-
relli avaient trouvé quelques moyens, connus d'eux seuls, de regagner la
montagne, lorsqu'un soldat qui s'était approché du soupirail d'un cellier,
et qui se penchait pour regarder dans l'intérieur tomba percé d'un coup
de feu.

Les Vardarelli étaient découverts ; mais les poursuivre dans leur re-
traite n'était pas chose facile. Aussi résolut-on, au lieu de chercher à les
y forcer, d'employer un autre moyen, plus lent, mais plus sûr : on com-
mença par rouler une grosse pierre contre le soupirail. Sur cette pierre
on amassa toutes celles que l'on put trouver ; on laissa un piquet d'hommes
avec leurs armes chargées pour garder cette issue ; puis, faisant un dé-
tour, on commença par jeter des fagots enflammés contre la porte du
cellier, que les Vardarelli avaient fermée en dedans, et sur ces fagots
enflammés tout le bois et toutes les matières combustibles que l'on put
trouver ; de sorte que l'escalier ne fut bientôt qu'une immense fournaise,
et que, la porte ayant cédé à l'action du feu, l'incendie se répandit comme
un torrent dans ce souterrain où les Vardarelli s'étaient réfugiés. Cepen-
dant un profond silence régnait encore dans le cellier. Bientôt deux coups
de fusil partirent : c'étaient deux frères qui, ne voulant pas tomber vi-

vans aux mains de leurs ennemis, s'étaient embrassés et avaient à bout portant déchargé leurs fusils l'un sur l'autre. Un instant après, une troisième explosion se fit entendre : c'était un bandit qui se jetait volontairement au milieu des flammes et dont la giberne sautait. Enfin, les dix-sept bandits restans voyant qu'il n'y avait plus pour eux aucune chance de salut, et se voyant près d'être asphyxiés, demandèrent à se rendre. Alors on déblaya le soupirail, on les en tira les uns après les autres, et à mesure qu'ils en sortaient on leur liait les pieds et les mains. Une charrette que l'on amena ensuite les transporta tous dans les prisons de la ville.

Quant aux huit qui n'avaient pas voulu venir à Foggia et aux deux qui s'étaient échappés, ils furent chassés comme des bêtes fauves, traqués de caverne en caverne. Les uns furent tués ou débusqués comme des chevreuils, les autres furent livrés par leurs hôtes, les autres enfin se rendirent eux-mêmes ; si bien qu'au bout d'un an tous les Vardarelli étaient morts ou prisonniers.

Il n'y eut que la femme qui s'était sauvée un pistolet de chaque main qui disparut, sans qu'on la revît jamais ni morte ni vivante.

Lorsque le roi apprit cet événement, il entra dans une grande colère ; c'était la seconde fois qu'on violait sans l'en prévenir un traité, non pas signé par lui, mais fait en son nom. Or, il savait que l'inexorable histoire enregistre presque toujours les faits sans se donner la peine d'en rechercher les causes, et que, tout au contraire de ce qui se passe dans notre monde, où ce sont les ministres qui sont responsables des fautes du roi, c'est le roi qui, dans l'autre, est responsable des fautes de ses ministres.

Mais on lui répéta tant, et de tant de côtés, que c'était une action louable que d'avoir exterminé cette méchante race des Vardarelli, qu'il finit par pardonner à ceux qui avaient ainsi abusé de son nom.

Il est vrai que quelque temps après arriva la révolution de 1820, qui amena avec elle bien d'autres préoccupations que celle de savoir si on avait plus ou moins exactement tenu un traité fait avec des bandits. Pour la troisième fois il rentra au bout de deux ans d'absence, au milieu des cris de joie de son peuple, qui le chassait sans cesse et qui ne pouvait vivre sans lui.

Malheureusement pour les Napolitains, cette troisième restauration fut de courte durée. Le soir du 3 janvier 1825, le roi se coucha après avoir fait sa partie de jeu et avoir dit ses prières accoutumées. Le lendemain, comme à dix heures du matin il n'avait pas encore sonné, on entra dans sa chambre, et on le trouva mort.

A l'ouverture de son testament, dans lequel il recommandait à son fils François de continuer les aumônes qu'il avait l'habitude de faire, ou trouva que ces aumônes montaient par an à 24,000 ducats.

Il avait vécu soixante-seize ans, il en avait régné soixante-cinq ; il avait vu passer sous son long règne trois générations d'hommes, et, malgré trois révolutions et trois restaurations, il mourait le roi le plus populaire que Naples ait jamais eu.

Aussi le peuple chercha-t-il à la mort imprévue de son roi bien-aimé une cause surnaturelle. Or, pour des hommes d'imagination comme sont les Napolitains, rien n'est difficile à trouver. Voilà ce que l'on découvrit.

Le roi Ferdinand, comme on a pu le voir, n'était pas exempt de cer-

tains préjugés. Depuis quinze ans il était persécuté par le chanoine Ojori,
qui le tourmentait pour obtenir une audience de lui et lui présenter je
ne sais quel livre dont il était l'auteur. Ferdinand avait toujours refusé,
et, malgré les instances du postulant, avait constamment tenu bon. Enfin
le 2 janvier 1825, vaincu par les prières de tous ceux qui l'entouraient,
il accorda pour le lendemain cette audience si long-temps reculée. Le
matin, le roi eut quelque velléité de partir pour Caserte et de rejeter sur
une chasse, excuse qui lui paraissait toujours valable, l'impoli esse qu'il
avait si grande envie de faire au bon chanoine; mais on l'en dissuada : il
resta donc à Naples, reçut don Ojori, lequel demeura deux heures avec
lui et le quitta en lui laissant son livre.

Le lendemain, comme nous l'avons dit, le roi Ferdinand était mort.

Les médecins déclarèrent d'une voix unanime que c'était d'une attaque
d'apoplexie foudroyante; mais le peuple n'en crut pas un mot. Ce qui
fut la véritable cause de sa mort, selon le peuple, ce fut cette audience
qu'il donna si à contre-cœur au chanoine Ojori.

Le chanoine Ojori était, avec le prince de ***, le plus terrible *jettatore*
de Naples. Nous dirons dans un prochain chapitre ce que c'est que la
jettatura.

XVI

La Jettatura.

Naples, comme toutes les choses humaines, subit l'influence d'une
double force qui régit sa destinée : elle a son mauvais principe qui la
poursuit, et son bon génie qui la garde ; elle a son Arimane qui la me-
nace, et son Oromaze qui la défend ; elle a son démon qui veut la perdre,
elle a son patron qui espère la sauver.

Son ennemi, c'est la jettatura ; son protecteur, c'est saint Janvier.

Si saint Janvier n'était pas au ciel, il y aurait long-temps que la jetta-
tura aurait anéanti Naples; si la jettatura n'existait pas sur la terre, il
y a long-temps que saint Janvier aurait fait de Naples la reine du monde.

Car la jettatura n'est pas une invention d'hier; ce n'est pas une
croyance du moyen-âge, ce n'est pas une superstition du bas-empire :
c'est un fléau légué par l'ancien monde au monde moderne ; c'est une
peste que les chrétiens ont héritée des gentils; c'est une chaîne qui
passe à travers les âges, et à laquelle chaque siècle ajoute un anneau.

Les Grecs et les Romains connaissaient la jettatura : les Grecs l'ap-
pelaient αλεξιανα, les Romains *fascinum*.

La jettatura est née dans l'Olympe ; c'est un fléau d'assez bonne mai-
son, comme on voit. Maintenant à quelle occasion elle prit naissance,
le voici.

Vénus, sortie de la mer depuis la veille, venait de prendre place parmi
les dieux ; son premier soin avait été de se choisir un adorateur dans
cette auguste assemblée : Bacchus avait obtenu la préférence, Bacchus
était heureux.

Toute déesse qu'elle était, Vénus se trouvait soumise aux lois de la
nature comme une simple femme ; en sa qualité d'immortelle, elle était
destinée à les accomplir plus long-temps et plus souvent, voilà tout.
Vénus s'aperçut un jour qu'elle allait être mère. Comme l'enfant
qu'elle portait dans son sein était le premier de cette longue suite de re-

jetons dont la déesse de la beauté devait peupler les forêts d'Amathonte
et les bosquets de Cythère, la découverte de son nouvel état fut accom-
pagnée chez elle d'un sentiment de pudeur qui la détermina à le cacher
aux regards de tous les dieux. Vénus annonça donc que sa santé chan-
celante la forçait d'habiter pendant quelque temps la campagne, et elle
se retira dans les appartemens les plus reculés de son palais, à Paphos.

Tous les dieux avaient été dupes de cette fausse indisposition; il n'y
avait pas jusqu'à Esculape lui-même qui n'eût déclaré que Venus n'avait
rien autre chose qu'une maladie de nerfs qui se calmerait avec des bains
et du petit lait; Junon seule avait tout deviné.

Junon était experte en pareille matière. Sa stérilité la rendait jalouse :
il ne s'arrondissait pas une taille dans tout l'Olympe, que la première
ligne de ce changement ne lui sautât aux yeux. Elle avait su voir les pro-
grès de celle de Vénus, et, d'avance, elle voua au malheur l'enfant qui
naîtrait d'elle.

En conséquence, elle résolut de ne pas la perdre un instant de vue,
afin de jeter un sort sur le malheureux fruit des entrailles de sa belle-
fille. Aussi, dès que Vénus sentit les premières douleurs, Junon se pré-
senta-t-elle aussitôt à son chevet, déguisée en sage-femme.

Vénus était fort douillette, comme toute femme à la mode doit être :
elle jeta donc les hauts cris tant que dura le travail; puis enfin elle mit
au jour le petit Priape.

Junon le reçut dans ses mains, et tandis que Vénus, à moitié éva-
nouie, fermait ses beaux yeux encore tout moites de larmes, elle s'ap-
prêta à lancer sur l'enfant la malédiction fatale qui devait influer sur le
reste de sa vie.

Mais à l'instant où Junon fixait ses yeux pleins de colère sur le nou-
veau-né, elle s'arrêta stupéfaite. Jamais elle n'avait vu, même chez les
plus grands dieux, rien de pareil à ce qu'elle voyait à cette heure.

Si court que fut ce moment d'hésitation, il sauva Priape. Bacchus,
qui, du fond de l'Inde, où il était occupé à apprendre aux Birmans la
meilleure manière de coller le vin, avait entendu les cris de Vénus,
était accouru en toute hâte : il se précipita dans la chambre de l'accou-
chée, courut à l'enfant, et, dans son ardeur toute paternelle, l'arracha
des bras de Junon.

Junon se crut découverte; elle sortit furieuse, sauta dans son char,
et remonta au ciel. Bacchus ignorait cependant que ce fût elle; mais
il la devina, au cri de ses paons d'abord, puis au rayon de lumière
qu'elle laissait à sa suite. Il connaissait de longue main le caractère de
sa belle-mère : lui-même avait été obligé de rester six mois caché dans la
cuisse de Jupiter pour échapper à sa jalousie; il comprit que les choses
se passeraient mal pour le pauvre enfant si jamais elle mettait la main
sur lui : il l'emporta tout courant, et s'en alla le cacher dans l'île de
Lampsaque.

Mais le bruit de ce qui s'était passé se répandit, ainsi que la circon-
stance à laquelle le jeune Priape avait dû la vie; il n'en fallut pas davan-
tage pour faire croire aux anciens qu'ils avaient trouvé un remède
contre la jettatura ; de là certains bijoux déterrés à Herculanum et à
Pompéia, qui faisaient partie de la toilette des femmes.

Chez les modernes, où ces bijoux ne sont pas de mise, les cornes les
ont remplacés. Vous n'entrez pas dans une maison de Naples quelque

peu aristocratique, sans que le premier objet qui frappe vos yeux dans
l'antichambre ne soit une paire de cornes ; plus ces cornes sont longues,
plus elles sont efficaces. On les fait venir en général de Sicile ; c'est là
qu'on trouve les plus belles. J'en ai vu qui avaient jusqu'à trois pieds de
long, et qui coûtaient cinq cents francs la paire.

Outre ces cornes à domicile, qu'on ne peut, vu leur volume, trans-
porter facilement avec soi, on a d'autres petis cornillons que l'on porte
au cou, au doigt, à la chaîne de la montre : cela se trouve à tous les
coins de rue, chez tous les marchands de bric-à-brac. Ce symbole pré-
servatif est ordinairement en corail ou en jais.

Je voudrais vous dire quelles sont les causes qui ont porté les cornes
à ce degré d'honneur chez les Napolitains ; mais quelque recherche que
j'aie faite à ce sujet, j'avoue que je n'ai absolument rien pu découvrir
sur quoi on puisse appuyer la moindre théorie ou échafauder le plus
petit système. Cela est parce que cela est ; ne me demandez donc point
autre chose, car je serais forcé de prononcer ce mot qui coûte tant à la
bouche humaine : Je ne sais pas.

Les anciens connaissaient trois moyens de jeter les sorts, car la jetta-
tura n'est rien autre chose que la substantivation du verbe *jettare*, —
par le toucher, par la parole, par le regard :

> Cujus ab attractu variarum monstra ferarum
> In juvenes veniunt; nulli sua mansit imago,

dit Ovide ;

> Quæ nec pernumerare curiosi
> Possint, nec mala fascinare lingua,

dit Catulle ;

> Nescio quis teneros oculis mihi fascinat agnos,

dit Virgile.

Maintenant voulez-vous voir passer cette croyance du monde païen
dans le monde chrétien ? écoutez saint Paul s'adressant aux Galates :

> Quis vos fascinavit non obedire veritati ?

Saint Paul croyait donc à la jettatura ?

Maintenant passons au moyen-âge, et ouvrons Erchempert, moine du
mont Cassin, qui florissait vers l'an 842 :

« J'ai connu, dit le vénérable cénobite, messire Landolphe, évêque de
Capoue, homme d'une singulière prudence, lequel avait l'habitude de
dire : « Toutes les fois que je rencontre un moine, il m'arrive quelque
chose de malheureux dans la journée. (*Quoties monachum visu cerno,
semper mihi futura dies auspicia tristia subministrat.* »

Or, cette croyance est encore en pleine vigueur aujourd'hui à Naples.
Lorsque nous partîmes pour la Sicile, je crois avoir raconté qu'au mo-
ment de nous embarquer nous rencontrâmes un abbé, et qu'à sa vue le
capitaine nous avait proposé de remettre le départ au lendemain. Nous
n'en fîmes compte, et nous fûmes assaillis par une tempête qui nous tint
vingt-quatre heures entre la vie et la mort.

Des trois jettature connues de l'antiquité, deux se sont perdues en
route, et une seule est restée : la jettatura du regard. Il est vrai que
c'est la plus terrible : « *Nihil oculo nequius creatum,* » dit l'Ecclésiaste,
chap. 21.

Cependant, comme Dieu a voulu que le serpent à sonnettes se dénon-

çât lui-même par le bruit que font ses anneaux, il a imprimé au front
du jettatore certains signes auxquels, avec un peu d'habitude, on peut le
reconnaître. Le jettatore est ordinairement maigre et pâle, il a le nez en
bec de corbin, de gros yeux qui ont quelque chose de ceux du crapaud
et qu'il recouvre ordinairement, pour les dissimuler, d'une paire de lu-
nettes : le crapaud, comme on sait, a reçu du ciel le don fatal de la jet-
tature : il tue le rossignol en le regardant.

Donc, quand vous rencontrez dans les rues de Naples un homme fait
ainsi que j'ai dit, prenez garde à vous, il y a cent à parier contre un que
c'est un jettatore. Si c'est un jettatore et qu'il vous ait aperçu le pre-
mier, le mal est fait, il n'y a pas de remède, courbez la tête et attendez.
Si, au contraire, vous l'avez prévenu du regard, hâtez-vous de lui pré-
senter le doigt du milieu étendu et les deux autres fermés : le maléfice
sera conjuré : — *Et digitum porrigito medium*, dit Martial.

Il va sans dire que, si vous portez sur vous quelque corne de jais ou
de corail, vous n'avez point besoin de prendre toutes ces précautions. Le
talisman est infaillible, du moins à ce que disent les marchands de cornes.

La jettatura est une maladie incurable ; on naît jettatore, on meurt
jettatore. On peut à la rigueur le devenir ; mais une fois qu'on l'est, on
ne peut plus cesser de l'être.

En général, les jettatori ignorent leur fatale influence : comme c'est
un fort mauvais compliment à faire à un homme que de lui dire qu'il
est jettatore, et qu'il y en a d'ailleurs qui prendraient fort mal la chose,
on se contente de les éviter comme on peut, et, si l'on ne peut pas, de
conjurer leur influence en tenant sa main dans la position sus-indiquée.
Toutes les fois que vous voyez à Naples deux hommes causant dans la
rue et que l'un des deux garde sa main pliée contre son dos, regardez
bien celui avec lequel il cause ; c'est un jettatore, ou du moins un
homme qui a le malheur de passer pour tel.

Lorsqu'un étranger arrive à Naples, il commence par rire de la jetta-
tura, puis peu à peu il s'en préoccupe ; enfin, au bout de trois mois de
séjour, vous le voyez couvert de cornes des pieds à la tête et la main
droite éternellement crispée.

Rien ne garantit de la jettatura que les moyens que j'ai indiqués. Il
n'y a pas de rang, il n'y a pas de fortune, il n'y a pas de position sociale
qui vous mette au dessus de ses coups. Tous les hommes sont égaux
devant elle.

D'un autre côté, il n'y a pas d'âge, il n'y a pas de sexe, il n'y a pas
d'état pour le jettatore : il peut être également enfant ou vieillard,
homme ou femme, avocat ou médecin, juge, prêtre, industriel ou gen-
tilhomme, lazzarone ou grand seigneur ; le tout est seulement de savoir
si l'un ou l'autre de ces âges, l'un ou l'autre de ces sexes, l'une ou l'autre
de ces conditions, ajoute ou ôte de la gravité au maléfice.

Il y a là-dessus, à Naples, un travail extrêmement développé del gen-
tile signor Niccolo Valetta ; il y discute dans un volume toutes les ques-
tions qui divisent sur ce point les savans anciens et modernes, depuis
vingt-cinq siècles.

Il y est examiné :

1° Si l'homme jette le sort plus terrible que ne le fait la femme ;

2° Si celui qui porte perruque est plus à craindre que celui qui n'en
porte pas ;

3º Si celui qui porte des lunettes n'est pas plus à craindre que celui qui porte perruque;

4º Si celui qui prend du tabac n'est pas plus à craindre encore que celui qui porte des lunettes; et si les lunettes, la perruque et la tabatière, en se combinant, triplent les forces de la jettatura;

5º Si la femme jettatrice est plus à craindre quand elle est enceinte;

6º S'il y a plus à craindre encore d'elle quand il y a certitude qu'elle ne l'est pas;

7º Si les moines sont plus généralement jettatori que les autres hommes, et parmi les moines quel est l'ordre le plus à craindre sur ce point;

8º A quelle distance se peut jeter le sort;

9º S'il se peut jeter de côté, de face ou par derrière;

10º S'il y a réellement des gestes, des sons de voix et des regards particuliers auxquels on puisse reconnaître les jettatori;

11º S'il est des prières qui puissent garantir de la jettatura, et, dans ce cas, s'il est des prières spéciales pour garantir de la jettatura qui vient des moines;

12º Enfin, si le pouvoir des talismans modernes est égal au pouvoir du talisman ancien, et laquelle est plus efficace de la corne unique ou de la corne double.

Toutes ces recherches sont consignées dans un volume qui est du plus haut intérêt et que je voudrais bien faire connaître à mes lecteurs. Malheureusement mon libraire refuse de l'imprimer dans mes notes justificatives, sous prétexte que c'est un in-folio de 600 pages. Mais j'invite tout voyageur à se le procurer, en arrivant à Naples, moyennant la modique somme de six carlins.

Maintenant que nous avons examiné la jettatura dans ses effets et ses causes, racontons l'histoire d'un jettatore.

XVII

Le Prince de ***.

Le prince de ***, les lunettes, la perruque et la tabatière exceptées, naquit avec tous les caractères de la jettatura. Il avait les lèvres minces, les yeux gros et fixes, et le nez en bec de corbin; sa mère, dont il était le second enfant, n'eut pas même le bonheur de voir le nouveau-né : elle mourut en couches.

On chercha une nourrice pour l'enfant, et l'on trouva une belle et vigoureuse paysanne des environs de Nettuno. Mais à peine le malencontreux poupon lui eut-il touché le sein que son lait tourna.

Force fut de nourrir le principino au lait de chèvre, ce qui lui donna pour tout le reste de sa vie une allure sautillante à laquelle, grâce au ciel, on le reconnaît à trois cents pas de distance, tandis qu'avec ses gros yeux il ne peut mordre qu'en touchant. Louons le Seigneur, ce qu'il a fait est bien fait.

En apprenant la mort de sa femme et la naissance d'un second fils, le prince de ***, qui était ambassadeur en Toscane, accourut à Naples; il descendit au palais, pleura convenablement la princesse, embrassa paternellement l'enfant et s'en alla faire sa cour au roi. Le roi lui tourna le dos, il avait trouvé fort mauvais que le prince quittât son ambassade sans autorisation ; il eut beau faire valoir l'amour paternel, l'amour paternel lui coûta sa place.

Cette catastrophe refroidit un peu le prince de *** pour son fils ; d'ailleurs, il avait, comme nous l'avons dit, un fils aîné, auquel appartenaient de droit titres, honneurs, richesses. Il fut donc décidé que le cadet entrerait dans les ordres. Le principino était trop jeune pour avoir une opinion quelconque à l'endroit de son avenir : il se laissa faire.

Le jour où il entra au séminaire, tous les enfans de la classe dans laquelle il fut mis attrapaient la coqueluche. Notez qu'au milieu de tout cela aucun accident personnel n'atteignait le principino ; il grandissait à vue d'œil et prospérait que c'était un charme.

Il fit ses classes avec le plus grand succès, l'emportant sur tous ses camarades. Une seule fois, on ne sait comment cela se fit, il ne remporta que le second prix ; mais l'élève qui avait remporté le premier, en allant recevoir sa couronne, butta sur la première marche de l'estrade et se cassa la jambe.

Cependant l'enfant devenait jeune homme. Si retiré que fût le séminaire, les bruits du monde arrivaient jusqu'à lui. D'ailleurs, dans ses promenades avec ses compagnons, il voyait passer de belles dames dans des voitures élégantes, et de beaux jeunes gens sur de fringans chevaux ; puis, au bout de la rue de Toledo, il apercevait un édifice qu'on appelait Saint-Charles, et de l'intérieur duquel on lui disait tant de merveilles, que les jardins et les palais d'Aladin n'étaient rien en comparaison. Il en résultait que le principino avait grande envie de faire connaissance avec les belles dames, de monter à cheval comme les beaux jeunes gens, et surtout d'entrer à Saint-Charles pour voir ce qui s'y passait réellement.

Malheureusement la chose était impossible ; le prince de ***, qui avait toujours sa disgrâce sur le cœur, gardait rancune à son fils cadet. D'un autre côté, le prince Hercule, que l'on faisait voyager afin qu'il n'eût aucun contact avec son frère, devenait de jour en jour un peu plus parfait cavalier, et promettait de soutenir à merveille l'honneur du nom. Raison de plus pour que le pauvre principino restât confiné dans son séminaire.

Cependant les affaires se brouillaient entre le royaume des Deux-Siciles et la France ; on parlait d'une croisade contre les républicains ; le roi Ferdinand, comme nous l'avons dit ailleurs, voulait en donner l'exemple. On leva des troupes de tous côtés, on assembla une armée, et l'on annonça avec grande solennité que l'archevêque de Naples bénirait les drapeaux dans la cathédrale de Sainte-Claire.

Comme c'était une chose fort curieuse, et que si grande que fût l'église, il n'y avait pas possibilité que tout Naples y pût tenir, on décida que des députés des différens ordres de l'État assisteraient seuls aux cérémonies. En outre, les colléges, les écoles et les séminaires avaient droit d'y envoyer les élèves de chaque classe qui auraient été les premiers dans la composition la plus rapprochée du jour où devait avoir lieu 'a cérémonie. Le principino fut le premier dans sa triple composition de thème, de version et de théologie ; le principino, qui faisait au reste des progrès miraculeux, était à cette époque en rhétorique, et pouvait avoir de 16 à 17 ans.

Le grand jour arriva. La cérémonie fut pleine de solennité ; tout se passa avec un calme et un grandiose parfaits ; seulement, au moment où les étendards, après la bénédiction, défilaient pour sortir de l'église, un des porte-drapeaux tomba mort d'une apoplexie foudroyante en passant devant le principino. Le principino, qui avait un cœur excel'ent, se précipita aussitôt sur ce malheureux pour lui porter secours, mais il avait déja rendu le dernier soupir. Ce que voyant, le principino saisit l'étendard, l'agita d'un air martial qui indiquait quel homme il serait un jour, et le remit à un officier en criant : *Vive le roi !* cri qui fut répété avec enthousiasme par toute l'assemblée.

Trois mois après, l'armée napolitaine était battue, le drapeau était tombé au pouvoir des Français avec une douzaine d'autres et le roi Ferdinand s'embarquait pour la Sicile.

Le principino avait fini ses classes ; il s'agissait de faire choix d'un couvent. Le jeune homme choisit les camaldules. En conséquence, il sortit du séminaire où il avait passé son adolescence, et il entra comme novice dans le monastère où devait s'écouler sa virilité et s'éteindre sa vieillesse.

Le lendemain de son entrée aux camaldules parut l'ordonnance du nouveau gouvernement qui supprimait les communautés religieuses.

Le jeune homme fut alors forcé de suivre la carrière de la prélature, car, les couvens supprimés, il n'en demeurait pas moins le cadet et n'en était pas plus riche pour cela. Pendant trois mois, il se promena donc dans les rues de Naples avec un chapeau à trois cornes, un habit noir et des bas violets ; puis il se décida à recevoir les ordres mineurs.

Le matin du jour fixé pour la cérémonie, la république parthénopéenne, qui venait d'être établie, décida qu'il n'y avait pas d'égalité devant la loi tant qu'il n'y avait pas égalité entre les héritages, et que par conséquent le droit d'aînesse était aboli.

Ce nouveau décret enlevait cent mille livres de rente au prince Hercule, frère aîné de notre héros, lequel se trouvait possesseur d'un capital de deux millions.

Comme le principino n'avait pas une grande vocation pour l'église, il fit des bas rouges comme il avait fait de la robe blanche, envoya le tricorne rejoindre le capuchon, fit venir le meilleur tailleur de Naples, acheta la plus belle voiture et les plus beaux chevaux qu'il put trouver, et envoya retenir pour le soir même une loge à Saint-Charles.

Saint-Charles était véritablement bien digne du désir qu'avait toujours eu le principino d'y entrer : c'était un des monumens dont Charles VII, pendant sa royauté temporaire, avait doté Naples. Un jour il avait fait venir l'architecte Angelo Carasale, et mettant tous ses trésors à sa disposition, il lui avait dit de n'épargner ni frais ni dépense, mais de lui faire la plus belle salle qui existât au monde. L'architecte s'y était engagé (les architectes s'engagent toujours) ; puis, profitant de la licence accordée, il avait choisi un emplacement voisin du palais, abattu nombre de maisons, et déblayé un terrain immense sur lequel s'eleva avec une merveilleuse rapidité la féerique construction. En effet, le théâtre, commencé au mois de mars 1737, fut prêt le 1er novembre, et s'ouvrit le 4 du même mois, jour de la Saint-Charles.

Si nous n'avions pas renoncé aux descriptions, par la conviction que nous avons qu'aucune description ne décrit, nous essaierions de relever le nombre de glaces, de calculer le nombre de bougies, d'énumérer le nombre d'arbres en fleurs qui faisaient, pendant cette grande soirée, du théâtre de Saint-Charles la huitième merveille du monde. Une grande loge avait été préparée pour le roi et la famille roya'e ; et au moment où les augustes spectateurs y entrèrent, l'impression fut si grande sur eux-mêmes qu'ils donnèrent le signal des applaudissemens ; aussitôt la salle tout entière éclata en bravos et en cris d'admiration.

Ce ne fut pas tout. Le roi fit venir l'architecte dans sa loge, et, lui posant la main sur l'épaule à la vue de tous, il le félicita sur son admirable réussite.

— Une seule chose manque à votre salle, dit le roi.

— Laquelle ? demanda l'architecte.

— Un passage qui conduise du palais au théâtre.

L'architecte baissa la tête en signe d'assentiment.

Le spectacle fini, le roi sortit de sa loge et trouva Carasale qui l'attendait.

— Qu'avez-vous donc fait pendant toute cette représentation ? lui demanda le roi.

— J'ai exécuté les ordres de Votre Majesté, répondit Carasale.

— Lesquels ?

— Que Votre Majesté daigne me suivre, et elle verra.

— Suivons-le, dit le roi en se retournant vers la famille royale ; quoi qu'il ait fait, rien ne m'étonnera ; nous sommes dans la journée aux miracles.

Le roi suivit donc l'architecte ; mais, quoi qu'il eût dit, son étonnement fut grand lorsqu'il vit s'ouvrir devant lui les portes d'une galerie intérieure toute tapi-sée d'étoffes de soie et de glaces ; cette galerie, qui avait deux ponts jetés à une hauteur de trente pieds et un escalier de cinquan'e-cinq marches, avait été improvisée pendant trois heures qu'avait duré la représentation.

Voilà donc ce qu'était Saint-Charles depuis soixante ans ; depuis soixante ans Saint-Charles faisait l'admiration et l'envie de toute la terre. Il n'était donc pas étonnant que le principino eût une si grande envie de voir Saint-Charles.

Le soir même où le principino avait vu Saint-Charles, et comme le dernier spectateur franchissait le seuil de la salle, le feu prit au théâtre ; le lendemain Saint-Charles n'était plus qu'un monceau de cendres.

Déjà depuis long-temps des bruits a'armans circulaient sur le principino ; mais à partir de ce jour ces bruits prirent une consistance réelle. On se rappelait avec effroi les différens résultats qu'il avait obtenus, et l'on commença de le fuir comme la peste. Cependant ces bruits trouvaient des incrédules ; à Naples, comme partout ailleurs, il y a des esprits forts qui se vantent de ne croire à rien. D'ailleurs, la présence des Français avait mis le scepticisme à la mode, et madame la comtesse de M***, qui aimait fort les Français, déclara hautement qu'elle ne croyait pas un mot de ce que l'on disait sur le pauvre principino, et qu'en preuve de son incrédulité elle donnerait une grande soirée tout exprès pour le recevoir et pour prouver, par l'impunité, que tous les bruits qu'on répandait sur lui étaient ridicules et erronés.

La nouvelle du défi porté à la jettatura par la comtesse de M*** se répandit dans Naples ; le premier mot de tous les invités fut qu'ils n'iraient certainement pas à cette soirée ; mais le grand jour venu, la curiosité l'emporta sur la crainte, et, dès neuf heures du soir, les salons de la comtesse étaient encombrés. Heureusement, toute cette foule débordait dans de magnifiques jardins éclairés avec des verres de couleur, dans les bosquets desquels étaient disposés des groupes d'instrumentistes et de chanteurs.

A dix heures, le prince de *** arriva : c'était à cette époque un charmant cavalier, qui portait depuis longtemps des lunettes, c'est vrai; qui venait de prendre la tabatière bien plutôt par genre qu'autrement, c'est encore vrai; mais qu'une magnifique chevelure ondoyante et bouclée devait encore long-temps dispenser de recourir à la perruque. Il était d'un caractère charmant, paraissait toujours joyeux, se frottait les mains sans cesse, et ne manquait pas d'esprit; bref, c'était un homme à succès, n'était cette maudite jettatura.

Son entrée chez la comtesse de M*** fut signalée par un petit accident; mais il est juste de dire que cet accident pouvait aussi bien avoir pour cause la maladresse que la fatalité : un laquais, qui portait un plateau de glaces, le laissa tomber juste au moment où le prince ouvrait la porte. Cependant la coïncidence de son apparition avec l'événement fit qu'on remarqua cet événement, si léger qu'il fût.

Le prince se mit en quête de la maîtresse de la maison. Elle se promenait dans ses jardins, ainsi que presque tous les invités. Il faisait une de ces magnifiques soirées du mois de juin dont la chaleur, à Naples, est tempérée par cette double brise de mer qu'on ne connaît que là. Le ciel était flamboyant d'étoiles, et la lune, qui montait au dessus du Vésuve fumant, semblait un énorme boulet rouge lancé par un mortier gigantesque.

Le prince, après avoir erré dix minutes dans la foule, avoir respiré cet air, avoir savouré ces parfums, avoir admiré ce ciel, rencontra enfin la maîtresse de la maison, à la recherche de laquelle il s'était lancé, comme nous l'avons dit.

Dès qu'elle aperçut le prince, madame la comtessse de M*** vint à lui : on échangea les complimens d'usage; puis, pour prouver le mépris qu'elle faisait des bruits répandus, la comtesse quitta le bras de son cavalier et prit celui du prince. Sensible à cette marque de distinction, le prince voulut la reconnaître en louant la fête.

— Ah! madame, dit-il, quelle charmante fête vous nous donnez là, et comme on en parlera long-temps!

— Oh! prince, répondit madame de M***, vous exagérez la valeur d'une petite réunion sans conséquence.

— Non, d'honneur, dit le prince. Il est vrai que tout y concourt, et que Dieu vous a donné le temps le plus magnifique.

Le prince n'avait pas achevé cette phrase qu'un coup de tonnerre olympien se fit entendre, et qu'un nuage, que personne n'avait vu, crevant tout à coup, se répandit en épouvantable averse. Chacun se sauva de son côté comme il put; les uns cherchèrent un abri momentané dans les grottes ou dans les kiosques, les autres s'enfuirent vers le palais; la comtesse de M*** et le prince furent au nombre de ces derniers.

Or, notez que, dans le mois de juin, Naples est une espèce d'Égypte à l'endroit de l'eau, et qu'il y a trois mois dans l'année, juin, juillet et août, pendant lesquels, la sécheresse fût-elle libyenne, on ne se hasarderait pas, pour la faire cesser, à sortir la châsse de saint Janvier de son tabernacle, de peur de compromettre la puissance du saint.

Le prince n'avait eu qu'un mot à dire, et un autre déluge avait à l'instant même ouvert les cataractes du ciel.

Le salon principal, vaste rotonde autour de laquelle tournaient tous les autres appartemens, était éclairé par un magnifique lustre en cristal que la comtesse de M*** avait reçu d'Angleterre trois mois auparavant, et qu'elle avait fait allumer pour la première fois. Ce lustre était d'un effet magique, tant la lumière, reflétée par les mille facettes du verre, se multipliait, brillant de tous les feux de l'arc-en-ciel. Aussi, au moment où le prince et la comtesse arrivèrent sur le seuil de la porte, le prince s'arrêta-t-il ébloui.

— Eh bien ! qu'avez-vous donc, prince? demanda la comtesse de M***.

— Ah! madame, s'écria le prince, que vous avez là un magnifique lustre !

Le prince avait à peine laissé échapper ces paroles louangeuses, qu'un des anneaux dorés qui soutenaient cet autre soleil au plafond se rompit, et que le lustre, tombant sur le parquet, se brisa en mille morceaux.

Par bonheur, c'était juste au moment où chacun prenait place pour la contredanse; le centre du salon se trouva donc vide, et personne ne fut blessé.

Madame de M*** commença à se repentir en elle-même d'avoir ainsi tenté Dieu en invitant le prince ; mais l'idée qu'elle reculait devant trois accidens qui pouvaient, à tout prendre, être l'effet du hasard ; la crainte des sarcasmes de ses amis si elle semblait céder à cette crainte, la difficulté de se débarrasser du prince, auquel elle donnait le bras et qui se confondait en regrets sur les catastrophes aussi incroyables qu'inattendues qui venaient attrister la fête, toutes ces considérations réunies la déterminèrent à faire contre fortune bon cœur et à suivre jusqu'au bout la route où elle était engagée. La comtesse n'en fut donc que plus aimable avec le prince, et, sauf le plateau renversé, sauf l'orage survenu, sauf le lustre brisé, tout continua d'aller à merveille.

La soirée était entrecoupée de chant : c'était le moment où Paësiello et Cimarosa, ces deux ancêtres de Rossini, se partageaient les adorations du monde musical. On chantait tour à tour des morceaux de l'un et de l'autre. Une des meilleures interprètes de ces deux grands génies était la signora Erminia, prima donna du malheureux théâtre Saint-Charles, qui fumait encore. C'était un soprano de la plus grande étendue, d'une sûreté de voix et de méthode telle, qu'on ne se rappelait pas, de mémoire de dilettante, avoir rien entendu de pareil.

En effet, depuis trois ans que la signora Erminia était à Naples, jamais le moindre enrouement, jamais la moindre note douteuse, jamais, enfin, pour nous servir du terme consacré, jamais le moindre *chat dans le gosier*. Elle avait promis de chanter le fameux air : *Pria che spunti*, et le moment était venu de tenir sa promesse.

Aussi, la contredanse finie, chacun se rangea-t-il à sa place pour laisser le salon libre à la signora Erminia.

L'accompagnateur se plaça au piano, la signora se leva pour l'y rejoindre ; mais comme il lui fallait traverser seule tout cet immense salon, le prince, qui l'avait appréciée à sa valeur la seule fois qu'il avait été à Saint-Charles, dit un mot d'excuse à la comtesse de M***, et, s'élançant au devant de la célèbre cantatrice, il lui offrit le bras pour la conduire à son poste.

Chacun applaudit à cet élan de galanterie, d'autant plus remarquable qu'il venait de la part d'un jeune homme qui, la veille encore, était au séminaire.

Le prince revint ensuite réc'amer le bras de la comtesse de M***, au
milieu d'un murmure général d'approbation.

Mais bientôt les mots *Chut! Silence! Ecoutons!* se firent entendre.
L'accompagnateur jeta à la foule impatiente son brillant prélude. La can-
tatrice toussa, essaya de rougir; puis, ouvrant la bouche, elle fila son
premier son.

Elle l'avait pris un demi-ton trop haut, et, à la moitié de la quatrième
mesure, elle fit un épouvantable *couac*.

Comme c'était chose miraculeuse, chose inouïe, chose presque impos-
sible à croire, chacun se hâta de rassurer la cantatrice par des applau-
dissemens; mais le coup était porté : la signora Erminia, sentant qu'elle
était dominée par une force néfaste supérieure à son talent, comprit que
c'était la jettatura qui agissait, elle s'élança hors du salon en lançant un
regard terrible au pauvre prince, auquel elle attribuait la déconvenue qui
venait de lui arriver.

Cette série d'événemens commençait à mettre madame de M*** on ne
peut plus mal à son aise; tous les yeux étaient fixés sur elle et sur le
malencontreux prince, dont la première entrée dans le monde était si-
gnalée par de si étranges catastrophes. Mais comme, de son côté, à part
les complimens de condoléance qu'il se croyait obligé de faire à madame
de M***, le prince ne paraissait nullement s'apercevoir qu'il était la cause
présumée de tous ces effets, et que, fier de l'honneur d'avoir à son bras
le bras de la maîtresse de la maison, il ne semblait pas vouloir s'en des-
saisir de toute la soirée, madame de M*** avisa un moyen poli de ren-
trer en possession d'elle-même, en feignant d'être lasse de rester debout
et en priant le prince de la conduire dans un charmant petit boudoir
donnant sur le salon, et qui avait été conservé tout meublé, dans le but
justement d'offrir un lieu de repos aux danseurs et aux danseuses fatigués.

Cette charmante oasis était d'autant plus agréable que sa porte à deux
battans s'ouvrait sur le salon, et que tout en cessant de faire partie du
bal comme acteur, on continuait, en se retirant dans ce petit boudoir,
d'en demeurer spectateur.

Ce fut donc là que le prince de *** conduisit la comtesse; et comme
c'était un cavalier plein d'attentions, il alla prendre un fauteuil contre
la muraille, le traîna en face de la porte, de manière que, tout en se re-
posant, madame de M*** pût parfaitement voir; approcha une chaise du
fauteuil, afin de n'être point obligé de la quitter, et, en la saluant, lui fit
signe de s'asseoir.

Madame de M*** s'assit; mais au moment où elle s'asseyait, les deux
pieds de derrière du fauteuil se brisèrent en même temps, de manière que
la pauvre comtesse fit une chute des plus désagréables. Aussi, lorsque le
prince, se précipitant vers elle, lui offrit la main pour l'aider à se relever,
repoussa-t-elle sa main avec une vivacité qu'avait cessé de tempérer
toute politesse, et, toute rougissante et confuse, se sauva-t-elle dans sa
chambre à coucher, où elle s'enferma, et d'où, quelques instances qu'on
lui fît à la porte, elle ne voulut plus sortir!

Veuf de la maîtresse de la maison, le bal ne pouvait plus continuer.
Aussi chacun se retira-t-il, maudissant le malencontreux invité qui avait
changé toute cette délicieuse fête en une série non interrompue d'acci-
dens. Le prince seul ne s'aperçut point des causes de cette désertion
prématurée; il resta le dernier, et s'obstinait encore à essayer de faire

reparaître madame de M***, lorsque les domestiques vinrent lui faire
observer qu'il n'y avait plus que sa présence qui empêchât qu'on n'é-
teignî les candelabres et qu'on ne fermât les portes.

Le prince, qui au bout du compte était homme de bon goût, comprit
qu'un plus long séjour serait une inconvenance, et se retira chez lui,
enchanté de son début dans le monde, et ne doutant pas que son ama-
bilité n'eût produit sur le cœur de la comtesse le plus désastreux effet
pour sa tranquillité à venir.

On comprend que les résultats de cette fameuse soirée produisirent une
immense sensation; on les attendait pour porter une opinion définitive
sur le prince de ***. A compter de ce moment, l'opinion fut donc fixée.

Sur ces entrefaites, le prince Hercule, dont nous avons déjà dit quel-
ques mots, arriva de ses voyages; il avait parcouru la France, l'Angle-
terre, l'Allemagne, et avait eu partout les plus grands succès. C'était
chose juste, car peu d'hommes les eussent mérités à aussi juste titre.
C'était un excellent cavalier, un danseur merveilleux, et surtout un tireur
de première force à l'épée et au pistolet, supériorité qui avait été constatée
par une douzaine de duels dans lesquels il avait toujours tué ou blessé
ses adversaires, sans qu'il eût attrapé, lui, une seule égratignure. Aussi
le prince Hercule était-il dans ces sortes d'affaires d'une confiance qui
s'augmentait naturellement encore de la crainte qu'il inspirait.

L'entrevue entre les deux frères fut naturellement un peu froide; ils ne
s'étaient jamais vus, et le prince Hercule, tout en pardonnant à son
puîné l'accroc qu'il avait fait à sa fortune, n'avait point assez de philoso-
phie pour l'oublier entièrement. Néanmoins, le prince aîné était si loyal,
le prince cadet était si bon enfant, qu'au bout de quelques jours les deux
frères étaient devenus inséparables.

Mais le prince Hercule n'avait point passé ces quelques jours dans une
ville qui ne s'entretenait que de la fatale influence attachée à son frère
cadet, sans attraper par-ci par-là quelques bribes de conversation qui
avaient donné l'éveil à sa susceptibilité. Il en résulta que le prince ouvrit
l'oreille sur tout ce qui se disait à l'endroit de son frère, et, prenant dans
la Villa-Réal un jeune homme en flagrant délit de narration, débuta
dans son explication avec lui par lui jeter à la figure un de ces démentis
qui n'admettent d'autre réparation que celle qui se fait les armes à
la main. Jour et heure furent pris pour le lendemain; les témoins de-
vaient régler les conditions du combat.

Une provocation aussi publique fit grand bruit par la ville. Si c'eût été
du temps du roi Ferdinand, ce bruit eût été un bonheur, car il serait
indubitablement parvenu aux oreilles de la police, qui eût pris ses me-
sures pour que le duel n'eût pas lieu; mais le régime avait fort changé:
la république parthénopéenne était décrétée de Gaëte à Reggio, et elle
eût regardé comme une atteinte portée à la liberté individuelle d'empê-
cher les citoyens qui vivaient sous sa maternelle protection de faire ce
que bon leur semblait. La police laissa donc les choses suivre naturelle-
ment leur cours.

Or, il était dans le cours de ces choses que notre héros apprît que son
frère devait se battre le lendemain, tout en continuant d'ignorer la cause
pour laquelle il se battait. Il descendit aussitôt chez son aîné pour s'in-
former de ce qu'il y avait de vrai dans la nouvelle qui venait de par-
venir jusqu'à lui; le prince Hercule lui avoua alors qu'il devait se battre

en effet le lendemain, mais il ajouta qu'attendu que le duel avait lieu à propos d'une femme, il ne pouvait mettre personne dans le secret de cette future rencontre, pas même lui qui était son frère.

Le jeune prince comprit parfaitement cet excès de délicatesse, mais il exigea de son frère qu'il lui permît d'être son témoin. Celui-ci refusa d'abord, mais le principino insista tellement que le prince Hercule consentit enfin à ce qu'il lui demandait, à cette condition cependant qu'il ne ferait aucune question sur la cause de la querelle, ni ne consentirait à aucun arrangement.

Quant au choix des armes, le prince Hercule le laissait entièrement à la disposition de son adversaire, le pistolet lui étant aussi familier que l'épée, *et vice versa.*

Deux heures après ce colloque, les témoins avaient arrêté, sans autre explication, que les deux adversaires se rencontreraient le lendemain, à six heures du matin, au lac d'Agnano, et que l'arme à laquelle ils se battraient était l'épée.

Là-dessus le prince Hercule s'endormit avec une telle tranquillité, qu'il fallut que le lendemain, à cinq heures, son frère le réveillât.

Tous deux partirent dans leur calèche, emmenant avec eux leur médecin, qui devait porter indifféremment secours à celui des deux adversaires qui serait blessé.

A l'entrée de la grotte de Pouzzoles, ils rejoignirent ceux à qui ils avaient affaire et qui venaient à cheval. Les quatre jeunes gens se saluèrent, puis on s'enfonça sous la grotte. Dix minutes après on était sur les rives du lac d'Agnano.

Les adversaires et les témoins mirent pied à terre : chacun avait apporté des épées. On tira au sort afin de savoir desquelles on devait se servir. Le sort décida qu'on se servirait de celles du prince Hercule.

Les deux jeunes gens mirent le fer à la main. La disproportion était inouïe. A peine si l'adversaire du prince Hercule avait touché un fleuret trois fois dans sa vie ; tandis que le prince Hercule, qui avait fait de l'escrime son délassement favori, maniait son épée avec une grâce et une précision qui ne permettaient pas de douter un seul instant que toutes les chances ne fussent en sa faveur.

Mais, à la première passe et contre toute attente, le prince Hercule fut enfilé de part en part, et tomba sans même jeter un cri.

Le médecin accourut : le prince était mort ; l'épée de son adversaire lui avait traversé le cœur.

Le jeune prince voulut continuer le combat ; il arracha l'épée des mains de son frère et somma son meurtrier de croiser le fer à son tour avec lui ; mais le docteur et le second témoin se jetèrent entre eux, déclarant qu'ils ne permettraient pas une pareille infraction aux lois du duel, si bien que force fut au principino de se rendre à leurs raisons, quelque envie qu'il eût de venger son frère.

On le ramena chez lui désespéré, quoique ce fatal événement doublât sa fortune.

Le vieux prince, qui vivait fort retiré dans son château de la Capitanate, apprit la mort de son fils aîné le lendemain du jour où il avait expiré. Comme il l'avait toujours fort aimé et que cette nouvelle lui avait été annoncée sans précaution aucune, elle le frappa d'un coup aussi dou-

loureux qu'inattendu. Le même jour il se mit au lit ; le surlendemain il
était mort.

Le principino se trouva donc le chef de la famille , et maître, à vingt-
un ans , d'une fortune de huit millions.

XVIII

Le Combat.

La douleur du prince fut grande; aussi résolut-il de voyager pour se
distraire.

Il y avait justement dans le port une frégate française qui s'apprêtait
à faire voile pour Toulon ; le prince demanda une recommandation pour
le capitaine et obtint le passage.

Des amis du capitaine lui avaient bien dit , lorsqu'ils avaient appris
que le prince de *** allait s'embarquer à son bord, quel était le compagnon
de voyage que sa mauvaise fortune lui envoyait ; mais le capitaine était
un de ces vieux loups de mer qui ne croient ni à Dieu ni au diable, et
il n'avait fait que rire des susceptibilités de ses amis.

Toutes les chances étaient pour une heureuse traversée : le temps
était magnifique ; la flotte anglaise, sous les ordres de Foote, croisait du
côté de Corfou ; Nelson vivait joyeusement à Palermo auprès de la belle
Emma Lyonna : le capitaine partit, fier comme un conquérant qui court
à la recherche d'un monde.

Tcut allait bien depuis deux jours et deux nuits , lorsqu'en se réveil-
lant le troisième jour , à la hauteur de Livourne, le capitaine entendit
crier par le matelot en vigie : *Voile à tribord !*

Le capitaine monta aussitôt sur le pont avec sa longue-vue et braqua
l'instrument sur l'objet désigné. Au premier coup d'œil, il reconnut une
frégate de dix canons plus forte que la sienne, et , à certains détails de
sa construction , il crut pouvoir être certain qu'elle était anglaise.

Mais dix canons de plus ou de moins étaient une misère pour un vieux
requin comme le capitaine ; il ordonna à l'équipage de se tenir prêt à
tout hasard , et continua d'examiner le bâtiment. Il manœuvrait évidem-
ment pour se rapprocher de la frégate ; le capitaine, qui aimait fort ce
que les marins appellent le *jeu de boules* , résolut de lui épargner moitié
du chemin, et mit le cap droit sur le navire ennemi.

Dans ce moment , le matelot en vigie cria : *Voile à babord !*

Le capitaine se retourna, braqua sa lunette sur l'autre horizon, et vit
un second bâtiment qui, sortant majestucusement du port de Livourne,
s'avançait de son côté avec intention évidente de faire sa partie. Le ca-
pitaine l'examina avec une attention toute particulière, et il reconnut un
vaisseau de ligne de la première force.

— Oh! oh! murmura-t-il, trois rangées de dents à droite et deux à
gauche, cela fait cinq. Nous avons à faire à trop fortes mâchoires; et
aussitôt, demandant son porte-voix, il donna l'ordre de se diriger sur
Bastia et de couvrir la frégate d'autant de voiles qu'elle en pourrait por-
ter. Aussitôt on vit se déployer comme autant d'étendards les légères
bonnettes, et le bâtiment, cédant à l'impulsion nouvelle que lui impri-
mait ce surcroît de toile, s'inclina doucement et fendit la mer avec une
nouvelle vigueur.

Le prince de *** était sur le pont et avait suivi tous ces mouvemens avec un intérêt et une curiosité extrêmes. Il était brave et ne craignait pas un combat; mais cependant, en voyant les deux bâtimens auxquels le capitaine allait avoir affaire, il comprenait qu'il n'y avait d'autre salut pour la frégate que de prendre chasse et de tailler les plus longues croupières qu'elle pourrait à ses ennemis.

Heureusement le vent était bon. Aussi la frégate, qui n'avait qu'une ligne droite à suivre, tandis que les deux autres bâtimens suivaient la diagonale, gagnait-elle visiblement sur les Anglais. Le capitaine, qui jusque-là avait tenu le porte-voix à pleine main, commença à le laisser pendre négligemment à son petit doigt et à siffloter la *Marseillaise*, ce qui voulait dire clairement : *Enfoncés messieurs les Anglais !* Le prince comprit parfaitement ce langage, et, s'approchant du capitaine en se frottant les mains et avec ce sourire qui lui était habituel :

— Eh bien! capitaine, dit-il, nous avons donc de meilleures jambes qu'eux ?

— Oui, oui, dit le capitaine; et, si ce vent-là dure, nous les aurons bientôt laissés à une telle distance que nous ne les entendrons plus même aboyer.

— Oh! il durera, dit le prince, en fixant ses gros yeux vers le point de l'horizon d'où venait la brise.

— Ohé! capitaine, cria le matelot en vigie.

— Eh bien ?

— Le vent saute de l'est au nord.

— Mille tonnerres! s'écria le capitaine, nous sommes flambés!

En effet, une bouffée de mistral, passant aussitôt à travers les agrès, confirma ce que venait de dire le matelot. Cependant ce ne pouvait être qu'une saute de vent accidentelle. Le capitaine attendit donc quelques minutes encore avant de prendre un parti; mais, au bout d'un instant, il n'y avait plus de doute, le vent était fixé au nord.

Cette impulsion nouvelle fut éprouvée à la fois par les trois bâtimens; le vaisseau à trois ponts en profita pour prendre l'avance et couper à la frégate française la route de la Corse. Quant à la frégate anglaise, elle se mit à courir des bordées afin de ne pas s'éloigner, ne pouvant plus se rapprocher directement.

Le capitaine était homme de tête; il prit à l'instant même une résolution décisive et hardie : c'était de marcher droit sur le plus faible des deux bâtimens, de l'attaquer corps à corps et de le prendre à l'abordage avant que le vaisseau de ligne eût pu venir à son secours.

En conséquence, la manœuvre nécessaire fut ordonnée, et le tambour battit le branle-bas de combat.

On était si près de la frégate anglaise que l'on entendit son tambour qui répondait à notre défi.

De son côté, le vaisseau de ligne, comprenant notre intention, mit toutes voiles dehors et gouverna droit sur nous.

Les trois bâtimens paraissaient donc échelonnés sur une seule ligne et avaient l'air de suivre le même chemin; seulement ils étaient distancés à différens intervalles. Ainsi, la frégate française, qui se trouvait tenir le milieu, était à un quart de lieue à peine de la frégate anglaise, et à plus de deux lieues du vaisseau de ligne.

Bientôt cette distance diminua encore; car la frégate anglaise, voyant

l'intention de son ennemie, ne conserva que les voiles strictement néces-
saires à la manœuvre, et attendit le choc dont elle était menacée.

Le capitaine français, voyant que le moment de l'action approchait,
invita le prince à descendre à fond de cale, ou du moins à se retirer dans
sa cabine. Mais le prince, qui n'avait jamais vu de combat naval et qui
désirait profiter de l'occasion, demanda à demeurer sur le pont, pro-
mettant de rester appuyé au mât de misaine et de ne gêner en rien la
manœuvre. Le capitaine, qui aimait les braves de quelque pays qu'ils
fussent, lui accorda sa demande.

On continua de s'avancer; mais, à peine eut-on fait la valeur d'une
centaine de pas, qu'un petit nuage blanc apparut à bâbord de la frégate
anglaise; puis on vit ricocher un boulet à quelques toises de la frégate
française, puis on entendit le coup, puis enfin on vit la légère vapeur
produite par l'explosion monter en s'affaiblissant et disparaître à travers
la mâture, poussée qu'elle était par le vent qui venait de la France.

La partie était engagée par l'orgueilleuse fille de la Grande-Bretagne,
qui, provoquée la première par le son du tambour, avait voulu répondre
la première par le son du canon. Les deux bâtimens commencèrent de se
rapprocher l'un de l'autre; mais, quoique les canonniers français fussent
à leur poste, quoique les mèches fussent allumées, quoique les canons,
accroupis sur leurs lourds affûts, semblassent demander à dire un mot à
leur tour en faveur de la république, tout resta muet à bord, et l'on n'en-
tendit d'autre bruit que l'air de la *Marseillaise* que continuait de siffloter
le capitaine. Il est vrai que, comme c'était à peu près le seul air qu'il
sût, il l'appliquait à toutes les circonstances; seulement, selon les tons où
il le sifflait, l'air variait d'expression, et l'on pouvait reconnaître aux in-
tonations si le capitaine était de bonne ou de mauvaise humeur, content
ou mécontent, triste ou joyeux.

Cette fois, l'air avait pris en passant à travers ses dents une expression
de menace stridente qui ne promettait rien de bon à messieurs les Anglais.

En effet, rien n'était d'un aspect plus terrible que ce bâtiment, muet
et silencieux, s'avançant en droite ligne, et d'une aile aussi ferme que
celle de l'aigle, sur son ennemi, qui, de cinq minutes en cinq minutes,
virant et revirant de bord, lui envoyait sa double bordée, sans que tout
cet ouragan de fer qui passait à travers les voiles, les agrès et la mâture
de la frégate française, parût lui faire un mal sensible et l'arrêtât un seul
instant dans sa course. Enfin, les deux bâtimens se trouvèrent presque
bord à bord; la frégate venait de décharger sa bordée; elle donna l'ordre
de virer pour présenter celui de ses flancs qui était encore armé; mais,
au moment où elle s'offrait de biais à notre artillerie, le mot *Feu!* re-
tentit; vingt-quatre pièces tonnèrent à la fois, le tiers de l'équipage anglais
fut emporté, deux mâts craquèrent et s'abattirent, et le bâtiment, frémis-
sant de ses mâtereaux à sa quille, s'arrêta court dans sa manœuvre,
tremblant sur place et forcé d'attendre son ennemi.

Alors la frégate française vira de bord à son tour avec une légèreté et
une grâce parfaites, et vint pour engager son beaupré dans les porte-
haubans du mât d'artimon; mais, en passant devant son ennemie, elle
la salua à bout portant de sa seconde bordée, qui, frappant en plein bois,
brisa la muraille du bâtiment et coucha sur le pont huit ou dix morts et
une vingtaine de blessés.

Au même moment, on entendit le choc des deux bâtimens qui se heurtaient, et que les grappins attachaient l'un à l'autre de cette fatale étreinte que suit presque toujours l'anéantissement de l'un des deux.

Il y eut un moment de confusion horrible; Anglais et Français étaient tellement mêlés et confondus, qu'on ne savait lesquels attaquaient, lesquels se défendaient. Trois fois les Français débordèrent sur la frégate anglaise comme un torrent qui se précipite, trois fois ils reculèrent comme une marée qui se retire. Enfin, à un quatrième effort, toute résistance parut cesser; le capitaine avait disparu, blessé ou mort. Chacun se rendait à bord de la frégate anglaise; le pavillon britannique protestait seul encore contre la défaite; un matelot s'élança pour l'abaisser. En ce moment, le cri : Au feu! retentit; le capitaine anglais, une mèche à la main, avait été vu s'avançant vers la sainte-barbe.

Aussitôt Anglais et Français se précipitèrent pêle-mêle à bord de la frégate française pour fuir le volcan qui allait s'ouvrir sous leurs pieds et qui menaçait d'engloutir à la fois amis et ennemis. Des matelots, la hache à la main, s'élancèrent pour couper les chaînes des grappins et pour dégager le beaupré. Le capitaine emboucha son porte-voix et commanda la manœuvre à l'aide de laquelle il espérait s'éloigner de son ennemie, et la belle et intelligente frégate, comme si elle eût compris le danger qu'e'le courait, fit un mouvement en arrière. Au même instant, un fracas pareil à celui de cent pièces de canon qui tonneraient à la fois se fit entendre; le bâtiment anglais éclata comme une bombe, chassant au ciel les débris de ses mâts, ses canons brisés et les membres dispersés de ses blessés et de ses morts. Puis un affreux silence succéda à cet effroyable bruit, un vaste foyer ardent demeura quelques secondes encore à la surface de la mer, s'enfonçant peu à peu et en faisant bouillonner l'eau qui l'étreignait, enfin il fit trois tours sur lui-même et s'engloutit. Presque aussitôt une pluie d'agrès rompus, de membres sanglans, de débris enflammés retomba autour de la frégate française. Tout était fini, son ennemie avait cessé d'exister.

Il y eut un instant de trouble suprême pendant lequel personne ne fut sûr de sa propre existence, où les plus braves se regardèrent en frissonnant, et où l'on ne sut pas, tant la frégate française était proche de la frégate anglaise, si elle ne serait pas entraînée avec elle au fond de la mer ou lancée avec elle jusqu'au ciel.

Le capitaine reprit le premier son sang-froid; il ordonna de conduire les prisonniers à fond de cale, de descendre les blessés dans l'entre-pont et de jeter les morts à la mer.

Puis, ces trois ordres exécutés, il se retourna vers le vaisseau à trois ponts, qui, pendant la catastrophe que nous venons de raconter, avait gagné du chemin, et qui s'avançait chassant l'écume devant sa proue comme un cheval de course la poussière devant son poitrail.

Le capitaine fit réparer à l'instant même les avaries qui avaient atteint le corps du bâtiment, changea deux ou trois voiles déchirées par les boulets, remplaça les agrès coupés par des agrès neufs; puis, comprenant que son salut dépendait de la rapidité de ses mouvemens, il reprit chasse avec toute la vitesse dont son bâtiment était susceptible.

Mais si rapidement qu'eussent été exécutées ces manœuvres, elles avaient pris un temps matériel que son antagoniste avait mis à profit, de sorte qu'au moment où la frégate s'inclinait sous le vent, reprenant sa course vers les Baléares, un point blanc apparut à l'avant du bâtiment de

ligne, et presque aussitôt, passant à travers la mâture, un boulet coupa
deux ou trois cordages et troua la grande voile et la voile de foc.

— Mille tonnerres ! dit le capitaine ; les brigands ont du vingt-quatre !

Effectivement, deux pièces de ce calibre étaient placées à bord du vais-
seau, l'une à l'avant, l'autre à l'arrière, de sorte que, lorsque le capitaine
de la frégate se croyait encore hors de la portée habituelle, il se trouvait,
à son grand désappointement, sous le feu de son ennemi.

— Toutes les voiles dehors ! cria le capitaine, tout, jusqu'aux bon-
nettes de cacatois ! Qu'on ne laisse pas un chiffon de toile grand comme
un mouchoir de poche dans les armoires ! Allez !

Et aussitôt trois ou quatre petites voiles s'élancèrent et coururent se
ranger près des voiles plus grandes qu'elles étaient destinées à accompa-
gner, et l'on sentit à un accroissement de vitesse que, si chétif que fût
ce secours, il n'était cependant pas tout à fait inutile.

En ce moment, un second coup de canon retentit, qui passa comme le
premier dans la mâture, mais sans autre résultat que de trouer une ou
deux voiles.

On marcha ainsi pendant l'espace de dix minutes à peu près ; pendant
ces dix minutes, le capitaine français ne cessa point de tenir sa lunette
braquée sur le vaisseau ennemi. Puis, après ces dix minutes d'examen,
faisant rentrer les différens tubes de sa lunette les uns dans les autres
d'un violent coup de la paume de la main :

— Enfoncés, décidément, messieurs les Anglais ! cria-t-il, nous filons
un demi-nœud plus que vous !

— Ainsi, demanda le prince, qui n'avait pas quitté le pont, ainsi de-
main matin nous serons hors de vue ?

— Oh ! mon Dieu, oui, répondit le capitaine, si nous allons toujours
ce train-là.

— Et si quelque boulet maudit ne nous brise pas une de nos trois
jambes, dit en riant le prince.

Comme il disait ces paroles, le bruit d'un troisième coup de canon re-
tentit, et presque aussitôt on entendit un craquement terrible ; un boulet
venait de briser le mât auquel était appuyé le prince, au dessous de la
grande hune.

En même temps le mât s'inclina comme un arbre que le vent déracine ;
puis, toute chargée de ses voiles, de ses agrès, de ses cordages, sa partie
supérieure s'abattit sur le pont, ensevelissant le prince de *** sous un
amas de voiles, mais cela avec tant de bonheur que le prince n'eut pas
même une égratignure.

Un juron à faire fendre le ciel accompagna cet événement comme le
roulement du tonnerre accompagne la foudre. C'était le capitaine qui
envisageait d'un coup d'œil sa position. Or, cette position était tranchée :
maintenant un combat était inévitable, et le résultat de ce combat avec
un navire inférieur, des hommes déjà lassés d'une première lutte et un
équipage de moitié moins fort que l'équipage ennemi, ne présentait pas
un instant la moindre chance favorable.

Le capitaine ne se prépara pas moins à cette lutte désespérée avec le
courage calme et persévérant que chacun lui connaissait : le branle-bas de
combat retentit de nouveau, et la moitié des matelots courut de rechef
aux armes, qu'on n'avait fait au reste que déposer provisoirement sur le
pont, tandis que l'autre moitié, s'élançant dans la mâture, se mit à ce —

per à grands coups de hache cordages et agrès; puis on souleva le mât
brisé, et agrès, mâts, voiles, cordages, tout fut jeté à la mer.

Ce fut alors seulement qu'on s'aperçut que le prince était sain et sauf.
Le capitaine l'avait cru exterminé.

Cependant, si court que fut le temps écoulé depuis la catastrophe, les
progrès du vaisseau étaient déjà visibles : continuer la chasse était donc
fuir inutilement; or, fuir est une lâcheté, quand la fuite n'offre pas une
chance de salut. C'est ainsi du moins que pensait le capitaine. Aussi or-
donna-t-il aussitôt qu'on dépouillât le bâtiment de toutes les voiles qui
ne seraient pas absolument nécessaires à la manœuvre, et qu'on attendît
le vaisseau.

Mais, comme il pensa que dans cette situation critique une allocution
à ses matelots ferait bien, il monta sur l'escalier du gaillard d'arrière, et,
s'adressant à son équipage :

— Mes amis, dit-il, nous sommes tous flambés depuis A jusqu'à Z. Il
ne nous reste maintenant qu'à mourir le mieux que nous pourrons. Sou-
venez-vous du *Vengeur*, et *vive la république !*

L'équipage répéta d'une seule voix le cri de : *Vive la république !*
puis chacun courut à son poste aussi léger et aussi dispos que s'il venait
d'être convoqué pour une distribution de grog.

Quant au capitaine, il se mit à siffler la *Marseillaise.*

Le vaisseau s'avançait toujours, et, à chaque pas qu'il faisait, ses mes-
sagers de mort devenaient de plus en plus fréquens et de plus en plus
funestes ; enfin il se trouva à portée ordinaire , et tournant son flanc
armé d'une triple rangée de canons, il se couvrit d'un épais nuage de
fumée du milieu duquel s'échappa une grêle de boulets qui vint s'abattre
sur le pont de la frégate.

En pareille circonstance, mieux vaut courir au devant du danger que
de l'attendre. Le capitaine ordonna de manœuvrer sur le bâtiment an-
glais et de tenter l'abordage. Si quelque chose pouvait sauver la frégate,
c'était un coup de vigueur qui fît disparaître la supériorité physique de
l'ennemi auquel elle avait affaire , en mettant aux prises l'impétuosité
française avec le courage anglican.

Mais le vaisseau anglais avait une trop bonne position pour la perdre
ainsi. Avec ses canons de trente-six , la frégate pouvait l'atteindre à
peine, tandis que lui , avec ses canons de quarante-huit, la foudroyait
impunément. Or comme, dès qu'il vit la frégate mettre cap sur lui, ce
fut lui qui manœuvra pour la tenir toujours à la même distance, à partir
de ce moment ce fut, par un étrange jeu, le plus fort qui sembla fuir, et
le plus faible qui sembla poursuivre.

La situation du bâtiment français était terrible : maintenu toujours à
la même distance par la même manœuvre, chaque bordée de son ennemi
l'atteignait en plein corps , tandis que les coups désespérés qu'il tirait se
perdaient impuissans dans l'intervalle qui la séparait du but qu'il voulait
atteindre; ce n'était plus une lutte, c'était simplement une agonie; il
fallait mourir sans même se défendre, ou amener.

Le capitaine était à l'endroit le plus découvert, se jetant pour ainsi dire
au devant de chaque bordée, et espérant qu'à chacune d'elles quelque
boulet le couperait en deux ; mais on eût dit qu'il était invulnérable ; son
bâtiment était rasé comme un ponton, le plancher était couvert de morts
et de mourans, et lui n'avait pas une seule blessure.

Il y avait aussi le prince de *** qui était sain et sauf.

Le capitaine jeta les yeux autour de lui, il vit son équipage décimé par la mitraille, mourant sans se plaindre, quoiqu'il mourût sans vengeance ; il sentit sa frégate frémissant et se plaignant sous ses pieds, comme si elle aussi eût été animée et vivante : il comprit qu'il était responsable devant Dieu des jours qui lui étaient confiés, et devant la France du bâtiment dont elle l'avait fait roi. Il donna, en pleurant de rage, l'ordre d'amener le pavillon.

Aussitôt que la flamme aux trois couleurs eut disparu de la corne où elle flottait, le feu du bâtiment ennemi cessa ; et, mettant le cap sur la frégate, il manœuvra pour venir droit à elle ; de son côté, la frégate le voyait s'avancer dans un morne silence : on eût dit qu'à son approche les mourans même retenaient leurs plaintes. Par un mouvement machinal, les quelques artilleurs qui restaient près d'une douzaine de pièces encore en batterie virent à peine le bâtiment à portée, qu'ils approchèrent machinalement la mèche des canons ; mais, sur un signe du capitaine, toutes les lances furent jetées sur le pont, et chacun attendit, résigné, comprenant que toute défense serait une trahison.

Au bout d'un instant, les deux bâtimens se trouvèrent presque bord à bord, mais dans un état bien différent : pas un seul homme du vaisseau anglais ne manquait au rôle de l'équipage, pas un mât n'était atteint, pas un cordage n'était brisé ; le bâtiment français, au contraire, tout mutilé de sa double lutte, avait perdu la moitié de son monde, avait ses trois mâts brisés, et presque tous ses cordages flottaient au vent comme une chevelure éparse et désolée.

Lorsque le capitaine anglais fut à portée de la voix, il adressa en excellent français, à son courageux adversaire, quelques uns de ces mots de consolation avec lesquels les braves adoucissent entre eux la douleur de la mort ou la honte de la défaite. Mais le capitaine français se contenta de sourire en secouant la tête, après quoi il fit signe à son ennemi d'envoyer ses chaloupes afin que l'équipage prisonnier pût passer d'un bord à l'autre, toutes les embarcations de la frégate étant hors de service.

Le transport s'opéra aussitôt. Le bâtiment français avait tellement souffert qu'il faisait eau de tout côté, et que, si l'on ne portait un prompt remède à ses avaries, il menaçait de couler bas.

On transporta d'abord les malheureux atteints le plus grièvement, puis ceux dont les blessures étaient plus légères, puis enfin les quelques hommes qui étaient sortis par miracle sains et saufs du double combat qu'ils venaient de soutenir.

Le capitaine resta le dernier à bord, comme c'était son devoir ; puis, lorsqu'il vit le reste de son équipage dans la chaloupe, et que le capitaine anglais faisait mettre sa propre yole à la mer pour l'envoyer prendre, il entra dans sa chambre comme s'il eût oublié quelque chose ; cinq minutes après on entendit la détonation d'un coup de pistolet.

Deux des matelots anglais et le jeune midshipman qui commandait l'embarcation s'élancèrent aussitôt sur le pont et coururent à la chambre du capitaine. Ils le trouvèrent étendu sur le parquet, défiguré et nageant dans son sang ; le malheureux et brave marin n'avait pas voulu survivre à sa défaite : il venait de se brûler la cervelle.

Le jeune midshipman et les deux matelots venaient à peine de s'assurer qu'il était mort, lorsqu'un coup de sifflet se fit entendre. Au moment où le prince de *** mettait le pied à bord du vaisseau anglais, on commença de s'apercevoir que le temps tournait à la tempête ; de sorte que le capitaine, voyant qu'il n'y avait pas de temps à perdre pour faire face à ce nouvel ennemi, avait résolu de regagner en toute hâte le port de Livourne ou de Porto-Ferrajo.

Trois jours après, le bâtiment anglais, démâté de son mât d'artimon, son gouvernail brisé, et ne se soutenant sur l'eau qu'à l'aide de ses pompes, entra dans le port de Mahon, poussé par les derniers souffles de la tempête qui avait failli l'anéantir.

Quant à la frégate française, un instant son vainqueur avait voulu essayer de la traîner après lui, mais bientôt il avait été forcé de l'abandonner ; et en même temps que le vaisseau anglais entrait dans le port de Mahon, elle allait s'échouer sur les côtes de France, avec le corps de son brave capitaine, auquel elle servait de glorieux cercueil.

Le prince de *** avait supporté la tempête avec le même bonheur que le combat, et il était descendu à Mahon sans même avoir eu le mal de mer.

XIX

La Bénédiction paternelle.

Pendant cinq ans, on ignora complétement ce que le prince de *** était devenu. Son banquier seulement lui faisait régulièrement passer des sommes considérables, tantôt en France, tantôt en Angleterre, tantôt en Allemagne. Enfin, un beau jour, on le vit reparaître à Naples, mari d'une jeune Anglaise qu'il avait épousée, et père de deux jolis enfans que le ciel, dans son éternel sourire pour lui, avait faits l'un garçon et l'autre fille.

Nous ne dirons qu'un mot du garçon ; puis nous le quitterons pour revenir à la fille, dont les malheurs vont faire à peu près à eux seuls les frais de cet intéressant chapitre.

Le garçon était le portrait vivant de son père. Aussi, à la première vue, n'y eut-il pas de doute à Naples que le don fatal de la jettatura ne dût se continuer dans la ligne masculine du prince.

Quant à la fille, c'était une délicieuse personne, qui réunissait en elle seule les deux types des beautés italienne et anglaise : elle avait de longs cheveux noirs, de beaux yeux bleus, le teint blanc et mat comme un lis, des dents petites et brillantes comme des perles, les lèvres rouges comme une cerise.

La mère seule se chargea de l'éducation de cette ravissante enfant ; elle grandit à son ombre, gracieuse et fraîche comme une fleur de printemps.

A quinze ans, c'était le miracle de Naples ; la première chose qu'on demandait aux étrangers était s'ils avaient vu la charmante princesse de ***.

Il va sans dire que pendant ces quinze ans l'étoile funeste du prince était constamment restée la même ; seulement à ses besicles il avait joint une énorme tabatière, ce qui doublait encore, s'il faut en croire les traditions, la maligne influence à laquelle étaient constamment soumis ceux qui se trouvaient en contact avec lui.

Au milieu de tous les jeunes seigneurs qui bourdonnaient autour d'elle, la belle Elena (c'était ainsi que se nommait la fille du prince de ***) avait remarqué le comte de F***, second fils d'un des plus riches et des plus aristocratiques patriciens de la ville de Naples. Or, comme le droit d'aînesse était aboli dans le royaume des Deux-Siciles, le comte de F*** ne se trouvait pas moins, tout puîné qu'il était, un parti fort sortable pour notre héroïne, puisqu'il apportait en mariage quelque chose comme cent cinquante mille livres de rente, un noble nom, vingt-cinq ans, et une belle figure.

Chose difficile à croire, c'était cette belle figure qui se trouvait le principal obstacle au mariage, non de la part de la jeune puincesse, Dieu merci ; elle, au contraire, appréciait ce don de la nature à sa valeur, et même au delà ; mais cette belle figure avait tant fait des siennes, elle avait tourné tant de têtes et elle avait causé tant de scandale par la ville, que toutes les fois qu'il était question du comte de F*** devant le prince de ***, il s'empressait de manifester son opinion sur les jeunes dissipés, et particulièrement sur celui-ci, lequel, au dire du prince, avait autant de bonnes fortunes que Salomon.

Malheureusement, il arriva ce qui arrive toujours ; ce fut du seul homme que n'aurait pas dû aimer Elena que la belle Elena devint amoureuse. Était-ce par sympathie ou par esprit de contrariété ? Je l'ignore. Était-ce parce qu'elle en pensait beaucoup de bien ou parce qu'on lui en avait dit beaucoup de mal? Je ne sais. Mais tant il y a qu'elle en devint amoureuse non pas de cet amour éphémère qu'un léger caprice fait naître et que la moindre opposition fait mourir, mais de cet amour ardent, profond et éternel, qui s'augmente des difficultés qu'on lui oppose, qui se nourrit des larmes qu'il répand, et qui, comme celui de Juliette et de Roméo, ne voit d'autre dénouement à sa durée que l'autel ou la tombe.

Mais quoique le prince adorât sa fille, et justement même parce qu'il l'adorait, il se montrait de plus en plus opposé à une union, qui, selon lui, devait faire son malheur. Chaque jour il venait raconter à la pauvre Elena quelque tour nouveau à la manière de Faublas ou de Richelieu, dont le comte de F*** était le héros; mais, à son grand étonnement, cette nomenclature de méfaits, au lieu de diminuer l'amour de la jeune fille, ne faisait que l'augmenter.

Cet amour arriva bientôt à un point que ses belles joues pâlirent, que ses yeux, conservant le jour la trace des larmes de la nuit, commencèrent à perdre de leur éclat ; eufin qu'une mélancolie profonde s'emparant d'elle, ses lèvres ne laissèrent plus passer que de ces rares sourires pareils aux pâles rayons d'un soleil d'hiver. Une maladie de langueur se déclara.

Le prince, horriblement inquiet du changement survenu chez Elena, attendit le médecin au moment où il sortait de la chambre de sa fille, et le supplia de lui dire ce qu'il pensait de son état; le médecin répondit qu'en cette circonstance moins qu'en toute autre la médecine pouvait se permettre de prédire l'avenir, attendu que la maladie de la jeune fille lui paraissait amenée par des causes purement morales, causes sur lesquelles la malade avait obstinément refusé de s'expliquer ; mais que, malgré ce refus, il n'en était pas moins sûr qu'il y avait au fond de cette langueur, qui pouvait devenir mortelle, quelque secret dans lequel était sa guérison.

Ce secret n'en était pas un pour le prince. Aussi suivit-il les progrès du mal avec anxiété. Il tint bon encore deux ou trois mois; mais, au bout de ce temps, le médecin l'ayant prévenu que l'état de la malade empirait de telle façon qu'il ne répondait plus d'elle, le prince, tout en demandant pardon à Dieu et à la morale de confier le bonheur de sa fille à un pareil homme, finit par dire un beau jour à Elena que, comme sa vie lui était plus chère que tout au monde, il consentait enfin à ce qu'elle épousât le comte de F***.

La pauvre Elena, qui ne s'attendait pas à cette bonne nouvelle, bondit
de joie ; ses joues pâlies s'animèrent à l'instant du plus ravissant incarnat ; ses yeux ternis lancèrent des éclairs ; enfin sa belle bouche attristée retrouva un de ces doux sourires qu'elle semblait à tout jamais avoir
oubliés. Elle jeta ses bras amaigris autour du cou de son père, et, en
échange de son consentement, elle lui promit non seulement de vivre,
mais encore d'être heureuse.

Le prince secoua la tête tristement, la fatale réputation de son futur
gendre lui revenant sans cesse à l'esprit.

Cependant, comme sa parole était donnée, il n'en consentit pas moins
à ce qu'Elena fît connaître à l'instant même à son prétendu , qui avait
été sinon aussi malade, du moins aussi malheureux qu'elle, le changement inattendu qui s'opérait dans leur position.

Le comte de F*** accourut. En apprenant cette nouvelle inespérée, il
avait failli devenir fou de joie.

Les deux amans se revoyant ne purent échanger une seule parole,
ils fondirent en larmes.

Le prince se retira tout en grommelant : cinq secondes de plus d'un
pareil spectacle, il allait pleurer comme eux et avec eux.

Les refus du prince avaient fait tant de bruit qu'il comprit lui-même
que, du moment où il cessait de s'opposer à l'union des deux amans,
mieux valait que le mariage eût lieu plus tôt que plus tard. Le jour de
la cérémonie fut donc fixé à trois semaines ; c'était juste le temps nécessaire à l'accomplissement des formalités d'usage.

Pendant ces trois semaines, le prince de *** reçut peut-être dix lettres
anonymes, toutes remplies des plus graves accusations contre son futur
gendre ; c'étaient des Arianes délaissées qui le représentaient comme
un amant sans foi ; c'étaient des mères éplorées qui l'accusaient d'être
un père sans entrailles ; c'étaient enfin des deux parts des plaintes
amères qui venaient corroborer de plus en plus la première opinion que
le prince avait conçue à l'endroit du comte de F***. Mais le prince avait
donné sa parole ; il voyait son heureuse enfant se reprendre chaque
jour à la vie en se reprenant au bonheur. Il renferma toutes ses craintes
au fond de son âme, comprenant qu'après avoir cédé aux désirs d'Elena, ce serait la tuer maintenant que de lui retirer sa parole donnée.

Tout resta dans le *statu quo*, et, le grand jour arrivé, l'auguste cérémonie eut lieu à la grande joie des jeunes époux et à l'admiration de
tous les assistans, qui déclaraient, à l'unanimité, qu'on ferait inutilement tout le royaume des Deux-Siciles pour trouver deux jeunes gens
qui se convinssent davantage sous tous les rapports.

Le soir, il y eut un grand bal pendant lequel le jeune époux fut fort
empressé, et la belle épouse fort rougissante ; puis enfin vint l'heure de
se retirer. Les invités disparurent les uns après les autres : il ne resta
plus dans le palais que les nouveaux mariés, le prince et la princesse.
En voyant se rapprocher ainsi l'instant d'appartenir à un autre, Elena se
jeta dans les bras de sa mère, tandis que le jeune comte secouait en
souriant la main du prince.

En ce moment, celui-ci, oubliant tous ses préjugés contre son gendre,
le prit dans un bras, prit sa fille dans l'autre, les embrassa tous les

deux sur le front en s'écriant : — Venez, chers enfans, venez recevoir la bénédiction paternelle?

A ces mots, tous deux, se laissant glisser de ses bras, tombèrent à ses genoux, et le prince, pour ne pas rester au dessous de la situation, abaissa sur leurs têtes ses mains qu'il avait levées vers le ciel; alors, ne trouvant rien de mieux à dire que les paroles que le Seigneur lui-même dit aux premiers époux :

— Croissez et multipliez! s'écria-t-il.

Puis, craignant de se laisser aller à une émotion qu'il regardait comme indigne d'un homme, il se retira dans son appartement, où, au bout d'un quart d'heure, la princesse vint le joindre, en lui annonçant que, selon toute probabilité, les deux jeunes époux étaient occupés à accomplir en ce moment même les paroles de la Genèse.

Le lendemain, Elena, en revoyant son père, rougit prodigieusement ; de son côté, le comte de F*** n'était pas exempt d'un certain embarras en abordant le prince; mais comme cet embarras et cette rougeur étaient assez naturels dans la position des parties, la princesse se contenta de répondre à cette rougeur par un baiser, et le prince à cet embarras par un sourire.

La journée se passa sans que le prince et la princesse essayassent d'entrer dans aucun détail sur ce qui s'était passé entre les jeunes époux hors de leur présence; seulement, comme ils comprenaient leur situation, ils les laissèrent le plus qu'ils purent en tête-à-tête, et ne furent aucunement étonnés qu'ils passassent une partie de la journée renfermés dans leurs appartemens. Néanmoins, on dîna en famille ; mais comme les époux paraissaient de plus en plus contraints et embarrassés, le prince et la princesse échangèrent un sourire d'intelligence; et aussitôt le dessert achevé, ils annoncèrent à leurs enfans qu'ils avaient décidé d'aller passer quelques jours à la campagne, et que, pendant ces quelques jours, ils laissaient le palais de Naples à leur entière disposition.

Ce qui fut dit fut fait, et le même soir le prince et la princesse partirent pour Caserte, assez préoccupés tous deux des observations qu'ils avaient faites séparément, mais dont cependant ils n'ouvrirent pas la bouche pendant tout le voyage.

Trois jours après, au moment où le prince et la princesse déjeûnaient en tête-à-tête, on entendit le roulement d'une voiture dans la cour du château. Cinq minutes après, un domestique arriva tout courant annoncer que la jeune comtesse venait d'arriver.

Derrière lui Elena parut; mais, au contraire de ce qu'on aurait pu attendre d'une mariée de la semaine, sa figure était toute bouleversée, et elle se jeta en pleurant dans les bras de sa mère.

Le prince adorait sa fille ; il voulut donc connaître la cause de son chagrin ; mais plus il l'interrogeait, plus Elena, tout en gardant le silence, versait d'abondantes larmes. Enfin une idée terrible traversa l'esprit du prince.

— Oh! le malheureux! s'écria-t-il, il t'aura fait quelque infidélité?

— Hélas! plût au ciel! répondit la jeune fille.

— Comment, plût au ciel? Mais qu'est-il donc arrivé? continua le prince.

— Une chose que je ne puis dire qu'à ma mère, répondit Elena.

— Viens donc, mon enfant, viens donc avec moi, s'écria la princesse, et conte-moi tes chagrins.

— Ma mère! ma mère! dit la jeune femme, je ne sais si j'oserai.

— Mais c'est donc bien terrible ? demanda le prince.

— Oh! mon père, c'est affreux.

— Je l'avais bien dit, murmura le prince, que cet homme ferait ton malheur !

— Hélas! que ne vous ai-je cru ! répondit Elena.

— Viens, mon enfant, viens, dit la princesse, et nous verrons à arranger tout cela.

— Ah! ma mère, ma mère, répondit la jeune mariée en se laissant entraîner presque malgré elle, ah! je crains bien qu'il n'y ait pas de remède.

Et les deux femmes disparurent dans la chambre à coucher de la princesse.

Là fut révélé un secret inattendu, miraculeux, inouï : le comte de F***, le Lovelace de Naples, ce héros aux mille et une aventures, cet homme dont les précoces paternités avaient causé de si grandes et de si longues terreurs au prince de ***, le comte de F*** n'était pas plus avancé près de sa femme au bout de six jours de mariage que M. de Lignolle, de charadique mémoire, ne l'était près de sa femme au bout d'un an.

Et ce qu'il y avait de plus extraordinaire, c'est que la réputation antérieure du comte de F***, loin d'être usurpée, était encore restée au dessous de la réalité.

Mais la bénédiction paternelle portait ses fruits. Aussi, comme l'avait laissé craindre l'exclamation d'Elena, il n'y avait pas de remède.

Trois ans s'écoulèrent sans que rien au monde pût conjurer le maléfice dont le pauvre comte de F*** était victime; puis, au bout de trois ans, un bruit singulier se répandit : c'est que madame la comtesse de F***, aux termes d'un des articles du concile de Trente, demandait le divorce pour cause d'impuissance de son mari.

Une pareille nouvelle, comme on le comprend bien, ne pouvait avoir grande croyance dans la ville de Naples; les femmes surtout l'accueillaient en haussant les épaules, en assurant que de pareils bruits n'avaient pas le sens commun. Cependant un jour il fallut bien y croire : la comtesse de F*** venait de faire assigner son mari devant le tribunal de la Rota à Rome.

Alors chacun voulut entrer dans les moindres détails des événemens qui avaient suivi le bal de noces; mais nul ne pensa à révéler la fatale bénédiction du prince de *** et les termes bibliques dans lesquels il l'avait formulée, de sorte que toutes choses restèrent dans le doute, tous les hommes prenant parti pour la comtesse, toutes les femmes se rangeant du côté du comte.

Pendant trois mois, Naples fut aussi pleine de division qu'elle l'avait été aux époques des plus grandes discordes civiles. C'étaient, à propos du comte et de la comtesse de F***, d'éternelles discussions entre les maris et les femmes; les maris soutenaient à leurs femmes que non seulement le comte de F*** était impuissant, mais encore qu'il l'avait toujours été; les femmes répondaient à leurs maris qu'ils étaient des imbéciles, et qu'ils ne savaient ce qu'ils disaient.

Enfin la comtesse comparut devant un tribunal de docteurs et de

sages-femmes. Les sages-femmes et les docteurs déclarèrent à l'unani-
mité qu'il était fort malheureux qu'Elena, comme Jeanne d'Arc, ne fût
pas née dans les marches de Lorraine, attendu que, comme l'héroïne de
Vaucouleurs, elle avait, en cas d'invasion, tout ce qu'il fallait pour chas-
ser les Anglais de France.

Les maris triomphèrent, mais les femmes ne se rendirent point pour
si peu : elles prétendirent que les sages-femmes ne savaient pas leur
métier, et que les médecins ne s'y connaissaient pas.

Les querelles conjugales s'envenimèrent ainsi, et une partie de ces
dames, n'ayant pas le bonheur de pouvoir demander le divorce pour
cause d'impuissance, demandèrent la séparation de corps pour incompa-
tibilité d'humeur.

Le comte de F*** demanda le congrès : c'était son droit. Le congrès
fut donc ordonné : c'était sa dernière espérance.

Nous sommes trop chaste pour entrer dans les détails de cette singu-
lière coutume, fort usitée au moyen-âge, mais fort tombée en désuétude
au dix-neuvième siècle. Au reste, si nos lecteurs avaient quelque curio-
sité à ce sujet, nous les renverrions à Tallemant des Réaux, *Historiette
de M. de Langeais*. Contentons-nous de dire que, contre toute croyance,
le résultat tourna à la plus grande honte du pauvre comte de F***.

Les maris napolitains se prirent par la main et dansèrent en rond, ni
plus ni moins qu'on assure que le firent depuis au foyer du Théâtre-
Français MM. les romantiques autour du buste de Racine ; ce qui ne me
parut jamais bien prouvé, attendu que le buste de Racine est appuyé
contre le mur.

On crut les femmes anéanties ; mais comme on le sait, lorsque les
femmes ont une chose dans la tête, il est assez difficile de la leur ôter.
Ces dames répondirent qu'elles demeureraient dans leur première opinion
sur l'excellent caractère du comte jusqu'à preuve directe du contraire.

Mais, comme le tribunal de la Rota n'est pas composé de femmes, le
tribunal décida que le mariage, n'ayant point été consommé, était comme
nul et non avenu.

Moyennant lequel jugement les deux époux rentrèrent dans la liberté
de se tourner le dos et de contracter, si bon leur semble, chacun de son
côté, un nouvel hyménée.

Elena ne tarda point à profiter de la permission qui lui était donnée.
Pendant ces trois ans d'étrange veuvage, le chevalier de T*** lui avait
fait une cour des plus assidues ; mais, moitié par vertu, moitié dans la
crainte de fournir au comte de F*** de légitimes griefs, Elena n'avait
jamais avoué au chevalier qu'elle partageait son amour. Il était résulté
de cette réserve une grande admiration de la part du monde, et un pro-
fond amour de la part du chevalier de T***.

Aussi, le prononcé du jugement à peine connu, le chevalier de T***,
qui n'attendait que ce moment pour se substituer aux lieu et place du
premier mari, accourut-il offrir son cœur et sa main à la belle Elena :
l'un et l'autre furent acceptés, et la nouvelle des noces à venir se répan-
dit en même temps que la rupture du mariage passé.

Cette fois, le prince ne mit aucune opposition aux vœux de sa fille,
qui, au reste, étant devenue majeure, avait le droit de se gouverner
elle-même. Le chevalier de T*** n'avait jamais fait parler de lui que de
la façon la plus avantageuse : il était d'une des premières familles de

Naples, assez riche pour qu'on ne pût pas supposer que son amour pour Elena fût le résultat d'un calcul, et en outre attaché comme aide-de-camp à l'un des princes de la famille régnante : le parti était donc sortable de tout point.

On décida qu'on laisserait trois mois s'écouler pour les convenances ; que pendant ces trois mois le chevalier de T*** accepterait une mission que le prince lui avait offerte pour Vienne ; enfin que, ces trois mois expirés, il reviendrait à Naples, où les noces seraient célébrées.

Tout se passa selon les conventions faites : au jour dit, le chevalier de T*** fut de retour, plus amoureux qu'il n'était parti : de son côté, Elena lui avait gardé dans toute sa force le second amour aussi profond et aussi pur que le premier. Toutes les formalités d'usage avaient été remplies pendant cet intervalle, rien ne pouvait donc retarder le bonheur des deux amans. Le mariage fut célébré huit jours après l'arrivée du chevalier.

Cette fois, il n'y eut ni dîner ni bal ; on se maria à la campagne et dans la chapelle du château : quatre témoins, le prince et la princesse assistèrent seuls au bonheur des nouveaux époux. Comme la première fois, après la célébration du mariage, le prince les arrêta pour leur faire une petite exhortation qu'Elena et le chevalier écoutèrent avec tout le recueillement et le respect possibles. Puis, l'allocution terminée, il voulut les bénir. Mais Elena, qui savait ce qu'avait coûté à son bonheur la première bénédiction paternelle, fit un bond en arrière, et, étendant les mains vers son père :

—, Au nom du ciel ! mon père, lui dit-elle, pas un mot de plus ! C'est une superstition peut-être, mais, superstition ou non, ne nous bénissez pas.

Le prince, qui ne connaissait pas la véritable cause du refus de sa fille, insista pour accomplir ce qu'il regardait comme un devoir ; mais, la peur l'emportant sur le respect, Elena, au grand étonnement du prince, entraîna son mari dans son appartement pour le soustraire à la redoutable bénédiction, et, d'un mouvement rapide comme la pensée, en faisant des cornes de ses deux mains, afin, s'il était besoin, de conjurer doublement l'influence perturbatrice de son père, elle referma la porte entre elle et lui et la barricada en dedans à deux verroux.

Le souvenir des orages qui avaient éclaté dès le premier jour dans le jeune ménage inspira d'abord de vives inquiétudes à la princesse, qui craignit que le maléfice de son époux troublât également ce second ménage. Ses appréhensions ne se calmèrent que lorsque le troisième jour sa fille vint rendre visite comme la première fois à ses parens, qui s'étaient retirés à la campagne. La jeune fille avait la figure si radieuse que les craintes de la mère s'évanouirent aussitôt.

En effet, Elena dit à sa mère que son nouvel époux n'avait pas cessé un seul instant de l'aimer, qu'il était bon, d'un charmant caractère, prévenant, docile même et plein d'attentions délicates pour elle ; en un mot, qu'elle était parfaitement heureuse.

Le bonheur si chèrement acheté de la jeune fille s'augmenta bientôt du titre de mère. Elle donna le jour à un gros garçon. On choisit pour allaiter le nouveau-né une belle nourrice de Procida, aux boucles d'oreilles à rosette de perles, au justaucorps écarlate galonné d'or, à l'ample jupon plissé à franges d'argent, qu'on installa dans la maison et à qui tous les domestiques reçurent l'ordre d'obéir comme à une seconde maîtresse. Le

bambino était l'idole de toute la maison, la princesse l'adorait, le prince
en était fou ; nous ne parlons pas du père et de la mère, tous les deux
semblaient avoir concentré leur existence dans celle de cette pauvre
petite créature.

Quinze mois s'écoulèrent : l'enfant était on ne peut plus avancé pour
son âge, connaissant et aimant tout le monde, et surtout le bon papa,
auquel il rendait force gentils sourires en échange de ses agaceries. De
son côté, bon papa ne pouvait se passer de lui. Il se le faisait apporter à
toute heure du jour, si bien que, pour ne pas quitter l'enfant, le prince
fut sur le point de refuser une mission de la plus haute importance que
le roi de Naples lui avait confiée pour le roi de France. Il s'agissait d'al-
ler complimenter Charles X sur la prise d'Alger.

Cependant tous les amis du prince lui remontrèrent si bien le tort qu'il
se ferait dans l'esprit du roi par un pareil refus, sa famille le supplia
tellement de considérer que l'avenir de son gendre pourrait éternelle-
ment souffrir de son obstination, que le prince consentit enfin à remplir
une mission que tant d'autres lui eussent enviée. Il partit de Naples
dans les premiers jours de juillet 1830, arriva à Paris le 24, se rendit
aussitôt au ministère des affaires étrangères pour demander son audience,
et fut reçu solennellement deux jours après par le roi Charles X.

Le lendemain de cette réception la révolution de juillet éclata.

Trois jours suffirent, comme on sait, pour renverser un trône, huit
pour en élever un autre. Mais le prince n'était point accrédité près du
nouveau monarque. Aussi ne jugea-t-il pas à propos de rester près de la
nouvelle cour ; il quitta la France, sans même mettre le pied aux Tuile-
ries, circonstance à laquelle le roi Louis-Philippe dut, selon toute proba-
bilité, les heureux et faciles commencemens de son règne.

Le prince était guéri des voyages par mer : les combats n'étaient plus
à craindre, mais les tempêtes étaient toujours à redouter. Aussi prit-il par
les Alpes, et traversa-t-il la Toscane pour se rendre à Naples par Rome.

En passant par la capitale du monde, il s'arrêta pour présenter ses
hommages au pape Pie VIII, qui, sachant de quelle mission de confiance
le prince avait été chargé par son souverain, le reçut avec tous les hon-
neurs dus à son rang, c'est-à-dire qu'au lieu de lui donner sa mule à
baiser, comme Sa Sainteté fait pour le commun des martyrs, le pape lui
donna sa main.

Trois jours après, le pape était mort.

Le prince était parti de Rome aussitôt son audience obtenue, tant il
avait hâte de revenir à Naples ; il voyagea jour et nuit, et arriva en vue
de son palais le lendemain à onze heures du matin, précédé de dix mi-
nutes seulement par le courrier qui lui faisait préparer des chevaux sur
la route ; mais ces dix minutes suffirent à toute la famille pour accourir
sur le balcon du premier étage, élevé, comme tous les premiers étages
des palais napolitains, de plus de vingt-cinq pieds de hauteur.

La nourrice y accourut comme les autres, tenant l'enfant dans ses bras.

Malgré sa vue basse, grâce à d'excellentes lunettes qu'il avait achetées
à Paris, le prince aperçut son petit-fils et lui fit de sa voiture un signe
de la main. De son côté, le bambino le reconnut ; et comme, ainsi que
nous l'avons dit, il adorait son bon papa, dans la joie de le revoir, le
pauvre petit fit un mouvement si brusque, en tendant ses deux petits
bras vers lui et en cherchant à s'élancer à sa rencontre, que le malheu-

reux enfant s'échappa des bras de sa nourrice, et, se précipitant du balcon, se brisa la tête sur le pavé.

Le père et la mère faillirent mourir de douleur; le prince fut près de six mois comme un fou; ses cheveux blanchirent, puis tombèrent, de sorte qu'il fut forcé de prendre perruque, ce qui compléta ainsi en lui la triple et terrible réunion de la perruque, de la tabatière et des lunettes.

C'est ainsi que je le vis en passant à Naples; mais j'étais heureusement prévenu. Du plus loin que je l'aperçus, je lui fis des cornes, si bien que, quoiqu'il me fît l'honneur de causer avec moi près de vingt minutes, il ne m'arriva d'autre malheur, grâce à la précaution que j'avais prise, que d'être arrêté le lendemain.

Je raconterai cette arrestation en son lieu et place, attendu qu'elle fut accompagnée de circonstances assez curieuses pour que je ne craigne pas, le moment venu, de m'étendre quelque peu sur ses détails.

Le jour même de mon départ, le prince avait été nommé président du comité sanitaire des Deux-Siciles.

Huit jours après, j'appris à Rome que le lendemain de cette nomination le choléra avait éclaté à Naples.

Depuis, j'ai su que le comte de F***, le premier époux de la belle Elena, ayant suivi l'exemple qu'elle lui avait donné, s'était remarié comme elle, avait été parfaitement heureux de son côté avec sa nouvelle épouse, et comme mari, et comme père, car il avait eu de ce second mariage cinq enfans : trois garçons et deux filles.

Au mois de mars dernier, le prince de *** est entré dans sa soixante-dix-huitième année; mais, loin que l'âge lui ait rien fait perdre de sa terrible influence, on prétend, au contraire, qu'il devient plus formidable au fur et à mesure qu'il vieillit.

Et maintenant que nous avons fini avec Arimane, passons à Oromaze.

XX

Saint Janvier, martyr de l'Église.

Saint Janvier n'est pas un saint de création moderne; ce n'est pas un patron banal et vulgaire, acceptant les offres de tous les cliens, accordant sa protection au premier venu, et se chargeant des intérêts de tout le monde; son corps n'a pas été recomposé dans les catacombes aux dépens d'autres martyrs plus ou moins inconnus, comme celui de sainte Philomèle; son sang n'a pas jailli d'une image de pierre, comme celui de la madone de l'Arc; enfin les autres saints ont bien fait quelques miracles pendant leur vie, miracles qui sont parvenus jusqu'à nous par la tradition et par l'histoire; tandis que le miracle de saint Janvier s'est perpétué jusqu'à nos jours, et se renouvelle deux fois par an, à la grande gloire de la ville de Naples et à la grande confusion des athées.

Saint Janvier remonte, par son origine, aux premiers siècles de l'Église. Évêque, il a prêché la parole du Christ et a converti au véritable culte des milliers de païens; martyr, il a enduré toutes les tortures inventées par la cruauté de ses bourreaux, et a répandu son sang pour la foi; élu du ciel, avant de quitter ce monde où il avait tant souffert, il a adressé à Dieu une prière suprême pour faire cesser la persécution des empereurs.

Mais là se bornent ses devoirs de chrétien et sa charité de cosmopolite.

Citoyen avant tout, saint Janvier n'aime réellement que sa patrie; il la protége contre tous les dangers, il la venge de tous ses ennemis : *Civi, patrono, vindici*, comme le dit une vieille tradition napolitaine. Le monde entier serait menacé d'un second déluge, que saint Janvier ne lèverait pas le bout du petit doigt pour l'empêcher; mais que la moindre goutte d'eau puisse nuire aux récoltes de sa bonne ville, saint Janvier remuera ciel et terre pour ramener le beau temps.

Saint Janvier n'aurait pas existé sans Naples, et Naples ne pourrait plus exister sans saint Janvier. Il est vrai qu'il n'y a pas de ville au monde qui ait été plus de fois conquise et dominée par l'étranger ; mais, grâce à l'intervention active et vigilante de son protecteur, les conquérans ont disparu, et Naples est restée.

Les Normands ont régné sur Naples, mais saint Janvier les a chassés.

Les Souabes ont régné sur Naples, mais saint Janvier les a chassés.

Les Angevins ont régné sur Naples, mais saint Janvier les a chassés.

Les Aragonais ont usurpé le trône à leur tour, mais saint Janvier les a punis.

Les Espagnols ont tyrannisé Naples, mais saint Janvier les a battus.

Enfin, les Français ont occupé Naples, mais saint Janvier les a éconduits.

Et qui sait ce que fera saint Janvier pour sa patrie?

Quelle que soit la domination, indigène ou étrangère, légitime ou usurpatrice, équitable ou despotique, qui pèse sur ce beau pays, il est une croyance au fond du cœur de tous les Napolitains, croyance qui les rend patiens jusqu'au stoïcisme : c'est que tous les rois et tous les gouvernemens passeront, et qu'il ne restera en définitive que le peuple et saint Janvier.

L'histoire de saint Janvier commence avec l'histoire de Naples, et ne finira, selon toute probabilité, qu'avec elle : toutes deux se côtoient sans cesse, et, à chaque grand événement heureux ou malheureux, elles se touchent et se confondent. Au premier abord, on peut bien se tromper sur les causes et les effets de ces événemens, et les attribuer, sur la foi d'historiens ignorans ou prévenus, à telle ou telle circonstance dont ils vont chercher bien loin la source ; mais, en approfondissant le sujet, on verra que, depuis le commencement du quatrième siècle jusqu'à nos jours, saint Janvier est le principe ou la fin de toutes choses ; si bien qu'aucun changement ne s'y est accompli que par la permission, par l'ordre ou par l'intervention de son puissant protecteur.

Aussi cette histoire présente-t-elle trois phases bien distinctes, et doit-elle être envisagée sous trois aspects bien différens. Dans les premiers siècles, elle revêt l'allure simple et naïve d'une légende de Grégoire de Tours ; au moyen-âge, elle prend la marche poétique et pittoresque d'une chronique de Froissard ; enfin, de nos jours, elle offre l'aspect railleur et sceptique d'un conte de Voltaire.

Nous allons commencer par la légende.

Comme de raison, la famille de saint Janvier appartient à la plus haute noblesse de l'antiquité; le peuple, qui, en 1647, donnait à sa république le titre de *sérénissime royale république napolitaine*, et qui, en 1799, poursuivait les patriotes à coups de pierre pour avoir osé abolir le titre d'excellence, n'aurait jamais consenti à se choisir un protecteur d'origine plébéienne : le lazzarone est essentiellement aristocrate.

La famille de saint Janvier descend en droite ligne des *Januari* de Rome, dont la généalogie se perd dans la nuit des âges. Les premières

années du saint sont restées ensevelies dans l'obscurité la plus profonde ;
il ne paraît en public qu'à la dernière époque de sa vie, pour prêcher et
souffrir, pour confesser sa croyance et mourir pour elle. Il fut nommé à
l'évêché de Bénévent vers l'an de grâce 304, sous le pontificat de saint
Marcelin. Étrange destinée de l'évêché bénéventin, qui commence à saint
Janvier et qui finit à M. de Talleyrand !

Une des plus terribles persécutions que l'Église ait endurées est,
omme on sait, celle des empereurs Dioclétien et Maximien ; les chrétiens
furent poursuivis en 302 avec un tel acharnement, que, dans l'espace
d'un seul mois, dix-sept mille martyrs tombèrent sous le glaive de ces
deux tyrans. Cependant, deux ans après la promulgation de l'édit qui
frappait de mort indistinctement tous les fidèles, hommes et femmes,
enfans et vieillards, l'Église naissante parut respirer un instant. Aux
empereurs Dioclétien et Maximien, qui venaient d'abdiquer, avaient suc-
cédé Constance et Galère ; il était résulté de cette substitution que, par
ricochet, un changement pareil s'était opéré dans les proconsuls de la
Campanie, et qu'à Dragontius avait succédé Timothée.

Au nombre des chrétiens entassés dans les prisons de Cumes par Dra-
gontius, se trouvaient Sosius, diacre de Misène, et Proculus, diacre de
Pouzzoles. Pendant tout le temps qu'avait duré la persécution, saint
Janvier n'avait jamais manqué, au risque de sa vie, de leur apporter des
consolations et des secours ; et, quittant son diocèse de Bénévent pour
accourir là où il croyait sa présence nécessaire, il avait bravé mainte et
mainte fois les fatigues d'un long voyage et la colère du proconsul.

A chaque nouveau soleil politique qui se lève, un rayon d'espoir passe
à travers les barreaux des prisonniers de l'autre règne ; il en fut ainsi à
l'avénement au trône de Constance et de Galère. Sosius et Proculus se
crurent sauvés. Saint Janvier, qui avait partagé leur douleur, se hâta de
venir partager leur joie. Après avoir récité si long-temps avec ses chers
fidèles les psaumes de la captivité, il entonna le premier avec eux le
cantique de la délivrance.

Les chrétiens, relâchés provisoirement, rendaient grâces au Seigneur
dans une petite église située aux environs de Pouzzoles, et le saint évê-
que, assisté par les deux diacres Sosius et Proculus, s'apprêtait à offrir
à Dieu le sacrifice de la messe, lorsque tout à coup il se fit au dehors un
grand bruit, suivi d'un long silence. Les prisonniers, rendus il y avait
peu d'instans à la liberté, prêtèrent l'oreille ; les deux diacres se regar-
dèrent l'un l'autre, et saint Janvier attendit ce qui allait se passer, im-
mobile et debout devant la première marche de l'autel qu'il allait fran-
chir, les mains jointes, le sourire aux lèvres, et le regard fixé sur la croix
avec une indicible expression de confiance.

Le silence fut interrompu par une voix qui lisait lentement le décret
de Dioclétien remis en vigueur par le nouveau proconsul Timothée ; et
ces terribles paroles, que nous traduisons textuellement, retentirent à
l'oreille des chrétiens prosternés dans l'église :

« Dioclétien, trois fois grand, toujours juste, empereur éternel, à tous
les préfets et proconsuls du romain empire, salut.

» Un bruit qui ne nous a pas médiocrement déplu étant parvenu à nos
oreilles divines, c'est-à-dire que l'hérésie de ceux qui s'appellent chré-
tiens, hérésie de la plus grande impiété (*valde impiam*), reprend de nou-
velles forces ; que lesdits chrétiens honorent comme dieu ce Jésus enfanté

par je ne sais quelle femme juive, insultant par des injures et des malé-
dictions le grand Apollon et Mercure, et Hercule, et Jupiter lui-même,
tandis qu'ils vénèrent ce même Christ, que les Juifs ont cloué sur une
croix comme un sorcier; à cet effet, nous ordonnons que tous les chré-
tiens, hommes ou femmes, dans toutes les villes et contrées, subissent
les supplices les plus atroces s'ils refusent de sacrifier à nos dieux et
d'abjurer leur erreur. Si cependant quelques uns parmi eux se montrent
obéissans, nous voulons bien leur accorder leur pardon; au cas contraire,
nous exigeons qu'ils soient frappés par le glaive et punis par la mort la
plus cruelle (*morte pessima punire*). Sachez enfin que, si vous négligez
nos divins décrets, nous vous punirons des mêmes peines dont nous
menaçons les coupables. »

Lorsque le dernier mot de la loi terrible fut prononcé, saint Janvier
adressa à Dieu une muette prière pour le supplier de faire descendre sur
tous les fidèles qui l'entouraient la grâce nécessaire pour braver les
tortures et la mort; puis, sentant que l'heure de son martyre venait de
sonner, il sortit de l'église accompagné par les deux diacres et suivi de
la foule des chrétiens, qui bénissaient à haute voix le nom du Seigneur.
Il traversa une double haie de soldats et de bourreaux étonnés de tant
de courage, et, chantant toujours au milieu des populations ameutées
qui se pressaient pour voir le saint évêque. il arriva à Nola après une
marche qui parut un triomphe.

Timothée l'attendait du haut de son tribunal, élevé, dit la chronique,
comme de coutume, au milieu de la place. Saint Janvier, sans éprouver
le moindre trouble à la vue de son juge, s'avança d'un pas ferme et sûr
dans l'enceinte, ayant toujours à sa droite Sosius, diacre de Misène, et à
sa gauche Proculus, diacre de Pouzzoles. Les autres chrétiens se rangè-
rent en cercle et attendirent en silence l'interrogatoire de leur chef.

Timothée n'était pas sans savoir la grande naissance de saint Janvier.
Aussi, par égard pour le *civis romanus*, poussa-t-il la complaisance
jusqu'à l'interroger, tandis qu'il aurait parfaitement pu, dit le père An-
tonio Carracciolo, le condamner sans l'entendre.

Quant à Timothée, tous les écrivains s'accordent à le peindre comme
un païen fort cruel, comme un tyran exécrable, comme un préfet impie,
comme un juge insensé. A ces traits, déjà passablement caractéristiques,
un chroniqueur ajoute qu'il était tellement altéré de sang que Dieu, pour
le punir, couvrait parfois ses yeux d'un voile sanglant qui le privait
momentanément de la vue, et qui, tout le temps que durait sa cécité, lui
causait les plus atroces douleurs.

Tels étaient les deux hommes que la Providence amenait en face l'un de
l'autre pour donner une nouvelle preuve du triomphe de la foi.

— Quel est ton nom? demanda Timothée.

— Janvier, répondit le saint.

— Ton âge ?

— Trente-trois ans.

— Ta patrie?

— Naples.

— Ta religion ?

— Celle du Christ.

— Et tous ceux qui t'accompagnent sont aussi chrétiens?

— Lorsque tu les interrogeras, j'espère en Dieu qu'ils répondront comme moi qu'ils sont tous chrétiens.

— Connais-tu les ordres de notre divin empereur?

— Je ne connais que les ordres de Dieu.

— Tu es noble?

— Je suis le plus humble des serviteurs du Christ.

— Et tu ne veux pas renier ton Dieu?

— Je renie et je maudis vos idoles, qui ne sont que du bois fragile ou de la boue pétrie.

— Tu sais les supplices qui te sont réservés?

— Je les attends avec calme.

— Et tu te crois assez fort pour braver ma puissance?

— Je ne suis qu'un faible instrument que le moindre choc peut briser; mais mon Dieu tout-puissant peut me défendre de ta fureur et te réduire en cendres au même instant où tu blasphèmes son nom.

— Nous verrons, lorsque tu seras jeté dans une fournaise ardente, si ton Dieu viendra t'en tirer.

— Dieu n'a-t-il pas sauvé de la fournaise Ananias, Azarias et Mizaël?

— Je te jetterai aux bêtes dans le cirque.

— Dieu n'a-t-il pas tiré Daniel de la fosse aux lions?

— Je te ferai trancher la tête par l'épée du bourreau.

— Si Dieu veut que je meure, que sa volonté soit faite.

— Soit. Je verrai jaillir ton sang maudit, ce sang que tu déshonores en trahissant la religion de tes ancêtres pour un culte d'esclaves.

— O malheureux insensé! s'écria le saint avec un inexprimable accent de compassion et de douleur, avant que tu jouisses du spectacle que tu te promets, Dieu te frappera de la cécité la plus affreuse, et la vue ne te sera rendue qu'à ma prière, afin que tu puisses être témoin du courage avec lequel savent mourir les martyrs du Christ!

— Eh bien! si c'est un défi, je l'accepte, répondit le proconsul; nous verrons si, comme tu le dis, ta foi sera plus puissante que la douleur.

Puis, se tournant vers ses licteurs, il ordonna que le saint fût lié et jeté dans une fournaise ardente.

Les deux diacres pâlirent à cet ordre, et tous les chrétiens qui l'entendirent poussèrent un long et douloureux gémissement; car quoique chacun d'eux fût personnellement prêt à subir le martyre, cependant le cœur leur manquait à tous du moment qu'il s'agissait d'assister au supplice de leur saint évêque.

A ce cri de pitié et de douleur qui s'éleva tout à coup dans la foule, saint Janvier se tourna d'un air grave et sévère, et étendant la main droite pour imposer silence:

— Eh bien! mes frères, dit-il, que faites-vous? Voulez-vous par vos plaintes réjouir l'âme des impies? En vérité je vous le dis, rassurez-vous, car l'heure de ma mort n'est pas venue, et le Seigneur ne me croit pas encore digne de recevoir la palme du martyre. Prosternez-vous et priez cependant, non pas pour moi, que la flamme du brasier ne saurait atteindre, mais pour mon persécuteur, qui est voué au feu éternel de l'enfer.

Timothée écouta les paroles du saint avec un sourire de mépris, et fit signe aux bourreaux d'exécuter son arrêt.

Saint Janvier fut jeté dans la fournaise, et aussitôt l'ouverture par laquelle on l'avait poussé fut murée au dehors aux yeux de la population entière qui assistait à ce spectacle.

Quelques minutes après, des tourbillons de flammes et de fumée s'élevant vers le ciel avertirent le proconsul que ses ordres étaient exécutés; et se croyant vengé à tout jamais de l'homme qui avait osé le braver, il rentra chez lui plein de l'orgueil du triomphe.

Quant aux autres chrétiens, ils furent ramenés dans leur prison pour y attendre le jour de leur supplice, et la foule se dissipa sous l'impression d'une pitié profonde et d'une sombre terreur.

Les soldats, occupés jusque alors à écarter les curieux et à maintenir le bon ordre, n'ayant plus rien à faire dès que le peuple se fut écoulé, se rapprochèrent lentement de la fournaise et se mirent à causer entre eux des événemens du jour et du calme étrange qu'avait montré le patient au moment de subir une mort si terrible, lorsque l'un deux, s'arrêtant tout à coup au milieu de sa phrase commencée, fit signe à son interlocuteur de se taire et d'écouter. Celui-ci écouta en effet et imposa silence à son tour à son voisin; si bien que, le geste se répétant de proche en proche, tout le monde demeura immobile et attentif. Alors des chants célestes, partant de l'intérieur de la fournaise, frappèrent les oreilles des soldats, et la chose leur parut si extraordinaire qu'ils se crurent un instant le jouet d'un rêve.

Cependant les chants devenaient plus distincts, et bientôt ils purent reconnaître la voix de saint Janvier au milieu d'un chœur angélique.

Cette fois, ce ne fut plus l'étonnement, mais bien la frayeur qui les saisit; et voyant qu'il devenait urgent de prévenir le préfet de l'événement inattendu, quoique prédit, qui se passait sur la place, ils coururent chez lui, pâles et effarés, et lui racontèrent avec l'éloquence de la peur l'incroyable miracle dont ils venaient d'être témoins.

Timothée haussa les épaules à cet étrange récit, et menaça ses soldats de les faire battre de verges s'ils se laissaient dominer par de si puériles frayeurs. Mais alors ils jurèrent par tous leurs dieux, non seulement d'avoir reconnu distinctement la voix de saint Janvier et l'air qu'il chantait dans la fournaise, mais encore d'avoir retenu les paroles du cantique et les actions de grâces qu'il rendait au Seigneur.

Le proconsul, irrité, mais non pas convaincu par une telle obstination, donna l'ordre immédiatement que la fournaise fût ouverte n sa présence, se réservant de punir avec la dernière rigueur, après leur avoir mis sous les yeux les restes carbonisés du martyr, ces faux rapporteurs qui venaient le déranger pour lui faire de pareils récits.

Lorsque le préfet arriva sur la place, il la trouva de nouveau tellement encombrée par le peuple qu'il eut peine à se frayer un passage.

Le bruit du miracle ayant rapidement circulé dans la ville, les habitans de Nola, se pressant en tumulte sur le lieu du supplice, demandaient à grands cris la démolition de la fournaise, et menaçaient le proconsul, non point encore par des paroles ou des faits, mais par ces clameurs sourdes qui précèdent l'émeute comme le roulement du tonnerre précède l'ouragan.

Timothée demanda la parole, et lorsque le calme fut suffisamment rétabli pour qu'il pût se faire entendre, il répondit que le désir du peuple allait être satisfait sur-le-champ, et qu'il venait précisément donner l'ordre d'ouvrir la fournaise, pour offrir un éclatant démenti aux bruits absurdes répandus parmi la foule.

A ces mots, les cris cessent, la colère s'apaise et fait place à une curiosité haletante.

Toutes les respirations sont suspendues, tous les yeux sont fixés sur un point.

A un signe de Timothée, les soldats s'avancent vers la fournaise, armés de marteaux et de pioches; mais aux premières briques qui tombent sous leurs coups, un tourbillon de flammes s'échappe subitement du foyer et les réduit en cendres.

A l'instant même les murs tombent comme par enchantement, et au milieu d'une clarté éblouissante le saint évêque apparaît dans toute sa gloire. Le feu n'avait pas touché un seul cheveu de son front, la fumée n'avait pas terni la blancheur de ses vêtemens. Un essaim de petits chérubins soutenaient au dessus de sa tête une auréole éclatante, et une musique invisible, dont les accords célestes étaient réglés par la harpe des séraphins, accompagnait son chant.

Alors saint Janvier se mit à marcher de long en large sur les charbons ardens, afin de bien convaincre les incrédules que le feu de la terre ne pouvait rien sur les élus du Seigneur; puis, comme on aurait pu douter encore de la réalité du miracle, voulant prouver que c'était bien lui, homme de chair et de sang, et non pas un esprit, pas un fantôme, pas une apparition surhumaine que l'on venait de voir, saint Janvier rentra lui-même dans sa prison et se remit à la disposition du préfet.

A la vue de ce qui venait de se passer, Timothée s'était senti pris d'une telle frayeur que, craignant quelque révolte, il s'était réfugié dans le temple de Jupiter; ce fut là qu'il apprit que le saint, qui pouvait, au milieu de l'enthousiasme général dont ce miracle l'avait fait l'objet, s'éloigner et se soustraire à son pouvoir, était au contraire rentré dans sa prison, et y attendait le nouveau supplice qu'il lui plairait de lui infliger.

Cette nouvelle lui rendit toute son assurance, et avec son assurance toute sa colère.

Il descendit dans la prison du martyr pour acquérir la certitude qu'il avait bien affaire à l'évêque de Bénévent lui-même, et non point à quelque spectre que la magie eût fait survivre à son corps.

En conséquence, et pour qu'il ne lui restât aucun doute à ce sujet, après avoir tâté saint Janvier, pour s'assurer qu'il était bien de chair et d'os, il le fit dépouiller de ses vêtemens sacerdotaux, le fit lier à une colonne que la vénération des fidèles a conservée jusqu'à nos jours comme un nouveau témoin du martyre du saint, et le fit fouetter par ses licteurs jusqu'à ce que le sang jaillît. Alors il trempa dans ce sang le coin de sa toge, et s'assura que c'était bien du sang humain, et non quelque liqueur rouge qui en avait l'apparence; puis, satisfait de ce premier essai, il ordonna que le patient fût appliqué à la torture.

La torture fut longue et douloureuse; saint Janvier en sortit les chairs meurtries et les os disloqués; mais, pendant tout le temps qu'elle dura, les bourreaux ne purent lui arracher une plainte. Lorsque les souffrances devenaient insupportables, saint Janvier louait le Seigneur.

Timothée, voyant que la question n'avait d'autre résultat pour lui que de le faire souffrir, décida que saint Janvier serait jeté dans le cirque et exposé aux tigres et aux lions; seulement il hésita quelque temps pour savoir si l'exécution aurait lieu dans le cirque de Pouzzoles ou de Nola; enfin il se décida pour celui de Pouzzoles.

Un double calcul présida à cette décision : d'abord le cirque de Pouzzoles était plus vaste que celui de Nola, et par conséquent pouvait contenir un plus grand nombre de spectateurs ; et puis, une telle fermentation s'était manifestée à la suite du premier miracle, qu'il pensait que les bourreaux de saint Janvier auraient tout à craindre si le martyr sortait triomphant d'une seconde épreuve.

Or, tandis que le proconsul avisait au moyen le plus sûr et le plus cruel de transporter le saint d'une ville à l'autre, on vint lui dire que saint Janvier, parfaitement guéri de la torture de la veille, pouvait faire le voyage à pied.

A cette nouvelle, une idée infernale traversa l'esprit de Timothée : il avisa que ce serait faire merveille que d'ajouter la honte à la douleur, et imagina de faire traîner son char, de Nola à Pouzzoles, par le saint évêque et par ses deux compagnons, les diacres Sosius et Proculus.

Il espérait ainsi, ou que les trois martyrs tomberaient d'épuisement ou de douleur au milieu de la route, ou qu'ils arriveraient au lieu de leur supplice tellement humiliés et flétris par les huées de la populace, que leur sort n'inspirerait plus ni pitié ni regrets.

La chose fut donc exécutée comme l'avait décidé le proconsul.

On attela saint Janvier au char consulaire, entre Sosius et Proculus ; et Timothée, s'y étant assis, intima à ses licteurs l'injonction de frapper de verges les trois patiens chaque fois qu'ils s'arrêteraient ou seulement ralentiraient le pas ; puis il donna l'ordre du départ en levant sur eux le fouet dont lui-même était armé.

Mais Dieu ne permit même pas que le fouet levé sur les martyrs retombât sur eux. Saint Janvier, s'élançant d'un bond, entraîna avec lui ses deux compagnons, renversant sur son passage soldats, licteurs et curieux.

Beaucoup dirent alors avoir vu pousser sur les épaules des trois hommes du Seigneur de ces grandes ailes archangéliques, à l'aide desquelles les messagers du ciel traversent l'empirée avec la rapidité de l'éclair ; mais la vérité est que le char s'éloigna, emporté par une telle rapidité, qu'il laissa bientôt derrière lui non seulement la foule des piétons, mais les cavaliers romains, qui lancèrent inutilement leurs montures à sa poursuite, et le virent bientôt disparaître au milieu d'un nuage de poussière.

Ce n'était pas à cela que s'était attendu le proconsul ; il ne s'était occupé que des moyens de pousser son saint attelage en avant et non de le retenir ; aussi, se trouvant emporté avec une rapidité dont les oiseaux de l'air pouvaient à peine donner une idée, il ne songea qu'à se cramponner aux rebords du char pour ne point être renversé ; mais bientôt un vertige le prit ; il lui sembla que le char cessait de toucher la terre, que tous les objets, emportés d'une course égale à la sienne, fuyaient en arrière, tandis que lui s'élançait en avant. La lumière manqua à ses yeux, le souffle à sa bouche, l'équilibre à son corps ; il se laissa tomber à genoux au fond du char, pâle, haletant, les mains jointes.

Mais les trois saints ne pouvaient le voir, emportés qu'ils semblaient être eux-mêmes par une puissance surhumaine. Enfin, arrivé à la colline d'Antignano, à l'endroit même où l'on trouve encore aujourd'hui une petite chapelle élevée en mémoire de ce miraculeux événement, le

proconsul, rassemblant toutes les forces de son agonie, poussa un tel cri
de détresse et de douleur, que saint Janvier l'entendit, malgré le bruis-
sement des roues, et que, s'arrêtant avec ses deux compagnons et se
retournant vers son juge, il lui demanda d'une voix fraîche et reposée
qui ne trahissait point la moindre lassitude :

— Qu'y a-t-il, maître ?

Mais Timothée resta quelque temps sans pouvoir articuler une seule
parole, tandis que les deux diacres profitaient de cet instant de halte
pour respirer à pleine poitrine.

Saint Janvier, au bout de quelques secondes, renouvela sa question.

— Il y a que je veux relayer ici, dit le proconsul.

— Relayons, répondit saint Janvier.

Timothée descendit de son char; mais les trois saints restèrent atta-
chés à leur chaîne, et cependant, à l'émotion du proconsul, à la sueur
qui coulait de son front, au souffle précipité qui sortait de sa poitrine,
on eût pu croire que c'était lui qui avait jusque alors été attelé à la place
des chevaux, et que c'étaient les trois saints qui avaient tenu la place
du maître.

Mais, dès que le proconsul sentit son pied sur la terre, et que, par
conséquent, il se vit hors de danger, sa haine et sa colère le reprirent,
et s'avançant vers saint Janvier, le fouet levé :

— Pourquoi, lui dit-il, m'as-tu conduit de Nola ici avec une si grande
rapidité?

— Ne m'avais-tu pas commandé d'aller le plus vite que je pourrais?

— Oui, mais qui allait se douter que tu irais plus vite que ceux de
mes cavaliers qui étaient les mieux montés et qui n'ont pu te suivre?

— J'ignorais moi-même de quel pas j'irais, quand les anges m'ont
prêté leurs ailes.

— Ainsi, tu crois que l'assistance que tu as reçue vient de ton Dieu?

— Tout vient de lui.

— Et tu persistes dans ton hérésie?

— La religion du Christ est la seule vraie, la seule pure, la seule
digne du Seigneur.

— Tu sais quelle mort t'attend à l'autre bout de la route? reprit le
proconsul.

— Ce n'est pas moi qui ai demandé à m'arrêter, répondit saint Janvier.

— C'est juste, répondit Timothée; aussi allons-nous repartir.

— A tes ordres, maître.

— Ainsi, je vais remonter dans mon char.

— Remonte.

— Mais écoute-moi bien.

— J'écoute.

— C'est à la condition que tu n'iras plus du train que tu as été.

— J'irai du train que tu voudras.

— Le promets-tu?

— Je le promets.

— Sur ta parole de noble?

— Sur ma foi de chrétien.

— C'est bien.

— Es-tu prêt, maître?

— Allons, dit le proconsul.

— Allons, mes frères, dit saint Janvier à ses compagnons, faisons ce qui nous est ordonné.

Et le char repartit de nouveau; mais le saint, observant scrupuleusement la promesse qu'il avait faite, ne marcha plus qu'au pas, ou tout au plus au petit trot; encore se tournait-il de temps en temps vers Timothée pour lui demander si c'était là l'allure qui lui convenait.

Ce fut ainsi qu'ils arrivèrent sur la place de Pouzzoles, où pas une âme n'attendait le proconsul; car ils avaient marché d'un tel train, que la nouvelle de leur arrivée n'avait pu les précéder. Aucun ordre n'était donc donné pour le supplice : aussi force fut à Timothée de le remettre à un autre moment. Il se fit donc purement et simplement conduire à son palais, et, appelant ses esclaves, il ordonna que les trois saints fussent dételés et conduits dans les prisons de Pouzzoles, tandis que lui se parfumait dans un bain. Après quoi, brisé de fatigue, il se reposa trois jours et trois nuits.

Le matin du quatrième jour, la foule se pressait sur les gradins de l'amphithéâtre : elle y était accourue de tous les points de la Campanie, car cet amphithéâtre était un des plus beaux de la province, et c'était pour lui qu'on réservait les tigres et les lions les plus féroces, qui, envoyés d'Afrique à Rome, abordaient et se reposaient un instant à Naples.

C'était dans ce même amphithéâtre, dont les ruines existent encore aujourd'hui, que Néron, deux cent trente ans auparavant, avait donné une fête à Tiridate. Tout avait été préparé pour frapper d'étonnement le roi d'Arménie : les animaux les plus puissans et les gladiateurs les plus adroits s'étaient exercés devant lui; mais lui était resté impassible et froid à ce spectacle, et lorsque Néron lui demanda ce qu'il pensait de ces hommes dont les efforts surhumains avaient forcé le cirque d'éclater en tonnerres d'applaudissemens, Tiridate, sans rien répondre, s'était levé en souriant, et, lançant son javelot dans le cirque, il avait percé de part en part deux taureaux d'un seul coup.

A peine le proconsul y eut-il pris place sur son trône, au milieu de ses licteurs, que les trois saints, amenés par son ordre, furent placés en face de la porte par laquelle les animaux devaient être introduits. A un signe du proconsul, la grille s'ouvrit et les animaux de carnage s'élancèrent dans l'arène. A leur vue, trente mille spectateurs battirent des mains avec joie; de leur côté, les animaux étonnés répondirent par un rugissement de menace qui couvrit toutes les voix et tous les applaudissemens. Puis, excités par les cris de la multitude, dévorés par la faim à laquelle, depuis trois jours leurs gardiens les condamnaient, alléchés par l'odeur de la chair humaine dont on les nourrissait aux grands jours, les lions commencèrent à secouer leurs crinières, les tigres à bondir et les hyènes à lécher leurs lèvres. Mais l'étonnement du proconsul fut grand lorsqu'il vit les lions, les tigres et les hyènes se coucher aux pieds des trois martyrs, pleins de respect et d'obéissance, tandis que saint Janvier toujours calme, toujours souriant, levait la main droite et bénissait les spectateurs.

Au même instant, le proconsul sentit descendre sur ses yeux comme un nuage; l'amphithéâtre se déroba à sa vue, ses paupières se collèrent, et il fut plongé tout à coup dans les ténèbres. Mais l'aveuglement n'était rien en comparaison de la souffrance, car à chaque pulsation de l'artère

il semblait au malheureux qu'un fer rouge perçait ses prunelles. La pré-
diction de saint Janvier s'accomplissait.

Timothée essaya d'abord de dompter sa douleur et d'étouffer ses
plaintes devant la multitude ; mais, oubliant bientôt sa fierté et sa haine,
il tendit les mains vers le saint, et le pria à haute voix de lui rendre la
vue et de le délivrer de ses atroces souffrances.

Saint Janvier s'avança doucement vers lui au milieu de l'attention
générale, et prononça cette courte prière :

« Mon Seigneur Jésus-Christ, pardonnez à cet homme tout le mal
qu'il m'a fait, et rendez-lui la lumière afin que ce dernier miracle que
vous daignerez opérer en sa faveur puisse dessiller les yeux de son es-
prit et le retenir encore sur le bord de l'abîme où le malheureux va
tomber sans retour. En même temps, je vous supplie, ô mon Dieu ! de
toucher le cœur de tous les hommes de bonne volonté qui se trouvent
dans cette enceinte ; que votre grâce descende sur eux et les arrache aux
ténèbres du paganisme. »

Puis élevant la voix et touchant de l'index les paupières du proconsul,
il ajouta :

« Timothée, préfet de la Campanie, ouvre les yeux et sois délivré de
tes souffrances, au nom du Père, du Fils et du Saint-Esprit. »

— Amen, répondirent les deux diacres.

Et Timothée ouvrit les yeux, et sa guérison s'opéra d'une manière si
prompte et si complète qu'il ne se souvenait même plus d'avoir éprouvé
aucune douleur.

A la vue de ce miracle, cinq mille spectateurs se levèrent, et d'une
seule voix, d'un seul cri, d'un seul élan, demandèrent à recevoir le
baptême.

Quant à Timothée, il rentra au palais, et, voyant que le feu était im-
puissant et les animaux indociles, il ordonna que les trois saints fussent
mis à mort par le glaive.

Ce fut par une belle matinée d'automne, le 19 septembre de l'année
305, que saint Janvier, accompagné des deux diacres Proculus et So-
sius, fut conduit au forum de Vulcano, près d'un cratère à moitié éteint,
dans la plaine de la Solfatare, pour y souffrir le dernier supplicce. Près
de lui marchait le bourreau, tenant dans ses mains une large épée à
deux tranchans, et deux légions romaines, armées de fortes pièces, pré-
cédaient ou suivaient le cortège, pour ôter au peuple de Pouzzoles toute
velléité de résistance. Pas un cri, pas une plainte, pas un murmure
parmi cette foule avilie et tremblante ; un silence de mort planait sur la
ville entière, silence qui n'était interrompu que par le piétinement des
chevaux et par le bruit des armures.

Saint Janvier n'avait pas fait une cinquantaine de pas dans la direc-
tion du forum, où son exécution devait avoir lieu, lorsque, au tour-
nant d'une rue, il fut abordé par un pauvre mendiant qui avait eu
toutes les peines du monde à se frayer un passage jusqu'à lui, accablé
qu'il était par le double malheur de la cécité et de la vieillesse. Le vieil-
lard s'avançait en levant le menton et en étendant les bras devant lui,
se dirigeant vers la personne qn'il cherchait avec cet instinct des aveu-
gles qui les guide quelquefois avec plus de sûreté que le regard le plus
clairvoyant. Dès qu'il se crut assez près de saint Janvier pour être en-

tendu, le malheureux, redoublant d'efforts et de zèle, s'écria d'une voix haute et perçante :

— Mon père ! mon père ! où êtes-vous, que je puisse me jeter à vos genoux ?

— Par ici, mon fils, répondit saint Janvier en s'arrêtant pour écouter le vieillard.

— Mon père ! mon père ! pourrais-je être assez heureux pour baiser la poussière que vos pieds ont foulée ?

— Cet homme est fou, dit le bourreau en haussant les épaules.

— Laissez approcher ce vieillard, dit doucement saint Janvier, car la grâce de Dieu est avec lui.

Le bourreau s'écarta, et l'aveugle put enfin s'agenouiller devant le saint.

— Que me veux-tu, mon fils ? demanda saint Janvier.

— Mon père, je vous prie de me donner un souvenir de vous; je le garderai jusqu'à la fin de mes jours, et cela me portera bonheur dans cette vie et dans l'autre.

— Cet homme est fou ! dit le bourreau avec un sourire de mépris. Comment ! lui dit-il, ne sais-tu pas qu'il n'a plus rien à lui ? Tu demandes l'aumône à un homme qui va mourir !

— Cela n'est pas bien sûr, dit le vieillard en secouant la tête, ce n'est pas la première fois qu'il vous échappe.

— Sois tranquille, répondit le bourreau, cette fois il aura affaire à moi.

— Serait-il vrai, mon père ? vous qui avez triomphé du feu, de la torture et des animaux féroces, vous laisserez-vous tuer par cet homme ?

— Mon heure est venue, répondit le martyr avec joie; mon exil est fini, il est temps que je retourne dans ma patrie. Écoute, mon fils, interrompit saint Janvier, il ne me reste plus que le linge avec lequel on doit me bander les yeux à mon dernier moment : je te le laisserai après ma mort.

— Et comment irai-je le chercher ? dit le vieillard, les soldats ne me laisseront pas approcher de vous.

— Eh bien ! répondit saint Janvier, je te l'apporterai moi-même.

— Merci, mon père.

— Adieu, mon fils.

L'aveugle s'éloigna et le cortége reprit sa marche. Arrivé au forum de Vulcano, les trois saints s'agenouillèrent, et saint Janvier, d'une voix ferme et sonore, prononça ces paroles :

— Dieu de miséricorde et de justice, puisse enfin le sang que nous allons verser calmer votre colère et faire cesser les persécutions des tyrans contre votre sainte Église !

Puis il se leva, et après avoir embrassé tendrement ses deux compagnons de martyre, il fit signe au bourreau de commencer son œuvre de sang. Le bourreau trancha d'abord les têtes de Proculus et de Sosius, qui moururent courageusement en chantant les louanges du Seigneur. Mais comme il s'approchait de saint Janvier, un tremblement convulsif le saisit tout à coup, et l'épée lui tomba des mains sans qu'il eût la force de se courber pour la ramasser.

Alors saint Janvier se banda lui-même les yeux; puis, portant la main à son cou :

— Eh bien ! dit-il au bourreau, qu'attends-tu, mon frère ?

— Je ne pourrai jamais relever cette épée , dit le bourreau , si tu ne m'en donnes pas la permission.

— Non seulement je te le permets, frère , mais je t'en prie.

A ces mots, le bourreau sentit que les forces lui revenaient , et levant l'épée à deux mains il en frappa le saint avec tant de vigueur, que non seulement la tête, mais un doigt aussi furent emportés du même coup.

Quant à la prière que saint Janvier avait adressée à Dieu avant de mourir, elle fut sans doute agréée par le Seigneur, car , la même année, Constantin, s'échappant de Rome , alla trouver son père et fut nommé par lui son héritier et son successeur dans l'empire. Si donc tout effet doit se reporter à sa cause, c'est de la mort de saint Janvier et de ses deux diacres Proculus et Sosius que date le triomphe de l'Église.

Après l'exécution , comme les soldats et le bourreau s'acheminaient vers la maison de Timothée pour lui rendre compte de la mort de son ennemi et de ses deux compagnons, ils rencontrèrent le mendiant à la même place où ils l'avaient laissé. Les soldats s'arrêtèrent pour s'amuser un peu aux dépens du vieillard, et le bourreau lui demanda en ricanant :

— Eh bien ! l'aveugle, as-tu reçu le souvenir qu'on t'avait promis ?

— O impie que vous êtes ! s'écria le vieillard en ouvrant les yeux brusquement et fixant sur tous ceux qui l'entouraient un regard clair et limpide , non seulement j'ai reçu le bandeau des mains du saint lui-même, qui vient de m'apparaître tout à l'heure , mais en appliquant ce bandeau sur mes yeux j'ai recouvré la vue , moi qui étais aveugle de naissance. Et maintenant, malheur à toi qui as osé porter la main sur le martyr du Christ ! malheur à celui qui a ordonné sa mort ! malheur à tous ceux qui s'en sont rendus complices! malheur à vous, malheur !

Les soldats se hâtèrent de quitter le vieillard, et le bourreau les devançait pour avoir la gloire de faire le premier son rapport au tyran. Mais la maison du proconsul était vide et déserte, les esclaves l'avaient pillée, les femmes l'avaient abandonnée avec horreur. Tout le monde s'éloignait de ce lieu de désolation, comme si la main de Dieu l'eût marqué d'un signe maudit. Le bourreau et son escorte, ne comprenant rien à ce qui se passait, résolurent d'avancer hardiment ; mais au premier pas qu'ils firent dans l'intérieur de la maison, ils tombèrent raides morts. Timothée n'était plus qu'un cadavre informe et pourri, et les émanations pestilentielles qui s'exhalaient de son corps avaient suffi pour asphyxier d'un seul coup les misérables complices de ses iniquités.

Cependant, dès que la nuit fut venue, le mendiant s'en alla au forum de Vulcano pour recueillir les restes sacrés du saint évêque. La lune, qui venait de se lever, répandit sa lumière argentée sur la plaine jaunâtre de la Solfatare, de telle sorte qu'on pouvait distinguer le moindre objet dans tous ses détails.

Comme le vieillard marchait lentement et regardait autour de lui pour voir s'il n'était pas suivi par quelque espion, il aperçut à l'autre bout du forum une vieille femme à peu près de son âge qui s'avançait avec les mêmes précautions.

— Bonjour, mon frère, dit la femme.

— Bonjour, ma sœur, répondit le vieillard.

— Qui êtes-vous, mon frère?

— Je suis un ami de saint Janvier. Et vous. ma sœur?

— Moi, je suis sa parente.

— De quel pays êtes-vous ?

— De Naples. Et vous?

— De Pouzzoles.

— Puis-je savoir quel motif vous amène ici à cette heure?

— Je vous le dirai quand vous m'aurez expliqué le but de votre voyage nocturne.

— Je viens pour recueillir le sang de saint Janvier.

— Et moi je viens pour enterrer son corps.

— Et qui vous a chargé de remplir ce devoir, qui n'appartient d'ordinaire qu'aux parens du défunt?

— C'est saint Janvier lui-même, qui m'est apparu peu d'instans après sa mort.

— Quelle heure pouvait-il être lorsque le saint vous est apparu?

— A peu près la troisième heure du jour.

— Cela m'étonne, mon frère, car à la même heure il est venu me voir, et m'a ordonné de me rendre ici à la nuit tombante.

— Il y a miracle, ma sœur, il y a miracle. Écoutez-moi, et je vous raconterai ce que le saint a fait en ma faveur.

— Je vous écoute, puis je vous raconterai à mon tour ce qu'il a fait en la mienne; car, ainsi que vous le dites, il y a miracle, mon frère, il y a miracle.

— Sachez d'abord que j'étais aveugle.

— Et moi percluse.

— Il a commencé par me rendre la vue.

— Il m'a rendu l'usage des jambes.

— J'étais mendiant.

— J'étais mendiante.

— Il m'a assuré que je ne manquerai de rien jusqu'à la fin de mes jours.

— Il m'a promis que je ne souffrirai plus ici bas.

— J'ai osé lui demander un souvenir de son affection.

— Je l'ai prié de me donner un gage de son amitié.

— Voici le même linge qui a servi à bander ses yeux au moment de sa mort.

— Voici les deux fioles qui ont servi à célébrer sa dernière messe.

— Soyez bénie, ma sœur, car je vois bien maintenant que vous êtes sa parente.

— Soyez béni, mon frère, car je ne doute plus que vous étiez son ami.

— A propos, j'oubliais une chose.

— Laquelle, mon frère?

— Il m'a recommandé de chercher un doigt qui a dû lui être coupé en même temps que sa tête, et de le réunir à ses saintes reliques.

— Il m'a bien dit de même que je trouverai dans son sang un petit fétu de paille, et m'a ordonné de le garder avec soin dans la plus petite des deux fioles.

— Cherchons.

— Cela ne doit pas être bien loin.

— Heureusement la lune nous éclaire.

— C'est encore un bienfait du saint, car depuis un mois le ciel était couvert de nuages.

— Voici le doigt que je cherchais.

— Voici le fétu dont il m'a parlé.

Et tandis que le vieillard de Pouzzoles plaçait dans un coffre le corps
et la tête du martyr, la vieille femme napolitaine, agenouillée pieusement,
recueillait avec une éponge jusqu'à la dernière goutte de son sang pré-
cieux, et en remplissait les deux fioles que le saint lui avait données lui-
même à cet effet.

C'est ce même sang qui, depuis quinze siècles, se met en ébullition toutes
les fois qu'on le rapproche de la tête du saint, et c'est dans cette ébullition
prodigieuse et inexplicable que consiste le miracle de saint Janvier.

Voilà ce que Dieu fit de saint Janvier ; maintenant voyons ce qu'en
firent les hommes.

XXI

Saint Janvier et sa Cour.

Nous ne suivrons pas les reliques de saint Janvier dans les différentes
pérégrinations qu'elles ont accomplies, et qui les conduisirent de Pouzzo-
les à Naples, de Naples à Bénévent, et les ramenèrent enfin de Bénévent
à Naples : cette narration nous entraînerait à l'histoire du moyen-âge
tout entière, et on a tant abusé de cette intéressante époque qu'elle com-
mence singulièrement à passer de mode.

C'est depuis le commencement du seizième siècle seulement que saint
Janvier a un domicile fixe et inamovible, dont il ne sort que deux fois
l'an pour aller faire son miracle à la cathédrale de Sainte-Claire. Deux
ou trois fois par hasard on dérange bien encore le saint, mais il faut de
ces grandes circonstances qui remuent un empire pour le faire sortir de
ses habitudes sédentaires ; et chacune de ces sorties devient un événe-
ment dont le souvenir se perpétue et grandit, par tradition orale, dans la
mémoire du peuple napolitain.

C'est à l'archevêché et dans la chapelle du Trésor que, tout le reste de
l'année, demeure saint Janvier. Cette chapelle fut bâtie par les nobles et
les bourgeois napolitains : c'est le résultat d'un vœu qu'ils firent simul-
tanément en 1527, épouvantés qu'ils étaient par la peste qui désola cette
année la très fidèle ville de Naples. La peste cessa, grâce à l'intercession
du saint, et la chapelle fut bâtie comme un signe de la reconnaissance pu-
blique.

A l'opposé des votans ordinaires qui, lorsque le danger est passé, ou-
blient le plus souvent le saint auquel il se sont voués, les Napolitains
mirent une telle conscience à remplir vis-à-vis de leur patron l'engage-
ment pris, que dona Catherine de Sandoval, femme du vieux comte de
Lemos, vice-roi de Naples, leur ayant offert de contribuer de son côté
pour une somme de trente mille ducats à la confection de la chapelle, ils
refusèrent cette somme, déclarant qu'ils ne voulaient partager avec au-
cun étranger, cet étranger fût-il leur vice-roi ou leur vice-reine, l'hon-
neur de loger dignement leur saint protecteur.

Or, comme ni l'argent ni le zèle ne manqua, la chapelle fut bientôt
bâtie ; il est vrai que, pour se maintenir mutuellement en bonne volonté,
nobles et bourgeois avaient passé une obligation, laquelle existe encore,
devant maître Vicenzio di Bossis, notaire public ; cette obligation porte
la date du 13 janvier 1527 : ceux qui y ont signé s'engagent à fournir
pour les frais du bâtiment la somme de 13,000 ducats ; mais il paraît qu'à
partir de cette époque il fallait déjà commencer à se défier des devis des

architectes : la porte seule coûta 135,000 francs, c'est-à-dire une somme triple de celle qui était allouée pour les frais généraux de la chapelle.

La chapelle terminée, on décida qu'on appellerait, pour l'orner de fresques représentant les principales actions de la vie du saint, les premiers peintres du monde. Malheureusement cette décision ne fut pas approuvée par les peintres napolitains, qui décidèrent à leur tour que la chapelle ne serait ornée que par des artistes indigènes, et qui jurèrent que tout rival qui répondrait à l'appel fait à son pinceau s'en repentirait cruellement.

Soit qu'ils ignorassent ce serment, soit qu'ils ne crussent pas à son exécution, le Dominiquin, le Guide et le chevalier d'Arpino accoururent ; mais le chevalier d'Arpino fut obligé de fuir avant même d'avoir mis le pinceau à la main ; le Guide, après deux tentatives d'assassinat, auxquelles il n'échappa que par miracle, quitta Naples à son tour : le Dominiquin seul, fait aux persécutions par les persécutions qu'il avait déjà éprouvées, las d'une vie que ses rivaux lui avaient rendue si triste et si douloureuse, n'écouta ni insultes ni menaces, et continua de peindre. Il fit successivement la Femme guérissant une foule de malades avec l'huile de la lampe qui brûle devant saint Janvier, la Résurrection d'un jeune homme, et la coupole, lorsqu'un jour il se trouva mal sur son échafaud : on le rapporta chez lui, il était empoisonné.

Alors les peintres napolitains se crurent délivrés de toute concurrence ; mais il n'en était point ainsi : un matin, ils virent arriver Gessi, qui venait avec deux de ses élèves pour remplacer le Guide son maître ; huit jours après, les deux élèves, attirés sur une galère, avaient disparu, sans que jamais plus depuis on entendît reparler d'eux ; alors Gessi abandonné perdit courage et se retira à son tour ; et l'Espagnolet, Corenzio, Lafranco et Stanzoni se trouvèrent maîtres à eux seuls de ce trésor de gloire et d'avenir, à la possession duquel ils étaient arrivés par des crimes.

Ce fut alors que l'Espagnolet peignit son Saint sortant de la fournaise, composition titanesque ; Stanzoni, la Possédée délivrée par le saint ; et enfin Lafranco, la coupole, à laquelle il refusa de mettre la main tant que les fresques commencées par le Dominiquin aux angles des voûtes ne seraient pas entièrement effacées.

Ce fut à cette chapelle, où l'art avait eu ses martyrs, que les reliques du saint furent confiées.

Ces reliques se conservent dans une niche placée derrière le maître-autel ; cette niche est séparée par un compartiment de marbre, afin que la tête du saint ne puisse regarder son sang, événement qui pourrait faire arriver le miracle avant l'époque fixée, puisque c'est par le contact de la tête et des fioles que le sang figé se liquéfie. Enfin elle est close par deux portes d'argent massif sculptées aux armes du roi d'Espagne Charles II.

Ces portes sont fermées elles-mêmes par deux clés dont l'une est gardée par l'archevêque, et l'autre par une compagnie tirée au sort parmi les nobles, et qu'on appelle les députés du Trésor. On voit que saint Janvier jouit tout juste de la liberté accordée aux doges, qui ne pouvaient jamais dépasser l'enceinte de la ville, et qui ne sortaient de leur palais qu'avec la permission du sénat. Si cette réclusion a ses inconvéniens, elle a bien aussi ses avantages : saint Janvier y gagne à n'être pas dérangé à toute heure du jour et de la nuit comme un médecin de village : aussi ceux qui le gardent connaissent bien la supériorité de leur position sur leurs confrères les gardiens des autres saints.

Un jour que le Vésuve faisait des siennes, et que la lave, après avoir dévoré Torre del Greco, s'acheminait tout doucement vers Naples, il y eut émeute : les lazzaroni, qui cependant avaient le moins à perdre dans tout cela se portèrent à l'archevêché, et commencèrent à crier pour qu'on sortît le buste de saint Janvier et qu'on le portât à l'encontre de l'inondation de flammes. Mais ce n'était pas chose facile que de leur accorder ce qu'ils demandaient : saint Janvier était sous double clé, et une de ces deux clés était entre les mains de l'archevêque, pour le moment en course dans la Basilicate, tandis que l'autre était entre les mains des députés, qui, occupés à déménager ce qu'ils avaient de plus précieux, couraient l'un d'un côté, l'autre de l'autre.

Heureusement le chanoine de garde était un gaillard qui avait le sentiment de la position aristocratique que son saint Janvier occupait au ciel et sur la terre : il monta sur le balcon de l'archevêché qui dominait toute la place encombrée de monde ; il fit signe de la main qu'il voulait parler, et, balançant la tête de haut en bas, en homme étonné de l'audace de ceux à qui il avait affaire :

— Vous me paraissez encore de plaisans drôles, dit-il, de venir ici crier saint Janvier comme vous viendriez crier saint Crépin ou saint Fiacre. Apprenez que saint Janvier est un monsieur qui ne se dérange pas ainsi pour le premier venu.

— Tiens, dit une voix dans la foule, Jésus-Christ se dérange bien pour le premier venu ; quand je demande le bon Dieu, est-ce qu'on me le refuse ?

— Voilà justement où je vous attendais, reprit le chanoine : de qui est fils Jésus-Christ, s'il vous plaît ? D'un charpentier et d'une pauvre fille comme vous et moi pourrions être ; tandis que saint Janvier, c'est bien autre chose. Saint Janvier est fils d'un sénateur et d'une patricienne ; c'est donc, vous le voyez, un bien autre personnage que Jésus-Christ. Allez donc chercher le bon Dieu si vous voulez ; mais quant à saint Janvier, c'est moi qui vous le dis, vous aurez beau vous réunir dix fois plus nombreux que vous n'êtes, et crier quatre fois davantage, il ne se dérangera pas, car il a le droit de ne pas se déranger.

— C'est juste, dit la foule : allons chercher le bon Dieu.

Et l'on alla chercher le bon Dieu, qui, moins aristocrate que saint Janvier, sortit de l'église de Sainte-Claire, et s'en vint suivi de son cortége populaire au lieu que réclamait sa miséricordieuse présence.

En effet, comme le disait le bon chanoine, saint Janvier est un saint aristocrate : il a un cortége de saints inférieurs qui reconnaissent sa suprématie, à peu près comme les cliens romains reconnaissaient celle de leurs maîtres : ces saints le suivent quand il sort, le saluent quand il passe, l'attendent quand il rentre : ce sont les patrons secondaires de la ville de Naples.

Voici comment se recrute cette armée de saints courtisans.

Toute confrérie, tout ordre religieux, toute paroisse, tout particulier même qui tient à faire déclarer un saint de ses amis patron de Naples, sous la présidence de saint Janvier bien entendu, n'a qu'à faire fondre une statue d'argent massif du prix de 6 à 8,000 ducats, et l'offrir à la chapelle du Trésor. La statue, une fois admise, est retenue à perpétuité

dans la susdite chapelle : à partir de ce moment, elle jouit de toutes les
prérogatives de sa présentation en règle. Comme les saints, qui au ciel
glorifient éternellement Dieu autour duquel ils forment un chœur, eux
glorifient éternellement saint Janvier. En échange de cette béatitude qui
leur est accordée , ils sont condamnés à la même réclusion que saint
Janvier ; ceux même qui en ont fait don à la chapelle ne peuvent plus
les tirer de leur sainte prison qu'en déposant entre les mains d'un notaire
du saint le double de la valeur de la statue à laquelle, soit pour son plai-
sir particulier, soit dans l'intérêt général, on désire faire voir le jour. La
somme déposée, le saint sort pour un temps plus ou moins long. Le saint
rentré, son identité constatée, le propriétaire, muni de son reçu, va
retirer la somme. De cette façon, on est sûr que les saints ne s'égareront
pas, et que, s'ils s'égarent, ils ne seront pas du moins perdus, puisque
avec l'argent déposé on en pourra faire fondre deux au lieu d'un.

Cette mesure, qui paraît arbitraire au premier abord, n'a été prise, il
faut le dire, qu'après que le chapitre de saint Janvier eut été dupe de sa
trop grande confiance : la statue de san Gaëtano, sortie sans dépôt, non
seulement ne rentra pas au jour dit, mais encore ne rentra jamais. On
eut beau essayer de charger le saint lui-même, et prétendre qu'ayant
toujours été assez médiocrement affectionné à saint Janvier, il avait pro-
fité de la première occasion qui s'était présentée pour faire une fugue ;
les témoignages les plus respectables vinrent en foule contredire cette
calomnieuse assertion, et, recherches faites , il fut reconnu que c'était
un cocher de fiacre qui avait détourné la précieuse statue. On se mit à
la poursuite du voleur ; mais comme il avait eu deux jours devant lui, il
avait, selon toute probabilité, passé la frontière ; et, si minutieuses que
fussent les recherches, elles n'amenèrent aucun résultat. Depuis ce mal-
heureux jour, une tache indélébile s'étendit sur la respectable corporation
des cochers de fiacre, qui jusque-là, à Naples, comme en France, avaient
disputé aux caniches la suprématie de la fidélité, et qui, à partir de ce
moment, n'osèrent plus se faire peindre revenant au domicile de la pra-
tique une bourse à la main. Il y a plus, si vous avez discussion avec le
cocher de fiacre, et que vous croyiez que la discussion vaille la peine
d'appliquer à votre adversaire une de ces immortelles injures que le sang
seul peut effacer, ne jurez ni par la pasque-Dieu, comme jurait Louis XI,
ni par ventre-saint-gris, comme jurait Henri IV : jurez tout bonnement
par san Gaëtano, et vous verrez votre ennemi altéré tomber à vos pieds
pour vous demander excuse, s'il ne se relève pas, au contraire, pour vous
donner un coup de couteau.

Comme on le comprend bien, les portes du Trésor sont toujours ouvertes
pour recevoir les statues des saints qui désirent faire partie de la cour
de saint Janvier, et cela sans aucune investigation de date, sans que le
récipiendaire ait besoin de faire ses preuves de 1399 ou de 1426 ; la
seule règle exigée, la seule condition *sine qua non*, c'est que la statue
soit d'argent pur et qu'elle pèse le poids.

Cependant la statue serait d'or et pèserait le double, qu'on ne la refu-
serait point pour cela ; les seuls jésuites, qui, comme on le sait, ne né-
gligent aucun moyen de maintenir ou d'augmenter leur popularité, ont
déposé cinq statues au Trésor dans l'espace de moins de trois ans.

Ces détails étaient nécessaires pour nous amener au miracle de saint
Janvier, qui depuis plus de mille ans fait tous les six mois tant de bruit,

non seulement dans la ville de Naples, mais encore par tout le monde.

XXII

Le Miracle.

Nous nous trouvions fort heureusement à Naples lors du retour de cette époque solennelle.

Huit jours auparavant, on commença à sentir la ville s'agiter, comme c'est l'habitude à l'approche de quelque grand événement : les lazzaroni criaient plus haut et gesticulaient plus fort ; les cochers devenaient insolens, et faisaient leurs conditions au lieu de les recevoir ; enfin, les hôtels s'emplissaient d'étrangers, qu'amenaient de Rome les diligences, ou qu'apportaient de Civita-Vecchia et de Palerme les bateaux à vapeur.

Il y avait aussi recrudescence de carillons ; tout à coup une cloche se mettait à sonner hors de son heure : on courait à l'église d'où partait ce bruit pour s'informer des motifs de ce concert inattendu ; le lazzarone, qui s'ébattait en pendillant au bout de sa corde, vous répondait tout bonnement que la cloche sonnait parce qu'elle était joyeuse.

Le Vésuve, de son côté, lançait une fumée plus noire le jour et plus rouge la nuit ; le soir, à la base de cette colonne de vapeur qui montait en tournoyant, et qui s'épanouissait dans le ciel comme la cime d'un pin gigantesque, on voyait surgir des langues de flamme pareilles aux dards d'un serpent. Tout le monde parlait d'une éruption prochaine ; et, à force de l'entendre annoncer comme inévitable, nous avions fini par compter dessus, et la classer à son endroit dans le programme de la fête.

La surveille, toutes les populations voisines commencèrent à déborder dans la ville : c'étaient les pêcheurs de Sorrente, de Resina, de Castellamare et de Capri, dans leurs plus beaux costumes ; c'étaient les femmes d'Ischia, de Nettuno, de Procida et d'Averse, dans leurs plus riches atours. Au milieu de toute cette foule diaprée, joyeuse, dorée, bruyante, passait de temps en temps une vieille femme, aux cheveux gris épars comme ceux de la sibylle de Cumes, criant plus haut, gesticulant plus fort que tout le monde, fendant la presse sans s'inquiéter des coups qu'elle donnait ; entourée au reste par tout son chemin de respect et de vénération : c'était une des nourrices ou des parentes de saint Janvier : toutes les vieilles femmes, de Sainte-Lucie à Mergellina, sont parentes de saint Janvier et descendent de celle que l'aveugle guéri rencontra dans le cirque de Pouzzoles, recueillant dans une fiole le sang du saint.

Toute la nuit les cloches sonnèrent à folles volées : on eût dit qu'un tremblement de terre les mettait en branle, tant elles carillonnaient, isolées les unes des autres et dans une indépendance tout individuelle.

La veille du miracle, nous fûmes réveillés à dix heures du matin par une rumeur effroyable. Nous mîmes le nez à la fenêtre, les rues semblaient des canaux roulant à pleins bords la population de Naples et des environs ; toute cette foule se rendait à l'archevêché pour prendre sa place à la procession. Cette procession va de la chapelle au Trésor, domicile habituel de saint Janvier, à la cathédrale de Sainte-Claire, métropole des rois de Naples ; et dans laquelle le saint doit accomplir son miracle.

Nous suivîmes la foule, et nous allâmes gagner la maison de Duprez, qui demeurait justement sur le passage de la procession, et qui nous avait offert place à ses fenêtres.

Nous mîmes plus d'une heure à faire cinq cents pas.

Par bonheur, la procession, qui part de l'archevêché avant le jour, n'arrive à la cathédrale qu'à la nuit fermée : il lui faut d'ordinaire quatorze ou quinze heures pour accomplir un trajet d'un kilomètre à peu près.

Elle se compose, comme nous l'avons dit, non seulement de la ville tout entière, mais encore des populations environnantes, divisées par castes et confréries. La noblesse doit marcher la première, puis viennent les corporations. Malheureusement, grâce au caractère parfaitement indépendant de la nation napolitaine, personne ne garde ses rangs ; j'étais depuis une heure à la fenêtre, demandant quand viendrait la procession à tous mes voisins, qui, étrangers comme moi, se faisaient les uns aux autres la même question, lorsqu'un Napolitain survint et nous dit que cette foule plus ou moins endimanchée, ces ouvriers poudrés à blanc, habillés de noir, de vert, de rouge, de jaune et de gorge de pigeon, avec leurs culottes courtes de mille couleurs, leurs bas chinés, escarpins à boucles, marchant par groupes de quinze ou vingt, s'arrêtant pour causer avec leurs connaissances, faisant halte pour boire à la porte des cabarets, criant pour qu'on leur apportât des tranches de cocomero et des verres de sambuco, étaient la procession elle-même.

Ce fut un trait de lumière : je regardai plus attentivement, et je vis en effet une double ligne de soldats placée sur toute la longueur de la rue, portant au bras le fusil orné d'un bouquet, et destinée comme une digue à resserrer le torrent dans son lit ; mission dont, malgré toute sa bonne volonté et la rigueur de la consigne, elle ne pouvait parvenir à s'acquitter.

La procession, que je reconnaissais maintenant pour telle, s'en allait vagabonde et indépendante, comme la Durance, battant de ses flots les maisons, et de préférence la porte des cabarets ; s'arrêtant tout à coup sans qu'il y eût une cause visible à cette station ; se remettant en marche sans qu'on pût deviner le motif qui lui rendait le mouvement ; pareille, enfin, à ces fleuves aux cours contraires, dont il est, grâce à leur double remou, presque impossible de distinguer la véritable direction.

Au milieu de tout cela, on voyait de temps en temps briller le riche uniforme d'un officier napolitain, marchant nonchalamment, un cierge renversé à la main, et escorté de quatre ou cinq lazzaroni, se heurtant, se culbutant, se renversant, pour recueillir dans un cornet de papier gris la cire tombant de son cierge ; tandis que l'officier, la tête haute, sans s'occuper de ce qui se passait à ses pieds, faisait largesse de sa cire, lorgnait les dames amassées aux fenêtres et sur les balcons, lesquelles, tout en ayant l'air de jeter des fleurs sur le chemin de la procession, lui envoyaient leurs bouquets en échange de ses clins d'œil.

Puis venaient, précédés de la croix et de la bannière, mêlés au peuple, dont le flot les enveloppait sans cesse en les isolant les uns des autres, des moines de tous les ordres et de toutes couleurs : capucins, chartreux, dominicains, camaldules, carmes chaussés et déchaussés ; les uns au corps gras, gros, rond, court, avec une tête enluminée posée carrément sur de larges épaules : ceux-là s'en allaient causant, chantant, offrant du tabac aux maris, donnant des consultations aux femmes enceintes, et er-

gardant, peut-être un peu plus charnellement que ne le permettait la règle de
leur ordre, les jeunes filles groupées sur les bornes ou appuyées sur l'épaule
des soldats pour les voir passer ; les autres, maigris par le jeûne, pâlis
par l'abstinence, affaiblis par les austérités , levant au ciel leur front
jaune, leurs joues livides et leurs yeux caves ; marchant sans voir où le
flot humain les emportait ; fantômes vivans , qui s'étaient fait un enfer
de ce monde, dans l'espoir que cet enfer les conduirait droit au paradis,
et qui recueillaient en ce moment le fruit de leurs douleurs claustrales,
par le respect craintif et religieux dont ils étaient environnés.

/ C'était l'endroit et l'envers de la vie monastique.

De temps en temps , lorsque les stations étaient trop longues, ou
lorsque le désordre était trop grand, le ceremoniere lâchait sur les traî-
nards ses estafiers armés d'une longue baguette d'ébène, comme fait le
berger en envoyant ses chiens après les moutons récalcitrans; alors,
cédant à cette mesure de répression, les buveurs, les causeurs et les pri-
seurs finissaient par reprendre tant bien que mal un rang quelconque,
et la procession faisait quelques pas en avant.

Cependant, comme on le comprend bien, cette procession qui n'avait
pas encore de queue avait une tête; vers les onze heures du matin cette
tête arrivait à la cathédrale, entrait par la porte du milieu, et commen-
çait à déposer ses bouquets et ses cierges devant l'autel où était exposé
le buste de saint Janvier ; puis, ressortant par les portes latérales, cha-
cun s'en allait à sa besogne : les moines à leurs dîners, les officiers à
leurs amours, les corporations à leur sieste, les lazzaroni à de nouveaux
cierges.

Et ainsi de suite, au fur et à mesure que les masses se succédaient.

Les masses se succédèrent ainsi jusqu'à six heures du soir ; à six
heures du soir, la procession commença à prendre une forme un peu plus
régulière.

Dabord nous vîmes paraître , précédée par des bouffées d'harmonie
qui, entre toutes les rumeurs populaires , étaient déjà venues jusqu'à
nous, la musique des gardes royales, exécutant les airs les plus à la
mode de Rossini, de Mercadante et de Donizetti ; ensuite les séminaristes
en surplis , et marchant deux à deux dans le plus grand ordre ; puis
enfin les soixante-quinze statues d'argent des patrons secondaires de la
ville de Naples , lesquels, comme nous l'avons dit , forment la cour de
saint Janvier.

A l'approche des ces statues, un autre spectacle nous attendait ; on
nous l'avait réservé pour le dernier, sans doute parce qu'il était le plus
curieux.

Comme nous l'avons dit, les saints qui composent le cortége de saint
Janvier ne sont pas choisis dans l'aristocratie du calendrier, mais, au con-
traire, parmi les parvenus de la finance : il en résulte qu'il y a sur les
élus de la Chaussée-d'Antin napolitaine bien des choses à dire et même
des cancans de faits; et comme le peuple, ainsi que nous l'avons dit,
met saint Janvier au dessus de toute chose, et ne voit rien, ni avant, ni
après lui, ces saints, subordonnés à leur bienheureux patron, sont, à
mesure qu'ils paraissent , exposés aux quolibets les plus piquans et les
plus réitérés ; ce qui ne serait pas encore trop grand'chose pour les
saints; mais ce qui devient grave pour eux, c'est qu'il n'y a pas une
peccadille de la vie publique ou privée ces malheureux élus qui échappe

à la censure des spectateurs. On reproche à saint Paul son idolâtrie, à saint Pierre ses trahisons, à saint Augustin ses fredaines, à sainte Thérèse son extase, à saint François Borgia ses principes , à saint Antoine son usurpation, à saint Gaëtan son insouciance ; et cela, en des termes, avec des cris, avec des vociférations , avec des gestes qui font le plus grand honneur au bon caractère des saints , et qui prouvent qu'à la tête des vertus qui leur ont ouvert le paradis marchaient la patience et l'humilité.

Chacune de ces statuts s'avançait, portée sur les épaules de six fachini et précédée par six prêtres, et chacune d'elles soulevait tout le long de sa route le houra toujours prolongé et toujours croissant que nous avons dit.

Puis, ainsi apostrophées , les statues arrivent enfin à l'église Sainte-Claire, font humblement la révérence à saint Janvier, qui est exposé sur le côté droit de l'autel, et se retirent.

Après les saints vient l'archevêque , porté dans une riche litière et tenant en main les fioles du sang miraculeux.

L'archevêque dépose ses fioles dans le tabernacle, puis tout est fini pour ce jour-là.

Chacun s'en retourne à ses amours, à ses plaisirs ou à ses affaires ; les cloches seules n'ont point de repos et continuent de sonner avec une allégresse qui ressemble au désespoir.

Ce branle universel et continuel dura toute la nuit.

A sept heures du matin nous nous levâmes; Naples se précipitait vers l'église Sainte-Claire : il ne s'agissait, cette fois, ni de demander les chevaux ni d'appeler sa voiture ; la circulation de tout véhicule était interdite. Nous descendîmes nos deux étages, nous nous arrêtâmes un instant sur la porte, puis nous nous abandonnâmes à la foule et nous laissâmes emporter par le tourbillon.

Le torrent nous mena droit à l'église de Sainte-Claire. Le vaste édifice était encombré ; mais, grâce à l'ambassade française, nous avions eu des billets réservés. A la vue de nos *posti distinti*, les sentinelles nous firent faire place et nous gagnâmes nos tribunes.

Voici le spectacle que présentait l'église :

Sur le maître-autel étaient : d'un côté, le buste de saint Janvier ; de l'autre, la fiole contenant le sang.

Un chanoine était de garde devant l'autel. ·

A droite et à gauche de l'autel, étaient deux tribunes ;

La tribune de gauche, chargée de musiciens attendant, leurs instrumens à la main, que le miracle se fît pour le célébrer ;

La tribune de droite, encombrée de vieilles femmes s'intitulant parentes de saint Janvier et se chargeant d'activer le miracle si par hasard le miracle se faisait attendre.

Au bas des marches de l'autel s'étendait une grande balustrade où venaient tour à tour s'agenouiller les fidèles ; le chanoine alors prenait la fiole, la leur faisait baiser, leur montrait le sang parfaitement coagulé ; puis les fidèles satisfaits se retiraient pour faire place à d'autres, qui venaient baiser la fiole à leur tour, constater de leur côté la coagulation du sang, puis se retiraient encore cédant la place a leurs successeurs, et ainsi de suite.

Les mêmes peuvent revenir trois, quatre, cinq et six fois, tant qu'ils veulent enfin ; seulement ils ne peuvent pas rester deux fois de suite :

une fois la fiole baisée, une fois la coagulation du sang constatée, il faut qu'ils se retirent.

Le reste de l'église forme une mer de têtes humaines, au dessus de laquelle apparaissent comme des îles chargées de femmes, d'hommes, de plumes, de crachats , de rubans, d'épaulettes et d'écharpes ; la tribune des princes, la tribune des ambassadeurs et la tribune *dei posti distinti*.

Princes, ambassadeurs, *posti distinti* peuvent descendre de leur échafaudage, aller baiser la fiole, constater la coagulation du sang et revenir à leur place : seulement, pendant ce trajet, ils risquent d'être étouffés comme de simples mortels.

La première chose que nous fîmes fut de nous agenouiller à la balustrade ; le chanoine de garde nous présenta la fiole , que nous baisâmes ; puis il nous fit voir le sang desséché, qui se tenait collé aux parois.

Nous revînmes prendre notre place : Jadin laissa dans le trajet un pan de son habit, moi un mouchoir de poche.

Puis nous attendîmes.

Les foules se succédèrent ainsi depuis le moment de notre entrée, c'est-à-dire depuis trois heures du matin, jusqu'à huit heures de l'aprèsmidi. A trois heures de l'après-midi, des murmures commencèrent à se faire entendre , et quelques malintentionnés répandaient le bruit que le miracle ne se ferait pas.

Vers trois heures et demie, les murmures augmentèrent d'une façon effrayante : cela commençait par une espèce de plainte, et cela montait jusqu'aux rugissemens. Les parentes de saint Janvier jetèrent quelques injures au saint qui se faisait ainsi prier.

A quatre heures, il y avait presque émeute : on trépignait , on vociférait, on montrait des poings ; le chanoine de garde (on avait renouvelé les chanoines d'heure en heure) s'approcha de la balustrade et dit :

— Il y a sans doute des hérétiques dans l'assemblée. Que les hérétiques sortent, ou le miracle ne se fera pas.

A ces mots, une clameur épouvantable s'éleva de toutes les parties de la cathédrale, hurlant : — Dehors les hérétiques ! à bas les hérétiques ! à mort les hérétiques !

Une douzaine d'Anglais, qui étaient aux tribunes, descendirent alors de leur échafaudage, au milieux des cris, des huées et des vociférations de la foule ; une escouade de fantassins, conduite par un officier, l'épée nue à la main, les enveloppa, afin qu'ils ne fussent pas mis en pièces par le peuple, et les accompagna hors de l'église , où je ne sais pas ce qu'ils devinrent.

Leur expulsion amena un moment de silence, pendant lequel la foule, émue et soulevée, reprit le mouvement qui la reportait vers l'autel pour baiser la fiole, et s'éloignait de l'autel quand la fiole était baisée.

Une heure à peu près s'écoula dans l'attente, et sans que le miracle se fît. Pendant cette heure, la foule fut assez tranquille ; mais c'était le calme qui précède l'orage. Bientôt les rumeurs recommencèrent, les grondemens se firent entendre de nouveau, quelques clameurs sauvages et isolées éclatèrent. Enfin, cris tumultueux, vociferations, grondemens, rumeurs, se fondirent dans un rugissement universel dont rien ne peut donner une idée.

Le chanoine demanda une seconde fois s'il y avait des hérétiques dans l'assemblée ; mais cette fois personne ne répondit. Si quelque malheureux

Anglais, Russe ou Grec se fût dénoncé en répondant à cet appel, il eût été certainement mis en morceaux, sans qu'aucune force militaire, sans qu'aucune protection humaine eût pu le sauver.

Alors les parentes de saint Janvier se mêlèrent à la partie : c'était quelque chose de hideux que ces vingt ou trente mégères arrachant leur bonnet de rage, menaçant saint Janvier du poing, invectivant leur parent de toute la force de leurs poumons, hurlant les injures les plus grossières, vociférant les menaces les plus terribles, insultant le saint sur son autel, comme une populace ivre eût pu faire d'un parricide sur un échafaud.

Au milieu de ce sabbat infernal, tout à coup le prêtre éleva la fiole en l'air, criant : — Gloire à saint Janvier, le miracle est fait !

Aussitôt tout changea.

Chacun se jeta la face contre terre. Aux injures, aux vociférations, aux cris, aux clameurs, aux rugissemens, succédèrent les gémissemens, les plaintes, les pleurs, les sanglots. Toute cette populace, folle de joie, se roulait, se relevait, s'embrassait, criant : — Miracle ! miracle ! et demandait pardon à saint Janvier, en agitant ses mouchoirs trempés de larmes, des excès auxquels elle venait de se porter à son endroit.

Au même instant, les musiciens commencèrent à jouer et les chantres à chanter le *Te Deum*, tandis qu'un coup de canon tiré au fort Saint-Elme, et dont le bruit vint retentir jusque dans l'église, annonçait à la ville et au monde, *urbi et orbi*, que le miracle était fait.

En effet, la foule se précipita vers l'autel, nous comme les autres. Ainsi que la première fois, on nous donna la fiole à baiser ; mais, de parfaitement coagulé qu'il était d'abord, le sang était devenu parfaitement liquide.

C'est, comme nous l'avons dit, dans cette liquéfaction que consiste le miracle.

Et il y avait bien véritablement miracle, car c'était toujours la même fiole ; le prêtre ne l'avait touchée que pour la prendre sur l'autel et la faire baiser aux assistans, et ceux qui venaient de la baiser ne l'avaient pas un instant perdue de vue.

La liquéfaction s'était faite au moment où la fiole était posée sur l'autel, et où le prêtre, à dix pas de la fiole à peu près, apostrophait les parentes de saint Janvier.

Maintenant, que le doute dresse sa tête pour nier, que la science élève sa voix pour contredire ; voilà ce qui est, voilà ce qui se fait, ce qui se fait sans mystère, sans supercherie, sans substitution, ce qui se fait à la vue de tous. La philosophie du dix-huitième siècle et la chimie moderne y ont perdu leur latin : Voltaire et Lavoisier ont voulu mordre à cette fiole, et, comme le serpent de la fable, ils y ont usé leurs dents.

Maintenant, est-ce un secret gardé par les chanoines du Trésor et conservé de génération en génération depuis le quatrième siècle jusqu'à nous ?

Cela est possible ; mais alors cette fidélité, on en conviendra, est plus miraculeuse encore que le miracle.

J'aime donc mieux croire tout bonnement au miracle ; et, pour ma part, je déclare que j'y crois.

Le soir, toute la ville était illuminée et l'on dansait dans les rues.

XXIII

Saint Antoine usurpateur.

Maintenant, et après ce que nous venons de dire de la popularité de saint Janvier, croirait-on une chose? C'est que, comme une puissance terrestre, comme un simple roi de chair et d'os, comme un Stuart, ou comme un Bourbon, un jour vint où saint Janvier fut détrôné.

Il est juste d'ajouter que c'était en 99, époque du détrônement général sur la terre comme au ciel; il est vrai de dire que c'était pendant cette période étrange où Dieu lui-même, chassé de son paradis, eut besoin, pour reparaître en France sous le nom de l'Être-Suprême, d'un laissez-passer de la Convention nationale signé par Maximilien Robespierre.

Ceux qui douteront de la chose pourront, en passant dans le faubourg du Roule, jeter les yeux sur le fronton de l'église Saint-Philippe; ils y liront encore cette inscription, mal effacée :

« Le peuple français reconnaît l'existence de l'Être-Suprême et l'immortalité de l'âme. »

Or, comme nous le disions, ce fut en 1799, dans le seizième siècle du patronat de saint Janvier, MM. Barras, Rewbel, Gohier et autres régnant en France sous le nom de directeurs, que la chose arriva.

Voici à quelle occasion :

Le 23 janvier 1799, après une défense de trois jours, pendant lesquels les lazzaroni, armés de pierres et de bâtons seulement, avaient tenu tête aux meilleures troupes de la république, Naples s'était rendue à Championnet, et, grâce à un discours que le général en chef avait fait aux Napolitains dans leur propre langue, et par lequel il leur avait prouvé que tout ce qui s'était passé était un malentendu, l'armée républicaine avait fait son entrée dans la ville, criant : — Vive saint Janvier! tandis que de leur côté les lazzaroni criaient : — Vivent les Français !

Pendant la nuit, on enterra quatre mille morts, victimes de ce malentendu, et tout fut dit.

Cependant, comme on le pense bien, cette entrée, toute fraternelle qu'elle était, avait amené un changement notable dans les affaires du gouvernement : le parti républicain l'emportait; il se mit donc à établir une république, laquelle prit le nom de république parthénopéenne.

Le jour où elle fut proclamée, il y eut un grand banquet que le général Championnet donna aux membres du nouveau gouvernement, dans l'ancien palais du roi, devenu palais national.

Ce banquet réjouit beaucoup les lazzaroni, qui virent dîner leurs représentans, et qui s'assurèrent que les libéraux n'étaient point des anthropophages, comme on le leur avait dit.

Le lendemain, le général Championnet, suivi de tout son état-major, se transporta en grande pompe dans la cathédrale de Sainte-Claire, pour rendre grâces à Dieu du rétablissement de la paix, adorer les reliques de saint Janvier, et implorer sa protection pour la ville de Naples, malgré son changement de gouvernement.

Cette cérémonie, à laquelle assista autant de peuple que l'église put en contenir, fut fort agréable aux lazzaroni, qui reconnurent, vu le silence du saint et le recueillement du général et de son état-major, que les Français n'étaient point des hérétiques, comme on le leur avait assuré.

Le surlendemain on planta des arbres de la Liberté sur toutes les places de Naples, au son de la musique militaire française et de la musique civile napolitaine.

Cet essai d'horticulture championn'enne mit le comble à l'enthousiasme des lazzaroni, qui aiment la musique et qui adorent l'ombre.

Alors commencèrent ce que l'on appelle les réformes; ce fut la pierre d'achoppement de la nouvelle république.

On abolit les droits sur le vin, et le peuple laissa faire sans rien dire.

On abolit les droits sur le tabac, et le peuple toléra encore cette abolition.

On abolit le droit sur le sel, et le peuple commença à murmurer.

On abolit les droits sur le poisson, et le peuple cria plus fort.

Enfin, on abolit le titre d'excellence, et le peuple se fâcha tout à fait.

Bon et excellent peuple, qui regardait chaque abolition d'impôt comme un outrage fait à ses droits, et qui pourtant ne se révolta réellement que lorsqu'on abolit le titre d'excellence, qui cependant, comme il le disait lui-même, n'avait rien fait au nouveau gouvernement.

Malheureusement, le nouveau gouvernement ne tint aucun compte des réclamations des lazzaroni, et continua ses réformes, fier et fort qu'il était de l'appui de l'armée française.

Mais cet appui, comme on le comprend bien, révéla aux Napolitains qu'il y avait connivence entre l'armée française et le gouvernement qui les opprimait en leur enlevant les uns après les autres leurs impôts les plus anciens et les plus sacrés. Dès lors les Français, d'abord combattus comme des hérétiques, puis accueillis comme des libérateurs, puis fêtés comme des frères, furent regardés comme des ennemis, et le bruit commença à se répandre, du château de l'Œuf à Capo-di-Monte, et du pont de la Maddalena à la grotte de Pouzzoles, que saint Janvier, pour punir la ville de Naples de la confiance qu'elle avait eue en eux, ne ferait point son miracle le premier dimanche du mois de mai, comme c'est son habitude de le faire depuis quatorze siècles au jour sus-indiqué.

Cette désastreuse nouvelle fit grande sensation; chacun en s'abordant se demandait : — Avez-vous entendu dire que saint Janvier ne fera pas son miracle cette année? On se répondait : — Je l'ai entendu dire; et les interlocuteurs, regardant le ciel en soupirant, secouaient la tête et se quittaient en murmurant :

— C'est la faute de ces gueux de Français !

Bientôt on commença, aux heures de l'appel, à remarquer des absences dans les rangs. Le rapport en fut fait au général Championnet, qui ne douta point un seul instant que les absents n'eussent été jetés à la mer.

Quelques jours avant celui où le miracle devait avoir lieu, on trouva trois soldats inanimés : un dans la rue Porta-Capouana, le second dans la rue Saint-Joseph, le troisième sur la place du Marché-Neuf.

Un d'eux avait encore dans la poitrine le couteau qui l'avait tué, et au manche du couteau était attachée cette inscription :

« Meurent ainsi tous ces hérétiques de Français, qui sont cause que saint Janvier ne fera pas son miracle ! »

Le général Championnet vit alors qu'il était fort important pour son salut et pour le salut de l'armée que le miracle se fît.

Il décida donc que d'une façon ou de l'autre le miracle se ferait.

A mesure que le premier dimanche de mai approchait, les démonstrations devenaient plus hostiles et les menaces plus ouvertes.

La veille du grand jour arriva : la procession eut lieu comme d'habitude ; seulement, au lieu de défiler entre deux lignes de soldats napolitains, elle défila entre une haie de grenadiers français et une haie de troupes indigènes.

Toute la nuit les patrouilles furent faites, moitié par les soldats de la république parthénopéenne, et moitié par les soldats de la république française. Il y avait pour les deux nations un même mot d'ordre franco-italien.

La nuit, quelques cloches isolées sonnèrent ; mais au lieu de ce joyeux carillon qui leur est habituel, elles ne jetèrent dans l'air que de lugubres volées. Ces tintemens rappelèrent au général Championnet celui des Vêpres Siciliennes, et il promit de ne pas se laisser surprendre comme l'avait fait Charles d'Anjou.

Le matin, chacun s'avança vers l'église de Sainte-Claire morne et silencieux. C'était un trop grand contraste avec le caractère napolitain pour qu'il ne fût pas remarqué. Le général, à l'exception des hommes de service, consigna les soldats dans les casernes, en leur donnant l'ordre de se tenir prêts à marcher au premier appel.

La journée s'écoula sous un aspect sombre et menaçant. Cependant, comme le miracle ne s'accomplit d'ordinaire que de trois à six heures du soir, jusque-là il n'y eut encore trop rien à dire ; mais cette heure arrivée, les vociférations commencèrent ; seulement, cette fois, au lieu de s'adresser au saint, c'était les Français qu'elles attaquaient. Comme le général assistait à la cérémonie avec son état-major et qu'il entendait parfaitement le patois napolitain, il ne perdit pas un mot de toutes les menaces qui lui étaient faites.

A six heures, les vociférations se changèrent en hurlemens, les bras commencèrent à sortir des manteaux et les couteaux à sortir des poches. Bras et couteaux se dirigeaient vers le général et vers son état-major, qui demeuraient aussi impassibles que s'ils n'eussent rien compris ou que si la chose ne les eût point regardés.

A huit heures, c'étaient des rugissemens à ne plus s'entendre, ceux de la rue répondaient à ceux de l'église ; les grenadiers regardaient le général pour savoir si eux aussi ne tireraient pas la baïonnette. Le général était impassible.

A huit heures et demie, comme le tumulte redoublait, le général se pencha vers un aide-de-camp et lui dit quelques mots à l'oreille. L'aide-de-camp descendit de l'échafaudage, traversa la double haie de soldats français et napolitains qui conduisait au chœur, se mêla à la foule des fidèles qui se pressaient pour aller baiser la fiole, arriva jusqu'à la balustrade, se mit à genoux et attendit son tour.

Au bout de cinq minutes, le chanoine prit sur l'autel la fiole renfermant le sang parfaitement coagulé ; ce qui était, vu l'heure avancée, une grande preuve de la colère de saint Janvier contre les Français ; la leva en l'air, pour que personne ne doutât de l'état dans lequel elle était ; puis il commença à la faire baiser à la ronde.

Lorsqu'il arriva devant l'aide-de-camp, celui-ci, tout en baisant la fiole, lui prit la main. Le chanoine fit un mouvement.

— Un mot, mon père, dit le jeune officier.

— Que me voulez-vous? demanda le prêtre.

— Je veux vous dire, de la part du général en chef, reprit l'aide-de-camp, que si dans dix minutes le miracle n'est pas fait, dans un quart d'heure vous serez fusillé.

Le chanoine laissa tomber la fiole, que le jeune aide-de-camp rattrapa heureusement avant qu'elle n'eût touché la terre, et qu'il lui rendit aussitôt avec les marques de la plus profonde dévotion; puis il se leva, et revint prendre sa place près du général.

— Eh bien? dit Championnet.

— Eh bien! dit l'aide-de-camp, soyez tranquille, général, dans dix minutes le miracle sera fait.

L'aide-de-camp avait dit la vérité : seulement il s'était trompé de cinq minutes. Au bout de cinq minutes, le chanoine leva la fiole en criant :

— *Il miracolo e fatto.* Le sang était en pleine liquéfaction.

Mais au lieu de cris de joie et de transports d'allégresse qui accueillaient ordinairement cette heure solennelle, toute cette foule, déçue dans son espoir, s'écoula dans un morne silence : la promesse faite au nom de saint Janvier n'avait pas été tenue; malgré la présence des Français, le miracle s'était accompli. Saint Janvier ne les regardait donc pas comme des ennemis; c'était à n'y plus rien comprendre; et comme ni le chanoine ni le général ne révélèrent pour le moment la petite conversation qu'ils avaient eue ensemble par l'organe du jeune aide-de-camp, personne en effet n'y comprit rien.

Il en résulta que de mauvais soupçons planèrent sur saint Janvier : on l'accusa tout bas de s'être laissé séduire par de belles paroles, et de tourner tout doucement au républicanisme.

Ce bruit fut la première atteinte portée au pouvoir spirituel et temporel de saint Janvier.

Nous avons dit ailleurs comment les choses suivirent un autre cours que celui auquel on s'attendait. Les Français, battus dans l'Italie occidentale, rappelèrent les troupes qui occupaient Naples : le général Macdonald, qui avait remplacé le général Championnet, évacua la capitale, laissant la république parthénopéenne à elle-même. Trois mois après, la pauvre république n'existait plus.

Il y eut alors une réaction terrible contre tout ce qui avait subi l'influence du parti français. Nous avons raconté les supplices de Caracciolo, d'Hector Caraffa, de Cirillo et d'Éléonore Pimentale; pendant deux mois, Naples fut une vaste boucherie. Que ceux qui en ont le courage ouvrent Coletta et fassent avec lui le tour de cet effroyable charnier.

Cependant, lorsque les lazzaroni eurent tout tué ou tout proscrit, force leur fut de s'arrêter. On regarda alors de tous côtés, pour voir si l'on n'avait oublié personne, avant de déraciner les potences, de démonter les échafauds et d'éteindre les bûchers; tout était muet et désert comme une tombe; il n'y avait que des bourreaux sur les places, des spectateurs aux fenêtres, mais plus de victimes.

Quelqu'un pensa alors à saint Janvier, lequel avait fait son miracle d'une façon si anti-nationale et surtout si inattendue.

Mais saint Janvier n'était pas une de ces puissances d'un jour, à laquelle on s'attaque sans s'inquiéter de ce qu'il en résultera : saint Janvier avait vu passer les Grecs, les Goths, les Sarrasins, les Normands, les Souabes, les Angevins, les Espagnols, les vice-rois et les rois, et saint

Janvier était toujours debout ; de sorte que ce fut tout bas et presque en tremblant que le premier qui accusa saint Janvier formula son accusation.

Mais, justement à cause de cette longue popularité, saint Janvier avait au fond beaucoup plus d'ennemis qu'on ne lui en connaissait. Si bienveillant, si puissant, si attentif qu'il fût, il lui avait été impossible, au milieu du concert de demandes qui monte éternellement jusqu'à lui, d'entendre et d'exaucer tout le monde ; il s'était donc, sans qu'il s'en doutât lui-même, fait une foule de mécontens, lesquels n'osaient rien dire tant qu'ils se croyaient isolés, mais se rallièrent immédiatement au premier accusateur qui éleva la voix ; il en résulta que, contre son attente, celui-ci eut un succès auquel il ne s'était pas attendu.

Du moment qu'on n'avait pas mis l'accusateur en pièces, on l'éleva sur un pavois : aussitôt chacun fit chorus ; il n'y eut pas jusqu'au plus petit lazzarone qui ne formulât sa petite accusation. Saint Janvier, d'abord soupçonné d'indifférence, fut bientôt taxé de trahison ; on l'appela libéral, on l'appela révolutionnaire, on l'appela jacobin. On courut à la chapelle du Trésor, qu'on pilla préalablement ; puis on prit la statue du saint, on lui attacha une corde au cou, on la traîna sur le Môle, on la jeta à la mer.

Quelques voix s'élevèrent bien parmi les pêcheurs contre cette exécution, qui sentait son 2 septembre d'une lieue ; mais ces voix furent aussitôt couvertes par les vociférations de la populace, qui criait : — *A bas saint Janvier ! saint Janvier à la mer !*

Saint Janvier subit donc une seconde fois le martyre, et fut jeté dans les flots ; il est vrai que cette fois il était exécuté en effigie.

Mais saint Janvier ne fut pas plus tôt à la mer que la ville de Naples se trouva sans patron, et que, habituée comme elle l'était à une protection miraculeuse, elle sentit de la façon la plus déplorable l'isolement dans lequel elle se trouvait.

Son premier mouvement, son mouvement naturel, fut de recourir à l'un de ses soixante-quinze patrons secondaires, et de lui transmettre la survivance de saint Janvier.

Malheureusement ce n'était pas chose facile à faire ; les saints supérieurs étaient occupés ailleurs : saint Pierre avait Rome, saint Paul avait Londres, saint François avait Assise, saint Charles Borromée Arona ; chacun enfin avait sa ville qu'il avait toujours protégée comme saint Janvier avait protégé Naples, et il n'y avait pas lieu d'espérer que, quelque espérance d'avancement que lui donnât cette nouvelle nomination, il abandonnât son peuple pour un peuple nouveau. D'un autre côté, en partageant son patronage, il y avait à craindre que le saint n'eût plus de besogne qu'il n'en pouvait faire, et n'étreignît mal pour trop embrasser. Restaient, il est vrai, les saintes, qui, grâce à l'établissement presque général de la loi salique, ont plus de temps à elles que les saints ; mais c'était un pauvre successeur à donner à saint Janvier qu'une femme, et les Napolitains étaient trop fiers pour laisser ainsi tomber le patronage de leur ville en quenouille.

Pendant ce temps, toutes sortes de brigues s'ourdissaient : chacun présentait son saint, exagérait ses mérites, doublait ses qualités, s'engageait pour lui et en son nom, répondait de sa bonne volonté ; il n'y eut pas jusqu'à saint Gaëtan qui n'eût ses prôneurs. Mais on comprend que c'était un mauvais antécédent pour le saint que de s'être laissé voler lui-même, et de n'avoir pas pu se retrouver. Aussi san Gaëtan n'eut-il pas un instant de chance, et ne fut-il nommé que pour mémoire.

On résolut de faire un conclave où les mérites des prétendans seraient examinés, et d'où sortirait le plus digne. Les noms des soixante-quinze saints furent proclamés ; après chaque proclamation, chacun eut la liberté de se lever et de dire en faveur du dernier nommé tout ce que bon lui semblerait ; la liberté entière du vote fut accordée ; et, pour que ces votes fussent essentiellement libres, on décréta que le scrutin serait secret.

Au troisième tour de scrutin, saint Antoine fut élu.

Ce qui avait surtout plaidé en faveur de saint Antoine, c'est qu'il est patron du feu.

Or, Naples étant incessamment menacée, comme Sodome et Gomorrhe, de périr de combustion instantanée, voyait une certaine sécurité dans le choix d'un patron qui tenait particulièrement sous sa dépendance l'élément mortel et redouté.

Mais Naples n'avait pas songé à une chose, c'est qu'il y a feu et feu, comme il y a fagots et fagots. Saint Antoine était le patron du feu causé par accident, par inadvertance, par maladresse ; il était souverain contre tout incendie ayant pour principe une cause humaine ; mais saint Antoine ne pouvait rien contre le feu du ciel, ni contre le feu de la terre ; saint Antoine était impuissant contre la foudre et contre la lave, contre les orages et contre les volcans. A part le soin avec lequel il s'était gardé jusque-là, saint Antoine n'était donc pas pour Naples un patron de beaucoup supérieur à saint Gaëtan.

Saint Antoine n'en fut pas moins proclamé patron de Naples au milieu de l'allégresse générale. Il y eut des danses, des fêtes, des joutes sur l'eau, des distributions gratis, des spectacles en plein air et des feux d'artifice ; de sorte que saint Antoine se crut aussi solide à son poste que l'avaient été successivement les vingt-trois empereurs romains successeurs de Charlemagne, ou les deux cent cinquante-sept papes successeurs de saint Pierre.

Saint Antoine comptait sans le Vésuve.

Six mois s'écoulèrent sans qu'aucun événement vînt porter atteinte à la popularité du nouveau patron ; deux ou trois incendies avaient même eu lieu dans la ville, qui avaient été miraculeusement réprimés par la seule présence de la châsse du saint : de sorte que non seulement on commençait d'oublier saint Janvier, mais qu'il y avait même des courtisans du pouvoir qui proposaient de jeter bas la statue de l'ex-patron de Naples que, par oubli sans doute, on avait laissée debout à la tête du *ponte della Maddalena*.

Heureusement l'exaspération était calmée, et cette proposition de vengeance rétroactive n'eut aucun résultat.

Tout semblait donc marcher pour le mieux dans le meilleur des mondes possible, lorsqu'un beau matin on s'aperçut que la fumée du Vésuve s'épaississait sensiblement et montait au ciel avec une violence et une rapidité extraordinaires. En même temps, des bruits souterrains commencèrent à se faire entendre ; les chiens hurlaient lamentablement, et de nombreuses troupes d'oiseaux effrayés tournoyaient en l'air, s'abattant pour un instant, puis reprenant leur vol aussitôt, comme s'ils eussent craint de se reposer sur une chose qui avait sa racine dans la terre. De son côté, la mer présentait des phénomènes particuliers tout aussi effrayans ; du bleu d'azur qui lui est habituel sous le beau ciel de Naples, elle était passée à une couleur cendrée qui lui ôtait toute sa transparence ; et, quoique calme en apparence, quoique aucun vent ne l'agitât, de grosses vagues isolées montaient, bouillonnant et venaient crever à la surface en répandant une forte odeur de soufre. Parfois aussi, comme s'il y eût eu pour la mer méditerranéenne une marée pareille à celle qui agite le vieil Océan, le flot montait au dessus de son rivage, puis tout à coup reculait, laissant la plage nue, pour revenir bientôt comme il s'était éloigné. Ces présages étaient trop connus pour qu'on doutât un seul instant de ce qu'ils annonçaient : une éruption du Vésuve était imminente.

Dans tout autre moment, Naples s'en serait souciée comme de Colin-Tampon ; mais au moment du danger Naples se souvint qu'elle n'avait plus saint Janvier, qui, pendant quatorze siècles, l'avait si bien gardée de son redoutable voisin, que le Vésuve avait eu beau jeter feu et flamme, l'insouciante fille de Parthénope n'avait pas moins continué de se mirer dans son golfe, comme si la chose ne l'eût regardée aucunement. En effet, la Sicile avait été bouleversée, la Calabre avait été détruite ; Resina et Torre del Greco, rebâties, l'une sept fois et l'autre neuf, s'étaient autant de fois fondues dans un torrent de la lave, sans que jamais une seule des maisons enfermées dans l'enceinte des murailles de Naples eût été seulement ébranlée. Aussi la confiance était-elle arrivée à ce point que les Napolitains ne regardaient plus le Vésuve que comme une espèce de phare à la lueur duquel ils voyaient le bouleversement du reste du monde sans qu'eux-mêmes eussent à craindre d'être bouleversés. Mais cette fois un vague instinct de malheur leur disait qu'il n'en était plus ainsi. Avec saint Janvier la sécurité avait disparu : le pacte était rompu entre la ville et la montagne.

Anssi, contre l'habitude, une certaine terreur, à la vue de ces signes menaçans, se répandit-elle dans la cité. Au lieu de se coucher aux grondemens de la montagne, les nobles et les bourgeois dans leurs lits, les pêcheurs dans leurs barques, les lazzaroni sur les marches de leurs palais, chacun resta debout et examina avec inquiétude le travail nocturne du volcan. C'était à la fois un magnifique et terrible spectacle, car à chaque instant les présages devenaient plus certains et le danger plus imminent. En effet, de minute en minute la fumée se déroulait plus épaisse, et de temps en temps de longs serpens de flamme, pareils à des éclairs, jaillissaient de la bouche du volcan et se dessinaient sur la spirale sombre qui semblait soutenir le poids du ciel. Enfin, vers les deux heures du matin, une détonation terrible se fit entendre ; la terre oscilla, la mer bondit, et la cime du mont, se déchirant comme une grenade trop mûre, donna passage à un fleuve de lave ardente qui, un instant incertain de la direction qu'il devait prendre, s'arrêta écumant sur un plateau ; puis, comme s'il eût été conduit par une main vengeresse, abandonna son cours accoutumé et s'avança directement vers Naples.

Il n'y avait pas de temps à perdre : une fois sa direction prise, la lave s'avance avec une lente, mais impassible inflexibilité ; rien ne la détourne, rien ne la fléchit, rien ne l'arrête ; elle tarit les fleuves, elle comble les vallées, elle surmonte les collines ; elle enveloppe les maisons, les coupe par leur base, les emporte comme des îles flottantes et les balance à sa surface jusqu'à ce qu'elles s'écroulent dans ses flots. A son approche, l'herbe se dessèche, les feuilles meurent, jaunissent et tombent ; la sève

des arbres s'évapore; l'écorce éclate et se soulève ; le tronc fume et se
plaint ; la lave est à vingt pas de lui encore, que déjà il se tord, s'em-
brase, s'enflamme, pareil à ces ifs qu'on prépare pour les fêtes publiques;
si bien que, lorsqu'elle l'atteint, le géant foudroyé n'est déjà plus qu'une
colonne de cendre qui tombe en poussière, et s'évanouit comme si elle
n'avait jamais existé.

La lave s'avançait vers Naples.

On courut à la chapelle du Trésor ; on en tira la statue de saint An-
toine; six chanoines la prirent sur leur dos, et, suivis d'une partie de la
population, s'avancèrent vers l'endroit où menaçait le danger.

Mais ce n'était plus là un de ces incendies sans conséquence sur les-
quels saint Antoine n'avait eu qu'à souffler pour les éteindre ; c'était une
mer de feu qui s'avançait, ruisselant de rocher en rocher, sur une lar-
geur de trois quarts de lieue. Les chanoines portèrent le saint le plus près
de la lave qu'il leur fut possible, et là ils entonnèrent le *Dies iræ, dies
illa*. Mais, malgré la présence du saint, malgré les chants des chanoines,
la lave continua d'avancer. Les chanoines tinrent bon tant qu'ils purent,
aussi y eut-il un moment où l'oncrut le feu vaincu. Mais ce n'était qu'une
fausse joie : saint Antoine fut contraint de reculer.

De ce moment on comprit que tout était perdu. Si le patron de Naples
ne pouvait rien pour Naples, quel serait le saint assez puissant pour la
sauver? Naples, la ville des délices ; Naples, la maison de campagne de
Rome du temps d'Auguste ; Naples, la reine de la Méditerranée dans tous
les temps ; Naples allait être ensevelie comme Herculanum et disparaître
comme Pompéïa. Il lui restait encore deux heures à vivre, puis tout se-
rait dit : Naples aurait vécu!

La lave s'avançait toujours ; elle avait atteint d'un côté le chemin de
Portici, et commençait à se répandre dans la mer ; elle avait dépassé de
l'autre le Sebetus et commençait à se répandre dans les jardins. Le
centre descendait droit sur l'église de Sainte-Marie-des-Grâces, et allait
atteindre le pont della Maddalena.

Tout à coup la statue de marbre de saint Janvier, qui se tenait à la
tête du pont les mains jointes, détacha sa main droite de sa main gauche,
et, d'un geste suprême et impératif, étendit son bras de marbre vers la
rivière de flammes. Aussitôt le volcan se referma ; aussitôt la terre cessa
de frémir ; aussitôt la mer se calma. Puis la lave, après avoir fait encore
quelques pas, sentant la source qui l'alimentait se tarir, s'arrêta tout à
coup à son tour. Saint Janvier venait de lui dire, comme autrefois Dieu
à l'Océan :

— Tu n'iras pas plus loin !

Naples était sauvée!

Sauvée par son ancien patron, par celui qu'elle avait hué, conspué,
détrôné, jeté à l'eau, et qui se vengeait de toutes ces humiliations, de
toutes ces insultes, de toutes ces injures, comme Jésus-Christ s'était
vengé de ses bourreaux, en leur pardonnant.

Il ne faut pas demander si la réaction fut rapide : à l'instant même
les cris de : *Vive saint Janvier!* retentirent d'un bout de la ville à
l'autre ; toutes les cloches bondirent, toutes les églises chantèrent. On
courut à l'endroit où l'on avait jeté la statue de saint Janvier à la mer ;
on l'enveloppa de filets, et l'on demanda les meilleurs plongeurs pour
aller reconnaître l'endroit où gisait le précieux simulacre. Mais alors un

vieux pêcheur fit signe qu'on eût à le suivre. Il conduisit toute cette
foule à sa cabane ; puis, y étant entré seul, il en sortit un instant après
tenant la statue du saint dans ses bras.

Le même soir où elle avait été précipitée du haut du Môle, il l'avait
retirée de la mer et l'avait précieusement emportée chez lui.

La statue fut aussitôt transportée à la cathédrale de Sainte-Claire, et
le lendemain réintégrée en grande pompe dans la chapelle du Trésor.

Quant au pauvre saint Antoine, il fut dégradé de tous ses titres et
honneurs, et, à partir de cette heure, classé dans l'esprit des Napolitains
un cran plus bas que saint Gaëtan.

Depuis ce jour, la dévotion à saint Janvier, loin de subir quelque nou-
velle atteinte, a toujours été en croissant.

J'ai entendu dans une église la prière d'un lazzarone : il demandait à
Dieu de prier saint Janvier de le faire gagner à la loterie.

XXIV

Le Capucin de Resina.

Le Vésuve, dont nous nous sommes encore assez peu occupé, mais
auquel nous reviendrons plus tard, est le juste milieu entre l'Etna et le
Stromboli.

Je pourrais donc, en toute sécurité de conscience, renvoyer mes lec-
teurs aux descriptions que j'ai déjà données des deux autres volcans.

Mais, dans la nature comme dans l'art, dans l'œuvre de Dieu comme
dans le travail de l'homme, dans le volcan comme dans le drame, à côté
du mérite réel il y a la réputation.

Or, quoique les véritables débuts du Vésuve dans sa carrière volca-
nique datent à peine de l'an 79, c'est-à-dire d'une époque où l'Etna était
déjà vieux, il s'est tant remué depuis dans ses cinquante éruptions suc-
cessives, il a si bien profité de son admirable position et de sa magni-
fique mise en scène, il a fait tant de bruit et tant de fumée, que non
seulement il a éclipsé le nom de ses anciens confrères, qui n'étaient ni
de force ni de taille à lutter contre lui, mais qu'il a presque effacé la
gloire du roi des volcans, du redoutable Etna, du géant homérique.

Il faut aussi convenir qu'il s'est révélé au monde par un coup de
maître.

Envelopper la campagne et la mer d'un sombre nuage ; répandre la
terreur et la nuit sur une immense étendue ; envoyer ses cendres jus-
qu'en Afrique, en Syrie, en Égypte ; supprimer deux villes telles qu'Her-
culanum et Pompéïa ; asphyxier à une lieue de distance un philosophe tel
que Pline, et forcer son neveu d'immortaliser la catastrophe par une
admirable lettre ; vous m'avouerez que ce n'est pas trop mal pour un
volcan qui commence, et pour un ignivome qui débute.

A dater de cette époque le Vésuve n'a rien négligé pour justifier la cé-
lébrité qu'il avait acquise d'une manière si terrible et si imprévue.
Tantôt éclatant comme un mortier et vomissant par neuf bouches de feu
des torrens de lave, tantôt pompant l'eau de la mer et la rejetant en
gerbes bouillonnantes au point de noyer trois mille personnes, tantôt se
couronnant d'un panache de flammes qui s'éleva en 1779, selon le calcul
des géomètres, à dix-huit mille pieds de hauteur, ses éruptions, qu'on
peut suivre exactement sur une collection de gravures coloriées, ont

toutes un caractère différent et offrent toujours l'aspect le plus grandiose
et le plus pittoresque. On dirait que le volcan a ménagé ses effets, varié
ses phénomènes, gradué ses explosions avec une parfaite entente de son
rôle. Tout lui a servi pour agrandir sa renommée : les récits des voya-
geurs, les exagérations des guides, l'admiration des Anglais, qui, dans
leur philanthropique enthousiasme, donneraient leur fortune et leurs
femmes par dessus pour voir une bonne fois brûler Naples et ses environs.
Il n'est pas jusqu'à la lutte soutenue avec saint Janvier, lutte, à la vérité,
où le saint a remporté tout l'avantage, qui n'ait aussi ajouté à la gloire
du Vésuve. Il est vrai que le volcan a fini par être vaincu, comme Satan
par Dieu ; mais une telle défaite est plus grande qu'un triomphe. Aussi
le Vésuve n'est plus seulement célèbre, il est populaire.

On comprend, après cela, qu'il m'était impossible de quitter Naples
sans présenter mes hommages au Vésuve.

Je fis donc prévenir Francesco (1) qu'il eût à tenir prêt son corricolo
pour le lendemain matin à six heures, en lui recommandant bien d'être
exact, et en joignant à la recommandation six carlins de pour-boire, seul
moyen de rendre la recommandation efficace.

Le lendemain, à la pointe du jour, Francesco et son fantastique atte-
lage étaient à la porte de l'hôtel. Jadin refusa de m'accompagner dans ma
nouvelle ascension, prétendant que son croquis n'en serait que plus exact
s'il ne quittait pas sa fenêtre, et m'engageant par toutes sortes de raisons
à ne pas me déranger moi-même pour si peu de chose. A l'entendre, le
Vesuve était un volcan éteint depuis plusieurs siècles, comme la Solfatare
ou le lac d'Agnano ; seulement le roi de Naples y faisait tirer de temps à
autre un petit feu d'artifice à l'intention des Anglais. Quant à Milord, il
partagea complétement l'avis de son maître : l'intelligent animal, après
son bain dans les eaux bouillantes de Vulcano et son passage dans les
sables brûlans de Stromboli, était parfaitement guéri de toute curiosité
scientifique.

Je partis donc seul avec Francesco.

Le brave conducteur commença par s'informer très respectueusement
si son excellence mon camarade n'était pas indisposé. Rassuré sur l'objet
de ses craintes, il s'empressa de quitter sa tristesse de commande, reprit
son air le plus joyeux, son sourire le plus épanoui, et fit claquer son
fouet avec un redoublement de bonne humeur. Soit que la présence de
Jadin l'eût intimidé dans nos excursions précédentes, soit qu'il eût avalé
littéralement son pour-boire de la veille, Francesco déploya tout le long
de la route une verve sceptique et une incrédulité voltairienne que je
ne lui avais nullement soupçonnées, et qui m'étonnèrent singulièrement
dans un homme de son âge, de sa condition et de son pays.

Arrivé au *Ponte della Maddalena*, il passa fort cavalièrement entre
les deux statues de saint Janvier et de saint Antoine, affectant de siffler
ses chevaux et de crier gare ! à la foule, pour ne pas rendre le salut
d'usage aux deux protecteurs de la ville.

Comme à la rigueur cette première irrévérence pouvait être mise sur le

(1) Je m'aperçois ici que j'ai appelé notre cocher tantôt Francesco, tantôt
Gaëtano. Cela tient à ce qu'il était baptisé sous l'invocation de ces deux saints, et
que nous l'appelions Francesco quand nous étions de bonne humeur, et Gaëtano
quand nous le boudions.

compte d'une distraction légitime, je fis semblant de ne pas m'en apercevoir.

Mais en traversant *San Giovanni a Tudicci*, village assez célèbre pour la confection du macaroni, un moine franciscain d'une santé florissante et d'une magnifique encolure, par ce droit naturel qu'ont les moines napolitains sur tous les corricoli, comme les Anglais sur la mer, héla le cocher, et lui fit signe impérieusement de l'attendre. Francesco arrêta ses chevaux avec une si parfaite bonne foi, qu'habitué d'ailleurs à de telles surprises, je m'étais déjà rangé pour faire place au compagnon que le ciel m'envoyait. Mais à peine le bon moine s'était-il approché à la portée de nos voix, que Francesco ôta ironiquement son chapeau, et lui dit avec un sourire railleur : — Pardon, mon révérend, mais je crois que saint François, mon patron et le fondateur de votre ordre, n'est jamais monté dans un corricolo de sa vie. Si je ne me trompe, il se servait de ses sandales lorsqu'il voyageait par terre, et de son manteau lorsqu'il traversait la mer. Or, vos souliers me semblent en fort bon état, et je ne vois pas le plus petit trou à votre manteau : ainsi, mon frère, si vous voulez aller à Capri, prenez votre manteau; si vous voulez aller à Sorrente, prenez vos sandales. Adieu, mon révérend.

Cette fois, l'irreligion de Francesco devenait plus évidente. Cependant, si son refus était toujours blâmable dans la forme, on pouvait en quelque sorte l'excuser au fond ; car, m'ayant cédé son corricolo, il n'avait plus le droit d'y admettre d'autres passagers. Je voulus donc attendre une autre occasion pour lui exprimer mon mécontentement.

Comme nous entrions à Portici, à la hauteur d'une petite rue qui mène au port du Granatello, je remarquai une énorme croix peinte en noir, et au dessous de cette croix une inscription en grosses lettres qui enjoignait aux voitures d'aller au pas, et aux cochers de se découvrir.

Je me retournai vivement vers Francesco pour voir de quelle manière il allait se conformer à un ordre aussi simple et aussi précis : lui donnant l'exemple moi-même, plus encore, je dois le dire, par un sentiment de respect intime que par obéissance aux réglemens de Sa Majesté Ferdinand II; Francesco enfonça son chapeau sur sa tête, et fit partir ses chevaux au galop.

Il n'y avait plus de doute possible sur les intentions anti-chrétiennes de mon conducteur. Je n'avais rien vu de pareil dans toute l'Italie. Je pensai qu'il était temps d'intervenir.

— Pourquoi n'arrêtez-vous pas vos chevaux? Pourquoi ne saluez-vous pas cette croix? lui demandai-je sévèrement.

— Bah! me dit-il d'un ton dégagé qui eût fait honneur à un encyclopédiste, cette croix que vous voyez, monsieur, est la croix du mauvais larron. Les habitans de Portici l'ont en grande vénération, par une raison toute simple : ils sont tous voleurs.

L'esprit fort de cet homme renversait toutes les idées que je m'étais faites sur la foi naïve et l'aveugle superstition du lazzarone.

Néanmoins, je crus m'être trompé un instant, et j'allais lui rendre mon estime en le voyant revenir à des sentimens plus pieux. Entre Portici et Resina, au point de jonction des deux chemins, dont l'un conduit à la Favorite, et l'autre descend à la mer, s'élève une de ces petites chapelles, si fréquentes en Italie, devant lesquelles les brigands eux-mêmes ne passent pas sans s'incliner. La fresque qui sert de tableau à la petite chapelle de Resina jouit à bon droit d'une immense réputation à **dix** lieues à la ronde. Ce sont des âmes du purgatoire du plus beau vermillon, se tordant de douleur et d'angoisse dans des flammes si vives et si terribles, que, comparé à leur intense ardeur, le feu du Vésuve n'est qu'un feu follet.

A la vue du brasier surhumain, la raillerie expira sur les lèvres de Francesco ; il porta machinalement la main à son chapeau, et jeta un long regard sur les deux chemins qui se terminaient à angle droit par la chapelle, comme s'il eût craint d'être observé par quelqu'un. Mais ce bon mouvement, inspiré soit par la peur, soit par le remords, ne dura que quelques secondes. Rassuré par son inspection rapide, Francesco redoubla de gaîté et d'aplomb, et, donnant un libre cours à ses moqueries et à ses sarcasmes, il se mit en devoir de me faire sa profession de foi, ou plutôt d'incrédulité, se vantant tout haut qu'il ne croyait ni au purgatoire, ni à l'enfer, ni à Dieu, ni au diable ; et ajoutant, en forme de corollaire, que toutes ces momeries avaient été inventées par les prêtres, à l'effet de presser la bourse des pauvres gens assez simples et assez timides pour se fier à leurs promesses ou s'effrayer de leurs menaces.

Francesco me rappelait étonnamment mon brave capitaine Langlé.

J'allais arrêter ce débordement d'épigrammes émoussées et de bel-esprit de carrefour, lorsque Francesco, sautant légèrement à terre, m'annonça que nous étions arrivés.

— Comment ! déjà ? m'écriai-je en oubliant mon sermon.

— C'est-à-dire nous sommes arrivés à la paroisse de Resina, au pied du Vésuve. Maintenant il ne reste plus qu'à monter.

— Et comment monte-t-on au Vésuve?

— Il y a trois manières de monter : en chaise à porteurs, à quatre pattes et à âne. Vous avez le choix.

— Ah ! et laquelle de ces trois manières te semble-t-elle préférable?

— Dame ! ça dépend... Si vous vous décidez pour la chaise à porteurs, vous n'avez qu'à louer une de ces petites cages peintes que vous voyez là à votre gauche : montez dedans, fermez les yeux et vous laissez faire. Au bout de deux heures, on vous déposera sur le sommet de la montagne, mais...

— Mais quoi ?

— Avec la chaise, on a une chance de plus de se casser le cou ; vous comprenez, excellence... quatre jambes glissent mieux que deux.

— Allons, parlons d'autre chose.

— Si vous grimpez à quatre pattes, il est clair qu'en vous aidant des pieds et des mains, vous risquez moins de rouler en bas, mais...

— Encore, qu'y a-t-il?

— Il y a, excellence, que vous vous écorcherez les pieds sur la lave, et que vous vous brûlerez les mains dans les cendres.

— Reste l'âne.

— C'est aussi ce que j'allais vous conseiller, vu la grande habitude qu'a cet animal de marcher à quatre pattes depuis sa création, et la sage précaution qu'ont ses maîtres de le chausser de fers très solides ; mais il y a aussi un petit inconvénient.

— Lequel? repris-je impatienté de ces objections flegmatiques.

— Voyez-vous ces braves gens, excellence? me dit Francesco, en me montrant du bout de son index un groupe de lazzaroni qui se tenaient

sournoisement à l'écart pendant notre entretien, guettant du coin de
l'œil le moment favorable pour fondre sur leur proie.

— Eh bien?

— Ces gens-là vous sont tous indispensables pour monter au Vésuve.
Les guides vous montreront le chemin ; les ciceroni vous expliqueront
la nature du volcan ; les paysans vous vendront leur bâton ou vous
loueront leur âne. Mais ce n'est pas tout que de louer un âne, il faut
encore le faire marcher.

— Comment, drôle, tu crois que, quand j'aurai enfourché ma mon-
ture, et que je pourrai manier à mon aise un de ces bons bâtons de
chêne, que je guigne du coin de l'œil, je ne viendrai pas à bout de faire
marcher mon âne?

— Pardon, excellence; ce n'est pas un reproche que je vous fais; mais
vous aviez cru aussi pouvoir faire aller mes chevaux; et pourtant un
cheval est bien moins entêté qu'un âne!...

— Quel sera donc ce prodigieux dompteur de bêtes que je dois appe-
ler à mon secours?

— Moi, excellence, si vous le permettez. Je vais recommander la voi-
ture à Tonio, un ancien camarade, et je suis à vos ordres.

— J'accepte, à la condition que tu me débarrasseras de tout ce monde.

— Vous êtes parfaitement libre de les laisser ici; seulement, que vous
les ameniez ou non, il faudra toujours les payer.

— Voyons, tâche de t'arranger avec eux, et que je sois au moins dé-
livré de leur présence.

En moins d'un quart d'heure, Francesco fit si bien les choses, que le
corricolo était remisé, que les chevaux se prélassaient à l'écurie, que les
lazzaroni avaient disparu, et que je montais sur mon âne. Tout cela me
coûtait deux piastres.

Pauvre animal! il suffisait de le voir pour se convaincre qu'on l'avait
indignement calomnié. Quand je me fus bien assuré de la docilité de ma
bête et de la solidité de mon bâton, je voulus donner une petite leçon
de savoir-vivre à mon impertinent conducteur, et j'appliquai un tel coup
sur la croupe de ma monture, que je crus, pour le moins, qu'elle allait
prendre le galop. L'âne s'arrêta court ; je redoublai, et il ne bougea pas
plus que si, comme le chien de Céphale, il eût été changé en pierre. Je
répétai mon avertissement de droite à gauche, comme je l'avais fait une
première fois de gauche à droite. L'animal tourna sur lui-même par un
mouvement de rotation si rapide et si exact, qu'avant que j'eusse relevé
mon bâton il était retombé dans sa position et dans son immobilité pri-
mitives. Indigné d'avoir été la dupe de ces hypocrites apparences de
douceur, je fis alors pleuvoir une grêle de coups sur le dos, sur la tête,
sur les jambes, sur les oreilles du traître. Je le chatouillai, je le piquai,
j'épuisai mes forces et mes ruses pour lui faire entendre raison. L'af-
freuse bête se contenta de tomber sur ses genoux de devant, sans dai-
gner même pousser un seul braiement pour se plaindre de la façon dont
elle était traitée.

Haletant, trempé de sueur, je m'avouai vaincu, et je priai Francesco
de venir à mon aide. Il le fit avec une modestie parfaite, c'est une justice
à lui rendre.

— Rien n'est plus facile, excellence, me dit-il : règle générale, les
ânes font toujours le contraire de ce qu'on leur dit. Or, vous voulez que

votre âne marche en avant, il suffit de le tirer par derrière ; et, joignant la pratique à la théorie, il se mit à le tirer doucement par la queue. L'âne partit comme un trait.

— Il paraît que l'animal te connaît, mon cher Francesco.

— Je m'en flatte, excellence. Avant d'être cocher, j'ai travaillé dans les ânes : aussi leur dois-je ma fortune.

— Comment cela, mon garçon ?

— Oh ! mon Dieu ! dit Francesco avec un soupir, ce n'est pas moi qui l'ai cherchée ! Et encore si j'avais pu prévoir une telle horreur, jamais au grand jamais je n'aurais voulu accepter.

— Mais enfin explique-toi ; que t'est-il donc arrivé ?

— Nous nous tenions, mon âne et moi, au bas de la montagne où nous avons laissé la voiture. Un jour se présentent deux Anglais qui me demandent à louer ma bête pour monter au Vésuve. — Mais vous êtes deux, milords, que je leur dis, et je n'ai qu'un seul âne. — Cela ne fait rien, qu'ils me répondent. — Au moins, vous allez monter chacun votre tour ! Je tiens à ma bête, et pour rien au monde je ne voudrais l'éreinter. — Soyez tranquille, mon brave, nous ne le monterons pas du tout.

En effet, ils se mettent à marcher l'un à droite, l'autre à gauche, respectant mon âne comme s'il eût porté des reliques. Cela ne m'étonnait pas de leur part ! j'avais entendu dire que les Anglais avaient un faible pour les bêtes, et il y a dans leur pays des lois très dures contre ceux qui les maltraitent... A preuve qu'un Anglais peut traîner sa femme au marché, la corde au cou, tant qu'il lui fait plaisir ; mais il n'oserait pas se permettre la plus petite avanie contre le dernier de ses chats. C'est très bien vu, n'est-ce pas, excellence ? Or, comme nous montions toujours, l'âne, les voyageurs et moi, voilà que les deux Anglais, après avoir causé un peu dans leur langue, un drôle de baragouin, ma foi ! — Mon brave, qu'ils me disent, veux-tu nous vendre ton âne ?

— C'est trop d'honneur, milords, répondis-je ; je vous ai dit que je l'aimais, cet animal, comme un ami, comme un camarade, comme un frère ; mais, si j'en trouvais le prix, et si j'étais sûr qu'il dût tomber entre les mains d'honnêtes gens comme vous (je les flattais les Anglais), je ne voudrais pas empêcher son sort.

— Et quel prix en demandes-tu, mon garçon ?

— Cinquante ducats ! leur dis-je d'un seul coup. C'était énorme ! Mais je l'aimais beaucoup, mon pauvre âne, et il me fallait de grands sacrifices pour me décider à m'en séparer.

— C'est convenu, qu'ils me répondent en me comptant mon argent à l'instant même. Il n'y avait plus à s'en dédire. Je fis comprendre à mon âne que son devoir était de suivre ses nouveaux maîtres. La pauvre bête ne se le fit pas répéter deux fois, et à peine l'eus-je tirée un peu par la queue, qu'elle se mit à grimper bravement après les Anglais. Ils étaient arrivés au bord du cratère et s'amusaient à jeter des pierres au fond du volcan ; l'âne baissait son museau vers le gouffre, alléché par un peu d'écume verdâtre qu'il avait prise pour de la mousse ; moi, j'étais tout occupé à compter mon argent, lorsque tout à coup j'entends un bruit sourd et prolongé... Les deux mécréans avaient jeté la pauvre bête au fond du Vésuve, et ils riaient comme deux sauvages qu'ils étaient. Je vous l'avoue, dans ce premier moment, il me prit une furieuse envie de les envoyer rejoindre ma bête. Mais ça aurait pu me faire du

tort, attendu que ces Anglais sont toujours soutenus par la police ; et
d'ailleurs, comme ils m'avaient payé le prix convenu , ils étaient dans
leur droit. En descendant, j'eus la douleur de reconnaître au bas du cône,
à côté d'un trou qui venait de s'ouvrir pas plus tard que la veille, mon
malheureux animal, noir et brûlé comme un charbon. C'était pour voir
s'il y avait une communication intérieure entre les deux ouvertures,
que les brigands avaient sacrifié mon âne. Je le pleurai long-temps, ex-
cellence ; mais comme , en définitive, toutes les larmes du monde n'au-
raient pu le faire revenir, je me mariai pour me consoler, et j'achetai
avec l'argent des Anglais deux chevaux et un corricolo.

Tout en écoutant ce larmoyant récit, j'étais arrivé à l'Ermitage. Pour
distraire Francesco de sa douleur, je lui demandai s'il n'y avait pas
moyen de boire un verre de vin à la mémoire du noble animal , et s'il
n'y aurait pas d'indiscrétion à réclamer quelques instans d'hospitalité dans
la cellule de l'ermite.

A ce nom d'ermite, toute la mélancolie de Francesco se dissipa comme
par enchantement, il fronça de nouveau ses lèvres par un sourire sar-
donique, et frappa lui-même à la porte à coups redoublés.

L'ermite parut sur le seuil, et nous reçut avec un empressement digne
des premiers temps de l'Eglise. Il nous servit des œufs durs , du saucis-
son, une salade et des figues excellentes; le tout arrosé de deux bou-
teilles de *lacryma christi* de première qualité. Comme je me récriais
sur la générosité de notre hôte :

— Attendez la carte , me dit Francesco avec malice.

En effet , le total de cette réfection chrétienne se montait, je crois, à
trois piastres ; c'était quatre fois le prix des auberges ordinaires.

Après avoir remercié notre excellent ermite , je montai jusqu'à la
bouche du volcan , et je descendis jusqu'au fond du cratère. Le lecteur
trouvera mes expressions exactes magnifiquement rendues dans trois ad-
mirables pages de Châteaubriand, qui avait accompli avant moi la même
ascension et la même descente.

Pendant tout le temps que dura notre voyage, Francesco , remis en
train par la petite supercherie de notre hôte , ne cessa pas d'exercer sa
bonne humeur sur les moines, sur les quêteurs, sur les ermites de toute
espèce, répétant avec une nouvelle énergie qu'il se laisserait écorcher
vif plutôt que de jeter une obole dans la bourse d'un de ces intrigans.

De retour à Resina , nous remontâmes dans notre corricolo , et ses
déclamations reprirent de plus belle à la vue d'un sacristain qui nous
souhaita le bon voyage. Je commençais à désespérer réellement de pou-
voir lui imposer silence, lorsqu'au moment où nous passions devant la
petite chapelle des âmes du purgatoire, je le vis s'interrompre brusque-
ment au milieu de sa phrase ; ses joues pâlirent, ses lèvres tremblèrent
et il laissa tomber le fouet de sa main.

Je regardai devant moi pour tâcher de comprendre quelle pouvait être
l'apparition qui causait à mon vaillant conducteur un effroi si terrible,
et je vis un petit vieillard, à la barbe blanche et soyeuse, aux yeux
baissés et modestes , à la physionomie douce et souriante , paraissant se
traîner avec peine, et portant le costume des capucins dans toute sa ri-
goureuse pauvreté.

Le saint personnage s'avançait vers nous la main gauche sur la poi-
trine, la droite élevée pour nous présenter une bourse en ferblanc, sur

laquelle étaient reproduites en miniature les mêmes âmes et les mêmes flammes qui éclataient dans les fresques. Au reste, le pauvre capucin ne prononçait pas une parole, se bornant à solliciter la charité des fidèles par son humble démarche et par son éloquente pantomime.

Francesco descendit en tremblant, vida sa poche dans la bourse du quêteur et se signa dévotement en baisant les âmes du purgatoire; puis, remontant promptement derrière la voiture, il fouetta les deux chevaux à tour de bras, comme s'il se fût agi de fuir devant tous les démons de l'enfer.

Je tenais mon incrédule.

— Qu'y a-t-il, mon cher Francesco? lui dis-je en raillant à mon tour; expliquez-moi par quel miracle ce bon capucin, sans même ouvrir l bouche, vous a si subitement converti, que dans votre ardeur de néophite vous lui avez versé dans les mains tout ce que vous aviez dans vos poches.

— Lui! un capucin! dit Francesco en se tournant en arrière avec un reste de frayeur : c'est le plus infâme bandit de Naples et de Sicile; c'est Pietro. Je croyais qu'il faisait sa sieste à cette heure; sans cela je ne me serais pas risqué à m'approcher de sa chapelle, où il dévalise les passans avec l'autorisation des supérieurs.

— Comment! ce viellard si doux, si bienveillant, si vénérable?...

— C'est un affreux brigand.

— Prenez garde, Francesco, votre aversion pour les gens d'Église devient révoltante.

— Lui, un homme d'Église! Mais je vous jure, excellence, par tout ce qu'il y a de plus sacré au monde, qu'il n'est pas plus moine que vous et moi. Quand je lui dis brigand, je l'appelle par son nom; c'est la seule chose qu'il n'ait pas volée.

— Mais alors par quelle métamorphose se trouve-t-il transformé en capucin?

— Le diable s'est fait ermite, voilà tout...

— Et comment, dans un pays aussi catholique et aussi religieux que Naples, peut-on lui permettre cette indigne profanation?....

— Il s'agit bien pour lui de demander une permission! il la prend.

— Mais la police?

— Ni vu ni connu...

— Les carabiniers?

— Votre serviteur...

— Les gendarmes?

— Enfoncés.

— C'est donc un homme plus déterminé que Marco Brandi, plus rusé que Vardarelli, plus imprenable que Pascal Bruno?

— C'est à peu près la même force, mais ce n'est plus le même genre.

— Ah! et quelle est sa spécialité à ce brave capucin?

— Les autres se contentaient de voler les hommes; lui, il vole le bon Dieu.

— Comment! il vole le bon Dieu?

— Quand je dis le bon Dieu, c'est les prêtres que je veux dire, ça revient au même. Les autres bandits se donnent la peine de courir la campagne, d'arrêter les fourgons du roi, de se battre avec les gendarmes. Sa campagne, à lui, a toujours été la sacristie, ses fourgons l'autel, ses en-

nemis les évêques, les vicaires, les chanoines. Croix, chandeliers, missels,
calices, ostensoirs, il n'a rien respecté. Il est né dans l'église, il a vécu
aux dépens de l'église, et il veut mourir dans l'église.

— C'est donc par des vols sacriléges que cet homme a soutenu sa cri-
minelle existence?

— Mon Dieu, oui; c'est plus qu'une habitude chez lui, c'est une voca-
tion, c'est une seconde nature. Il est neveu d'un curé; sa mère l'avait na-
turellement placé à la paroisse en qualité de sacristain, d'enfant de chœur
ou de bedeau, je ne sais pas bien ses fonctions exactes. Quoi qu'il en soit,
le premier coup qu'a fait l'affreux garnement a été de voler la montre de
son révérend oncle.

— Vraiment?

— C'est comme j'ai l'honneur de vous le dire, excellence, et encore
d'une drôle de manière, allez. Le curé disait la messe tous les matins au
petit jour, et, pour que rien ne sortît de la famille, il se fai-ait servir par
son neveu. Il faut vous dire que don Gregorio (c'était don Gregorio que
s'appelait le curé) était un homme très exact, assez bon enfant au dehors,
mais n'entendant plus la plaisanterie dès qu'il s'agissait de ses devoirs,
tenant à gagner honnêtement sa vie, et incapable de faire tort à ses pa-
roissiens d'un *Ite missa est*. Or, comme sa messe lui était payée trois
carlins, et qu'elle devait durer trois quarts d'heure, don Gregorio posait
sa montre sur l'autel, jetait un coup d'œil sur l'Évangile, un autre sur
le cadran, et à l'instant même où l'aiguille touchait à sa quarante-cin-
quième minute il faisait sa dernière génuflexion, et la messe était dite.
Malheureusement don Gregorio avait la vue basse; aussi à côté de sa
montre n'oubliait-il jamais de poser ses lunettes, d'abord pour regarder
l'heure, ensuite pour surveiller ses fidèles; car je ne sais pas si je vous ai
dit, excellence, que don Gregorio était curé de Portici, et que les habitans
de Portici avaient une dévotion particulière pour le mauvais larron.

— Oui, oui, continue...

— Or, comme c'est l'habitude à la campagne de s'agenouiller tout près
de l'autel pour mieux entendre le *Memento*...

— Ah! je ne savais pas cela...

— C'est tout simple, excellence; chacun donne quelque chose au prêtre
pour qu'il recommande à Dieu son affaire! celui-ci sa récolte, celui-là ses
troupeaux, un troisième ses vendanges; de sorte que l'on n'est pas fâché
de savoir comment il s'acquitte de sa commission...

— Eh bien! que faisait don Gregorio?

— Don Gregorio, tout en lisant son missel et en regardant son heure,
jetait de temps en temps un petit coup d'œil à ses voisins pour voir s'ils
ne s'approchaient pas trop de sa montre.

— Je comprends.

— Vous voyez donc, excellence, que ce n'était pas chose facile que de
voler la montre de don Gregorio. Or, ce qui eût été un obstacle insur-
montable pour tout le monde ne fut qu'un jeu pour le neveu du curé. Son
oncle était myope; il s'agissait de le rendre aveugle, voilà tout. Que fait
donc le petit brigand? Au moment où don Gregorio passait sa chasuble,
il colle deux grands pains à cacheter sur les deux verres des lunettes,
avec une telle rapidité et une telle adresse, que le digne curé, ne le croyant
pas même dans la sacristie, l'appela deux ou trois fois pour lui demander
sa barrette. On peut deviner le reste. Don Gregorio sort de la sacristie

précédé de son neveu, il monte à l'autel, ouvre son Évangile, relève sa chasuble et sa soutane, tire la montre de son gousset et la pose devant lui, tout en priant ses ouailles de ne pas trop se presser; en même temps, il fouille dans l'autre poche, prend ses lunettes, et les enfourche majestueusement sur son nez.

— Jésus-Maria! s'écria le pauvre curé dans son latin, je n'y vois pas clair, je n'y vois plus du tout, je suis aveugle!

Le tour était fait : la montre était passée de l'oncle au neveu. Où chercher le voleur quand on a l'avantage d'être curé de Portici, et que soupçonner un seul c'est évidemment faire tort à tous les autres?

— En effet, la chose doit être embarrassante. Mais par quel enchaînement de circonstances le sacristain de Portici est-il devenu le capucin de Resina?

— Depuis son premier vol, sa vie entière n'a été qu'un pillage continuel de couvens, de monastères et d'églises. Le diable en personne n'aurait pu imaginer toutes les abominations qu'il a su mettre en œuvre, et toujours avec un succès qui tenait du miracle. Croiriez-vous enfin, excellence, qu'il s'est servi des choses les plus saintes pour commettre ses crimes les plus audacieux? Autant de cérémonies religieuses, autant de prétextes d'effraction et d'escalade; autant de baptêmes, d'enterremens, de mariages, autant de primes prélevées sur la bourse du prochain; autant de sacremens, autant de vols. Pour vous conter un seul de ses tours; il va se confesser un jour au trésorier de la chapelle de Saint-Janvier, qui a le privilège de donner l'absolution des péchés les plus énormes :

— Mon père, lui dit le brigand en se frappant la poitrine, j'ai commis un crime horrible.

— Mon fils, la miséricorde de Dieu est sans bornes, et je tiens de notre saint-père le pape des pouvoirs illimités pour vous absoudre ; avouez-moi donc votre crime, et ayez toute confiance dans la bonté du Seigneur...

— J'ai volé un bon prêtre au moment même où j'étais agenouillé humblement à ses pieds pour me confesser. ,

— C'est très grave, mon fils, et vous avez encouru l'excommunication...

— Vous le voyez, mon père...

— Cependant Dieu est miséricordieux, et il veut la conversion, non pas la mort du pécheur.

— Vous croyez donc, mon père, qu'il me le pardonnera?

— Je l'espère ; vous repentez-vous, mon fils?

— De tout mon cœur.

— Alors je vous absous , au nom du Père, du Fils et du Saint-Esprit.

— Ainsi soit-il! — répondit le voleur en se relevant; et il s'éloigna d'un air humble et contrit.

Lorsque le brave trésorier voulut se lever à son tour pour monter dans sa chambre, il s'aperçut que les boucles d'argent qui retenaient ses souliers avaient disparu. Vous pensez si le bon prêtre en dut être furieux, et si l'archevêque de Naples a dû solliciter du roi l'arrestation du bandit.

— Et jamais on n'en est venu à bout?

— Jamais; le diable lui-même y eût perdu sa peine. Enfin le ministre de la police, désespérant de le faire arrêter, l'amnistia, à la condition qu'il eût à choisir un état, et à se conduire désormais en honnête homme. Ce fut alors qu'il demanda impudemment à se faire capucin. Mais ce n'était pas assez de la parole du ministre; il fallait l'autorisation de l'archevêque pour revêtir l'habit religieux, et l'archevêque était trop bien renseigné sur ses faits et gestes pour lui accorder une pareille autorisation.

— Diable! Et comment se tira-t-il de cette nouvelle difficulté?

— Oh! ce n'en fut pas une pour lui. — Ah! s'écria-t-il en souriant; monseigneur ne veut pas me donner la permission; eh bien! je la volerai. Comme il savait contrefaire différentes écritures, il se fabriqua d'abord un certificat en toute règle, et imita parfaitement la signature de l'archevêque. Restait le point le plus difficile: le certificat était nul sans le sceau pontifical, et ce sceau, monseigneur l'appliquit lui-même et le portait nuit et jour à son doigt, dans une bague enrichie de diamans magnifiques. Il s'agissait donc de voler cette bague. Le brigand ne fut pas long-temps à prendre son parti: il loua une petite chambre à deux pas de l'archevêché, s'étendit sur un grabat comme un homme prêt à rendre son âme, fit appeler un confesseur, et, après avoir reçu avec une humilité profonde et une dévotion exemplaire les sacremens de l'Église, il demanda en grâce que l'archevêque en personne vînt lui administrer l'extrême-onction, ajoutant qu'il avait à lui confier un secret duquel dépendait le salut de son âme. Comme le cas était urgent et que le moribond paraissait n'avoir plus que quelques instans à vivre, l'archevêque s'empressa de se rendre à la prière du bandit; et, après avoir signé son front, sa bouche et sa poitrine de l'huile bénite, se baissa pour recueillir ses paroles faibles et entrecoupées déjà par le râle de l'agonie. Le mourant se leva sur ses coudes par un suprême effort, et, prenant la main de l'archevêque, murmura ces mots à l'oreille du prélat: — Courez chez vous, monseigneur; tandis que j'expire ici, mes complices mettent le feu à votre palais.

L'archevêque n'en voulut pas entendre davantage; il sauta l'escalier en trois bonds, traversa la rue d'un seul pas, et fit sonner la cloche d'alarme. Il n'y avait ni feu, ni complot, ni voleur; seulement, lorsque Son Éminence fut revenue de son effroi, elle s'aperçut que sa bague avait disparu.

Le lendemain, l'archevêque reçut une lettre conçue en ces termes:

« Monseigneur, j'ai mon certificat, et je vous rendrai votre bague à la condition que vous ne vous opposerez pas plus long-temps à ma vocation.

» *Signé* : Frère PIETRO le bandit. »

A dater de ce jour, personne ne songea plus à s'opposer à la vocation de Pietro: il peignit lui-même sa petite chapelle des âmes du purgatoire, et il demanda l'aumône aux voyageurs en leur mettant le couteau ou le pistolet sous la gorge.

— Mais la peur te fait divaguer, mon pauvre Francesco; cet homme me paraît vieux et infirme, et pour toute arme il ne nous a montré que sa bourse.

— Oh le scélérat! s'écria Francesco avec un nouveau frisson; mais c'est là son poignard, ce sont là ses pistolets, c'est là sa carabine. D'abord âge, infirmités, dévotion, tout cela n'est que comédie. Il vous avalerait en trois bouchées un régiment de dragons. Ensuite, rien qu'en vous montrant sa bourse, il vous dit: L'argent ou la vie; c'est sa manière. Il vous la présente d'abord du côté des âmes du purgatoire. Si vous lui faites l'aumône à cette première sommation, tout est dit, il vous remercie et vous laisse aller en paix; mais si vous le refusez, il tourne la bourse de l'autre côté: et savez-vous ce qu'il y a de l'autre côté? son propre portrait dans son ancien costume de brigand, armé d'un énorme

couteau, et au bas du portrait on lit en lettres rouges : Pietro le
bandit.

— Et si on ne tient pas compte des deux avis?

— Alors on peut faire son paquet et se préparer à partir pour l'autre
monde. Mais cela n'est jamais arrivé. Il est trop connu dans le pays.

A ma grande satisfaction, Francesco, toujours sous l'impression de sa
terreur, n'osa plus railler les moines que nous rencontrâmes sur notre
route, se découvrit respectueusement devant la croix de Portici, et récita
une double prière en repassant devant les statues de saint Janvier et de
saint Antoine.

Honneur au capucin de Resina! Il venait de convertir le dernier vol-
tairien de notre époque.

XXV

Saint Joseph.

Nous avons vu le lazzarone dans sa vie publique et dans sa vie privée;
nous l'avons vu dans ses rapports avec l'étranger et dans ses rapports
avec ses compatriotes; or, comme l'incrédulité de Francesco pourrait
fausser le jugement de nos lecteurs à l'endroit de ses confrères, mon-
trons maintenant le lazzarone dans ses relations avec l'Église.

Un moine prend un batelier au Môle.

— Où allons-nous, mon père?

— Au Pausilippe, dit le moine.

Et le batelier se met à ramer de mauvaise humeur; le moine ne paie
jamais son passage. Par hasard il offre une prise de tabac, voilà tout.
Cependant il est inouï qu'un batelier ait refusé le passage à un moine.

Au bout de dix minutes, le moine sent quelque chose qui grouille dans
ses jambes.

— Qu'est cela? demande-t-il.

— Un enfant, répond le batelier.

— A toi?

— On le dit.

— Mais tu n'en es pas sûr?

— Qui est sûr de cela?

— Vous autres moins que personne.

— Pourquoi nous autres moins que personne?

— Vous n'êtes jamais à la maison.

— C'est vrai : heureusement que nous avons un moyen de nous as-
surer de la vérité si l'enfant est de nous.

— Lequel?

— Nous le gardons jusqu'à cinq ans.

— Après?

— A cinq ans, nous lui faisons faire une promenade en mer.

— Et puis?

— Et puis, quand nous sommes à la hauteur de Capri ou dans le
golfe de Baya, nous le jetons à l'eau.

— Eh bien?

— Eh bien, s'il nage tout seul, il n'y a pas de doute sur la paternité.

— Mais s'il ne nage pas?

— Ah! s'il ne nage pas, c'est tout le contraire. Nous sommes sûrs de la chose comme si nous l'avions vue de nos deux yeux.

— Alors que faites-vous de l'enfant?

— Ce que nous en faisons?

— Oui.

— Que voulez-vous, mon père! comme au bout du compte ce n'est pas sa faute, à ce pauvre petit, et qu'il n'a pas demandé à venir au monde, nous plongeons après lui et nous le retirons de l'eau.

— Ensuite?

— Ensuite nous le rapportons à la maison.

— Et puis?

— Et puis nous lui donnons sa nourriture; c'est ce que nous lui devons. Mais quant à son éducation, c'est autre chose; cela ne nous regarde pas. De sorte que, vous comprenez, mon père, il devient un affreux garnement sans foi ni loi, ne croyant ni à Dieu ni aux saints, maugréant, jurant, blasphémant; mais lorsqu'il a atteint sa quinzième année, quand il n'est plus bon à rien au monde, nous en faisons...

— Vous en faites quoi? Voyons, achève.

— Nous en faisons un moine, mon père.

Il ne faut cependant pas croire que le lazzarone soit voltairien, matérialiste ou athée; le lazzarone croit en Dieu, espère en l'immortalité de l'âme, et, tout en raillant le mauvais moine, il respecte le bon prêtre.

Il y en avait un qui faisait faire aux lazzaroni tout ce qu'il voulait. Ce prêtre, c'était le célèbre padre Rocco, dont nous avons déjà parlé à propos de la prédication sur les crabes.

Padre Rocco est plus populaire à Naples que Bossuet, Fénelon et Fléchier tout ensemble ne le sont à Paris.

Padre Rocco avait trois moyens d'arriver à son but : la persuasion, la menace, les coups. D'abord il parlait avec une onction toute particulière des récompenses du paradis; puis, si le moyen échouait, il passait au tableau des souffrances de l'enfer; enfin, si la menace n'avait pas plus de succès que la persuasion, il tirait un nerf de bœuf de dessous sa robe, et frappait à tour de bras sur son auditoire. Il fallait qu'un pécheur fût bien endurci pour résister à un pareil argument.

Ce fut Padre Rocco qui réussit à faire éclairer Naples. Cette ville, resplendissante aujourd'hui d'huile et de gaz, de réverbères et de lanternes, de cierges et de veilleuses, était, il y a cinquante ans, plongée dans les plus profondes ténèbres. Ceux qui étaient riches se faisaient éclairer la nuit par un porteur de torches; ceux qui étaient pauvres tâchaient de se trouver sur le chemin des riches, et s'ils suivaient la même route qu'eux ils profitaient de leur fanal.

Il résultait de cette obscurité que les vols étaient du double plus fréquens à cette époque qu'ils ne le sont aujourd'hui; ce qui paraît impossible, mais ce qui n'en est pas moins l'exacte vérité.

Aussi la police décida-t-elle un beau matin qu'on éclairerait les trois principales rues de Naples : Chiaja, Toledo et Forcella.

Ce n'était peut-être pas ces trois rues qu'il était urgent d'éclairer, attendu que ces trois rues étaient justement celles qui pouvaient le mieux se passer d'éclairage; mais on n'arrive pas du premier coup à la perfection, et quelque tendance naturelle qu'ait la police à être infaillible, elle est, comme toutes les autres choses de ce monde, soumise au tâtonnement du progrès.

Une cinquantaine de réverbères furent donc éparpillés dans les trois rues susdites, et allumés un beau soir, sans qu'on eût demandé aux lazzaroni si cela leur convenait.

Le lendemain, il n'en restait pas un seul; les lazzaroni les avaient cassés depuis le premier jusqu'au dernier.

On renouvela l'expérience trois fois. Trois fois elle amena les mêmes résultats.

La police en fut pour ses cent cinquante réverbères.

On fit venir padre Rocco, et on lui expliqua l'embarras dans lequel se trouvait le gouvernement.

Padre Rocco se chargea de faire entendre raison aux récalcitrans, pourvu qu'on lui permît d'opérer sur eux à sa manière.

Le gouvernement, enchanté d'être débarrassé de ce soin, donna carte blanche à padre Rocco, lequel se mit incontinent à l'œuvre.

Padre Rocco avait compris que c'étaient les rues étroites et tortueuses qu'il fallait éclairer d'abord; et il avait avisé comme un centre la rue Saint-Joseph, qui donne d'un côté dans la rue de Tolède, et de l'autre sur la place de Santa-Medina. Il fit donc peindre sur un beau mur blanc qui se trouvait au milieu de la rue à peu près un magnifique saint Joseph.

Les lazzaroni suivirent les progrès de la peinture sur la muraille avec un plaisir visible. Nous avons oublié de dire que le lazzarone est artiste.

Quand la fresque fut achevée, padre Rocco alluma un cierge devant la fresque; il était dévot à saint Joseph, il brûlait un cierge en l'honneur du saint : il n'y avait rien à dire. D'ailleurs, le cierge jetait une fort médiocre clarté. A dix pas du cierge, on pouvait voler, tuer, assassiner; il fallait des yeux de lynx pour distinguer le voleur du volé, l'assassin de la victime, le meurtrissant du meurtri.

Le lendemain, padre Rocco alluma un second cierge; sa dévotion s'accroissait; il n'y avait rien à dire. Seulement deux cierges produisirent le double de la lumière que produisait un seul; les lazzaroni commencèrent à remarquer qu'il faisait un peu bien clair dans la rue Saint-Joseph.

Le surlendemain, padre Rocco alluma un troisième cierge. Cette fois, les lazzaroni se plaignirent tout haut. Padre Rocco ne tint aucun compte de leurs plaintes; et comme sa dévotion à saint Joseph allait toujours croissant, le quatrième jour il alluma un réverbère.

Cette fois, il n'y avait pas à se tromper aux intentions de padre Rocco; il faisait, à minuit, clair dans la rue Saint-Joseph comme en plein jour.

Les lazzaroni cassèrent le réverbère de padre Rocco, comme ils avaient cassé les réverbères du gouvernement.

Padre Rocco annonça qu'il prêcherait le dimanche suivant sur la puissance de saint Joseph.

C'était une grande affaire qu'un sermon de padre Rocco.

Padre Rocco prêchait rarement, et toujours dans des circonstances suprêmes; ce n'était pas un faiseur de phrases, c'était un diseur de faits.

Or, comme les faits racontés par padre Rocco étaient toujours à la hauteur de l'intelligence de son auditoire, les sermons de padre Rocco produisaient habituellement une profonde impression sur ses ouailles.

Aussi, dès que le bruit se répandit que padre Rocco prêcherait, tous les lazzaroni se répétèrent-ils les uns aux autres cette importante nouvelle, de sorte qu'à l'heure indiquée pour le sermon, non seulement l'église Saint-Joseph était pleine, mais encore il y avait une queue qui bifurquait sur les marches de l'église, et qui remontait d'un côté jusqu'au Mercatello, et descendait de l'autre jusqu'à la place du Palais-Royal.

Les derniers, comme on le comprend bien, ne pouvaient rien entendre, mais ils comptaient sur l'obligeance de ceux qui entendraient pour leur répéter ce qu'ils auraient entendu.

Padre Rocco monta en chaire : il ouvrit la bouche, on fit silence.

— Mes enfans, dit-il, il est bon de vous apprendre que c'est moi qui ai fait peindre le saint Joseph que vous avez pu admirer dans la rue qui porte le nom de ce grand saint.

— Nous le savons, nous le savons, dirent en chœur les lazzaroni.

Padre Rocco, au contraire d'une foule de prédicateurs qui posent d'avance la condition qu'on ne les interrompra point, padre Rocco, dis-je, provoquait ordinairement le dialogue.

— Mes enfans, continua-t-il, il est bon de vous apprendre que c'est moi qui ai mis un cierge devant saint Joseph.

— Nous le savons, reprirent les lazzaroni.

— Que c'est moi qui ai mis deux cierges devant saint Joseph.

— Nous le savons encore.

— Que c'est moi qui ai mis trois cierges devant saint Joseph.

— Nous le savons toujours.

— Enfin, que c'est moi qui ai mis un réverbère devant saint Joseph.

— Mais pourquoi avez-vous mis un réverbère devant saint Joseph, puisqu'on ne met pas de réverbère devant les autres saints ?

— Parce que saint Joseph, ayant plus de puissance que tout autre au ciel, doit plus que tout autre être honoré sur la terre.

— Oh ! firent les lazzaroni, un instant, padre Rocco ; nous avons d'abord le bon Dieu qui passe avant lui.

— J'en conviens, dit padre Rocco.

— La Madone !

— Pardon, la Madone est sa femme.

— Jésus-Christ?

— Jésus-Christ est son fils.

— Ce qui veut dire?...

— Que le mari et le père passent avant la mère et l'enfant.

— Ainsi, saint Joseph a plus de pouvoir que la Madone?

— Oui.

— Il a plus de pouvoir que Jésus-Christ ?

— Oui.

— Quel pouvoir a-t-il donc?

— Il a le pouvoir de faire entrer au ciel tous ceux qui lui furent dévots sur la terre.

— Quelque chose qu'ils aient faite?

— Oh ! mon Dieu, oui.

— Même les voleurs?

— Même les voleurs.

— Même les brigands?

— Même les brigands.

— Même les assassins?

— Même les assassins.

Il se fit un grand murmure de doute dans l'assemblée. Padre Rocco se croisa les bras et laissa le murmure monter, décroître et s'éteindre.

— Vous doutez? dit padre Rocco.

— Hum! firent les lazzaroni.

— Eh bien! voulez-vous que je vous raconte ce qui est arrivé, pas plus tard qu'il y a huit jours, à Mastrilla?

— A Mastrilla le bandit?

— Oui.

— Qui a été jugé à Gaëte?

— Oui.

— Et pendu à Terracine?

— Oui.

— Racontez, padre Rocco, racontez, s'écrièrent tous les lazzaroni.

Padre Rocco n'attendait que cette invitation, aussi ne se fit-il point prier.

— Comme vous le savez, Mastrilla était un brigand sans foi ni loi; mais ce que vous ne savez pas, c'est que Mastrilla était dévot à saint Joseph.

— Non, c'est vrai, nous ne le savions pas, dirent les lazzaroni.

— Eh bien! je vous l'apprends, moi.

Les lazzaroni se répétèrent les uns aux autres : — Mastrilla était dévot à saint Joseph.

— Tous les jours Mastrilla faisait sa prière à saint Joseph, et il lui disait : « Grand saint, je suis un si formidable pécheur que je ne compte que sur vous pour me sauver à l'heure de ma mort, car il n'y a que vous qui puissiez obtenir du bon Dieu qu'un réprouvé comme moi puisse entrer dans le paradis. Tout autre élu y perdrait son latin. Je ne compte donc que sur vous, ô grand saint Joseph! » Voilà la prière qu'il faisait tous les jours.

— Eh bien? demandèrent les lazzaroni.

— Eh bien! répondit le prédicateur, lorsqu'il fut dans les mains du bourreau, qu'il fut sur l'échelle, qu'il eut la corde au cou, il demanda la permission de dire deux lignes de prières. — On la lui accorda. Il répéta alors son oraison habituelle, et, au dernier mot de son oraison, sans attendre que le bourreau le poussât, il sauta de l'échelle en l'air. Cinq minutes après il était pendu.

— Je l'ai vu pendre, dit un des assistans.

— Eh bien! ce que je dis est-il vrai? demanda le prédicateur.

— C'est la vérité pure, répondit le lazzarone.

— Après? après? crièrent les lazzaroni, qui commençaient à prendre un vif intérêt à la narration de padre Rocco.

— A peine Mastrilla fut-il mort qu'il vit deux routes ouvertes devant lui, une qui allait en montant, l'autre qui allait en descendant. Quand on vient d'être pendu, il est permis de ne pas savoir ce qu'on fait. Mastrilla prit la route qui allait en descendant.

Mastrilla descendit, descendit, descendit, pendant un jour, une nuit, et encore un jour; enfin, il trouva une porte. C'était la porte de l'enfer. Mastrilla frappa à la porte. Pluton parut.

— D'où viens-tu? demanda Pluton.

— Je viens de la terre, répondit Mastrilla.

— Que veux-tu?

— Je veux entrer.

— Qui es-tu?

— Je suis Mastrilla.

— Il n'y a pas de place ici pour toi ; tu as passé ta vie à prier saint Joseph ; va-t'en trouver ton saint.

— Où est saint Joseph?

— Il est au ciel. ,

— Par où va-t-on au ciel?

— Retourne par où tu es venu, tu trouveras un chemin qui monte ; une fois que tu seras sur ce chemin, va toujours tout droit : le ciel est au bout.

— Il n'y a pas à se tromper?

— Non.

— Bien obligé.

— Il n'y a pas de quoi.

Pluton ferma la porte, et Mastrilla prit le chemin du ciel.

Il monta pendant un jour, une nuit et un jour ; puis monta encore pendant une nuit, un jour et une nuit, et il trouva une porte. C'était la porte du ciel. Mastrilla frappa à la porte. Saint Pierre parut.

— D'où viens-tu? demanda saint Pierre.

— Je viens de l'enfer, répondit Mastrilla.

— Que veux-tu?

— Je veux entrer.

— Qui es-tu?

— Je suis Mastrilla.

— Comment! s'écria saint Pierre, tu es Mastrilla le bandit, Mastrilla le voleur, Mastrilla l'assassin, et tu demandes à entrer au ciel !

— Dame! on ne veut pas de moi en enfer, dit Mastrilla ; il faut bien que j'aille quelque part.

— Et pourquoi ne veut-on pas de toi en enfer?

— Parce que j'ai été toute ma vie dévot à saint Joseph.

— En voilà encore un! dit saint Pierre ; cela ne finira donc pas! Mais tant pis, ma foi! Je suis las d'entendre toujours la même chanson. Tu n'entreras pas!

— Comment! je n'entrerai pas?

— Non.

— Et où voulez-vous que j'aille?

— Va-t'en au diable !

— J'en viens.

— Eh bien ! retournes-y.

— Ah! non, non! Merci! il y a trop loin ; je suis fatigué. Me voilà ici, j'y reste.

— Comment, tu y restes?

— Oui.

— Et tu comptes entrer malgré moi?

— Je l'espère bien.

— Et sur qui comptes-tu pour cela?

— Sur saint Joseph.

— Qui se réclame de moi? demanda une voix.

— Moi, moi! cria Mastrilla, qui reconnut saint Joseph, lequel, passant par hasard, avait entendu prononcer son nom.

— Allons, bon ! dit saint Pierre, il ne manquait plus que cela !

— Qu'y a-t-il donc? demanda saint Joseph.

— Rien, dit saint Pierre ; absolument rien.

— Comment, rien ! s'écria Mastrilla ; vous appelez cela rien, vous ! Vous m'envoyez en enfer et vous ne voulez pas que je crie !

— Pourquoi envoyez-vous cet homme en enfer? demanda saint Joseph.

— Parce que c'est un bandit, répondit saint Pierre.

— Mais peut-être s'est-il repenti à l'heure de sa mort?

— Il est mort impénitent !

— Ce n'est pas vrai ! s'écria Mastrilla.

— A quel saint t'es-tu voué en mourant? demanda saint Joseph.

— Mais à vous, grand saint, à vous en personne, à vous, et pas à un autre. Mais c'est par jalousie ce que saint Pierre en fait.

— Qui es-tu? demanda saint Joseph.

— Je suis Mastrilla.

— Comment ! tu es Mastrilla, mon bon Mastrilla, qui tous les jours me faisais sa prière?

— C'est moi-même en personne.

— Et qui au moment de ta mort t'es adressé à moi, directement à moi?

— A vous seul.

— Et il veut t'empêcher d'entrer ?

— Si vous n'étiez pas passé là, c'était fini.

— Mon cher saint Pierre, dit Joseph prenant un air digne, j'espère que vous allez laisser passer cet homme?

— Ma foi, non, dit saint Pierre; je suis concierge ou je ne le suis pas. Si l'on n'est pas content de moi qu'on me destitue ; mais je veux être maître à ma porte, et ne tirer le cordon que quand il me plaît.

— Eh bien ! alors, dit saint Joseph, vous trouverez bon que nous réfé-rions de la chose au bon Dieu. Vous ne lui contesterez pas le droit d'ou-vrir le paradis à qui bon lui semble.

— Soit ! allons au bon Dieu.

— Mais laissez entrer cet homme, au moins.

— Qu'il attende à la porte.

— Que dois-je faire, grand saint? demanda Mastrilla. Faut-il que je force la consigne ou faut-il que j'obéisse?

— Attends, mon ami, dit saint Joseph, et si tu n'entres pas, c'est moi qui sortirai; entends-tu?

— J'attendrai, dit Mastrilla.

Saint Pierre referma la porte, et Mastrilla s'assit sur le seuil.

Les deux saints se mirent à la recherche du bon Dieu. Au bout d'un instant ils le trouvèrent occupé à dire l'office de la Vierge.

— Encore ! dit le bon Dieu en entendant le bruit que faisaient les deux saints en entrant; mais on ne peut donc pas être tranquille dix minutes ! Que me veut-on? leur dit-il.

— Seigneur, dit saint Pierre, c'est saint Joseph...

— Seigneur, dit saint Joseph, c'est saint Pierre...

— Mais vous vous querellerez donc toujours ! Mais je serai donc éter-nellement occupé à mettre la paix entre vous !

— Seigneur, dit saint Joseph, c'est saint Pierre qui ne veut pas laisser entrer mes dévots.

— Seigneur, dit saint Pierre, c'est saint Joseph qui veut faire entrer tout le monde.

— Et moi je vous dis que vous êtes un égoïste ! reprit saint Joseph.

— Et vous un ambitieux ! reprit saint Pierre.

— Silence ! dit le bon Dieu. Voyons, de quoi s'agit-il ?

— Seigneur, demanda saint Pierre, suis-je concierge du paradis ou non ?

— Vous l'êtes. On pourrait en trouver un meilleur, mais enfin vous l'êtes.

— Ai-je le droit d'ouvrir ou de fermer la porte à ceux qui se présentent ?

— Vous l'avez ; mais, vous comprenez, il faut être juste. Qui est-ce qui se présente ?

— Un bandit, un voleur, un assassin.

— Oh ! fit le bon Dieu.

— Qui vient d'être pendu.

— Oh ! oh ! Est-ce vrai, saint Joseph ?

— Seigneur... répondit saint Joseph un peu embarrassé.

— Est-ce vrai ? oui ou non ? répondez.

— Il y a du vrai, dit saint Joseph.

— Ah ! fit saint Pierre triomphant.

— Mais cet homme m'a toujours été particulièrement dévot, et je ne puis pas abandonner mes amis dans le malheur.

— Comment s'appelait-il ? demanda le bon Dieu.

— Mastrilla, répondit saint Joseph avec une certaine hésitation.

— Attendez donc ! attendez donc ! fit le bon Dieu cherchant dans sa mémoire ; Mastrilla, Mastrilla, mais je connais cela, moi.

— Un voleur, dit saint Pierre.

— Oui.

— Un brigand, un assassin.

— Oui, oui.

— Qui se tenait sur la route de Rome à Naples, entre Terracine et Gaële?

— Oui, oui, oui.

— Et qui pillait toutes les églises.

— Comment ! et c'est cet homme-là que tu veux faire entrer ici ? demanda le bon Dieu à saint Joseph.

— Pourquoi pas ? dit saint Joseph ; le bon larron y est bien.

— Ah ! tu le prends sur ce ton-là ! dit le bon Dieu, à qui ce reproche était d'autant plus sensible que c'était toujours celui que lui faisaient les saints lorsqu'on leur refusait de laisser entrer quelqu'un de leurs protégés.

— C'est celui qui me convient, dit saint Joseph.

— Bon ! nous allons voir ! Saint Pierre ?

— Seigneur.

— Je vous défends de laisser entrer Mastrilla.

— Faites bien attention à ce que vous ordonnez là, Seigneur, reprit saint Joseph.

— Saint Pierre, je vous défends de laisser entrer Mastrilla, dit le bon Dieu. Vous entendez ?

— Parfaitement, Seigneur. Il n'entrera pas, soyez tranquille.

— Ah ! il n'entrera pas ? dit saint Joseph.

— Non, dit le bon Dieu.

— C'est votre dernier mot ?

— Oui.

— Vous y tenez ?

— J'y tiens.

— Il est encore temps de revenir là-dessus.

— J'ai dit.

— En ce cas-là, adieu, Seigneur.

— Comment ! adieu ?

— Oui, je m'en vais.

— Où ?

— Je retourne à Nazareth.

— Vous retournez à Nazareth, vous !

— Certainement. Je n'ai pas envie de rester dans un endroit où l'on me traite commme vous le faites.

— Mon cher, dit le bon Dieu, voilà déjà la dixième fois que vous me faites la même menace.

— Eh bien ! je ne vous la ferai pas une onzième.

— Tant mieux !

— Ah ! tant mieux ! Alors vous me laissez partir ?

— De grand cœur.

— Vous ne me retenez pas ?

— Je m'en garde.

— Vous vous en repentirez.

— Je ne crois pas.

— C'est ce que nous allons voir.

— Eh bien, voyons !

— Réfléchissez-y.

— C'est réfléchi.

— Adieu, Seigneur.

— Adieu, saint Joseph.

— Il est encore temps, dit saint Joseph en revenant.

— Vous n'êtes pas encore parti ? dit le bon Dieu.

— Non, mais cette fois je pars.

— Bon voyage !

— Merci.

Le bon Dieu se remit à ses affaires, saint Pierre retourna à sa porte, saint Joseph rentra chez lui, ceignit ses reins, prit son bâton de voyage et passa chez la Madone.

La Madone chantait le *Stabat Mater* de Pergolèse, qui venait d'arriver au ciel. Les onze mille vierges lui servaient de chœur ; les séraphins, les chérubins, les dominations, les anges et les archanges lui servaient d'instrumentistes ; l'ange Gabriel conduisait l'orchestre.

— Psitt ! fit saint Joseph.

— Qu'y a-t-il ? demanda la Madone.

— Il y a qu'il faut me suivre.

— Où cela !

— Que vous importe ?

— Mais enfin ?

— Êtes-vous ma femme, oui ou non ?

— Oui.

— Eh bien, la femme doit obéissance à son époux.

— Je suis votre servante, monseigneur, et j'irai où vous voudrez, dit la Madone.

— C'est bien, dit saint Joseph. Venez.

La Madone suivit saint Joseph les yeux baissés et avec sa résignation habituelle, toujours prête qu'elle était à donner l'exemple du devoir et de la vertu au ciel comme sur la terre.

— Eh bien ! demanda saint Joseph, que faites-vous ?

— Je vous obéis, monseigneur.

— Vous me suivez seule ?

— Je m'en vais comme je suis venue.

— Ce n'est pas de cela qu'il s'agit : emmenez votre cour, emmenez !

La Madone fit un signe, et les onze mille vierges marchèrent derrière elle en chantant ; elle fit un autre signe, et les séraphins, les chérubins, les dominations, les anges et les archanges, l'accompagnèrent en jouant de la viole, de la harpe et du luth.

— C'est bien, dit saint Joseph, et il entra chez Jésus-Christ.

Jésus-Christ revoyait l'évangile de saint Mathieu, dans lequel s'étaient glissées quelques erreurs de typographie.

— Psitt ! fit saint Joseph.

— Qu'y a-t-il ? demanda Jésus-Christ.

— Il y a qu'il faut me suivre.

— Où cela ?

— Que vous importe !

— Mais enfin ?

— Etes-vous mon fils, oui ou non !

— Oui, dit Jésus-Christ.

— Le fils doit obéissance à son père.

— Je suis votre serviteur, mon père, dit le Christ, et j'irai où vous voudrez.

— C'est bien, dit saint Joseph ; venez.

Le Christ suivit saint Joseph avec cette douceur qui l'a fait si fort, et cette humilité qui l'a fait si grand.

— Eh bien ! demanda saint Joseph, que faites-vous ?

— Je vous obéis, mon père.

— Vous me suivez seul ?

— Je m'en vais comme je suis venu.

— Ce n'est pas de cela qu'il s'agit ; emmenez votre cour, emmenez.

Jésus fit un signe : les apôtres se rangèrent autour de lui ; Jésus éleva la voix, et les saints, les saintes et les martyrs accoururent.

— Suivez-moi, dit le Christ.

Et les apôtres, les saints, les saintes et les martyrs marchèrent à sa suite.

Il prit la tête du cortége et s'achemina vers la porte. Derrière lui venaient la Madone et toute la population du ciel.

Ils rencontrèrent le Saint-Esprit qui causait avec la colombe de l'arche.

— Où donc allez-vous comme cela ? demanda le Saint-Esprit.

— Nous allons faire un autre paradis, dit saint Joseph.

— Et pourquoi cela ?

— Parce que nous ne sommes pas contens de celui-ci.

— Mais le bon Dieu ?...

— Le bon Dieu, nous le laissons.

— Oh ! il y a quelque erreur là-dessous, dit le Saint-Esprit. Voulez-vous permettre que j'aille en conférer avec le Seigneur ?

— Allez, dit saint Joseph, mais dépêchez-vous, nous sommes pressés

— J'y vole et je reviens, dit le Saint-Esprit.

Le Saint-Esprit entra dans l'oratoire du bon Dieu et alla s'abattre sur son épaule.

— Ah! c'est vous? dit le bon Dieu. Quelle nouvelle?

— Mais une nouvelle terrible!

— Laquelle?

— Vous ne savez donc pas?

— Non.

— Saint Joseph s'en va.

— C'est moi qui l'ai mis à la porte.

— Vous, Seigneur?

— Oui, moi. Il n'y avait plus moyen de vivre avec lui; c'étaient tous les jours de nouvelles prétentions, de nouvelles exigences. On aurait dit qu'il était le maître ici.

— Eh bien! vous avez fait là une belle chose!

— Comment?

— Il emmène la Madone.

— Bah!

— Il emmène Jésus-Christ.

— Impossible!

— La Madone emmène les onze mille vierges, les séraphins, les chérubins, les dominations, les anges, les archanges.

— Que me dites-vous là!

— Le Christ emmène les apôtres, les saints, les saintes et les martyrs.

— Mais c'est donc une défection!

— Générale.

— Que va-t-il donc me rester, à moi?

— Les prophètes Isaïe, Ézéchiel, Jérémie.

— Mais je vais m'ennuyer à mourir, moi!

— C'est comme cela.

— Vous vous serez trompé.

— Regardez.

Le bon Dieu regarda par cette même fenêtre où notre grand poète Béranger le vit, et il aperçut une foule immense qui se pressait du côté de la porte du paradis; tout le reste du ciel était vide, à l'exception d'un petit coin où causaient les trois prophètes.

Le bon Dieu comprit d'un seul coup d'œil la situation critique dans laquelle il se trouvait.

— Que faut-il faire? demanda le bon Dieu au Saint-Esprit.

— Dame! dit celui-ci, je ne connais pas l'état de la question.

— Le bon Dieu lui raconta tout ce qui s'était passé entre lui et saint Joseph à propos de Mastrilla, et comme quoi il avait donné raison à saint Pierre.

— C'est une faute, dit le Saint-Esprit.

— Comment, c'est une faute! s'écria le bon Dieu.

— Eh! mon Dieu, oui. Il ne s'agit point ici du plus ou moins de mérite du protégé; il s'agit du plus ou moins de puissance du protecteur.

— Un malheureux charpentier!

— Voilà ce que c'est de lui avoir fait une position! il en abuse.

— Mais que faire?

— Il n'y a pas deux moyens : il faut en passer par ce qu'il voudra.

— Mais il est capable de m'imposer des conditions nouvelles!

— Il faut les accepter de suite. Plus vous attendrez, plus il deviendra exigeant.

— Allez donc me le chercher, dit le bon Dieu.

— J'y vais, dit le Saint-Esprit.

En un coup d'aile le Saint-Esprit fut à la porte du paradis : rien n'était changé ; saint Joseph avait la main sur la clé, et tout le monde attendait qu'il ouvrît la porte pour sortir avec lui. Quant à saint Pierre, en sa qualité d'apôtre, il avait été forcé de se mettre à la suite du Christ.

— Le bon Dieu vous demande, dit le Saint-Esprit à saint Joseph.

— Ah ! c'est bien heureux ! dit celui-ci.

— Il est disposé à faire tout ce que vous voulez.

— Je savais bien qu'il en viendrait là.

— Vous pouvez renvoyer chacun à son poste.

— Non pas, non pas ; je prie au contraire tout le monde de m'attendre ici. Si nous ne nous entendions pas, ce serait à recommencer.

— Nous attendrons, dirent la Madone et le Christ.

— C'est bien, dit saint Joseph.

Et, précédé du Saint-Esprit, il alla retrouver le bon Dieu.

— Seigneur, dit le Saint-Esprit entrant le premier, voici saint Joseph.

— Ah! c'est bien heureux ! dit le bon Dieu.

— Je vous avais prévenu, répondit saint Joseph.

— Mauvaise tête !

— Écoutez, on est saint ou on ne l'est pas ; si on est saint, il faut avoir le droit de faire entrer dans le paradis ceux qui se réclament de vous ; si on ne l'est pas, il faut s'en aller autre part.

— C'est bien, c'est bien ; n'en parlons plus.

— Mais, au contraire, parlons-en ; c'est fini pour aujourd'hui, mais cela recommencera demain.

— Que veux-tu? voyons.

— Je veux que tous ceux qui auront eu confiance en moi pendant leur vie puissent compter sur moi après leur mort.

— Diable ! Sais-tu ce que tu demandes là ?

— Parfaitement.

— Si je donnais un pareil privilége à tout le monde.

— D'abord, je ne suis pas tout le monde, moi.

— Voyons, transigeons.

— C'est à prendre ou à laisser.

— Le quart ?

— Je m'en vais.

Et saint Joseph fit un pas.

— La moitié ?

— Adieu.

Et saint Joseph gagna la porte.

— Les trois quarts ?

— Bonsoir !

Et saint Joseph sortit.

— Est-ce qu'il s'en va tout de bon ? demanda le bon Dieu.

— Tout de bon ! répondit le Saint-Esprit.

— Il ne se retourne point ?

— Pas le moins du monde.

— Il ne ralentit pas sa marche ?

— Il se met à courir.

— Volez après lui, et dites-lui qu'il revienne.

Le Saint-Esprit vola après saint Joseph, et le ramena à grand'peine.

— Eh bien! dit le bon Dieu, puisque le maître ici c'est vous et non pas moi, il sera fait comme vous le voulez.

— Envoyez chercher le notaire, dit saint Joseph.

— Comment, le notaire! s'écria le bon Dieu; vous ne vous en rapportez pas à ma parole.

— *Verba volant*, dit saint Joseph.

— Appelez un notaire, dit le bon Dieu.

Le notaire fut appelé, et saint Joseph est possesseur aujourd'hui d'un acte parfaitement en règle qui l'autorise à faire entrer dans le paradis quiconque lui est dévot.

Or, je vous le demande maintenant, un saint comme saint Joseph peut-il se contenter d'un mauvais cierge comme un saint de troisième ou de quatrième ordre, et ne mérite-t-il pas un réverbère?

— Il en mérite dix, il en mérite vingt, il en mérite cent! crièrent les lazzaroni. Vive saint Joseph! vive le père du Christ! vive le mari de la Madone! à bas saint Pierre!

Le même soir, padre Rocco fit allumer dix réverbères dans la rue Saint-Joseph. Le lendemain, il en fit allumer vingt dans les rues adjacentes; le surlendemain, il en fit allumer cent dans les environs; le tout à la plus grande gloire du saint auquel l'histoire qu'il venait de raconter avait improvisé une si grande popularité.

Ce fut ainsi que les réverbères de la rue Saint-Joseph, débordant d'un côté dans la rue de Tolède et de l'autre sur la place de Santa-Mediana, finirent à peu peu par se glisser, grâce au pieux stratagème de padre Rocco, dans les rues les plus sombres et les plus désertes de Naples.

DEUXIÈME PARTIE.

I

La villa Giordani.

Une violente éruption du Vésuve, miraculeusement calmée par saint Janvier, donna lieu à un étrange épisode.

Sur le penchant du Vésuve, à la source d'une des branches du Sebetus, s'élevait une de ces charmantes villas, comme on en voit blanchir au fond des délicieux tableaux de Léopold Robert. C'était une élégante bâtisse carrée, plus grande qu'une maison, moins imposante qu'un palais, au portique soutenu par des colonnes, au toit en terrasse, aux jalousies vertes, au perron surchargé de fleurs, dont les degrés conduisaient à un jardin tout planté d'orangers, de lauriers roses et de grenadiers. A l'un des angles de cette coquette habitation s'élevait un bouquet de palmiers dont les cimes, dépassant le toit, retombaient dessus comme un panache, et donnaient à tout l'ensemble du bâtiment un petit air oriental qui faisait plaisir à voir. Toute la journée, comme c'est l'habitude à

Naples, la villa muette semblait solitaire et restait fermée ; mais, lorsque le soir arrivait, et avec le soir la brise de la mer, les jalousies s'ouvraient doucement , pour respirer, et alors ceux qui passaient au pied de cette demeure enchantée pouvaient voir, à travers les fenêtres, des appartemens aux meubles dorés et aux riches tentures, dans lesquels passaient , appuyés au bras l'un de l'autre, et se regardant avec amour, un beau jeune homme et une belle jeune femme. C'étaient les maîtres de ce petit palais de fée, le comte Odoardo Giordani et sa jeune femme la comtesse Lia.

Quoique les deux jeunes gens s'aimassent depuis long-temps, il y avait six mois seulement qu'ils étaient unis l'un à l'autre. Ils avaient dû se marier au moment où la révolution napolitaine avait éclaté ; mais alors le comte Odoardo, que sa naissance et ses principes attachaient à la cause royale , avait suivi le roi Ferdinand en Sicile , était resté à Palerme, comme chevalier d'honneur de la reine, pendant sept à huit mois ; puis , au moment où le cardinal Ruffo avait fait son expédition de Calabre, le comte Odoardo avait demandé à sa souveraine la permission de partir avec lui, et, l'ayant obtenue, avait accompagné cet étrange chef de partisans dans sa marche triomphale vers Naples. Il était entré avec lui dans la capitale, avait retrouvé sa Lia fidèle, et, comme rien ne s'opposait plus à son mariage , il l'avait épousée. Fuyant alors les massacres qui désolaient la ville, il avait emporté sa jeune femme dans le paradis que nous avons essayé de décrire , qu'ils habitaient ensemble depuis six mois, et où le comte eût été, sans contredit, l'homme le plus heureux de la terre, sans un événement qui venait de lui arriver et qui troublait profondément son bonheur.

Tous les membres de sa famille n'avaient point partagé la haine qu'il portait aux Français, et qui lui avait fait quitter Naples à leur approche. Le comte avait une sœur cadette nommée Teresa , belle et chaste enfant qui s'épanouissait comme un lis à l'ombre du cloître. Selon l'habitude des familles napolitaines , l'avenir d'amour et de bonheur de la jeune fille , cet amour que Dieu a permis à toute créature humaine d'espérer, avait été sacrifié à l'avenir d'ambition de son frère aîné. Avant que la pauvre Teresa sût ce que c'était que le monde , la grille d'un couvent s'était fermée entre le monde et elle ; et, lorsque son père était mort, lorsque son frère aîné, qui l'adorait, était devenu maître de sa liberté, depuis trois ans déjà ses vœux étaient prononcés.

La première parole du comte Odoardo à sa sœur, en la revoyant après la mort de son père, avait été l'offre de lui faire obtenir du saint père la rupture d'un engagement pris avant qu'elle connût la valeur du serment prononcé , et qu'elle pût apprécier l'étendue du sacrifice qu'elle allait faire ; mais pour la pauvre enfant, qui n'avait vu le monde qu'à travers le voile insouciant de ses premières années, dont le cœur ne connaissait d'autre amour que celui qu'elle avait voué au Seigneur, le cloître avait son charme, et la solitude son enchantement ; elle remercia donc son frère bien-aimé de l'offre qu'il lui faisait, mais elle l'assura qu'elle se trouvait heureuse et qu'elle craignait tout changement qui viendrait donner à son existence un autre avenir que celui auquel elle s'était habituée.

Le jeune homme, qui commençait à aimer, et qui savait quel changement l'amour apporte dans la vie, se retira en priant Dieu de permettr que sa sœur ne regrettât jamais la résolution qu'elle avait prise.

Quelques mois s'écoulèrent ; puis arrivèrent les événemens que nous avons racontés : le comte Odoardo se retira en Sicile, comme nous l'avons dit, laissant la jeune carmélite sous la garde du Seigneur.

Les Français entrèrent à Naples, et la république parthénopéenne fut proclamée : un des premiers actes du nouveau gouvernement fut, ainsi que l'avait fait sa sœur aînée la république française, d'ouvrir les portes de tous les couvens et de déclarer que les vœux prononcés par force étaient nuls.

Puis, comme cette décision était insuffisante pour déterminer les femmes surtout à quitter l'asile où elles s'étaient habituées à vivre et où elles comptaient mourir, un décret arriva bientôt qui déclarait les ordres religieux complétement abolis.

Force fut alors aux pauvres colombes de sortir de leur nid ; Teresa se retira chez sa tante, qui l'accueillit comme si elle eût été sa fille ; mais la maison de la marquise de Livello (c'est ainsi que se nommait la tante de Teresa) était mal choisie pour que la jeune religieuse pût retrouver le calme qu'elle regrettait. La marquise, que sa position aristocratique, sa fortune et sa naissance attachaient de cœur à la maison de Bourbon, avait craint d'être compromise par cet attachement bien connu, et elle s'était empressée de recevoir chez elle le général Championnet et les principaux chefs de l'armée française.

Parmi ces officiers il y avait un jeune colonel de vingt-quatre ans. A cette époque, on était colonel de bonne heure. Celui-ci, sans naissance, sans fortune, était parvenu à ce grade, aidé par son seul courage. A peine eut-il vu Teresa qu'il en devint amoureux ; à peine Teresa l'eut-elle vu qu'elle comprit qu'il y a d'autre bonheur dans la vie que la solitude et le repos du cloître.

Les jeunes gens s'aimèrent, l'un avec l'imagination d'un Français, l'autre avec le cœur d'une Italienne. Cependant, dès le premier retour qu'ils avaient fait sur eux-mêmes, ils avaient compris que cet amour ne pouvait être que malheureux. Comment la sœur d'un émigré royaliste pouvait-elle épouser un colonel républicain ?

Les jeunes gens ne s'en aimèrent pas moins, et peut-être ne s'en aimèrent-ils que davantage. Trois mois passèrent comme un jour ; puis cet ordre fatal, qui devait être le signal de si grands malheurs, arriva à l'armée française de battre en retraite, et vint réveiller les amans au milieu de leur songe d'or. Il ne s'agissait point de se quitter : l'amour des jeunes gens était trop grand pour s'arrêter un instant à l'idée d'une séparation. Se séparer c'était mourir, et tous deux se trouvaient si heureux, qu'ils avaient bonne envie de vivre.

En Italie, pays des amours instantanées, tout a été prévu pour qu'à chaque heure du jour et de la nuit un amour du genre de celui qui liait le jeune colonel à Teresa pût recevoir sa sanctification. Deux amans se présentent devant un prêtre, lui déclarent qu'ils désirent se prendre pour époux, se confessent, reçoivent l'absolution, vont s'agenouiller devant l'autel, entendent la messe et sont mariés.

Le colonel proposa à Teresa un mariage de ce genre. Teresa accepta. Il fut convenu que pendant la nuit qui précéderait le départ des Français, Teresa quitterait le palais de sa tante, et que les deux jeunes gens iraient recevoir la bénédiction nuptiale dans l'église del Carmine, située place du *Mercato nuovo*.

Tout se fit ainsi qu'il avait été arrêté, à une chose près. Les deux jeunes gens se présentèrent devant le prêtre, qui leur dit qu'il était tout disposé à les unir aussitôt qu'il les aurait entendus en confession. Il n'y avait rien à dire, c'était l'habitude : le colonel s'y conforma en s'agenouillant d'un côté du confessionnel, tandis que la jeune fille s'agenouillait de l'autre ; et quoique sans doute son récit ne fût pas exempt de certaines peccadilles, le prêtre, qui savait qu'il faut passer quelque chose à un colonel, et surtout à un colonel de vingt-quatre ans, lui remit ses péchés avec une facilité toute patriarcale.

Mais, contre toute attente, il n'en fut pas ainsi de la pauvre Teresa. Le prêtre lui pardonna bien son amour ; il lui pardonna sa fuite de chez sa tante, puisque cette fuite avait pour but de suivre son mari ; mais quand la jeune fille lui apprit qu'elle avait autrefois été religieuse, qu'elle était sortie de son couvent lors du décret qui abolissait les ordres religieux, le prêtre se leva, déclarant que, déliée aux yeux des hommes, Teresa ne l'était pas aux regards de Dieu. En conséquence, il refusa positivement de bénir leur union. Teresa supplia, le colonel menaça, mais le prêtre resta aussi insensible aux menaces qu'aux prières. Le colonel avait grande envie de lui passer son épée au travers du corps, mais il réfléchit qu'il n'en serait pas mieux marié après cela, et il emporta Teresa entre ses bras, lui jurant que ce n'était qu'un retard sans importance, et qu'à peine arrivés en France ils trouveraient un prêtre moins scrupuleux que celui-là, lequel s'empresserait de réparer le temps perdu en les unissant sans aucun délai et sans aucune contestation.

Teresa aimait : elle crut et consentit à suivre son amant. Le lendemain, la marquise de Livello trouva une lettre qui lui annonçait la fuite de sa nièce. Cette nouvelle lui causa une grande douleur. Cependant cette douleur ne venait pas tout entière de la disparition de Teresa. Nous avons dit les craintes politiques de la marquise. Ces craintes, contre son opinion, avaient été jusqu'à lui faire recevoir comme amis ces Français qu'elle haïssait. Or, elle prévoyait une réaction royaliste, elle avait déjà à répondre aux bourbonniens de sa facilité à fraterniser avec les patriotes : que serait-ce donc lorsqu'on apprendrait que la nièce qui lui avait été confiée, la sœur du comte Odoardo, c'est-à-dire d'un des plus ardens *santa fede* de la cour du roi Ferdinand, était partie de Naples avec un colonel républicain ! La marquise de Livello se voyait déjà perdue, guillotinée, prisonnière, ou tout au moins proscrite. Sa résolution fut prise immédiatement : elle annonça que, depuis quelque temps, la santé de sa nièce s'affaiblissait sans cesse, et que, supposant que l'air de Naples lui était contraire, elle allait se retirer dans sa terre de Livello. Le même soir, elle partit dans une voiture fermée où elle était censée être avec Teresa, et le lendemain elle arriva dans son château, situé dans la terre de Bari, près du petit fleuve Ofanto.

C'était un château sombre, isolé, solitaire, et qui convenait parfaitement à la résolution qu'elle avait prise. Au bout d'un mois, le bruit se répandit à Naples que Teresa venait de mourir d'une maladie de langueur. Un certificat d'un vieux prêtre attaché à la maison de la marquise depuis cinquante ans ne laissa aucun doute sur cet événement. D'ailleurs, à qui le soupçon que cette nouvelle était un mensonge pouvait-il venir ? On savait que la marquise adorait sa nièce, et elle avait annoncé hautement qu'elle n'aurait pas d'autre héritière ; enfin la marquise

avait répandu ce bruit avec d'autant plus de confiance que Teresa lui
avait annoncé dans sa lettre qu'elle ne la reverrait jamais.

Le comte Odoardo fut au désespoir. Lia et sa sœur, c'était tout cé
qu'il aimait au monde : heureusement Lia lui restait.

Nous avons dit comment, en rentrant à Naples avec le cardinal Ruffo,
Odoardo avait retrouvé Lia plus aimante que jamais ; nous avons dit
comment ils avaient été unis et comment ils avaient fui Naples pour être
tout entiers à leur amour. Ils habitaient donc cette charmante villa que
nous avons décrite, située sur le penchant du Vésuve, et des fenêtres de
laquelle on voyait à la fois le volcan, la mer, Naples, et toute cette déli-
cieuse vallée de l'antique Campanie qui s'étend vers Acerra.

Les deux nouveaux époux recevaient peu de monde ; le bonheur aime
le calme et cherche la solitude. D'ailleurs, dans les premiers jours de son
mariage, une des amies de la comtesse, en venant lui rendre sa visite de
noce, l'avait trouvée seule, et s'était empressée de la féliciter, non seu-
lement de son union avec le comte Odoardo, mais encore du triomphe
qu'elle avait obtenu sur sa rivale, triomphe dont cette union était la
preuve. Alors, sans savoir ce que signifiaient ces paroles, Lia avait pâli
et avait demandé de quelle rivale on voulait parler, et de quel triomphe
il était question. L'obligeante amie avait aussitôt raconté à la jeune com-
tesse qu'il n'avait été bruit à la cour de Palerme que de l'amour que le
comte avait inspiré à la belle Emma Lyonna, la favorite de Caroline,
bruit qui avait fait craindre aux amies de la future comtesse que son
mariage ne fût fort aventuré ; mais il n'en avait point été ainsi : le nou-
veau Renaud, égaré un instant, selon la visiteuse, avait enfin rompu les
fers de cette autre Armide, et, quittant l'île enchantée où s'était un ins-
tant perdu son cœur, il était revenu plus amoureux que jamais à ses
premières amours.

Lia avait écouté toute cette histoire le sourire sur les lèvres et la mort
dans l'âme ; puis, satisfaite de la douleur qu'elle avait causée, l'officieuse
amie était retournée à Naples, laissant dans le cœur de la jeune épouse
toutes les angoisses de la jalousie.

Aussi, à peine la porte se fut-elle refermée derrière la visiteuse, que Lia
fondit en larmes. Presqu'en même temps une porte latérale s'ouvrit, et
le comte entra. Lia essaya de lui cacher ses pleurs sous un sourire ; mais,
quand elle voulut parler, la douleur l'étouffa, et, au lieu des tendres pa-
roles qu'elle essayait de prononcer, elle ne put qu'éclater en sanglots.

Ce chagrin était trop profond et trop inattendu pour que le comte n'en
voulût pas savoir la cause. Lia, de son côté, avait le cœur trop plein
pour renfermer long-temps un pareil secret : toute sa douleur déborda,
sans reproches, sans récriminations, mais telle qu'elle l'avait éprouvée,
pleine d'angoisses et d'amertume.

Odoardo sourit. Il y avait quelque chose de vrai dans ce qu'avait ra-
conté à Lia son obligeante amie. La belle Emma Lyonna avait effective-
ment distingué le comte ; mais, à son grand étonnement, sa sympathie
n'avait été accueillie que par la froide politesse de l'homme du monde.
Enfin, l'occasion s'était présentée pour lui de quitter la Sicile avec le car-
dinal Ruffo ; il s'était empressé de la saisir. Odoardo raconta tout cela à
sa femme avec l'accent de la vérité, sans faire valoir aucunement le sa-
crifice qu'il avait fait, car il aimait trop Lia pour croire qu'il lui avait fait
un sacrifice. Lia, rassurée par son sourire, avait fini par oublier cette

aventure comme on oublie les soupçons d'amour, c'est-à-dire qu'elle n'y pensait plus que lorsqu'elle était seule.

Un matin qu'Odoardo était sorti dès le point du jour pour chasser dans la montagne, Lia, en traversant sa chambre, vit sur sa table quatre ou cinq lettres que le domestique venait de rapporter de la ville; elle y jeta machinalement les yeux; une de ces lettres était une écriture de femme. Lia tressaillit. Elle avait un trop profond sentiment de son devoir pour décacheter cette lettre; mais elle ne put résister au désir de s'assurer du genre de sensation qu'éprouverait son mari eu la décachetant. Aussitôt qu'elle l'entendit rentrer, elle se glissa dans un cabinet d'où elle pouvait tout voir, et attendit, anxieuse et tremblante, comme si quelque chose de suprême allait se décider pour elle.

Le comte traversa sa chambre sans s'arrêter, et entra dans celle de sa femme; on lui avait dit que la comtesse était chez elle, il croyait l'y trouver. Il l'appela. Répondre, c'était se trahir. Lia se tut. Odoardo rentra alors dans sa chambre, déposa son fusil dans un coin, jeta sa carnassière sur un sofa; puis, s'avançant nonchalamment vers la table où étaient les lettres, il jeta sur elles un coup d'œil indifférent; mais à peine eut-il vu cette écriture fine qui avait tant intrigué la comtesse, qu'il poussa un cri et que sans s'inquiéter des autres dépêches, il se saisit de celle-là. La seule vue de cette écriture avait causé au comte une telle émotion, qu'il fut obligé de s'appuyer à la table pour ne pas tomber; puis il resta un instant les regards fixés sur l'adresse comme s'il ne pouvait en croire ses yeux. Enfin il brisa le cachet en tremblant, chercha la signature, la lut avidemment, dévora la lettre, la couvrit de baisers; puis il resta pensif quelques minutes et pareil à un homme qui se consulte. Enfin, ayant relu cette épître, dont l'importance n'était pas douteuse, il la replia soigneusement, regarda autour de lui pour s'assurer qu'il n'avait point été vu, et, se croyant seul, il la cacha dans la poche de côté de sa veste de chasse, de manière que, soit par hasard, soit avec intention, la lettre se trouvait reposer sur son cœur.

Cette lettre, c'était une lettre de Teresa. A la vue de l'écriture de celle qu'il croyait morte, Odoardo avait tressailli de surprise et avait cru être le jouet de quelque illusion. C'est alors qu'il avait ouvert cette lettre avec tant d'émotion et de crainte. Alors tout lui avait été révélé. Le jeune colonel avait été tué à la bataille de Genola, et Teresa s'était trouvée seule et isolée dans un pays inconnu. Femme du colonel, elle fût rentrée en France, fière du nom qu'elle portait; mais le mariage n'avait pas encore eu lieu : elle avait droit de pleurer son amant, voilà tout. Alors elle avait pensé à son frère qui l'aimait tant; c'était à lui seul qu'elle confiait sa position ; elle le suppliait de lui garder le secret, désirant aux yeux de tous continuer de passer pour morte. Du reste, elle arrivait presque aussitôt que sa lettre : un mot, qu'elle priait son frère de lui jeter poste restante, lui indiquerait où elle pourrait descendre. Là, elle l'attendrait avec toute l'impatience d'une sœur qui avait craint de ne jamais le revoir. Pour plus de sécurité, ce mot ne devait porter aucun nom et être adressé à madame ***. Elle terminait sa lettre en lui recommandant de nouveau le secret, même vis-à-vis de sa femme, dont elle craignait la rigidité et dont elle ne pourrait supporter le mépris.

Odoardo tomba sur une chaise, succombant à l'excès de sa surprise et de sa joie.

Nous n'essaierons pas même de décrire les angoisses que la comtesse avait éprouvées pendant la demi-heure qui venait de s'écouler. Vingt fois elle avait été sur le point d'entrer, d'apparaître tout à coup au comte, et de lui demander en face si c'était ainsi qu'il tenait les sermens de fidélité qu'il lui avait faits. Mais retenue chaque fois par ce sentiment qui veut que l'on creuse son malheur jusqu'au fond, elle était restée immobile et sans parole, enchaînée à place comme si elle eût été sous l'empire d'un rêve.

Cependant elle comprit que, si le comte la retrouvait là, il devinerait qu'elle avait tout vu, et par conséquent se tiendrait sur ses gardes. Elle s'élança donc dans le jardin, et par une réaction désespérée sur elle-même, elle parvint, au bout de quelques minutes, à rendre un certain calme à ses traits; quant à son cœur, il semblait à la comtesse qu'un serpent la dévorait.

Le comte aussi était descendu dans le jardin : tous deux se rencontrèrent donc bientôt, et tous deux en se rencontrant firent un effort visible sur eux-mêmes, l'un pour dissimuler sa joie, l'autre pour cacher sa douleur.

Odoardo courut à sa femme. Lia l'attendit. Il l'a serra dans ses bras avec un mouvement si puissant, qu'il était presque convulsif.

— Qu'avez-vous donc, mon ami? demanda la comtesse.

— Oh! je suis bien heureux! s'écria le comte.

Lia se sentit prête à s'évanouir.

Tous deux rentrèrent pour dîner. Après le dîner, pendant lequel Odoardo parut tellement préoccupé qu'il ne fit point attention à la préoccupation de sa femme, il se leva et prit son chapeau.

— Où allez-vous? demanda Lia en tressaillant.

Il y avait, dans le ton avec lequel ces paroles étaient prononcées, un accent si étrange, qu'Odoardo regarda Lia avec étonnement.

— Où je vais? dit-il en regardant Lia.

— Oui, où allez-vous? reprit Lia avec un accent plus doux et en s'efforçant de sourire.

— Je vais à Naples. Qu'y.a-t-il d'étonnant que j'aille à Naples? continua Odoardo en riant.

— Oh! rien, sans doute, mais vous ne m'aviez pas dit que vous me quittiez ce soir.

— Une des lettres que j'ai reçues ce matin me force à cette petite course, dit le comte; mais je rentrerai de bonne heure, sois tranquille.

— Mais c'est donc une affaire importante qui vous appelle à Naples?

— De la plus haute importance.

— Ne pouvez-vous la remettre à demain?

— Impossible.

— En ce cas, allez.

Lia prononça ce dernier mot avec un tel effort, que le comte revint à elle; et, la prenant dans son bras pour l'embrasser au front :

— Souffres-tu, mon amour? lui dit-il.

— Pas le moins du monde, répondit Lia.

— Mais tu as quelque chose? continua-t-il en insistant.

— Moi? rien, absolument rien. Que voulez-vous que j'aie, moi?

Lia prononça ces paroles avec un sourire si amer, que cette fois Odoardo vit bien qu'il se passait en elle quelque chose d'étrange.

— Écoute, mon enfant, lui dit-il, je ne sais pas si tu as quelque cause de chagrin ; mais ce que je sais, c'est que mon cœur me dit que tu souffres.

— Votre cœur se trompe, dit Lia ; partez donc tranquille et ne vous inquiétez pas de moi.

— M'est-il possible de te quitter, même pour un instant, lorsque tu me dis adieu ainsi ?

— Eh bien ! donc, puisque tu le veux, dit Lia en faisant un nouvel effort sur elle-même, va, mon Odoardo, et reviens bien vite. Adieu.

Pendant ce temps on avait sellé le cheval favori du comte, et il piétinait au bas du perron. Odoardo sauta dessus et s'éloigna en faisant de la main un signe à Lia. Lorsqu'il eut disparu derrière le premier massif d'arbres, Lia monta dans un petit pavillon qui surmontait la terrasse et d'où l'on découvrait toute la route de Naples.

De là elle vit Odoardo se dirigeant vers la ville au grand galop de son cheval. Son cœur se serra plus fort ; car, au lieu que l'idée lui vînt que c'était pour être plus tôt de retour, elle pensa que c'était pour s'éloigner plus rapidemment.

Odoardo allait à Naples pour retenir un appartement à sa sœur.

D'abord il eut l'idée de lui louer un palais, puis il comprit que ce n'était point agir selon les instructions qu'il avait reçues et que mieux valait quelque petite chambre bien isolée dans un quartier perdu. Il trouva ce qu'il cherchait, rue San-Giacomo, n° 11, au troisième étage, chez une pauvre femme qui louait des chambres en garni. Seulement, lorsqu'il eut fait choix de celle qu'il réservait pour Teresa, il fit venir un tapissier et lui fit promettre que le lendemain au matin les murs seraient couverts de soie et les carreaux de tapis. Le tapissier s'engagea à faire de cette pauvre chambre un petit boudoir digne d'une duchesse. Le tapissier fut payé d'avance un tiers en plus de ce qu'il demandait.

En sortant, le comte rencontra son hôtesse : elle était avec sa sœur, vieille mégère comme elle. Le comte lui recommanda tous les soins possibles pour sa nouvelle pensionnaire. L'hôtesse demanda quel était son nom. Le comte répondit qu'il était inutile qu'elle connût ce nom, qu'une femme jeune et jolie se présenterait, demandant le comte Giordani, et que c'était à cette femme que la chambre était destinée. Les deux vieilles échangèrent un sourire, que le comte ne vit même pas, ou auquel il ne fit pas attention. Puis, sans même se donner le temps d'écrire, tant il était inquiet de Lia, il reprit le chemin de la villa Giordani, pensant qu'il enverrait la lettre par un domestique.

Lia était restée dans le pavillon jusqu'à ce qu'elle eût perdu son mari de vue. Alors elle était redescendue dans sa chambre, continuant de le suivre avec les yeux inquiets et perçans de la jalousie. Son cœur était oppressé à ne plus le sentir battre ; elle ne pouvait ni pleurer ni crier, c'était un supplice affreux, et il lui semblait qu'on ne pouvait l'éprouver sans mourir. Lia resta deux heures, la tête renversée sur le dos de son fauteuil, tenant à pleines mains ses cheveux tordus entre ses doigts. Au bout de deux heures, elle entendit le galop du cheval : c'était Odoardo qui revenait ; elle sentit qu'en ce moment elle ne pourrait pas le voir, il lui semblait qu'elle le haïssait autant qu'elle l'avait aimé ; elle courut à la porte qu'elle ferma au verrou, et revint se jeter sur son lit. Bientôt elle entendit les pas du comte qui s'approchait de la porte ; il essaya de l'ouvrir , mais la porte résista. Alors il parla à voix basse, et Lia entendit ces mots venir jusqu'à elle : — C'est moi, mon enfant , dors-tu ?

Lia ne répondit rien. Elle retourna seulement la tête et regarda du côté par où venait cette voix avec des yeux ardens de fièvre.

— Réponds-moi , continua Odoardo.

Lia se tut.

Elle entendit alors les pas du comte qui s'éloignait. Un instant après sa voix parvint de nouveau jusqu'à elle : il demandait à sa femme de chambre si elle savait ce qu'avait sa maîtresse ; mais celle-ci, qui ne s'était aperçue de rien , répondit que sa maîtresse était rentrée dans sa chambre , et que , sans doute fatiguée de la chaleur , elle s'était couchée et endormie.

— C'est bien , dit le comte, je vais écrire. Quand la comtesse sera éveillée , prévenez-moi.

Et Lia entendit Odoardo qui rentrait dans sa chambre et qui s'asseyait devant une table. Les deux chambres étaient contigues ; Lia se leva doucement , tira la clé de la porte et regarda par la serrure. Odoardo écrivait effectivement ; et sans doute la lettre qu'il écrivait répondait à un besoin de son cœur, car une expression infinie de bonheur était répandue sur tout son visage.

— Il lui écrit ! murmura Lia.

Et elle continua de regarder, hésitant entre sa jalousie qui la poussait à ouvrir cette porte, à courir au comte , à arracher cette lettre de ses mains , et un reste de raison qui lui disait que ce n'était peut-être point à une femme qu'il écrivait et que mieux valait attendre.

Le comte acheva la lettre, la cacheta, mit l'adresse, sonna un domestique , lui ordonna de monter à cheval et de porter à l'instant la lettre qu'il venait d'écrire.

C'était celle que Teresa devait trouver poste restante.

Le domestique prit la lettre des mains du comte et sortit.

La comtesse courut à une petite porte de dégagement qui donnait de son cabinet de toilette dans le corridor , et descendit au jardin. Au moment où le domestique allait franchir la grille du parc , il rencontra la comtesse.

— Où allez-vous si tard , Giuseppe ? demanda la comtesse.

— Porter, de la part de M. le comte, cette lettre à la poste , répondit le domestique.

Et en disant ces mots il tendit la lettre vers la comtesse ; Lia jeta un coup d'œil rapide sur l'adresse et lut :

« A madame *** , poste restante , à Naples. »

— C'est bien , dit-elle. Allez.

Le domestique partit au galop.

Cette fois, il n'y avait plus de doute, c'était bien à une femme qu'il écrivait , à une femme qui cachait son nom sous un signe, à une femme qui, par conséquent , voulait rester inconnue. Pourquoi ce mystère, s'il n'y avait pas en dessous quelque intrigue criminelle ? Dès lors le parti de la comtesse fut arrêté. Elle résolut de dissimuler , afin d'épier son mari jusqu'au bout, et , avec une puissance dont elle se serait crue elle-même incapable , elle rentra dans sa chambre, et , ouvrant la porte qui donnait dans l'appartement du comte, elle s'avança vers Odoardo, le sourire sur les lèvres.

Le lendemain, Odoardo avait complétement oublié cette préoccupation qu'il avait remarquée la veille sur le visage de Lia, et qui l'avait un instant inquiété. Lia paraissait plus joyeuse et plus confiante dans l'avenir que jamais.

Le lendemain était un dimanche. La matinée de ce jour-là était consacrée par la comtesse à une grande distribution d'aumônes. Aussi!, dès huit heures du matin, la grille du parc était-elle encombrée de pauvres.

Après le déjeûner, le comte, qui était habitué à abandonner cette œuvre de bienfaisance à sa femme, prit son fusil, sa carnassière et son chien et s'en alla faire un tour dans la montagne.

Lia monta au pavillon; elle vit Odoardo s'éloigner dans la direction d'Avellino. Cette fois, il n'allait donc pas à Naples.

Elle respira. C'était, depuis la veille, la première fois qu'elle se retrouvait seule avec elle-même.

Au bout d'un instant, sa femme de chambre vint lui dire que les pauvres l'attendaient.

Lia descendit, prit une poignée de carlins et s'achemina vers la grille du parc. Chacun eut sa part : vieillards, femmes, enfans, chacun étendit vers la belle comtesse sa main vide et retira sa main enrichie d'une aumône.

Au fur et à mesure que s'opérait la distribution, ceux qui avaient reçu se retiraient et faisaient place à d'autres. Il ne restait plus qu'une vieille femme assise sur une pierre, qui n'avait encore rien demandé ni rien reçu, et qui, comme si elle eût été endormie, tenait sa tête sur ses deux genoux.

Lia l'appela, elle ne répondit point; Lia fit quelques pas vers elle, la vieille resta immobile; enfin Lia lui toucha l'épaule, et elle leva la tête.

— Tenez, ma bonne femme, dit la comtesse en lui présentant une petite pièce d'argent, prenez et priez pour moi.

— Je ne demande pas l'aumône, dit la vieille femme, je dis la bonne aventure.

Lia regarda alors celle qu'elle avait prise pour une pauvresse, et elle reconnut son erreur.

En effet, ses vêtemens, qui étaient ceux des paysannes de Solatra et d'Avellino, n'indiquaient pas précisément la misère; elle avait une jupe bleue bordée d'une espèce de broderie grecque, un corsage de drap rouge, une serviette pliée sur le front à la manière d'Aquila, un tablier autour duquel courait une arabesque, et de larges manches de toile grise par lesquelles sortaient ses bras nus. Sa tête, qui eût pu servir de modèle à Schnetz pour prendre une de ces vieilles paysannes qu'il affectionne, était pleine de caractère et semblait taillée dans un bloc de bistre. Les rides et les plis qui la sillonnaient étaient accusés avec tant de fermeté, qu'ils semblaient creusés à l'aide du ciseau. Toute sa figure avait l'immobilité de la vieillesse. Ses yeux seuls vivaient et semblaient avoir le don de lire jusqu'au fond du cœur.

Lia reconnut une de ces bohémiennes à qui leur vie errante a livré quelques uns des secrets de la nature et qui ont vieilli en spéculant sur l'ignorance ou sur la curiosité. Lia avait toujours eu de la répugnance pour ces prétendus sorciers. Elle fit donc un pas pour s'éloigner.

— Vous ne voulez donc pas que je vous dise votre bonne aventure, signora ? reprit la vieille.

— Non , dit Lia, car ma bonne aventure , à moi , pourrait bien, si elle était vraie, n'être qu'une sombre révélation.

— L'homme est souvent plus pressé de connaître le mal qui le menace que le bien qui peut lui arriver, répondit la vieille.

— Oui, tu as raison, dit Lia. Aussi, si je pouvais croire en ta science, je n'hésiterais pas à te consulter.

— Que risquez-vous ? reprit la vieille. Aux premières paroles que je dirai, vons verrez bien si je mens.

— Tu ne peux pas connaître ce que je veux savoir , dit Lia. Ainsi ce serait inutile.

— Peut-être, dit la vieille. Essayez.

Lia se sentait combattue par ce double principe dont, depuis la veille, elle avait plusieurs fois éprouvé l'influence. Cette fois encore elle céda à son mauvais génie, et se rapprochant de la vieille :

— Eh bien ! que faut-il que je fasse ? demanda-t-elle.

— Donnez-moi votre main, répondit la vieille.

La comtesse ôta son gant et tendit sa main blanche, que la vieille prit entre ses mains noires et ridées. C'était un tableau tout composé que cette jeune, belle, élégante et aristocratique personne, debout, pâle et immobile devant cette vieille paysanne aux vêtemens grossiers, au teint brûlé par le soleil.

— Que voulez-vous savoir ? dit la bohémienne après avoir examiné les lignes de la main de la comtesse avec autant d'attention que si elle avait pu y lire aussi facilement que dans un livre. Dites, que voulez-vous savoir ? le présent, le passé ou l'avenir ?

La vieille prononça ces mots avec une telle confiance que Lia tressaillit ; elle était Italienne, c'est-à-dire superstitieuse ; elle avait eu une nourrice calabraise, elle avait été bercée par des histoires de stryges et de bohémiens.

— Ce que je veux savoir, dit-elle en essayant de donner à sa voix l'assurance de l'ironie ; je désire savoir le passé : il m'indiquera la foi que je puis avoir dans l'avenir.

— Vous êtes née à Salerne, dit la vieille ; vous êtes riche, vous êtes noble, vous avez eu vingt ans à la dernière fête de la Madone de l'Arc, et vous avez épousé dernièrement un homme dont vous avez été longtemps séparée et que vous aimez profondément.

— C'est cela, c'est bien cela, dit Lia en pâlissant ; et voilà pour le passé.

— Voulez-vous savoir le présent ? dit la vieille en fixant sur la comtesse ses petits yeux de vipère.

— Oui, dit Lia après un instant de silence et d'hésitation ; oui, je le veux.

— Vous vous sentez le courage de le supporter ?

— Je suis forte.

— Mais si je rencontre juste, que me donnerez-vous ? demanda la vieille.

— Cette bourse, répondit la comtesse en tirant de sa poche un petit filet enrichi de perles, et dans laquelle on voyait briller, à travers la soie, l'or d'une vingtaine de sequins.

La vieille jeta sur l'or un regard de convoitise, et étendit instinctivement la main pour s'en emparer.

— Un instant ! dit la comtesse, vous ne l'avez pas encore gagné.

— C'est juste, signora, répondit la vieille. Rendez-moi votre main.

Lia rendit sa main à la bohémienne.

— Oui, oui, le présent, murmura la vieille, le présent est une triste chose pour vous, signora ; car voici une ligne qui va du pouce à l'annulaire, et qui me dit que vous êtes jalouse.

— Ai-je tort de l'être ? demanda Lia.

— Ah ! cela, je ne puis vous le dire, reprit la bohémienne, car ici la ligne se confond avec deux autres. Seulement ce que je sais, c'est que votre mari a un secret qu'il vous cache.

— Oui, c'est cela, murmura la comtesse ; continuez.

— C'est une femme qui est l'objet de ce secret, reprit la bohémienne.

— Jeune ? demanda Lia.

— Jeune ?... oui, jeune, répondit la bohémienne après un moment d'hésitation.

— Jolie ? continua la comtesse.

— Jolie ? Je ne la vois qu'à travers un voile ; je ne puis donc vous répondre.

— Et où est cette femme ?

— Je ne sais.

— Comment, tu ne sais ?

— Non ! je ne sais pas où elle est aujourd'hui. Il me semble qu'elle est dans une église, et je ne vois pas de ce côté-là ; mais je puis vous dire où elle sera demain.

— Et où sera-t-elle demain ?

— Demain elle sera dans une petite chambre de la rue San-Giacomo, n° 11, au troisième étage, où elle attendra votre mari.

— Je veux voir cette femme ! s'écria la comtesse en jetant sa bourse à la bohémienne. Cinquante sequins si je la vois.

— Je vous la ferai voir, dit la vieille ; mais à une condition.

— Parle. Laquelle ?

— C'est que, quelque chose que vous voyiez et que vous entendiez, vous ne paraîtrez point.

— Je te le promets.

— Ce n'est pas assez de le promettre, il faut le jurer.

— Je te le jure.

— Sur quoi ?

— Sur les plaies du Christ.

— Bien. Ensuite il faudrait vous procurer un vêtement de religieuse, afin que, si vous êtes rencontrée, vous ne soyez pas reconnue.

— J'en ferai demander un au couvent de Sainte-Marie-des-Grâces, dont ma tante est abbesse ; ou plutôt... attends... J'irai dès le matin sous prétexte de lui faire une visite ; viens m'y prendre à dix heures avec une voiture fermée, et attends-moi à la petite porte qui donne dans la rue de l'Arenaccia.

— Très bien, dit la bohémienne ; j'y serai.

Lia rentra chez elle, et la vieille s'éloigna en branlant la tête et en comptant son or.

A deux heures Odoardo rentra. Lia l'entendit demander au valet de chambre si l'on n'avait pas apporté quelque lettre pour lui. Le valet de chambre répondit que non.

Lia fit semblant de n'avoir rien entendu que les pas du comte, pas qu'elle connaissait si bien, et elle ouvrit la porte en souriant.

— Oh ! quelle bonne surprise ! lui dit-elle. Tu es rentré plus tôt que je n'espérais.

— Oui, dit Odoardo en jetant les yeux du côté du Vésuve ; oui, j'étais inquiet. Ne sens-tu pas qu'il fait étouffant ? ne vois-tu pas que la fumée du Vésuve est plus épaisse que d'habitude ? La montagne nous promet quelque chose !

— Je ne sens rien, je ne vois rien, dit Lia. D'ailleurs, ne sommes-nous pas du côté privilégié ?

— Oui, et maintenant plus privilégié que jamais, dit Odoardo : un ange le garde.

Cette soirée se passa comme l'autre, sans que le comte conçût aucun soupçon, tant Lia sut dissimuler sa douleur. Le lendemain, à neuf heures du matin, elle demanda au comte la permission d'aller voir sa tante la supérieure du couvent de Sainte-Marie. Cette permission lui fut gracieusement accordée.

Le Vésuve devenait de plus en plus menaçant ; mais tous deux avaient trop de choses dans le cœur et l'esprit pour penser au Vésuve.

La comtesse monta en voiture et se fit conduire au couvent de Sainte-Marie-des-Grâces. Arrivée là, elle dit à sa tante que, pour accomplir incognito une œuvre de bienfaisance, elle avait besoin d'un costume de religieuse. L'abbesse lui en fit apporter un à sa taille. Lia le revêtit. Comme elle achevait sa toilette monastique, la vieille la fit demander : elle attendait à la porte avec la voiture fermée. Cinq minutes après, cette voiture s'arrêtait à l'angle de la rue San-Giacomo et de la place Santa-Medina.

Lia et sa conductrice descendirent et firent quelques pas à pied ; puis elles entrèrent par une petite porte à gauche, trouvèrent un escalier sombre et étroit, et montèrent au troisième étage. Arrivée là, la vieille poussa une porte et entra dans une espèce d'antichambre, où une autre vieille l'attendait. Les deux bohémiennes alors firent renouveler à Lia son serment de ne jamais rien dire sur la manière dont elle avait découvert la trahison de son mari ; puis ce serment fait dans les mêmes termes que la première fois, elles l'introduisirent dans une petite chambre, à la cloison de laquelle une ouverture presque imperceptible avait été pratiquée. Lia colla son œil à cette ouverture.

La première chose qui la frappa dans cette chambre, et la seule qui attira d'abord toute son attention, fut une ravissante jeune femme de son âge à peu près, reposant tout habillée sur un lit aux rideaux de satin bleu moiré d'argent ; elle paraissait avoir cédé à la fatigue et dormait profondément.

Lia se retourna pour interroger l'une ou l'autre des deux vieilles ; mais toutes deux avaient disparu. Elle reporta avidement son œil à l'ouverture.

La jeune femme s'éveillait ; elle venait de soulever sa tête, qu'elle appuyait encore tout endormie sur sa main. Ses longs cheveux noirs tombaient en boucles de son front jusque sur l'oreiller, lui couvrant à demi le visage. Elle secoua la tête pour écarter ce voile, ouvrit languissamment les yeux, regarda autour d'elle, comme pour reconnaître où elle était ; puis, rassurée sans doute par l'inspection, un léger et triste sourire passa sur ses lèvres ; elle fit une courte prière mentale, baisa un petit crucifix qu'elle portait au cou, et, descendant de son lit, elle alla soulever le rideau de la fenêtre, regarda long-temps dans la rue comme attendant quelqu'un, et, ce quelqu'un ne paraissant pas encore, elle revint s'asseoir.

Pendant ce temps, Lia l'avait suivie de l'œil, et ce long examen lui avait brisé le cœur. Cette femme était parfaitement belle.

La vue de Lia se reporta alors de cette femme aux objets qui l'entouraient. La chambre qu'elle habitait était pareille à celle dans laquelle Lia avait été introduite ; mais dans la chambre voisine une main prévoyante avait réuni tous ces mille détails de luxe dont a besoin d'être sans cesse accompagnée, comme une peinture l'est de son cadre, la femme belle, élégante et aristocratique ; tandis que l'autre chambre, celle où se trouvait Lia, avec ses murs nus, ses chaises de paille, ses tables boiteuses, avait conservé son caractère de misère et de vétusté.

Il était évident que l'autre chambre avait été préparée pour recevoir la belle hôtesse.

Cependant celle-ci attendait toujours, dans la même pose, pensive et mélancolique, la tête penchée sur sa poitrine, celui qui sans doute avait veillé à l'arrangement du charmant boudoir qu'elle occupait. Tout à coup elle releva le front, prêta l'oreille avec anxiété et demeura soulevée à demi et les yeux fixés sur la porte. Bientôt sans doute le bruit qui l'avait tirée de sa rêverie devint plus distinct ; elle se leva tout à fait, appuyant une main sur son cœur et cherchant de l'autre un appui, car elle pâlissait visiblement et semblait prête à s'évanouir. Il y eut alors un instant de silence, pendant lequel le bruit des pas d'un homme montant l'escalier arriva jusqu'à Lia elle-même ; puis la porte de la chambre voisine s'ouvrit : l'inconnue jeta un grand cri, étendit les bras et ferma les yeux comme si elle ne pouvait résister à son émotion. Un homme se précipita dans la chambre et la retint sur son cœur au moment où elle allait tomber. Cet homme, c'était le comte.

La jeune femme et lui ne purent qu'échanger deux paroles :

— Odoardo! Teresa!

La comtesse n'en put supporter davantage ; elle poussa un gémissement douloureux et tomba évanouie sur le plancher.

Quand elle recouvra ses sens, elle était dans une autre chambre. Les deux vieilles lui jetaient de l'eau sur le visage et lui faisaient respirer du vinaigre.

Lia se leva d'un mouvement rapide comme la pensée, et voulut s'élancer vers la porte de la chambre qui renfermait Odoardo et la femme inconnue, mais les deux vieilles lui rappelèrent son serment. Lia courba la tête sous une promesse sacrée, tira de sa poche une bourse contenant une cinquantaine de louis et la donna à la bohémienne ; c'était le prix de la prophétie faite par elle, et qui s'était si ponctuellement et si cruellement accomplie.

La comtesse descendit l'escalier, remonta dans sa voiture, donna machinalement l'ordre de la conduire au couvent de Sainte-Marie-des-Grâces et rentra chez sa tante.

Lia était si pâle que la bonne abbesse s'aperçut tout aussitôt qu'il venait e lui arriver quelque chose ; mais à toutes les questions de sa tante, Lia répondit qu'elle s'était trouvée mal et que ce reste de pâleur venait de l'évanouissement qu'elle avait subi.

L'amour de la supérieure s'alarma d'autant plus que, tout en lui racontant l'accident qui venait de lui arriver, sa nièce lui en cachait la cause. Aussi fit-elle tout ce qu'elle put pour obtenir de la comtesse qu'elle restât au couvent jusqu'à ce qu'elle fût remise tout à fait; mais l'émotion qu'avait éprouvée Lia n'était point une de ces secousses dont on se remet en quelques heures. La blessure était profonde, douloureuse et envenimée. Lia sourit amèrement aux craintes de sa tante, et, sans même essayer de les combattre, déclara qu'elle voulait retourner chez elle.

L'abbesse lui montra alors la cime de la montagne tout enveloppée de umée, et lui dit qu'une éruption prochaine étant inévitable, il serait plus raisonnable à elle de faire dire à son mari de venir la rejoindre et d'attendre les résultats de cette éruption en un lieu sûr. Mais Lia lui répondit en lui montrant d'un geste cette pente verdoyante de la montagne sur laquelle, depuis que le Vésuve existait, pas le plus petit ruisseau de lave ne s'était égaré. L'abbesse, voyant alors que sa résolution était inébranlable, prit congé d'elle en la recommandant à Dieu.

La comtesse remonta en voiture. Dix minutes après, elle était à la villa Giordani.

Odoardo n'était pas encore rentré.

Là, les douleurs de Lia redoublèrent. Elle parcourut comme une insensée les appartemens et les jardins : chaque chambre, chaque bouquet d'arbres, chaque allée avait pour elle un souvenir, délicieux trois jours auparavant, aujourd'hui mortel. Partout Odoardo lui avait dit qu'il l'aimait. Chaque objet lui rappelait une parole d'amour. Alors Lia sentit que tout était fini pour elle et qu'il lui serait impossible de vivre ainsi; mais elle sentit en même temps qu'il lui était impossible de mourir en laissant Odoardo dans le monde qu'habitait sa rivale. En ce moment, il lui vint une idée terrible : c'était de tuer Odoardo et de se tuer ensuite. Lorsque cette idée se présenta à son esprit, elle jeta presque un cri d'horreur; mais peu à peu elle força son esprit de revenir à cette pensée, comme un cavalier puissant force son cheval rebelle de franchir l'obstacle qui l'avait d'abord effarouché.

Bientôt cette pensée, loin de lui inspirer de la crainte, lui causa une sombre joie; elle se voyait le poignard à la main, réveillant Odoardo de son sommeil, lui criant le nom de sa rivale entre deux blessures mortelles, se frappant à son tour, mourant à côté de lui, et le condamnant à ses embrassemens pour l'éternité. Et Lia s'étonnait qu'au fond d'une douleur si poignante une résolution pareille pût remuer une si grande joie.

Elle alla dans le cabinet d'Odoardo. Là étaient des trophées d'armes de tous les pays, de toutes les espèces, depuis le crik empoisonné du Malais jusqu'a la hache gothique du chevalier franc. Lia détacha un beau cangiar turc, au fourreau de velours, au manche tout émaillé de topazes, de perles et de diamans. Elle l'emporta dans sa chambre, en essaya la pointe au bout de son doigt, dont une goutte de sang jaillit, limpide et brillante comme un rubis, puis le cacha sous son oreiller.

En ce moment, elle entendit le hennissement du cheval d'Odoardo et comme elle se trouvait devant une glace, elle vit qu'elle devenait pâle comme une morte. Alors elle se mit à rire de sa faiblesse, mais l'éclat de son propre rire l'effraya, et elle s'arrêta toute frissonnante.

En ce moment elle entendit les pas de son mari, qui montait l'escalier. Elle courut aux rideaux des fenêtres, qu'elle laissa retomber afin d'augmenter l'obscurité et de dérober ainsi au comte l'altération de son visage.

Le comte ouvrit la porte, et, encore ébloui par l'éclat du jour, il appela Lia de sa plus douce et de sa plus tendre voix. Lia sourit avec dédain, et, se levant du fauteuil où elle était assise dans l'ombre des rideaux de la fenêtre, elle fit quelques pas au devant de lui.

Odoardo l'embrassa avec cette effusion de l'homme heureux qui a besoin de répandre son bonheur sur tout ce qui l'entoure. Lia crut que son mari s'abaissait à feindre pour elle un amour qu'il n'éprouvait plus. Un instant auparavant elle avait crut le haïr; dès lors elle crut le mépriser.

La journée se passa ainsi, puis la nuit vint. Bien souvent Odoardo, en regardant sa femme, qui s'efforçait de sourire sous son regard, ouvrit la bouche comme pour révéler un secret; puis chaque fois il retint les paroles sur ses lèvres, et le secret rentra dans son cœur.

Pendant la soirée, les menaces du Vésuve devinrent plus effrayantes que jamais. Odoardo proposa plusieurs fois à sa femme de quitter la villa et de s'en aller dans leur palais de Naples; mais à chaque fois Lia pensa que cette proposition lui était faite par Odoardo pour se rapprocher de sa rivale, le palais du comte étant situé dans la rue de Tolède, à cent pas à peine de la rue San-Giacomo. Aussi, à chaque proposition du comte, lui rappela-t-elle que le côté du Vésuve où s'élevait la villa avait toujours été respecté par le volcan. Odoardo en convint; mais il n'en décida pas moins que, si le lendemain les symptômes de la montagne étaient toujours les mêmes, ils quitteraient la villa pour aller attendre à Naples la fin de l'événement.

Lia y consentit. La nuit lui restait pour sa vengeance; elle ne demandait pas autre chose.

Par un étrange phénomène atmosphérique, à mesure que l'obscurité descendait du ciel, la chaleur augmentait. En vain les fenêtres de la villa s'étaient ouvertes comme d'habitude pour aspirer le souffle du soir, la brise quotidienne avait manqué, et, à sa place, la mer en ébullition dégageait une vapeur lourde et tiède presque visible à l'œil, et qui se répandait comme un brouillard à la surface de la terre. Le ciel, au lieu de s'étoiler comme à l'ordinaire, semblait un dôme d'étain rougi pesant de tout son poids sur le monde. Une chaleur insupportable passait par bouffées, venant de la montagne et descendant vers la villa; et cette chaleur énervante semblait, à chaque fois qu'elle se faisait sentir, emporter avec elle une portion des forces humaines.

Odoardo voulait veiller. Ces symptômes bien connus l'inquiétaient pour Lia, mais Lia le rassurait en riant de ses frayeurs; Lia paraissait insensible à tous ces phénomènes. Quand le comte se couchait sans force et les yeux à demi fermés sur un fauteuil, Lia restait debout, ferme, roide et immobile, soutenue par la douleur qui veillait au fond de son âme. Le comte finit par croire que la faiblesse qu'il éprouvait venait d'une mauvaise disposition de sa part. Il demanda en riant le bras de Lia, s'y appuya pour gagner son lit, se jeta dessus tout habillé, lutta un instant encore contre le sommeil, puis tomba enfin dans une espèce d'engourdissement léthargique, et s'endormit la main de Lia dans les siennes.

Lia resta debout près du lit, silencieuse et sans faire un mouvement, tant qu'elle crut que le sommeil n'avait pas encore pris tout son empire. Puis, lorsqu'elle fut à peu près certaine que le comte était devenu insensible au bruit comme au toucher, elle retira doucement sa main, s'avança vers l'antichambre, donna l'ordre aux domestiques de partir à l'instant même pour Naples, afin de préparer le palais à les recevoir le lendemain matin, et rentra dans son appartement.

Les domestiques, enchantés de pouvoir se mettre en sûreté en accomplissant leur devoir, s'éloignèrent à l'instant même. La comtesse, appuyée à sa fenêtre ouverte, les entendit sortir, fermer la porte de la villa, puis la grille du jardin. Elle descendit alors, visita les antichambres, les corridors, les offices. La maison était déserte : comme la comtesse le désirait, elle était restée seule avec Odoardo.

Elle rentra dans sa chambre, s'approcha de son lit d'un pas ferme, fouilla sous son oreiller, en tira le cangiar, le sortit du fourreau, examina de nouveau sa lame recourbée et toute diaprée d'arabesques d'or ; puis, les lèvres serrées, les yeux fixes, le front plissé, elle s'avança vers la chambre d'Odoardo, pareille à Gulnare s'avançant vers l'appartement de Séide.

La porte de communication était ouverte, et la lumière laissée par Lia dans sa chambre projetait ses rayons dans celle du comte. Elle s'avança donc vers le lit, guidée par cette lueur. Odoardo était toujours couché dans la même position et dans la même immobilité.

Arrivée au chevet, elle étendit la main pour chercher l'endroit où elle devait frapper. Le comte, oppressé par la chaleur, avait, avant de se coucher, ôté sa cravate et entr'ouvert son gilet et sa chemise. La main de Lia rencontra donc sur sa poitrine nue, à l'endroit même du cœur, un petit médaillon renfermant un portrait et des cheveux qu'elle lui avait donnés au moment où il était parti pour la Sicile, et qu'il n'avait jamais quittés depuis.

La suprême exaltation touche à la suprême faiblesse. A peine Lia eut-elle senti et reconnu ce médaillon, qu'il lui sembla qu'un rideau se levait et qu'elle voyait repasser une à une, comme de douces et gracieuses ombres, les premières heures de son amour. Elle se rappela, avec cette rapidité merveilleuse de la pensée qui enveloppe des années dans l'espace d'une seconde, le jour où elle vit Odoardo pour la première fois, le jour où elle lui avoua qu'elle l'aimait, le jour où il partit pour la Sicile, le jour où il revint pour l'épouser ; tout ce bonheur qu'elle avait supporté sans fatigue, disséminé qu'il avait été sur sa vie, brisa sa force en se condensant pour ainsi dire dans sa pensée. Elle plia sous le poids des jours heureux ; et, laissant échapper le cangiar de sa main tremblante, elle tomba à genoux près du lit, mordant les draps pour étouffer les cris qui demandaient à sortir de sa poitrine, et suppliant Dieu de leur envoyer à tous deux cette mort qu'elle craignait de n'avoir plus la force de donner et de recevoir.

Au moment même où elle achevait cette prière, un grondement sourd et prolongé se fit entendre, une secousse violente ébranla le sol, et une lumière sanglante illumina l'appartement. Lia releva la tête : tous les objets qui l'entouraient avaient pris une teinte fantastique. Elle courut à la fenêtre, se croyant sous l'empire d'une hallucination ; mais là tout lui fut expliqué.

La montagne venait de se fendre sur une longueur d'un quart de lieue. Une flamme ardente s'échappait de cette gerçure infernale, et au pied de cette flamme bouillonnait, en prenant sa course vers la villa, un fleuve

de lave qui menaçait de l'avoir, avant un quart d'heure, engloutie et dé-
vorée.

Lia, au lieu de profiter du temps qui lui était accordé pour sauver
Odoardo et se sauver avec lui, crut que Dieu avait entendu et exaucé sa
prière, et ses lèvres pâles murmurèrent ces paroles impies : « Seigneur,
Seigneur, tu es grand, tu es miséricordieux, je te remercie !...»

Puis, les bras croisés, le sourire sur les lèvres, les yeux brillans d'une
volupté mortelle, tout illuminée par ce reflet sanglant, silencieuse et im-
mobile, elle suivit du regard les progrès dévorans de la lave.

Le torrent, ainsi que nous l'avons dit, s'avançait directement sur la
villa Giordani, comme si, pareille à une de ces cités maudites, elle était
condamnée par la colère de Dieu, et que ce fût elle surtout et avant tout
que ce feu de la terre, rival du feu du ciel, avait mission d'atteindre et de
punir. Mais la course du fleuve de feu était assez lente pour que les
hommes et les animaux pussent fuir devant lui ou s'écarter de son pas-
sage. A mesure qu'il avançait, l'air, de lourd et humide qu'il était, de-
venait sec et ardent. Long-temps devant la lave les objets enchaînés à la
terre et en apparence insensibles semblaient, à l'approche du danger, re-
cevoir la vie pour mourir. Les sources se tarissaient en sifflant, les herbes
se desséchaient en agitant leurs cimes jaunies, les arbres se tordaient en
se courbant comme pour fuir du côté opposé à celui d'où venait la flamme.
Les chiens de garde qu'on lâchait la nuit dans le parc étaient venus
chercher un refuge sur le perron, et se pressant contre le mur hurlaient
lamentablement. Chaque chose créée, mue par l'instinct de la conserva-
tion, semblait réagir contre l'épouvantable fléau. Lia seule semblait
hâter du geste sa course et murmurait à voix basse : Viens ! viens ! viens !

En ce moment, il sembla à Lia qu'Odoardo se réveillait : elle s'é-
lança vers son lit. Elle se trompait ; Odoardo, sur lequel pesait pendant
son sommeil cet air dévorant, se débattait aux prises avec quelque songe
terrible. Il semblait vouloir repousser loin de lui un objet menaçant. Lia
le regarda un instant, effrayée de l'expression douloureuse de son visage.
Mais en ce moment les liens qui enchaînaient ses paroles se brisèrent.
Odoardo prononça le nom de Teresa. C'était donc Teresa qui visitait ses
rêves ! c'était donc pour Teresa qu'il tremblait ! Lia sourit d'un sourire
terrible, et revint prendre sa place sur le balcon.

Pendant ce temps, la lave marchait toujours et avait gagné du terrain ;
déjà elle étendait ses deux bras flamboyans autour de la colline sur la-
quelle était située la villa. Si à cette heure Lia avait réveillé Odoardo, il
était encore temps de fuir ; car la lave, battant de front le monticule et
s'étendant à ses deux flancs, ne s'était point encore rejointe derrière lui.
Mais Lia garda le silence, n'ayant au contraire qu'une crainte, c'était que
le cri suprême de toute cette nature à l'agonie ne parvînt aux oreilles du
comte et ne le tirât de son sommeil.

Il n'en fut rien. Lia vit la lave s'étendre, pareille à un immense crois-
sant, et se réunir derrière la colline. Elle poussa alors un cri de joie. Toute
issue était fermée à la fuite. La villa et ses jardins n'étaient plus qu'une
île battue de tous côtés par une mer de flammes.

Alors la terrible marée commença de monter aux flancs de la colline
comme un flux immense et redoublé. A chaque ressac, on voyait les vagues
enflammées gagner du terrain et ronger l'île, dont la circonférence deve-
nait de plus en plus étroite. Bientôt la lave arriva aux murs du parc, et

les murs se couchèrent dans ses flots, tranchés à leur base. A l'approche
du torrent, les arbres se séchèrent, et la flamme, jaillissant de leur ra-
cine, monta à leur sommet. Chaque arbre, tout en brûlant, conservait sa
forme jusqu'au moment où il s'abîmait en cendres dans l'inondation ar-
dente, qui s'avançait toujours. Enfin les premiers flots de lave commen-
cèrent à paraître dans les allées du jardin. A cette vue, Lia comprit qu'à
peine il lui restait le temps de réveiller Odoardo, de lui reprocher son
crime et de lui faire comprendre qu'ils allaient mourir l'un par l'autre.
Elle quitta la terrasse et s'approchant du lit :

— Odoardo! Odoardo! s'écria-t-elle en le secouant par le bras;
Odoardo! lève-toi pour mourir!

Ces terribles paroles, dites avec l'accent suprême de la vengeance, al-
lèrent chercher l'esprit du comte au plus profond de son sommeil. Il se
dressa sur son lit, ouvrit des yeux hagards; puis, au reflet de la flamme,
aux pétillemens des carreaux qui se brisaient, aux vacillemens de la
maison que les vagues de lave commençaient d'étreindre et de secouer,
il comprit tout, et s'élançant de son lit :

— Le volcan! le volcan! s'écria-t-il. Ah! Lia! je te l'avais bien dit!

Puis, bondissant vers la fenêtre, il embrassa d'un coup d'œil tout cet
horizon brûlant, jeta un cri de terreur, courut à l'extrémité opposée de
la chambre, ouvrit une fenêtre qui donnait sur Naples, et voyant toute
retraite fermée, il revint vers la comtesse en s'écriant, désespéré :

— Oh! Lia, Lia, mon amour, mon âme, ma vie, nous sommes perdus!

— Je le sais, répondit Lia.

— Comment, tu le sais?

— Depuis une heure je regarde le volcan! je n'ai pas dormi, moi!

— Mais si tu ne dormais pas, pourquoi m'as-tu laissé dormir?

— Tu rêvais de Teresa, et je ne voulais pas te réveiller.

— Oui, je rêvais qu'on voulait m'enlever ma sœur une seconde fois.
Je rêvais que j'avais été trompé, qu'elle était bien réellement morte, qu'elle
était étendue sur son lit dans sa petite chambre de la rue San-Giacomo,
qu'on apportait une bière et qu'on voulait la clouer dedans. C'était un
rêve terrible, mais moins terrible encore que la réalité.

— Que dis-tu? que dis-tu? s'écria la comtesse saisissant les mains
d'Odoardo et le regardant en face. Cette Teresa, c'est ta sœur?

— Oui.

— Cette femme qui loge rue San-Giacomo, au troisième étage, n° 11,
c'est ta sœur?

— Oui.

— Mais ta sœur est morte! Tu mens!

— Ma sœur vit, Lia; ma sœur vit, et c'est nous qui allons mourir. Ma
sœur avait suivi un colonel français qui a été tué. Moi aussi je la croyais
morte, on me l'avait dit, mais j'ai reçu une lettre d'elle avant-hier, mais
hier je l'ai vue. C'était bien elle, c'était bien ma sœur, humiliée, flétrie,
voulant rester inconnue. Oh! mais que nous fait tout cela en ce moment?
Sens-tu, sens-tu la maison qui tremble; entends-tu les murs qui se fen-
dent? O mon Dieu, mon Dieu, secourez-nous!

— Oh! pardonne-moi, pardonne-moi! s'écria Lia en tombant à genoux.
Oh! pardonne-moi avant que je meure!

— Et que veux-tu que je te pardonne? qu'ai-je à te pardonner?

— Odoardo! Odoardo! c'est moi qui te tue! J'ai tout vu, j'ai pris cette

femme pour une rivale, et, ne pouvant plus vivre avec toi, j'ai voulu
mourir avec toi. Mon Dieu! mon Dieu! n'est-il aucune chance de nous
sauver? N'y a-t-il aucun moyen de fuir? Viens, Odoardo! viens! je suis
forte; je n'ai pas peur. Courons!

Et elle prit son mari par la main, et tous deux se mirent à courir
comme des insensés par les chambres de la villa chancelante, s'élançant
à toutes les portes, tentant toutes les issues et rencontrant partout l'inexo-
rable lave qui montait sans cesse, impassible, dévorante, et battant déjà
le pied des murs qu'elle secouait de ses embrassemens mortels.

Lia était tombée sur ses genoux, ne pouvant plus marcher. Odoardo
l'avait prise dans ses bras et l'emportait de fenêtre en fenêtre en criant,
appelant au secours. Mais tout secours était impossible, la lave continuait
de monter. Odoardo, par un mouvement instinctif, alla chercher un refuge
sur la terrasse qui couronnait la maison; mais là il comprit réellement
que tout était fini, et, tombant à genoux et élevant Lia au dessus de sa
tête comme s'il eût espéré qu'un ange la viendrait prendre :

— O mon Dieu! s'écria-t-il, ayez pitié de nous!

A peine avait-il prononcé ces paroles qu'il entendit les planchers s'abî-
mer successivement et tomber dans la lave. Bientôt la terrasse vacilla et
se précipita à son tour, les entraînant l'un et l'autre dans sa chute. Enfin
les quatre murailles se replièrent comme le couvercle d'un tombeau. La
lave continua de monter, passa sur les ruines, et tout fut fini.

II

Le Môle.

Il nous restait deux endroits essentiellement populaires à visiter que
nous avions déjà vus en passant, mais que nous n'avions pas encore exa-
minés en détail : c'étaient le Môle et le Marché-Neuf. Le Môle est à Naples
ce qu'était le boulevart du Temple à Paris quand il y avait à Paris un
boulevart du Temple. Le Môle est le séjour privilégié de Polichinelle.

Nous avons peu parlé de Polichinelle jusqu'à présent. Polichinelle est
à Naples un personnage fort important. Toute l'opposition napolitaine s'est
réfugiée en lui comme toute l'opposition romaine s'est réfugiée dans Pas-
quin. Polichinelle dit ce que personne n'ose dire.

Polichinelle dit qu'avec trois F on gouverne Naples. C'était aussi l'opi-
nion du roi Ferdinand, qui, nous l'avons dit, n'avait guère moins d'es-
prit et n'était guère moins populaire que Polichinelle. Ces trois F sont
festa-farina-forca : fête-farine-potence. Dix-sept cents ans avant Poli-
chinelle, César avait trouvé les deux premiers moyens de gouverne-
ment : *panem* et *circenses*. Ce fut Tibère qui trouva le troisième. A tout
seigneur tout honneur.

Au reste, il n'y aurait rien d'étonnant que Polichinelle eût entendu dire
la chose à César et eût vu pratiquer la maxime par Tibère. Polichinelle
remonte à la plus haute antiquité; une peinture retrouvée à Herculanum,
et qui date très probablement du règne d'Auguste, reproduit trait pour
trait cet illustre personnage, au dessous duquel est gravée cette inscrip-
tion : *Civis atellanus*. Ainsi, selon toute probabilité, Polichinelle était le
héros des Atellans. Que nos grands seigneurs viennent à présent nous
vanter leur noblesse du douzième ou du treizième siècle! Ils sont de

quinze cents ans postérieurs à Polichinelle. Polichinelle pouvait faire triple preuve et avait trois fois le droit de monter dans les carrosses du roi.

La première fois que j'ai vu Polichinelle, il venait de proposer de nourrir la ville de Naples avec un boisseau de blé pendant un an, et cela à une seule condition. Il se faisait un grand silence sur la place, car chacun ignorait quelle était cette condition et cherchait quelle elle pouvait être. Enfin, au bout d'un instant, les chercheurs, s'impatientant, demandèrent à Polichinelle, qui attendait les bras croisés et en regardant la foule avec son air narquois, quelle était cette condition.

— Eh bien ! dit Polichinelle, faites sortir de Naples toutes les femmes qui trompent et tous les maris trompés, mettez à la porte tous les bâtards et tous les voleurs, je nourris Naples pendant un an avec un boisseau de blé, et au bout d'un an il me restera encore plus de farine qu'il ne m'en faudra pour faire une galette d'un pouce d'épaisseur et de six pieds de tour.

Cette manière de dire la vérité est peut-être un peu brutale, mais Polichinelle ne s'est pas dégrossi le moins du monde : il est resté ce bon paysan de la campagne que Dieu l'a fait, et qu'il ne faut pas confondre avec notre Polichinelle que le diable emporte, ni avec le Punch anglais que le bourreau pend. Non, celui-là meurt chrétiennement dans son lit, ou plutôt celui-là ne meurt jamais ; c'est toujours le même Polichinelle, avec son costume, sa camisole de calicot, son pantalon de toile, son chapeau pointu et son demi-masque noir. Notre Polichinelle, à nous, est un être fantastique, porteur de deux bosses comme il n'en existe pas, frondeur, libertin, vantard, bretteur. voltairien, sophiste, qui bat sa femme, qui bat le guet, qui tue le commissaire. Le Polichinelle napolitain est bonhomme, bête et malin à la fois, comme on dit de nos paysans ; il est poltron comme Sganarelle, gourmand comme Crispin, franc comme Gautier Garguille.

Autour de Polichinelle, et comme des planètes relevant de son système et tournant dans son tourbillon, se groupent l'improvisateur et l'écrivain public.

L'improvisateur est un grand homme sec, vêtu d'un habit noir, râpé, luisant, auquel il manque deux ou trois boutons par devant et un bouton par derrière. Il a d'ordinaire une culotte courte qui retient des bas chinés au dessus du genou, ou un pantalon collant qui se perd dans des guêtres. Son chapeau bossué atteste les fréquens contacts qu'il a eus avec le public, et les lunettes qui couvrent ses yeux indiquent que son regard est affaibli par ses longues lectures. Au reste, cet homme n'a pas de nom, cet homme s'appelle l'*improvisateur*.

L'improvisateur est réglé comme l'horloge de l'église de San-Egidio. Tous les jours, une heure avant le coucher du soleil, l'improvisateur débouche de l'angle du Château-Neuf par la strada del Molo, et s'avance d'un pas grave, lent et mesuré, tenant à la main un livre relié en basane, à la couverture usée, aux feuillets épaissis. Ce livre, c'est l'*Orlando furioso* du *divin* Arioste.

En Italie, tout est *divin* : on dit le *divin* Dante, le *divin* Pétrarque, le *divin* Arioste et le *divin* Tasse. Toute autre épithète serait indigne de la majesté de ces grands poètes.

L'improvisateur a son public à lui. A quelque chose que ce public soit occupé, soit qu'il rie aux facéties de Polichinelle, soit qu'il pleure aux sermons d'un capucin, ce public quitte tout pour venir à l'improvisateur.

Aussi l'improvisateur est-il comme les grands généraux de l'antiquité et des temps modernes, qui connaissaient chacun de leurs soldats par son nom. L'improvisateur connaît tout son cercle; s'il lui manque un auditeur, il le cherche des yeux avec inquiétude; et si c'est un de ses *appassionati*, il attend qu'il soit venu pour commencer, ou recommence quand il arrive.

L'improvisateur rappelle ces grands orateurs romains qui avaient constamment derrière eux une flûte pour leur donner le *la*. Sa parole n'a ni les variations du chant, ni la simplicité du discours. C'est la modulation de la mélopée. Il commence froidement et d'un ton sourd et traînant; mais bientôt il s'anime avec l'action : Roland provoque Ferragus, sa voix se hausse au ton de la menace et du défi. Les deux héros se préparent; l'improvisateur imite leurs gestes, tire son épée, assure son bouclier. Son épée, c'est le premier bâton venu, et qu'il arrache le plus souvent à son voisin; son bouclier, c'est son livre; car il sait tellement son divin *Orlando* par cœur, que tant que durera la lutte terrible il n'aura pas besoin de jeter les yeux sur le texte, qu'il allongera d'ailleurs ou raccourcira à sa fantaisie, sans que le génie métromaniaque des écoutans en soit choqué le moins du monde; c'est alors qu'il fait beau de voir l'improvisateur.

En effet, l'improvisateur devient acteur; qu'il ait choisi le rôle de Roland ou celui de Ferragus, chacun des coups qu'il doit recevoir ou porter, il les porte où les reçoit. Alors il s'anime dans sa victoire ou s'exalte dans sa défaite. Vainqueur, il fond sur son ennemi, le presse, le poursuit, le renverse, l'égorge, le foule aux pieds, relève la tête et triomphe du regard. Vaincu, il rompt, recule, défend le terrain pied à pied, bondit à droite, bondit à gauche, saute en arrière, invoque Dieu ou le diable, selon que, pour le moment, il est païen ou chrétien, emploie toutes les ressources de la ruse, toutes les astuces de la faiblesse; enfin, poussé par son adversaire, il tombe sur un genou, combat encore, se renverse, se tord, se roule, puis, voyant que cette lutte est inutile, tend la gorge pour mourir avec grâce, comme le gladiateur gaulois, vieille tradition que l'amphithéâtre a léguée au Môle.

S'il est vainqueur, l'improvisateur prend son chapeau, comme Bélisaire son casque, et réclame impérieusement son dû. S'il est vaincu, il se glisse jusqu'à son feutre, fait le tour de la société et demande humblement l'aumône; tant les natures du Midi sont impressionables, tant elles ont de facilité à se transformer elles-mêmes et à devenir ce qu'elles désirent être.

Malheureusement, comme nous l'avons dit, l'improvisateur s'en va; nos pères l'ont vu, nous l'avons vu; nos fils, s'ils se pressent, le verront encore, mais, à coup sûr, nos petits-fils et nos neveux ne le verront pas

Il n'en est pas de même de l'écrivain public, son voisin. Bien des siècles se passeront encore sans que tout le monde sache écrire, et surtout dans la très fidèle ville de Naples. Puis, lorsque tout le monde saura écrire, ne restera-t-il donc pas encore la lettre anonyme, ce poison que vend l'écrivain public en se faisant un peu prier, comme le pharmacien de Roméo et Juliette vend l'arsenic? Quant à moi, je reçois, pour mon compte seul, assez de lettres anonymes pour défrayer honorablement un écrivain public ayant femme et enfans.

Le scribe qui peut écrire sur le devant de sa table : *Qui si scrive in francese*, est sûr de sa fortune. Pourquoi? Apprenez-le-moi, car je n'en sais rien. La langue française est la langue de la diplomatie, c'est vrai, mais les diplomates n'échangent point leurs notes par la voie des écrivains publics.

Au reste, l'écrivain public napolitain opère en plein air, en face de de tous, *coram populo*. Est-ce un progrès, est-ce un retard de la civilisation?

C'est que le peuple napolitain n'a pas de secret; il pense tout haut, il prie tout haut et se confesse tout haut. Celui qui sait le patois du Môle, et qui se promènera une heure par jour dans les églises, n'aura qu'à écouter ce qui se dit à l'autel ou au confessionnal, et à la fin de la semaine il sera initié dans les secrets les plus intimes de la vie napolitaine.

Ah! j'oubliais de dire que l'écrivain public napolitain est gentilhomme, ou du moins qu'on lui donne ce titre.

En effet, interrogez l'écrivain : c'est toujours un *galantuomo* qui a eu des malheurs; doutez-en, et il vous montrera comme preuve un reste de redingote de drap.

On ne saurait s'expliquer l'influence du drap sur le peuple napolitain : c'est pour lui le cachet de l'aristocratie, le signe de la prééminence. Un *vestido di panno* peut se permettre, vis-à-vis du lazzarone, bien des choses que je ne conseillerais pas de tenter à un *vestido di telo*.

Cependant, le *vestido di telo* a encore une grande supériorité sur le lazzarone, qui, en général, n'est vêtu que d'air.

III

Le Tombeau de Virgile.

Pour faire diversion à nos promenades dans Naples, nous résolûmes, Jadin et moi, de tenter quelques excursions dans ses environs. Des fenêtres de notre hôtel nous apercevions le tombeau de Virgile et la grotte (de Pouzzoles. Au delà de cette grotte, que Sénèque appelle une longue prison, était le monde inconnu des féeries antiques ; l'Averne, l'Achéron, le Styx ; puis, s'il faut en croire Properce, Baia, la cité de perdition, la ville luxurieuse, qui, plus sûrement et plus vite que toute autre ville, conduisait aux sombres et infernaux royaumes.

Nous prîmes en main notre Virgile, notre Suétone et notre Tacite ; nous montâmes dans notre corricolo, et comme notre cocher nous demandait où il devait nous conduire, nous lui répondîmes tranquillement : — Aux enfers. Notre cocher partit au galop.

C'est à l'entrée de la grotte de Pouzzoles qu'est situé le tombeau présumé de Virgile.

On monte au tombeau du poète par un sentier tout couvert de ronces et d'épines : c'est une ruine pittoresque que surmonte un chêne vert, dont les racines l'enveloppent comme les serres d'un aigle. Autrefois, disait-on, à la place de ce chêne était un laurier gigantesque qui y avait poussé tout seul. A la mort du Dante, le laurier mourut. Pétrarque en planta un second qui vécut jusqu'à Sannazar. Puis enfin Casimir Delavigne en planta un troisième qui ne reprit même pas de bouture. Ce n'était pas la faute de l'auteur des *Messéniennes*, la terre était épuisée.

On descend au tombeau par un escalier à demi ruiné, entre les marches duquel poussent de grosses touffes de myrtes ; puis on arrive à la porte columbarium, on en franchit le seuil et l'on se trouve dans le sanctuaire.

L'urne qui contenait les cendres de Virgile y resta, assure-t-on, jusqu'au quatorzième siècle. Un jour on l'enleva sous prétexte de la mettre en sûreté : depuis ce jour elle n'a plus reparu.

Après un instant d'exploration intérieure, Jadin sortit pour faire un croquis du monument et me laissa seul dans le tombeau. Alors mes regards se reportèrent naturellement en arrière, et j'essayai de me faire une idée bien précise de Virgile et de ce monde antique au milieu duquel il vivait.

Virgile était né à Andes, près de Mantoue, le 15 octobre de l'an 70 avant Jésus-Christ, c'est-à-dire lorsque César avait trente ans; et il était mort à Brindes, en Calabre, le 22 septembre de l'an 19, c'est-à-dire lorsque Auguste en avait quarante-trois.

Il avait connu Cicéron, Caton d'Utique, Pompée, Brutus, Cassius, Antoine et Lépide; il était l'ami de Mécène, de Salluste, de Cornélius Nepos, de Catulle et d'Horace. Il fut le maître de Properce d'Ovide et de Tibulle, qui naquirent tous trois comme il finissait ses *Géorgiques*.

Il avait vu tout ce qui s'était passé dans cette période, c'est-à-dire les plus grands événemens du monde antique : la chute de Pompée, la mort de César, l'avénement d'Octave, la rupture du triumvirat; il avait vu Caton déchirant ses entrailles, il avait vu Brutus se jetant sur son épée, il avait vu Pharsale, il avait vu Philippes, il devait voir Actium.

Beaucoup ont comparé ce siècle à notre dix-septième siècle ; rien n'y ressemblait moins cependant : Auguste avait bien plus de Louis-Philippe que de Louis XIV. Louis XIV était un grand roi, Auguste fut un grand politique.

Aussi le siècle de Louis XIV ne comprend-il réellement que la première moitié de sa vie. Le siècle d'Auguste commence après Actium, et s'étend sur toute la dernière partie de son existence.

Louis XIV, après avoir été le maître du monde, meurt battu par ses rivaux, méprisé par ses courtisans, honni par son peuple, laissant la France pauvre, plaintive et menacée, et redevenu un peu moins qu'un homme, après s'être cru un peu plus qu'un dieu.

Auguste, au contraire, commence par les luttes intérieures, les proscriptions et les guerres civiles ; puis, Lépide mort, Brutus mort, Antoine mort, il ferme le temple de Janus qui n'avait pas été fermé depuis deux cent six ans, et meurt presqu'à l'âge de Louis XIV, c'est vrai, mais laissant Rome riche, tranquille et heureuse; laissant l'empire plus grand qu'il ne l'avait pris des mains de César, ne quittant la terre que pour monter au ciel, ne cessant d'être homme que pour passer dieu.

Il y a loin de Louis XIV descendant de Versailles à Saint-Denis au milieu des sifflets de la populace, à Auguste montant à l'Olympe par la voie Appia au milieu des acclamations de la multitude.

On connaît Louis XIV, dédaigneux avec sa noblesse, hautain avec ses ministres, égoïste avec ses maîtresses ; dilapidant l'argent de la France en fêtes dont il est le héros, en carrousels dont il est le vainqueur, en spectacles dont il est le dieu; toujours roi pour sa famille comme pour son peuple, pour ses courtisans en prose comme pour ses flatteurs en vers;

n'accordant une pension à Corneille que parce que Boileau parle de lui
abandonner la sienne ; éloignant Racine de lui parce qu'il a eu le malheur
de prononcer devant lui le nom de son prédécesseur, Scarron ; se félici-
tant de la blessure de madame la duchesse de Bourgogne, qui donnera
plus de régularité désormais à ses voyages de Marly ; sifflotant un air
d'opéra près du cercueil de son frère, et voyant passer devant lui le ca-
davre de ses trois fils sans s'informer qui les a empoisonnés, de peur de
découvrir les véritables coupables dans sa maîtresse ou dans ses bâtards.

En quoi ressemble à cela, je vous le demande, l'écolier qui vient d'Apol-
lonie pour recueillir l'héritage de César ?

Voulez-vous voir Octave, ou Thurinus comme on l'appelait alors? puis
nous passerons à César, et de César à Auguste, et vous verrez si ce triple
et cependant unique personnage a un seul trait de l'amant de made-
moiselle de La Vallière, de l'amant de madame de Montespan, et de
l'amant de madame de Maintenon, qui lui aussi est un seul et même per-
sonnage.

César vient de tomber au Capitole ; Brutus et Cassius viennent d'être
chassés de Rome par le peuple, qui les a portés la veille en triomphe ;
Antoine vient de lire le testament de César qui intitule Octave son héri-
tier. Le monde tout entier attend Octave.

C'est alors que Rome voit entrer dans ses murs un jeune homme de
vingt-un ans à peine, né sous le consulat de Cicéron et d'Antoine, le
22 septembre de l'an 689 de la fondation de Rome, c'est-à-dire soixante-
deux ans avant Jésus-Christ, qui naîtra sous son règne.

Octave n'avait aucun des signes extérieurs de l'homme réservé aux
grandes choses ; c'était un enfant que sa petite taille faisait paraître encore
plus jeune qu'il n'était réellement ; car, au dire même de l'affranchi
Julius Maratus, quoiqu'il essayât de se grandir à l'aide des épaisses se-
melles de ses sandales, Octave n'avait que cinq pieds deux pouces : il est
vrai que c'était la taille qu'avait eue Alexandre et celle que devait avoir
Napoléon. Mais Octave ne possédait ni la force physique du vainqueur de
Bucéphale, ni le regard d'aigle du héros d'Austerlitz ; il avait au con-
traire le teint pâle, les cheveux blonds et bouclés, les yeux clairs et bril-
lans, les sourcils joints, le nez saillant d'en haut et effilé par le bas, les
lèvres minces, les dents écartées, petites et rudes, et la physionomie si
douce et si charmante, qu'un jour qu'il passera les Alpes, l'expression de
cette physionomie retiendra un Gaulois qui avait formé le projet de le
jeter dans un précipice. Quant à sa mise, elle est des plus simples : au
milieu de cette jeunesse romaine qui se farde, qui met des mouches, qui
grasseye, qui se dandine ; parmi ces beaux et ces trossuli, ces modèles
de l'élégance de l'époque, qu'on reconnaît à leur chevelure parfumée de
baume, partagée par une raie, et que le fer du barbier roule deux fois
par jour en longs anneaux de chaque côté de leurs tempes ; à leurs barbes
rasées avec soin, de manière à ne laisser aux uns que des moustaches,
aux autres qu'un collier ; à leurs tuniques transparentes ou pourprées,
dont les manches démesurées couvriraient leurs mains tout entières s'ils
n'avaient soin d'élever leurs mains pour que ces manches, en se retrous-
sant, laissent voir leurs bras polis à la pierre ponce et leurs doigts cou-
verts de bagues ; Octave se fait remarquer par sa toge de toile, par son
laticlave de laine, et par le simple anneau qu'il porte au premier doigt
de la main gauche, et dont le chaton représente un sphinx. Aussi toute

cette jeunesse, qui ne comprend rien à cette excentricité qui donne à l'héritier de César un air plébéien, niet-t-elle qu'il soit, comme on l'assure, de sang aristocratique, et prétend-elle que son père Cn. Octavius était un simple diviseur de tribu ou tout au plus un riche banquier. D'autres vont plus loin, et assurent que son grand-père était meunier, et qu'il ne porte cette simple toge blanche que pour qu'on n'y voie pas les traces de la farine : *Materna tibi farina*, dit Suétone ; et Suétone, comme on le sait, est le Tallemant des Réaux de l'époque.

Et cependant les dieux ont prédit de grandes choses à cet enfant ; mais ces grandes choses, au lieu de les raconter, de les redire, de s'en faire un titre, sinon à l'amour, du moins à la superstition de ses concitoyens, il les renferme en lui-même et les garde dans le sanctuaire de ses espérances. Des présages ont accompagné et suivi sa naissance, et Octave croit aux présages, aux songes et aux augures. Autrefois, les murs de Volletri furent frappés de la foudre, et un oracle a prédit qu'un citoyen de cette ville donnerait un jour des lois au monde. En outre, un autre bruit s'est répandu, qu'Asclépiades et Mendès consigneront plus tard dans leur livre sur les choses divines : c'est qu'Atia, mère d'Octave, s'étant endormie dans le temple d'Apollon, fut réveillée comme par des embrassemens, et s'aperçut avec effroi qu'un serpent s'était glissé dans sa poitrine et l'enveloppait de ses replis ; dix mois après elle accoucha. Ce n'est pas tout : le jour de son accouchement, son mari, retenu chez lui par cet événement, ayant différé de se rendre au sénat, où l'on s'occupait de la conjuration de Catilina, et ayant expliqué en y arrivant la cause de son retard, Publius Nigidius, augure très renommé pour la certitude de ses prédictions, se fit dire l'heure précise de la naissance d'Octave, et déclara que, si sa science ne le trompait pas, ce maître du monde promis par le vieil oracle de Velletri venait enfin de naître.

Voilà les signes qui avaient précédé la naissance d'Octave. Voici ceux qui l'avaient suivie :

Un jour que l'enfant prédestiné, alors âgé de quatre ans, dînait dans un bois, un aigle s'élança de la cime d'un roc où il était perché et lui enleva le pain qu'il tenait à la main, remonta dans le ciel, puis, un instant après, rapporta au jeune Octave le pain tout mouillé de l'eau des nuages.

Enfin, deux ans après, Cicéron, accompagnant César au Capitole, racontait, tout en marchant, à un de ses amis, qu'il avait vu en songe, la nuit précédente, un enfant au regard limpide, à la figure douce, aux cheveux bouclés, lequel descendait du ciel à l'aide d'une chaîne d'or et s'arrêtait à la porte du Capitole, où Jupiter l'armait d'un fouet. Au moment où il racontait ce songe, il aperçut le jeune Octave et s'écria que c'était là le même enfant qu'il avait vu la nuit précédente.

Il y avait là, comme on le voit, plus de promesses qu'il n'en fallait pour tourner une jeune tête ; mais Octave était de ces hommes qui n'ont jamais été jeunes et à qui la tête ne tourne pas. C'était un esprit calme, réfléchi, rusé, incertain et habile, ne se laissant point emporter aux premiers mouvemens de sa tête ou de son cœur, mais les soumettant incessamment à l'analyse de son intérêt et aux calculs de son ambition. Dans aucun des partis qui s'étaient succédé depuis cinq ans qu'il avait revêtu la robe virile, il n'avait adopté de couleur ; ce qui était une excellente position, attendu que, quelque parti qu'il adoptât, son avenir n'avait point à rompre avec son passé. Plus heureux donc qu'Henri IV en 1593 et que Louis-Philippe en 1830, il n'avait point d'engagemens pris et se trouvait à peu près dans la situation, moins la gloire passée, ce qui était encore une chance de plus pour lui, où se trouva Bonaparte au 18 brumaire.

Comme alors, il y avait deux partis, mais deux partis qui, quoique portant les mêmes noms, n'avaient aucune analogie avec ceux qui existaient en France en 99 ; car, à cette époque, le parti républicain, représenté par Brutus, était le parti aristocratique ; et le parti royaliste, représenté par Antoine, était le parti populaire.

C'était donc entre ces deux hommes qu'il fallait qu'Octave se fît jour en créant un troisième parti, servons-nous d'un mot moderne, un parti juste-milieu.

Un mot sur Brutus et sur Antoine.

Brutus a trente-trois ou trente-quatre ans ; il est d'une taille ordinaire, il a les cheveux courts, la barbe coupée à la longueur d'un demi-pouce, le regard calme et fier, et un seul pli creusé par la pensée au milieu du front : du moins, c'est ainsi que le représentent les médailles qu'il a fait frapper en Grèce avec le titre d'*imperator* ; entendez-vous ? *Brutus imperator*, c'est-à-dire Brutus, général. Ne prenez donc jamais le mot *imperator* que dans ce sens, et non dans celui que lui ont donné depuis Charlemagne et Napoléon.

Continuons.

Il descend, par son père, de ce Junius Brutus qui condamna ses deux fils à mort, et dont la statue est au Capitole au milieu de celle des rois qu'il a chassés ; et, par sa mère, de ce Servilius Ahala qui, étant général de la cavalerie sous Quintus Cincinnatus, tua de sa propre main Spurius Mélius qui aspirait à la royauté. Son père, mari de Servilie, fut tué par ordre de Pompée, pendant les guerres de Marius et de Sylla ; et il est neveu de ce même Caton qui s'est déchiré les entrailles à Utique. Un bruit populaire le dit fils de César, qui aurait séduit sa mère avec une perle valant six millions de sesterces, c'est-à-dire douze cent mille francs à peu près. Mais on a tant prêté de bonnes fortunes à César, qu'il ne faut pas croire tout ce qu'on en dit. Jeune, Brutus a étudié la philosophie en Grèce ; il appartient à la secte platonicienne, et il a puisé à Athènes et à Corinthe ces idées de liberté aristocratique qui formaient la base gouvernementale des petites républiques grecques. Officier en Macédoine sous Pompée, il s'est fait remarquer à Pharsale par son grand courage. Gouverneur dans les Gaules pour César, il s'est fait remarquer dans la province par sa sévère probité. C'est un de ces hommes qui n'agissent jamais sans conviction, mais qui, dès qu'ils ont une conviction, agissent toujours ; c'est une de ces âmes profondes et retirées où les dieux qui s'en vont trouvent un tabernacle ; c'est un de ces cœurs couverts d'un triple acier, comme dit Horace, qui tiennent la mort pour amie, et qui la voient venir en souriant. Le regard incessamment tourné vers les vertus des âges antiques, il ne voit pas les vices des jours présens ; il croit que le peuple est toujours un peuple de laboureurs ; il croit que le sénat est toujours une assemblée de rois. Son seul tort est d'être né après le brutal Marius, le galant Sylla et le voluptueux César, au lieu de naître au temps de Cincinnatus, des Gracques ou des premiers Scipions. Il a été coulé tout de bronze dans une époque où les statues sont de boue et d'or. Quand

un pareil homme commet un crime, c'est son siècle qu'il faut accuser et
non pas lui.

Au reste, Brutus vient de faire une grande faute : il a quitté Rome, ou-
bliant que c'est sur le lieu même où l'on a commencé une révolution qu'il
faut l'accomplir.

Quant à Antoine, c'est le contraste le plus complet que le ciel ait pu
mettre en opposition avec la figure calme, froide et sévère que nous ve-
nons de dessiner.

Antoine a quarante-six ans, sa taille est haute, ses membres muscu-
leux, sa barbe épaisse, son front large, son nez aquilin. Il prétend des-
cendre d'Hercule ; et comme c'est le plus habile cavalier, le plus fort dis-
cobole, le plus rude lutteur qu'il y ait eu depuis Pompée, personne ne lui
conteste cette généalogie, si fabuleuse qu'elle paraisse à quelques uns.
Enfant, sa grande beauté l'a fait remarquer de Curion, et il a passé avec
lui les premières années de son adolescence dans la débauche et dans
l'orgie. Avant de revêtir la robe virile, c'est-à-dire à seize ans à peu près,
il avait déjà fait pour un million et demi de dettes ; mais ce qu'on lui re-
proche surtout, c'est le cynisme de son intempérance. Le lendemain des
noces du mime Hippias, il s'est rendu à l'assemblée publique si gorgé de
vin qu'il a été obligé de s'arrêter à l'angle d'une rue et de le rendre aux
yeux de tous, quoique le mime Sergius, avec lequel il vit dans un com-
merce infâme, et qui a, dit-on, toute influence sur lui, essayât d'étendre
son manteau entre lui et les passans. Après Sergius, sa compagnie la plus
habituelle est la courtisane Cythéris, qu'il mène partout avec lui dans
une litière, et à laquelle il fait un cortége aussi nombreux que celui de
sa propre mère. Chaque fois qu'il part pour l'armée, c'est avec une suite
d'histrions et de joueurs de flûte. Lorsqu'il s'arrête, il fait dresser ses
tentes sur le bord des rivières ou sous l'ombre des forêts. S'il traverse une
ville, c'est sur un char traîné par des lions qu'il conduit avec des rênes
d'or. En temps de paix, il porte une tunique étroite et une cape gros-
sière. En temps de guerre, il est couvert des plus riches armes qu'il a pu
se procurer, pour attirer à lui les coups des plus rudes et des plus
braves ennemis. Car Antoine, avec la force physique, a reçu le courage
brutal ; ce qui fait qu'il est un dieu pour le soldat, et une idole pour le
peuple. Du reste, orateur habile dans le style asiatique, par un seul dis-
cours il a chassé Brutus et Cassius de Rome. Fastueux et plein d'inéga-
lité, prétendant être le fils d'un dieu, et descendant parfois au niveau de
la bête, Antoine croit imiter César en le singeant à la guerre et à la tri-
bune. Mais entre Antoine et César il y a un abîme : Antoine n'a que des
défauts, César avait des vices ; Antoine n'a que des qualités, César avait
des vertus : Antoine, c'est la prose ; César, c'est la poésie.

Mais pour le moment, tel qu'il est, Antoine règne à Rome ; car il y a
réaction pour César, et Antoine représente César : c'est lui qui continue
le vainqueur des Gaules et de l'Égypte. Il vend les charges, il vend les
places, il vend jusqu'aux trônes ; il vient pour vingt mille francs, ce qui
n'est pas cher, comme on voit, de donner un diplôme de roi en Asie ; car
Antoine a sans cesse besoin d'argent. Cependant il n'y a pas plus de
quinze jours qu'il a forcé la veuve de César de lui remettre les vingt-
deux millions laissés par César ; il est vrai que, des ides de mars au
mois d'avril, Antoine a payé pour huit millions de dettes : mais comme
on assure qu'il a pillé le trésor public, qui, au dire de Cicéron, contenait

sept cents millions de sesterces, c'est-à-dire cent quarante millions de francs à peu près; si grand dépensier que soit Antoine, comme il n'a payé aucun des legs de César, il doit bien lui rester encore une centaine de millions; et un homme du caractère d'Antoine, avec cent millions derrière lui, est un homme à craindre.

A propos, nous oublions une chose : Antoine était le mari de Fulvie. Voilà donc celui contre lequel Octave aura d'abord à lutter.

Octave comprit que le sénat, tout en votant des remerciemens à Antoine, détestait d'autant plus ce maître grossier qu'il lui obéissait plus lâchement. Octave se glissa tout doucement dans le sénat, appela Cicéron son père, demanda humblement et obtint sans conteste de porter le grand nom de César, seule portion de son héritage à laquelle, disait-il, il eût jamais aspiré; paya tout doucement, et sur sa propre fortune, les legs que César avait laissés aux vétérans et qu'Antoine leur retenait; joua le citoyen pur, le patriote désintéressé; refusa les faisceaux qu'on lui offrait, et proposa tout bas, pour faire honneur à Antoine et pour lui donner l'occasion d'achever ce qu'il avait si bien commencé, d'envoyer Antoine chasser Décimus Brutus de la Gaule Cisalpine. Antoine, enchanté d'échapper aux criailleries des héritiers de César, part en promettant de ramener Décimus Brutus pieds et poings liés. A peine est-il parti que le sénat respire. Alors Octave voit que le moment est venu : il déclare qu'il croit Antoine l'ennemi de la république, met à la disposition du sénat une armée qu'il a achetée, sans que personne s'en doute, de ses propres deniers. Alors le sénat tout entier se lève contre Antoine. Cicéron embrasse Octave, il propose de le nommer chef de cette armée; et comme cette proposition cause quelque étonnement : *Ornandum tollendum*, dit-il en se retournant vers les vieilles têtes du sénat. Mauvais calembourg qu'entend Octave, et qui coûtera la vie à celui qui l'a fait. Mais Octave refuse; il est faible de corps, ignorant en fait de guerre; il veut deux collègues pour n'avoir aucune responsabilité à supporter; et, sur sa demande, un décret du sénat lui adjoint les consuls Hirtius et Pansa.

Antoine a été envoyé pour combattre Décimus Brutus; Octave est envoyé pour défendre Décimus Brutus contre Antoine.

C'était un conseil d'avocat : aussi venait-il de Cicéron. On perdait ainsi à la fois Antoine et Octave : Antoine, en mettant à jour toutes ses turpitudes; Octave, en l'envoyant au secours d'un des meurtriers de son père.

Mais patience, Octave ne s'appelle plus Octave : un décret du sénat l'a autorisé à s'appeler César.

Laissons donc de côté l'enfant, voilà l'homme qui commence.

Les deux armées se rencontrent : Antoine est vaincu; les deux consuls, Hirtius et Pansa, sont tués dans la mêlée, on ne sait par qui : seulement, comme une simple blessure pourrait n'être pas mortelle et qu'il faut qu'ils meurent, ils ont été frappés tous deux par des glaives empoisonnés. César seul est sain et sauf : César est trop souffrant pour se battre, César est resté sous sa tente tandis que l'on se battait. C'est, au reste, ce qu'il fera à Philippes et à Actium : pendant toutes les victoires qu'il remportera il dormira ou sera malade.

N'importe ! Antoine est en fuite, les consuls sont morts et César est à la tête d'une armée.

Pendant ce temps, Cicéron à son tour règne à Rome ; il succède à Antoine comme Antoine a succédé à César. Le sénat a besoin d'être gouverné ; peu lui importe que ce soit par un grand politique, ou par un soldat grossier, ou par un habile avocat.

Le sénat croit que c'est le moment de mettre en pratique le jeu de mots de Cicéron : il n'a plus besoin de *cet enfant.* C'est ainsi que le sénat traite maintenant Octave, et il lui refuse le consulat.

Mais, comme nous l'avons dit, l'enfant s'est fait homme, Octave est devenu César. Attendez.

Au moment où Antoine traverse les Alpes en fuyant, et où Lépide, qui commande dans la Gaule, accourt au devant de lui, un envoyé de César arrive, qui offre à Antoine l'amitié de César. Antoine accepte en réservant les droits de Lépide.

Le lieu fixé pour la conférence fut une petite île du Reno, située près de Bologne, ainsi que firent plus tard à Tilsitt Napoléon et Alexandre. Chacun y arriva de son côté : César par la rive droite, Antoine par la rive gauche. Trois cents hommes de garde furent laissés à chaque tête de pont. Lépide avait d'avance visité l'île.—En se joignant, Napoléon et Alexandre s'embrassèrent; Antoine et César n'en étaient pas là. Antoine fouilla César, César fouilla Antoine, de peur que l'un ou l'autre n'eût une arme cachée. Robert Macaire et Bertrand n'auraient pas fait mieux.

Ce dut être une scène terrible que celle qui se passa entre ces trois hommes, lorsque, après s'être partagé le monde, chacun réclama le droit de faire périr ses ennemis. Chacun y mit du sien : Lépide céda la tête de son frère ; Antoine, celle de son neveu. César refusa, ou fit semblant de refuser trois jours celle de Cicéron ; mais Antoine y tenait, Antoine menaçait de tout rompre si on ne la lui accordait. Antoine, brutal et entêté, était capable de le faire comme il le disait ; César ne voulut point se brouiller avec lui pour si peu ; la mort de Cicéron fut résolue. J'essaierais d'écrire cette scène si Shakspeare ne l'avait pas écrite.

Trois jours se passèrent pendant lesquels on chicana ainsi. Au bout de trois jours la liste des proscrits montait à deux mille trois cents noms : trois cents noms de sénateurs. deux mille noms de chevaliers.

Alors on rédigea une proclamation : Appien nous a laissé cette proclamation traduite en grec. Tous ces préparatifs hostiles, disaient les trumvirs, étaient dirigés contre Brutus et Cassius; seulement les trois nouveaux alliés, en marchant contre les assassins de César, ne voulaient pas. disaient-ils, laisser d'ennemis derrière eux.

Puis on pensa à réunir encore Antoine et César par une alliance de sang. Les mariages ont de tout temps été la grande sanction des raccommodemens politiques. Louis XIV épousa une infante d'Espagne ; Napoléon épousa Marie-Louise; César épousa une belle-fille d'Antoine, déjà fiancée à un autre. Plus tard Antoine épousera une sœur d'Auguste; il est vrai que ce double mariage n'empêchera pas la bataille d'Actium.

Pendant ce temps, le bruit de la réunion de César, d'Antoine et de Lépide se répand par toute l'Italie; Rome s'émeut, le sénat tremble; Cicéron fait des discours auxquels le sénat applaudit, mais qui ne le rassurent pas. Les uns proposent de se défendre, les autres proposent de fuir; Cicéron continue de parler sur les chances de la fuite et sur les chances de la défense, mais il ne se décide ni à fuir ni à se défendre; pendant ce temps, les triumvirs entrent dans Rome.

Voyez Plutarque, *in Cicerone.*

Cicéron mourut mieux qu'on n'aurait dû s'y attendre de la part d'un homme qui avait passé sa vie à avocasser. Il vit qu'il ne pouvait gagner le bateau dans lequel il espérait s'embarquer : il fit arrêter sa litière, défendit à ses esclaves de le défendre, passa la tête par la portière, tendit la gorge et reçut le coup mortel.

C'était pour sa femme qu'Antoine avait demandé sa tête; on porta donc cette tête à Fulvie. Fulvie tira une épingle de ses cheveux et lui en perça la langue. Puis on alla clouer cette tête, au dessus de ses deux mains, à la tribune aux harangues.

Le lendemain, on apporta une autre tête à Antoine. Antoine la prit; mais il eut beau la tourner et la retourner, il ne la reconnut point. — Cela ne me regarde pas, dit-il, portez cette tête à ma femme. En effet, c'était la tête d'un homme qui avait refusé de vendre sa maison à Fulvie. Fulvie fit clouer la tête à la porte de la maison.

Pendant huit jours on égorgea dans les rues et le sang coula dans les ruisseaux de Rome. Velléius Parterculus écrit à ce propos quatre lignes qui peignent effroyablement cette effroyable époque : « Il y eut, dit-il, beaucoup de dévoûment chez les femmes, assez dans les affranchis, quelque peu dans les esclaves, mais aucun dans les fils. » Puis il ajoute, avec cette simplicité antique qui fait frémir : « Il est vrai que l'espoir d'hériter que chacun venait de concevoir, rendait l'attente difficile. »

Ce fut le septième ou le huitième jour de cette boucherie, que Mécène, voyant César acharné sur son siége de proscripteur, lui fit passer une feuille de ses tablettes avec ces trois mots écrits au crayon : « Lève-toi, bourreau ! »

César se leva, car il n'y mettait ni haine, ni acharnement; il proscrivait parce qu'il croyait utile de proscrire. Lorsqu'il reçut le petit mot de Mécène, il fit un signe de tête et se leva, Mécène se fit honneur de la clémence de César. Mécène se trompait : César avait son compte, et l'impassible arithméticien ne demandait rien de plus.

Tournons les yeux vers Brutus et Cassius, et voyons ce qu'ils font.

Brutus et Cassius sont en Asie, où ils exigent d'un seul coup le tribut de dix années; Brutus et Cassius sont à Tarse, qu'ils frappent d'une contribution de quinze cents talens; Brutus et Cassius sont à Rhodes, où ils font égorger cinquante des principaux citoyens, parce que ceux-ci refusent de payer une contribution impossible. C'est qu'il faut des millions à Brutus et à Cassius pour soutenir l'impopulaire parti qu'ils ont adopté, et pour retenir sous leurs aigles républicaines les vieilles légions royalistes de César.

Aussi les cris des peuples qu'il ruine deviennent-ils le remords incessant de Brutus. Ce remords c'est le mauvais génie qui apparaît dans ses nuits; c'est le spectre qu'il a vu à Xanthe et qu'il reverra à Philippes.

Lisez dans Plutarque ou dans Shakspeare, comme il vous plaira, les derniers entretiens de Brutus et de Cassius. Voyez ces deux hommes se séparer un soir en se serrant la main avec un sourire grave et en se disant que, vainqueurs ou vaincus, ils n'ont point à redouter leurs ennemis. C'est que César et Antoine sont là. C'est qu'on est à la veille de la bataille de Philippes. C'est que le spectre qui poursuit Brutus a reparu ou va reparaître.

En effet, le lendemain à la même heure Cassius était mort, et deux jours après Brutus l'avait rejoint. Un esclave, affranchi pour ce dernier service, avait tué Cassius : Brutus s'était jeté sur l'épée que lui tendait le rhéteur Straton.

On s'étonne de cette mort si précipitée de Brutus et de Cassius, et l'on oublie que tous deux avaient hâte d'en finir.

Les deux triumvirs avaient été fidèles à leur caractère. Nous disons les eux triumvirs, car de Lépide il n'en est déjà plus question. Antoine avait combattu comme un simple soldat. César, malade, était resté dans sa litière, disant qu'un dieu l'avait averti en songe de veiller sur lui.

Le combat fini, Lépide écarté, le partage du monde était à refaire. Antoine prit pour lui l'inépuisable Orient ; César se contenta de l'Occident épuisé.

Les deux vainqueurs se séparent : l'un, pour aller épuiser toutes les délices de la vie avec Cléopâtre ; l'autre, pour revenir lutter à Rome contre le sénat, qui commence enfin à le comprendre ; contre cent soixante-dix mille vétérans qui réclament chacun un lot de terre et vingt mille sesterces qu'il leur a promis ; contre le peuple, enfin, qui demande du pain, affamé qu'il est par Sextus Pompée, qui tient la mer de Sicile.

Laissez huit ans s'écouler, et les vétérans seront payés, ou du moins croiront l'être, et Sextus Pompée sera battu et fugitif, et les greniers publics regorgeront de farine et de blé.

Comment César avait-il accompli tout cela ? En rejetant les proscriptions sur le compte d'Antoine et de Lépide ; en refusant les triomphes qu'on lui avait offerts ; et ayant l'air de remplir les fonctions d'un simple préfet de police ; en parlant toujours au nom de la république, pour laquelle il agit, et qu'il va incessamment rétablir ; enfin, sur le désir des soldats, en donnant sa sœur Octavie à Antoine : Fulvie était morte dans un accès de colère.

Au reste, c'était un rude épouseur que cet Antoine, et il tenait à prouver que de tous côtés il descendait d'Hercule : il avait épousé Fulvie, il venait d'épouser Octavie, il allait épouser Minerve ; enfin il devait finir par épouser Cléopâtre.

Ce dernier mariage brouilla tout. Il y avait long-temps que César n'attendait qu'une occasion de se débarrasser de son rival ; cette occasion, Antoine venait de la lui fournir. Cléopâtre avait eu de César, ou de Sextus Pompée, on ne sait pas bien lequel des deux, un fils appelé Césarion. Antoine, en épousant Cléopâtre, avait reconnu Césarion pour fils de César, et lui avait promis la succession de son père, c'est-à-dire l'Italie ; tandis qu'il distribuait aux autres fils de Cléopâtre, Alexandre et Ptolémée, à Alexandre l'Arménie et le royaume des Parthes, qui, il est vrai, n'était pas encore conquis, et à Ptolémée la Phénicie, la Syrie et la Cilicie.

Rome et Octavie demandaient donc ensemble vengeance contre Antoine. La cause de César devenait la cause publique ; aussi jamais guerre plus populaire ne fut entreprise.

Puis tous ceux qui arrivaient d'Orient racontaient d'étranges choses. Après s'être fait satrape, Antoine se faisait Dieu. On appelait Cléopâtre Isis, et Antoine Osiris. Antoine promettait à Cléopâtre de faire d'Alexandrie la capitale du monde quand il aurait conquis l'Occident ; en attendant, il faisait graver le chiffre de Cléopâtre sur le bouclier de ses soldats, et soulevait le ban et l'arrière-ban de ses dieux égyptiens contre les dieux du Tibre.

> Omnigenumque Deum monstra et latrator Anubis
> Contra Neptunum et Venerem contraque Minervam,

dit Virgile, qui n'avait pas mis là Minerve pour la seule mesure, mais aussi comme ayant sa propre injure à venger. Minerve était, on se le rappelle, une des quatre femmes d'Antoine; il l'avait épousée à Athènes, et s'était fait payer par les Athéniens mille talens pour sa dot, c'est-à-dire près de six millions de notre monnaie actuelle.

N'est-ce pas que c'était un étrange monde que ce monde? Mais ne vous en étonnez pas trop, vous en verrez bien d'autres sous Néron.

C'était la troisième fois, dans un quart de siècle, que l'Orient et l'Occident allaient se rencontrer en Grèce, et jeter un nouveau nom de victoire et de défaite dans cette éternelle série d'actions et de réactions qui durait depuis la guerre de Troie.

Il régnait une profonde terreur à Rome : Rome ne comptait pas beaucoup sur César comme général : elle savait, au contraire, ce dont Antoine était capable une fois qu'il était armé; puis Antoine menait avec lui cent mille hommes de pied, douze mille chevaux, cinq cents navires, quatre rois et une reine.

Il y avait bien encore cent vingt ou cent trente mille Juifs, Arabes, Perses, Égyptiens, Mèdes, Thraces et Paphlagoniens qui marchaient à la suite de l'armée; mais, ceux-là, on ne les comptait pas, ils n'étaient pas soldats romains.

César avait à peu près cent mille hommes et deux cents vaisseaux. Ce n'était point tout à fait en navires et en soldats la moitié des forces de son adversaire.

La fortune était pour Octave; ou plutôt ici le destin change de nom et devient la Providence : il fallait réunir l'Occident et l'Orient dans une main puissante qui contraignît le monde de parler une seule langue, d'obéir à une seule loi, afin que le Christ en naissant (le Christ allait naître) trouvât l'univers prêt à écouter sa parole. Dieu donna la victoire à César.

On sait tous les détails de cette grande bataille; comment Cléopâtre, la déesse du naturalisme oriental, s'enfuit tout à coup avec soixante vaisseaux, quoique aucun péril ne la menaçât; comment Antoine la suivit, abandonnant son armée; comment tous deux revinrent en Egypte pour mourir tous deux : Antoine se tue en se jetant sur son épée; Cléopâtre, on ne sait trop de quelle façon : Plutarque croit que c'est en se faisant mordre par un aspic.

Cette fois, il n'y avait pas moyen d'échapper au triomphe : bon gré mal gré, il fallut que César se laissât faire. Le sénat vint en corps au devant de lui jusqu'aux portes de Rome; mais, fidèle à son système, César n'accepta qu'une partie de ce que le sénat lui offrait; à l'entendre, le seul prix qu'il demandait de sa victoire était qu'on le débarrassât du fardeau du gouvernement. Le sénat se jeta à ses pieds pour obtenir de lui qu'il renonçât à cette funeste résolution; mais tout ce qu'il put obtenir fut que César resterait encore pendant dix ans chargé de mettre en ordre les affaires de la république. Il est vrai que César se montra moins récalcitrant pour le titre d'Auguste que le sénat lui offrit, et qu'il accepta sans trop se faire prier.

Auguste avait trente ans. Depuis neuf ans qu'il avait succédé à César, il avait fait bien du chemin, comme on voit, ou plutôt il en avait bien fait faire à la république.

C'est qu'aussi on était bien las à Rome des guerres intestines, des pros-

criptions civiles et des massacres de partis. A partir de Marius et de
Sylla, et il y avait de cela à peu près soixante ans, on ne faisait guère
autre chose à Rome que de tuer ou d'être tué, si bien que depuis un
quart de siècle il fallait chercher avec beaucoup de soin et d'attention
pour trouver un général, un consul, un tribun, un sénateur, un person-
nage notable enfin, qui fût mort tranquillement dans son lit.

Il y avait plus, c'est que tout le monde était ruiné. On supporte encore
les massacres, la croix, la potence; on ne supporte pas la misère. Les
chevaliers avaient des places d'honneur au théâtre, mais ils n'osaient
venir occuper ces places de peur d'y être arrêtés par leurs créanciers;
ils avaient quatorze bancs au cirque, et leurs quatorze bancs étaient dé-
serts. Les provinces déclaraient ne plus pouvoir payer l'impôt : le peuple
n'avait pas de pain. De l'océan Atlantique à l'Euphrate, du détroit de
Gades au Danube, cent trente millions d'hommes demandaient l'aumône
à Auguste.

Qui donc, en pareilles circonstances, eût même eu l'idée de faire de
l'opposition contre le vainqueur d'Antoine, qui était le seul riche et qui
pouvait seul enrichir les autres?

Auguste fit trois parts de ses immenses richesses, que venait de qua-
drupler le trésor des Ptolémées : la première pour les dieux, la seconde
pour l'aristocratie, la troisième pour le peuple.

Jupiter Capitolin eut seize mille livres d'or; c'étaient treize mille livres
de plus que ne lui en avait volé César; et de plus, pour dix millions de
notre monnaie actuelle de pierres et de pierreries.

Apollon eut six trépieds d'argent fondus à neuf, et dont le métal fut
fourni par les propres statues d'Auguste.

Enfin, comme les villes envoyaient de tous côtés des couronnes d'or
au vainqueur, le vainqueur les répartit entre les autres dieux.

Les dieux furent contens.

Auguste alors s'occupa de l'aristocratie.

Les legs de César furent entièrement payés. Tout ce qui avait un nom,
ou tout ce qui s'en était fait un, reçut des secours; l'aristocratie tout en-
tière devint la pensionnaire d'Auguste.

L'aristocratie fut satisfaite.

Restait le peuple.

Les prédécesseurs d'Auguste lui avaient donné des jeux, Auguste lui
donna du pain. Le blé arriva en larges convois de la mer Noire, de l'É-
gypte et de la Sicile; en moins de trois mois, un bien-être sensible se
répandit jusque dans les derniers rangs de la population.

Le peuple cria vive Auguste.

Alors, comme il lui restait encore près de deux milliards, il lança dans
la circulation cette masse énorme d'argent : l'intérêt était à 12 pour 100,
il descendit à 4; les terres étaient à vil prix, elles triplèrent et quadru-
plèrent de valeur.

Puis il s'en revint dans sa petite maison du mont Palatin, maison toute
de pierres, maison sans marbres, sans peintures, sans pavés de mosaï-
que; maison qu'il habitait été comme hiver, et qui ne renfermait qu'une
seule chose de prix, la statuette d'or de la Fortune de l'empire.

Il est vrai que cette maison ayant été brûlée dix-huit ans après, c'est-
à-dire vers l'an 748 de Rome, Auguste la rebâtit plus commode, plus
élégante et plus belle.

C'est là qu'Auguste vécut encore quarante-six ans, suppliant sans cesse
le peuple de lui retirer le fardeau du gouvernement, et sans cesse forcé
par lui d'accepter de nouveaux honneurs. Ayant beau dire qu'il n'était
qu'un simple citoyen comme les autres, ayant beau se fâcher quand on
l'appelait seigneur, ayant beau répéter que ses noms étaient Caïus Ju-
lius César Octavianus et qu'il ne voulait être appelé d'aucun autre nom,
il lui fallut se résigner à être prince, grand pontife, consul et régulateur
des mœurs à perpétuité. On avait voulu le nommer tribun, mais il avait
fait observer qu'en sa qualité de patricien il ne pouvait accepter cette
charge. Alors, au lieu du tribunat, il avait reçu la puissance tribunitienne.
C'était bien peut-être jouer un peu sur les mots, mais il y avait de l'avo-
cat dans Auguste, et c'était par ce côté-là très probablement que Salluste
était devenu si fort son ami.

De cette façon, tout le monde était content à Rome. Les césariens
avaient un roi, ou du moins quelque chose qui leur en tenait lieu. Les
républicains entendaient sans cesse parler de la république, et d'ailleurs
le S. P. Q. R. était partout, sur les enseignes, sur les faisceaux, sur la
maison même du prince. Enfin les poètes, les peintres, les artistes
avaient Mécène, à qui Auguste avait transmis ses pleins pouvoirs, et
qui se chargeait de leur assurer cette *aurea mediocritas* tant vantée par
Horace.

Au milieu de tous ces honneurs, Auguste restait toujours le même :
travaillant six heures par jour, mangeant du pain bis, des figues et des
petits poissons ; jouant aux noix avec les polissons de Rome, et allant,
vêtu des habits filés par sa femme ou par ses filles, rendre témoignage
pour un vieux soldat d'Actium.

Nous avons dit que sa maison du mont Palatin brûla vers l'an 748. A
peine cet accident fut-il connu, que les vétérans, les décuries, les tribus
souscrivirent pour une somme considérable, car ils voulaient que cette
maison, rebâtie aux frais publics, attestât de l'amour public pour l'em-
pereur. Auguste fit venir les uns après les autres tous les souscripteurs, et,
pour ne pas dire qu'il refusait leur offrande, prit à chacun d'eux un denier.

Puis, après le tour des dieux, de l'aristocratie, du peuple, du trésor,
vint le tour de Rome. La ville républicaine était sale, étroite et sombre.
Le *Forum antiquum* était devenu trop petit pour la population toujours
croissante de la reine du monde, le forum de César était encombré aux
jours de fêtes ; Auguste fit bâtir un troisième forum entre le Capitolin et
le Viminal, un temple de Jupiter tonnant au Capitole, un temple à Apol-
lon sur le mont Palatin, le théâtre de Marcellus au Champ-de-Mars, enfin
les portiques de Livie et d'Octavie, et la basilique de Lucius et de Caïus.
Ce n'est pas tout, en même temps que les obélisques égyptiens s'éle-
vaient sur les places, que des routes magnifiques, partant de la *meta
sudans*, s'élançaient vers tous les points du monde comme les rayons
d'une étoile, que soixante-sept lieues d'aqueducs et de canaux ame-
naient par jour à Rome deux millions trois cent dix-neuf mille mètres
cubes d'eau, qu'Agrippa, tout en construisant son Panthéon, distribuait
en cinq cents fontaines, en cent soixante-dix bassins et en cent trente
châteaux d'eau, Balbus bâtissait un théâtre, Philippe des musées, et
Pollion un sanctuaire à la Liberté.

Ainsi, en présidant à ces immenses travaux, Auguste se sentait-il pris
d'un de ces rares mouvements d'orgueil auxquels il permettait de se pro-

duire au grand jour. — Voyez cette Rome, disait-il, je l'ai prise de brique, je la rendrai de marbre.

Auguste eut une de ces longues existences comme le ciel en garde aux fondateurs de monarchies. Il avait soixante-seize ans, lorsqu'un jour qu'il naviguait entre les îles jetées au milieu du golfe de Naples comme des corbeilles de fleurs et de verdure, il fut pris d'une douleur assez forte pour désirer relâcher au port le plus prochain. Cependant il eut le temps d'arriver jusqu'à Nole; là il se sentit si mal qu'il s'alita. Mais, loin de déplorer la perte d'une existence si bien remplie, Auguste se prépara à la mort comme à une fête; il prit un miroir, se fit friser les cheveux, se mit du rouge; puis, comme un acteur qui quitte la scène et qui, avant de passer derrière la coulisse, demande un dernier compliment au parterre :

— Messieurs, dit-il en se tournant vers les amis qui entouraient sa couche, répondez franchement, ai-je bien joué la farce de la vie?

Il n'y eut qu'une voix parmi les spectateurs.

— Oui, répondirent-ils tous ensemble; oui, certes, parfaitement bien.

— En ce cas, reprit Auguste, battez des mains en preuve que vous êtes contens.

Les spectateurs applaudirent, et, au bruit de leurs applaudissemens, Auguste se laissa aller doucement sur son oreiller.

Le comédien couronné était mort.

Voilà l'homme qui protégea vingt ans Virgile; voilà le prince à la table duquel il s'assit une fois par semaine avec Horace, Mécène, Salluste, Pollion et Agrippa; voilà le dieu qui lui fit ce doux repos vanté par Tityre, et en reconnaissance duquel l'amant d'Amaryllis promet de faire couler incessamment le sang de ses agneaux.

En effet, le talent doux, gracieux et mélancolique du cygne de Mantoue devait plaire essentiellement au collègue d'Antoine et de Lépide. Robespierre, cet autre Octave d'un autre temps, ce proscripteur en perruque poudrée à la maréchale, en gilet de basin et en habit bleu-barbeau, à qui heureusement ou malheureusement (la question n'est pas encore jugée) on n'a point laissé le temps de se montrer sous sa double face, adorait les *Lettres à Émilie sur la mythologie*, les *Poésies du cardinal de Bernis* et les *Gaillardises du chevalier de Boufflers*; les *Iambes* de Barbier lui eussent donné des syncopes, et les drames d'Hugo des attaques de nerfs.

C'est que, quoi qu'on en ait dit, la littérature n'est jamais l'expression de l'époque, mais tout au contraire, et si l'on peut se servir de ce mot, sa palinodie. Au milieu des grandes débauches de la régence et de Louis XV, qu'applaudit-on au théâtre? Les petits drames musqués de Marivaux. Au milieu des sanglantes orgies de la révolution, quels sont les poètes à la mode? Colin-d'Harleville, Demoustier, Fabre-d'Églantine, Legouvé et le chevalier de Bertin. Pendant cette grande ère napoléonienne, quelles sont les étoiles qui scintillent au ciel impérial? M. de Fontanes, Picard, Andrieux, Baour-Lormian, Luce de Lancival, Parny. Châteaubriand passe pour un rêveur, et Lemercier pour un fou; on raille le *Génie du christianisme*, on siffle *Pinto*.

C'est que l'homme est fait pour deux existences simultanées, l'une positive et matérielle, l'autre intellectuelle et idéale. Quand sa vie matérielle est calme, sa vie idéale a besoin d'agitation; quand sa vie positive

est agitée, sa vie intellectuelle a besoin de repos. Si toute la journée on
a vu passer les charrettes des proscripteurs, que ces proscripteurs s'ap-
pellent Sylla ou Cromwell, Octave ou Robespierre, on a besoin le soir de
sensations douces qui fassent oublier les émotions terribles de la matinée.
C'est le flacon parfumé que les femmes romaines respiraient en sortant
du cirque; c'est la couronne de roses que Néron se faisait apporter après
avoir vu brûler Rome. Si, au contraire, la journée s'est passée dans une
longue paix, il faut à notre cœur, qui craint de s'engourdir dans une
languissante tranquillité, des émotions factices pour remplacer les émo-
tions réelles, des douleurs imaginaires pour tenir lieu des souffrances
positives. Ainsi, après cette suprême bataille de Philippes, où le génie
républicain vient de succomber sous le géant impérial; après cette lutte
d'Hercule et d'Antée qui a ébranlé le monde, que fait Virgile? Il polit
sa première églogue. Quelle grande pensée le poursuit dans ce grand
bouleversement? Celle de pauvres bergers qui, ne pouvant payer les
contributions successivement imposées par Brutus et par César, sont
obligés de quitter leurs doux champs et leur belle patrie :

> Nos patriæ fines et dulcia linquimus arva;
> Nos patriam fugimus.

De pauvres colons qui émigrent, les uns chez l'Africain brûlé, les autres
dans la froide Scythie.

> At nos hinc alii sitientes ibimus Afros;
> Pars Scythiam. . . . . .

Celle de pauvres pasteurs enfin, pleurant, non pas la liberté perdue,
non pas les lares d'argile faisant place aux pénates d'or, non pas la sainte
pudeur républicaine se voilant le front à la vue des futures débauches
impériales dont César a donné le prospectus; mais qui regrettent de ne
plus chanter, couchés dans un antre vert, en regardant leurs chèvres
vagabondes brouter le cytise fleuri et l'amer feuillage du saule.

> . . . . . Viridi projectus in antro.
> . . . .
> Carmina nulla canam; non, me pascente, capellæ,
> Florentem cytisum et salices carpetis amaras.

Mais peut-être est-ce une préoccupation du poète, peut-être cette ima-
gination qu'on a appelée la Folle du logis, et qu'on devrait bien plutôt
nommer la Maîtresse de la maison, était-elle momentanément tournée
aux douleurs champêtres et aux plaintes bucoliques; peut-être les grands
événemens qui vont se succéder vont-ils arracher le poète à ses préoc-
cupations bocagères. Voici venir Actium; voici l'Orient qui se soulève
une fois encore contre l'Occident; voici le naturalisme et le spiritua-
lisme aux prises; voici le jour enfin qui décidera entre le polythéisme et
le christianisme. Que fait Virgile, que fait l'ami du vainqueur, que fait
le prince des poètes latins? Il chante le pasteur Aristée, il chante des
abeilles perdues, il chante une mère consolant son fils de ce que ses
ruches sont désertes, et n'ayant rien de plus à demander à Apollon,
comment avec le sang d'un taureau on peut faire de nouveaux essaims.

Et que l'on ne croie pas que nous cotons au hasard et que nous pre-
nons une époque pour une autre, car Virgile, comme s'il craignait qu'on
ne l'accusât de se mêler des choses publiques autrement que pour louer
César, prend lui-même le soin de nous dire à quelle époque il chante.
C'est lorsque César pousse la gloire de ses armes jusqu'à l'Euphrate.

> . . . . Cæsar dùm magnus ad altum
> Fulminat Euphraten bello, victorque volentes
> Per populos dat jura, viamque affectat Olympo.

Mais aussi que César ferme le temple de Janus, qu'Auguste pour la seconde fois rende la paix au monde, alors Virgile devient belliqueux ; alors le poète bucolique embouche la trompette guerrière, alors le chantre de Palémon et d'Aristée va dire les combats du héros qui, parti des bords de Troie, toucha le premier les rives de l'Italie ; il racontera Hector traîné neuf fois par Achille autour des murs de Pergame, qu'il enveloppe neuf fois d'un sillon de sang ; il montrera le vieux Priam égorgé à la vue de ses filles, et tombant au pied de l'autel domestique en maudissant ses divinités impuissantes qui n'ont su protéger ni le royaume ni le roi.

Et autant Auguste l'a aimé pour ses chants pacifiques pendant la guerre, autant il l'aimera pour ses chants belliqueux pendant la paix.

Ainsi, quand Virgile mourra à Brindes, Auguste ordonnera-t-il en pleurant que ses cendres soient transportées à Naples, dont il savait que son poète favori avait affectionné le séjour.

Peut-être même Auguste était-il venu dans ce tombeau, où je venais à mon tour, et s'était-il adossé à ce même endroit où, adossé moi-même, je venais de voir passer devant mes yeux toute cette gigantesque histoire.

Et voilà cependant l'illusion qu'un malheureux savant voulait m'enlever en me disant que ce n'était *peut-être* pas là le tombeau de Virgile !

IV

La grotte de Pouzzoles. — La grotte du Chien.

Pendant cette exploration, notre cocher, que notre longue absence ennuyait, était entré dans un cabaret pour se distraire. Lorsque nous redescendîmes vers Chiaja, nous le trouvâmes ivre comme auraient pu l'être Horace ou Gallus. Cette petite infraction aux règles de la tempérance retomba sur nos pauvres chevaux, qui, excités par le fouet de leur maître, nous emportèrent au triple galop vers la grotte de Pouzzoles. Nous eûmes beau dire que nous voulions nous arrêter à l'entrée de cette grotte et la traverser dans toute sa longueur : notre automédon, qui croyait son honneur engagé à nous prouver, par la manière pimpante dont il conduisait, qu'il n'était pas ivre, redoubla de coups, et nous disparûmes dans l'ouverture béante comme si un tourbillon nous emportait.

Malheureusement, à peine avions-nous fait cent pas dans ce corridor de l'enfer que nous accrochâmes une charrette. Le cocher, qui se tenait debout derrière nous, sauta par dessus notre tête, nous sautâmes par dessus celle des chevaux. Les chevaux s'abattirent ; une roue du corricolo continua sa route, tandis que l'autre, engagée dans le moyeu de la charrette, s'arrêta court avec le reste de l'équipage. Je crus que nous étions tous anéantis. Heureusement le dieu des ivrognes, qui veillait sur notre cocher, daigna étendre sa protection jusqu'à nous, si indignes que nous en fussions : nous nous relevâmes sans une seule égratignure ; les traits seuls du bilancino étaient cassés. On se rappelle que le bilancino est le cheval qui galope près du timonier enfermé dans les brancards.

Notre conducteur nous déclara qu'il lui fallait un quart d'heure pour remettre en ordre son attelage ; nous le lui accordâmes d'autant plus volontiers qu'il nous fallait, à nous, le même temps pour visiter la grotte.

Du temps de Sénèque, où il n'y avait pas de chemins de fer, et où par conséquent on ne perçait pas les montagnes, mais où l'on montait tout simplement par dessus, la grotte de Pouzzoles était une grande curiosité. Aussi s'en préoccupe-t-il plus que de nos jours ne le ferait le dernier ingénieur des ponts et chaussées, et, poétisant cette espèce de cave, qui n'est pas même bonne à mettre du vin, l'appelle-t-il une longue prison, et disserte-t-il sur la force involontaire des impressions. Quant à nous, je ne sais si la cabriole que nous venions de faire avait nui à notre imagination ; mais, n'en déplaise à Sénèque, nous ne fûmes impressionnés que par l'abominable odeur d'huile que répandaient les soixante-quatre réverbères allumés dans ce grand terrier.

Malgré ces soixante-quatre réverbères, il y a une telle obscurité dans la grotte de Pouzzoles, que ce ne fut que guidés par la voix avinée de notre cocher que nous parvînmes à retrouver notre corricolo. Nous remontâmes dedans, notre cocher remonta derrière, et, comme pour prouver à nos malheureux chevaux que ce n'était pas lui qui avait tort, il débuta par le plus splendide coup de fouet que jamais chevaux aient reçu depuis les coursiers d'Achille, qui pleurèrent si tendrement leur maître, jusqu'aux mules de don Miguel, qui faillirent si irrespectueusement casser le cou au leur.

Le bilancino et le timonier firent un bond qui manqua démantibuler la voiture ; mais, à notre grand étonnement, et quoique tous deux parussent faire des efforts inouïs pour remplir leur devoir, nous ne bougeâmes pas de la place.

Le cocher redoubla, en accompagnant cette fois le cinglement de la lanière de ce petit sifflement habituel aux cochers italiens et avec lequel ils semblent galvaniser leurs chevaux. Les nôtres, à cette double admonestation, redoublèrent de soubresauts et de piétinemens, mais ne firent ni un pas en avant ni un pas en arrière.

Cependant, comme, selon toutes les règles de la dignité humaine, ce n'est jamais aux animaux à deux pieds à céder aux animaux à quatre pattes, notre homme s'entêta et allongea à son équipage un troisième coup de fouet en accompagnant ce coup de fouet d'un juron à faire fendre le Pausilippe. L'impression fut grande sur les malheureux quadrupèdes ; ils se cabrèrent, hennirent, firent des écarts à droite, firent des écarts à gauche ; mais d'un seul pas en avant, il n'en fut pas question.

Il y avait évidemment quelque mystère là-dessous. J'arrêtai le bras de Gaetano, levé pour un quatrième coup de fouet, et je l'invitai à aller s'assurer à tâtons des causes qui nous enchaînaient à notre place ; car de voir avec les yeux, il n'y fallait pas songer. Gaetano voulut résister et prétendit que les chevaux devaient partir et qu'ils partiraient. Mais à mon tour j'insistai en lui disant que, s'il ajoutait un mot, je l'enverrais promener lui et son attelage. Gaetano, menacé dans ses intérêts pécuniaires, descendit.

Au bout d'un instant, nous l'entendîmes pousser des soupirs, puis des plaintes, puis des gémissemens.

— Eh bien, lui demandai-je, qu'y a-t-il?

— *Oh, eccellenza!*

— Après?

— *O malora!*

— Quoi?

— *Ho perduto la testa del mio cavallo.*

— Comment! vous avez perdu la tête de votre cheval?

— *L'ho perduta!*

Et les plaintes et les gémissemens recommencèrent.

— Et duquel des deux avez-vous perdu la tête? demandai-je en éclatant de rire.

— *Del povero bilancino, eccellenza.*

— Ce gredin-là est ivre-mort, dit Jadin.

— Eh bien, demandai-je après un moment de silence, est-elle retrouvée?

— *O non si trovera più... mai! mai! mai!*

— Voyons, attendez, je vais l'aller chercher moi-même.

Je sautai à bas du corricolo; je fis à tâtons le tour de l'attelage et je trouvai mon homme qui serrait désespérément dans ses bras la croupe de son cheval. Il l'avait attaché à l'envers.

On comprend le résultat naturel de cette combinaison : à chaque coup de fouet nouveau, le porteur tirait au nord et le bilancino au midi. Or, comme c'est une règle invariable que deux forces égales opposées l'une à l'autre se neutralisent l'une par l'autre, il en résultait que, plus nos deux chevaux faisaient d'efforts pour avancer, l'un vers l'entrée de la grotte, l'autre vers la sortie, plus solidement nous restions comme amarrés à la même place.

J'annonçai à Gaetano que la tête de son cheval était retrouvée, je lui en donnai la preuve en lui mettant la main dessus, et je lui signifiai que, de peur de nouveaux accidens, nous irions à pied jusqu'à la grotte du Chien, où il était invité à nous rejoindre, si toutefois il en était capable.

Il y a cependant des jours où cette grotte est splendidement éclairée, ce sont les jours d'équinoxe; comme le soleil se couche alors exactement en face d'elle, il la transperce de son dernier rayon et la dore merveilleusement de l'une à l'autre de ses extrémités.

Il nous était arrivé tant d'encombres dans cette malheureuse grotte que ce fut avec un certain plaisir que nous retrouvâmes la lumière. Afin sans doute de dédommager le voyageur de la perte qu'il a faite momentanément, la nature, à la sortie de ce long et sombre corridor, se présente coquette, animée, et pleine de fantasques accidens. Cependant, comme un effroyable soleil dardait sur nos têtes, nous ne nous arrêtames pas trop à les détailler, et sur l'indication d'un passant, laissant la route, nous prîmes un petit chemin qui conduit au lac d'Agnano.

Gaetano s'était piqué d'honneur; au bout d'un instant, nous entendîmes derrière nous le bruit des roues d'une voiture et le pétillement des sonnettes de deux chevaux : c'était notre corricolo et notre cocher qui nous rejoignaient, le corricolo parfaitement rafistolé à l'aide de cordes, de ficelles et de chiffons, le cocher à peu près dégrisé.

Comme nous étions en nage, nous ne nous fîmes pas prier pour reprendre nos places; et cette fois, grâce à l'harmonie de notre attelage, nous reprîmes notre allure habituelle, c'est-à-dire que nous allâmes comme le vent.

Au bout d'un instant, deux chiens se mirent à courir devant notre corricolo, et un homme monta derrière. D'où sortaient-ils? D'une pauvre chaumière située à gauche de la route, je crois. Des deux quadrupèdes, l'un était nankin et l'autre noir.

Au bout d'un instant, le quadrupède nankin donna des signes visibles d'hésitation. Il s'arrêtait, s'asseyait, restait en arrière, puis reprenait son chemin, toujours plus lentement. Son maître commença par le siffler, puis l'appela; puis enfin, voyant des signes de rébellion marquée, descendit, le coupla avec le chien noir, et, au lieu de remonter derrière nous, marcha à pied. Je demandai alors quels étaient cet homme et ces chiens; on nous répondit que c'était l'homme qui avait la clé de la grotte et les deux chiens sur lesquels on faisait successivement les expériences, c'est-à-dire le grand-prêtre et les victimes.

Le mot *successivement* m'éclaira sur les terreurs du chien nankin et sur l'insouciance du chien noir. Le chien noir descendait de garde, le chien nankin était de faction. Voilà pourquoi le chien nankin voulait à toute force retourner en arrière, et pourquoi il était indifférent au chien noir d'aller en avant. A la première visite d'étrangers, les rôles changeraient.

A mesure que nous approchions, les terreurs du malheureux chien nankin redoublaient. Il opposait à son camarade une véritable résistance; et comme ils étaient à peu près de la même taille, et par conséquent de la même force, que l'un n'avait que le désir d'obéir à son maître, tandis que l'autre avait l'espérance d'y échapper, le sentiment de la conservation l'emporta bientôt sur celui du devoir, et, au lieu que ce fût le chien noir qui continuât d'entraîner le chien nankin vers la grotte, ce fut le chien nankin qui commença de ramener le chien noir vers la maison.

Ce que voyant, le propriétaire des deux animaux jugea son intervention nécessaire et se mit en marche pour les rejoindre. Mais à mesure qu'il approchait d'eux, tandis que le chien nankin redoublait d'efforts pour fuir, le chien noir, qui n'était pas bien sûr d'avoir fait tout ce qu'il pouvait pour retenir son camarade, donnait à son tour des signes d'hésitation, de sorte que, lorsque le maître étendit le bras, croyant mettre la main sur eux, tous deux partirent au grand galop, reprenant la route par laquelle ils étaient venus.

L'homme se mit à trotter après eux en les appelant; inutile de dire que, plus il les appelait, plus ils couraient vite. Au bout d'un instant, homme et chiens disparurent à un tournant de la route.

Milord avait regardé toute cette scène avec un profond étonnement: en voyant apparaître deux individus de son espèce, il avait d'abord voulu se jeter dessus pour les dévorer, mais quelques coups de pied de Jadin l'avaient calmé, et il s'était décidé, quoique avec un regret visible, à devenir simple spectateur de ce qui allait se passer.

Ce qui devait arriver arriva : les deux chiens s'arrêtèrent à la porte de leur chenil. Leur maître les y rejoignit, passa une corde au cou du chien nankin, siffla le chien noir, et, dix minutes après sa disparition, nous le vîmes reparaître précédé de l'un et traînant l'autre.

Cette fois, il n'y avait pas à s'en dédire : il fallait que la malheureuse

bête accomplît le sacrifice. En arrivant à la porte de la grotte, il trem-
blait de tous ses membres ; la porte de la grotte ouverte, il était déjà
à moitié mort. A la porte de la grotte étaient cinq ou six enfans si dé-
guenillés qu'à part les indiscrétions des vêtemens , il était fort difficile
de reconnaître leur sexe : chacun tenait un animal quelconque à la main,
l'un une grenouille , l'autre une couleuvre , celui-ci un cochon d'Inde,
celui-là un chat.

Ces animaux étaient destinés aux plaisirs des amateurs qui ne se
contentent pas de l'évanouissement et qui veulent la mort. Les chiens
coûtent cher à faire mourir : quatre piastres par tête, je crois; tandis
que pour un carlin on peut faire mourir la grenouille, pour deux carlins
la couleuvre , pour trois carlins le cochon d'Inde, et pour quatre car-
lins le chat. C'est pour rien , comme on voit. Cependant un vice-roi ,
qui sans doute n'avait pas d'argent dans sa poche , fit entrer dans la
grotte deux esclaves turcs et les vit mourir gratis.

Tout cela est bien hideusement cruel, mais c'est l'habitude. D'ailleurs,
les animaux en meurent, c'est vrai, mais aussi les maîtres en vivent ,
et il y a si peu d'industries à Naples, qu'il faut bien tolérer celle-là.

La grotte peut avoir trois pieds de haut et deux pieds et demi de pro-
fondeur. J'introduisis la tête dans la partie supérieure, et je ne sentis
aucune différence entre l'air qu'elle contenait et l'air extérieur; mais, en
recueillant dans le creux de la main l'air inférieur et en le portant vive-
ment à ma bouche et à mon nez, je sentis une odeur suffocante. En
effet, les gaz mortels ne conservent leur action qu'à la hauteur d'un
pied à peu près du sol. Mais là, en quelques secondes ils asphyxieraient
l'homme aussi bien que les animaux.

Le tour du malheureux chien était venu. Son maître le poussa dans la
grotte sans qu'il opposât aucune résistance ; mais une fois dedans, son
énergie lui revint , il bondit, se dressa sur ses pieds de derrière pour
élever sa tête au dessus de l'air méphitique qui l'entourait. Mais tout
fut inutile ; bientôt un tremblement convulsif s'empara de lui, il re-
tomba sur ses quatre pattes, vacilla un instant, se coucha, raidit ses
membres , les agita comme dans une crise d'agonie, puis tout à coup
resta immobile. Son maître le tira par la queue hors du trou ; il resta
sans mouvement sur le sable , la gueule béante et pleine d'écume. Je le
crus mort.

Mais il n'était qu'évanoui : bientôt l'air extérieur agit sur lui, ses pou-
mons se gonflèrent et battirent comme des soufflets , il souleva sa tête,
puis l'avant-train , puis le train de derrière , demeura un instant vacil-
lant sur ses quatre pattes comme s'il eût été ivre; enfin, ayant tout à
coup rassemblé toutes ses forces, il partit comme un trait et ne s'arrêta
qu'à cent pas de là , sur un petit monticule, au sommet duquel il s'assit,
regardant tout autour de lui avec la plus prudente et la plus méticuleuse
attention.

Je crus que c'était fini et que son maître ne le rattraperait jamais. Je
lui fis même part de cette observation ; mais il sourit de l'air d'un homme
qui veut dire : — Allons, allons, vous n'êtes pas encore fort sur les
chiens ! Et tirant un morceau de pain de sa poche, il le montra au pa-
tient, qui parut se consulter quelques secondes , retenu entre la crainte
et la gourmandise. La gourmandise l'emporta. Il accourut en remuant

la queue et dévora sa pitance comme s'il avait parfaitement oublié ce qui venait de se passer.

Le chien noir avait regardé cette opération, gravement assis sur son derrière, en tournant la tête, et ayant l'air de dire à part soi, comme l'ivrogne de Charlet : — Voilà pourtant comme je serai dimanche !

Quant à Milord, il était fourré sous la banquette du corricolo, où il paraissait n'avoir qu'une crainte, celle d'être découvert.

Je demandai le nom des deux infortunés quadrupèdes dont la vie était destinée à s'écouler en évanouissemens perpétuels : ils s'appelaient Castor et Pollux, sans doute en raison de ce que, pareils aux deux divins gémeaux, ils sont condamnés à vivre et à mourir chacun à son tour.

J'eus quelque envie d'acheter Castor et Pollux. Mais je songeai que si je leur donnais la liberté, ils deviendraient enragés; et que si je les gardais, ils ne pouvaient pas manquer d'être dévorés un jour ou l'autre par Milord. Je me décidai donc à ne rien changer à l'ordre des choses, et à laisser à chacun le sort que la nature lui avait fait.

Quant à la grenouille, à la couleuvre, au cochon d'Inde et au chat, nous déclarâmes que nous n'étions aucunement curieux de continuer sur eux les expériences, et que celle que nous avions faite sur Castor nous suffisait.

Cette décision fut accompagnée d'une couple de carlins que nous distribuâmes à leurs propriétaires pour les aider à attendre patiemment des voyageurs plus anglais que nous.

V

La Place du Marché.

Nous avons dit que le Môle est le boulevart du temple de Naples ; *il Mercato* est sa place de Grève.

Autrefois, quand on pendait à Naples, la potence restait dressée en permanence sur la place du Marché. Aujourd'hui, que Naples est éclairée au gaz, qu'elle est pavée d'asphalte et qu'elle guillotine, on élève et l'on démonte la *madaja* pour chaque exécution.

L'horrible machine se dresse pendant la nuit qui précède le supplice, en face d'une petite rue par laquelle débouche le condamné, et qu'on appelle pour cette raison *vico del Sospiro*, la ruelle du Soupir.

C'est sur cette place que furent exécutés, le 29 octobre 1268, le jeune Conradin et son cousin Frédéric d'Autriche. Les corps des deux jeunes gens restèrent quelque temps ensevelis à l'endroit même de l'exécution, et une petite chapelle s'éleva sur leur tombe; mais l'impératrice Marguerite arriva du fond de l'Allemagne, elle apportait des trésors pour racheter à Charles d'Anjou la vie de son fils. Il était trop tard, son fils était mort. Avec la permission de son meurtrier, elle employa ces trésors à faire bâtir une église. Cette église c'est celle del Carmine.

Si l'on n'est pas conduit par un guide, on sera long-temps à trouver cette tombe pour laquelle cependant une église fut bâtie : sans doute la susceptibilité de Charles l'exila dans le coin où elle se trouve.

L'église del Carmine fut témoin d'un miracle incontestable et à peu près incontesté.

J'ai acheté à Rome un livre italien intitulé *Histoire de la vingt-septième révolte de la très fidèle ville de Naples* : c'est celle de Masaniello. Avec celles qui ont eu lieu depuis 1647 et qu'il faut ajouter aux révoltes antérieures, cela fait un total de trente-cinq révoltes. Ce n'est pas trop mal pour une ville fidèle.

Une de ces trente-cinq révoltes eut lieu contre Alphonse d'Aragon. Mais Alphonse d'Aragon n'était pas si bête que d'abandonner Naples, si Naples l'abandonnait. Il fit venir des galères de Sicile et de Catalogne, et, ayant mis le siége devant Naples, s'en alla établir son camp sur les bords du Sebetus, position de laquelle il commença à canonner sa très fidèle ville révoltée.

Or, un des boulets envoyés par lui à ses anciens sujets, se trompant probablement de route, se dirigea vers l'église del Carmine, fracassa la coupole, renversa le tabernacle, et allait écraser la tête du crucifix de grandeur naturelle qui, déjà avant cette époque était reconnu comme très miraculeux ; le crucifix baissa sa tête sur sa poitrine et le boulet, passant au dessus de son front, alla faire son trou dans la porte, enlevant seulement la couronne d'épines dont la tête était ceinte.

Chaque année, le lendemain de Noël, le crucifix est exposé à la vénération des fidèles.

C'est sur la place du Mercato qu'éclata la fameuse révolution de Masaniello, devenue si populaire en France depuis la représentation de *la Muette de Portici*. Il est donc presque ridicule à moi de m'étendre sur cette révolution. Mais comme les opéras en général n'ont pas la prétention d'être des œuvres historiques, peut-être trouverais-je encore à dire, à propos du héros d'Amalfi, des choses oubliées par mon confrère et ami Scribe.

Le duc d'Arcos était vice-roi depuis trois ans, et depuis trois ans la ville de Naples avait vu s'augmenter les impôts de telle façon que le gouverneur, ne sachant plus quelle chose imposer, imposa les fruits, qui, étant la principale nourriture des lazzaroni, avaient toujours eu leur entrée dans la ville de Naples sans payer aucun droit. Aussi cette nouvelle gabelle blessa-t-elle singulièrement le peuple de la très fidèle ville, qui commença de murmurer hautement. Le duc d'Arcos doubla ses gardes, renforça la garnison de tous les châteaux, fit rentrer dans la capitale trois ou quatre mille hommes éparpillés dans les environs, redoubla de luxe dans ses équipages, dans ses dîners et dans ses bals, et laissa le peuple murmurer.

On approchait du mois de juillet, mois pendant lequel on célèbre à Naples avec une dévotion et une pompe toute particulière la fête de Notre-Dame-du-Mont-Carmel. Il était d'habitude, à cette époque et à propos de cette fête, de construire un fort au milieu de la place du Marché. Ce fort, sans doute en mémoire des différens assauts que dut subir la montagne sainte, était défendu par une garnison chrétienne et attaqué par une armée sarrasine. Les chrétiens étaient vêtus de caleçons de toile, et avaient la tête couverte d'un bonnet rouge ; c'est-à-dire que les chrétiens portaient tout bonnement et tout simplement le costume des pêcheurs napolitains, qui, en 1647, n'avaient pas encore adopté la chemise. Les Sarrasins étaient habillés à la turque, avec des pantalons larges, des vestes de soie et des turbans démesurés. La dépense des costumes infidèles avait été faite on ne se rappelait plus par qui. On les entretenait avec le plus grand soin, et les combattans se les léguaient de génération en génération.

Les armes des assiégans et des assiégés étaient de longues cannes en roseau avec lesquelles ils frappaient à tour de bras sans se faire grand mal, et que leur fournissaient en abondance les terres marécageuses des environs de Naples.

Dès le mois de juin, il était d'habitude que ceux qui devaient prendre part à ce combat se rassemblassent pour se discipliner. Alors, amis et ennemis, chrétiens et Sarrasins, manœuvraient ensemble et dans la plus parfaite intelligence; puis ils rentraient dans la ville, marchant au pas, portant leurs roseaux comme on porte des fusils, et alignés comme des troupes régulières.

Le chef des chrétiens qui devaient défendre le fort du Marché, à la fête de Notre-Dame-du-Mont-Carmel de l'an de grâce 1647, était un jeune homme de vingt-quatre ans, fils d'un pauvre pêcheur d'Amalfi, et pêcheur lui-même à Naples. On le nommait Thomas Aniello, et par abréviation Masaniello.

Quelques jours auparavant, le jeune pêcheur avait eu gravement à se plaindre de la gabelle. Sa femme, qu'il avait épousée à l'âge de dix-neuf ans, et qu'il aimait beaucoup, en essayant d'introduire à Naples deux ou trois livres de farine cachée dans un bas, avait été surprise par les commis de l'octroi, mise en prison, et condamnée à y rester jusqu'à ce que son mari eût payé une somme de cent ducats, c'est-à-dire de quatre cent cinquante francs de notre monnaie. C'était, selon toute probabilité, plus que son mari n'en aurait pu amasser en travaillant toute sa vie.

La haine que Masaniello avait vouée aux commis après l'arrestation de sa femme s'étendit, le jugement rendu, des commis au gouvernement. Cette haine était bien connue, car Masaniello disait hautement par les rues de Naples qu'il se vengerait d'une manière où de l'autre; et comme le peuple, de son côté, était mécontent, il dut sans doute à ses manifestations hostiles d'être nommé le chef de la plus importante des deux troupes.

Le nom de l'autre chef est resté inconnu.

Le premier acte d'hostilité de Masaniello contre l'autorité du vice-roi fut une étrange gaminerie. Comme il passait avec toute sa troupe devant le palais du gouvernement, sur le balcon duquel le duc et la duchesse d'Arcos avaient réuni toute l'aristocratie de la ville, Masaniello, comme pour faire honneur à tous ces riches seigneurs et à toutes ces belles dames qui s'étaient dérangés pour lui, ordonna à sa troupe de s'arrêter, la fit ranger sur une seule ligne devant le palais, lui fit faire demi-tour à gauche afin que chaque soldat tournât le dos au balcon, fit poser toutes les cannes à terre, puis ordonna de les ramasser. Le double mouvement fut exécuté avec un ensemble remarquable et d'une suprême originalité. Les dames jetèrent les hauts cris, les seigneurs parlèrent d'aller châtier les insolens qui s'étaient livrés à cette impertinente facétie avec un imperturbable sérieux; mais comme la troupe de Masaniello se composait de deux cents gaillards choisis parmi les plus vigoureux habitués du Môle, la chose se passa en conversation, et Masaniello et ses acolytes rentrèrent chez eux sans être inquiétés.

Le dimanche suivant, jour destiné à une autre revue, les deux chefs se rendirent dès le matin sur la place du Marché avec leurs troupes, afin de renouveler les manœuvres des dimanches précédens. C'était justement à l'heure où les paysans des environs de Naples apportaient leurs fruits au marché. Pendant que les deux troupes s'exerçaient à qui mieux

mieux, une dispute s'éleva, à propos d'un panier de figues, entre un
jardinier de Portici et un bourgeois de Naples : il s'agissait du droit
nouvellement imposé, que ni l'un ni l'autre ne voulait payer ; le vendeur
disant que le droit devait être supporté par l'acquéreur, et l'acquéreur
disant au contraire que l'impôt regardait le vendeur. Comme cette dispute
fit quelque bruit, le peuple, rassemblé pour voir manœuvrer les Turcs
et les chrétiens, accourut à l'endroit où la discussion avait lieu et fit cercle
autour des discutans. Tirés de leur préoccupation par le bruit qui com-
mençait à éclater, quelques soldats des deux troupes abandonnèrent leurs
rangs pour aller voir ce qui se passait. Comme la chose prenait de l'im-
portance, ils firent bientôt signe à leurs camarades d'accourir ; ceux-ci ne
se firent pas répéter l'invitation deux fois, le cercle s'agrandit alors et
commença de former un rassemblement formidable. En ce moment, le
magistrat chargé de la police, et qu'on nommait l'élu du peuple, arriva,
et, interpellé à la fois par les bourgeois et les jardiniers pour savoir à
qui appartenait de payer le droit, il répondit que le droit était à la charge
des jardiniers. A peine cette décision est-elle rendue, que les jardiniers
renversent à terre leurs paniers pleins de fruits, déclarant qu'ils aiment
mieux les donner pour rien au peuple que de payer cette odieuse impo-
sition. Aussitôt le peuple se précipite, se heurte, se presse pour piller
ces fruits, lorsque tout à coup un homme s'élance au milieu de la foule,
se fait jour, pénètre jusqu'au centre du rassemblement, impose silence à
la multitude, qui se tait à sa voix, et là déclare au magistrat qu'à partir
de cette heure, le peuple napolitain est décidé à ne plus payer d'impôts.
Le magistrat parle de moyens coercitifs, menace de faire venir des sol-
dats. Le jeune homme se baisse, ramasse une poignée de figues, et, toute
mêlée de poussière qu'elle est, la jette au visage du magistrat, qui se
retire hué par la multitude, tandis que le jeune homme, arrêtant les deux
troupes prêtes à poursuivre le fugitif, se met à leur tête, fait ses dispo-
sitions avec la rapidité et l'énergie d'un général consommé, les distribue
en quatre troupes, ordonne aux trois premières de se répandre par la
ville, d'anéantir toutes les maisons de péage, de brûler tous les registres
des gabelles, et d'annoncer l'abolition de tous les impôts, tandis qu'à la
tête de la quatrième, grossie de la plus grande partie des assistans, il
marchera droit au palais du vice-roi. Les quatre troupes partirent au cri
de : Vive Masaniello !

C'était Masaniello, ce jeune homme qui en un instant avait refoulé
l'autorité comme un tribun, avait divisé son armée comme un général,
et avait commandé au peuple comme un dictateur.

Le duc d'Arcos était déjà informé de ce qui se passait ; le magistrat
s'était réfugié près de lui et lui avait tout raconté. Masaniello et sa troupe
trouvèrent donc le palais fermé. Le premier mouvement du peuple fut
de briser les portes. Mais Masaniello voulut procéder avec une certaine
légalité. En conséquence, il allait faire sommer le vice-roi de paraître ou
d'envoyer quelqu'un en son nom, lorsque la fenêtre du balcon s'ouvrit
et que le magistrat parut, annonçant que l'impôt sur les fruits venait
d'être levé. Mais ce n'était déjà plus assez : la multitude, en reconnais-
sant sa force et en voyant qu'on pouvait lui céder, était devenue exi-
geante. Elle demanda à grands cris l'abolition de l'impôt sur la farine.
Le magistrat annonça qu'il allait chercher une réponse, rentra dans le
palais, mais ne reparut pas.

Masaniello haussa la voix, et de toute la force de ses poumons annonça qu'il donnait au vice-roi dix minutes pour se décider.

Ces dix minutes écoulées, aucune réponse n'ayant été faite, Masaniello, d'un geste d'empereur, étendit la main. A l'instant même la porte fut enfoncée et la multitude se rua dans le palais, criant : A bas les impôts! brisant les glaces et jetant les meubles par les fenêtres. Mais, arrivée à la salle du dais, toute cette foule, sur un mot de Masaniello, s'arrêta devant le portrait du roi, se découvrit, salua, tandis que Masaniello protestait à haute voix que c'était non point contre la personne du souverain qu'il se révoltait, mais contre le mauvais gouvernement de ses ministres.

Pendant ce temps, le duc d'Arcos s'était sauvé par un escalier dérobé; il avait sauté dans une voiture et s'éloignait au grand galop dans la direction du Château-Neuf. Mais bientôt reconnu par la populace, il fut poursuivi et allait être atteint lorsque de la portière de la voiture s'échappèrent des poignées de ducats. La foule se rua sur cette pluie d'or et laissa échapper le duc, qui, trouvant le pont du Château-Neuf levé, fut forcé de se réfugier dans un couvent de minimes.

De là il écrivit deux ordonnances : l'une qui abolissait tous les impôts quels qu'ils fussent, l'autre qui accordait à Masaniello une pension de six mille ducats, s'il voulait contenir le peuple et le faire rentrer dans son devoir.

Masaniello reçoit ces deux ordonnances, les lit toutes deux au peuple du haut du balcon du duc d'Arcos, déchire celle qui lui est personnelle et en jette les morceaux à la multitude, en criant que, pour tout l'or du royaume, il ne trahira pas ses compagnons. Dès ce moment, pour la multitude, Masaniello n'est plus un chef, Masaniello n'est plus un roi, Masaniello est un Dieu.

Alors, c'est lui à son tour qui envoie une députation au duc d'Arcos ; cette députation est chargée de lui dire que la révolte n'a point eu lieu contre le roi, mais contre les impôts, qu'il n'a rien à craindre s'il tient les promesses faites, et qu'il peut revenir en toute sécurité à son palais. Chaque membre de la députation répond sur sa vie de la vie du duc d'Arcos. Le vice-roi accepte la protection qui lui est offerte; mais, au lieu de rentrer dans son palais dévasté, il demande à se retirer au fort Saint-Elme. La proposition est transmise à Masaniello, qui réfléchit quelques secondes et y adhère en souriant. Le duc d'Arcos se retire au château Saint-Elme. Masaniello est seul maître de la ville.

Tout cela a duré cinq heures : en cinq heures, tout le pouvoir espagnol a été anéanti, toutes les prérogatives du vice-roi détruites; en cinq heures, un lazzarone en est venu à traiter d'égal à égal avec le représentant de Philippe IV, qui le fait roi à sa place en lui abandonnant la ville, et cette étrange révolution s'est accomplie sans qu'une goutte de sang ait été versée.

Mais là commençait pour Masaniello une tâche immense. Le pêcheur sans éducation aucune, le lazzarone qui ne savait ni lire ni écrire, le marchand de poisson qui n'avait jamais manié que ses rames et tiré que son filet, allait être chargé de tous les détails d'un grand royaume; il allait publier des ordonnances, il allait rendre la justice, il allait organiser une armée, il allait combattre à sa tête.

Rien de tout cela n'effraya Masaniello ; il étendit son regard calme sur lui et autour de lui, puis aussitôt il se mit à l'œuvre.

Le premier usage qu'il fit de son autorité fut d'ordonner la mise en
liberté des prisonniers qui n'étaient détenus que pour contrebande ou
pour amendes imposées par la gabelle. Au nombre de ces derniers, on se
le rappelle, était la propre femme du dictateur. Ces prisonniers délivrés
vinrent le joindre immédiatement au palais du vice-roi.

Alors, accompagné par eux, escorté par sa troupe, il se rendit sur la
place du Marché, fit publier à son de trompe l'abolition des impôts et
l'ordre à tous les hommes de Naples, depuis dix-huit jusqu'à cinquante
ans, de prendre les armes et de se réunir sur la place. Cette ordonnance
fut dictée par Masaniello et écrite par un écrivain public, et Masaniello,
qui, comme nous l'avons dit, ne savait pas signer, appliqua au dessous
de la dernière ligne, en guise de cachet, l'amulette qu'il portait au cou,
et qui de ce moment devint le seing de ce nouveau souverain.

Puis, comme sa première milice était déjà divisée en quatre troupes,
il donna aux trois troupes qui n'étaient pas sous son commandement des
chefs pour se diriger. Ces chefs étaient trois lazzaroni de ses amis, et qui
se nommaient Cataneo, Renna et Ardizzone. Ils furent chargés de se
rendre chacun dans un quartier opposé, et de veiller à la sûreté de la
ville. Les trois troupes se rendirent à leur poste, et Masaniello demeura
sur la place du Marché, à la tête de la sienne, attendant le résultat de
l'ordre qu'il avait donné pour la levée en masse.

L'exécution de cet ordre ne se fit pas attendre. Au bout de deux
heures, cent trente mille hommes armés entouraient Masaniello. Chacun
s'était rendu à l'appel, sans discuter un instant le droit de celui qui les
appelait. Seulement la corporation des peintres avait demandé à s'or-
ganiser en compagnie particulière sous le nom de compagnie de la Mort,
et comme cette demande avait été faite à Masaniello par un ancien laz-
zarone qu'il aimait beaucoup, cette demande fut accordée. Ce lazzarone,
ami de Masaniello, qui s'était chargé de la négociation, était Salvator Rosa.

Alors Masaniello pensa que la première chose à faire dans un bon gou-
vernement était de vider les prisons en renvoyant les innocens et en pu-
nissant les coupables. Le chef des révoltés s'était fait général, le général
venait de se faire législateur, le législateur se fit juge.

Masaniello fit dresser une espèce d'échafaud de bois, s'assit dessus en
caleçon et en chemise, et appuyant sa main droite sur une épée nue, il
fit comparaître tour à tour devant lui tous les prisonniers.

Pendant tout le reste de la journée il jugea : ceux qu'il proclamait
innocens étaient mis à l'instant même en liberté ; ceux qu'il reconnaissait
coupables étaient à l'instant même exécutés. Et tel était le coup d'œil de
cet homme que, quoique son jugement n'eût, pour la plupart du temps,
d'autre base que l'inspection rapide et profonde de la physionomie de
l'accusé, il y avait conviction entière, parmi les assistans, que le juge
improvisé n'avait condamné aucun innocent et n'avait laissé échapper
aucun coupable. Seulement il n'y avait ni différence entre les jugemens
ni progression entre les supplices. Voleurs, faussaires et assassins furent
également condamnés à mort. Cela ressemblait fort aux lois de Dracon ;
mais Masaniello avait compris que le temps pressait, et il n'avait pas pris
le loisir d'en faire d'autres.

Le lendemain au matin tout était fini : les prisons de Naples étaient
vides et tous les jugemens exécutés.

Le développement que prenait la révolte, ou plutôt le génie de celui qui la dirigeait, épouvanta le vice-roi. Il envoya le duc de Matalone à Masaniello pour lui demander quel était le but qu'il se proposait et quelles étaient les conditions auxquelles la ville pouvait rentrer sous le pouvoir de son souverain. Masaniello nia que la ville fût révoltée contre Philippe IV, et, en preuve de cette assertion, il montra à l'ambassadeur tous les coins de rues ornés de portraits du roi d'Espagne, que, pour plus grand honneur, on avait abrités sous des dais. Quant aux conditions qu'il lui plaisait d'imposer, elles se bornaient à une seule : c'était la remise au peuple de l'original de l'ordonnance de Charles-Quint, laquelle, à partir du jour de sa date, excluait pour l'avenir toute imposition nouvelle.

Le vice-roi parut se rendre, fit fabriquer un faux titre et l'envoya à Masaniello. Mais Masaniello, soupçonnant quelque trahison, fit venir des experts et leur remit l'ordonnance. Ceux-ci déclarèrent que c'était une copie et non l'original.

Alors Masaniello descendit de son échafaud, marcha droit au duc de Matalone, lui reprocha sa supercherie; puis, l'ayant arraché de son cheval et fait tomber à terre, il lui appliqua son pied nu sur le visage, après quoi il remonta sur son trône et ordonna que le duc fût conduit en prison. La nuit suivante le duc séduisit le geolier à force d'or et s'échappa.

Le vice-roi vit alors à quel homme il avait affaire, et, ne pouvant le tromper, il voulut l'abattre. En conséquence, il donna ordre à toutes les troupes qui se trouvaient au nord, à Capoue et à Gaëte; au midi, à Salerne et dans ses environs, de marcher sur Naples. Masaniello apprit cet ordre, divisa son armée en trois corps, envoya ses lieutenans avec un de ces corps au devant des troupes qui venaient de Salerne, marcha avec l'autre au devant des troupes qui venaient de Capoue, et laissa le troisième corps sous le commandement d'Ardizzone pour garder Naples.

On croit que ce fut pendant cette expédition, qui éloignait momentanément Masaniello de Naples, que les premières propositions de trahison furent faites à Ardizzone, avec autorisation de les communiquer à ses deux collèges, Cataneo et Renna.

Masaniello battit les troupes du vice-roi, tua mille hommes et fit trois mille prisonniers qu'il ramena en grande pompe à Naples, et auxquels il donna pleine et entière liberté sur la place du Marché. Ces trois mille hommes prirent à l'instant place parmi les milices napolitaines en criant : Vive Masaniello!

De leur côté, Cataneo et Renna avaient repoussé les troupes qui leur étaient opposées. La compagnie de la Mort, surtout, qui faisait partie de leur corps d'armée, avait fait merveille.

Le duc d'Arcos n'avait plus de ressource ; il avait essayé de la ruse, et Masaniello avait découvert la trahison ; il avait essayé de la force, et Masaniello l'avait battu. Il résolu donc de traiter directement avec lui; se réservant mentalement de le trahir ou de le briser à la première occasion qui se présenterait.

Cette fois, pour donner plus de poids à la négociation, il choisit pour négociateur le cardinal Filomarino. Le peuple, qui se défiait du prélat, voulut un instant s'opposer à cette nouvelle entrevue, mais Masaniello répondit du cardinal, et l'entrevue eut lieu.

Masaniello venait de donner l'ordre de brûler trente-six palais appartenant aux trente-six seigneurs les plus éminens de la noblesse espa-

gnole et napolitaine. Le cardinal Filomarino supplia Masaniello de révoquer cet ordre, et Masaniello le révoqua.

Comme Masaniello quittait le prélat et se rendait au lieu de la conférence à la place du Marché, on tira sur lui, presque à bout portant, cinq coups d'arquebuse dont aucun ne le toucha : son jour n'était pas encore venu.

Les meurtriers furent mis en pièces par le peuble et avouèrent en mourant qu'ils avaient été payés par le duc de Matalone, lequel voulait se venger des mauvais traitemens qu'il avait reçus de Masaniello.

Le vice-roi désavoua l'assassinat, le cardinal engagea sa parole que le duc d'Arcos ignorait cette trahison, et les négociations reprirent leur cours.

Cependant la police n'avait jamais été mieux faite, et, depuis quatre jours que commandait Masaniello, pas un vol n'avait été commis dans toute la ville de Naples.

Le jour même où Masaniello avait failli être assassiné, le cardinal revint lui dire de la part du vice-roi que celui-ci désirait s'entretenir tête-à-tête avec lui des affaires de l'État, et reviendrait le lendemain avec toute sa cour au palais afin de l'y recevoir. Masaniello, qui se défiait de ces avances, voulait refuser, mais le cardinal insista tellement que force lui fut d'accepter. Alors une nouvelle discussion plus tenace que la première s'engagea encore. Masaniello, qui ne se reconnaissait pas pour autre chose que pour un pêcheur, voulait se rendre au palais en costume de pêcheur, c'est-à-dire les bras et les jambes nus, et vêtu seulement de son caleçon, de sa chemise et de son bonnet phrygien; mais le cardinal lui répéta tant de fois qu'un pareil costume était inconvenant pour un homme qui allait paraître au milieu d'une cour si brillante, et pour y traiter des affaires d'une si haute importance, que Masaniello céda encore et permit en soupirant que le vice-roi lui envoyât le costume qu'il devait revêtir dans cette grande journée. Le même soir il reçut un costume complet de drap d'argent avec un chapeau garni d'une plume et une épée à garde d'or. Il accepta le costume; mais quant à l'épée, il la refusa, n'en voulant point d'autre que celle qui lui avait servi jusque-là de sceptre et de main de justice.

Cette nuit, Masaniello dormit mal, et il dit le lendemain matin que son patron lui était apparu en songe et lui avait défendu d'aller à cette entrevue; mais le cardinal Filomarino lui fit observer que sa parole était engagée, que le vice-roi l'attendait au palais, que son cheval était en bas, et qu'il n'y avait pas moyen de manquer à son engagement sans manquer à l'honneur.

Masaniello revêtit son riche costume, monta à cheval et s'achemina vers le palais du vice-roi.

VI

Église del Carmine.

Masaniello était un de ces hommes privilégiés dont non seulement l'esprit, mais encore la personne, semblent grandir avec les circonstances. Le duc d'Arcos, en lui envoyant le riche costume que l'ex-pêcheur venait de revêtir, avait espéré le rendre ridicule. Masaniello le revêtit, et Masaniello eut l'air d'un roi.

Aussi s'avança-t-il au milieu des cris d'admiration de la multitude, maniant son cheval avec autant d'adresse et de puissance qu'aurait pu le faire le meilleur cavalier de la cour du vice-roi ; car, enfant, Masaniello avait plus d'une fois dompté, pour son plaisir, ces petits chevaux dont les Sarrasins ont laissé, en passant, la race dans la Calabre, et qui, aujourd'hui encore, errent en liberté dans la montagne.

En outre, il était suivi d'un cortége comme peu de souverains auraient pu se vanter d'en posséder un : c'étaient cent cinquante compagnies, tant de cavalerie que de fantassins, organisées par lui, et plus de soixante mille personnes sans armes. Toute cette escorte criait : Vive Masaniello ! de sorte qu'en approchant du palais, il semblait un triomphateur qui va rentrer chez lui.

A peine Masaniello parut-il sur la place que le capitaine des gardes du vice-roi apparut sur la porte pour le recevoir. Alors, Masaniello, se retournant vers la foule qui l'accompagnait :

— Mes amis, dit-il, je ne sais pas ce qui va se passer entre moi et monseigneur le duc ; mais, quelque chose qu'il arrive, souvenez-vous bien que je ne me suis jamais proposé et ne me proposerai jamais que le bonheur public. Aussitôt ce bonheur assuré et la liberté rendue à tous, je redeviens le pauvre pêcheur que vous avez vu, et je ne demande comme expression de votre reconnaissance qu'un *Ave Maria* prononcé par chacun de vous à l'heure de ma mort.

Alors le peuple comprit bien que Masaniello craignait d'être attiré dans quelque piége et que c'était à contre-cœur qu'il entrait dans ce palais. Des milliers de voix s'élevèrent pour le prier de se faire accompagner d'une garde.

— Non, dit Masaniello, non ; les affaires que nous allons discuter, monseigneur et moi, demandent à être débattues en tête-à-tête. Laissez-moi donc entrer seul. Seulement, si je tardais trop à revenir, ruez-vous sur ce palais et n'en laissez pas pierre sur pierre que vous n'ayez retrouvé mon cadavre.

Tous le lui jurèrent, les hommes armés étendant leurs armes, les hommes désarmés étendant le poing vers le vice-roi. Alors Masaniello descendit de cheval, traversa une partie de la place à pied, suivit le capitaine des gardes et disparut sous la grande porte du palais. Au moment où il disparut, une si grande rumeur s'éleva que le vice-roi demanda en tressaillant si c'était quelque révolte nouvelle qui venait d'éclater.

Masaniello trouva le duc d'Arcos qui l'attendait au haut de l'escalier. En l'apercevant, Masaniello s'inclina. Le vice-roi lui dit qu'une récompense lui était due pour avoir si bien contenu cette multitude, si promptement rendu la justice, et si merveilleusement organisé une armée ; qu'il espérait que cette armée, réunie à celle des Espagnols, se tournerait contre les ennemis communs, et qu'ainsi faisant, Masaniello aurait rendu à Philippe IV le plus grand service qu'un sujet puisse rendre à son souverain. Masaniello répondit que ni lui ni le peuple ne s'étaient jamais révoltés contre Philippe IV, ainsi que le pouvaient attester les portraits du roi exposés en grand honneur à tous les coins de rue ; qu'il avait voulu seulement alléger le trésor des appointemens que l'on payait à tous ces maltotiers chargés des gabelles, appointemens (Masaniello s'en était fait rendre compte) qui dépassaient d'un tiers les impôts qu'ils percevaient, et que, ce point arrêté que Naples jouirait à l'avenir des immunités accordées par Charles-Quint, il promettait de faire lui-même et de faire faire au peuple de Naples tout ce qui serait utile au service du roi.

Alors tous deux entrèrent dans une chambre où les attendait le cardinal Filomarino, et là commença entre ces trois hommes, si différens d'état, de caractère et de position, une discussion approfondie des droits de la royauté et des intérêts du peuple. Puis, comme cette discussion se prolongeait et que le peuple, ne voyant point reparaître son chef, criait à haute voix : Masaniello ! Masaniello ! et que ces cris commençaient à inquiéter le duc et le cardinal tant ils allaient croissant, Masaniello sourit de leur crainte et leur dit :

— Je vais vous faire voir, messeigneurs, combien le peuple de Naples est obéissant.

Il ouvrit la fenêtre et s'avança sur le balcon. A sa vue, toutes les voix éclatèrent en un seul cri : Vive Masaniello ! Mais Masaniello n'eut qu'à mettre le doigt sur sa bouche, et toute cette foule fit un tel silence qu'il sembla un instant que la cité des éternelles clameurs fût morte comme Herculanum ou Pompeïa. Alors, de sa voix ordinaire, qui fut entendue de tous, tant le silence était grand :

— C'est bien, dit-il ; je n'ai plus besoin de vous ; que chacun se retire donc sous peine de rébellion.

Aussitôt chacun se retira sans faire une observation, sans prononcer une parole, et cinq minutes après, cette place, encombrée par plus de cent vingt mille âmes, se trouva entièrement déserte, à l'exception de la sentinelle et du lazzarone qui tenait par la bride le cheval de Masaniello.

Le duc et le cardinal se regardèrent avec effroi, car de cette heure seulement ils comprenaient la terrible puissance de cet homme.

Mais cette puissance prouva aux deux politiques auxquels Masaniello avait affaire, que, pour le moment du moins, il ne lui fallait rien refuser de ce qu'il demandait ; aussi fut-il convenu, avant que le triumvirat qui décidait les intérêts de Naples se séparât, que la suppression des impôts serait lue, signée et confirmée publiquement, en présence de tout le peuple, qui ne s'était révolté, Masaniello le répétait, que pour obtenir leur abolition.

Ce point bien arrêté, comme c'était le seul pour lequel Masaniello était venu au palais, il demanda au duc d'Arcos la permission de se retirer. Le duc lui dit qu'il était le maître de faire ce qui lui conviendrait, qu'il était vice-roi comme lui, que ce palais lui appartenait donc par moitié, et qu'il pouvait à sa volonté entrer ou sortir. Masaniello s'inclina de nouveau, reconduisit le cardinal jusqu'à son palais, chevauchant côte à côte avec lui, mais de manière cependant que le cheval du cardinal dépassât toujours le sien de toute la tête ; puis, le cardinal rentré chez lui, Masaniello regagna la place du Marché, où il trouva réunie toute cette multitude qu'il avait renvoyée de la place du palais, et au milieu de laquelle il passa la nuit à expédier les affaires publiques et à répondre aux requêtes qu'on lui présentait.

Cet homme semblait être au dessus des besoins humains : depuis cinq jours que son pouvoir durait, on ne l'avait vu ni manger ni dormir ; de temps en temps seulement il se faisait apporter un verre d'eau dans lequel on avait exprimé quelques gouttes de limon.

Le lendemain était le jour fixé pour la ratification du traité et la ratification de la paix dans l'église cathédrale de Sainte-Claire. Aussi, dès le

matin, Masaniello vit-il arriver deux chevaux magnifiquement capara-
çonnés, l'un pour lui, l'autre pour son frère. C'était une nouvelle atten-
tion de la part du vice-roi. Les deux jeunes gens montèrent dessus et se
rendirent au palais.

Là ils trouvèrent le duc d'Arcos et toute la cour qui les attendaient.
Une nombreuse cavalcade se réunit à eux. Le duc d'Arcos prit Masaniello
à sa droite, plaça son frère à sa gauche, et, suivi de tout le peuple, s'a-
vança vers la cathédrale, où le cardinal Filomarino, qui était archevêque
de Naples, les reçut à la tête de tout son clergé.

Aussitôt chacun se plaça selon le rang qu'il avait reçu de Dieu ou qu'il
s'était fait lui-même : le cardinal au milieu du chœur, le duc d'Arcos
sur une tribune, et Masaniello, l'épée nue à la main, près du secrétaire
qui lisait les articles, et qui, chaque article lu, faisait silence. Masaniello
répétait l'article, en expliquant la portée au peuple et le commentant
comme le plus habile légiste eût pu le faire; après quoi, sur un signe
qu'il n'avait plus rien à dire, le secrétaire passait à l'article suivant.

Tous les articles lus et commentés ainsi, on commença le service divin,
qui se termina par un *Te Deum*.

Un grand repas attendait les principaux acteurs de cette scène dans les
jardins du palais. On avait invité Masaniello, sa femme et son frère. D'a-
bord, comme toujours, Masaniello, pour qui tous ces honneurs n'étaient
point faits, avait voulu les refuser ; mais le cardinal Filomarino était in-
tervenu, et, à force d'instances, avait obtenu du jeune lazzarone qu'il ne
ferait pas au vice-roi cet affront de refuser de dîner à sa table. Masaniello
avait donc accepté.

Cependant on pouvait voir sur son front, ordinairement si franc et si
ouvert, quelque chose comme un nuage sombre, que ne purent éclaircir
ces cris d'amour du peuple qui avaient ordinairement tant d'influence sur
lui. On remarqua qu'en revenant de la cathédrale au palais il avait la
tête inclinée sur la poitrine, et l'on pouvait d'autant mieux lire la tris-
tesse empreinte sur son front, que, par respect pour le vice-roi et con-
trairement à son invitation plusieurs fois réitérée de se couvrir, Masa-
niello, malgré le soleil de feu qui dardait sur lui, tint constamment son
chapeau à la main. Aussi, en arrivant au palais et avant de se mettre à
table, demanda-t-il un verre d'eau mêlée de jus de limon. On le lui ap-
porta, et comme il avait très chaud il l'avala d'un trait; mais à peine
l'eut-il avalé qu'il devint si pâle que la duchesse lui demanda ce qu'il
avait. Masaniello lui répondit que c'était sans doute cette eau glacée qui
lui avait fait mal. Alors la duchesse en souriant lui donna un bouquet à
respirer. Masaniello y porta les lèvres pour le baiser en signe de res-
pect ; mais presque aussitôt qu'il l'eut touché, par un mouvement rapide
et involontaire, il le jeta loin de lui. La duchesse vit ce mouvement, mais
elle ne parut pas y faire attention; et, s'étant assise à table, elle fit as-
seoir Masaniello à sa droite et le frère de Masaniello à sa gauche. Quant
à la femme de Masaniello, sa place lui était réservée entre le duc et le
cardinal Filomarino.

Masaniello fut sombre et muet pendant tout ce repas ; il paraissait souf-
frir d'un mal intérieur dont il ne voulait pas se plaindre. Son esprit sem-
blait absent, et lorsque le duc l'invita à boire à la santé du roi, il fallut lui
répéter l'invitation deux fois avant qu'il eût l'air de l'entendre. Enfin il
se leva, prit son verre d'une main tremblante; mais au moment où il

allait le porter à sa bouche, les forces lui manquèrent et il tomba évanoui.

Cet accident fit grande sensation. Le frère de Masaniello se leva en regardant le vice-roi d'un air terrible ; sa femme fondit en larmes, mais le vice-roi, avec le plus grand calme, fit observer qu'une pareille faiblesse n'était point étonnante dans un homme qui depuis six jours et six nuits n'avait presque ni mangé ni dormi, et avait passé toutes ses heures tantôt à des exercices violens, sous un soleil de feu, tantôt à des travaux assidus qui devoient d'autant plus lui briser l'esprit que son esprit y était moins accoutumé. Au reste, il ordonna qu'on eût pour Masaniello tous les soins imaginables, le fit transporter au palais, l'y accompagna lui-même et ordonna qu'on allât chercher son propre médecin.

Le médecin arriva comme Masaniello revenait à lui, et déclara qu'effectivement son indisposition ne provenait que d'une trop longue fatigue, et n'aurait aucune suite s'il consentait à interrompre pour un jour ou deux les travaux de corps et d'esprit auxquels il se livrait depuis quelque temps.

Masaniello sourit amèrement ; puis du geste dont Hercule arracha de dessus ses épaules la tunique empoisonnée de Nessus, il déchira les habits de drap d'argent dont l'avait revêtu le vice-roi, et demandant à grands cris ses vêtemens de pêcheur, qui étaient restés dans sa petite maison de la place du Marché, il courut aux écuries à demi nu, sauta sur le premier cheval venu et s'élança hors du palais.

Le duc le regarda s'éloigner, puis lorsqu'il l'eut perdu de vue :

— Cet homme a perdu la tête, dit-il ; en se voyant si grand, il est devenu fou.

Et les courtisans répétèrent en chœur que Masaniello était fou.

Pendant ce temps, Masaniello courait effectivement les rues de Naples comme un insensé, au grand galop de son cheval, renversant tous ceux qu'il rencontrait sur sa route et ne s'arrêtant que pour demander de l'eau. Sa poitrine brûlait.

Le soir, il revint place du Marché ; ses yeux étaient ardens de fièvre ; il avait le délire, et dans son délire il donnait les ordres les plus étranges et les plus contradictoires. On avait obéi aux premiers, mais bientôt on s'était aperçu qu'il était fou, et l'on avait cesser de les exécuter.

Toute la nuit, son frère et sa femme veillèrent près de lui.

Le lendemain, il parut plus calme ; ses deux gardiens le quittèrent pour aller prendre à leur tour un peu de repos ; mais à peine furent-ils sortis, que Masaniello se revêtit des débris de son brillant costume de la veille, et demanda son cheval d'une voix si impérieuse qu'on le lui amena. Il sauta aussitôt dessus, sans chapeau, sans veste, n'ayant qu'une chemise déchirée et une trousse en lambeaux, il s'élança au galop vers le palais. La sentinelle ne le reconnaissant pas voulut l'arrêter, mais il passa sur le ventre de la sentinelle, sauta à bas de son cheval, pénétra jusqu'au vice-roi, lui dit qu'il mourait de faim et lui demanda à manger ; puis, un instant après il annonça au vice-roi qu'il venait de faire dresser une collation hors de la ville et l'invita à en venir prendre sa part ; mais le vice-roi, qui ignorait ce qu'il y avait de vrai ou de faux dans tout cela, et qui voyait seulement devant lui un homme dont l'esprit était égaré, prétexta une indisposition et refusa de suivre Masaniello. Alors Masaniello, sans insister davantage, descendit l'escalier, remonta à cheval, et sortant de la ville en fit presque le tour au galop sous un soleil ardent, de sorte qu'il rentra chez lui trempé de sueur. Tout le long de la route, comme la veille, il avait demandé à boire, et l'on calcula qu'il avait dû avaler jusqu'à seize carafes d'eau. Ecrasé de fatigue, il se coucha.

Pendant ces deux jours de folie, Ardizzone, Renna et Cataneo, qui s'étaient éclipsés pendant la dictature de Masaniello, reprirent leur influence et se partagèrent la garde de la ville.

Masaniello s'était jeté sur son lit et était bientôt tombé dans un profond assoupissement; mais vers minuit il se réveilla, et quoique ses membres musculeux fussent agités d'un dernier frissonnement, quoique son œil brûlât d'un reste de fièvre, 1 se sentit mieux. En ce moment sa porte s'ouvrit, et, au lieu de sa femme ou de son frère qu'il s'attendait à voir paraître, un homme entra enveloppé d'un large manteau noir, le visage entièrement caché sous un feutre de même couleur, et s'avançant en silence jusqu'au grabat sur lequel était couché cet homme tout-puissant qui d'un signe disposait de la vie de quatre cent mille de ses semblables :

— Masaniello, dit-il, pauvre Masaniello! Et en même temps il écarta son manteau et laissa voir son visage.

— Salvator Rosa! s'écria Masaniello en reconnaissant son ami que depuis quatre jours il avait perdu de vue, occupé qu'avait été Salvator, avec la compagnie de la Mort, à repousser les Espagnols qui avaient voulu entrer à Naples du côté de Salerne.

Et les deux amis se jetèrent dans les bras l'un de l'autre.

— Oui, oui, pauvre Masaniello! dit le pêcheur-roi en retombant sur son lit. N'est-ce pas, et ils m'ont bien arrangé, et j'ai eu raison de me fier à eux! Mais j'ai tort de dire que je m'y suis fié! jamais je n'ai cru en leurs belles paroles, jamais je n'ai eu foi dans leurs grandes promesses. C'est cet infâme cardinal Filomarino qui a tout fait et qui m'a trompé au saint nom de Dieu.

Salvator Rosa écoutait son ami avec étonnement.

— Comment! dit-il, ce que l'on m'a dit ne serait-il pas vrai?

— Et que t'a-t-on dit, mon Salvator? reprit tristement Masaniello. Salvator se tut.

— On t'a dit que j'étais fou, n'est-ce pas? continua Masaniello. Salvator fit un signe de la tête.

— Oui, oui, les misérables! Oh! je les reconnais bien là! Non, Salvator, non, je ne suis pas fou, je suis empoisonné, voilà tout. Salvator jeta un cri de surprise.

— C'est ma faute, dit Masaniello. Pourquoi ai-je mis le pied dans leurs palais! Est-ce la place d'un pauvre pêcheur comme moi? Pourquoi ai-je accepté leur repas! L'orgueil, Salvator, le démon de l'orgueil m'a tenté, et j'ai été puni.

— Comment! s'écria Salvator, tu crois qu'ils auraient eu l'infamie...

— Ils m'ont empoisonné, reprit Masaniello d'une voix plus forte encore; ils m'ont empoisonné deux fois : lui et elle; lui dans un verre d'eau, elle dans un bouquet. C'est bien la peine de se dire noble, de s'appeler duc et duchesse pour empoisonner un pauvre pêcheur plein de confiance qui croit que ce qui est juré est juré, et qui se livre sans défiance!

— Non, non, dit Salvator, tu te trompes, Masaniello : c'est ce soleil ardent, ce sont ces travaux assidus, c'est cette vie intellectuelle qui dévorent ceux-là mêmes qui y sont habitués, qui auront momentanément fatigué ton esprit et égaré ta raison.

— C'est ce qu'ils disent, je le sais bien, s'écria Masaniello ; c'est ce qu'ils disent, et c'est ce que les générations à venir diront sans doute aussi, puisque toi, mon ami, toi, mon Salvator, toi qui es là, toi qui es en face de moi, tu répètes la même chose, quoique je t'affirme le contraire. Ils m'ont empoisonné dans un verre d'eau et dans un bouquet : à peine ai-je eu respiré ce bouquet, à peine ai-je eu avalé ce verre d'eau, que j'ai senti que c'en était fait de ma raison. Une sueur froide passa sur mon front, la terre sembla manquer sous mes pieds ; la ville, la mer, le Vésuve, tout tourbillonna devant moi comme dans un rêve. Oh ! les misérables ! les misérables !

Et une larme ardente roula sur les joues du jeune Napolitain.

— Oui, oui, dit Salvator, oui, je vois bien maintenant que c'est vrai. Mais, grâce à Dieu, leur complot a échoué ; grâce à Dieu, tu n'es plus fou ; grâce à Dieu, le poison a sans doute cédé aux remèdes, et tu es sauvé.

— Oui, répondit Masaniello, mais Naples est perdue.

— Perdue, et pourquoi ? demanda Salvator.

— Ne vois-tu donc pas, répondit Masaniello, que je ne suis plus aujourd'hui ce que j'étais avant-hier ? Quand j'ordonne, le peuple hésite. On a douté de moi, Salvator, car on m'a vu agir en insensé. Puis n'ont-ils pas dit tout bas à cette multitude que je voulais me faire roi ?

— C'est vrai, dit Salvator d'une voix sombre, car c'est ce bruit qui m'a amené ici.

— Et qu'y venais-tu faire ? Voyons, parle franchement.

— Ce que j'y venais faire ? dit Salvator. Je venais m'assurer si la chose était vraie ; et si la chose était vraie, je venais te poignarder !

— Bien, Salvator, bien ! dit Masaniello. Il nous faudrait six hommes comme toi seulement, et tout ne serait pas perdu.

— Mais pourquoi désespères-tu ainsi ? demanda Salvator.

— Parce que, dans l'état actuel des choses, moi seul pourrais diriger ce peuple vers le but qu'il atteindra probablement un jour, et que demain, cette nuit, dans une heure peut-être, je ne serai plus là pour le diriger.

— Et où seras-tu donc ?

Masaniello laissa errer sur ses lèvres un sourire profondément triste, leva un instant ses regards au ciel, et ramenant les yeux sur Salvator :

— Ils me tueront, mon ami, lui dit-il. Il y a quatre jours, ils ont essayé de m'assassiner, et ils m'ont manqué parce que mon heure n'était pas venue. Avant-hier ils m'ont empoisonné, et, s'ils n'ont pas réussi à me faire mourir, ils sont parvenus à me rendre fou. C'est un avertissement de Dieu, Salvator. La prochaine tentative qu'ils feront sur moi sera la dernière.

— Mais pourquoi, averti comme tu l'es, ne te garantirais-tu pas de leurs complots en demeurant chez toi ?

— Ils diraient que j'ai peur.

— En t'entourant de gardes chaque fois que tu sortiras par la ville ?

— Ils diraient que je veux me faire roi.

— Mais on ne le croirait pas.

— Tu l'as bien cru, toi !

Salvator courba son front, rougissant, car il y avait tant de douceur dans la réponse de Masaniello que sa réponse n'était pas une accusation, mais un reproche.

— Eh bien! soit, répondit-il, que la volonté de Dieu s'accomplisse.
Salvator Rosa s'assit près du lit de son ami.

— Quelle est ton intention? demanda Masaniello.

— De rester près de toi, et, bonne ou mauvaise, de partager ta fortune.

— Tu es fou, Salvator, répondit Masaniello. Que moi, que le Seigneur
a choisi pour son élu, j'attende tranquillement le calice qu'il me reste à
épuiser, c'est bien, car je ne puis pas, car je ne dois pas faire autrement;
mais toi, Salvator, qu'aucune fatalité ne pousse, qu'aucun serment ne
lie, que tu restes dans cette infâme Babylone, c'est une folie, c'est un
aveuglement, c'est un crime.

— J'y resterai pourtant, dit Salvator.

— Tu te perdrais sans me sauver, Salvator, et tout dévoûment inu-
tile est une sottise.

— Advienne que pourra! reprit le peintre. C'est ma volonté.

— C'est ta volonté? Et tes sœurs? et ta mère? C'est ta volonté! Le
jour où tu m'as reconnu pour chef, tu as fait abnégation de ta volonté
pour la subordonner à la mienne. Eh bien! moi, ma volonté est, Salva-
tor, que tu sortes à l'instant même de Naples, que tu te rendes à Rome,
que tu te jettes au genoux du saint-père, et que tu lui demandes ses
indulgences pour moi, car je mourrai probablement sans que mes meur-
triers m'accordent le temps de me mettre en état de grâce. Entends-tu?
Ceci est ma volonté, à moi. Je te l'ordonne comme ton chef, je t'en con-
jure comme ton ami.

— C'est bien, dit Salvator, je t'obéirai.

Et alors il déroula une toile, tira d'une trousse qu'il portait à sa cein-
ture ses pinceaux qui, non plus que son épée, ne le quittaient jamais,
et, à la lueur de la lampe qui brûlait sur la table, d'une main ferme et
rapide, il improvisa ce beau portrait que l'on voit encore aujourd'hui près
de la porte dans la première chambre du musée des *Studi*, à Naples, et
où Masaniello est représenté avec un béret de couleur sombre, le cou
nu et revêtu d'une chemise seulement.

Les deux amis se séparèrent pour ne se revoir jamais. La même nuit
Salvator prit le chemin de Rome. Quant à Masaniello, fatigué de cette
scène, il reposa la tête sur son oreiller et se rendormit.

Le lendemain, il se réveilla au son de la cloche qui appelait les fidèles
à l'église; il se leva, fit sa prière, revêtit ses simples habits de pêcheur,
descendit, traversa la place et entra dans l'église *del Carmine*. C'était le
jour de la fête de la Vierge du Mont-Carmel. Le cardinal Filomarino
disait la messe; l'église regorgeait de monde.

A la vue de Masaniello, la foule s'ouvrit et lui fit place. La messe finie,
Masaniello monta dans la chaire et fit signe qu'il voulait parler. Aussitôt
chacun s'arrêta, et il se fit un profond silence pour écouter ce qu'il allait dire.

— Amis, dit Masaniello d'une voix triste, mais calme, vous étiez es-
claves, je vous ai faits libres. Si vous êtes dignes de cette liberté, défen-
dez-la, car maintenant c'est vous seuls que cela regarde. On vous a dit
que je voulais me faire roi : ce n'est pas vrai, et j'en jure par ce Christ
qui a voulu mourir sur la croix pour acheter au prix de son sang la li-
berté des hommes. Maintenant tout est fini entre le monde et moi. Quel-
que chose me dit que je n'ai plus que peu d'heures à vivre. Amis, rap-
pelez-vous la seule chose que je vous aie jamais demandée et que vous

m'avez promise : au moment où vous apprendrez ma mort, dites un *Ave Maria* pour mon âme.

Tous les assistans le lui promirent de nouveau. Alors Masaniello fit signe à la foule de s'écouler, et la foule s'écoula ; puis, quand il fut seul, il descendit, alla s'agenouiller devant l'autel de la Vierge et fit sa prière.

Comme il relevait la tête, un homme vint lui dire que le cardinal Filomarino l'attendait au couvent pour s'entretenir avec lui des affaires d'État. Masaniello fit signe qu'il allait se rendre à l'invitation du cardinal. Le messager disparut.

Masaniello dit encore un *Pater* et un *Ave*, baisa trois fois l'amulette qu'il portait au cou et dont il avait toujours scellé les ordonnances; puis il s'avança vers la sacristie. Arrivé là, il entendit plusieurs voix qui l'appelaient dans le cloître : il alla du côté d'où venaient ces voix; mais au moment où il mettait le pied sur le seuil de la porte, trois coups de fusil partirent et trois balles lui traversèrent la poitrine. Cette fois son heure était venue; tous les coups avaient porté. Il tomba en prononçant ces seules paroles : — Ah! les traîtres! ah! les ingrats!

Il avait reconnu dans les trois assassins ses trois amis, Cataneo, Renna et Ardizzone.

Ardizzone s'approcha du cadavre, lui coupa la tête, et, traversant la ville tout entière cette tête sanglante à la main, il alla la déposer aux pieds du vice-roi.

Le vice-roi la regarda un instant pour bien s'assurer que c'était la tête de Masaniello ; puis, après avoir fait compter à Ardizzone la récompense convenue, il fit jeter cette tête dans les fossés de la ville.

Quant à Renna à Cataneo, ils prirent le cadavre mutilé et le traînèrent par les rues de la ville sans que le peuple, qui, trois jours auparavant, mettait en pièces ceux qui avaient essayé d'assassiner son chef, parût s'émouvoir aucunement à ce terrible spectacle.

Lorsqu'ils furent las de traîner et d'insulter ce cadavre, comme en passant près des fossés ils aperçurent sa tête, ils jetèrent à son tour le corps dans le fossé, où ils restèrent jusqu'au lendemain.

Le lendemain le peuple se reprit d'amour pour Masaniello. Ce n'était que pleurs et gémissemens par la ville. On se mit à la recherche de cette tête et de ce corps tant insultés la veille : on les retrouva, on les rajusta l'un à l'autre, on mit le cadavre sur un brancard, on le couvrit d'un manteau royal, on lui ceignit le front d'une couronne de laurier, on lui mit à la main droite le bâton de commandement, à la main gauche son épée nue ; puis on le promena solennellement dans tous les quartiers de la ville.

Ce que voyant, le vice-roi envoya huit pages avec un flambeau de cire blanche à la main pour suivre le convoi, et ordonna à tous les hommes de guerre de le saluer lorsqu'il passerait en inclinant leurs armes. On le porta ainsi à la cathédrale Sainte-Claire, où le cardinal Filomarino dit pour lui la messe des morts.

Le soir, il fut inhumé avec les mêmes cérémonies qu'on avait l'habitude de pratiquer pour les gouverneurs de Naples ou pour les princes des familles royales.

Ainsi finit Thomas Aniello, roi pendant huit jours, fou pendant quatre, assassiné comme un tyran, abandonné comme un chien, recueilli comme un martyr, et depuis lors vénéré comme un saint.

La terreur qu'inspira son nom fut si grande, que l'ordonnance des vice-rois qui défendit de donner aux enfans le nom de Masaniello existe encore aujourd'hui et est en pleine vigueur par tout le royaume de Naples.

Ainsi ce nom a été gardé de toute tache et conservé pur à la vénération des peuples.

VII

Le Mariage sur l'échafaud.

Un jour, c'était en 1501, on afficha sur les murs de Naples le placard suivant :

« Il sera compté la somme de quatre mille ducats à celui qui livrera, » mort ou vif, à la justice, le bandit calabrais Rocco del Pizzo.

» ISABELLE D'ARAGON, régente. »

Trois jours après, un homme se présenta chez le ministre de la police, et déclara qu'il savait un moyen immanquable de s'emparer de celui qu'on cherchait, mais qu'en échange de l'or offert il demandait une grâce que la régente seule pouvait lui accorder : c'était donc avec la régente seule qu'il voulait traiter de cette affaire.

Le ministre répondit à cet homme qu'il ne voulait pas déranger Son Altesse pour une pareille bagatelle, qu'on avait promis quatre mille ducats et non autre chose ; et que si les quatre mile ducats lui convenaient, il n'avait qu'à livrer Rocco del Pizzo, et que les quatre mille ducats lui seraient comptés.

L'inconnu secoua dédaigneusement la tête et se retira.

Le soir même, un vol d'une telle hardiesse fut commis entre Resina et Torre del Greco, que chacun fut d'avis qu'il n'y avait que Rocco del Pizzo qui pouvait avoir fait le coup.

Le lendemain, à la fin du conseil, Isabelle demanda au ministre de la police des explications sur ce nouvel événement. Le ministre n'avait aucune explication à donner; cette fois, comme toujours, l'auteur de l'attentat avait disparu, et, selon toute probabilité, exerçait déjà sur un tout autre point du royaume.

Le ministre alors se souvint de cet homme qui s'était présenté chez lui la veille, et qui lui avait offert de livrer Rocco del Pizzo : il raconta à la régente tous les détails de son entrevue avec cet homme; mais il ajouta que, comme la première condition imposée par lui avait été de traiter l'affaire avec Son Altesse, à laquelle, au lieu de la prime accordée, il avait disait-il, une grâce particulière à demander, il avait cru devoir repousser une pareille ouverture, venant surtout de la part d'un inconnu.

— Vous avez eu tort, dit la régente, faites chercher à l'instant même cet homme, et si vous le trouvez amenez-le-moi.

Le ministre s'inclina, et promit de mettre, le jour même, tous ses agens en campagne.

Effectivement, en rentrant chez lui, il donna à l'instant même le signalement de l'inconnu, recommandant qu'on le découvrît quelque part qu'il fût, mais qu'une fois découvert on eût pour lui les plus grands égards, et qu'on le lui amenât sans lui faire aucun mal.

La journée se passa en recherches infructueuses.

La nuit même, un second vol eut lieu près d'Averse. Celui-là était accompagné de circonstances plus audacieuses encore que celui de la veille, et il ne resta plus aucun doute que Rocco del Pizzo, pour des motifs de convenance personnelle, ne se fût rapproché de la capitale.

Le ministre de la police commença à regretter sincèrement d'avoir éloigné l'étranger d'une façon aussi absolue, et le regret augmenta encore lorsque deux fois dans la journée du lendemain la régente lui fît demander s'il avait découvert quelque chose relativement à l'inconnu qui avait offert de livrer Rocco del Pizzo. Malheureusement ce retour sur le passé fut inutile; cette journée, comme celle de la veille, s'écoula sans amener aucun renseignement sur le mystérieux révélateur.

Mais la nuit amena une nouvelle catastrophe. Au point du jour, on trouva, sur la route d'Amalfi à la Cava, un homme assassiné. Il était complétement nu et avait un poignard planté au milieu du cœur.

A tort ou à raison, la vindicte publique attribua encore ce nouveau crime à Rocco del Pizzo.

Quant au cadavre, il fut reconnu pour être celui d'un jeune seigneur connu sous le nom de Raymond-le-Bâtard, et qui appartenait, moins cette faute d'orthographe dans sa naissance, à la puissante maison des Carraccioli, ces éternels favoris des reines de Naples, et dont l'un des membres passait pour remplir alors, près de la régente, la charge héréditaire de la famille.

Cette fois le ministre fut désespéré, d'autant plus désespéré qu'une demi-heure après que le rapport de cet événement lui eut été fait, il reçut de la régente l'ordre de passer au palais.

Il s'y rendit aussitôt : la régente l'attendait le sourcil froncé et l'œil sévère; près d'elle était Antoniello Caracciolo, le frère du mort, lequel sans doute était venu réclamer justice.

Isabelle demanda d'une voix brève au pauvre ministre s'il avait appris quelque chose de nouveau relativement à l'inconnu; mais celui-ci avait eu beau faire courir les places, les carrefours et les rues de Naples, il en était toujours au même point d'incertitude. La régente lui déclara que, si le lendemain l'inconnu n'était point retrouvé ou Rocco del Pizzo pris, il était invité à ne plus se présenter devant elle que pour lui remettre sa démission; le comte Antoniello Carracciolo ayant déclaré que Rocco del Pizzo seul pouvait avoir commis un pareil crime.

Le ministre rentrait donc chez lui, le front sombre et incliné, lorsqu'en relevant la tête il crut voir de l'autre côté de la place, enveloppé d'un manteau et se chauffant au soleil d'automne, un homme qui ressemblait étrangement à son inconnu. Il s'arrêta d'abord comme cloué à sa place, car il tremblait que ses yeux ne l'eussent trompé; mais plus il le regarda, plus il s'affermit dans son opinion; il s'avança alors vers lui, et à mesure qu'il s'avança il reconnut plus distinctement son homme.

Celui-ci le laissa approcher sans faire un seul mouvement pour le fuir ou pour aller au devant de lui. On l'eût pris pour une statue.

Arrivé près de lui, le ministre lui mit la main sur l'épaule, comme s'il eût eu peur qu'il ne lui échappât.

— Ah! enfin, c'est toi! lui dit-il.

— Oui, c'est moi, répondit l'inconnu, que me voulez-vous?

— Je veux te conduire à la régente, qui désire te parler.

— Vraiment; c'est un peu tard.

— Comment, c'est un peu tard! demanda le ministre tremblant que le révélateur ne voulût rien révéler. Que voulez-vous dire ?

— Je veux dire que, si vous aviez fait, il y a trois jours, ce que vous faites aujourd'hui, vous compteriez dans les annales de Naples deux vols de moins.

— Mais, demanda le ministre, tu n'as pas changé d'avis, j'espère ?

— Je n'en change jamais.

— Tu es toujours dans l'intention de livrer Rocco del Pizzo, si l'on t'accorde ce que tu demandes ?

— Sans doute.

— Et tu en as encore la possibilité ?

— Cela m'est aussi facile que de me remettre moi-même entre vos mains.

— Alors, viens.

— Un instant. Je parlerai à la régente ?

— A elle-même.

— A elle seule ?

— A elle seule.

— Je vous suis.

— Mais à une condition, cependant.

— Laquelle ?

— C'est qu'avant d'entrer chez elle vous remettrez vos armes à l'offi-cier de service.

— N'est-ce point la règle ? demanda l'inconnu.

— Oui, répondit le ministre.

— Eh bien ! alors, cela va tout seul.

— Vous y consentez ?

— Sans doute.

— Alors, venez.

— Je viens.

Et l'inconnu suivit le ministre qui, de dix pas en dix pas, se retournait pour voir si son mystérieux compagnon marchait toujours derrière lui.

Ils arrivèrent ainsi au palais.

Devant le ministre toutes les portes s'ouvrirent, et au bout d'un ins-tant ils se trouvèrent dans l'antichambre de la régente. On annonça le ministre, qui fut introduit aussitôt, tandis que l'inconnu remettait de lui-même à l'officier des gardes le poignard et les pistolets qu'il portait à la ceinture.

Cinq minutes après, le ministre reparut ; il venait chercher l'inconnu pour le conduire près de Son Altesse.

Ils traversèrent ensemble deux ou trois chambres, puis ils trouvèrent un long corridor, et au bout de ce corridor une porte entr'ouverte. Le ministre poussa cette porte ; c'était celle de l'oratoire de la régente. La duchesse Isabelle les y attendait.

Le ministre et l'inconnu entrèrent ; mais quoique ce fût, selon toute probabilité, la première fois que cet homme se trouvât en face d'une si puissante princesse, il ne parut aucunement embarrassé, et, après avoir salué avec une certaine rudesse qui ne manquait pas cependant d'ai-sance, il se tint debout, immobile et muet, attendant qu'on l'interrogeât.

— C'est donc vous, dit la duchesse, qui vous engagez à livrer Rocco del Pizzo ?

— Oui, madame, répondit l'inconnu.

— Et vous êtes sûr de tenir votre promesse?

— Je m'offre comme otage.

— Ainsi votre tête...

— Paiera pour la sienne, si je manque à ma parole.

— Ce n'est pas tout à fait la même chose, dit la régente.

— Je ne puis pas offrir davantage, répondit l'inconnu.

— Dites donc ce que vous désirez alors?

— J'ai demandé à parler à Votre Altesse seule.

— Monsieur est un autre moi-même, dit la régente.

— J'ai demandé à parler à Votre Altesse seule, reprit l'inconnu : c'est ma première condition.

— Laissez-nous, don Luiz, dit la duchesse.

Le ministre s'inclina et sortit.

L'inconnu se trouva tête-à-tête avec la régente, séparé seulement d'elle par le prie-dieu sur lequel était posé un Évangile, et au dessus duquel s'élevait un crucifix.

La régente jeta un coup d'œil rapide sur lui. C'était un homme de trente à trente-cinq ans, d'une taille au dessus de la moyenne, au teint hâlé, aux cheveux noirs retombant en boucles le long de son cou, et dont les yeux ardens exprimaient à la fois la résolution et la témérité : comme tous les montagnards, il était admirablement bien fait, et l'on sentait que chacun de ces membres si bien proportionnés était riche de souplesse et d'élasticité.

— Qui êtes-vous et d'où venez-vous? demanda la régente.

— Que vous fait mon nom, madame? dit l'inconnu; que vous importe le pays où je suis né? Je suis Calabrais, c'est-à-dire esclave de ma parole... Voilà tout ce qu'il vous importe de savoir, n'est-ce pas?

— Et vous vous engagez à me livrer Rocco del Pizzo?

— Je m'y engage.

— Et en échange qu'exigez-vous de moi?

— Justice.

— Rendre la justice est un devoir que j'accomplis, et non pas une récompense que j'accorde.

— Oui, je sais bien que c'est là une de vos prétentions, à vous autres souverains; vous vous croyez tous des juges aussi intègres que Salomon : malheureusement votre justice a deux poids et deux mesures.

— Comment cela?

— Oui, oui; lourde aux petits, légère aux grands, continua l'inconnu. Voilà ce que c'est que votre justice.

— Vous avez tort, monsieur, reprit la régente; ma justice à moi est égale pour tous, et je vous en donnerai la preuve. Parlez : pour qui demandez-vous justice?

— Pour ma sœur, lâchement trompée.

— Par qui?

— Par l'un de vos courtisans.

— Lequel?

— Oh! un des plus jeunes, des plus beaux, un des plus nobles! — Ah! tenez, voilà que Votre Altesse hésite déjà!

— Non; seulement je désire savoir d'abord ce qu'il a fait...

— Et si ce qu'il a fait mérite la mort, aurais-je sa tête en échange de la tête de Rocco del Pizzo ?

— Mais, demanda la duchesse, qui sera juge de la gravité du crime?

L'inconnu hésita un instant ; puis, regardant fixement la régente :

— La conscience de Votre Altesse, dit-il.

— Donc, vous vous en rapportez à elle?

— Entièrement.

— Vous avez raison.

— Ainsi , si Votre Altesse trouve le crime capital , j'aurai sa tête en échange de celle de Rocco del Pizzo ?

— Je vous le jure.

— Sur quoi?

— Sur cet Évangile et sur ce Christ.

— C'est bien. Écoutez alors, madame, car c'est tout une histoire.

— J'écoute.

— Notre famille habite une petite maison isolée, à une demi-lieue du village de Rosarno, situé entre Cosenza et Sainte-Euphémie; elle se compose de deux vieillards : mon père et ma mère ; de deux jeunes gens : ma sœur et moi. Ma sœur s'appelle Costanza.

Tout autour de nous s'étendent les domaines d'un puissant seigneur, sur les terres duquel le hasard nous fit naître, et dont, par conséquent, nous sommes les vassaux.

— Comment s'appelle ce seigneur? interrompit la régente.

— Je vous dirai son crime d'abord, son nom après.

— C'est bien ; continuez.

— C'était un magnifique seigneur que notre jeune maître, beau, noble, riche, généreux , et cependant avec tout cela haï et redouté; car, en le voyant paraître, il n'y avait pas un mari qui ne tremblât pour sa femme, pas un père qui ne tremblât pour sa fille , pas un frère qui ne tremblât pour sa sœur. Mais il faut dire aussi que tout ce qu'il faisait de mal lui venait d'un mauvais génie qui lui soufflait l'enfer aux oreilles. Ce mauvais génie était son frère naturel , on le nommait Raymond-le-Bâtard.

— Raymond-le-Bâtard ! s'écria la régente , celui qui a été assassiné cette nuit ?

— Celui-là même.

— Connaissez-vous son assassin ?

— C'est moi.

— Ce n'est donc pas Rocco del Pizzo? s'écria la duchesse.

— C'est moi, répéta l'inconnu avec le plus grand calme.

— Donc vous avez commencé par vous faire justice vous-même.

— Je suis venu la demander il y a trois jours , et on me l'a refusée.

— Alors, que venez-vous réclamer aujourd'hui?

— La meilleure partie de ma vengeance, madame; Raymond-le-Bâtard n'était que l'instigateur du crime, son frère est le criminel.

— Son frère ! s'écria la duchesse, son frère ! mais son frère c'est Antoniello Carracciolo.

— Lui-même, madame, répondit l'inconnu, en fixant son regard perçant sur la régente.

Isabelle pâlit et s'appuya sur le prie-dieu, comme si les jambes lui manquaient ; mais bientôt elle reprit courage.

— Continuez, monsieur, continuez.

— Et le nom du coupable ne changera rien à l'arrêt du juge? demanda l'inconnu.

— Rien, répondit la régente, absolument rien, je vous le jure.

— Toujours sur cet Évangile et sur ce Christ?

— Toujours, continuez; j'écoute.

Et elle reprit la même attitude et le même visage qu'elle avait un moment avant que la terrible révélation ne lui eût été faite, et l'inconnu à son tour reprit, de la même voix qu'il l'avait commencé, le recit interrompu.

— Je vous disais donc, madame, que le comte Antoniello Caracciolo était un beau, noble, riche et généreux seigneur; mais qu'il avait un frère qui était pour lui ce que le serpent fut pour nos premiers pères, le génie du mal.

Un jour il arriva, il y a de cela six mois à peu près, madame, il arriva, dis-je, que le comte Antoniello chassait dans la portion de ses forêts qui avoisine notre maison. Il s'était perdu à la poursuite d'un daim, il avait chaud, il avait soif, il aperçut une jeune fille qui revenait de la fontaine, portant sur son épaule un vase rempli d'eau; il sauta à bas de son cheval, passa la bride de l'animal à son bras, et vint demander à boire à la jeune fille. Cette jeune fille, c'était Costanza, c'était ma sœur.

Un frisson passa par le corps de la régente, mais l'inconnu continua sans paraître s'apercevoir de l'effet produit par ses dernières paroles :

— Je vous ai dit, madame, ce qu'était le comte Antoniello, permettez que je vous dise aussi ce qu'était ma sœur.

C'était une jeune fille de seize ans, belle comme un ange, chaste comme une madone. On voyait, à travers ses yeux, jusqu'au fond de son âme, comme, à travers une eau limpide, on voit jusqu'au fond d'un lac; et son père et sa mère, qui y regardaient tous les jours, n'avaient jamais pu y lire l'ombre d'une mauvaise pensée.

Costanza n'aimait personne, et disait toujours qu'elle n'aimerait jamais que Dieu; et, en effet, sa nature fine et délicate était trop supérieure à la matière qui l'entourait, pour que cette fange humaine souillât jamais sa blanche robe de vierge.

Mais, je vous l'ai dit, madame, et peut-être le savez-vous vous-même, le comte Antoniello est un beau, noble, riche et généreux seigneur. Costanza voyait pour la première fois un homme de cette classe; le comte Antoniello voyait pour la première, sans doute aussi, une femme de cette espèce. Ces deux natures supérieures, l'une par le corps, l'autre par l'âme, se sentirent attirées l'une par l'autre, et lorsqu'ils se furent quittés avec une longue conversation, Costanza commença à penser au beau jeune homme, et le comte Antoniello ne fit plus que rêver à la belle jeune fille.

Les lèvres de la régente se crispèrent; mais il n'en sortit pas une seule syllabe.

— Il faut tout vous dire, madame; Costanza ignorait que ce beau jeune homme fût le comte Carracciolo; elle croyait que c'était quelque page ou quelque écuyer de sa suite, qu'elle pouvait, chaste et riche, car elle est riche pour une paysanne, ma sœur, qu'elle pouvait, dis-je, regarder en face et aimer.

Ils se virent ainsi trois ou quatre jours de suite, toujours sur le chemin de la fontaine et au même endroit où ils s'étaient vus pour la première fois ; mais, une après-midi, ils s'oublièrent, de sorte que mon père, ne voyant pas revenir sa fille, fut inquiet, et, jetant son fusil sur son épaule, il alla au devant d'elle.

Au détour d'un chemin, il l'aperçut assise près d'un jeune homme.

A la vue de notre père, Costanza bondit comme un daim effrayé, et le jeune homme, de son côté, s'enfonça dans la forêt. Le premier mouvement de mon père fut d'abaisser son arquebuse et de le mettre en joue, mais Costanza se jeta entre le canon de l'arme et Carracciolo. Notre père releva son arquebuse, mais il avait reconnu le jeune comte.

— Et c'était bien Antoniello Carracciolo ? murmura la régente.

— C'était lui-même, dit l'inconnu.

Le même soir, notre père ordonna à sa femme et à sa fille de se tenir prêtes à partir dans la nuit : toutes deux devaient quitter notre maison et chercher un asile chez une tante que nous avions à Monteleone. Au moment de partir, mon père prit Costanza à part, et lui dit :

— Si tu le revois, je le tuerai.

Costanza tomba aux genoux de mon père, promettant de ne pas le revoir ; puis, les mains jointes et les yeux pleins de larmes, elle lui demanda son pardon. Costanza partit avec sa mère, et, lorsque le jour parut, toutes deux étaient déjà hors des terres du comte Antoniello.

La régente respira.

Le lendemain, mon père alla trouver le comte. Je ne sais ce qui se passa entre eux ; mais ce que je sais, c'est que le comte lui jura sur son honneur qu'il n'avait rien à craindre dans l'avenir pour la vertu de Costanza.

Le lendemain de cette entrevue, le comte, de son côté, partit pour Naples.

— Oui, oui, je me rappelle son retour, murmura la régente. Après ? après ?

— Eh bien ! après, madame, après ?... Il continua de se souvenir de celle qu'il aurait dû oublier. Les plaisirs de la cour, les faveurs des dames de haut parage, les espérances de l'ambition, ne purent chasser de son souvenir l'image de la pauvre Calabraise : cette image était sans cesse présente à ses yeux pendant ses jours, pendant ses nuits ; elle tourmentait ses veilles, elle brûlait son sommeil. Ses lettres à son frère devenaient tristes, amères, désespérées. Son frère, inquiet, partit et arriva à la cour. Il le croyait amoureux de quelque reine, à la main de laquelle il n'osait aspirer. Il éclata de rire lorsqu'il apprit que l'objet de cet amour était une misérable Calabraise.

— Tu es fou, Antoniello, lui dit-il. Cette fille est ta vassale, ta serve, ta sujette, cette fille est ton bien.

— Mais, dit Antoniello, j'ai juré à son père...

— Quoi ? qu'as-tu juré, imbécile ?

— J'ai juré de ne pas chercher à revoir sa fille.

— Très bien ! Il faut tenir ta promesse. Un gentilhomme n'a qu'une parole.

— Tu vois donc que tout est perdu pour moi.

— Tu as juré de ne pas chercher à la revoir ?

— Oui.

— Mais si c'est elle qui vient te trouver ?

— Elle !

— Oui, elle !

— Où cela?

— Où tu voudras. Ici, par exemple!

— Oh! non, pas ici.

— Eh bien! dans ton château de Rosarno.

— Mais je suis enchaîné ici; je ne puis quitter Naples.

— Pour huit jours?

— Oh! pour huit jours? oui, c'est possible, je trouverai quelque prétexte pour *lui* échapper pendant huit jours. Je ne sais pas de qui il parlait, madame, ni quelle chose le tenait en esclavage; mais voilà ce qu'il dit.

— Je le sais, moi, dit la régente en devenant affreusement pâle. Continuez, monsieur, continuez.

— Ainsi, reprit Raymond, quand tu recevras ma lettre tu partiras?

— A l'instant même.

— C'est bien.

Les deux frères se serrèrent la main en se quittant; le comte Antoniello resta à Naples, et Raymond-le-Bâtard partit pour la Calabre.

Un mois après, le comte Antoniello reçut une lettre de son frère, et, il faut lui rendre justice, c'est un homme fidèle à sa promesse que le comte! Ce jour même il partit.

Voilà ce qui était arrivé. Ne vous impatientez pas, madame, j'arrive au dénouement.

— Je ne m'impatiente pas, j'écoute, répondit la régente; seulement je frissonne en vous écoutant.

— Un homme avait été assassiné près de la fontaine. Mon père, en ce moment, revenait de la chasse; il trouva ce malheureux expirant; il se précipita à son secours, et, comme il essayait, mais inutilement, de le rappeler à la vie, deux domestiques de Raymond-le-Bâtard sortirent de la forêt et arrêtèrent mon père comme l'assassin.

Par un malheur étrange, l'arquebuse de mon père était déchargée, et, par une coïncidence fatale, mais dont Raymond pourrait donner le secret s'il n'était pas mort, la balle qu'on retira de la poitrine du cadavre était du même calibre que celles que l'on retrouva sur mon père.

Le procès fut court; les deux domestiques déposèrent dans un sens qui ne permettait pas aux juges d'hésiter. Mon père fut condamné à mort.

Ma mère et ma sœur apprirent tout ensemble la catastrophe, le procès et le jugement; elles quittèrent Monteleone et arrivèrent à Rosarno, ce jour même où le comte Antoniello, prévenu par la lettre de son frère, arrivait, de son côté, de Naples.

Le comte Carracciolo, comme seigneur de Rosarno, avait droit de haute et basse justice. Il pouvait donc, d'un signe, donner à mon père la vie ou la mort.

Ma mère ignorait que le comte fût arrivé; elle rencontra Raymond-le-Bâtard, qui lui annonça cette heureuse nouvelle, et lui donna le conseil de venir solliciter avec sa fille la grâce de notre père et de son mari; il n'y avait pas de temps à perdre, l'exécution de mon père était fixée au lendemain.

Elle saisit avec avidité la voie qui lui était ouverte par ce conseil, qu'elle regardait comme un conseil ami; elle vint prendre sa fille, elle l'entraîna avec elle sans même lui dire où elle la conduisait, et, le jour même de l'arrivée du noble seigneur, les deux femmes éplorées vinrent frapper à la porte de son château.

Elle ignorait, la pauvre mère, l'amour du comte pour Costanza.

La porte s'ouvrit, comme on le pense bien, car toutes choses avaient été préparées par l'infâme Raymond pour que rien ne vînt s'opposer à l'accomplissement de son projet ; mais une fois entrées, la mère et la fille rencontrèrent des valets qui leur barrèrent le passage et qui leur dirent qu'une seule des deux pouvait entrer.

Ma mère entra, Costanza attendit.

Elle trouva le comte Antoniello qui la reçut avec un visage sévère ; elle se jeta à ses pieds, elle pria, elle supplia ; Antoniello fut inflexible : un crime avait été commis, disait-il, son mari était coupable de ce crime, il fallait que ce meurtre fût vengé ; il fallait que la justice eût son cours : le sang demandait du sang.

Ma pauvre mère sortit de la chambre du comte, brisée par la douleur, anéantie par le désespoir, et criant merci à Dieu.

— Mais où donc étiez-vous pendant ce temps-là ? demanda la régente à l'inconnu.

— A l'autre bout de la Calabre, madame, à Tarente, à Brindisi, que sais-je. J'étais trop loin pour rien savoir de ce qui se passait. Voilà tout.

Ma mère sortit donc désespérée et voulut entraîner sa fille, mais Costanza l'arrêta :

— A mon tour, ma mère, dit-elle, à mon tour d'essayer de fléchir notre maître. Peut-être serai-je plus heureuse que vous.

Ma mère secoua la tête et tomba sur une chaise, elle n'espérait rien.

Ma sœur entra à son tour.

— Elle savait que cet homme l'aimait, s'écria la régente, et elle entrait chez cet homme !...

— Mon père allait mourir, madame, comprenez-vous ?

Isabelle d'Aragon grinça des dents, puis, au bout d'un instant :

— Continuez, continuez... dit-elle.

Dix minutes s'écoulèrent dans une mortelle anxiété, enfin un serviteur sortit un papier à la main.

— Monseigneur le comte fait grâce pleine et entière au coupable, dit-il, voici le parchemin revêtu de son sceau.

Ma mère jeta un cri de joie si profond, qu'il ressemblait à un cri de désespoir.

— Oh ! merci, merci, dit-elle, et, baisant la signature du comte, elle se précipita vers la porte. Puis, s'arrêtant tout à coup :

— Et ma fille ? dit-elle.

— Courez à la prison, dit le serviteur, vous trouverez votre fille en rentrant chez vous.

Ma mère s'élança, égarée de joie, ivre de bonheur ; elle traversa les rues de Rosarno en criant : « Sa grâce ! sa grâce ! j'ai sa grâce !... » Elle arriva à la porte de la prison, où déjà elle s'était présentée deux fois sans pouvoir entrer. On voulut la repousser une troisième fois, mais elle montra le papier, et la porte s'ouvrit.

On la conduisit au cachot de mon père.

Mon père n'attendait plus que le bourreau ; c'était la vie qui entrait à la place de la mort.

Il y eut au fond de cet asile de douleur un instant d'indicible joie.

Puis il demanda des détails : comment ma mère et ma sœur avaient appris l'accusation qui pesait sur lui, comment elles étaient parvenues au comte ; comment, enfin, toutes choses s'étaient passées.

Ma mère commença le récit, mon père l'écouta, l'interrompant à chaque instant par ses exclamations ; peu à peu il ne dit plus que quelques paroles et d'une voix tremblante, bientôt il se tut tout à fait, puis sa tête tomba dans ses deux mains, puis la sueur de l'angoisse lui monta au visage, puis la rougeur de la honte lui brûla le front ; enfin, quand ma mère lui eut dit que, repoussée par le comte, elle avait permis à ma sœur de prendre sa place, il bondit en poussant un rugissement comme un lion blessé, et s'élança contre la porte, la porte était fermée.

Il prit la pierre qui lui servait d'oreiller, et la lança de toutes ses forces contre la barrière de fer qu'il croyait avoir le droit de se faire ouvrir.

Le geolier accourut et lui demanda ce qu'il voulait.

— Je veux sortir, s'écria mon père, sortir à l'instant même.

— Impossible ! dit le geolier.

— J'ai ma grâce, cria mon père. Je l'ai, je la tiens, la voilà !

— Oui, mais elle porte que vous ne sortirez de prison que demain matin.

— Demain matin ? fit le captif avec une exclamation terrible.

— Lisez plutôt, si vous en doutez, ajouta le geolier.

— Mon père s'approcha de la lampe, lut et relut le parchemin. Le geolier avait raison ; soit hasard, soit erreur, soit calcul, le jour de sa sortie était fixé au lendemain matin seulement.

Le prisonnier ne poussa pas un cri, pas un gémissement, pas un sanglot. Il revint s'asseoir muet et morne sur son lit.

Ma mère vint s'agenouiller devant lui.

— Qu'as-tu donc ? demanda-t-elle.

— Rien, répondit-il.

— Mais que crains-tu ?

— Oh ! peu de chose.

— Mon Dieu ! mon Dieu ! que crois-tu, que crains-tu, que penses-tu ?

— Je pense que Costanza est indigne de son père, voilà tout.

Ce fut ma mère qui se leva à son tour, pâle et frissonnante.

— Mais c'est impossible.

— Impossible ! et pourquoi ?

— On m'a dit qu'elle allait sortir derrière moi. On m'a dit qu'elle allait nous attendre à la maison.

— Eh bien ! va voir à la maison si elle y est, et, si elle y est, reviens avec elle.

— Je reviens, dit ma mère.

Et elle frappa à son tour et demanda à sortir. Le geolier lui ouvrit.

Elle courut à la maison. La maison était déserte, Costanza n'était point reparue.

Elle courut au palais et redemanda sa fille. On lui répondit qu'on ne savait pas ce qu'elle voulait dire.

Elle revint à la maison. Costanza n'était pas rentrée.

Elle attendit jusqu'au soir. Costanza ne reparut point.

Alors elle pensa à son mari et s'achemina de nouveau vers la prison ; mais, cette fois, d'un pas aussi lent et aussi morne que si elle eût suivi au cimetière le cadavre de sa fille.

Comme la première fois, les portes s'ouvrirent devant elle.

Elle retrouva son mari assis à la même place ; quoiqu'il eût reconnu son pas, il ne leva même pas la tête. Elle alla se coucher à ses pieds et posa sans rien dire son front sur ses genoux.

— Comprenez-vous, madame, quelle nuit infernale fut cette nuit pour ces deux damnés !

Le lendemain, au point du jour, on vint ouvrir la prison et annoncer au condamné qu'il était libre. — Je vous l'ai déjà dit, ajouta l'inconnu en riant d'un rire terrible, oh ! le comte Carracciolo est un noble seigneur, et qui tient religieusement sa parole !...

Les deux vieillards sortirent s'appuyant l'un sur l'autre. Une seule nuit les avait tous deux rapprochés de la tombe de dix ans.

En tournant le coin de la route d'où l'on aperçoit la maison, ils virent Costanza, qui les attendait agenouillée sur le seuil.

Ils ne firent pas un pas plus vite pour aller au devant de leur fille ; leur fille ne se releva pas pour aller au devant d'eux.

Quand ils furent près d'elle, Constanza joignit les mains et ne dit que ce seul mot :

— Grâce !

Par un mouvement instinctif, ma mère étendit le bras entre son mari et sa fille.

Mais celui-ci l'arrêta doucement.

— Grâce, dit-il en tendant la main à Costanza, grâce, et pourquoi grâce, mon enfant ? n'es-tu pas un ange ? n'es-tu pas une sainte ? n'es-tu pas plus que tout cela, n'es-tu pas une martyre ?

Et il l'embrassa.

Puis, comme la mère, entraînant sa fille au fond de la chaumière, le laissa seul dans la pièce d'entrée, il détacha son arquebuse, la jeta sur son épaule, et s'achemina vers le château.

Il demanda à remercier le comte.

Le comte était parti depuis une heure pour Naples.

Il demanda à remercier Raymond.

Raymond était parti avec son frère.

Il revint alors vers la chaumière, accrocha son arquebuse à la cheminée. Puis Costanza et sa mère entendirent comme le bruit d'un corps pesant qui tombait ; elles sortirent toutes deux et trouvèrent le vieillard étendu sans connaissance au milieu de la chambre.

Elles le posèrent sur le lit ; ma sœur resta près de lui, tandis que ma mère courait chercher un médecin.

Le médecin secoua la tête ; cependant il saigna mon père. Vers le soir, le vieillard rouvrit les yeux.

Comme il rouvrait les yeux, je mettais le pied sur le seuil de la porte. Il ne vit ni ma mère ni ma sœur, il ne vit que moi.

— Mon fils, mon fils ! s'écria-t-il, oh ! c'est la vengeance divine qui te ramène.

Je me jetai dans ses bras.

— Allez, dit-il à ma mère et à ma sœur, et laissez-nous seuls.

Ma mère obéit, mais ma sœur voulut rester.

Alors le vieillard se souleva sur son lit, et, montrant à Costanza sa mère qui s'éloignait :

— Suivez votre mère, dit-il avec un de ces gestes suprêmes qui veulent être obéis, suivez votre mère, si vous voulez que ma bénédiction vous suive.

Costanza baisa la main du moribond, se jeta à mon cou en pleurant et suivit sa mère.

Je déposai mon arquebuse, mes pistolets et mon poignard sur une table, et j'allai m'agenouiller près du lit du vieillard.

— C'est la vengeance divine qui te ramène, répéta-t-il une seconde fois. Écoute-moi, mon fils, et ne m'interromps pas ; car, je le sens, je n'ai plus que quelques instans à vivre, écoute-moi.

Je lui fis signe qu'il pouvait parler.

Alors il me raconta tout.

Et, à mesure qu'il parlait, sa voix s'animait, le sang refluait à son visage, la colère remontait dans ses yeux, on eût dit qu'il était plein de force, de vie et de santé. Seulement, au dernier mot, lorsqu'il en fut au moment où, rentrant chez lui et remettant son arquebuse à sa cheminée, il avait cru qu'il lui faudrait renoncer à sa vengeance, il jeta un cri étouffé et retomba la tête sur son chevet.

Cette fois il était mort.

Je fus long-temps sans le croire, long-temps je lui secouai le bras, long-temps je l'appelai ; enfin je sentis ses mains se refroidir dans les miennes, enfin je vis ses yeux se ternir.

Je fermai ses yeux, je croisai ses mains sur sa poitrine, je l'embrassai une dernière fois et je jetai par dessus sa tête son drap devenu un linceul.

Puis j'allai ouvrir la porte du fond, et faisant signe à ma mère et à ma sœur de s'approcher :

— Venez, leur dis-je, venez prier près de votre mari et de votre père mort.

Les deux femmes se jetèrent sur le lit en s'arrachant les cheveux et en éclatant en sanglots.

Pendant ce temps, je passais mes pistolets et mon poignard dans ma ceinture, et, jetant mon arquebuse sur mon épaule, je m'avançai vers la porte.

— Où vas-tu, frère ? s'écria Costanza.

— Où Dieu me mène, répondis-je.

Et, avant qu'elle eût le temps de s'opposer à ma sortie, je franchis le seuil et je disparus dans l'obscurité.

Je vins droit à Naples.

On m'avait dit non seulement que vous étiez belle entre les femmes, mais encore juste entre les reines.

Je vins à Naples avec l'intention de vous demander justice.

— Comment ne vous l'êtes-vous pas faite vous-même ? demanda Isabelle.

— Un coup de poignard n'était point assez pour un pareil crime, madame, c'était l'échafaud que je voulais. Antoniello Carracciolo a déshonoré ma famille, je veux le déshonneur d'Antoniello Carracciolo.

— C'est juste, murmura la régente.

— Mais, pour plus de sûreté encore, comme le long du chemin j'appris que la tête de Rocco del Pizzo était mise à prix, et comme, en arrivant à Naples, je lus, au coin du Mercato-Nuovo, le placard qui offrait quatre mille ducats à celui qui le livrerait mort ou vif ; pour plus de sûreté, dis-je, je me présentai chez le ministre de la police, offrant de livrer vivant cet homme que vous cherchez partout et que vous ne pouvez trouver nulle part. Mais le ministre de la police ne voulut point m'accorder ce que je lui demandais, c'est-à-dire une audience de Votre Altesse. Alors je résolus d'arriver à mon but par un autre moyen ; je volai sur la route de Resina à Torre del Greco.

— Alors c'était donc vous et non pas Rocco del Pizzo ?...

— Alors je volai sur la route d'Aversa...

— C'était donc encore vous et non pas celui que l'on croyait ?...

— Alors j'assassinai sur la route d'Amalfi. La mort de Raymond, c'était le commencement de ma vengeance, car j'étais résolu de recourir à la vengeance puisqu'on me refusait justice.

— C'est bien, dit la régente. Dieu a voulu que je vous retrouve, tout est donc pour le mieux.

— Tout est pour le mieux, dit l'inconnu.

— Et vous vous engagez toujours à livrer Rocco del Pizzo ?

— Toujours.

— Vous savez où il est ?

— Je le sais.

— Vous répondez de mettre la main dessus ?

— J'en réponds.

— Et vous me le livrerez vivant ?

— En échange de Carracciolo mort ; vous le savez, c'est ma condition, madame.

— C'est chose dite, soyez tranquille. Mais qui me répondra de vous d'ici là ?

— C'est bien simple : envoyez-moi en prison ; seulement, vous me ferez conduire, par deux gardes, à quelque fenêtre d'où je puisse assister au supplice de Carracciolo. Puis, Carracciolo mort, je vous livrerai Rocco del Pizzo.

— Mais si vous ne me le livrez pas ?

— Ma tête répondra pour la sienne ; je l'ai déjà dit et je vous le répète.

— C'est juste, dit la régente, je l'avais oublié.

Elle frappa dans ses mains, le capitaine des gardes entra.

— Faites écrouer cet homme à la Vicairie, dit-elle.

Le capitaine remit l'inconnu aux mains de deux gardes et rentra.

— Maintenant, continua la régente, faites arrêter le comte Antoniello Carracciolo et conduisez-le au château de l'Œuf.

Le capitaine se présenta au palais de Carracciolo ; mais, soupçonnant sans doute quelque chose du danger qui le menaçait, Carracciolo avait disparu.

La régente, en apprenant cette nouvelle qui lui confirmait la culpabilité de son favori, ordonna aussitôt aux nobles du siége de Caponan, où les Carraccioli étaient inscrits, de lui livrer le coupable, leur donnant trois jours seulement pour obtempérer à cet ordre.

Les trois jours s'écoulèrent, et comme, à la fin de la troisième journée, le comte n'avait point reparu, Naples, en se réveillant, trouva, le lendemain, cinquante ouvriers occupés à démolir le palais d'Antoniello Carracciolo, situé en face de la cathédrale.

Quand le palais fut complétement rasé, on amena une charrue, on creusa des sillons à la place où il s'était élevé, et l'on sema du sel dans les sillons.

Puis on commença de démolir le palais situé à la droite du sien : c'était le palais du prince Carracciolo son père.

Puis on commença de démolir le palais de gauche : c'était le palais du duc Carracciolo son frère aîné.

Le palais démoli, il en fut fait autant sur son emplacement qu'il en avait été fait sur l'emplacement des deux autres.

La régente ordonna qu'il en serait ainsi des palais de tous les Carraccioli, jusqu'à ce que les Carraccioli eussent livré le coupable.

Dans la nuit qui suivit cette ordonnance, Antoniello Carracciolo se constitua de lui-même prisonnier.

Le lendemain, son père et ses deux frères se présentèrent au palais, mais la régente fit dire qu'elle n'était pas visible.

Le surlendemain, le prisonnier écrivit à la duchesse pour solliciter d'elle les faveurs d'une entrevue ; mais la duchesse lui fit répondre qu'elle ne pouvait le recevoir.

Les uns et les autres renouvelèrent pendant huit jours leurs tentatives ; mais ni les uns ni les autres n'obtinrent le résultat qu'ils poursuivaient.

Le matin du neuvième jour, les habitans du Mercato-Nuovo, avec un étonnement mêlé d'effroi, virent sur la place un échafaud qui n'y était pas la veille. La funèbre machine avait poussé dans l'ombre, sans que nul la vît croître, sans que personnne l'entendît grandir.

Il y avait à l'une des extrémités de cet échafaud un autel, et à l'autre un billot ; entre le billot et l'autel étaient, d'un côté, un prêtre, et de l'autre le bourreau.

Nul ne savait pour qui étaient cet échafaud, ce bourreau, ce prêtre, ce billot et cet autel.

Bientôt on vit arriver, par le quai qui va du môle au Mercato-Nuovo, un homme conduit par deux gardes. On crut d'abord que cet homme était le héros du drame qui allait être joué ; mais il entra, suivi de ses deux gardes, dans une des maisons de la place. Un instant après, il reparut, toujours entre ses deux gardes, à la fenêtre de cette maison qui donnait en face de l'échafaud. On s'était trompé sur l'importance de cet homme, qui, selon toute probabilité, devait être simple spectateur de l'événement.

Un instant après, des cris se firent entendre à la fois sur le quai qui mène du pont de la Madalena au Mercato-Nuovo et dans la rue du Soupir. Deux cortéges s'avançaient, celui de la rue du Soupir conduisant un beau jeune homme, celui du quai conduisant une belle jeune fille.

Le beau jeune homme, c'était Antoniello Carracciolo.

La belle jeune fille, c'était Costanza.

Tous deux apparurent sur la place en même temps, tous deux s'approchèrent de l'échafaud du même pas, tous deux y montèrent ensemble ; seulement, Costanza y monta du côté du prêtre, et Antoniello du côté du bourreau.

Arrivés sur la plate-forme, Antoniello fit un mouvement pour s'élancer vers Costanza, mais le bourreau l'arrêta ; de son côté, Costanza fit un pas pour s'avancer vers Antoniello, mais le prêtre la retint.

Alors le greffier déploya un parchemin et le lut à haute voix. C'était le contrat de mariage du comte Antoniello Carracciolo avec Costanza

Maselli, contrat par lequel le noble fiancé donnait à sa future épousée, non seulement tous ses titres, mais encore tous ses biens.

Quoique la place fût encombrée par la foule, quoique cette foule refluât dans les rues environnantes, quoique chaque fenêtre de la place parût bâtie de têtes, quoique les toits des maisons semblassent chargés d'une moisson vivante, il se fit, au moment où le greffier déploya le parchemin, un tel silence dans cette multitude, que pas un mot du contrat de mariage ne fut perdu.

Aussi toute cette foule, la lecture achevée, éclata-t-elle en applaudissemens. On commençait à comprendre que, malgré la différence des conditions, la régente avait ordonné que le comte rendrait à la paysanne l'honneur qu'il lui avait ôté.

Quant aux deux fiancés, qui jusque-là n'avaient probablement pas su eux-mêmes de quoi il était question, ils parurent reprendre courage ; et lorsque le prêtre, qui était monté à l'autel, leur fit signe de s'approcher, ils allèrent d'un pas assez ferme s'agenouiller devant lui.

· Aussitôt la messe commença, accompagnée de tous les rites du mariage. Le prêtre demanda à chacun des deux jeunes gens s'il prenait l'autre pour époux, et chacun d'eux, d'une voix intelligible, prononça le oui solennel. Puis l'homme de Dieu remit à Antoniello l'anneau nuptial, et Antoniello le passa au doigt de Costanza.

Alors tous deux s'agenouillèrent de nouveau et le prêtre les bénit.

Tous les assistans pleuraient de joie et d'émotion à cet étrange spectacle et bénissaient à leur tour les deux jeunes époux, quand tout à coup le même ministre qui avait prononcé les saintes paroles du mariage entonna d'une voix sourde les prières des agonisans. A ce changement, toute cette multitude frissonna et laissa échapper un murmure de terreur, car elle comprenait qu'on n'en était encore qu'à la moitié de la cérémonie, et qu'une catastrophe terrible allait en faire le dénouement.

En effet, comme Antoniello, ignorant, ainsi que tous les autres, du destin qui l'attendait, jetait autour de lui un regard épouvanté, les deux aides de l'exécuteur s'emparèrent de lui, et, avant qu'il eût eu le temps de faire un mouvement pour se défendre, ils lui lièrent les mains, et, tandis que le bourreau tirait son épée hors du fourreau, ils conduisirent le condamné devant le billot qui, ainsi que nous l'avons dit, s'élevait à l'autre extrémité de l'échafaud en face de l'autel, et le forcèrent de s'agenouiller devant lui.

Costanza voulut s'élancer vers Antoniello, mais le prêtre arrêta la jeune femme en étendant un crucifix entre elle et son époux.

Antoniello vit alors que tout était fini pour lui, et comprit qu'il était irrévocablement condamné ; il ne songea donc plus qu'à bien mourir. Il releva le front, dit à haute voix une prière ; puis se retournant vers Constanza à moitié évanouie :

— A revoir dans le ciel, lui cria-t-il, et il posa son cou sur le billot.

Au même instant, l'épée de l'exécuteur flamboya comme l'éclair, et la foule, jetant un cri terrible, fit un mouvement en arrière ; la tête de Carracciolo, détachée du corps d'un seul coup, avait bondi du billot sur le pavé, et roulait entre les jambes de ceux qui étaient les plus rapprochés de l'échafaud.

Deux confréries religieuses s'approchèrent alors de l'échafaud : une d'hommes, une de femmes. La première emporta le cadavre de Carracciolo décapité, la seconde emporta le corps de Costanza évanouie

La foule s'écoula sur leurs traces, et au bout d'un instant la place se trouva vide; il n'y resta plus, solitaire, sanglante et debout, que la terrible machine, demeurée là pour attester sans doute à la population de Naples que tout ce qu'elle venait de voir était une réalité et non un rêve.

Quand la place fut vide, l'homme qui avait assisté à l'exécution entre ses deux gardes descendit avec eux et reprit le chemin du quai. Mais, au lieu de le ramener à la Vicairie, les soldats le conduisirent au palais royal.

Là, il fut introduit dans les mêmes appartemens que la première fois, et, conduit au même oratoire, il y retrouva la régente à la même place, debout près du prie-dieu et la main étendue sur les Évangiles. Les soldats entrèrent avec lui et demeurèrent de chaque côté de la porte.

— Eh bien! dit Isabelle d'Aragon, ai-je accompli mon serment?

— Religieusement, madame, répondit l'inconnu.

— Maintenant, à vous de tenir le vôtre.

— Je suis prêt.

— Où est l'homme dont la tête est à prix?

— Devant Votre Altesse.

— Ainsi, Rocco del Pizzo?...

— C'est moi, madame.

— Je le savais, dit Isabelle.

— Alors, reprit le bandit, qu'ordonne de moi Votre Altesse?

— Que vous serviez de père à l'orpheline et de protecteur à la veuve.

— Comment, madame?... s'écria Rocco del Pizzo.

— Je ne sais faire ni justice, ni grâce à moitié, reprit la régente.

Puis se retournant vers les soldats:

— Cet homme est libre d'aller où il voudra, dit-elle; laissez-le donc sortir.

Et elle rentra dans ses appartemens d'un pas calme et assuré, d'un pas de reine.

—

Constanza retourna en Calabre avec son frère, car elle avait encore, comme on s'en souvient, sa pauvre mère à Rosarno.

Rocco del Pizzo la suivit.

Mais lorsque sa mère mourut, ce qui arriva la nuit suivante, elle revint à Naples, entra dans le couvent qui l'avait déjà recueillie, y paya sa dot et légua les restes de l'immense fortune qu'elle tenait de son mari à la pauvre communauté, qui se trouva enrichie d'un seul coup.

Rocco del Pizzo suivit sa sœur à Naples.

Mais le jour où elle prononça ses vœux, lorsqu'il comprit qu'elle n'avait plus besoin de lui et que le Seigneur l'avait remplacé près d'elle, il disparut, et personne ne le revit depuis, ni ne sut positivement ce qu'il était devenu.

On croit qu'il s'attacha à la fortune de César Borgia, et qu'il fut tué près de ce grand homme, en même temps que lui.

VIII

Pouzzoles.

Nous montâmes dans notre corricolo, laissant à notre droite le lac d'Agnano, sur lequel il y a peu de choses à dire ; nous gagnâmes l'ancienne voie romaine qui menait de Naples à Pouzzoles, et qu'on appelait la voie Antonina. Il n'y avait pas à s'y tromper, c'est bien l'ancien pavé en pierres volcaniques, tout bordé de tombeaux ou plutôt de ruines sépulcrales, deux ou trois tombeaux seulement ayant traversé les âges comme des jalons séculaires, et étant restés debout sur la route infinie du temps.

Nous nous arrêtâmes au couvent des Capucins. C'est là qu'a été transportée la pierre où saint Janvier subit le martyre ; cette pierre est encore aujourd'hui tachée de sang, et, lorsque le miracle de la liquéfaction s'opère à la chapelle du trésor à Naples, le sang qui tache cette pierre, fière de celui que renferment ces deux fioles, se léquifie, dit-on, et bouillonne de même.

Cette église renferme en outre une assez belle statue du saint.

De l'église des Capucins à la Solfatare il n'y a qu'une enjambée. Nous avions été préparés à la vue de cet ancien volcan par notre voyage dans l'archipel hipariote. Nous retrouvâmes les mêmes phénomènes : ce terrain sonnant le creux et qui, à chaque pas, semble prêt à vous engloutir dans des catacombes de flammes ; ces fumaroles par lesquelles s'échappe une vapeur épaisse et empestée ; enfin, dans les endroits où ces vapeurs sont les plus fortes, ces tuiles et ces briques préparées pour y recevoir le sel ammoniac qui s'y sublime, et qu'on y récolte sans autres frais, chaque matin et chaque soir.

La Solfatare est le *Forum Vulcani* de Strabon.

A quelques pas de la Solfatare sont les restes de l'amphithéâtre appelé en même temps *Carceri*, nom qui a prévalu sur l'autre et qui rappelle les persécutions chrétiennes du deuxième et du troisième siècles. C'est dans cet amphithéâtre que le roi Tiridate, amené par Néron, qui lui faisait remarquer la force et l'adresse de ses gladiateurs, voulant montrer quelle était sa force et son adresse à lui, prit un javelot de la main d'un prétorien, et lançant ce javelot dans l'arène, tua deux taureaux du même coup.

C'est encore, selon toute probabilité, dans ce cirque que saint Janvier, échappé à la flamme et aux bêtes, fut décapité, ce que Dieu permit, comme nous l'avons dit, parce que c'était le cours ordinaire de la justice. Une des caves qui ont fait donner au monument le nom de *Carceri*, érigée en chapelle, est celle que la tradition assure avoir servi de prison au martyr.

Près du *Carceri* est la maison de Cicéron, ce martyr d'une petite réaction politique, tandis que saint Janvier fut celui d'une grande révolution divine.

Cette maison était la villa chérie de l'auteur des *Catilinaires*. Il la préférait à sa villa de Gaëte, à sa villa de Cumes, à sa villa de Pompeïa, car Cicéron avait des villa partout. En ce temps-là comme aujourd'hui, l'état d'avocat et celui d'orateur étaient parfois, à ce qu'il paraît, d'un excellent rapport.

Il est vrai qu'ils avaient aussi leurs désagrémens, comme, par exemple, d'avoir, après sa mort, la tête et les mains clouées à la tribune aux harangues et la langue percée par une aiguille. Mais enfin , cela n'arrivait pas à tous les avocats, témoin Salluste. Pourquoi diable aussi Cicéron s'était-il mêlé de ce qui ne le regardait pas et avait-il tenu des propos sur les faux cheveux de Livie? En cherchant bien, on finit d'ordinaire par découvrir que dans les grands malheurs qui nous arrivent il y a toujours un peu de notre faute.

En attendant, Cicéron passa quelques beaux et paisibles jours dans cette villa, qui touchait aux jardins de Pouzzoles, et où il composa ses *Questions académiques*. Il avait de là une vue magnifique que ne gênait pas à cette époque ce stupide *Monte-Nuovo*, poussé dans une nuit comme un champignon, pour gâter tout le paysage.

C'est de Pouzzoles qu'Auguste partit pour aller faire la guerre à Sextus Pompée, avec lequel, deux ou trois ans auparavant, Antoine, Lépide et lui avaient fait un traité de paix au cap Misène.

Ce fut un instant avant la signature de ce traité que, voyant les triumvirs réunis sur le vaisseau de son maître, Menas, affranchi et amiral de Sextus, se pencha à son oreille et lui dit tout bas :

— Veux-tu que je coupe le câble qui retient ton vaisseau au rivage et que je te fasse maître du monde?

Sextus réfléchit un instant : la proposition en valait bien la peine; puis, se retournant vers Menas :

— Il fallait le faire sans me consulter, répondit-il. Maintenant il est trop tard !

Et, se retournant vers les triumvirs le visage souriant et sans qu'ils se doutassent qu'ils avaient couru un grand danger, il continua de discuter ce traité qui accordait la terre à Octave, à Antoine et à Lépide; et à lui, fils de Neptune, qui avait changé son manteau de pourpre contre la robe verte de Glaucus, les îles et la mer.

Il y aurait un admirable roman à faire sur ce jeune roi de la mer, qui fut le premier amant de Cléopâtre et le dernier antagoniste d'Auguste, et qui, tandis que Rome promettait cent mille sesterces (vingt mille francs) par tête de proscrit, en promettait, lui, deux cent mille par chaque exilé qu'on amènerait sur ses vaisseaux , le seul lieu du monde où un banni pût alors être en sûreté.

Malheureusement, que font à nos lecteurs , en l'an de grâce 1842, les amours de Cléopâtre, les proscriptions d'Octave et les pirateries de Sextus Pompée, ce galant voleur qui fut à peu près le seul honnête homme de son temps?

Pouzzoles était le rendez-vous de l'aristocratie romaine. Pouzzoles avait ses sources comme Plombières, ses thermes comme Aix, ses bains de mer comme Dieppe. Après avoir été le maître du monde et n'avoir pas trouvé dans tout son empire un autre lieu qui lui plût, Sylla vint mourir à Pouzzoles.

Auguste y avait un temple que lui avait élevé le chevalier romain Calpúrnius. C'est aujourd'hui l'église de saint Proclus, compagnon de saint Janvier.

Tibère y avait une statue portée sur un piédestal de marbre qui représentait les quatorze villes de l'Asie-Mineure qu'un tremblement de terre avait renversées et que Tibère avait fait rebâtir. La statue est disparue sans qu'on ait pu la retrouver. Le piédestal existe encore.

Caligula y fit bâtir ce fameux pont qui réalisait un rêve aussi insensé que celui de Xercès ; ce pont partait du môle, traversait le golfe et allait aboutir à Baïa. Sa construction occasionna la suspension des transports et affama Rome. Vingt-cinq arches le soutenaient en partant du môle ; et comme la mer devenait au delà trop profonde pour qu'on pût continuer d'établir des piles, on avait réuni un nombre infini de galères qu'on avait fixées avec des ancres et des chaînes ; puis sur ces galères on avait établi des planches qui, recouvertes de terre et de pierres, formaient le pont. L'empereur passa dessus, revêtu de la chlamyde, armé de l'épée d'Alexandre-le-Grand, et traînant derrière lui, à son char attelé de quatre chevaux, le jeune Darius, fils d'Arbane, que les Parthes lui avaient donné en otage. — Et tout cela, savez-vous pourquoi? Parce qu'un jour Thrasylle, astrologue de Tibère, ayant vu le vieil empereur regarder Caligula de cet œil inquiet qu'il connaissait si bien.

— Caligula, avait-il dit, ne sera pas plus empereur qu'il ne traversera à cheval le golfe de Baïa.

Caligula traversa à cheval le golfe de Baïa, et, pour le malheur du monde, à qui Tibère eût rendu un grand service en l'étouffant, Caligula fut quatre ans empereur.

Aujourd'hui, de ces vingt-cinq arches il reste encore treize gros piliers, dont les uns s'élèvent au dessus de la surface des flots, et dont les autres sont recouverts par la mer.

Enfin le maître des dieux y avait un temple dans lequel il était adoré sous le nom de Jupiter Sérapis. Envahi, selon toute probabilité, par l'eau et enseveli en même temps sous les cendres, lors du tremblement de terre de 1538, il fut retrouvé en 1750, mais dépouillé aussitôt de toutes les choses premières qu'il contenait et qui furent envoyées à Caserte. Il ne lui reste aujourd'hui que trois des colonnes qui l'entouraient, deux des douze vases qui ornaient le monoptère, et, scellé dans son pavé de marbre grec, un des deux anneaux de bronze qui servaient à attacher les victimes au moment de leur sacrifice.

Ce tremblement ce terre de 1538 dont nous venons de parler est le grand événement de Pouzzoles et de ses environs. Un matin, Pouzzoles s'est réveillée, a regardé autour d'elle et ne s'est pas reconnue. Où elle avait laissé la veille un lac, elle retrouvait une montagne ; où elle avait laissé une forêt, elle trouvait des cendres ; enfin, où elle avait laissé un village, elle ne trouvait rien du tout.

Une montagne d'une lieue de terre avait poussé dans la nuit, déplacé le lac Lucrèce, qui est le Styx de Virgile, comblé le port Jules, et englouti le village de Tripergole.

Aujourd'hui, le Monte-Nuovo (on la baptisé de ce nom, qu'il a certes bien mérité) est couvert d'arbres comme une vraie montagne, et ne présente pas la moindre différence avec les autres collines qui sont là depuis le commencement du monde.

Nous avions arrêté que nous irions dîner sur les bords de la mer, pour manger des huîtres du lac Lucrin et boire du vin de Falerne. Nous nous acheminâmes donc vers le lieu désigné, où des provisions, prudemment achetées à Naples et envoyées d'avance, nous attendaient, lorsqu'en arrivant près des ruines du temple de Vénus, nous aperçûmes un groupe de promeneurs qui s'apprêtaient à en faire autant. Nous nous approchâmes et nous reconnûmes, qui? Barbaja, l'illustre impresario; Duprez, notre célèbre artiste, et la *diva* Malibran, comme on l'appelait alors à Naples et comme on l'appelle maintenant par tout le monde!

C'était une bonne fortune pour nous qu'une pareille rencontre; et comme on voulut bien répondre à notre compliment par un compliment semblable, il fut arrêté à l'instant même et par acclamation que les deux dîners seraient réunis en un seul.

Ce point essentiel arrêté, comme il fallait encore un certain temps pour apprêter le banquet commun, et que nous n'étions qu'à deux cents pas des étuves Néron, où le gardien nous offrait de faire cuire nos œufs, nous acceptâmes la proposition, nous lui mîmes à la main le panier qui les contenait, et nous marchâmes derrière lui.

Le pauvre homme ressemblait fort aux chiens de la grotte dont j'ai parlé dans un précédent chapitre. A mesure que nous approchions des étuves, son pas se ralentissait. Malheureusement la curiosité est impitoyable. Nous fûmes donc insensibles aux gémissemens qu'il poussait, et, la porte des étuves ouverte, nous nous précipitâmes dedans.

Ces étuves se composent d'abord de deux grandes salles où nous vîmes une douzaine de baignoires dégradées. Dans les intervalles de ces baignoires sont des niches vides : ces niches étaient destinées à des statues qui indiquaient de la main le nom des maladies dont ces eaux thermales guérissaient. Or, leur efficacité était encore si grande au moyen-âge qu'une vieille tradition raconte que trois médecins de Salerne, furieux de voir que les cures opérées par ces eaux nuisaient à leur clientèle, partirent de cette ville, débarquèrent pendant la nuit à Baïa, détruisirent l'établissement de fond en comble et se rembarquèrent; mais soit hasard, soit punition divine, une tempête s'étant élevée, leur bâtiment fit naufrage près de Capri, et tous trois périrent dans les flots. Il y avait dans le palais du roi Ladislas, à ce qu'assure Denis de Sarno, une inscription qui vouait à l'exécration publique les noms de ces trois médecins.

Depuis ce temps, l'eau ne vient plus dans les baignoires, et c'est aux voyageurs à l'aller chercher, ce qui n'est pas chose facile, le corridor par lequel on pénètre jusqu'aux sources donnant juste passage à un homme, et l'air y étant si chaud et si rare qu'au bout de dix pas le plus entêté de nous fut forcé de revenir.

Pendant ce temps, le gardien des étuves s'apprêtait, de l'air d'un homme qui va monter à l'échafaud; puis il prit par l'anse notre panier d'œufs, et, nous écartant de l'ouverture du corridor, il s'y lança et disparut dans ses profondeurs.

Deux ou trois minutes se passèrent, pendant lesquelles nous crûmes que le pauvre diable était véritablement descendu jusqu'en enfer; puis, au bout de ces trois minutes, nous commençâmes à entendre des plaintes lointaines qui, à mesure qu'elles se rapprochaient, se changeaient en gémissemens; enfin nous vîmes reparaître notre messager des morts, son panier à la main, ruisselant de sueur, pâle et chancelant. Arrivé à nous, comme s'il n'avait juste eu de force que pour ce trajet, il tomba à terre et s'évanouit.

Notre peur fut grande, et si nous n'avions pas vu à la porte le fils de ce brave homme, qui, sans s'inquiéter autrement de l'évanouissement paternel, grignottait des noisettes, nous l'aurions cru mort. Nous demandâmes à l'enfant ce qu'il fallait faire pour donner du soulagement à l'auteur de ses jours.

— Ah bah ! rien du tout, répondit-il. Attendez, il va revenir.

Nous attendîmes, et effectivement le bonhomme reprit ses sens. Il y avait mis de la conscience, et, comme il avait voulu que nos œufs fussent bien cuits, il était resté sept ou huit secondes de plus qu'à l'ordinaire. Or, sept ou huit secondes sont une grande affaire quand il s'agit de respirer un air qui n'est pas respirable. Il en était résulté que, deux secondes de plus, le gardien était cuit lui-même.

Nous demandâmes à ce malheureux ce qu'il pouvait gagner par jour à l'effroyable métier qu'il faisait. Il nous répondit que, bon an mal an, il gagnait trois carlins par jour (vingt-six ou vingt-sept sous.) Son père et son grand-père avaient fait le même métier et étaient morts avant l'âge de cinquante ans ; il en avait trente-huit et en paraissait soixante, tant il était maigre et décharné par l'effet de cette sueur perpétuelle qui lui découlait du corps. Le gamin que nous avions vu si parfaitement insensible à sa syncope était son fils unique, et il l'élevait au même métier que lui. De temps en temps, quand cela pouvait être agréable aux voyageurs, il prenait le moutard par la main et l'emmenait avec lui faire cuire ses œufs. Madame Malibran causa un instant en patois napolitain avec ce jeune adepte, lequel lui demanda entre autres choses quel était l'imbécile qui avait pu inventer les poules. Le résultat de la conversation fut que le gamin ne paraissait pas avoir une grande vocation pour l'état si glorieusement exercé depuis trois générations dans sa famille.

Nous donnâmes à ce pauvre homme deux colonates, c'est-à-dire ce qu'il gagnait d'ordinaire en une semaine ; puis nous voulûmes gratifier son élève d'une couple d'œufs, mais il nous répondit dédaigneusement qu'il ne mangeait pas de pareilles ordures, et que c'était bon pour des rats d'étrangers comme nous. Ce furent les propres paroles de l'enfant.

Nous revînmes en les méditant à l'endroit où nous attendait notre dîner. Je dois dire, à la louange de Barbaja, que si l'ordinaire qu'il nous servit était celui de ses artistes, il les nourrissait parfaitement bien. A cet ordinaire on avait ajouté d'abord le nôtre, dont il ne faut point parler, puis les huîtres du lac Lucrin et le vin de Falerne tant vanté par Horace.

Les huîtres m'ont paru mériter cette réputation antique qui les a accompagnées à travers les âges ; elles ressemblent beaucoup à celles de Maremmes ; leur seul défaut est d'être trop grasses et trop douces. Quant au falerne, c'est un vin jaune et épais qui ressemble, pour le goût, à celui de Montefiascone. Fait par d'habiles manipulateurs, il serait excellent. Tel qu'il est, il ressemble à de bon cidre doux.

On nous apporta ensuite des fruits de Pouzzoles. Pouzzoles est le jardin potager de Naples ; malheureusement, les jardiniers italiens ne sont pas plus fort que les vignerons. Il en résulte que, dans un pays où, grâce à un admirable climat, on pourrait manger les plus beaux fruits de la terre, il faut se contenter de ceux que la main de l'homme ne s'est pas encore avisée de gâter, attendu qu'ils poussent tout seuls, comme les figues, les grenades et les oranges.

Le dîner fini, les opinions se divisèrent : les uns étaient d'avis de monter à l'instant même dans la barque qui nous attendait, et d'aller faire un tour dans le golfe ; les autres voulaient profiter de ce qui nous restait de jour pour visiter la grotte de la Sibylle, Cumes, la Piscine merveilleuse, les Cent-Chambres et le tombeau d'Agrippine. On alla aux voix, et, le parti archéologique l'ayant emporté sur le parti nautique,

nous nous acheminâmes aussitôt vers le lac d'Averne. Jadin et moi nous
étions naturellement les chefs du parti archéologique.

IX

Le Tartare et les Champs-Élysées.

Tout au contraire des choses de ce monde, l'Averne s'est fort embelli
en vieillissant. S'il faut en croire Virgile, c'était du temps d'Énée un lac
noir, entouré de sombres bois, au dessus duquel les oiseaux, si rapide
que fût leur vol, ne pouvaient passer sans être frappés de mort. Aujour-
d'hui c'est un charmant lac comme le lac de Némi, comme le lac des
Quatre-Cantons, comme le lac de Loch-Leven, qui fait à merveille dans
le paysage, et qui semble un beau miroir mis là tout exprès pour réfléchir
un beau ciel.

Notre cicerone (en Italie il n'y a pas moyen d'éviter le cicerone) nous
conduisit, Barbaja, Duprez, madame Malibran, Jadin et moi, aux ruines
d'un temple qu'il nous donna pour un temple d'Apollon. Comme, grâce
à nos études préliminaires, nous savions à quoi nous en tenir, nous le
laissâmes tranquillement barboter dans ses définitions; et nous en re-
vînmes à Pluton, le véritable patron de la localité.

Ce temple, au reste, était fort ancien et fort célèbre. Annibal, arrêté
devant Pouzzoles, où les Romains avaient envoyé une colonie sous le
commandement de Quintus Fabius, alla visiter ce même temple, et, pour
se rendre les habitans des environs favorables, y fit, dit Tite-Live, un
sacrifice au roi des enfers.

Nous longeâmes les bords du lac en marchant de l'orient à l'occident,
et bientôt nous traversâmes une tranchée antique que nous ne franchîmes
qu'en sautant de pierres en pierres : c'était le lit du canal que Néron, ce
désireur de l'impossible, comme dit Tacite, fit creuser en allant de Baïa
à Ostie, et qui devait avoir vingt lieues de long et être assez large pour
que deux galères à cinq rangs de rames pussent y passer de front. Ce
canal était destiné, dit Suétone, à remplacer la navigation des côtes qui
alors, comme aujourd'hui, était fort mauvaise. Néron fut un des empe-
reurs les plus prudens qu'il y ait eu : un coup de tonnerre lui fit un jour
remettre un voyage de Grèce pour lequel tout était préparé. Malheureu-
sement, il ne put jouir de la voie qu'il avait ouverte à force de bras et
d'argent. La révolution de Galba arriva, et comme le dit Néron lui-même
au moment de se couper la gorge, le monde eut le malheur de perdre ce
grand artiste.

Cependant nous venions de mettre le pied sur le sol que couvrait au-
trefois la ville de Cumes. Une seule porte est restée debout, et on l'appelle,
je ne sais pourquoi, l'*Arco-Felice*. C'est à deux pas de cette porte qu'était
le tombeau de Tarquin-le-Superbe, qui, banni de Rome, vint mourir à
Cumes. Pétrarque vit ce tombeau dans son voyage à Naples, et en parle
dans son itinéraire. On assure qu'il a été depuis transporté au musée. Ce
qu'il y a de sûr, c'est qu'il y a au musée un tombeau qu'on montre pour
celui-là.

C'est aussi à Cumes que Pétrone se fit ouvrir les veines, mais en vé-
ritable sybarite qu'il était, dans un bain parfumé, en causant avec ses
amis. Il se refermait les veines quand la conversation devenait plus in-

téressante, il les rouvrait quand elle languissait. Enfin, il fit apporter les vases Murrhins, qu'il brisa pour que Néron n'en héritât point ; puis il changea de lieu, car il fallait que cette mort violente eût l'apparence d'une mort volontaire ; puis il glissa, au moment de mourir, à un ami le manuscrit de *Trimalcion*, cet immortel monument des débauches impériales, dont il avait été le complice avant d'en être l'historien.

C'était une époque curieuse que celle-là! Le pouvoir suprême s'était tellement perfectionné que le bourreau était devenu un personnage inutile. Un signe suffisait, un geste disait tout. Le condamné comprenait la sentence, rentrait chez lui, faisait un testament où il léguait la moitié de son bien à César, pour que sa famille pût hériter de l'autre moitié ; remerciait l'empereur de sa clémence, faisait chauffer un bain, se couchait dedans et s'ouvrait les veines. S'ouvrir les veines était la mort à la mode ; un homme comme il faut ne se servait plus de l'épée ni du poignard : c'était bon pour des stoïciens comme Caton, ou pour des soldats comme Brutus et Cassius ; mais à des Romains du temps de Néron il fallait une mort voluptueuse comme la vie, une mort sans douleur, quelque chose de pareil à l'ivresse et au sommeil. Quand on appelait son barbier, il demandait avec la plus grande simplicité du monde : Faut-il prendre mes rasoirs ou ma lancette? et il était arrivé un temps où ces vénérables fraters pratiquaient plus de saignées qu'ils ne faisaient de barbes.

Puis, comme ceux à qui on ne pouvait pas faire signe de se tuer, comme à Pétrone, qui n'était qu'un riche dandy ; comme à Lucain, qui n'était qu'un pauvre poète ; comme à Sénèque, qui n'était qu'un beau parleur ; comme à Burrhus, qui n'était qu'un vieux soldat ; comme à Pallas, qui n'était qu'un misérable affranchi ; pour un père qui vivait trop vieux, par exemple ; pour une mère, pour un oncle, on avait Locuste, la Voisin du temps. Il y avait chez elle un assortiment de poisons comme peu de chimistes modernes en possèdent. Chez elle, on achetait de confiance. D'ailleurs, ceux qui avaient peur d'être volés essayaient sur des enfans et ne payaient que s'ils étaient contens.

Peut-on se faire une idée de ce qu'un pareil monde serait devenu si la religion chrétienne n'était pas arrivée pour le purifier !

Cependant, comme Énée, nous nous avancions vers l'antre de la Sibylle. A cinquante pas de la porte, nous trouvâmes le concierge qui vint à nous la clé à la main, tandis que des porteurs, restés en arrière, nous attendaient sur le seuil avec des torches allumées. L'appareil nous paraissait peu agréable. D'ailleurs, nous avions déjà vu tant de souterrains, de grottes et d'antres, que nous commencions à avoir assez de ces sortes de plaisanteries. Nous échangeâmes un signe qui voulait dire : Sauve qui peut! Mais il était trop tard ; nous étions entourés, nous étions captifs, nous étions la chose des *ciceroni* ; nous étions venus pour voir, nous ne devions pas nous en aller sans avoir vu. En un instant, la porte s'ouvrit, nous fûmes enveloppés, pris, poussés, et nous nous trouvâmes dedans. Il n'y avait plus moyen de s'en dédire.

Nous fîmes à peu près cent pas, non dans cette haute caverne que nous nous attendions à trouver sur la foi de Virgile : *Spelunca alta fecit*, mais dans un corridor assez bas et assez étroit. Ces cent pas faits, nous crûmes que nous en étions quittes, et nous voulûmes retourner en arrière. Bast! nous n'avions vu encore que le vestibule. En ce moment, Jadin, qui marchait le premier, jeta des cris de paon ; il n'avait pas écouté ce

que lui disait son guide, et il était tombé dans l'eau jusqu'au genou. Cette·
fois, nous crûmes que c'était fini et que nous avions eu assez de plai-
sirs ; nous nous trompions encore. Comme chacun de nous était entre
deux guides, l'un qui portait une torche, et l'autre qui, comme le page
de M. Marlborough, ne portait rien du tout, une manœuvre à laquelle
nous ne pouvions nous attendre s'exécuta. Le guide qui était devant
nous se baissa, le guide qui était derrière nous se haussa, de sorte que,
par un mouvement rapide comme la pensée, chacun de nous, madame
Malibran comme les autres, se trouva sur le dos d'un cicerone. Dès
lors il n'y eut plus de défense possible, et nous nous trouvâmes à la merci
de l'ennemi.   .

Hélas ! ce que l'on nous fit faire de tours et de détours dans cette af-
freuse caverne, ce qu'on nous conta de bourdes abominables à l'endroit
de cette bonne sibylle qui n'en pouvait mais, la quantité innombrable
de coups qu'on nous donna à la tête contre le plafond, et aux genoux
contre la muraille, Dieu seul le sait ! Mais ce que je sais, moi, c'est qu'en·
sortant de ce guêpier j'avais une envie démesurée de rendre à qui de
droit les horions que j'avais reçus. Cependant nous comprîmes que,
comme on n'irait pas dans de pareils lieux de son plein gré, et qu'il est
convenu qu'on doit les avoir vus, il faut bien qu'il y ait des gens qui·
vous y portent de force. Le résultat de ce raisonnement fut que nos por-
teurs se partagèrent deux piastres de pour-boire ; moyennant quoi ils nous
reconduisirent, les torches à la main et en nous appelant altesses, jus-
qu'aux bords du lac Achéron.

L'Achéron est encore une déception pour les amateurs du terrible. Les
eaux en sont toujours bleu-foncé. Mais ce n'est plus ce marais de dou-
leur qui lui a fait donner son nom ; c'est, au contraire, un joli lac qui par-
tage avec son ami, le lac Agnano, le monopole de rouir le chanvre , et
avec son voisin, le lac Lucrin, le privilége d'engraisser d'excellentes huî-
tres que l'on va pêcher soi-même à l'aide d'une barque que manœuvre
le successeur de Caron. La seule chose qui lui soit restée de son véri-
table aïeul, c'est son exactitude à vous demander l'obole.

Au bord du lac est une espèce de casino (lisez guinguette) où les *lions*
de Naples viennent faire de petits soupers dans le genre de ceux de la
régence.

Des bords de l'Achéron on nous montra le Cocyte, qui nous parut
moins changé que son terrible voisin. C'est toujours une mare d'eau
stagnante. Je crois même qu'elle a conservé l'avantage qu'elle avait dans
l'antiquité, de sentir fort mauvais.

L'antre de Cerbère est à l'extrémité du canal qui communique de
l'Achéron à la mer. L'antre de Cerbère a son cicerone à lui , comme le
moindre trou de cet heureux coin de la terre. Seulement on a pensé que
l'antre de Cerbère n'avait pas assez d'importance pour lui donner un
homme tout entier : on lui a donné un bossu auquel il manque une
jambe , mais à qui heureusement il reste une langue et les deux mains.
Il fit de ces deux mains et de cette langue tout ce qu'il put pour nous
entraîner vers la localité qu'il exploite ; mais, comme il n'osa pas nous
répondre positivement que nous trouverions Cerbère chez lui, la vue de
l'antre, dénué de son locataire, nous parut par trop ressembler à celle de
la carpe et du lapin, père et mère de ce fameux monstre que l'on mon-

trerait en province si M. Lacépède ne l'avait fait demander pour le Musée de Paris.

Nous offrîmes à Milord la survivance de Cerbère, mais Milord n'avait pas assez de confiance dans les grottes depuis qu'il avait vu celle du Chien, pour accepter la position, si avantageuse qu'elle fût.

Il est inutile d'ajouter que le bossu eut son carlin, comme si nous avions visité l'antre de son dogue.

Des bords du Cocyte nous fûmes en un instant aux ruines du palais de Néron.

Ce palais s'élevait sur le point le plus ravissant du golfe de Baïa, qui, au dire d'Horace, l'emportait sur les plus doux rivages de l'univers, et où l'air, comme à Pœstum, portait avec lui un tel parfum, un tel enivrement, que Properce prétendait qu'une femme était compromise rien qu'en y restant une semaine. Malgré cela, et peut-être à cause de cela, tout ce qu'il y avait de riches Romains à Rome avait sa maison à Baïa. Marius, Pompée, César, y venaient passer leur été. C'est dans la maison de ce dernier que mourut le jeune Marcellus, très probablement empoisonné par Livie, et dont la mort devait fournir à Virgile un des hémistiches à la fois les plus beaux et les plus lucratifs de son sixième chant. Byron se vantait de vendre ses poèmes une guinée le vers. Demandez à Virgile ce que lui rapporta le *Tu Marcellus eris !*

Mais revenons au palais de Néron, aujourd'hui à moitié écroulé dans les flots, et dont la vague emporte chaque jour quelque sanglante parcelle. C'est dans ce palais qu'il avait appelé sa mère Agrippine ; c'est là qu'il voulait célébrer avec elle les fêtes de réconciliation.

Voyez, en face l'un de l'autre, la lionne et lionceau : la lionne, l'habituée depuis long-temps au carnage ; le lionceau, qui n'a encore goûté qu'une fois le sang : il est vrai que c'est le sang de son frère.

Un coup d'œil en passant sur ce tableau : nous promettons au lecteur que nous allons mettre sous ses yeux une des plus terribles pages qui aient été écrites sur le livre de l'histoire universelle.

D'abord faisons le tour de nos personnages : voyons ce que c'était qu'Agrippine, car le crime du fils nous a fait oublier les crimes de la mère ; et, comme elle nous est apparue dans son linceul ensanglanté, nous n'avons pas pu distinguer le sang qui était à elle du sang qui appartenait aux autres.

Elle est la fille de Germanicus ; sa mère est cette Agrippine, noble veuve et féconde matrone, qui abordait à Brindes, portant dans ses bras l'urne funéraire de son mari, et suivie de ses six enfans, dont quatre devaient aller promptement rejoindre leur père. Les premiers qui disparurent furent les deux aînés, Néron et Drusus (ne pas confondre ce Néron-là, dernier espoir des républicains, avec le fils de Domitius, dont nous allons parler tout à l'heure). Néron fut exilé à Pontia, où il mourut. Comment ? on ne le sait pas, probablement comme on mourait alors. Quant à Drusus, il n'y a pas de doute sur lui, et la chose est des plus claires : on l'enferma un beau matin dans les souterrains du palais, et pendant neuf jours on oublia de lui porter à manger ; le dixième jour, on descendit ostensiblement dans sa prison avec un plateau couvert de viande, de vins et de fruits ; on le trouva expirant : il avait vécu huit jours en dévorant la bourre de son matelas.

Quant à la mère, elle fut punie pour un crime énorme : elle avait pleuré ses enfans. On l'exila *ob lacrymas ;* elle se tua dans l'exil.

Bref, il ne restait plus de toute la race de Germanicus que notre Agrippine et Caïus Caligula, ce serpent que Tibère élevait, disait-il, pour dévorer le monde.

Tibère, qui, comme on l'a vu, s'intéressait fort à toute sa race, avait marié Agrippine à un certain Eneus Domitius, dont le vol et l'homicide étaient les moindres crimes. Comme préteur, il avait volé les jeux des courses. Un jour, en plein Forum, il avait crevé l'œil d'un chevalier. Un autre jour, il avait écrasé sous les pieds de ses chevaux un enfant qui ne se rangeait pas assez vite. Un autre jour, enfin, il avait tué un affranchi à qui il avait donné un verre plein de vin à vider d'un seul coup, et qui, manquant de respiration, avait commis la faute de s'y reprendre à deux fois. Lors de l'agonie de Tibère, il était accusé de lèse-majesté. Tibère mourut étouffé par Macron, et Eneus Domitius fut absous.

Caligula était mort. Des six enfans de Germanicus, Agrippine restait seule. Claude régnait. Claude venait de faire tuer Messaline, sa troisième femme, qui avait eu le caprice d'épouser publiquement, toute femme de l'empereur qu'elle était, son amant Silius. Dégoûté du mariage, l'empereur avait juré à ses prétoriens de vivre désormais sans femme. Mais les affranchis de Claude avaient décidé que Claude se remarierait.

Ils étaient trois : Caliste, Narcisso et Pallas, les premiers personnages de l'État, les véritables ministres de l'empereur. Voulez-vous connaître la fortune de ces trois anciens esclaves ? Pallas avait trois cents millions de sesterces (soixante millions de francs) ; Narcisse était plus riche du quart : il avait quatre cents millions de sesterces (quatre-vingts millions de francs) ; quant à Caliste, c'était le plus pauvre : le malheureux n'avait que quarante millions à peu près. Au reste, c'était l'époque des fortunes insensées. Un esclave qui avait été *dispensator,* titre qui répond à celui de munitionnaire général, avait, au dire de Pline, acheté sa liberté pour la bagatelle de treize millions. Vous vous rappelez le gourmand Apicius, lequel, après avoir dépensé vingt millions pour sa table, est averti par son intendant qu'il ne lui reste plus que deux millions cinq cent mille francs. Or, que croyez-vous que fera Apicius? Qu'il placera son argent à dix pour cent, taux légal de Rome, et que, des bribes de son patrimoine, il se fera deux cent cinquante mille livres de rente, ce qui est encore un fort joli denier? Point. Apicius s'empoisonne : il n'a plus assez pour vivre. Il est vrai qu'Apicius avait donné jusqu'à mille deux cents francs d'un surmulet de quatre livres et demie que faisait vendre Tibère, trouvant ce poisson trop beau pour sa table. On a de la peine à croire à de pareilles folies. Lisez pourtant Sénèque, épître 95. Mais revenons encore à nos affranchis.

Chacun d'eux avait une femme qu'il protégeait, une impératrice de sa main qu'il voulait donner à Claude, l'empereur imbécile, qui dormait à table, à qui on laçait ses sandales aux mains, à qui on chatouillait le nez avec une plume, et qui alors, à la grande joie des convives, se frottait le nez avec ses sandales. Caliste présentait Lollia Paulina, qui avait autrefois été la femme de Caligula. Narcisse présentait Elia Petina, qui avait été déjà la femme de Claude, ce qui épargnait la dépense de nouvelles noces. Enfin Pallas présentait Agrippine, dont il était l'amant, et qui apportait en dot à César un petit-fils de Germanicus. On lâcha les trois femmes après Claude. Agrippine l'emporta et fut impératrice.

Agrippine était donc enfin arrivée à une position digne d'elle. Voyons-la à l'œuvre.

Silanus est le fiancé d'Octavie, fille de Claude; mais Octavie est devenue un parti sortable pour le fils d'Agrippine. Silanus est dépouillé de la préture, accusé du premier crime qu'on imagine, et invité à se donner la mort; Silanus se tue.

Sa rivale Lollia Paulina, cette veuve de son frère qui avait failli l'emporter sur elle, était belle comme elle, violente comme elle, débauchée comme elle, capable de tout comme elle, mais plus riche qu'elle, ce qui lui donnait un grand avantage. Un jour, elle était venue à un souper avec une parure d'émeraudes qui valait quarante millions de sesterces (huit millions de notre monnaie). Le fortune de Lollia Paulina fut confisquée, Lollia Paulina fut envoyée en exil, et six mois après un centurion vint dans son exil annoncer à Lollia Paulina qu'il fallait mourir. Lollia Paulina mourut.

Après Lollia Paulina vint Calpurnie, dont Claude avait vanté imprudemment la beauté; après Calpurnie, Lepida, tante de Néron. Pourquoi moururent-elles toutes deux? Demandez à Pline : *Mulieribus ex causis,* pour des raisons de femmes; il ne vous dira pas autre chose. En effet, ces trois mots disent tout.

Nous ne parlons pas d'un Taurus qui avait une villa qu'Agrippine voulait acheter, qu'il refusa de vendre, et qui, trois mois après, mourut en la lui léguant.

Cependant Claude, qui était devenu méfiant depuis la mort de Messaline, s'apercevait de tout cela et secouait la tête. Puis, dans ses momens d'abandon, quand il réformait la langue avec ses grammairiens, ou le monde avec ses affranchis, il disait : « J'ai eu tort de me remarier, mais qu'on y prenne garde! Je suis destiné à être trompé, c'est vrai, mais je suis destiné aussi à punir celles qui me trompent! »

Claude n'avait pas tort de penser cela, mais Claude avait grand tort de le dire. Ces menaces conjugales revinrent aux oreilles d'Agrippine : le tribun qui avait tué Messaline vivait encore; il ne fallait qu'un signe de Claude, un mot de Narcisse, pour qu'il en fût de la quatrième femme de Claude comme il en avait été de la troisième. Agrippine prit les devants.

Un soir, elle jeta un voile sur sa tête, sortit du Palatin par une porte de derrière et s'en alla trouver Locuste.

Il s'agissait, cette fois, de trouver le chef-d'œuvre des poisons, quelque chose d'agréable au goût, qui ne tuât ni trop vite ni trop lentement, qui fît mourir, voilà tout, mais sans laisser de traces. Agrippine ne regardait pas au prix.

<h1 style="text-align:center">X</h1>

<h2 style="text-align:center">Le Golfe de Baïa.</h2>

Agrippine emporta ce qu'elle était venue demander à l'empoisonneuse Locuste : c'était une espèce de pâte qu'on pouvait parfaitement délayer dans une sauce. Le lendemain, on servit à l'empereur Claude des champignons farcis; Claude adorait les champignons; il dévora le plat tout entier. Il n'y avait rien d'étonnant que Claude mourût d'indigestion, après avoir avalé à lui seul un plat de champignons qui eût pu suffire à six personnes. Mais Claude ne mourait pas ; Claude sentait une grande pesanteur à l'estomac. Il fit venir son médecin, un médecin grec fort habile, ma foi, nommé Xénophon. Ce médecin lui ordonna d'ouvrir la bouche et lui frotta la gorge avec les barbes d'une plume empoisonnée. Claude mourut.

On annonça à Rome que Claude allait mieux.

Après avoir fait de Claude un dieu, il fallait faire de Néron un empereur. Voici ce que c'était que Néron : c'était, à cette époque, un enfant de quinze ans, né, au dire de Pline, les pieds en avant, ce qui était un signe de malheur ; mais, signe de malheur plus certain encore, né de Domitius et d'Agrippine : c'était l'avis de son père lui-même. Comme on le félicitait de la naissance du jeune Lucius et que les courtisans voyaient d'avance en lui d'heureuses destinées pour le monde : « Vous êtes bien aimables, dit Domitius, mais je doute fort qu'il puisse naître quelque chose de bon d'Agrippine et de moi. »

Domitius ne s'était pas trompé : c'était un terrible enfant que ce jeune Néron. L'éducation ne lui avait pas manqué : au contraire, il avait près de lui Sénèque, qui lui avait appris le grec et le latin ; Burrhus, qui lui avait appris la tactique militaire et l'escrime. Il chantait comme l'histrion Diodore, dansait comme le mime Pâris, conduisait un char comme Apollon. Aussi avait-il, avant toute chose, la prétention d'être artiste. Néron chanteur, Néron danseur, Néron cocher d'abord, Néron empereur ensuite.

Cela n'empêcha pas qu'il n'accueillît avec une grande joie la mort de Claude et qu'il ne fît tout ce qu'il fallait pour souffler le monde à son cousin Britannicus. Il est vrai que pour cela il n'avait pas grand'chose à faire, il n'avait qu'à laisser agir Agrippine ; il se contenta, quand il apprit que le dernier plat qu'avait mangé Claude était un plat de champignons, de dire que les champignons étaient le mets des dieux. Le mot n'était pas tendre pour son père adoptif, mais il était joli : il fit fortune.

Cependant Néron n'était pas monté sur le trône pour faire des mots ; il avait près de lui Narcisse et Tigellus, qui le poussaient à faire autre chose. Puis les passions commençaient à fermenter dans cette jeune tête, car pour son cœur elles n'en approchèrent jamais. Il avait des amours cachés, pour lesquelles Sénèque, son précepteur, lui prêtait le nom d'un de ses beaux-frères. Agrippine le sut, et cela lui donna fort à penser. Elle commençait à comprendre que la lutte serait plus opiniâtre qu'elle ne s'y était attendue d'abord ; elle voulut effrayer Néron par un jeu de bascule, elle se retourna vers Britannicus.

Alors, ce fut Néron qui sortit un soir du Palatin. Avec qui ? on ne sait pas ; avec son ami Othon peut-être, ce futur empereur de Rome, avec lequel, dans ses orgies nocturnes, Néron allait frapper aux portes et battre les passants. Et, à son tour, il se rendit chez Locuste. Il trouva la pauvre femme toute tremblante : l'avis lui avait été donné qu'elle devait être arrêtée le lendemain. On commençait à la soupçonner de vendre du poison ; et à qui ce soupçon était-il venu ? A Agrippine !

Néron la rassura et lui promit sa protection ; mais à condition qu'elle lui donnerait une eau qui tuerait à l'instant même.

La nuit se passa à faire bouillir des herbes ; le matin, on eut deux petites fioles d'eau claire et limpide comme de l'eau de roche. Locuste proposa d'en faire l'essai sur un esclave, mais Néron fit observer qu'un homme n'avait pas la vie assez dure, et qu'il fallait chercher quelque animal de résistance. Un sanglier barbotait dans la cour : Locuste le montra à Néron. On versa une des deux fioles dans une assiette pleine de son, et l'on fit manger ce son au sanglier qui mourut comme s'il était frappé de la foudre.

Néron rentra au palais. Il mangeait ordinairement dans la même chambre que Britannicus, mais non à la même table. Chacun des deux jeunes gens avait un dégustateur qui buvait avant eux de chaque liqueur qu'on leur offrait, qui mangeait avant eux de chaque plat qui leur était servi. Britannicus buvait tiède; il était un peu souffrant. Son dégustateur, après en avoir bu le tiers à peu près, lui présenta à dessein une boisson que le jeune homme trouva trop chaude. « Remettez-moi de l'eau froide là-dedans, » dit Britannicus en tendant son verre. On lui versa l'eau préparée par Locuste. Britannicus but sans défiance. Son dégustateur ne venait-il pas de boire devant lui? Mais à peine avait-il bu qu'il poussa un cri et tomba à la renverse.

Agrippine jeta un coup d'œil rapide sur Néron, en même temps que Néron, de son côté, jetait un coup d'œil sur elle : ces deux regards se croisèrent comme deux glaives. La mère et le fils n'avaient plus rien à s'apprendre, la mère et le fils n'avaient plus rien à se reprocher ; la mère et le fils étaient dignes l'un de l'autre.

Maintenant tout était dans cette question : Serait-ce la mère qui oserait tuer le fils ? Serait-ce le fils qui oserait tuer la mère?

Ni l'un ni l'autre ne l'eût osé peut-être si une troisième femme ne fût venue se mêler à cette haine.

Cette femme, c'était Sabina Poppea, la plus belle femme de Rome depuis qu'Agrippine avait fait tuer Lollia Paulina ; et avec cela coquette comme si elle eût eu besoin de coquetterie ; ne sortant jamais sans voile, ne levant jamais son voile qu'à demi, et, lorsqu'elle quittait Rome pour aller à Tivoli ou Baïa, se faisant suivre par un troupeau de quatre cents ânesses, lesquelles lui fournissaient les trois bains de lait qu'elle prenait chaque jour.

Sabina Poppea avait eu ce que nous appellerions, nous autres, une jeunesse orageuse. Othon la trouva momentanément mariée, dit Tacite, à un chevalier romain nommé Rufius Crispinius ; Othon l'enleva à ce mari provisoire, la fit divorcer et l'épousa. Othon, nous l'avons dit, était le camarade de Néron. Celui-ci, en allant chez Othon, vit sa femme ; alors il envoya Othon en Espagne. Othon partit sans regimber : il connaissait son ami Néron.

Mais ce n'était pas tout que d'éloigner Othon pour devenir l'amant de Poppée. Poppée savait être sage quand son profit y était. Lorsque Othon l'avait aimée, Othon l'avait épousée. César l'aimait, eh bien ! que César en fît autant. César était marié avec Octavie : il fallait donc éloigner Octavie. Agrippine s'opposerait à cette nouvelle union : il fallait donc aussi se débarrasser d'Agrippine. D'ailleurs, Poppée ne comprenait pas comment César pouvait garder Octavie, cette pleureuse éternelle, qui ne faisait que gémir sur la mort de Claude et de Britannicus. Poppée ne comprenait pas non plus comment César supportait la domination de sa mère, qui écoutait les délibérations du sénat derrière un rideau, et continuait de régner comme si César était encore un enfant. Cela ne pouvait durer ainsi.

Agrippine était à Antium, elle reçut une lettre de son fils qui l'invitait à venir le rejoindre à Baïa. — « Il ne pouvait, disait-il, rester plus long-temps loin d'une si bonne mère : il avait des torts envers elle, il voulait les lui faire oublier. »

Un devin avait prédit à Agrippine que, si son fils devenait empereur, son fils la tuerait. Agrippine avait méprisé la prophétie du devin, et Néron régnait. Elle méprisa de même les conseils de Pallas, qui lui disait de ne pas aller à Baïa : elle y vint. Elle y trouva Néron plus tendre, plus respectueux, plus soumis que jamais. Elle se reprit à cette idée qu'elle pourrait peut-être l'emporter sur Poppée. C'était chez elle une idée fixe. Agrippine soupa avec Néron. Tous deux avaient bien pensé au poison, mais tous deux aussi avaient pensé au contre-poison.

Le souper fini, Néron dit à Agrippine qu'il ne voulait pas qu'elle retournât à Antium. Elle avait une villa à trois milles de là, près de Bauli ; c'était là que Néron voulait qu'elle allât pour n'être plus éloignée de lui. Ce point était si bien arrêté dans son esprit qu'il avait fait préparer une galère pour l'y transporter. Agrippine accepta.

A dix heures, le fils et la mère se séparèrent ; Néron conduisit Agrippine jusqu'au bord de la mer ; des esclaves portaient des torches ; les musiciens qui avaient joué pendant le souper venaient derrière eux. Arrivé sur le rivage, Néron embrassa sa mère sur les mains et sur les yeux ; puis il resta non seulement jusqu'à ce qu'il l'eût vue descendre dans l'intérieur de la galère, mais encore jusqu'à ce que la galère eût levé l'ancre et fût déjà loin.

Agrippine était assise dans la cabine ; Crépéréius, son serviteur favori, était debout devant elle ; Aurronie, son affranchie, était à ses pieds. Le ciel était tout scintillant d'étoiles, la mer était calme comme un miroir. Tout à coup le pont s'écroule : Crépéréius est écrasé, mais une poutre soutient les débris au dessus de la tête d'Agrippine et d'Aurronie ; au même moment, Agrippine sent que le plancher manque sous ses pieds, elle saute à la mer suivie d'Aurronie, criant pour qu'on la sauve : « Je suis Agrippine ! Sauvez la mère de César ! » A peine a-t-elle dit, qu'une rame se lève et en retombant lui fend la tête. Agrippine a tout deviné : elle plonge sans prononcer une parole, ne reparaît à la surface que pour respirer, replonge encore, et, tandis que les assassins la cherchent, vivante pour l'achever, morte pour reporter son cadavre à Néron, elle nage vigoureusement vers la terre, aborde le rivage, gagne à pied sa villa, se fait reconnaître à ses esclaves et se jette sur son lit.

Pendant ce temps, on la cherche, on l'appelle de la galère ; les gens qui habitent le rivage apprennent qu'Agrippine est tombée à la mer et n'est point reparue ; bientôt toute la population est sur la côte avec des flambeaux ; des barques sont poussées dans le golfe pour aller au secours de la mère de César ; des hommes se jettent à la nage en l'appelant ; d'autres, qui ne savent pas nager, descendent dans l'eau jusqu'à la poitrine ; ils jettent des cordes, ils tendent les mains. Dans ce moment de danger, on s'est souvenu qu'Agrippine est la fille de Germanicus.

Agrippine voit ces témoignages d'amour ; elle se rassure en se sentant au milieu d'une population dévouée : elle comprend qu'elle ne pourra long-temps cacher sa présence, elle fait dire qu'elle est sauvée ; la foule entoure alors la villa avec des cris de joie ; Agrippine se montre, le peuple rend grâces aux dieux.

Néron a tout su presque à l'instant même ; un messager d'Agrippine est venu lui dire de la part de sa maîtresse qu'elle était sauvée. Agrippine a voulu, aux yeux de son fils, avoir l'air de croire que tout cela n'était qu'un accident, auquel la volonté de Néron n'avait eu aucune part.

Que fera Néron ? Néron conçoit et dirige assez bien un crime ; mais si, par une circonstance quelconque, le crime avorte, Néron perd facilement la tête et il ne sait pas faire face au danger. Agrippine, les vêtemens ruisselans, les cheveux collés au visage, Agrippine racontant le meurtre auquel elle n'est échappée que par miracle, peut soulever le peuple, entraîner les prétoriens, marcher contre Néron. Au moindre bruit, Néron tremble. Seul, il ne prendra aucune décision, il ne saura qu'attendre et trembler. Il envoie chercher Sénèque et Burrhus. A eux deux, le guerrier et le philosophe lui donneront peut-être un bon conseil.

— Qui a conseillé le crime ? demandent-ils après s'être consultés.

— Anicetus, le commandant de la flotte de Misène, répond Néron.

— Qu'Anicetus achève donc ce qu'il a commencé, disent Sénèque et Burrhus.

Anicetus ne se le fait pas redire deux fois ; il part avec une douzaine de soldats.

Que vous semble de ces deux braves pédagogues ? Tels que vous les voyez pourtant, c'étaient, après Thraséas, les deux plus honnêtes gens de l'époque. Comment donc ! on avait voulu faire Sénèque empereur — à cause de ses hautes vertus ! Voyez Tacite et Juvénal.

Cependant Agrippine s'est recouchée ; elle a une seule esclave près d'elle. Tout à coup les cris de la foule cessent, le bruit des armes retentit dans les escaliers, l'esclave qui est près d'Agrippine se sauve par une petite porte dérobée ; Agrippine va la suivre, quand la porte de la chambre s'ouvre. Agrippine se retourne et aperçoit Anicetus.

A sa vue et à la manière dont il entre dans la chambre de son impératrice, Agrippine a tout deviné. Toutefois elle feint de ne rien craindre.

— Si tu viens pour savoir de mes nouvelles de la part de mon fils, retourne vers lui et dis-lui que je suis sauvée.

Un des soldats s'avance alors, et, tandis qu'Agrippine parle encore, la frappe d'un coup de bâton à la tête.

— Oh ! dit Agrippine en levant les mains au ciel, oh ! je ne croirai jamais que Néron soit un parricide.

Pour toute réponse Anicetus tire son épée.

Alors Agrippine, d'un geste sublime d'impudeur, jette loin d'elle sa couverture, et montrant ses flancs nus, ces flancs qu'elle veut punir d'avoir porté Néron :

— *Feri ventrem !* Frappe au ventre ! dit-elle.

Et elle reçoit aussitôt quatre ou cinq coups d'épée dont elle meurt sans pousser un cri.

N'est-ce pas bien jusqu'au bout la femme que je vous ai dite, et n'est-elle pas morte comme elle a vécu ?

Quant à Néron, attendez un moment encore. Néron est incomplet : il n'a encore tué que Britannicus et Agrippine ; il faut qu'il tue Octavie. Mais Octavie était difficile à tuer à cause de sa faiblesse même. Agrippine luttait contre Néron ; pendant la lutte, son pied a glissé dans le sang de Claude, et elle est tombée, c'est bien. Mais Octavie ! comment égorgera-t-on cette douce brebis ? comment étouffera-t-on cette blanche

colombe? C'est la seule femme de Rome dont la calomnie n'ait jamais
pu approcher.

On mit ses esclaves à la torture pour savoir si elle n'aurait pas commis
quelque crime inconnu dont on pût la punir. Ses esclaves moururent
sans oser l'accuser. Il fallut encore recourir à Anicetus. Au milieu d'un
dîner, comme Néron, couronné de roses, marquait de la tête la mesure
aux musiciens qui chantaient, Anicetus entra, se jeta aux pieds de Néron
et s'écria que, vaincu par ses remords, il venait avouer à l'empereur
qu'il était l'amant d'Octavie.

Octavie, cette chaste créature, la maîtresse d'un Anicetus!

Personne ne crut à cette monstrueuse accusation ; mais qu'importait
à César ? il voulait un prétexte, voilà tout. Anicetus fut exilé en Sar-
daigne, et Octavie à Pandataria.

Puis, quelques jours après, on fit dire à Octavie qu'il fallait mourir.

La pauvre enfant, qui avait eu si peu de jours heureux dans la vie,
s'effrayait cependant de la mort ; elle se prit à pleurer, tendant les mains
aux soldats, implorant Néron, non plus comme sa femme, mais comme
sa sœur, adjurant sa clémence au nom de Germanicus. Mais les ordres
étaient positifs : ni prières ni larmes ne pouvaient la sauver de ce crime
énorme d'être coupable de trop de vertu. On lui prit les bras, on les lui
raidit de force, on lui ouvrit les veines avec une lancette ; puis, comme
le sang, figé par la peur, ne voulait pas couler, on les lui trancha avec
un rasoir. Enfin, comme le sang ne coulait pas encore, on l'étouffa dans
la vapeur d'un bain bouillant.

Poppée, de son côté, avait donné ses ordres aux meurtriers ; elle vou-
lait être sûre qu'Octavie était bien morte : on lui apporta sa tête.

Alors elle épousa tranquillement Néron.

Néron, dans un moment d'humeur, la tuera quelque jour d'un coup
de pied.

Nous étions sur le lieu même où le drame terrible que nous venons de
raconter s'était accompli. Ces ruines, c'étaient celles qui avaient vu
Agrippine assise à la même table que Néron ; ce rivage, c'était celui
jusqu'où César avait reconduit sa mère. Nous montâmes dans la barque :
nous étions sur le golfe où Agrippine avait été précipitée, et nous sui-
vions la route qu'elle avait suivie à la nage pour aborder à Bauli.

On montre un prétendu tombeau qui passe pour le tombeau d'Agrip-
pine. N'en croyez rien : ce n'était pas de ce côté-ci de Bauli qu'était
situé le tombeau d'Agrippine ; c'était sur le chemin de Misène, près de
la villa de César. Puis le tombeau d'Agrippine n'avait pas cette dimen-
sion. Ses affranchis l'enterrèrent en secret, et, après la mort de Néron,
lui élevèrent un monument. Or, ce monument de tardive piété était un
tout petit tombeau, *levem tumulum*, dit Tacite.

Le golfe de Baïa devait être une miraculeuse chose quand ses rives
étaient couvertes de maisons ; ses collines, d'arbres ; ses eaux, de navi-
res ; puisque, aujourd'hui que ces maisons ne sont plus, que des ruines,
que ses collines, bouleversées par des tremblemens de terre, sont arides
et brûlées, que ses eaux sont silencieuses et désertes, Baïa est encore
un des plus délicieux points du monde.

La soirée était splendide. Nous nous fîmes descendre à l'endroit même
où était la villa d'Agrippine. La mer l'a recouverte ; on en chercherait
donc inutilement les ruines. Puis, à la lueur de la lune qui se levait

derrière Sorrente, située en face de nous, de l'autre côté du golfe de
Naples, nous nous engageâmes dans le chemin bordé de tombeaux qui
conduit des bords de la mer au village de Boccola, l'ancienne Bauli.
C'était fête, et tout ce pauvre village était en joie; on chantait, on dan-
sait, et tout cela au milieu des ruines, au milieu des monumens funé-
raires d'un peuple disparu, sur cette même terre qu'avaient foulée Man-
lius, César, Agrippine, Néron, sur ce sol où était venu mourir Tibère.

Oui, le vieux Tibère était sorti de son île; il visitait Baïa, où peut-être
il était venu prendre les eaux, lorsque le bruit lui revint que des accu-
sés, dénoncés par lui-même, avaient été renvoyés sans même avoir été
entendus. Cela sentait effroyablement la révolte. Aussi Tibère se hâta-t-il
de regagner Misène, d'où il comptait s'embarquer pour Caprée, sa chère
île, sa fidèle retraite, son imprenable forteresse. Mais à Misène les forces
lui manquèrent, et il ne put aller plus loin. L'agonie fut longue et ter-
rible. Le moribond se cramponnait à la vie, le vieil empereur ne voulait
absolument point passer dieu. Un instant Caligula le crut mort; il lui
avait déjà tiré son anneau du doigt. Tibère se redresse et demande son
anneau. Caligula se sauve effaré, tremblant. Tibère descend de son lit,
veut le poursuivre, chancelle, appelle, et, comme personne ne répond,
tombe sur le pavé. Alors Macron entre, le regarde; et comme Caligula
demande à travers la porte ce qu'il faut faire:

— C'est bien simple, répondit-il, jetez-moi un matelas sur cette vieille
carcasse, et que tout soit dit.

Ce fut l'oraison funèbre de Tibère.

Comme nous l'avons dit, c'était dans le port de Misène qu'était la
flotte romaine. Pline commandait cette flotte lors du tremblement de
terre de 79. Ce fut de Misène qu'il partit pour aller étudier le phénomène
arrivé à Stabie; il y mourut étouffé.

XI

Un courant d'air à Naples. — Les Églises de Naples.

Malgré la fatigue de la journée, notre excursion sur la terre classique
de Virgile, d'Horace et de Tacite avait eu pour nous un tel attrait que
nous proposâmes, Jadin et moi, pareille excursion à Pompeïa pour le
lendemain; mais à cette proposition Barbaja jeta les hauts cris. Le len-
demain, Duprez et la Malibran chantaient, et l'impresario ne se souciait
pas de perdre six mille francs de recette pour l'amour de l'antiquité. Il
fut donc convenu que la partie serait remise au surlendemain.

Bien nous en prit, comme on va le voir, de n'avoir fait aucune oppo-
sition contre le pouvoir aristocratique du czar de Saint-Charles.

Nous étions rentrés à minuit dans Naples par le plus beau temps du
monde: pas un nuage au ciel, pas une ride à la mer.

A trois heures du matin, je fus réveillé par le bruit de mes trois fenê-
tres qui s'ouvraient en même temps et par leurs dix-huit carreaux qui
passaient de leurs châssis sur le parquet.

Je sautai à bas de mon lit et je crus que j'étais ivre. La maison chan-
celait. Je pensai à Pline l'Ancien, et ne me souciant pas d'être étouffé
comme lui, je m'habillai à la hâte, je pris un bougeoir et je m'élançai
sur le palier!

Tous les hôtes de M. Martin Lir en firent autant que moi; chacun était sur le seuil de son appartement, plus ou moins vêtu. Je vis Jadin qui entrebâillait sa porte, une allumette chimique à la main et Milord entre ses jambes.

— Je crois qu'il y a un courant d'air, me dit-il.

Ce courant d'air venait d'enlever le toit du palais du prince de San-Teodore, avec tous les domestiques qui étaient dans les mansardes.

Tout s'expliqua : nous n'avions pas la joie d'être menacés d'une éruption : c'était tout bonnement un coup de vent, mais un coup de vent comme il en fait à Naples, ce qui n'a aucun rapport avec les coups de vent des autres pays.

Sur soixante-dix fenêtres, il en était resté trois intactes. Sept ou huit plafonds étaient fendus. Une gerçure s'étendait du haut en bas de la maison. Huit jalousies avaient été emportées; les domestiques couraient après dans les rues, comme on court après son chapeau.

On se contenta de balayer les chambres qui étaient pleines de vitres brisées ; car d'envoyer chercher les vitriers, il n'y fallait pas songer. A Naples, on ne se dérange pas à trois heures du matin. D'ailleurs, c'eût été de la besogne à recommencer dix minutes après. Il était donc infiniment plus économique de se borner pour le moment aux jalousies.

J'étais un des moins malheureux : le vent ne m'en avait arraché qu'une. Il est vrai qu'en échange il ne me restait pas un carreau. Je me barricadai du mieux que je pus et j'essayai de me coucher ; mais les éclairs et le tonnerre se mirent de la partie. Je me réfugiai au rez-de-chaussée, où le vent, ayant eu moins de prise, avait causé moins de dégât. Alors commença un de ces orages dont nous n'avons aucune idée, nous autres gens du nord ; il était accompagné d'une de ces pluies comme j'en avais reçu en Calabre seulement ; je la reconnus pour être du même royaume.

En un instant, la villa Réale ne parut plus faire qu'un avec la mer ; l'eau monta à la hauteur des fenêtres du rez-de-chaussée et entra dans le salon. Aussitôt après on vint prévenir M. Martin que ses caves étaient pleines et que ses tonneaux dansaient une contredanse dans les avant-deux de laquelle il y en avait déjà cinq ou six de défoncés.

Au bout d'un instant, un âne chargé de légumes passa, emporté par le torrent; il s'en allait droit à un égout, suivi de son propriétaire, emporté comme lui. L'âne s'engouffra dans le cloaque et disparut; l'homme, plus heureux, s'accrocha à un pied de réverbère et tint bon : il fut sauvé.

L'eau qui tombe en une heure à Naples mettrait deux mois à tomber à Paris ; encore faudrait-il que l'hiver fût bien pluvieux.

Comme cette histoire d'âne emporté m'ébouriffait singulièrement et que j'y revenais sans cesse, on me raconta deux aventures du même genre.

Au dernier coup de vent, qui avait eu lieu il y avait six ou huit mois, un officier, enlevé de la tête de sa compagnie, avait été emporté par un ruisseau gonflé dans l'égout d'un immense édifice appelé le Serraglio ; on n'en avait jamais entendu reparler.

A l'avant-dernier, qui avait eu lieu deux ans auparavant, une chose plus terrible et plus incroyable encore était arrivée. Une Française, madame Conti, revenait de Capoue dans sa voiture. Surprise par un orage pareil à celui dont nous jouissions dans le moment même, elle avait voulu continuer son chemin, au lieu d'abriter sa voiture dans quelque endroit où elle eût pu rester en sureté. A la descente de Capo di Chino, elle trouva son chemin coupé par une rue qui descend vers la mer. Cette rue était devenue, non pas un torrent, mais un fleuve. A cette vue, le cocher s'effraie et veut rétrograder. Madame Conti lui ordonne d'aller en avant, le cocher refuse, un débat s'engage, le cocher saute à bas de son siége et abandonne sa voiture. Pendant ce temps, le fleuve avait grossi toujours, il déborde à flots dans la rue transversale où est madame Conti; les chevaux s'effraient, font quatre pas en avant, sont enveloppés par les vagues qui se précipitent de Capo di Monte et de Capo di Chino; au bout d'un instant ils perdent pied et sont emportés, eux et la voiture; au bout de vingt pas la voiture est en morceaux. Le lendemain on retrouva le cadavre de madame Conti.

Au reste, à Naples il y a un avantage : c'est que deux heures après ces sortes de déluges il n'y paraît plus, si ce n'est aux rues qui sont devenues propres, ce qui ne leur arrive jamais qu'en pareille circonstance. Il y a cependant un officier chargé du nettoyage des places; mais cet officier est invisible : on sait qu'il s'appelle *portulano*, voilà tout.

J'oubliais de dire que, sans doute pour ne point s'exposer aux accidens que nous venons de raconter, dès qu'il tombe une goutte d'eau à Naples, tous les fiacres se sauvent, chacun tirant de son côté. Ni cris, ni prières, ni menaces ne les arrêtent; on dirait d'une volée d'oiseaux au milieu desquels on aurait jeté une pierre. Mais aussi, dès qu'il fait beau, c'est-à-dire quand on n'a plus besoin d'eux, ils reviennent s'épanouir à leur place ordinaire.

Une autre habitude des cochers napolitains est de dételer les chevaux pour les faire manger; ils leur mettent la botte de foin dans la voiture et ouvrent les deux portières; chaque cheval tire de son côté comme à un ratelier. S'il vient une pratique pendant ce temps-là, le cocher lui fait signe que ses chevaux sont à leur repas, et la renvoie à son confrère.

Le temps étant rafraîchi et les rues devenues propres, nous voulûmes profiter de ce double avantage, et nous décidâmes, Jadin et moi, que nous emploierions la matinée à des courses à pied. Nous avions fort négligé les églises, qui sont en général d'une fort médiocre architecture.

Nous commençâmes par la cathédrale : c'était justice. Au dessus de la grande porte intérieure, suspendu comme celui de Mahomet entre le ciel et la terre, est le tombeau de Charles d'Anjou. J'ai conté son histoire dans le *Speronare*. C'est ce prince qui voulut que sa femme eût un siége pareil à celui des trois reines ses sœurs, et qui, pour arriver à ce but, fit rouler du haut en bas de l'échafaud la tête de Conradin. En face de ce roi meurtrier est un roi meurtri, mais dans un modeste tombeau, comme il convient à un prince hongrois qui se mêle de venir régner sur les Napolitains. Ce tombeau est celui d'André. Le cadavre qui y dort était de son vivant un beau et insoucieux jeune homme qui, un matin, par caprice sans doute, eut la ridicule prétention de vouloir être roi parce qu'il était le mari de la reine. Le lendemain du jour où cette billevesée lui était passée par la tête, il trouva la reine si occupée d'un ouvrage qu'elle exécutait qu'il s'approcha jusqu'à son fauteuil sans être vu. Elle tressait des fils de soie de différentes couleurs, et comme André ne pouvait deviner le but de ce travail :

— Que faites-vous donc là, madame ? demanda-t-il.

— Une corde pour vous pendre, mon cher seigneur, répondit Jeanne avec son plus charmant sourire.

De-là vient sans doute le proverbe : « Dire la vérité en riant. »

Trois jours après, André était étranglé avec cette charmante petite cordelette de soie que sa femme, comme elle le lui avait dit, avait pris la peine de tresser elle-même à cette intention.

De la cathédrale nous passâmes à l'église Saint-Dominique. Là, du moins, c'est plaisir : on se retrouve en plein gothique, on sent que le monument est consacré au fondateur de l'inquisition : il est triste, solide et sombre.

C'est dans cette église qu'est le fameux crucifix qui parla à saint Thomas. L'image miraculeuse est de Masuccio Ier. Le saint craignait d'avoir fait quelque erreur dans sa *Somme* théologique, et il était venu au pied du crucifix, tourmenté de cette crainte, quand le Christ, voyant les inquiétudes de son serviteur, voulut le rassurer et lui dit : « *Bene scripsisti de me, Thoma; quam ergo mercedem recipies*. Tu as bien écrit sur moi, Thomas, et je te promets que tu en recevras la récompense. »

Quoique le cas fût nouveau et étrange, le saint ne se démonta point.

— *Non aliam nisi te*, répondit-il, « je n'en veux pas d'autre que toi-même, mon Seigneur. » Et le saint se sentit soulever de terre, en présage que bientôt il devait monter au ciel.

Ce qui m'attirait surtout dans l'église Saint-Dominique, c'est sa sacristie avec ses douze tombeaux renfermant les douze princes de la maison d'Aragon. Quand je dis ses douze tombeaux, je devrais dire ses douze cercueils : les cadavres sont couchés à visage découvert aussi bien embaumés que possible par les Gannals de l'époque. Le dernier roi de la dynastie manque à la collection : il est venu, comme on sait, mourir en France.

Au milieu de ces tombeaux, il s'en trouve deux autres qui, pour ne pas être des tombeaux de roi, n'en sont pas moins fort curieux. L'un est celui de Pescaire, qui assiégea Marseille de compte à demi avec le connétable de Bourbon, et qui, chassé par les Marseillais, prit une si sanglante revanche à Pavie. Au dessus de sa bière est son portrait ainsi que sa bannière déchirée, et une courte et simple épée de fer, qu'on dit être celle que François Ier lui rendit deux heures avant d'écrire à sa mère le fameux : *Tout est perdu, fors l'honneur*.

L'autre tombeau, qui est tout bonnement une énorme malle dont le sacristain a la clé dans sa poche, renferme, à ce qu'on assure, le corps d'Antonello Petrucci, pendu dans la conspiration des barons. Que ce soit véritablement Antonio Petrucci, c'est ce que le moindre petit savant, c'est ce que le plus intime *topo litterato*, comme on appelle généralement cette race à Naples, peut nier; mais, ce qui est incontestable, c'est que c'est un pendu, témoin son cou disloqué, sa bouche de travers et tous les muscles de sa figure encore crispés. Quoique mis avec une certaine recherche, le cadavre porte encore l'habit avec lequel il a été exécuté. Je suis forcé de dire que le seigneur Antonello Petrucci m'a paru fort laid. Il est vrai que de son vivant il était probablement mieux. La potence n'embellit pas.

De Saint-Dominique nous passâmes à Sainte-Claire. Sainte-Claire a aussi sa collection de morts illustres. L'église tout entière avait été peinte par Giotto Guitto, qui faisait avec le roi Robert de si bonnes plaisanteries et qui lui représentait son peuple, non pas comme le cheval sans frein qu'il a choisi pour emblème, mais sous la forme d'un âne qui cherche un bât. Eh bien ! cette église peinte par Giotto, il s'est trouvé un autre âne bâté qui l'a fait badigeonner tout entière, afin de lui donner du jour ; tout entière, je me trompe : une belle Vierge, une sainte madone, une de ces figures tristes et candides comme les faisait Giotto, a échappé au vandalisme.

C'est à Sainte-Claire que dorment les Angevins : ce bon vieux roi Robert, qui couronna Pétrarque, le pendant de notre roi René, dort là, une fois en chair et en os, deux fois en marbre : assis et avec son costume royal ; couché et dans son habit de franciscain.

Jeanne est à quelques pas de lui : cette belle Jeanne qui fila la fameuse corde conjugale que vous savez. Elle est là avec une grande robe bien montante, toute parsemée des fleurs de lis de France. Au fait, n'était-elle pas du sang de cette chaste mère de saint Louis, que les indiscrétions poétiques de Thibaut ne purent parvenir à compromettre, tant sa vertu était une croyance publique, populaire et presque religieuse ? Seulement le sang s'était tant soit peu corrompu en pasant des veines de l'aïeule dans celles de la petite-fille.

Malheureusement pour la mémoire de Jeanne, de laquelle on n'est déjà que trop parté à médire, on a eu l'imprudence d'enterrer à quelques pas d'elle le fameux Raymond Cabane, le mari de sa nourrice, ce misérable esclave sarrasin devenu grand-sénéchal, et qui payait les honnenrs dont l'accablait sa maîtresse en faisant des nœuds coulans aux cordes qu'elle tressait.

Maintenant, si l'on veut continuer de passer cette royale et funèbre revue, il faut aller de Sainte-Claire à Saint-Jean-Carbonara. C'est une jolie petite église de Masuccio II, qui, à part ses souvenirs historiques, meriterait encore d'être visitée. Là est le mausolée de Ladislas et de sa sœur Jeanne II. Vous savez comment l'un est mort et comment l'autre a vécu. Pourquoi diable aussi un conquérant, un ambitieux, un homme qui veut être roi d'Italie, s'avise-t-il de devenir amoureux de la fille d'un médecin de Pérouse !

Florence avait peur d'être conquise comme Rome venait de l'être ; elle eut l'idée de s'entendre avec le médecin. Un jour la fille, tout éplorée, vint se plaindre à son père de ce que son royal amant commençait à l'aimer moins. C'était une singulière confidence entre un père et une fille. Mais il paraît que cela se passait ainsi en l'an de grâce 1314.

La fille suivit ponctuellement les instructions paternelles : huit jours après, l'amant et la maîtresse mouraient empoisonnés : c'était alors une belle chose que la médecine.

Près de lui, comme nous l'avons dit, est sa sœur Jeanne II. A Naples, selon toute apparence, ce nom portait malheur, aux maris d'abord, aux femmes ensuite, puis, par-ci par-là, aux amans. Demandez à Giani Carracciolo, qui est enterré à dix pas de sa maîtresse.

Celui-là, il faut lui rendre justice, fit tout ce qu'il put pour ne pas s'apercevoir que sa souveraine l'aimait, et pour ne pas se trouver seul en présence de Jeanne, dans la crainte d'être amené à lui déclarer ses sentimens. La chose en était devenue impertinente pour la pauvre femme Aussi n'en voulut-elle pas avoir le démenti. Ce que femme veut, Dieu

le veut , dit le proverbe. Or, Jeanne voulait être aimée et voulait en-
tendre l'aveu de cet amour. Seulement elle s'y prit singulièrement pour
que le proverbe ne mentît pas.

Un soir qu'on parlait au cercle de la reine de ces antipathies instinc-
tives que les hommes les plus braves ont pour certains animaux, et que
chacun disait la sienne : celui-ci l'araignée , celui-là le lézard , un autre
le chat, Carracciolo, interrogé, répondit que l'animal qui lui était le plus
antipathique dans la création était le rat. Un rat , il l'avouait , l'eût fait
sauver à l'autre bout du monde. Jeanne ne dit rien , mais elle tint
compte de la chose.

Le surlendemain , comme Carracciolo se rendait au conseil , et que,
pour s'y rendre, il traversait un long corridor du palais habité par les
dames de la reine , un domestique parut tout à coup à l'extrémité de ce
corridor avec une cage pleine de rats. Carracciolo ne fit attention ni à
la cage ni aux hôtes qu'elle contenait , et continua de s'avancer ; mais
lorsqu'il ne fut plus qu'à quelques pas du valet , celui-ci posa sa cage à
terre , ouvrit la porte , et tous les rats en sortirent , courant à droite et
à gauche , avec la vélocité que l'on connaît à ce charmant animal.

Carracciolo avait dit vrai : il avait une haine , ou plutôt une terreur
profonde pour les rats. Aussi , à peine les vit-il faire irruption hors de
leur domicile , qu'il perdit la tête et se sauva comme un fou , frappant
à toutes les portes. Mais toutes les portes étaient fermées à l'exception
d'une seule qui s'ouvrit. Carracciolo se précipita dans la chambre et s'y
trouva en présence de sa souveraine. Le pauvre courtisan en fuyant un
danger imaginaire était tombé dans un danger réel.

Il n'eut pas lieu de regretter sa fortune. La reine le fit tour à tour
grand-sénéchal , duc d'Avellino et seigneur de Capoue. Il avait bien de-
mandé à être prince de cette dernière ville ; mais comme c'était le titre
réservé aux héritiers présomptifs de la couronne, la reine avait refusé.
Il s'était alors rabattu sur le duché d'Amalfi et la principauté de Salerne ;
mais cette dernière concession souffrait aussi, à ce qu'il paraît , quelque
petite difficulté , car un jour que cette éternelle demande avait amené
une discussion plus vive que d'habitude entre Jeanne et Carracciolo ,
l'amant oublia la distance que Jeanne avait franchie pour arriver
jusqu'à lui , et appliqua sur la joue de sa royale maîtresse un soufflet de
crocheteur.

Il en est des soufflets de crocheteur comme des baisers de nourrice :
on les entend de loin. Une certaine duchesse de Suessa , ennemie jurée
de Carracciolo, entendit le bruit de cet insolent soufflet ; elle entra chez
Jeanne comme Carracciolo en sortait, et trouva la reine pleurant de
honte et de douleur.

Les deux femmes restèrent enfermées ensemble une partie de la jour-
née. Quand les femmes veulent se mettre à la besogne , elles vont plus
vite que nous autres ; aussi en deux heures tout fut-il résolu, principal
et accessoires , faits et détails.

Le lendemain matin , comme Carracciolo était encore au lit, il entendit
frapper à sa porte. Carracciolo , comme on le comprend , n'était pas sans
defiance : c'était la première fois qu'il levait la main sur la reine , et ce
malheureux soufflet qui lui était échappé l'avait tracassé toute la nuit.
Aussi , avant d'ouvrir commença-t-il par demander qui frappait.

— Hélas ! répondit un page dont la voix était bien connue de Carracciolo, car c'était le page favori de Jeanne, c'est la reine qui vient d'être atteinte d'apoplexie, et Son Altesse ne veut pas mourir sans vous voir.

Carracciolo calcula à l'instant même qu'au moment de la mort de la reine il pouvait arracher d'elle ce qu'il n'avait jamais pu obtenir de son vivant, et il ouvrit la porte.

Au même instant, cinq ou six hommes armés se précipitèrent sur lui, et, sans qu'il eût le temps de se mettre en défense, le renversèrent sur son lit et le massacrèrent à coups de hache et d'épée; et après s'être assurés qu'il était bien mort, ils sortirent sans que personne fût venu les déranger dans leur sanglante exécution.

Trois heures après, quand on entra chez le grand-sénéchal, on le trouva couché à terre, à moitié vêtu, une seule jambe chaussée, les assassins l'ayant laissé juste dans l'état où la mort l'avait saisi.

Prenez l'un après l'autre tous ces rois, toutes ces reines et tous ces courtisans, et vous n'en trouverez pas un sur quatre qui soit mort de la façon dont Dieu a destiné l'homme à mourir.

XII

Une visite à Herculanum et à Pompeïa.

Un des malheurs auxquels est exposée cette classe de voyageurs que Sterne désigne sous le nom de voyageurs curieux, c'est qu'en général on ne peut être transporté sans transition d'un lieu à un autre. Si l'on avait la faculté de bondir de Paris à Florence, de Florence à Venise, de Venise à Naples, ou de fermer au moins les yeux tout le long de la route, l'Italie présenterait des sensations tranchées, inouïes, ineffaçables; mais au lieu de cela, malgré la rapidité des malles-postes, malgré l'agilité des bateaux à vapeur, il faut bien traverser un paysage, il faut bien aborder dans un port; les préparations détruisent alors les sensations. Marseille révèle Naples; la Maison-Carrée et le pont du Gard dénoncent le Panthéon et le Colisée. Toute impression perd alors son inattendu, et par conséquent sa force.

Ainsi est-il de Pompeïa : on commence par visiter le musée de Naples, on s'appesantit sur toutes ces merveilles d'art ou de forme retrouvées depuis deux cents ans que durent les fouilles; bronzes et peintures, on se fait raconter l'histoire de chaque chose, comment et quand elle a été retrouvée, à quel usage elle servait, en quel lieu elle était placée; puis, lorsqu'on s'est bien blasé sur les bijoux, vient le tour de l'écrin.

Nous évitâmes ce premier piége, mais nous ne pûmes en faire autant d'un second : échappés aux Studi, nous retombâmes dans Herculanum.

Herculanum et Pompeïa périrent dans la même catastrophe, et cependant d'une façon toute différente. Herculanum fut enveloppée, étreinte, et enfin recouverte par la lave, sur la route de laquelle elle se trouva; Pompeïa, plus éloignée, fut ensevelie sous cette pluie de cendres et de pierres ponces que raconte Pline le jeune, et dont fut victime Pline l'ancien. Il en résulte qu'à Herculanum tout ce qui pouvait subir l'action du feu fut dévoré par le feu; que le fer, le bronze et l'argent résistèrent seuls; tandis qu'à Pompeïa, au contraire, tout fut garanti, conservé, entretenu, si on peut le dire, par cette molle couche de cendres dont le volcan avait recouvert la ville, on pourrait presque le croire,

dans un simple but d'art et d'archéo'ogie, afin de conserver aux siècles
à venir un vivant échantillon de ce qu'était une ville romaine pendant la
première année du règne de Titus.

Au moment où l'on retrouva Herculanum et Pompeïa, elles étaient à
peu près aussi perdues que le sont aujourd'hui Stabie, Oplonte et Re-
tine. Pour Herculanum, la chose n'était pas étonnante : il fallait presque
un miracle pour la retrouver; Herculanum dormait au fond d'une tombe
de lave profonde de cinquante ou soixante pieds. La pauvre ville d'Her-
cule semblait bien morte et ensevelie à tout jamais. Mais il n'en était
point ainsi de Pompeïa.

Pompeïa n'était point morte, Pompeïa n'était point ensevelie, Pompeïa
semblait dormir. Seulement ce qu'on prenait pour le drap de sa couche
était le linceul de son tombeau. Pompeïa, couverte seulement à la hau-
teur de quinze ou vingt pieds, élançait hors de la cendre, qui n'avait pu
la couvrir entièrement, les chapiteaux de ses colonnes, les extrémités de
ses portiques, les toits de ses maisons; Pompeïa enfin demandait inces-
samment secours, et criait jour et nuit du fond de son sépulcre, où elle
n'était ensevelie qu'à moitié : « Fouillez ! je suis là! » Il y a plus :
quelques uns prétendent que cette éruption dont parle Pline ne fut pas
celle qui détruisit Pompeïa. Selon Ignarra et Laporte-Dutheil, Pompeïa,
à moitié ensevelie, aurait pour cette fois secoué sa couche de sable, et,
l'écartant, comme la Ginevra de Florence, serait reparue à la lueur du
jour, son voile mortuaire à la main et réclamant son nom trop tôt rayé
de la liste des villes ; si bien que, selon eux, la ville ressuscitée aurait
encore vécu jusqu'en l'an 471, époque à laquelle le tremblement de
terre décrit par Marcellin l'aurait définitivement engloutie. Ceux-ci se
fondent sur ce que Pompeïa se trouve encore indiquée sur la carte de
Peutinger, qui est postérieure au règne de Constantin, et ne disparaît
entièrement de la surface du sol que dans l'itinéraire d'Antonin.

Rien de plus possible, au bout du compte; et nous ne sommes pas
disposé à chicaner l'ompeïa sur quatre siècles de plus ou de moins. Mais
cependant il y a un fait incontestable qui s'oppose à la reconnaissance
pleine et entière de cette résurrection : c'est qu'aucune monnaie de
cuivre, d'argent ou d'or n'a été retrouvée, à Pompeïa, postérieure à
l'an 79, quoique incontestablement encore les empereurs aient continué à
faire frapper monnaie, cette haute prérogative du rang suprême à
laquelle les souverains tiennent tant. Or, supposez Saint-Cloud enseveli
à notre époque et exhumé dans deux mille ans : je suis convaincu qu'on
retrouverait dans les fouilles de Saint-Cloud infiniment plus de pièces de
cinq, de vingt et de quarante francs à l'effigie de Napoléon, de Louis XVIII,
de Charles X et de Louis-Philippe, que de sous parisis et de deniers d'or
et d'argent au millésime du quatorzième siècle.

Ce qui est probable, c'est que la cendre, en engloutissant la ville tout
entière, avoir laissé échapper les trois quarts de la population; que cette
population, soit dans l'espoir de mettre à découvert un jour ses anciennes
demeures, soit par cet amour du sol si fortement enraciné dans le cœur
des habitans de la Campanie, n'aura pas voulu s'éloigner de l'emplace-
ment qu'elle avait déjà habité ; qu'elle aura élevé un village près de la
ville ; que le nouveau bourg aura pris le nom de l'ancienne cité, et que
les géographes, en retrouvant ce nom sur la carte de Peutinger, auront
pris la fille pour la mère, et auront confondu la tombe avec le berceau.

Cela est si vrai que l'on retrouva entre Bosco-Real et Bosco-Trecase cette nouvelle Pompeïa, laquelle gardait aussi des bronzes magnifiques et des statues du meilleur temps, vieux débris arrachés sans doute à son ancienne splendeur. Mais les maisons qui renfermaient ces bronzes et ces statues étaient, comme architecture et comme peinture, d'une époque de décadence tellement en désaccord avec les chefs-d'œuvre de l'art, qu'on peut croire qu'il y avait plusieurs siècles de différence entre les uns et les autres. Cependant, il faut le dire, la distribution intérieure des appartemens était absolument la même, quoique, selon toute probabilité, cette seconde Pompeïa eût été engloutie quatre siècles après l'ancienne.

Ainsi, comme nous le disions, la renommée de la ville grecque a long-temps survécu à elle-même pour s'éteindre juste au moment où elle allait reparaître plus brillante que jamais.

D'abord un grand nombre des habitans de Pompeïa retournèrent, la hache et la pioche à la main, fouiller plus d'une fois cette vaste tombe où était restée enfouie la plus grande partie de leurs richesses. Les antiquaires appellent cela une profanation ; il est évident qu'ils ne se seraient pas entendus sur le mot avec les anciens habitans de Pompeïa.

Alexandre Sévère fit fouiller Pompeïa ; il en tira une grande quantité de marbres, de colonnes et de statues d'un très beau travail, qu'il employa dans les constructions nouvelles qu'il faisait faire à Rome, et parmi lesquelles on les reconnaît comme on reconnaîtrait un fragment de la renaissance au milieu de l'architecture napoléonienne.

Puis vint le flot de la barbarie, qui, comme une nouvelle lave, couvrit non seulement les villes mortes, mais encore les villes vivantes. Que devinrent alors Pompeïa et le village qu'elle tenait par la main comme une mère tient son enfant ? Il n'en est plus question, nul ne sait plus rien. Sans doute tout ce qui dépassait cette couche de cendres qui montait, comme nous l'avons dit, plus haut que le premier étage, fut abattu. Chapiteaux, frontons, terrasses se nivelèrent. Quelque temps encore les ruines indiquèrent la place des tombeaux, puis les ruines elles-mêmes devinrent de la poudre ; la poussière se mêla à la poussière ; quelques maigres gazons, quelques arbres rares poussèrent sur cette terre stérile, et tout fut dit : Pompeïa avait disparu ; on chercha vainement où avait été Pompeïa. Pompeïa avait été oublié !

Dix siècles se passèrent.

Un jour, c'était en 1592, l'architecte Dominique Fontana fut appelé par Mutius Cuttavilla, comte de Sarno. Il s'agissait de creuser un aqueduc pour porter de l'eau à la Torre. Fontana se mit à l'œuvre ; et comme la ligne qu'il avait tracée traversait tout le plan de Pompeïa, ses ouvriers allèrent bientôt se heurter contre des fondations de maisons, des bases de colonnes et des degrés de temples. On vint prévenir l'architecte de ce qui se passait ainsi sous terre ; il descendit dans les fouilles, une torche à la main ; reconnut des marbres, des bronzes, des peintures ; traversa des rues, des théâtres, des portiques ; puis, stupéfait de ce qu'il avait vu dans cette nécropole, remonta pour demander au duc de Sarno ce qu'il devait faire. Le comte lui répondit qu'il devait continuer son aqueduc.

Fontana n'était pas assez riche pour entretenir des fouilles à ses frais : il se contenta donc, en artiste pieux qu'il était, de continuer les excavations en réparant à mesure ce qu'il était forcé de détruire ; il passa ainsi

sous le temple d'Isis sans le renverser, et aujourd'hui encore on peut
suivre sa marche par les soupiraux du canal qu'il traça.

Pendant ce temps Herculanum dormait, plus tranquille que sa sœur en
infortune, car sa tombe à elle était plus sûre et plus profonde; mais, comme
si une loi de ce monde était qu'il n'y aura pas de repos éternel, même
pour les morts, l'heure de sa résurrection sonna avant même qu'eût sonné
celle de Pompeïa.

Ce fut un prince d'Elbeuf, de la maison de Lorraine, qui comprit le
premier quel était le trésor que seize siècles avaient dédaigneusement
foulé aux pieds. Marié à une fille du prince de Salsa, et désirant embellir
une maison de campagne qu'il avait achetée aux environs de Portici, il
commença d'acheter aux paysans des environs tous les fragmens d'anti-
quités qu'ils lui apportèrent. D'abord il prit tout ce qu'on lui apporta;
puis, comme avec l'abondance son goût devint plus difficile, il exigea que
les choses eussent une certaine valeur pour en faire l'acquisition. Enfin,
voyant qu'on lui apportait chaque jour de nouvelles richesses, il résolut
de remonter lui-même à cette source et fit venir un architecte. L'archi-
tecte demanda des renseignemens aux paysans, reconnut des localités, et
prit si bien ses mesures que dès sa première fouille, exécutée vers l'an
1720, on retrouva deux statues d'Hercule, on découvrit un temple circu-
laire, soutenu par quarante-huit colonnes d'albâtre, vingt-quatre exté-
rieures, vingt-quatre intérieures; et enfin on mit au jour sept nouvelles
statues grecques, que le libéral prince d'Elbeuf donna en pur don au prince
Eugène de Savoie.

Mais, comme on le comprend, la chose fit grand bruit : on exagéra
encore les merveilles de la ville souterraine; le gouvernement intervint
et ordonna au prince d'Elbeuf d'interrompre ses excavations. Les fouilles
restèrent quelque temps suspendues.

Enfin, le jeune prince des Asturies, don Carlos, monta sur le trône de
Naples sous le nom de Charles III, fit bâtir le Palais de Portici, et, ache-
tant la maison du prince d'Elbeuf avec tout ce qu'elle contenait, reprit
les fouilles et les fit continuer jusqu'à quatre-vingts pieds de profondeur.
Ce ne fut plus alors un monument solitaire ou un temple isolé que l'on
rencontra : ce fut une ville tout entière disparue sous la lave, gisante
entre Portici et Resina, et que sa position d'abord, puis des inscriptions,
les unes grecques, les autres latines, firent reconnaître pour l'ancienne
ville d'Herculanum.

Mais l'extraction de cette cité n'était point facile; la cité était emboîtée
dans son moule de lave; il fallait briser le bronze pour arriver à la pierre;
on s'aperçut bientôt des frais énormes que nécessitait ce travail inconnu,
et après quelques années on y renonça. Ces quelques années avaient cepen-
dant produit des trésors.

Il faut dire aussi que l'attention fut tout à coup détournée d'Hercula-
num et se reporta sur Pompeïa. Déjà, vers la fin du siècle précédent, on
avait trouvé dans des ruines, sur les bords du fleuve Sarno, un trépied
et un petit Priape en bronze; puis d'autres objets précieux avaient été le
résultat d'une fouille particulière faite en 1689, à environ un mille de la
mer, sur le flanc oriental du Vésuve; enfin, en 1748, des paysans creusent
un fossé, quelque chose leur résiste; ils redoublent d'efforts, découvrent
des monumens, des maisons, des statues; la ville ensevelie revoit le jour,
la cité perdue est retrouvée; Pompeïa sort de son tombeau, morte il est

vrai, mais belle encore, comme au jour où elle y est descendue. Jusqu'à
cette heurre on a évoqué l'ombre des hommes : de ce moment on va évo-
quer le spectre d'une ville. L'antiquité, racontée par les historiens, chan-
tée par les poètes, rêvée par les savans, a pris tout à coup un corps : le
passé se fait visible pour l'avenir.

Malheureusement, comme nous l'avons dit, une sensation peut être
détruite, du moins en partie, par la progression. Ainsi est-il généralement
de Pompeïa, qui, pour son malheur, a Herculanum sur son chemin. En
effet, Herculanum, au lieu d'irriter la curiosité, la fatigue : on descend
dans les fouilles d'Herculanum comme dans une mine, par une espèce de
puits ; ensuite viennent des corridors souterrains où l'on ne pénètre
qu'avec des torches ; corridors noircis par la fumée, qui de temps en temps
laissent entrevoir, comme par la déchirure d'un voile, le coin d'une
maison, le péristyle d'un temp!e, les degrés d'un théâtre ; tout cela in-
complet, mutilé, sombre, sans suite, sans ensemble, et par conséquent
sans effet. Aussi, au bout d'une heure passée dans ces souterrains, le
plus terrible antiquaire, l'archéologue le plus obstiné, le plus infatigable
curieux, n'éprouvent-ils qu'un besoin, celui de respirer l'air du ciel, ne
ressentent-ils qu'un désir, celui de revoir la clarté du jour. Ce fut ce qui
nous arriva.

Nous nous remîmes en route après avoir visité cette momie de ville, et
nous reprîmes la route qui conduit de Naples à Salerne. A une demi-lieue
de la tour de l'Annonciation, une route s'offrit tracée sur le sable, s'en-
fonçant vers la gauche, et présentant à son entrée un poteau avec cette
inscription : *Via di Pompei.* Nous la prîmes, et au bout d'une demi-heure
de marche nous rencontrâmes une barrière qui s'ouvrit devant nous, et
nous nous trouvâmes à cent pas de la maison de Diomède, et par consé-
quent à l'extrémité de la rue des Tombeaux.

Là, il faut le dire, malgré le tort qu'Herculanum fait à Pompeïa, l'im-
pression est vive, profonde, durable ; cette rue des Tombeaux est un
magnifique péristyle pour entrer dans une ville morte ; puis, tous ces mo-
numens funèbres placés aux deux côtés de la route consulaire au bout
de laquelle s'ouvre béante la porte de Pompeïa, ne dépassant pas la couche
de sable qui les recouvrait, se sont conservés intacts comme au jour où
ils sont sortis des mains de l'artiste : seulement le temps a déposé sur
eux en passant cette belle teinte sombre, ce vernis des siècles, qui est la
suprême beauté de toute architecture.

Joignez à cela la solitude, cette poétique gardienne des sépulcres et
des ruines.

Que serait-ce donc, je le répète, si l'on n'avait point passé par Hercu-
lanum ! Qu'on se figure, sous un soleil ardent, ou, si l'on aime mieux,
sous un pâle rayon de la lune, une rue large de vingt pas, longue de
cinq cents, toute sillonnée encore par les roues des chars antiques, toute
garnie de trottoirs pareils aux nôtres, toute bordée, à droite et à gauche,
par des monumens funéraires, au dessus desquels se balancent quelques
maigres et tristes arbustes poussés à grand'peine dans cette cendre ; offrant
à son extrémité, comme une grande arche à travers laquelle on ne voit
que le ciel, cette porte, par laquelle on allait de la ville des morts à la
ville des vivans ; qu'on entoure tout cela de silence, de solitude, de recueil-
lement, et l'on aura une idée, bien incomplète encore, de l'aspect mer-

ve‑leux que présente le faubourg de Pompéïa, appelé par les anciens le bourg d'Augustus Félix, et par les modernes la *rue des Tombeaux*.

Nous nous arrêtâmes, ne songeant plus à ce soleil de trente degrés qui tombait d'aplomb sur nos têtes, moi, pour prendre le nom de tous ces monuments, Jadin, pour faire un croquis de cette vue. On eût dit que nous avions peur de voir disparaître tout ce panorama d'un autre âge, et que nous voulions le fixer sur le papier avant qu'il s'envolât comme un songe ou qu'il s'évanouît comme une vision.

Au commencement de la rue s'ouvre la première maison déterrée. Par un hasard étrange, c'est une des plus complètes : cette maison était celle de l'affranchi Arrius Diomède.

Que notre lecteur se tranquillise, nous ne comptons pas l'entraîner dans une excursion domiciliaire. Nous visiterons trois ou quatre des maisons les plus importantes, nous entrerons dans une ou deux boutiques, nous passerons devant un temple, nous traverserons le Forum, nous ferons le tour d'un théâtre, nous lirons quelques inscriptions, et ce sera tout.

XIII

La Rue des Tombeaux.

La première, la seule maison même, je crois, de la rue des Tombeaux qui soit découverte, est celle de l'affranchi Arrius Diomède ; vaste tombeau elle-même, car, dans sa galerie souterraine, où l'on descend par le jardin, on retrouva vingt squelettes.

Arrius Diomède ne démentait pas le proverbe : Riche comme un affranchi. Sa maison est comme celle d'un millionnaire. A défaut de gravure, essayons de faire comprendre par la description ce que c'était que la maison d'un millionnaire romain.

Quand nous disons que celle-ci appartenait à Arrius Diomède, il ne faut pas prendre à la lettre ce que nous disons : depuis qu'un Florentin a fait contre moi un volume parce que j'avais écrit *Corso* Donati au lieu de *Cocco* dei Donati, et *Jacob* de Pazzi au lieu de *Jacques* de Pazzi, je deviens méticuleux en diable en matière de noms, et je mets plutôt deux points sur un *i* que de n'en pas mettre du tout.

Ce qui a fait donner à la belle villa que nous allons décrire l'appellation sous laquelle elle est connue, c'est que le tombeau le plus voisin d'elle est consacré à la famille de l'affranchi Diomède. Cette fois, il n'y avait pas à s'y tromper, car il portait l'inscription suivante :

M. ARRIUS. I. L. DIOMEDES

SIBI. SUIS. MEMORIÆ

MAGISTER. PAG. AUG. FELIC. SUB. URB.

Ce qui voulait dire : « Marcus Arrius Diomède, affranchi de Julia, maître du bourg Augustus Felix, près de la ville, a élevé ce tombeau à sa mémoire et à celle des siens. »

Or, après que la maison avait donné un nom au tombeau, le tombeau à son tour en donna un à la maison.

Non seulement c'était une maison de la plus suprême élégance, et bâtie à une des plus heureuses époques de l'art romain, c'est-à-dire sous le règne d'Auguste ; mais encore c'était un des plus grands édifices particuliers de Pompeïa : deux étages restent debout ; le troisième manque.

On monte quelques degrés, puis on entre par une petite porte dans une cour ouverte, environnée de qua'orze colonnes : cette cour, comme toutes les cours antiques, avait la forme d'un cloître ; ces colonnes sou-, tenaient un toit dont l'inclinaison intérieure versait les eaux dans un petit canal ; aussi cette cour s'appelait-elle l'impluvium.

C'est en côtoyant cette cour et en se promenant à l'abri de ce toit, lorsqu'ils n'étaient pas au forum ou lorsqu'il pleuvait, que les Romains, ces éternels prom neurs, passaient leur vie. Les murs de ces portiques étaient élégamment peints à fresque, ressemblance qu'ils avaient de plus avec les cloîtres des riches couvent de Saint–Marc, à Florence.

Cette cour faisait ordinairement le centre des maisons romaines ; toute les portes des différens appartemens, depuis celles des esclaves jusqu'à celle du maître de la maison, s'ouvraient sous ces portiques. Le patron, en s'y promenant, voyait à peu près tout ce qui se passait chez lui.

Un petit jardin, qui devait être plein de fleurs, était au milieu de cette cour, traversée par le canal dont nous avons parlé, lequel recevait l'eau de pluie et la conduisait à deux citernes. Ces citernes avaient des margelles de pierres volcaniques, et dans une de ces pierres on retrouva la cannelure qui fixait la corde à l'aide de laquelle on tirait l'eau. Tout ce qui ne devait pas être planté était pavé avec des morceaux de mosaïque maintenus par un enduit de tuile pilée. Au dehors et sous le portique était une niche contenant une petite statue de Minerve.

A droite étaient les chambres pour les esclaves ; au milieu de ces chambres, il y avait un petit escalier qui conduisait à l'étage supérieur. On retrouva dans cet étage, qui était probablement un grenier, de la paille et de l'orge. A côté de l'escalier étaient les amphores et une armoire ; à gauche se trouvaient les bains. Les bains faisaient chez les Romains la jouissance suprême de la vie intérieure. Aussi, au contraire de chez nous, où l'on possède à grand'peine un simple cabinet de toilette, les bains, dans une maison romaine, occupaient-ils en général le sixième de l'appartement.

C'est que c'était une très grande affaire que de prendre un bain sous le règne des douze Césars.

Chez nous, on se blottit dans une baignoire plus ou moins courte. Heureux ceux qui ont de petites jambes ou de grandes baignoires !

Puis, après une demi-heure passée à se tourner et à se retourner pour éviter les crampes, on sonne, on s'e.suie avec du linge froid ou brûlant, on se rhabille et l'on sort.

Chez les Romains, c'était tout autre chose.

Voyez plutôt les bains de l'affranchi Arrius Diomède.

Il y avait d'abord une première chambre. Dans cette première chambre, on trouva un bassin pour le bain froid. Ce bassin était entouré d'un joli petit portique avec des colonnes octogones, au fond duquel était un fourneau ; sur ce fourneau étaient un chaudron et une poêle à deux anses encore noircis par la fumée, un gril de fer, plusieurs pots de terre et une casserole.

Il paraît que, comme nous, les Romains se faisaient quelquefois servir à déjeûner dans leurs bains froids.

Il y avait ensuite une seconde chambre : c'était celle où ceux qui voulaient prendre les bains chauds se déshabillaient ; on l'appelait *apodyte-*

rium. Puis il y avait une troisième chambre : c'était celle où étaient à la fois le bain chaud et la fournaise. La fournaise était une construction de brique pareille à un poêle ; seulement sa forme était longue au lieu d'être élevée. Trois vases de cuivre contenaient de l'eau portée à des degrés différens : l'eau froide, l'eau tiède et l'eau chaude. Des tuyaux de plomb, qui servaient de conducteurs à cette eau, s'ouvraient par des robinets à peu près pareils aux nôtres, et permettaient au baigneur de hausser ou diminuer la température de son bain.

Alors on quittait le rez-de-chaussée et l'on montait au premier étage. Là, exactement au dessus de l'autre, se trouvait une petite chambre que l'on appelait l'étuve. On y pénétrait après avoir traversé une autre chambre, où l'on déposait les vêtemens dont on s'était couvert pour monter du rez-de-chaussée au premier étage. De cette première chambre, on traversait le tepidarium, où l'on ne s'arrêtait qu'au retour, et l'on entrait dans l'étuve. C'est dans cette étuve, située, comme nous l'avons dit, au dessus de la fournaise, qu'on prenait le bain de vapeur.

Une fenêtre s'ouvrant sur la petite cour servait à donner de l'air au baigneur quand il était sur le point d'étouffer. Une lampe était posée dans une niche qui donnait à la fois dans l'étuve et dans le tepidarium, et qui, lorsqu'on voulait prendre des bains le soir, éclairait les deux appartemens.

Aujourd'hui que les bains russes sont à la mode, il est inutile de décrire cette douleur graduée dont les anciens s'étaient fait une jouissance. Lorsqu'ils avaient passé dans l'étuve le temps qu'ils voulaient consacrer à fondre, ils repassaient dans le tepidarium. Là, un esclave attendait le baigneur ; il tenait d'une main une fiole et de l'autre un frottoir. Le frottoir était composé de petites lames d'ivoire, d'argent ou d'or, pareilles, moins les dents, à celles d'une étrille, et s'appelait *strigilis*. La petite fiole contenait une huile parfumée et se nommait *guttum.* D'abord, l'esclave grattait le baigneur avec le strigilis, puis il inclinait au dessus de sa tête et de ses épaules le guttum, en laissait tomber quelques gouttes d'huile odorante qu'il lui étendait par tout le corps avec la main. Le tepidarium, comme l'étuve, avait une fenêtre ; mais cette fenêtre l'emporte fort en célébrité sur la fenêtre sa voisine. Cela tient à ce que, dans ses châssis de bois réduits en cendre, on retrouva quatre carreaux de vitre.

Or, au moment où on les retrouva, un savant italien venait de prouver, dans un ouvrage en quatre volumes in-quarto, que les anciens ne connaissaient pas le verre.

Le libraire qui avait imprimé l'ouvrage fut ruiné, mais l'auteur n'en resta pas moins un savantissime.

Outre cette fenêtre, on retrouva dans le tepidarium des siéges en bois, et à terre, à côté de l'un d'eux, le fond d'un panier.

De cette chambre, où se terminait l'opération du bain, on repassait dans l'apodyterium, où l'on se rhabillait avec les vêtemens que les esclaves avaient montés, et tout était fini.

L'empereur Commode prenait par jour sept bains dans le genre de celui-ci. Il devait lui rester, comme on le voit, pour les soins de son empire, encore moins de temps qu'il n'en restait à Orosmane, lequel, s'il faut en croire M. de Voltaire, n'y donnait cependant qu'une heure.

Des bains nous passâmes dans une espèce de dépense attenante aux

chambres à coucher. Dans cette dépense, on trouva à terre, et au pied
d'une table de marbre soutenue par la statue d'une jeune prêtresse, plu-
sieurs vases de cuisine.

Dans les chambres à coucher, on ne retrouva rien que des peintures
encore fraîche, des mosaïques et des marbres. Au reste, toutes ces cham-
bres à coucher, éclairées par la porte seulement, étaient petites et de-
vaient être fort peu confortables.

Au milieu de ces chambres était une salle à manger, bâtie en forme
d'hémicycle, et dans laquelle on voit encore la place de la table. On y
retrouva des vases de terre et de bronze, des moules à pâtisserie de la
forme des nôtres, deux petits trépieds destinés à soutenir les lampes
quand on dînait ou soupait à la lumière ; deux petits bassins à laver les
mains ; deux candelabres, dont l'un avait la forme d'un tronc d'arbre ;
deux couteaux avec des manches d'os ; enfin, des anneaux avec de petites
plaques pour les armoires. Tout autour des murailles étaient peintes des
fresques représentant des poissons de toute forme et de toute couleur,
lesquelles, outre la porte, étaient éclairées par trois fenêtres donnant sur
la campagne, et s'ouvrant à l'orient et au midi.

Dans l'autre face du portique s'ouvrait l'*exedra*, ou le salon de récep-
tion. Quelques cabinets aboutissaient à ce salon ; dans l'un d'eux on re-
trouva une table ronde en marbre blanc, ornée de deux têtes de tigre,
dont chacune faisait jaillir l'eau par sa bouche ; des médaillons de mar-
bre représentant Vulcain près de son enclume ; une femme ailée, tenant
d'une main un papillon et de l'autre un flambeau qu'elle approche d'un
autel, auquel elle va mettre le feu ; un Hercule appuyé sur sa massue
avec une peau de lion, un carquois et des flèches ; des faunes avec un
vase et un thyrse dans les mains ; cinq petits masques troués à la place
des yeux et de la bouche ; enfin un lièvre qui grignotte des fruits.

Puis, des étages supérieurs étaient tombés, dans ce salon et dans les
cabinets voisins, des vases d'argent sculptés, un vase de cuisine en
bronze, des pièces de monnaie, dont une était de Naples antique, c'est-
à-dire avait déjà près de cinq cents ans à cette époque ; enfin, différens
morceaux d'ivoire détachés d'une petite statue qu'ils recouvraient, et
qui servaient d'ornement à un meuble.

De l'exedra on passe sur une terrasse ; cette terrasse dominait le quar-
tier des esclaves. Dans ce quartier on trouva une bouteille suspendue à
un clou, des vases de terre cuite, une lampe, quatre bêches et un râteau
de fer ; un couteau à manche d'os, des vases de verre et des monnaies
de bronze : c'était l'ameublement et la richesse de la pauvre petite colonie.

Près d'une porte étaient un squelette d'homme et un squelette de
brebis : la brebis avait encore sa clochette.

Outre les pièces que nous avons décrites, il y avait encore un appar-
tement d'été ; on descendait dans cet appartement par un petit escalier ;
les pièces en étaient voûtées, ornées de fresques et pavées en mosaïque.
Les peintures qui couvraient les murailles de la plus grande de ces pièces
représentaient une Uranie, une Melpomène, une Minerve, un pédagogue
assis, tenant un bâton à la main et ayant un coffre plein de papyrus à
ses pieds ; des génies et des bacchantes qui dansent en pinçant de la sam-
buca, ce qui fit croire que cette chambre était une bibliothèque. Un reste
de tapis en couvrait le pavé.

De cette chambre, et en traversant le jardin, on descend dans une

galerie souterraine ; c'est dans cette galerie que s'étaient réfugiés les
habitans de la maison. On y retrouva vingt squelettes appuyés au mur :
deux de ces squelettes appartenaient à des enfans ; un troisième était,
selon toute probabilité, celui de la maîtresse de la maison, car on lui
trouva au bras deux bracelets et aux doigts quatre anneaux. Tous avaient
été étouffés par la cendre ; et comme à cette cendre avaient succédé des
torrens d'eau, elle avait été changée en un limon qui s'était séché lente-
ment, enveloppant les cadavres comme un moule. Aussi, lorsqu'on les
trouva, ces cadavres étaient-ils parfaitement conservés ; mais à peine
les toucha-t-on du bout du doigt qu'ils tombèrent réduits en poudre, et
ne laissèrent debout que leurs ossemens. Le limon qui les emboîtait
demeura plus solide, et l'on conserve au musée de Naples un fragment
de cette terre dans lequel est empreint un magnifique sein de femme à
la surface duquel on distingue les plis d'une robe de mousseline. Un
second fragment garde le moule de deux épaules ; un troisième, le con-
tour d'un bras ; tout cela jeune et arrondi, tout cela magnifique de forme.

En outre, on trouva à terre deux colliers d'or, dont l'un est orné de
neuf plaques d'émeraudes, et dont l'autre portait une chaînette au bout
de laquelle pendaient deux feuilles de pampre ; deux anneaux d'argent,
une grosse épingle, un candelabre dont le pied était formé par trois
jambes d'homme, un paquet de clés, deux améthystes, sur l'une des-
quelles était gravée une Vénus Anadyomène, dans la même pose que la
Vénus de Médicis ; enfin trente-une pièces de monnaie presque toutes
consulaires et quarante-quatre autres presque toutes impériales, parmi
lesquelles étaient plusieurs Galba et plusieurs Vespasien.

Mais dans cette galerie funèbre n'étaient point renfermés tous les ca-
davres. Un autre squelette fut retrouvé près de la porte qui donnait du
côté de la mer ; celui-là, sans doute, était le squelette du maître de la
maison, car il tenait dans une main une clé et dans l'autre une bague et
un rouleau de dix pièces d'or à l'effigie de Néron et d'Agrippine, de
Vitellius, de Vespasien et de Titus, quatre-vingt-huit pièces d'argent
impériales et consulaires au nombre desquelles étaient un Marc-Antoine
et une Cléopâtre, et enfin quelques sous en bronze à l'effigie d'Auguste et
de Claude. A quelques pas du cadavre de cet homme, on trouva encore
deux autres squelettes auprès desquels étaient cinq médailles de bronze ;
puis, hors de la porte et en s'avançant vers la mer, neuf autres squelettes
encore, appartenant probablement à la famille d'Arrius Diomède. On sait
que les anciens entendaient par famille cette innombrable troupe d'es-
claves et de chiens attachée à toute riche maison.

Aux angles de ces appartemens inférieurs étaient deux cabinets, dans
l'un desquels on trouva un squelette ayant au poignet un bracelet de
bronze, au doigt un anneau d'argent, à la main une faucille de fer. Près
de ces cabinets étaient deux enclos, qui, selon toute apparence, avaient
été recouverts d'un treillage garni de vigne et qui devait servir de jeu
de boules. Enfin, hors de la maison et s'étendant du côté de la mer, on
retrouva un champ labouré à sillons, près duquel était une aire pour
battre le blé.

Une vaste enceinte séparait du côté opposé la maison de la rue ; elle
était entourée d'un mur solide, appuyé à un terre-plain percé de tuyaux.
Cette enceinte était le cimetière des esclaves. En la fouillant, on y trouva

une grande quantité d'os humains, et les coquilles des limaçons qu'on avait l'habitude de manger aux repas mortuaires.

Quant au tombeau préparé par le maître de la maison pour lui et les siens, et dans lequel reposaient son frère aîné et Arria, sa huitième fille, nous avons déjà dit qu'il s'élevait sur la rue, et que cette demeure des morts rivalisait d'élégance et de richesse avec la demeure des vivans.

Parmi ces tombeaux qui bordent les deux côtés de la voie consulaire, les plus remarquables après celui de la famille Diomède sont les tombeaux des deux Tyché, et le cénotaphe de Calventius.

Le premier que l'on rencontre est celui de Névoléïa Tyché, découvert en 1813. C'est un large piédestal formé par cinq rangs de longues pierres volcaniques que surmontent deux degrés soutenant un autel de marbre. Sur cet autel est placé le buste de Nevoléïa. Au dessous du buste on lit une inscription latine de laquelle nous nous contentons de donner une traduction : « Nevoléïa Tyché, affranchie de Julie, à elle-même, et à Caïus Munatius Faustus Augustal qui, avec le consentement du peuple, reçut des décurions le bisellium pour ses mérites. — Nevoléïa Tyché, de son vivant, a élevé ce monument à ses affranchis et affranchies et à ceux de Caïus Munatius Faustus. »

Ce tombeau est orné de trois bas-reliefs, tous trois assez curieux.

Le premier qui s'offre à la vue du côté de Naples est un navire qui entre dans le port. De petits génie en carguent les voiles ; un homme est au gouvernail : la tête de Minerve orne la proue.

Dans un pays où, comme du temps de Figaro, on ne peut écrire sur rien qui touche au gouvernement, à la politique, à l'administration, à la littérature, ni à quelque chose que ce soit, on comprend combien l'on a écrit de volumes sur cette sculpture. Cette sculpture, c'était une bonne fortune. Les savans n'auraient donné pour rien au monde cette sculpture, c'était leur pain quotidien. Il a peut-être paru cinquante volumes sur cette bienheureuse sculpture. Dieu fasse paix à ceux qui les ont écrits ! Dieu fasse miséricorde à ceux qui les ont lus !

Les uns y ont vu une allégorie, les autres une réalité.

Ceux qui ont vu une allégorie se sont extasiés sur la pensée qu'elle représentait. Le navire de la Vie, conduit par la Sagesse, touche au port de la Tombe, après avoir traversé les écueils des Passions.

Ceux-là se sont appuyés sur un passage de Pope, qui est venu seize siècles plus tard ; mais cela ne fait rien : les grandes vérités sont de tous les temps.

Le passage disait : « Nous faisons voile de différentes manières sur le vaste océan de la vie. La Raison est la carte ; la Passion est le vent. » Cela rappelle de la science rétrospective.

Ceux qui y ont vu une réalité ont dit tout bonnement que, comme Munatius exerçait le commerce maritime, ce bas-relief n'était rien autre chose que le prospectus posthume de sa profession. Ceux-ci se sont appuyés sur ce passage de Pétrone, où Trimalcyon, qui était marchand, dit à Albine : « Je te prie aussi que les navires que tu sculpteras sur mon tombeau aillent à pleines voiles, et que je sois assis au tribunal avec ma toge, avec cinq anneaux d'or et avec un sac rempli d'argent pour le jeter au peuple. » Ceci est de la science prospective ; que les savans me permettent de risquer le mot.

On comprend que la question était grave. Aussi la lutte, commencée en 1813, existait-elle encore en 1815, plus acharnée que jamais. Positivistes et allégoristes en appelaient à toutes les académies italiennes, depuis celle de Naples jusqu'à celle de Saint-Marin. L'un d'eux, plus exaspéré que les autres, allait partir pour Paris afin de soumettre cette énigme à l'Institut. Il était venu, trois jours avant son départ, me proposer sérieusement de faire en français la traduction des deux volumes qu'il avait écrits sur cette question européenne. Je mis ce monsieur à la porte.

Le bas-relief opposé, c'est-à-dire celui qui regarde Pompeïa, représente le bisellium dont il est question dans l'épitaphe. Vous ne savez peut-être pas ce que c'est que le bisellium ; je vais vous le dire. Depuis que j'habite l'Italie, je deviens savant à mon tour. Pardonnez-moi mes offenses comme je·les pardonne à ceux qui m'ont offensé.

Le bisellium, dont la forme serait encore inconnue sans le précieux bas-relief que nous a conservé la tombe de Nevoleïa, est un banc oblong garni d'un coussin, orné de franges, .avec un tabouret au dessous. Le citoyen qui avait eu le bonheur d'obtenir le bisellium avait le droit de s'asseoir tout seul dans les assemblées publiques sur ce siége où cependant on pouvait tenir à deux. Ces honneurs du bisellium étaient fort enviés des Pompéïens, qui, à ce qu'il paraît, aimaient par dessus toute chose à avoir les coudées franches. Cela ressemblait beaucoup aux gens vertueux de Saint-Just, à qui le jeune conventionnel voulait qu'on accordât le privilége de se promener le dimanche avec un habit gris-perle et un bouquet de roses au côté.

Quant au bas-relief du milieu, c'est-à-dire quant à celui qui donne sur la rue, il représente le sacrifice qui eut lieu aux funérailles mêmes de Munatius Faustus. Un jeune prêtre pose l'urne sur l'autel, tandis qu'un enfant l'assiste. A droite sont les décurions, les officiers du municipium et les *sexviri augustales*, dont Munatius avait l'honneur de faire partie, et qui viennent rendre leurs derniers devoirs à leur collègue. A gauche, un groupe d'hommes et de femmes s'avance vers l'autel et présente des offrandes. Parmi ces dernières, une jeune fille se renverse accablée de douleur. Les savans, de leur autorité privée, ont décidé que ce personnage était Nevoleïa elle-même. Je n'ai absolument rien à dire contre cette opinion.

Après avoir fait le tour de ce magnifique tombeau, et tandis que Jadin en faisait un croquis, je descendis dans le colombarium. C'était une petite chambre de six ou huit pieds carrés; une niche pratiquée dans la muraille contenait une grande urne d'argile, pleine de cendres et d'os. Les mêmes savans ont décidé que c'étaient les restes de Nevoleïa et de Munatius, sentimentalement réunis les uns aux autres pour l'éternité. D'autres urnes contenaient d'autres ossemens, et de plus les pièces de monnaie destinées à Caron. L'Académie de Naples s'occupe à décider en ce moment si ce n'est pas de cette coutume antique que vient l'habitude de payer un sou en traversant le pont des Arts.

En outre, on trouva sur le sol trois vases de terre renfermés dans trois vases de plomb; un de ces vases contenait de l'eau ; les autres, de l'eau, du vin et de l'huile sur laquelle surnageaient des ossemens. Au fond, il y avait un précipité de cendres et de substances animales. C'étaient les restes des libations et des essences qu'on répandait d'ordinaire sur les reliques des morts, lorsqu'on les déposait dans le sépulcre après les avoir recueillis du bûcher.

Le sépulcre de la seconde Tyché n'était pas moins curieux que celui de la première. C'est un cénotaphe de la même forme à peu près que celui que nous venons de décrire, surmonté par un cyppe que couronne une tête humaine vue de face, portant des cheveux réunis en tresses et noués derrière le cou. Sur cette tête est gravée l'inscription suivante qui a donné force tablature aux savans, et qui cependant me paraît on ne peut plus simple :

JUNONI
TYCHES JULIÆ
AUGUSTÆ VENER.

On voit que les anciens, sous le rapport de la courtisanerie, étaient encore plus avancés que nous. Tout titre qui les rapprochait des princes les honorait, quel que fût ce titre. Ouvrez Tacite, et vous verrez que Pétrone remplissait glorieusement près de Néron l'emploi que Tyché avait accepté près de Julie. Bref, après avoir gagné sa retraite, Tyché se retira à Pompeïa, où probablement elle fit pénitence pour sa vie passée, puisqu'en mourant elle se recommandait à Junon, la plus rogue de toutes les déesses. Il est vrai que les savans expliquent cette anomalie, en disant que les divinités protectrices des femmes s'appelaient *junons*, et celles des hommes *génies;* mais alors il me semble qu'il y aurait un pluriel au lieu d'un singulier, et qu'on lirait sur l'épitaphe *Junonibus* et non *Junoni*. Je soumets cette observasion à MM. les archéologues avec toute l'humilité d'un néophyte.

Le tombeau de Calventius, découvert en 1813, est; comme celui des deux Tychés, du beau temps de l'architecture romaine. Aussi, comme pour le défendre des injures des passans, est-il environné de murailles sans ouverture. Sa matière est de marbre blanc, ses ornemens sont d'un beau style, et il se termine par deux enroulemens de palmes avec des têtes de béliers. C'était, comme Munatius Faustus, un augustal; comme Munatius Faustus, il jouissait des honneurs du bisellium.

Voici son épitaphe :

« A Caïus Calventius Quietus Augustal. L'honneur du bisellium lui a été décerné par le décret des décurions, et avec le consentement du peuple, à cause de sa magnificence. »

Le cénotaphe de Calventius est massif, c'est-à-dire que c'est un tombeau honorifique. Le mur qui l'entoure et, le protége avait fait croire qu'en pénétrant dans l'intérieur, on y trouverait quelque trésor caché. En conséquence, on brisa le monument du côté qui regarde l'ouest. Mais alors on s'aperçut que l'on venait de commettre un sacrilége inutile.

Deux couronnes de chêne indiquent qu'à l'honneur du bisellium Calventius joignait l'honneur plus insigne encore d'avoir reçu la couronne civique.

Outre les quatre tombeaux que nous venons de décrire, il y en a une soixantaine d'autres devant lesquels nous nous contentons de faire passer le lecteur, comme Ruy Gomez de Sylva fait passer Charles-Quint devant une partie de ses aïeux. Seulement, nous le prévenons, comme le fait le respectable tuteur de dona Sol, que nous en passons, et des meilleurs, afin d'arriver plus vite à la porte de Pompeïa.

XIV

Petites Affiches.

Nous suivîmes la voie consulaire et nous arrivâmes à la porte d'Herculanum. Disons un mot de la voie consulaire et de la porte d'Herculanum ; puis nous ferons un tour dans la ville même de Pompeïa.

La voie consulaire était un rameau de cette fameuse voie Appienne qui allait de Rome à Naples ; elle la joignait au nord à Capoue, et s'étendait au midi jusqu'à Reggio : c'était la troisième voie romaine décrite par Strabon, qui passait par le pays des Brutiens, la Lucanie, le Samnium, la Campanie, où elle rejoignait la voie Appienne.

Ces grands chemins étaient sous l'inspection des censeurs, qui devaient les tenir en bon état. Tite-Live trace à ces estimables magistrats les devoirs qu'ils avaient à remplir à cet égard. « Les censeurs, dit-il, doivent, dans l'intérieur des villes, faire construire les chemins avec de la pierre de silex ; mais, dans la campagne et hors les murs, c'est avec des cailloux que les routes et les trottoirs doivent être fabriqués. » Or, qu'étaient-ce que ces chemins en cailloutis, si ce n'est nos routes ferrées ? M. Macadamt est un grand plagiaire d'avoir donné la recette comme de lui, tandis qu'elle date, ainsi qu'on le voit, d'une vingtaine d'années avant le Christ.

La ville de Pompeïa est encore aujourd'hui pavée selon les réglemens de l'époque. Seulement, hors des murs, dans la campagne, les routes se sont un peu détériorées, et il n'y aurait pas de mal que les censeurs s'en occupassent.

Quant à la porte d'Herculanum, il n'y faut rien changer, elle est bien celle qui convient à la nécropole à laquelle elle donne entrée : ruine qui conduit à des ruines, poterne sans gardes qui mène à une ville sans habitans.

Sa voûte s'est écroulée, lassée qu'elle était de porter dix-sept siècles. La herse s'est faite poussière comme la poussière qui la couvrait ; mais les ouvertures latérales, plus étroites et plus basses, ont conservé leurs voûtes ; on voit encore la rainure où glissait la barrière disparue.

En arrivant sur le seuil de Pompeïa, on s'arrête un instant, on regarde autour de soi, on regarde devant soi, on plonge les yeux devant toutes les courbures des rues, dans tous les angles des ruines, dans tous les plis du terrain ; on ne voit pas un être vivant ; on écoute, on n'entend pas un seul bruit.

Alors se présente un escalier aux larges marches ; cet escalier conduit aux murailles publiques, qui furent découvertes de 1811 à 1814, c'est-à-dire pendant le règne de Murat.

Ces murailles furent bâties, comme celles de Fiesole, de Roselle et de Volterra, avec de grandes pierres de travertin à leur base, et dans leur partie supérieure avec des pierres volcaniques posées les unes sur les autres, sans autre lien que leur propre aplomb, sans autre ciment que leur seul poids. Trois chars pouvaient y passer de front, et aujourd'hui l'on peut s'y promener comme aux jours de Sylla et de Cicéron.

Des lettres osques et étrusques sont gravées sur le revers de chaque pierre ; on suppose que, ces pierres se taillant d'avance dans la carrière d'où on les tirait, les lettres étaient des signes tracés par les ouvriers pour reconnaître la position qu'était destinée à occuper chacune d'elles.

Du haut de cette muraille on plane, comme Asmodée, sur une ville sans toits.

En redescendant de la muraille, on trouve à gauche la maison du triclinium; un banc recouvert d'une treille lui a fait donner ce nom gastronomique. Elle avait été mise par son maître sous la garde de la Fortune, dont on retrouva l'image dans une espèce de petite chapelle.

En face de cette maison est celle de Jules Polybe. Il n'y avait point à se tromper sur celle-là, le nom de JVLIVS POLIBIVS étant écrit sur la porte en lettres noires.

Maintenant, quelle était sa destination? Les savans veulent, les uns que ce soit une auberge, les autres un relais de poste. Ils se fondent sur ce qu'on y a trouvé des ossemens de chevaux et des pièces de fer qui ne pouvaient être que des essieux.

Après cette maison s'élève un grand pilier dont la nature occupa fort l'académie d'Herculanum. Elle prétendit d'abord, entre autres choses, que cette image était un talisman contre la jettatura, et puis elle y reconnut une enseigne de bijoutier. Comme cette opinion était la moins plausible, tout le monde s'y rallia.

Il est vrai que les fouilles exécutées dans la maison attenante produisirent une quantité très grande d'objets pareils en corail, en or et en argent, lesquels se portaient autrefois, comme se portent encore aujourd'hui à Naples les mains et les cornes. Il faut dire le pour et le contre.

Mais ce qui nous frappa surtout, c'est la quantité, c'est la variété des inscriptions en lettres noires ou rouges, en caractères osques ou samnites, en latin ou en grec, qui couvrent les murailles. Londres, la ville des puffs par excellence, où chaque coin de muraille blanche est loué, où les affiches, après s'être hissées du premier au second étage, grimpent du second étage au troisième, enjambent le toit et vont se coller à la cheminée, Londres est, sous ce rapport, bien en arrière de Pompeïa : qu'est-ce qu'un malheureux lambeau de papier que le premier vent emporte, que la première pluie décolle, que le premier gamin arrache, près de cette encre indélébile qui dure depuis dix-huit cents ans !

Aussi, au lieu d'entrer tout d'abord dans les maisons, nous nous mîmes à courir les rues le nez en l'air comme de véritables badauds, lisant les enseignes des boutiques et les affiches des spectacles, exactement comm ces provinciaux qui se demandent : Achèterons-nous une canne ou un parapluie? Irons-nous aux Variétés ou à l'Opéra? N'est-ce pas une chose curieuse en effet, que de voir encore survivre aux habitans, aux maisons, à la ville, cet intérêt personnel qui, alors comme aujourd'hui, par les plus humbles prières et par les plus belles promesses, essayait d'attirer à lui l'attention du public, les faveurs des puissans, l'argent de tous.

Voulez-vous lire quelques unes de ces inscriptions? Voici les plus curieuses :

Marcellinum œdilem lignarii et plaustarii rogant ut faveat.

Ce qui veut dire :

« Les charpentiers et les charretiers se recommandent à l'édile Marcellinus. »

Voulez-vous savoir où vous pouviez loger? Tâchez de déchiffrer cet avis en langue étrusque :

XIV

Petites Affiches.

Nous suivîmes la voie consulaire et nous arrivâmes à la porte d'Herculanum. Disons un mot de la voie consulaire et de la porte d'Herculanum ; puis nous ferons un tour dans la ville même de Pompeïa.

La voie consulaire était un rameau de cette fameuse voie Appienne qui allait de Rome à Naples ; elle la joignait au nord à Capoue, et s'étendait au midi jusqu'à Reggio : c'était la troisième voie romaine décrite par Strabon, qui passait par le pays des Brutiens, la Lucanie, le Samnium, la Campanie, où elle rejoignait la voie Appienne.

Ces grands chemins étaient sous l'inspection des censeurs, qui devaient les tenir en bon état. Tite-Live trace à ces estimables magistrats les devoirs qu'ils avaient à remplir à cet égard. « Les censeurs, dit-il, doivent, dans l'intérieur des villes, faire construire les chemins avec de la pierre de silex ; mais, dans la campagne et hors les murs, c'est avec des cailloux que les routes et les trottoirs doivent être fabriqués. » Or, qu'étaient-ce que ces chemins en cailloutis, si ce n'est nos routes ferrées ? M. Macadamt est un grand plagiaire d'avoir donné la recette comme de lui, tandis qu'elle date, ainsi qu'on le voit, d'une vingtaine d'années avant le Christ.

La ville de Pompeïa est encore aujourd'hui pavée selon les réglemens de l'époque. Seulement, hors des murs, dans la campagne, les routes se sont un peu détériorées, et il n'y aurait pas de mal que les censeurs s'en occupassent.

Quant à la porte d'Herculanum, il n'y faut rien changer, elle est bien celle qui convient à la nécropole à laquelle elle donne entrée : ruine qui conduit à des ruines, poterne sans gardes qui mène à une ville sans habitans.

Sa voûte s'est écroulée, lassée qu'elle était de porter dix-sept siècles. La herse s'est faite poussière comme la poussière qui la couvrait ; mais les ouvertures latérales, plus étroites et plus basses, ont conservé leurs voûtes ; on voit encore la rainure où glissait la barrière disparue.

En arrivant sur le seuil de Pompeïa, on s'arrête un instant, on regarde autour de soi, on regarde devant soi, on plonge les yeux devant toutes les courbures des rues, dans tous les angles des ruines, dans tous les plis du terrain ; on ne voit pas un être vivant ; on écoute, on n'entend pas un seul bruit.

Alors se présente un escalier aux larges marches ; cet escalier conduit aux murailles publiques, qui furent découvertes de 1811 à 1814, c'est-à-dire pendant le règne de Murat.

Ces murailles furent bâties, comme celles de Fiesole, de Roselle et de Volterra, avec de grandes pierres de travertin à leur base, et dans leur partie supérieure avec des pierres volcaniques posées les unes sur les autres, sans autre lien que leur propre aplomb, sans autre ciment que leur seul poids. Trois chars pouvaient y passer de front, et aujourd'hui l'on peut s'y promener comme aux jours de Sylla et de Cicéron.

Des lettres osques et étrusques sont gravées sur le revers de chaque pierre ; on suppose que, ces pierres se taillant d'avance dans la carrière peu d'agonie, que ce n'était pas la peine d'en parler ; tandis que les animaux, peste ! ils n'y mettaient pas de complaisance ; ils frappaient où ils pouvaient et comme ils pouvaient, des dents, des griffes, de la corne ; ils brisaient bras et jambes, faisaient voler des lambeaux de chair jusqu'au trône de l'empereur, jusqu'à la tribune des vestales et des chevaliers ; ils s'acharnaient sur le moribond, lui fouillaient la poitrine, lui rongeaient la tête, lui buvaient le sang ; il n'y avait pas moyen de prendre une pose théâtrale, de choisir une attitude académique : il fallait souffrir, il fallait se débattre, il fallait crier ; cela du moins, c'était amusant à voir, c'était curieux à étudier ! Aussi, l'empereur Claude, de grotesque mémoire, ne s'en rassasiait-il pas. Il y venait au point du jour, il y restait jusqu'à midi, et souvent encore, quand le peuple s'en allait pour dîner, il demeurait seul sur son trône, interrogeait l'inspecteur des jeux sur l'heure où ils allaient recommencer. Eh bien ! je vous le disais, avez-vous les goûts de l'empereur Claude ? Voici votre affaire :

N. Popidi
Rufi · fam. glad. IV · K · nov. Pompeis
Venatione et XII · K · mai.
Mata et vela erunt
O. Procurator, felicitas.

« La troupe des gladiateurs de Numerius Popidius Rufus donnera une
» chasse à Pompeïa, le quatrième jour des calendes de novembre et le
» douzième jour des calendes de mai. On y deploiera les voiles. Octa-
» vius, procurateur des jeux. Salut ! »

Au reste, si vous ne vous trouvez pas bien dans l'auberge de M. Varinus, vous savez que vous pouvez vous loger en ville. Cherchez, il y a des pancartes d'appartemens à louer de tous côtés. Un second étage vous va-t-il ?

« *Cneus Pompeius Diogenes* louera aux calendes de juillet l'étage
» supérieur de sa maison. »

Ou bien aimez-vous mieux être principal locataire et gagner quelque chose en détaillant ? Il y a une certaine Julia Felix, fille de Spurius, qui propose de louer, du premier au six des ides d'août, et pour cinq années consécutives, une partie de son patrimoine, se composant d'un appartement de bains, d'un venereum et de neuf cents boutiques et étaux. Seulement vous êtes prévenu que c'est une personne honnête et qui tient à ce qu'il ne se passe chez elle que des choses convenables. Autrement le bail sera résilié de plein droit. Voici les conditions ; c'est à prendre ou à laisser :

In prædiis Juliæ S. P. F. Felicis locantur balneum,
Venereum et nongentum tabernæ, pergulæ.
Cœnacula ex idibus Aug. primis, in id.
Aug. sextas, annos continuos quinque
S · Q · D · L · E · N · C.

Je vous avais bien dit qu'elle était fort sévère ; sa dernière condition n'est indiquée que par des initiales.

Maintenant, si vous n'êtes venu ni pour louer ni pour sous-louer, si vous ne voulez pas dépenser votre argent au théâtre ou au cirque, si votre bourse est vide, ce qui peut arriver aux plus honnêtes gens de la terre, et ce qui arrive même plutôt à ceux-là qu'à d'autres, attendez jusqu'au jour des calendes de juin : l'édile donne spectacle gratis.

Vous savez ce que c'est qu'un édile, n'est-ce pas ? C'est un homme qui a mangé le tiers de sa fortune pour arriver où il est, et qui man-

20

gera les deux autres tiers pour devenir préteur. Aussi, quant à la justice qu'il doit rendre, il ne s'en occupe pas le moins du monde. Jugeât-il comme l'empereur Claude depuis le matin jusqu'au soir, personne ne lui en aurait la moindre obligation. Non, son état est d'amuser le peuple; c'est pour cela que le peuple l'a nommé. Aussi donne-t-il une fête tous les huit jours, un combat de gladiateurs tous les mois et une chasse tous les semestres. C'est que les animaux coûtent cher; il faut les faire venir de l'Atlas, du Nil, de l'Inde. Avec le prix d'un lion à crinière, on achète huit gladiateurs. Les panthères coûtent six mille sesterces, et les tigres dix mille. On ne trouve plus de rhinocéros qu'au delà du lac Natron. Il faut remonter jusqu'à la troisième cataracte pour pêcher un crocodile de dix pieds, et le moindre boa est hors de prix.

Aulus Svezius Cerius, qui vous promet une chasse pour le mois de juin, sera ruiné au mois de septembre; mais qu'importe? Au mois d'octobre se font les élections, et si l'édile a bien amusé le peuple, il sera élu préteur, c'est-à-dire roi d'une province, non pas d'une province comme le Languedoc ou le Berri, la Bretagne ou l'Artois, l'Alsace ou la Franche-Comté : ce n'est pas de pareils lambeaux que Rome a pour provinces; les provinces de Rome, c'est l'Afrique, l'Espagne, la Syrie, l'Égypte, la Grèce, la Cappadoce ou le Pont; c'est mille lieues carrées de terrain, six cents villes, dix mille villages, vingt millions d'habitans, non pas à gouverner, non pas à régir, non pas à civiliser, mais à piller, à voler, à pressurer, car tout est au préteur; le préteur a pleins pouvoirs, le préteur a droit de vie et de mort; c'est au préteur les temples et leurs statues, les hommes et leurs trésors, les femmes et leur honneur. Tous les créanciers de l'édile ont suivi le préteur comme une meute : la province est leur curée; chacun en emporte une bribe, une parcelle, un lambeau; la province épure les comptes, paie les créanciers, enrichit le débiteur. On donnait à Tibère le conseil de changer les préteurs qu'il avait envoyés en Grèce, en Judée et en Égypte, attendu, disait-on, qu'ils dévoraient ces malheureuses provinces que tant d'autres avaient déjà dévorées avant eux. « Si vous chassez les mouches qui boivent le sang d'un blessé, répondait Tibère, il en reviendra d'autres à jeun, et par conséquent plus affamées. »

Allez donc à la chasse du futur préteur, car il le sera, puisqu'il est assez riche pour donner le spectacle gratis aux soixante-dix mille spectateurs que contient le cirque. Voici son affiche :

La famille de gladiateurs d'Aulus Svezius Cerius,
édile, combattra dans Pompéia le dernier
jour des calendes de juin. Il y
aura chasse et velarium.

Le velarium, comme vous le savez, était une tente qui couvrait l'amphithéâtre. Il y en avait de toutes couleurs, de grises, de jaunes, de bleues. Néron en avait fait faire une en soie azurée avec des étoiles d'or, au milieu de laquelle il s'était fait représenter en Apollon, une lyre à la main et conduisant le char du soleil.

Maintenant, il y a peut-être quelque chose de plus curieux encore pour l'observateur que ces affiches pour ainsi dire officielles : ce sont ces lignes grossières, ces sentences de cabaret, ces refrains de taverne, tracés sur le mur avec la pointe d'un charbon ou l'extrémité d'un couteau. Allez dans la rue qui longe le petit théâtre, et vous y lirez les aventures amoureuses de deux soldats, arrivées sous le consulat de Marcus Messala et de Lucius Lentulus, c'est-à-dire trois ans avant la naissance du Christ. C'est une chose très plaisante.

Puis, pendant que vous y êtes, entrez dans le cabaret même : c'est une de ces riches thermopoles où les anciens passaient la nuit à jouer et à boire. Comme l'établissement de la célèbre commère de l'abbé Dubois, il avait deux faces : l'une visible, et qui s'ouvrait sur la rue ; l'autre voilée, et qui se cachait sur la cour. On passait de la boutique dans l'appartement intérieur.

Il n'y a pas à s'y tromper. Par la seule inspection des murailles on sait où l'on est. Les peintures représentent des hommes qui boivent et qui jouent. L'un d'eux crie au garçon de lui apporter du vin à la glace : *Da mihi frigidum pusillum.* A une table voisine, des jeunes gens boivent avec des dames dont la tête est couverte d'un capuchon. Le capuchon indique que ce sont des femmes honnêtes. C'est le cucullus dont Juvénal couvre la tête de Messaline lorsqu'elle déserte le palais impérial du mont Palatin pour le corps-de-garde de la porte Flaminia. Aussi, comme vous le comprenez bien, ces dames ne sont point entrées par la boutique ; il y a une petite porte qui donne dans une rue étroite, solitaire et sombre : c'est par là qu'elles sont venues, c'est par là qu'elles s'en iront. Allez voir cette porte.

Il y avait encore dans cette chambre d'autres peintures non moins curieuses que celles-ci et qu'on a enlevées. On les retrouve dans le Musée de Naples, où on les reconnaît à cette inscription : *Lente impelle.*

J'ai promis à mes lecteurs de ne pas leur faire faire une trop longue visite domiciliaire. Je vais donc les conduire maintenant à la maison du Faune, et tout sera dit sur Pompeïa.

XV

Maison du Faune.

La maison du Faune est une des plus charmantes maisons de Pompeïa ; elle est située dans le plus beau quartier de la ville, c'est-à-dire dans la rue qui s'étend de l'arc de Tibère à la porte d'Isis ; elle fut découverte en 1830 par le savant directeur des fouilles, Charles Bonnucci, en présence du fils de Goethe, le même qui ne précéda que de quelques mois son illustre père dans la tombe. Elle reçut son nom de maison du Faune de la statue d'un de ces demi-dieux, qu'on y retrouva.

En franchissant le seuil de l'atrium, on découvre d'un coup d'œil toute la maison. Cet atrium était peint de couleurs vives et variées et pavé de jaspe rouge, d'agates orientales et d'albâtre fleuri. Des chambres à coucher, des salles d'audience, des salles à manger enveloppent cet atrium.

Derrière est un jardin qui devait être tout parsemé de fleurs ; au milieu de ces fleurs et de ce jardin jaillissait une fontaine qui retombait dans un bassin de marbre. Tout autour s'étendait un portique soutenu par vingt-quatre colonnes d'ordre ionique, au delà desquelles on apercevait encore d'autres colonnes et un second jardin, celui-là planté de platanes et de lauriers, à l'ombre desquels s'élevaient deux petits temples consacrés aux dieux lares.

Au delà la vue s'étendait jusqu'à la cime du Vésuve, dont on voit monter au ciel l'éternelle fumée.

Malgré cette vue, les propriétaires de cette belle demeure ne furent pas prévenus à temps du danger. On retrouva toute chose à sa place : choses communes comme objets précieux, urnes d'or, coupes d'argent, vases de terre ; les uns dans les armoires, les autres sur les tables servies. La maîtresse de la maison seule essaya en fuyant d'emporter quelques bijoux. Peut-être même, pour les aller prendre, perdit-elle un temps précieux. On reconnut son squelette dans la salle de réception, et à quelques pas d'elle, dans le gynécée, on trouva deux bracelets d'or très pesans, deux boucles d'oreilles, sept anneaux d'or enchâssant de belles pierres gravées, et enfin un monceau de monnaies d'or, d'argent et de bronze.

Entre le jardin et le bosquet était situé le salon.

Arrêtons-nous au seuil de ce salon, et recueillons-nous. Nous touchons à un chef-d'œuvre antique, dont l'exhumation a failli produire une trente-troisième révolte dans la très fidèle ville de Naples.

Nous voulons parler de la grande mosaïque.

La grande mosaïque a été découverte en 1830, c'était l'année des révolutions.

Mais notre lutte, à nous, s'est calmée. De loin en loin, quand on entend dans l'enceinte de la ville quelque coup de fusil qui résonne en contravention avec les ordres de la police, on tressaille bien encore, et l'on écoute, inquiet, si l'on n'entendra pas au bout de la rue battre la générale ; mais la générale est muette. Le roulement des voitures qui passent atteste que pour le moment il n'y a pas de barricades dans les environs. Tout s'apaise sous la lente et sourde pression du temps.

Mais il n'en a pas été ainsi à Naples. Les savans forment une race à part, bien autrement entêtée, bien autrement rancunière, bien autrement ergoteuse que les autres races. Les haines politiques ne sont rien auprès des haines archéologiques, et c'est tout simple : les haines politiques tuent, les haines archéologiques ne font que blesser.

C'est une terrible chose que la grande mosaïque! La grande mosaïque sera à l'avenir ce que le Masque de Fer a été au passé. Il y a neuf systèmes sur le Masque de Fer, et il y en a déjà dix sur la grande mosaïque, et notez que le Masque de Fer date de 1680, tandis que la grande mosaïque ne date que de 1830.

Il va sans dire qu'aucun des systèmes inventés sur la grande mosaïque n'est encore reconnu pour le véritable. On sait ce qu'elle n'est pas, mais on ne sait pas ce qu'elle est.

Je voudrais bien avoir un pinceau au lieu d'une plume, je vous ferais un croquis de la grande mosaïque, et de ce croquis il résulterait peut-être un onzième système qui serait le bon. *Numero deus impare gaudet.*

A défaut d'un dessin, il faut donc que le lecteur se contente d'une description.

La grande mosaïque, qui peut avoir seize pieds de large sur huit pieds de haut, représente une bataille. L'artiste a choisi ce moment suprême et décisif où la victoire se déclare pour une des deux armées : cette victoire est amenée par la chute d'un des principaux personnages.

Les deux chefs des deux armées sont en présence : l'un, qui paraît avoir trente ans à peu près, est monté sur un de ces beaux chevaux héroïques comme en sculptait Phidias sur la frise du Parthénon ; il est nu-tête, porte les cheveux courts et des favoris qui se joignent sous le cou, et a pour armes défensives une cuirasse très richement ornée, avec des manches d'étoffe, et une chlamyde qui, passant par dessus l'épaule gauche, retombe flottante derrière lui. Ses armes offensives sont l'épée qu'il porte à son côté et la lance qu'il tient à la main, et de laquelle il traverse le flanc d'un des généraux ennemis, lequel, embarrassé par son cheval abattu sous lui, n'a pu éviter le coup, et se cramponne, en se tordant de douleur, au bois de la lance de son adversaire. C'est la chute, et surtout la blessure terrible de ce cavalier, qui paraissent décider de la victoire.

Quant au vainqueur, il occupe le premier plan du côté gauche de la grande mosaïque. Il a derrière lui trois ou quatre cavaliers qui, armés comme lui, appartiennent évidemment à la même nation. D'ailleurs, ils viennent d'où il vient et vont où il va.

L'autre chef est monté sur un char traîné par quatre chevaux, et occupe le côté opposé du tableau. Il a la tête enveloppé d'une espèce de chaperon qui, après avoir fait le tour du front, passe sous le col. Il a une tunique à longues manches et un manteau agrafé sur sa poitrine et retombant sur ses épaules; il tient de la main gauche un arc et étend, dans l'attitude de l'intérêt et de la terreur, sa main droite vers le cavalier blessé. Pendant ce temps, son cocher, qui tient les rênes de l'attelage de la main gauche, force les chevaux à se retourner, et presse leur fuite en les fouettant de la main droite.

Un quatrième personnage, placé comme les trois autres sur le premier plan du tableau, tient en bride un cheval qu'il semble offrir au chef monté sur le char, car, comprenant sans doute la difficulté que ce char éprouvera à passer à travers les morts, les blessés et les armes dont le champ de bataille est jonché, il veut offrir à son chef un plus sûr moyen de salut.

Le fond du tableau est occupé par les soldats du second chef, dont l'un porte un étendard, et dont les autres, se sacrifiant pour leur général, s'élancent entre lui et le général ennemi.

Au dessus de la mêlée s'élève un arbre dépouillé de feuillage.

Il y a en tout vingt-huit combattans et seize chevaux, tous un tiers à peu près plus petit que nature.

Malheureusement cette belle mosaïque avait été endommagée par le tremblement de terre de l'an 63, et l'on s'occupait de la réparer lors de l'éruption de l'an 69.

Or, voyez ce que c'est que le hasard! le dégât a justement frappé les endroits qui pouvaient renseigner les antiquaires sur l'époque où avai lieu cette bataille et sur les nations qui se la livraient. Nous avons parlé d'un étendard. Cet étendard devait porter un lion, un aigle, un animal quelconque. Alors on eût su à qui l'on avait à faire : il n'y avait plus de discussion, tout le monde était d'accord, l'Académie d'Herculanum continuait de vivre dans la concorde. Mais bast! il ne reste de l'étendard que la pique et le bâton; de l'animal qu'il portait, pas le moindre vestige, un bout de crête seulement, à ce que prétendent ceux qui désirent y voir un coq. Quand à moi, je sais que je n'y ai rien vu.

Mais c'est justement parce qu'on n'y voit rien, que la chose est devenue si formidablement intéressante. Vous comprendrez, une énigme scientifique à expliquer, un problème archéologique à résoudre! Quelle bonne fortune pour les savans !

Aussi, chacun s'est précipité sur la grande mosaïque et y a vu une bataille différente.

L'opinion générale a prétendu que c'était la bataille d'Issus, entre Darius et Alexandre.

Il signor Francesco Avellino a prétendu que c'était la bataille du Granique.

Il signor Antonio Niccolini a prétendu que c'était la bataille d'Arbelles.

Il signor Carlo Bonnucci a prétendu que c'était la bataille de Platée.

M. Marchand a prétendu que c'était la bataille de Marathon.

Il signor Luigi Vescorali a prétendu que c'était la défaite des Gaulois à Delphes.

Il signor Filippo de Romanis a prétendu que c'était la rencontre des Druses et des Gaulois à Lyon.

Il signor Pascale Ponticelli a prétendu que c'était la défaite de Ptolémée par César.

Le marquis Arditi prétend que c'est la mort de Sarpédon.

Enfin, il signor Giuseppe Sanchez y voit un combat entre Achille et Hector.

Voilà de quoi choisir, n'est-ce pas? Eh bien! ce n'est rien de tout cela.

— Mais enfin pourquoi n'est-ce rien de tout cela?

— Je vais vous le dire. Commençons par l'opinion générale; c'est toujours, comme on le sait, la plus difficile à détrôner, quoiqu'elle soit souvent la plus absurde.

« L'opinion générale prétend que la bataille représentée dans la grande mosaïque est la bataille d'Issus, qui se livra entre Darius et Alexandre, et par conséquent entre les Perses et les Macédoniens. »

L'opinion générale est une ignorante.

Hérodote dit que les lances des Perses étaient courtes : or, selon l'opinion générale, les Perses sont les vaincus de la mosaïque, et les lances des vaincus de la mosaïque sont démesurément longues.

Arrien dit que, les soldats mercenaires tués, les Perses prirent la fuite, mais que, comme les chevaux se trouvaient alourdis par le poids de l'armure de leurs cavaliers, ces derniers étaient facilement rejoints et mis à mort par leurs ennemis. Or, pas un des vaincus de la mosaïque ne possède visiblement du moins, une cuirasse assez lourde pour ralentir la course d'un cheval.

Plutarque dit que les Perses traînaient dans leurs combats un grand nombre de chars ornés d'un grand nombre de faux. Or, il n'y a dans toute la bataille représentée par la mosaïque qu'un seul char et pas une seule faux.

Passons des soldats aux chefs.

L'opinion générale prétend que le chef vainqueur est Alexandre.

Dans tous les portraits, dans tous les bustes, dans toutes les médailles que nous possédons d'Alexandre, Alexandre est représenté sans barbe, et le chef vainqueur a des favoris.

Alexandre portait, au dire de tous les biographes, la tête inclinée vers l'épaule gauche, et le chef vainqueur a la tête inclinée sur l'épaule droite.

Enfin il est connu qu'excepté à la bataille du Granique, Alexandre combattait toujours sur Bucéphale, lequel était d'un tiers plus grand que les autres chevaux et avait la tête qui ressemblait à une tête de bœuf, ressemblance d'où lui venait son nom *bous kephalé*. Or, le cheval du chef vainqueur est de taille ordinaire et n'a d'aucune façon cette physionomie bovine que constatent les historiens.

L'opinion générale prétend que le chef vaincu est Darius.

Quinte-Curce dit que le char que montait Darius était tout resplendissant de pierreries, que sur ce char il y avait deux figures d'or massif hautes d'une coudée, lesquelles représentaient la Paix et la Guerre, et qu'au milieu de ces deux figures, un aigle, également d'or, ouvrait ses ailes et semblait prêt à s'envoler. Or, le char du chef vaincu est un char fort élégant, mais sur lequel on ne retrouve aucune trace ni de ces statues de la Paix et de la Guerre, ni de cet aigle aux ailes déployées.

Quinte-Curce dit que Darius portait une tunique de pourpre lisérée de blanc, et un manteau frangé d'or que réunissaient sur la poitrine du roi deux éperviers qui semblaient se becqueter. En outre, Darius avait une tiare bleue et blanche, son sceptre à la main et sa couronne sur la tête. Ce furent cette couronne, ce sceptre et cette tiare, symboles de sa dignité, que Darius jeta en fuyant, et qui tombèrent au pouvoir d'Alexandre, qui le poursuivait. Or, le manteau du chef vaincu est retenu par deux serpens et non par deux éperviers, sa tiare est jaune et non pas bleue; enfin, il ne tient pas un sceptre à la main, mais un arc.

Hérodote dit que les Perses étaient surtout gênés dans le combat par les longues robes qui tombaient jusque sur leurs talons; or, le chef vaincu, vêtu d'habits exactement taillés sur le même modèle que ceux de ses soldats, porte une tunique qui ne dépasse pas les genoux.

Enfin Œlianus dit que Darius, voyant le combat perdu, monta sur une jument que lui présenta son frère Artaxerce. Or, la monture qu'offre à son roi le guerrier qui s'approche du char est un cheval et non une jument (1). Sur ce point, il ne peut pas y avoir de discussion.

Or, l'opinion générale est donc parfaitement absurde.

Passons au second système.

« Il signor Francesco Avellino prétend que c'est la bataille du Granique.»

Prouvons que ce n'est pas plus la bataille du Granique que ce n'est la bataille d'Issus.

La bataille du Granique eut lieu dans les eaux et sur la rive même du fleuve. Les Macédoniens, armés de lances, et Alexandre à leur tête, se précipitèrent dans les flots, repoussèrent les Perses, qui voulaient leur disputer le passage, et s'emparèrent de l'autre bord. Dans cette lutte, Alexandre, qui donnait par sa témérité l'exemple du courage, ayant rompu sa lance, demanda à Arétès, général de sa cavalerie, de lui prêter la sienne; puis, cette seconde lance rompue comme la première, il en reprit une troisième des mains de Débatrius de Corinthe. Ce fut alors que le fils de Philippe attaqua Mithridate, gendre de Darius, qui poussait son cheval en avant des bataillons persans, et l'ayant frappé dans le flanc d'un premier coup de lance qui demeura sans effet, repoussé qu'il fut par sa cuirasse, lui porta au visage un second coup dont il le renversa. Dans ce moment, Alexandre était tellement acharné contre l'ennemi qu'il combattait, qu'il ne vit point Rosacès qui levait une hache au dessus de sa tête, et qu'il ne put parer le coup, qui ouvrit son casque et lui fit une légère blessure au front. Mais en se sentant frappé, Alexandre se retourna vers lui et lui traversa la poitrine d'un coup d'épée. Outre cette blessure à la tête, Alexandre en avait une seconde que

____

(1) On se servait particulièrement de jumens pour fuir; car les jumens allaient plus vite que les chevaux, attirées qu'elles étaient par le désir de retrouver leurs petits.

lui avait faite le javelot de Mithridate , et par laquelle il perdait beau-
coup de sang. Enfin, Spiridate, qui s'était glissé jusqu'à la croupe de son
cheval , levait sa masse et lui en préparait une troisième , probable-
ment plus terrible que les deux autres, lorsque le bras qui allait frapper
fut abattu par Clitus. En ce moment, les Macédoniens restés en arrière
rejoignirent leur chef, et les Perses , ne pouvant résister aux quarante
guerriers d'élite qu'Alexandre appelait ses compagnons, et à la phalange
macédonienne , qui les suivait, prirent la fuite, et , avec la victoire ,
abandonnèrent à Alexandre la possession de l'Ionie , de la Carie, de la
Phrygie et des autres portions de l'Asie qui formaient auparavant la
puissante monarchie des Lydiens.

Voilà la bataille du Granique telle qu'elle est racontée dans Diodore de
Sicile, dans Quinte-Curce et dans Plutarque.

Procédons par ordre.

La bataille du Granique conserva le nom du fleuve , parce qu'elle fut
livrée, comme nous l'avons dit, moitié dans l'eau , moitié sur le rivage.
Or, il n'y a pas dans la grande mosaïque trace du plus petit ruisseau.

Le guerrier vaincu ne peut être Mithridate , puisque le premier coup
que lui porta Alexandre dans le flanc demeura sans effet , et que ce ne
fut que du second coup que le héros macédonien lui traversa le visage.
Or le cavalier moribond jouit, au contraire, d'un visage parfaitement sain,
mais éprouve le désagrément d'avoir le flanc percé de part en part.

Au moment où Alexandre frappait Mithridate , Rosacès , comme nous
l'avons dit, s'apprêtait à le frapper lui-même. Or, dans la grande mo-
saïque, le chef vainqueur est suivi de ses soldats, et parmi ces soldats il
n'y a pas plus de Rosacès que de Granique. D'ailleurs, dit l'historien ,
le coup de hache s'amortit sur le casque d'Alexandre , et le chef vain-
queur est nu-tête.

Alexandre , si on se le rappelle , avait deux blessures : celle que lui
avait faite Rosacès et celle que lui avait faite Mithridate. Or, le chef
vainqueur est au contraire parfaitement invulnéré, et l'on n'aperçoit au-
cune trace de sang sur ses habits. La cuirasse d'Alexandre, raconte Dio-
dore de Sicile, était ouverte en deux endroits. Or, la cuirasse du chef
vainqueur est parfaitement intacte. Enfin, le même historien dit que le
bouclier d'Alexandre, le même bouclier qu'il avait enlevé au temple de
Minerve, était marqué de trois coups terribles qu'Alexandre avait reçus
dans la mêlée. Or, le chef vainqueur n'a pas même de bouclier.

Ce n'est donc pas la bataille du Granique.

XVI

La grande Mosaïque.

Continuons nos réfutations :

« Il signor Antonio Niccolini a prétendu que c'était la bataille d'Ar-
belles. »

Prouvons que ce n'est pas plus la bataille d'Arbelles que ce n'est la ba-
taille du Granique.

Arbelles est le Marengo d'Alexandre. Les chars garnis de faux des
Persans et la terrible charge qu'avait faite leur cavalerie avaient mis les
Macédoniens en fuite, lorsque le vainqueur d'Issus et du Granique se

jeta à la rencontre de Darius, qui combattait à la tête des siens, et d'un coup, destiné au roi des Perses, tua son cocher. Ce coup fut un coup de flèche, disent Plutarque et Diodore de Sicile; et un coup de lance, disent les autres historiens. Mais tant il y a que, de quelque arme qu'il fût frappé, le cocher tomba, et que les Perses, croyant que c'était leur général qui était frappé à mort, perdirent courage et prirent aussitôt la fuite. Ce fut alors que, le char de Darius ne pouvant se retourner à cause de la quantité de cadavres amoncelés autour de lui, le roi des Perses sauta sur une jument, et, comme à la bataille d'Issus, s'enfuit et disparut bientôt au milieu de la poussière qui s'élevait sous les roues des chars et sous les pas des chameaux et des éléphans, ne s'arrêtant, dit Plutarque, que lorsqu'il eut mis le désert tout entier entre lui et son vainqueur.

La victoire d'Arbelles fut donc décidée par la chute du cocher de Darius, qui tomba du char et dont la chute épouvanta les Perses. Or, le cocher de la mosaïque est debout, et bien debout; et, à la façon dont il frappe les chevaux, il y a probabilité qu'il se tirera de la mêlée sain et sauf.

La victoire d'Arbelles fut surtout remarquable par la lutte acharnée des deux cavaleries ennemies. Arrien affirme que cette lutte fut si acharnée, que les cavaliers se prenaient corps à corps et tombaient embrassés sous les pieds de leurs chevaux. Or, il n'y a pas parmi les vingt-huit personnages de la mosaïque deux cavaliers qui combattent de cette façon.

Plutarque, dans la vie de Camille, raconte que la bataille d'Arbelles eut lieu pendant l'automne. Or, la bataille de la mosaïque a lieu pendant l'hiver, et au plus avancé de l'hiver, ainsi que l'arbre dépouillé de son feuillage en fait foi.

Tous les historiens racontent que Darius s'enfuit sur une jument et disparut bientôt, grâce à la poussière qui se levait sous les roues des chars et sous les pas des éléphans et des chameaux. Or, il n'y a dans la mosaïque qu'un seul char, c'est le char du roi; de chameaux et d'éléphans, il n'y en a pas plus que sur la main.

Ce n'est donc pas la bataille d'Arbelles.

« Il signor Carlo Bonnucci a prétendu que c'était la bataille de Platée. »

Prouvons que ce n'est pas plus la bataille de Platée que ce n'est la bataille d'Arbelles.

Selon l'opinion du savant architecte des fouilles, et c'est lui, rappelons-le, qui a découvert la maison du Faune, le chef victorieux de la mosaïque serait Pausanias, roi de Sparte, le guerrier bleu serait Mardonius, gendre du roi des Perses; et le personnage du char serait Artabase, général en second de l'armée barbare.

Certes, nous ne demanderions pas mieux que de nous rallier à l'opinion de M. Charles Bonnucci. M. Charles Bonnucci est non seulement un des hommes les plus savans que j'aie rencontrés, mais c'est encore un des hommes les plus aimables que j'aie vus. Mais, en conscience, nous ne pouvons pas, tout indigne que nous nous reconnaisons de discuter avec un académicien, laisser passer la chose ainsi.

1° Mardonius ne fut pas tué par Pausanias, mais par Aimneste. Ecoutez Hérodote, il s'explique positivement sur ce point : « Mardonius, dit-il, fut tué par Aimneste, illustre citoyen de Sparte, qui depuis mourut lui-même dans une bataille contre les Messéniens. »

2º Non seulement ce ne fut pas Pausanias qui tua Mardonius d'un coup de lance, mais Mardonius, dit toujours le même Hérodote, ne fut pas tué d'un coup de lance, mais d'un coup de pierre.

3º Le guerrier du char ne peut être Artabase, le second chef de l'armée, puisque avant la bataille de Platée, se trouvant en dissidence avec Mardonius relativement au plan de campagne, il ne voulut pas même assister à la bataille ; et ayant appris que la victoire avait favorisé les Grecs, il se retira en Phocide avec 40,000 hommes qui, ainsi que lui, n'avaient pas assisté au combat.

4º Enfin ce ne peut pas être la bataille de Platée, attendu qu'avant la bataille de Platée les Perses ayant été vaincus dans une rencontre et ayant perdu Maniste, un de leurs chefs, Mardonius avait ordonné qu'en signe de deuil tous les soldats de son armée taillassent leurs cheveux et leurs barbes, et qu'on coupât les crins aux chevaux et aux bêtes de somme. Voyez plutôt Hérodote : « La cavalerie revenue au camp, toute l'armée exprima la douleur qu'elle ressentait de la mort de Maniste, et Mardonius plus que tous les autres. Aussi les Perses se taillèrent-ils la barbe et les cheveux, et coupèrent-ils les crins de leurs bêtes de somme, et jetèrent-ils des cris qui retentirent dans toute la Béotie ; et cela venait de ce qu'ils demeuraient privés d'un personnage qui, après Mardonius, était, de l'avis du roi lui-même, le premier parmi tous les Perses. » Or, les cavaliers perses de la mosaïque sont à toute barbe et les chevaux à tous crins.

Ce n'est donc pas la bataille de Platée.

» M. Marchand, car les Français s'en sont mêlés comme les autres, » M. Marchand, dis-je, a prétendu que c'était la bataille de Marathon. »

Je voudrais fort ne pas contredire un compatriote, et surtout un compatriote aussi savant que M. Marchand ; mais on m'accuserait de partialité si je ne démantibulais pas Marathon comme j'ai démantibulé Platée, Arbelles, le Granique et Issus.

Prouvons donc que ce n'est pas plus la bataille de Marathon que ce n'est la bataille de Platée.

La bataille de Marathon, gagnée par Miltiade, fut, du côté des Perses, perdue de compte à demi par Datis et Artapherne. M. Marchand voit donc dans Artapherne le général monté sur le char, dans Datis le guerrier blessé, et dans Miltiade le chef vainqueur.

Nous passons Artapherne à M. Marchand, mais, en conscience, nous ne pouvons lui passer Datis ni Miltiade.

Datis, parce qu'il ne fut ni tué ni blessé en cette occasion, puisqu'au dire d'Hérodote il rendit aux vainqueurs, après la bataille, la statue dorée d'Apollon qu'il leur avait enlevée quelques jours auparavant, et se retira sain et sauf en Asie avec le reste de l'armée.

Miltiade, parce qu'il avait cinquante ans à cette époque, et que le chef vainqueur de la mosaïque n'en a que trente.

Quant à l'arbre dépouillé de feuilles, M. Marchand y voit un hiéroglyphe. Selon lui, cet arbre est là pour symboliser la pensée de l'historien, qui dit qu'à Marathon les Athéniens ne furent des hommes ni de chair ni d'os, mais des hommes de bois.

Notre avis est donc, malgré l'arbre symbolique, que ce n'est pas la bataille de Marathon.

« Il signor Luigi Vescorali a prétendu que c'était la défaite des Gau-
» lois à Delphes. »

Prouvons que ce n'est pas plus la défaite des Gaulois à Delphes que ce n'est la bataille de Marathon.

Selon le signor Luigi Vescorali, les assaillans seraient les Grecs, le guerrier blessé serait le brenn ou général, et les soldats vaincus seraient les Gaulois. Quant au personnage du char, comme le signor Luigi Vescorali n'en sait que faire, il n'en fait rien.

D'abord, ce ne sont ni les armes, ni le costume, ni la manière de combattre des Gaulois. Où sont les braies? où sont les longs cheveux blonds? où sont ces lances larges et recourbées? où sont les arcs avec lesquels ils lançaient leurs traits comme la foudre? où sont ces immenses boucliers qui leur servaient de bateaux pour traverser les fleuves? Il n'y a rien de tout cela dans les vaincus de la mosaïque.

Puis écoutez le récit d'Amédée Thierry, récit emprunté à Valère Maxime, à Tite-Live, à Justin et à Pausanias, et jugez:

« On était alors en automne, et durant le combat il s'était formé un de ces orages soudains, si communs dans les hautes chaînes de l'Hellade; il éclata tout à coup, versant dans la montagne des torrens de pluie et de grêle : les prêtres et les devins attachés au temple d'Apollon se saisirent d'un incident propre à frapper l'esprit superstitieux des Grecs. L'œil hagard et les cheveux hérissés, l'esprit comme aliéné, ils se répandirent dans la ville et dans les rangs de l'armée, criant que le dieu était arrivé : « Il est ici, disaient-ils, nous l'avons vu s'élancer à travers la voûte du temple; elle s'est fendue sous ses pieds : deux vierges armées, Minerve et Diane, l'accompagnent; nous avons entendu le sifflement de leurs arcs et le cliquetis de leurs lances. Accourez, ô Grecs! sur les pas de vos dieux, si vous voulez partager leur victoire. » Ce spectacle, ces discours prononcés au bruit de la foudre, à la lueur des éclairs, remplirent les Hellènes d'un enthousiasme surnaturel; ils se reforment en bataille et se précipitent l'épée haute sur l'ennemi. Les mêmes circonstances agissaient non moins énergiquement, mais en sens contraire, sur les bandes victorieuses : les Gaulois crurent reconnaître le pouvoir d'une divinité, mais d'une divinité irritée. La foudre, à plusieurs reprises, avait frappé leurs bataillons, et ses détonations, répétées par les échos, produisaient autour d'eux un tel retentissement qu'ils n'entendaient plus la voix de leurs chefs. Ceux qui pénétrèrent dans l'intérieur du temple avaient senti le pavé trembler sous leurs pas; ils avaient été saisis par une vapeur épaisse et méphitique qui les consumait et les faisait tomber dans un délire violent. Les historiens rapportent qu'au milieu de ce désordre on vit apparaître trois guerriers d'un aspect sinistre, d'une stature plus qu'humaine, couverts de vieilles armures, et qui frappèrent les Gaulois de leurs lances. Les Delphiens reconnurent, dit-on, les ombres de trois héros, Hyperocus et Laodocus, dont les tombeaux étaient voisins du temple, et Pyrrhus, fils d'Achille. Quant aux Gaulois, une terreur panique les entraîna en désordre jusqu'à leur camp, où ils ne parvinrent qu'à grand'peine, accablés par les traits des Grecs et par la chute d'énormes rocs qui roulaient sur eux du haut du Parnasse. »

Voilà le récit d'Amédée Thierry, c'est-à-dire d'un de nos écrivains les plus savans et les plus consciencieux. Or, je vous prie, où est Delphes? où est le temple? où est la foudre? où est le dieu irrité? où sont les trois guerriers spectres qui combattent pour les Delphiens? où sont ces rocs qui poursuivent les fugitifs en bondissant aux flancs du Parnasse? Rien de tout cela n'est dans la mosaïque. Ce n'est donc point la défaite des Gaulois à Delphes.

« Il signor Filippo de Romanis a prétendu que c'était la rencontre de » Drusus avec les Gaulois, près de la ville de Lyon. »

Prouvons que ce n'est pas plus la rencontre de Drusus avec les Gaulois près de la ville de Lyon que ce n'est la défaite des Gaulois à Delphes.

Selon le signor de Romanis, le chef vainqueur de la mosaïque serait Néron Claudius Drusus ; le cavalier blessé, un chef gaulois ; et le personnage du char, un barde ; quant aux noms de ce barde et de ce chef, les noms gaulois sont si barbares et si difficiles à prononcer que le signor de Romanis ne les indique pas même par une pauvre petite initiale.

Il signor de Romanis est de l'avis du proverbe qui dit que quand on prend du galon on n'en saurait trop prendre ; pendant qu'il était en train d'inventer un système, il a inventé une bataille : en effet, sa bataille n'a pas plus de nom que son chef gaulois et son barde.

Malheureusement, malgré ce vague si favorable aux théories systématiques, il y a deux choses positives. La première, c'est que les médailles qui restent des Druses ne ressemblent en rien au chef vainqueur de la mosaïque. La seconde, c'est que le prétendu barde monté sur le char tient un arc et non une lyre. Je sais bien qu'un arc est un instrument à corde, mais je doute que jamais les bardes se soient servis d'un arc pour s'accompagner.

J'ai donc grand'peur que la mosaïque ne représente pas la rencontre de Drusus avec les Gaulois près de la ville de Lyon.

« Il signor Pasquale Ponticelli a prétendu que c'était la défaite des » Égyptiens par César. »

Prouvons que ce n'est pas plus la défaite des Égyptiens par César que ce n'est la défaite des Gaulois près de la ville de Lyon.

Selon il signor Pasquale Ponticelli, le chef vainqueur est César, le guerrier blessé est Achille, le roi fugitif est Ptolémée.

Il y a tout bonnement une impossibilité par personne citée à ce que cela soit.

Le chef vainqueur de la mosaïque a trente ans à peu près, et à cette époque César en avait cinquante un ou cinquante-deux.

Le guerrier blessé ne peut être le général égyptien Achille, puisque le général égyptien Achille fut, avant la bataille, tué en trahison par l'eunuque Ganimède.

Enfin, le roi fugitif ne peut être Ptolémée, puisque Ptolémée avait à cette époque dix-sept ans à peine, et que le roi vaincu paraît en avoir de quarante-cinq à cinquante.

Il est vrai que cela pourrait s'arranger si César cédait à Ptolémée les vingt-un ou vingt-deux ans qu'il a de trop ; mais resterait encore le malheureux général Achille, que nous ne saurions, en conscience, ressusciter pour faire plaisir au signor Pasquale Ponticelli.

Nous ne parlons pas des costumes, qui ne s'appliquent ni aux Romains du temps de César, ni aux Egyptiens du temps de Ptolémée.

Mais, dira peut-être il signor Pasquale Ponticelli, ce n'est point de la bataille d'Alexandrie que j'ai voulu parler, mais de la seconde bataille qui rendit César maître de la monarchie égyptienne.

A ceci nous répondrons qu'à cette seconde bataille, le roi Ptolémée, qui, au reste, n'avait que quelques mois de plus qu'à la première, était revêtu d'une cuirasse d'or ; puisque , lorsqu'on le retira du Nil, mort et défiguré, ce fut à cette cuirasse qu'on le reconnut.

Or, sur toute la personne du roi fugitif il n'y a pas la moindre apparence de cette cuirasse d'or, qui cependant était assez importante pour que le peintre ne la laissât point à l'arsenal.

Ce n'est donc point la défaite des Egyptiens par César.

« Le marquis Arditi prétend que c'est la mort de Sarpédon. »

Prouvons que ce n'est pas plus la mort de Sarpédon que ce n'est la défaite des Egyptiens par César.

Sarpédon eut deux rencontres avec les Grecs , c'est vrai ; près du hêtre sacré , c'est encore vrai ; mais , quoique fils de Jupiter , Sarpédon n'était pas heureux en guerre : dans la première, Sarpédon fut blessé , dans la seconde , il fut tué.

Traduisons littérallement Homère, et voyons si le sujet de la mosaïque s'applique le moins du monde à l'une ou l'autre de ces deux rencontres de Sarpédon.

La première de ces deux rencontres eut lieu avec Tlépolème, fils d'Hercule et petit-fils de Jupiter. Sarpédon était par conséquent l'oncle de Tlépolème. Voici comment l'oncle parle au neveu :

« Tlépolème, si Hercule détruisit Troie , la ville sacrée , c'était pour punir la perfidie du fier Laomédon , qui paya par des paroles insolentes celui qui avait si bien agi à son égard, et lui refusa les chevaux pour lesquels il était venu d'aussi loin. Eh bien ! je te le dis, tu recevras de moi la mort et le noir enfer , et , frappé de mon javelot, tu me donneras, à moi , la gloire , et ton âme à Pluton. »

Ainsi parla Sarpédon.

Maintenant , voici comment le neveu répond à l'oncle :

« Tlépolème élève son javelot aigu , et les deux longs javelots des guerriers partent de leurs mains. Sarpédon lança le sien , et la pointe alla frapper Tlépolème à la gorge : la sombre nuit de la mort couvrit ses yeux. Tlépolème frappa Sarpédon à la cuisse de son long javelot, et le fer impétueux écarta les chairs et pénétra jusqu'à l'os. Les amis de Sarpédon l'entraînent loin du combat ; il porte encore le javelot long et pesant ; aucun de ceux qui se pressent autour de lui ne s'en aperçoit et ne pense à retirer le fer dangereux pour qu'il remonte sur son char , tant ils s'étaient empressés de le tirer de ce danger. »

Le guerrier vainqueur de la mosaïque est armé d'une lance et non d'un javelot. Le guerrier vaincu n'a pas lancé son javelot, mais de douleur a laissé tomber sa lance près de lui. Tlépolème n'est pas le moins du monde frappé à la gorge, et Sarpédon est frappé non pas à la cuisse, mais dans le flanc ; et la lance, qui n'a pas trouvé d'os pour l'arrêter , passe d'un pied et demi de l'autre côté du corps ; de plus , comme cette lance peut avoir douze pieds de long , il serait difficile que les amis de Sarpédon ne s'aperçussent point que, tout fils de Jupiter qu'il est , le héros doit en être incommodé. De plus, ils sont pressés de faire remonter Sarpédon sur son cheval, et le guerrier blessé de la mosaïque est à cheval.

L'artiste n'a donc évidemment pas eu l'idée de représenter ce premier combat ; passons au second.

Cette fois , la lutte a lieu entre Sarpédon et Patrocle. Voici comment parle Homère. Nous demandons pardon à nos lecteurs de la simplicité de notre traduction littérale ; elle ne ressemble ni à celle du prince Lebrun ni à celle de M. Bitaubé, mais ce n'est pas notre faute.

« Lorsque les deux guerriers se furent approchés en face l'un de l'autre, Patrocle frappa le courageux Trasymèle, qui était le meilleur écuyer de Sarpédon, et, lui lançant un trait dans le ventre, il le renversa à terre. Sarpédon, frappant le second, lance à son tour son javelot aigu et atteint le cheval Pédase à l'épaule droite. Le cheval pousse des cris, tombe au milieu des rênes et meurt : les deux autres s'arrêtent, le timon craque, et les chevaux s'embarrassent, car Pédase gît au milieu des rênes ; Automédon tire sa longue épée et coupe le trait à la volée. Ils recommencent alors leur périlleux combat ; Sarpédon lance de nouveau à son ennemi un trait aigu : le javelot rase l'épaule gauche de Patrocle, mais ne le touche pas ; enfin Patrocle lance son trait, qui ne sort pas inutilement de sa main, mais va frapper à l'endroit où le diaphragme embrasse le cœur nerveux et plein de vie. Sarpédon tombe alors comme un chêne, ou comme un pin que sur la montagne les hommes abattent avec des haches tranchantes. »

Or, le combat de la mosaïque ressemble encore moins à la reconde rencontre de Sarpédon qu'à la première.

Où est Trasymèle, le meilleur écuyer de Sarpédon ? où est le cheval Pédase, blessé à l'épaule droite ? où est Automédon coupant le trait ? où est enfin Sarpédon frappé au cœur ? à moins que déjà, du temps d'Homère, les médecins n'aient mis le cœur à droite.

Ce n'est donc pas la mort de Sarpédon.

« Enfin il signor Giuseppe Sanchez a prétendu que c'était une rencontre entre Achille et Hector. »

Prouvons que ce n'est pas plus une rencontre entre Achille et Hector que ce n'est la mort de Sarpédon.

Voici, selon le signor Giuseppe Sanchez, le paragraphe d'Homère auquel le peintre a emprunté son sujet :

Ulysse vient supplier Achille d'oublier l'injure que lui a faite Agamemnon, mais Achille le renvoie plus loin qu'il ne veut aller, et, rappelant les services rendus aux Grecs, il dit :

« Tant que je combattis avec les Grecs, Hector n'osa point lutter avec moi ni s'aventurer hors de ses murs, toujours il restait à la porte de Scée et sous un hêtre ; cependant un jour il osa me braver, mais il put à peine échapper à mes coups. »

— Nous vous voyons venir, monsieur Sanchez.

Vous n'avez pas voulu choisir un des combats racontés par Homère. Non. Homère poète, peintre, historien, Homère est trop précis, trop descripteur. Il eût été trop facile, Homère à la main, de vous réfuter. Vous avez préféré prendre quelque chose de vague, et vous avez prétendu que l'artiste avait pris à la volée les quelques mots de rodomontade jetés au vent par la colère d'Achille, et qu'il en avait fait un tableau. Ce n'est pas probable ; mais, n'importe, admettons votre donnée.

C'est donc la rencontre d'Achille et d'Hector près de la porte de Scée.

D'abord, monsieur Sanchez, Achille avait des chevaux de rechange. Il avait, à cette époque, Xanthe et Balius, fils de Podarge et du Zéphyr, et par conséquent immortels, il avait de plus Pédase, qu'il avait pris au siége de Thèbes, et qui, au dire d'Homère, tout mortel qu'il était, était digne d'être attelé près de ses deux collègues divins.

Mais, quoique Achille dût monter à cheval comme un membre du Jokey-Club ou comme un écuyer de Franconi, Achille ne montait jamais à cheval quand il s'agissait de combattre. Fi donc! les héros comme Achile avaient un char, un automédon pour conduire ce char, et au fond de ce char tout un arsenal de piques et de javelots. Combattre à cheval! pour qui prenez-vous le divin fils de Thétis et de Pelée? C'est bon pour des pleutres et des faquins; mais du temps d'Homère les gens comme il faut combattaient en char. Ecoutez Nestor:

« Contenez vos chevaux, dit-il, prenez garde qu'ils ne portent le désordre dans nos lignes; qu'aucun de vous ne s'abandonne à sa fougueuse ardeur, qu'aucun ne sorte des rangs pour attaquer l'ennemi, qu'aucun ne recule; vous seriez bientôt rompus et défaits. Si quelqu'un est forcé d'abandonner son char pour monter sur un autre, qu'il ne se serve plus que de ses javelots. »

Puis, s'il vous plaît, à cette époque, Achille avait encore ses armes, puisque Patrocle n'était pas mort. Où est donc l'immense bouclier sous lequel gémissait le bras de Patrocle? où est le casque terrible dont le cimier seul, en se balançant, faisait fuir les Troyens? où Achille dit-il que lorsque Hector a fui devant lui, lui Achille était nu-tête? Certes, Achille n'est point assez modeste pour avoir oublié une pareille circonstance.

Donc le chef vainqueur de la mosaïque ne peut être Achille, puisque le vainqueur de la mosaïque n'est pas sur le char d'Achille et ne porte pas les armes d'Achille.

Passons à Hector.

Maintenant, Hector est sur son char, c'est vrai; malheureusement, le chef vaincu de la mosaïque non seulement n'a pas les armes d'Hector, mais encore n'a pas l'âge d'Hector.

Où M. Giuseppe Sanchez a-t-il vu que l'élégant fils de Priam, qui dispute le prix de la beauté à Pâris, le prix du courage à Achille, soit un homme de quarante-cinq à quarante-huit ans? Franchement, quoique Homère ne dise nulle part l'âge d'Achille, tout ce que je peux faire pour M. Sanchez, c'est d'accorder trente ans à Hector.

Puis, j'en demande pardon à M. Sanchez, j'ai lu et relu l'*Iliade*, et je n'ai vu nulle part qu'Hector se servît d'un arc. C'est Pâris, l'archer de la famille; et Homère est trop adroit pour établir une pareille similitude entre les deux frères. A Hector, il faut les armes offensives du brave; il lui faut les javelots avec lesquels on se bat à vingt pas de distance; il lui faut cette lance au cercle d'or avec laquelle on frappe son ennemi en le joignant; il lui faut l'épée, avec laquelle on lutte corps à corps.

Puis, comme arme défensive, où est ce casque, présent d'Apollon, dont le panache sème la terreur? où est ce grand bouclier qu'il rejette sur ses épaules quand il tourne le dos à l'ennemi et qui le couvre tout entier? où est enfin la cuirasse où s'enfonce si profondément le javelot d'Ajax qu'il déchire jusqu'à sa tunique?

Or, si le guerrier vaincu de la mosaïque n'a pas l'âge d'Hector et n'a pas les armes d'Hector, ce ne peut pas être Hector.

Il en résulte que si l'un ne peut pas être Hector et que l'autre ne puisse pas être Achille, la mosaïque doit nécessairement représenter autre chose que la rencontre d'Achille et d'Hector.

J'en demande pardon à mes lecteurs, mais j'ai voulu prendre les dix systèmes les uns après les autres pour leur prouver qu'il ne faut pas croire trop aveuglément aux systèmes.

Maintenant je pourrais , comme un autre , faire un onzième système, mais je ne donnerai pas ce plaisir à MM. les savans italiens.

Je leur raconterai tout simplement l'histoire d'un pauvre fou que j'ai vu à Charenton , et qui m'a paru non seulement plus sage , mais encore plus logique qu'eux. Sa folie était de se croire un grand peintre, et à son avis il venait d'exécuter son chef-d'œuvre.

Ce chef-d'œuvre, recouvert d'une toile verte, était le passage de la mer Rouge par les Hébreux.

Il vous conduisait devant le chef-d'œuvre , levait la toile verte , et l'on apercevait une toile blanche.

— Voyez, disait-il, voilà mon tableau.

— Et il représente ? demandait le visiteur.

— Il représente le passage de la mer Rouge par les Hébreux.

— Pardon, mais où est la mer ?

— Elle s'est retirée.

— Où sont les Hébreux ?

— Ils sont passés.

— Et les Égyptiens ?

— Ils vont venir.

Dites-moi , les savans italiens que nous venons de citer sont-ils aussi sages et surtout aussi logiques que mon fou de Charenton ?

XVII

Visite au Musée de Naples.

J'en demande bien pardon à mes lecteurs, mais je suis placé, comme narrateur, entre l'omission et l'ennui. Si j'omets , ce sera justement de la chose omise qu'on me demandera compte ; si je passe teus les objets en revue, je risque de tomber dans la monotonie. Au surplus, nous en avons fini ou à peu près avec Naples antique et Naples moderne, et nous touchons à la catastrophe. Un peu de patience donc pour le Musée. Que dirait-on, je vous le demande, si je ne parlais pas un peu du musée de Naples ?

Le palais des Studi , dont le duc d'Ossuna , vice-roi de Naples, avait jeté les fondemens dans le but d'en faire une vaste école de cavalerie , vit sa destination changée par Ruis de Castro, comte de Lemos, qui décida qu'il servirait de logement à l'Université , laquelle y fut effectivement instituée sous son fils , en 1616. Mais, en 1770, les palais de Portici, de Caserte , de Naples et de Capo di Monte s'étant successivement encombrés des précieux résultats que produisaient les fouilles de Pompeïa , le roi Ferdinand résolut de réunir toutes les antiquités provenant de la decouverte de ces deux villes dans un seul local , où elles seraient exposées à la curiosité du public et aux investigations des savans. A c effet, il choisit le palais de l'Université , laquelle Université fut transportée au palais de San-Salvandor.

Le roi Ferdinand fut si content de la résolution qu'il venait de prendre et la trouva si docte et si sage , qu'il résolut d'en perpétuer le souvenir en se faisant représenter en Minerve à l'entrée du nouveau Musée.

Ce fut Canova qu'on chargea de l'exécution de ce chef-d'œuvre.

C'est quelque chose de bien grotesque, je vous jure, que la statue du roi Ferdinand en Minerve ; et quand il n'y aurait que cela à voir au Musée, on n'aurait, sur ma parole, aucunement perdu son temps à y faire une promenade.

Mais heureusement il y a encore autre chose, de sorte que l'on peut faire d'une pierre deux coups. Notre première visite, après notre retour à Naples, fut pour les objets provenant d'Herculanum et de Pompeïa ; c'était continuer tout bonnement notre course de la veille : après avoir vu l'écrin, c'était regarder les bijoux ; bijoux merveilleux, d'art souvent, de forme toujours.

Nous commençâmes par les statues; elles se présentent d'elles-mêmes sur le passage des visiteurs. D'abord ce sont les neuf effigies de la famille Balbus ; puis celles de Nonius père et fils, les plus fines, les plus légères, les plus aristocratiques, si on peut le dire, de toute l'antiquité. Ces dernières étaient à Portici. En 1799, un boulet emporta la tête de Nonius fils, mais on en retrouva les débris et on la restaura. Il y a encore là d'autres statues splendides : un Faune ivre, par exemple ; la Vénus Callipyge que je trouve pour mon compte moins belle que celle de Syracuse ; l'Hercule au repos, colosse du statuaire Glycon, retrouvé sans jambes dans les Thermes de Caracalla, et que Michel-Ange entreprit de compléter; mais, les jambes achevées, et lorsque l'auteur de Moïse eut pu comparer son œuvre à celle de l'antiquité, il les brisa, en disant que ce n'était pas à un homme d'achever l'œuvre des dieux. Guillaume de la Porta fut moins sévère pour lui-même, il refit les jambes; mais, les jambes faites, on apprit que le prince Borghèse venait de retrouver les véritables dans un puits, à trois lieues de l'endroit où l'on avait retrouvé le corps. Comment étaient-elles allées là ? Personne ne le sut jamais. Or, il était encore plus difficile de faire un corps aux jambes du prince Borghèse que de faire des jambes au corps du roi de Naples. Le prince, qui était généreux comme un Borghèse, fit cadeau de ces jambes au roi. Tant il y a qu'aujourd'hui l'Hercule est au grand complet, chose rare parmi les statues antiques.

Il y a encore le taureau Farnèse, magnifique groupe de cinq à six personnages taillés dans un bloc de marbre de seize pieds sur quatorze ; l'Agrippine au moment où elle vient d'apprendre que Néron menace sa vie ; et enfin l'Aristide, que Canova regardait comme le chef-d'œuvre de la statuaire antique.

De là on passa dans la salle des petits bronzes. Malgré cette dénomination infime, la salle des petits bronzes n'est pas la moins curieuse. En effet, dans cette salle sont rassemblés tous les ustensiles familiers retrouvés à Pompeïa. La vie antique, la vie positive est la ; pour la première fois, on y voit boire et manger les anciens qui, dans notre théâtre, ne boivent et ne mangent que pour s'empoisonner.

Ce sont des vases pour porter l'eau chaude, des marabouts, des bouilloires, des poêles à frire, des moules à petits pâtés, des passoires si fines que le fond en semble un voile brodé à jour, des candelabres, des lanternes, des lampes de toutes formes et de toutes façons ; un escargot qui éclaire avec ses deux cornes ; un petit Bacchus qui fuit emporté par une

panthère , une souris qui ronge un lumignon ; des lampes consacrées à
Isis et au Silence, d'autres consacrées à l'Amour, et que le dieu éteignait
en abaissant la main ; des lampes à plusieurs lumières accrochées à un
petit pilastre orné de têtes de taureaux et de festons de fleurs, ou accro-
chées par des chaînes aux branches d'un arbre effeuillé.

A côté de la salle des petits bronzes est le cabinet des comestibles : ce
sont des œufs , des petits pâtés , des pains , des dattes , des raisins secs,
des amandes , des figues , des noix , des pommes de pin , du millet , des
noyaux de pêches , de l'huile d'Aix , des burettes , du vin dans des bou-
teilles , une serviette avec un morceau de levain , un œuf d'autruche, des
coquilles de limaçons. On y voit aussi des draps, du linge qui était dans
un cuvier à lessive , des filets, du fil, enfin toutes ces choses qu'on ren-
contre à chaque pas dans la vie réelle , et dont il n'est jamais question
dans les livres : ce qui fait que les anciens , toujours vus au sénat, au
forum ou sur le champ de bataille, ne sont pas pour nous des hommes,
mais des demi-dieux. Fausse éducation qu'il faut refaire , fausses idées
qu'il faut redresser une fois qu'on est sorti du collége, et qui prolongent
les études bien au delà du temps qui devrait leur être consacré.

Puis , de là on passe dans la chambre des bijoux. Voulez-vous des
formes pures , suaves, sans reproches ? Voyez ces anneaux , ces colliers,
ces bracelets. C'est comme cela qu'en portaient Aspasie, Cléopâtre, Mes-
saline. Voilà des mains qui se serrent en signe de bonne foi ; voilà un
serpent qui se mord la queue , symbole de l'infini ; voici des mosaïques ,
des antiques, des bas-reliefs. Voulez-vous écrire ? voici un encrier avec
son encre coagulée au fond. Voulez-vous peindre ? voici une palette avec
sa couleur toute préparée. Voulez-vous faire votre toilette ? voici des
peignes, des épingles d'or , des miroirs , du fard , tout ce *monde de la
femme*, *mundus muliebris*, comme l'appelaient les anciens.

Passons à la peinture : c'est la grande question artistique de l'anti-
quité ; c'était la mystérieuse Isis , dont on n'avait pas encore , avant la
découverte de Pompeïa, pu soulever le voile. On avait retrouvé des sta-
tues , on connaissait des chefs-d'œuvre de la sculpture, on possédait
l'Apollon, la Vénus de Médicis, le Laocoon, le Torse ; on avait des frises
du Parthénon et les métopes de Sélinunte ; mais ces merveilles du pin-
ceau tant vantées par Pline , ces portraits que les princes couvraient
d'or , ces tableaux pour lesquels les rois donnaient leurs maîtresses , ces
peintures que les artistes offraient aux dieux, jugeant eux-mêmes que
les hommes n'étaient pas assez riches pour les payer : tout cela était in-
connu. Il y avait un piédestal pour les statuaires , il n'y en avait pas
pour les peintres.

Il est vrai que les fouilles de Pompeïa et d'Herculanum n'ont éclairé
la question qu'à demi. Jusqu'à présent, on n'a retrouvé aucun original
que l'on puisse attribuer à quelqu'un de ces grands maîtres qui avaient
nom Timanthe, Zeuxis ou Apelles. Il y a plus : la majeure partie des
peintures d'Herculanum et de Pompeïa ne sont rien autre chose que
des fresques pareilles à celles de nos théâtres et de nos cafés. Mais n'im-
porte ! par cette œuvre des ouvriers on peut apprécier l'œuvre des ar-
tistes, et parmi ces peintures secondaires il y a même deux ou trois
tableaux tout à fait dignes d'être remarqués.

Mais il ne faut pas courir à ces deux ou trois tableaux, il faut les voir tous, les examiner tous, les étudier tous, car même dans les plus médiocres il y a quelque chose à apprendre.

Les peintures de Pompéïa sont à la détrempe, c'est-à-dire exécutées par le même procédé dont se servaient Giotto, Giovanni da Fiesole et Masaccio. Le style, à part deux ou trois œuvres de la décadence exécutées par les Bouchers de l'époque, est purement grec. Le dessin en est fin, correct, étudié ; le clair-obscur, quoique compris autrement que par nos artistes, est tout à fait à la manière des graveurs, c'est-à-dire à l'aide de hachures, et bien entendu. La composition est en général douce et harmonieuse. L'expression en est toujours juste et très souvent remarquable. Enfin les vêtemens et les plis sont touchés avec cette supériorité qu'on avait déjà reconnue dans la statuaire antique, et qui fait le désespoir des artistes modernes.

Nous ne pouvons pas passer en revue les 1,700 peintures qui composent la collection du Musée antique ; nous pouvons seulement indiquer les plus orignales ou les meilleures.

D'abord, dans les arabesques et dans les natures mortes, on trouvera des choses charmantes : des animaux auxquels il ne manque que la vie, des fruits auxquels il ne manque que le goût ; un perroquet traînant un char conduit par une cigale, tableau que l'on croit une caricature de Néron et de son pédagogue Sénèque ; une charge représentant Énée sauvant son père et son fils, tous trois avec des têtes de chiens. Les trois parties du monde, l'Afrique avec son visage noir, l'Asie avec un bonnet représentant une tête d'éléphant, et au milieu d'elles l'Europe, leur maîtresse et leur reine ; puis au fond la mer, et sur cette mer un vaisseau cinglant à pleines voiles à la recherche de cette quatrième partie du monde promise par Sénèque. Il n'y a pas à s'y tromper, car au dessous on lit ces vers de *Médée* :

Venient annis
Secula seris quibus Oceanus
Vincu'a rerum laxet, et ingeps
Pateat tellus, Typhisque novos
Deteget orbes : nec sit terris ultima Thule.

Médée, acte ii.

Maintenant, voici un tableau d'histoire ; il est précieux, car c'est le seul qu'on ait retrouvé à Pompéïa : c'est Sophonisbe buvant le poison. Devant elle est Scipion l'Africain, qu'on peut reconnaître en le comparant à son buste, auquel il ressemble ; puis, derrière Sophonisbe, Massinissa qui la soutient dans ses bras. Le tableau est sans signature. Est-ce une copie ? est-ce l'original ? Nul ne le sait.

Mais en voici un autre sur lequel le même doute n'existe point. Il représente Phœbé essayant de raccommoder Niobé avec Latone. Aux pieds de leur mère, Aglaé et Héléna, pauvres enfans qui seront enveloppés dans la vengeance divine, jouent aux osselets avec toute l'insouciance de leur âge. C'est un original : il est signé Alexandre l'Athénien.

Puis viennent les fameuses danseuses tant de fois reproduites par la peinture moderne ; des funambules vêtus comme nos arlequins ; les sept grands dieux qui présidaient aux sept jours de la semaine : Diane pour le lundi, Mars pour le mardi, et ainsi de suite Mercure, Jupiter, Vénus, . Apollon et Saturne.

Au milieu de tout cela, le morceau de cendre coagulée qui conserve la forme du sein de cette femme retrouvée dans le souterrain d'Arrius Diomède, comme nous l'avons raconté.

Puis les trois Grâces, que l'on croit copiées de Phidias, et qui furent recopiées par Canova.

Puis le sacrifice d'Iphigénie, que l'on croit une copie de ce fameux tableau de Timanthe dont parle Pline. On se fonde sur ce que, dans l'un comme dans l'autre, Agamemnon a la tête voilée, et que, selon toute probabilité , un artiste n'aurait pas osé faire, à un maître aussi connu que Timanthe, un pareil vol.

Puis Thésée tuant le Minotaure. A ses pieds est le monstre abattu; autour de lui sont les jeunes garçons et les jeunes filles qu'ils a sauvés et qui lui baisent la main.

Puis Médée méditant la mort de ses fils, composition magnifique d'une simplicité terrible. Les enfans jouent, la mère rêve. C'est beau et grand pour tout le monde. Un homme de nos jours qui aurait fait ce tableau serait le rival de nos plus grands peintres. Ne commencez pas par ce tableau, vous ne verriez plus rien. Quant à moi, il y a maintenant sept ans que je l'ai vu, et en fermant les yeux je le revois comme s'il était là.

Puis une foule d'autres peintures : — l'Éducation d'Achille par le centaure Chiron , tableau imité par un de nos peintres , et que la gravure a popularisé ; — Ariane s'éveillant sur le rivage d'une île déserte, et tendant les bras au vaisseau de Thésée qui s'éloigne ; — Phryxus traversant l'Hellespont, monté sur son bélier , et tendant la main à Hellé qui est tombée dans la mer; — la Vénus qui sourit, étendue dans une conque; — Achille rendant Briséis à Agamemnon ; — enfin, Thétis allant demander vengeance à Jupiter.

Ces deux derniers sont deux pages de l'Iliade.

Puis, allez, cherchez encore, regardez dans tous les coins : vous croirez en avoir pour une heure, vous y resterez tout le jour ; puis, vous y reviendrez le lendemain et le surlendemain ; et au moment de votre départ vous ferez arrêter votre voiture pour rendre encore une dernière visite à cette salle, unique dans le monde.

Il ne faut pas s'en aller sans visiter le cabinet des papyrus ; ce serait une grande injustice. Dans mon voyage de Sicile, après avoir visité Syracuse, j'ai conduit mes lecteurs aux sources de la Cyanée, à travers des îles charmantes dont les longs roseaux courbaient au dessus de nous leurs têtes empanachées ; ces roseaux, c'étaient des papyrus. On en faisait une espèce de parchemin étroit et long qu'on déroulait à mesure qu'on écrivait, et qu'on roulait à mesure qu'on avait écrit. Eh bien ! on trouva cinq ou six mille de ces rouleaux , noircis, brûlés , friables ; on les prit d'abord pour des morceaux de bois carbonisés et on n'y fit aucune attention ; on les jeta ou plutôt on les laissa rouler où il leur plaisait d'aller ; puis on reconnut que c'était le trésor le plus précieux de l'antiquité que l'on méprisait ainsi. On recueillit tout ce qu'on put en trouver, et, par un miracle de patience inouï, incroyable, fabuleux, on en a déroulé et lu à cette heure trois mille ou trois mille cinq cents, je crois. Le reste est dans ce cabinet, rangé sur les rayons de vastes armoires ; ce sont deux mille cinq cents petits cylindres noirs que vous prendriez pour des échantillons de charbon de bois. Ce fut en 1753 seulement qu'on revint de l'erreur que nous avons dite : on trouva d'un seul coup, au dessous du jardin du couvent de Saint-Augustin , à Portici, dix-huit cents de ces petits rouleaux, rangés avec tant de symétrie

que l'on commença à y voir quelque chose de mieux que du bois brûlé.
D'ailleurs, en même temps et dans la même pièce on retrouva trois bustes,
sept encriers, et des stylets à écrire. On reconnut alors qu'on était dans
une bibliothèque, et l'on eut pour la première fois l'idée que les petits
rouleaux noirs pouvaient être des papyrus ; on les examina avec soin et
on y reconnut, comme on la voit sur du papier brûlé, la trace des carac-
tères qui y avaient été écrits. A partir de ce moment, la recommandation
fut faite à tous les ouvriers travaillant aux fouilles de mettre précieusement
de côté tout ce qui pourrait ressembler à du charbon.

Et, comme je vous le dis, il y a là trois mille manuscrits dans lesquels
on retrouvera peut-être ces quatre volumes de Trogue Pompée qui font
une lacune dans l'histoire, et ces trois ou quatre livres de Tacite qui font
une lacune dans ses Annales.

J'avoue que j'avais grande envie de mettre dans ma poche un de ces
petits rouleaux de charbon.

Comme nous allions descendre le grand escalier des Studi, le gardien,
qui était sans doute satisfait de la rétribution que nous lui avions donnée,
nous demanda à voix basse si nous ne voulions pas visiter la galerie de
Murat. Nous acceptâmes, en lui demandant comment la galerie de Murat
se trouvait aux Studi. Il nous répondit alors que, lorsque le roi Ferdinand
avait repris son royaume, on avait partagé en famille tous les objets aban-
donnés par le roi déchu. Cette galerie était devenue la propriété du prince
de Salerne qui, ayant eu besoin de quelque chose comme cent mille pias-
tres, les emprunta sur gage à son auguste neveu actuellement régnant.
Or, le gage fut cette galerie, laquelle, pour plus grande sûreté de la
créance, fut transportée au musée Bourbon.

Il y a là, entre autres chefs-d'œuvre, treize Salvator Rosa, deux ou
trois Van-Dick, un Pérugin, un Annibal Carrache, deux Gérard des
Nuits, un Guerchin, les Trois Ages de Gérard, puis dans un petit coin,
derrière un rideau de fenêtre, un tableau de quatorze pouces de haut, et
de huit pouces de large, une de ces miniatures grandioses comme en fait
Ingres quand le peintre d'histoire descend au genre, une petite merveille
enfin, comme l'Arétin, comme le Tintoret ! c'est Francesca de Rimini et
Paolo, au moment où les deux amans s'interrompent et « ce jour-là ne
lisent pas plus avant. »

Demandez, je vous le répète, à visiter cette galerie, ne fût-ce que pour
voir ce charmant petit tableau.

Nous sortîmes enfin, ou plutôt on nous mit à la porte. Il était quatre
heures et demie, et nous avions outre-passé d'une demi-heure le temps
fixé pour la visite du musée. Il est vrai qu'à Naples il n'y a rien de fixe,
et qu'avec une colonate, c'est-à-dire avec cinq francs cinq sous, on fait
et l'on fait faire bien des choses.

Nous n'avions pas marché cent pas qu'au coin de la rue de Tolède
nous nous trouvâmes face à face avec un monsieur d'une cinquantaine
d'années qu'il me sembla à la première vue avoir rencontré à Paris dans
le monde diplomatique. Probablement je ne lui étais pas inconnu non
plus, car il s'approcha de moi avec son plus charmant sourire.

— Eh ! bonjour, mon cher Alexandre, me dit-il d'un ton protecteur ;
comment êtes-vous à Naples sans que j'en sois averti ? Ne savez-vous
donc pas que je suis le protecteur-né des artistes et des gens de lettres ?

Le faquin ! Il me prit une cruelle envie de lui briser quelque chose d'un peu dur sur le dos ; mais je me retins, me doutant bien qu'il accepterait cette réponse et que tout serait fini là.

En effet, pour mon malheur, c'était...

A l'autre chapitre, je vous dirai qui c'était.

XVIII

La Bête noire du roi Ferdinand.

C'était ce fameux marquis dont je vous ai parlé comme de la bête noire du roi Ferdinand , et qui, tout protégé qu'il avait été par la reine Caroline, n'avait jamais pu entrer au palais que par la porte de derrière.

En partant de France, j'avais pris quelques lettres de recommandation pour les plus grands seigneurs de Naples, les San-Teodore, les Noja et les San-Antimo. De plus, je connaissais de longue date le marquis de Gargallo et les princes de Coppola.

Parmi ces lettres , il s'en était , je ne sais comment, glissé une pour le marquis.

Étant à Rome , je n'avais pu obtenir de l'ambassade des Deux-Siciles l'autorisation d'aller à Naples. Afin d'éluder ce refus, j'avais, comme je l'ai raconté ailleurs, passé la frontière napolitaine grâce au passeport d'un de mes amis. Pour tout le monde je m'appelais donc du nom de cet ami, c'est-à-dire monsieur Guichard , et pour quelques personnes seulement j'étais Alexandre Dumas.

Mais comme, en arrivant à Naples, j'ignorais à qui je pouvais me fier, j'avais, avec un homme que j'appellerais mon ami, si ce n'était pas un très haut personnage, j'avais, dis-je, passé une revue des adresses de mes lettres, afin de savoir de lui quelles étaient les personnes à qui il n'y avait aucun inconvénient que monsieur Guichard remît les recommandations données à monsieur Dumas.

Or, à toutes les adresses, ce haut personnage, que je n'ose appeler mon ami, mais à qui j'espère prouver un jour que je suis le sien, avait fait un signe d'assentiment , lorsque, arrivé à la lettre destinée au marquis, il prit cette lettre par un coin de l'enveloppe, et la jetant, sans même regarder où elle allait tomber, de l'autre côté de la table sur laquelle nous faisions notre choix :

— Qui vous a donc donné une lettre pour cet homme ? me demanda-t-il.

— Pourquoi cela ? répondis-je , ripostant à sa question par une autre question.

— Mais, parce que... parce que... ce n'est pas un de ces hommes à qui on recommande un homme comme vous.

— Mais , n'est-il pas quelque peu homme de lettres lui-même ? demandai-je.

— Oh ! oui, me répondit mon interlocuteur ; oui, il a une correspondance très active avec le ministre de la police. Cela s'appelle-t-il être un homme de lettres en France ? En ce cas, c'est un homme de lettres.

— Diable ! fis-je ; mais il me semble que j'ai rencontré ce gaillard-là dans les meilleurs salons de Paris.

— Cela ne m'étonnerait pas : c'est un drôle qui se fourre partout. Et moi-même, tenez, je ne serais pas surpris en rentrant de le trouver dans mon antichambre. Mais vous voilà prévenu. Assez sur cette matière ; parlons d'autre chose.

C'est un garçon fort aristocrate que cet ami que je n'ose pas appeler mon ami. Je ne m'en tins pas moins pour averti, et bien averti, car il était en position d'être parfaitement renseigné sur toutes ces petites choses-là, et, à partir de ce jour, je me donnai de garde d'aller en aucun endroit où je pusse rencontrer mon marquis.

Or, j'avais parfaitement réussi à l'éviter depuis trois semaines que j'étais à Naples, lorsque, pour mon malheur, comme je l'ai dit, je me trouvai face à face avec lui en sortant du musée Bourbon.

On devine donc quelle figure je fis lorsque, avec ce charmant sourire qui lui est habituel et avec ce ton protecteur qu'il affecte, il me dit :

— Eh ! bonjour, mon cher Alexandre ; comment êtes-vous à Naples sans que j'en sois averti ? Ne savez-vous donc pas que je suis le protecteur-né des artistes et des gens de lettres ? Puis, voyant que je ne répondais rien et que je le regardais des pieds à la tête, il ajouta : Comptez-vous rester encore long-temps avec nous ?

— D'abord, monsieur, lui répondis-je, je ne suis pas le moins du monde votre cher Alexandre, attendu que c'est la troisième fois, je crois, que je vous parle, et que, les deux premières, je ne savais pas à qui je parlais. Ensuite, vous n'avez pas été averti de mon arrivée parce que mon véritable nom n'a pas été déposé à la police. Enfin, et pour répondre à votre dernière question, oui, je comptais rester huit jours encore, mais j'ai bien peur d'être forcé de partir demain.

Après quoi je pris le bras de Jadin et laissai le protecteur-né des artistes et des gens de lettres fort abasourdi du compliment qu'il venait de recevoir.

A Chiaja, je quittai Jadin ; il s'achemina du côté de l'hôtel, et moi j'allai droit à l'ambassade française.

A cette époque, nous avions pour chargé d'affaires à Naples un noble et excellent jeune homme ayant nom le comte de Béarn. En arrivant, il y avait quatre mois, j'avais été lui faire ma visite, et je lui avais tout raconté. Il m'avait écouté gravement et avec une légère teinte de mécontentement ; mais presque aussitôt ce nuage passager s'était effacé, et me tendant la main :

— Vous avez eu tort, me dit-il, d'agir ainsi à votre façon, et vous pouvez cruellement nous compromettre. Si la chose était à faire, je vous dirais : Ne la faites point ; mais elle est faite, soyez tranquille, nous ne vous laisserons pas dans l'embarras.

J'étais peu habitué à ces façons de faire de nos ambassadeurs ; aussi j'avais gardé au comte de Béarn une grande reconnaissance de sa réception, tout en me promettant, le moment venu, d'avoir recours à lui.

Or, je pensai que le moment était venu, et j'allai le trouver.

— Eh bien ! me demanda-t-il, avons-nous quelque chose de nouveau ?

— Non, pas pour le moment, répondis-je, mais cela pourrait bien ne pas tarder.

— Qu'est-il donc arrivé ?

Je lui dis la rencontre que je venais de faire, et je lui racontai le court dialogue qui en avait été la suite.

— Eh bien ! me dit-il, vous avez eu tort cette fois-ci comme l'autre : il fallait faire semblant de ne pas le voir, et, si vous ne pouviez pas faire autrement que de le voir, il fallait au moins faire semblant de ne pas le reconnaître.

— Que voulez-vous , mon cher comte , lui répondis-je , je suis
l'homme du premier mouvement.

— Vous savez cependant ce qu'a dit un de nos plus illustre diplomates?

— Celui dont vous parlez a dit tant de choses, que je ne puis savoir
tout ce qu'il a dit.

— Il a dit qu'il fallait se défier du premier mouvement, attendu qu'il
était toujours bon.

— C'est une maxime à l'usage des têtes couronnées, et il y aurait
par conséquent de l'impertinence à moi de la suivre. Je ne suis heu-
reusement ni roi ni empereur.

— Vous êtes mieux que cela , mon cher poète.

— Oui , mais en attendant nous ne sommes pas au temps du bon roi
Robert ; et je doute que, si son successeur Ferdinand daigne s'occuper
de moi, ce soit pour me couronner comme Pétrarque avec le laurier de
Virgile. D'ailleurs , vous le savez bien , Virgile n'a plus de laurier, et
celui qu'a repiqué sur sa tombe mon illustre confrère et ami Casimir
Delavigne lui a fait la mauvaise plaisanterie de ne pas reprendre de
bouture.

— Bref , que désirez-vous ?

— Je désire savoir si vous êtes toujours dans les mêmes dispositions
à mon égard.

— Lesquelles ?

— De venir à mon secours si je vous appelle.

— Je vous l'ai promis et je n'ai qu'une parole; mais savez-vous ce que
je ferais si j'étais à votre place ?

— Que feriez-vous ?

— Vous allez bondir !

— Dites toujours.

— Eh bien ! je ferais viser mon passeport ce soir , et je partirais cette
nuit.

— Ah! pour cela , non , par exemple.

— Très bien; n'en parlons plus.

— Ainsi je compte sur vous ?

— Comptez sur moi.

Le comte de Béarn me tendit la main, et nous nous séparâmes.

— Faites-moi un plaisir, dis-je à Jadin en rentrant à l'hôtel.

— Lequel ?

— Dites au garçon de vous dresser pour cette nuit un lit de sangle
dans ma chambre.

— Pour quoi faire ?

— Vous le verrez probablement.

— Avez-vous besoin de Milord aussi ?

— Eh! eh ! il ne sera peut-être pas de trop.

— Vous croyez donc qu'ils vont venir vous arrêter ?

— J'en ai peur.

— Sacré fat que vous faites , de vous figurer que les gouvernemens
s'occupent de vous !

— Celui-ci a daigné s'occuper de mon père au point de l'empoisonner.
et je vous avoue que ce précédent ne me donne pas de confiance.

— Eh bien ! on couchera dans votre chambre, puisqu'il faut vous
garder.

Et Jadin donna ordre qu'on lui dressât son lit en face du mien.

Cette précaution prise, nous nous couchâmes et nous nous endormîmes comme si nous n'avions pas rencontré le moindre marquis dans notre journée.

Le lendemain, vers les quatre heures du matin, j'entendis qu'on ouvrait ma porte.

Si profondément que je dorme et si légèrement qu'on ouvre la porte de ma chambre quand je dors, je m'éveille à l'instant même. Cette fois, ma vigilance habituelle ne me fit pas défaut; j'ouvris les yeux tout grands, et j'aperçus le valet de chambre.

— Eh bien! Peppino, demandai-je, qu'y a-t-il, que vous me faites le plaisir d'entrer si matin chez moi?

— J'en demande un million de pardons à son excellence, répondit le pauvre garçon; ce sont deux messieurs qui veulent absolument vous parler.

— Deux messieurs de la police, n'est-ce pas?

— Ma foi! s'il faut vous le dire, j'en ai peur.

— Allons, allons, alerte, Jadin!

— Quoi? dit Jadin, en se frottant les yeux.

— Deux sbires qui nous font l'honneur de nous faire visite, mon garçon.

— C'est-à-dire qu'il faut que je me lève et que je coure chez M. de Béarn.

— Vous parlez comme saint Jean-Bouche-d'Or, cher ami; levez-vous et courez.

— Vous n'aimez pas mieux que je les fasse manger par Milord? Cela serait plus tôt fait, et cela ne nous dérangerait pas.

— Non, il en reviendrait d'autres, et ce serait à recommencer.

— Ces messieurs peuvent-ils entrer? demanda Peppino.

— Parfaitement, qu'ils entrent.

Ces messieurs entrèrent.

Cela ressemblait beaucoup aux gardes du commerce que nous voyons au théâtre.

— Monsu Guissard? dit l'un d'eux.

— C'est moi, répondis-je.

— Eh bien! monsu Guissard, il faut nous suivre tout de souite.

— Où cela, s'il vous plaît?

— A la polize.

Je jetai un coup d'œil triomphant à Jadin.

— Il faut, murmura-t-il, que le gouvernement ait bien du temps de reste pour se déranger ainsi!

— Que dit monsu? demanda le sbire.

— Moi! Rien, dit Jadin.

— Monsu a parlé du gouvernement!

— Ah! j'ai dit que le gouvernement était plein de tendresse pour les étrangers qui viennent ici; et je le répète? attendu que c'est mon opinion, monsieur. Est-il défendu d'avoir une opinion?

— Oui, dit le sbire.

— En ce cas, je n'en ai pas. monsieur, prenons que je n'ai rien dit.

Je me hâtai de m'habiller; j'avais une peur de tous les diables que les sbires, peu habitués au dialogue de Jadin, ne l'emmenassent avec moi.

Je passai donc lestement mon gilet et ma redingote, et leur déclarai
que j'étais prêt à les suivre.

Cette promptitude à me rendre à l'invitation du gouvernement parut
donner à nos deux sbires une excellente idée de moi ; aussi, lorsque,
arrivé à la porte de la rue, je leur demandai la permission de prendre
un fiacre, ils ne firent aucune difficulté, et l'un d'eux poussa même la
complaisance jusqu'à courir en chercher un qui stationnait devant la
grille encore fermée de la villa Reale.

Comme je montais en voiture, je vis apparaître Jadin à la fenêtre ; il
était tiré à quatre épingles et tout prêt à se rendre à l'ambassade. Seule-
ment, pour ne pas donner de soupçons sur sa connivence avec moi, il
attendait pour sortir que nous eussions tourné le coin, et fumait inno-
cemment la plus colossale de ses trois pipes.

Cinq minutes après j'étais à la police. Un monsieur, tout vêtu de noir
et de fort mauvaise humeur d'avoir été réveillé si matin, m'y attendait.

— C'est à vous ce passeport? me demanda-t-il aussitôt qu'il m'aperçut
et en me montrant mon passeport au nom de Guichard.

— Oui, monsieur.

— Et cependant Guichard n'est pas votre nom?

— Non, monsieur.

— Et pourquoi voyagez-vous sous un autre nom que le vôtre?

— Parce que votre ambassadeur n'a pas voulu me laisser voyager sous
le mien.

— Quel est votre nom?

— Alexandre Dumas.

— Avez-vous un titre?

— Mon aïeul a reçu de Louis XIV le titre de marquis, et mon père a
refusé de Napoléon le titre de comte.

— Et pourquoi ne portez-vous pas votre titre ?

— Parce que je crois pouvoir m'en passer.

— Vous méprisez donc ceux qui ont des titres?

— Pas le moins du monde ; mais je préfère ceux qu'on se fait soi-même
à ceux qu'on a reçus de ses aïeux.

— Vous êtes donc un jacobin?

Je me mis à rire, et je haussai les épaules.

— Il ne s'agit pas de rire ici! me dit le monsieur en noir, d'un air on
ne peut plus irrité.

— Vous ne pouvez pas m'empêcher de trouver la question ridicule.

— Non, mais je veux vous faire passer l'envie de rire.

— Oh! cela, je vous en défie tant que j'aurai le plaisir de vous voir.

— Monsieur!

— Monsieur!

— Savez-vous qu'en attendant je vais vous envoyer en prison?

— Vous n'oserez pas.

— Comment! je n'oserai pas? s'écria l'homme noir en se levant et en
frappant la table du poing.

— Non.

— Eh! qui m'en empêchera?

— Vous réfléchirez.

— A quoi?

— A ceci.

Je tirai de ma poche trois lettres.

Le monsieur noir jeta un coup d'œil rapide sur les papiers que je lui présentais, et reconnut des cachets ministériels.

— Qu'est-ce que c'est que ces lettres?

— Oh! mon Dieu, presque rien. Celle-ci, c'est une lettre du ministre de l'instruction publique, qui me charge d'une mission littéraire en Italie, et particulièrement dans le royaume des Deux-Siciles : il désire savoir quels sont les progrès que l'instruction a faits depuis les vice-rois jusqu'à nos jours. Celle-ci, c'est une lettre du ministre des affaires étrangères, qui me recommande particulièrement à nos ambassadeurs, et qui les prie de me donner *en toute circonstance*, voyez : *en toute circonstance* est même souligné; — de me donner, dis-je, *en toute circonstance*, aide et protection. Quant à cette troisième, n'y touchez pas, monsieur, et permettez-moi de vous la montrer à distance. Quant à cette troisième, voyez, elle est signée : « Marie-Amélie, » c'est-à-dire d'un des plus nobles et des plus saints noms qui existent sur la terre. C'est de la tante de votre roi. J'aurais pu m'en servir, mais je ne l'ai pas fait, il aurait fallu la remettre à la personne à qui elle était adressée; et quand on a un autographe comme celui-là, lequel, comme vous pouvez le voir, ne dit pas trop de mal du porteur, on le garde, au risque que quelque valet de police vous menace de vous envoyer en prison.

—Mais, me dit le monsieur un peu abasourdi, qui me dira que ces lettres sont bien des personnes dont elles portent les signatures?

Je me retournai vers la porte qui s'ouvrait en ce moment, et j'aperçus le comte de Béarn.

— Qui vous le dira? Pardieu, repris-je, monsieur l'ambassadeur de France, qui se dérange tout exprès pour cela. N'est-ce pas, mon cher comte, continuai-je, que vous direz à monsieur que ces lettres ne sont pas de fausses lettres?

— Non seulement je le lui dirai, mais encore je demanderai en vertu de quel ordre on vous arrête, et il me sera fait raison de l'insulte que vous avez reçue. Je réclame monsieur, ajouta le comte de Béarn en étendant la main vers moi, d'abord comme sujet du roi de France, et ensuite comme envoyé du ministère. Si monsieur a commis quelque infraction aux lois de la police ou de la santé (1), j'en répondrai à plus haut que vous. Venez, mon cher Dumas, je suis désolé qu'on vous ait réveillé si matin, et j'espère que c'est par un malentendu.

Et à ces mots, nous sortîmes de la police bras dessus bras dessous, laissant le monsieur en noir dans un état de stupéfaction des plus difficiles à décrire.

Jadin nous attendait à la porte.

—Ah ça! maintenant, me dit le comte de Béarn, maintenant que nous sommes entre nous, il ne s'agit plus de faire les fanfarons; je vous ai tiré de là avec les honneurs de la guerre, mais je vais avoir sur les bras tout le ministère de la police. Il s'agit pour vous de songer au départ.

— Diable!

— N'avez-vous pas tout vu?

— Si fait. J'ai visité hier la dernière chose qui me restât à voir.

— Eh bien!

(1) On était alors dans le plus fort du choléra, et je n'avais pas fait à Rome la quarantaine de vingt-cinq jours obligée.

— Eh bien ! nous tâcherons d'être prêts quand il le faudra , voilà tout.

— A la bonne heure ! Maintenant , rentrez à l'hôtel , et attendez-moi dans la journée. J'aurai une réponse.

Je suivis le conseil que me donnait M. Béarn, et je le vis effectivement revenir vers les cinq heures.

— Eh bien ! me dit-il , tout est arrangé de la façon la plus convenable. On savait votre présence ici ; et comme vous n'y avez commis aucun scandale patriotique, on la tolérait. Mais vous avez été officiellement dénoncé hier soir, et l'on s'est cru alors dans la nécessité d'agir.

— Et combien de temps me laisse-t-on pour quitter Naples?

— On s'en est rapporté à moi, et j'ai dit que dans trois jours vous seriez parti.

— Vous êtes un excellent mandataire, mon cher comte, et non seulement vous représentez admirablement l'honneur de la France, mais encore vous sauvez à merveille celui des Français. Recevez tous mes remerciemens. Dans trois jours j'aurai acquitté votre parole envers le gouvernement napolitain.

Voilà comment je fus obligé de quitter la très fidèle ville de Naples, qui n'en est encore qu'à sa trente-septième révolte ; et cela pour avoir eu le malheur de rencontrer la bête noire de Sa Majesté le roi Ferdinand.

Cela prouve qu'il y a à Naples quelque chose de pire encore que les jettateurs :

Ce sont les mouchards.

XIX

L'Auberge de Sainte-Agathe.

C'en était fait, je devais quitter Naples. Le rêve était fini, la vision allait s'envoler dans les cieux. Je vous avoue, mes chers lecteurs, que, lorsque je vis disparaître Capo-di-Chino à ma gauche et le Champ-de-Mars à ma droite, lorsque, étendu sur les coussins de ma voiture, je me mis à songer tristement que , selon toutes les probabilités humaines , et grâce surtout à la bienveillante protection du marquis de Soval et à la justice éclairée du roi Ferdinand, je ne verrais plus ces merveilles , mon cœur se serra par un sentiment d'angoisse indéfinissable , des larmes me vinrent aux bords des paupières, et je me rappelai malgré moi le mélancolique proverbe italien : Voir Naples et mourir!

En m'éloignant de ce pays enchanté, j'éprouvais donc quelque chose de semblable à ce qui doit se passer dans l'âme de l'exilé disant un dernier adieu à sa patrie. Oui, je m'étais épris de tendresse, de sympathie et de pitié pour cette terre étrangère que Dieu, dans sa prédilection jalouse, a comblée de ses bienfaits et de ses richesses ; pour cette oisive et nonchalante favorite dont la vie entière est une fête, dont la seule préoccupation est le bonheur ; pour cette ingrate et voluptueuse sirène qui s'endort au bruit des vagues et se réveille aux chants du rossignol, et à qui le rossignol et les vagues répètent dans leur doux langage un éternel refrain de joie et d'amour, et traduisent dans leur musique divine les paroles du Seigneur : « A toi, ma bien-aimée, mes plus riches tapis de verdure et de fleurs ; à toi mon plus beau pavillon d'or et d'azur ; à toi mes sources les plus limpides et les plus fraîches ; à toi mes parfums les plus suaves et les plus purs ; à toi mes trésors d'harmonie ; à toi mes torrens de lumière. » Hélas ! pourquoi faut-il que l'homme, cet esclave envieux et stérile, s'attache à détruire partout l'œuvre de Dieu ; pourquoi tout paradis terrestre doit-il cacher un serpent !

Absorbé par ces idées passablement lugubres, je baissai la tête sur ma poitrine et je me laissai aller à ma rêverie. Jadin ronflait à mes côtés du sommeil des justes, avec cette différence cependant que la trompette des archanges ne l'aurait pas éveillé. Il avait lancé sa dernière malédiction sur les douaniers de Sa Majesté sicilienne, avait craché sur la barrière en guise d'adieu, et s'était endormi comme un homme qui n'a plus de comptes à rendre à sa conscience. Je voulus m'assurer si mes regrets bruyans n'avaient pas troublé le repos de mon camarade. J'attendis deux ou trois cahots de première force ; Jadin subit l'épreuve sans sourciller, il aurait subi l'épreuve du canon tiré à bout d'oreille. Alors je fermai les yeux à mon tour, et je repassai dans mon esprit tous ces rians tableaux que j'avais admirés pour la première et pour la dernière fois de ma vie. Je ne sais combien de temps dura ma méditation ou mon rêve, je ne sais combien d'heures je restai dans cet engourdissement de l'âme qui n'est plus la veille, mais qui n'est pas encore le sommeil ; ce que je sais très bien et dont je me souviens, Dieu merci, avec une grande précision de détails, c'est que j'en fus arraché brusquement par un accident survenu à notre voiture. L'essieu s'était brisé et nous étions dans une mare.

Cette fois Jadin était éveillé, non point par sa chute, comme on pourrait le croire, mais par la fraîcheur de l'eau qui venait de pénétrer ses vêtemens les plus intimes, et il jurait de toute l'indignation de son âme et de toute la force de ses poumons. Il pouvait être environ trois heures ; la route était déserte ; le postillon s'en était allé demander du secours.

Lorsque je dis que la route était déserte, je me trompe, car, en tournant la tête à gauche, je vis près de nous une espèce de petit lazzarone de douze à treize ans, crépu, hâlé, doré de reflets changeans, imitant à merveille le bronze florentin, les yeux noirs comme du charbon, les lèvres rouges comme du corail et les dents blanches comme des perles. Il était fièrement drapé dans des haillons qui auraient fait envie à Murillo, et nous regardait d'un air intelligent et réfléchi, sans daigner nous tendre la main ni pour nous aider, ni pour nous demander l'aumône. Dans un pays où la nudité presque complète est le privilége du mendiant et du lazzarone, et où tout homme du peuple, quels que soient ses besoins, n'aborde jamais l'étranger sans se croire le droit de mettre sa bourse à contribution , ce luxe de guenilles et ce silence de dédain ne furent pas sans me causer un certain étonnement.

— Où sommes-nous? lui demandai-je en sautant par dessus la roue qui gisait renversée au milieu du chemin.

— *A Sant-Agata di Goti*, répondit le petit sauvage sans déranger un pli de son bizarre accoutrement.

— Pardieu ! fit Jadin, il s'agit bien de Goths et de Visigoths, ne voyez-vous pas que nous sommes en Afrique? Voilà de la véritable couleur locale ou je ne m'y connais guère.

Le petit paysan fixa son regard sur Jadin, comme pour deviner le sens de ses paroles, et fronça le sourcil d'un air de défiance et de soupçon, se croyant sans doute offensé par ce peu de mots prononcés devant lui dans une langue inconnue. Je me hâtai de rassurer la susceptibilité du jeune habitant de Sainte-Agathe, en lui faisant comprendre de mon mieux que Jadin s'extasiait sur la qualité de son teint et sur l'originalité de son costume.

L'enfant ne fut pas dupe de ma bienveillante traduction et se contenta de répondre, en haussant les épaules, que, si les hommes de son pays étaient bronzés par le soleil, les femmes y étaient plus blanches et plus jolies que partout ailleurs, et que si lui et ses frères n'avaient que des haillons pour tout vêtement, c'était pour que leurs sœurs portassent des jupes brodées et des corsages à galons d'or.

Ces paroles furent dites d'un ton si simple que je me suis réconcilié tout à coup avec l'indolence et la misère du petit lazzarone.

— Y a-t-il une auberge, une cabane, un chenil dans ce maudit village? demanda Jadin en se servant cette fois du patois napolitain, dans lequel il avait fait, dans les derniers temps, de rapides progrès.

— *C'e una superba locanda*, répondit l'enfant en regardant Jadin avec une singulière expression de malice.

— Eh bien! mon garçon, lui dis-je, si tu nous mènes à cette *superba locanda*, voici une pièce de six carlins pour ta peine.

— Je ne suis pas un mendiant, répondit le jeune homme aux haillons, en me lançant un regard d'une hauteur incroyable.

Je tombais d'étonnement en étonnement. Un enfant de la dernière classe du peuple napolitain, dont l'extérieur annonçait le dénûment le plus complet, refuser une demi-piastre, c'était quelque chose de tellement fabuleux que, n'en croyant pas mes oreilles, je me tournai vers Jadin pour m'assurer si je n'avais pas mal entendu.

— Comment, drôle! tu ne veux pas de notre argent? fit Jadin en lui montrant la monnaie qu'il prit de mes mains.

— Je ne l'ai pas gagné, répondit le petit paysan avec son stoïcisme habituel.

— Tu te trompes, mon garçon, repris-je à mon tour, ce n'est pas à titre d'aumône que nous t'offrons cette somme, c'est pour te récompenser du service que tu vas nous rendre en nous menant à un hôtel.

— Je ne suis pas un guide, répliqua l'étrange garçon avec le plus imperturbable sang-froid.

— Eh bien! quel est est donc l'état de votre seigneurie? demanda Jadin en portant respectueusement la main à son chapeau.

— Mon état?... c'est de regarder les voitures qui passent et les passagers qui tombent.

— Hein! comment le trouvez-vous, Jadin?

— Je le trouve tout à fait magnifique, et je veux absolument croquer la tête de ce coquin.

Comme nous l'avons dit, le descendant des Goths n'était pas très fort sur le français. Il crut que Jadin le menaçait tout bonnement de lui couper la tête. Sa colère, long-temps contenue, éclata avec fureur. Il grinça des dents comme un tigre blessé, tira de ses haillons un long poignard à lame triangulaire, et s'éloigna lentement à reculons, en fixant sur Jadin ses fauves prunelles qui lançaient des éclairs. Son intention évidente était d'attirer son adversaire loin de la grande route, dans quelque endroit plus désert ou plus sombre, pour consommer tranquillement sa vengeance.

— Attends-moi, attends-moi, petit brigand, s'écria Jadin en riant, je vais t'apprendre à faire usage d'armes prohibées. Et il fit un pas pour s'élancer à sa poursuite.

Mais au même instant le postillon reparut suivi de cinq ou six paysans de Sainte-Agathe, les uns plus cuivrés que les autres ; et le petit sauvage, en voyant arriver du monde, cacha promptement son poignard et se sauva à toutes jambes.

On mit la voiture sur pied, on constata les dégâts, et nous acquîmes la triste conviction que nous ne pouvions pas nous remettre en route avant la nuit. Je fis part au postillon de notre singulière rencontre, et lui demandai quelques renseignemens sur l'étonnant personnage qui venait de s'enfuir à leur approche. Le postillon sourit, et pour toute réponse frappa deux ou trois fois son front du bout de son index. Comme je ne comprenais rien du tout à cette pantomime, je le priai de s'expliquer plus clairement. Il me raconta alors que ce méchant gamin, que nous avions pris pour un nègre, n'était pas plus Africain que les autres habitans de Sainte-Agathe, et qu'il ne fallait pas nous étonner de ses manières, car il était un peu fou, ainsi que le reste de sa famille.

— Mais au nom du diable ! s'écria Jadin, exaspéré par toutes ces lenteurs, où pourrais-je enfin trouver une auberge pour sécher mes habits ?

— Tiens ! en effet, reprit le postillon en l'examinant avec curiosité, son excellence a versé du côté du ruisseau.

La *locanda* était à deux pas. J'ai abusé si souvent de la patience de mes lecteurs en leur parlant des auberges d'Italie, que je puis me borner cette fois à les renvoyer aux descriptions précédentes. J'ajouterai seulement que l'auberge de Sainte-Agathe surpasse en saleté toutes celles que j'ai décrites jusqu'ici. Cet affreux coupe-gorge s'appelle, je crois, la *nobile locanda del Sole.*

Jadin fit allumer un grand feu, et se mit en devoir de se sécher de son mieux, trempé qu'il était jusqu'aux os. Moi, je sortis à l'aventure, fort inquiet de savoir comment j'emploierais les trois ou quatre mortelles heures pendant lesquelles on devait réparer notre voiture. De dîner, il n'en était pas question. Comme nous comptions nous arrêter seulement à Mola di Gaëta, nous n'avions pas pris de provisions avec nous, et de son côté l'hôte de Sainte-Agathe s'était empressé de mettre à notre disposition sa cuisine, ses ustensiles ; mais, comme on le pense bien, là se bornèrent ses offres de service : des objets à mettre sous notre dent, il n'en fut aucunement question. Je pris le premier chemin de traverse qui s'offrit à mes pas, décidé à tuer le temps en parcourant la campagne. J'avais fait à peine un huitième de mille, lorsqu'au détour d'un buisson je me trouvai nez à nez avec mon sauvage. Il se chauffait tranquillement au soleil, et ne fit pas un mouvement ni pour m'éviter ni pour marcher à ma rencontre.

— Eh bien ! mon enfant, lui dis-je en l'abordant comme une vieille connaissance, vous vous êtes singulièrement mépris sur les intentions de mon camarade. Il ne voulait vous faire aucun mal. Seulement, comme il vous trouvait la tête d'un grand caractère, il eût été charmé de faire votre portrait.

— Comment, c'était un peintre ! s'écria l'enfant ébahi.

— Certainement, qu'y a-t-il là d'étonnant ?

— C'était un peintre ! répéta le petit paysan , comme en se parlant à lui-même.

— Oui, c'était un peintre, et de quelque talent, j'ose vous en répondre.

— Mais moi je suis peintre aussi , s'écria le pauvre garçon d'un air exalté, *son pittore anch'io*, ou plutôt je le serai , car je suis trop jeune encore pour avoir un état.

— Eh bien, mon cher, vous voyez que , pour un collègue, vous ne vous êtes pas montré trop aimable, et si c'eût été en pays civilisé, on eût pu croire que vous vous connaissiez.

— Ah ! pardonnez-moi, monsieur ; si j'avais pu deviner que vous étiez des artistes, car vous êtes artiste aussi, vous, n'est-ce pas, eccellenza ?

— Artiste... oui, oui... à peu près...

— Si j'avais pu croire cela, au lieu de vous laisser égorger dans cette vilaine auberge, je vous aurais mené chez mon grand-père, qui est peintre aussi, lui, ou plutôt qui l'a été , car il est maintenant trop vieux pour avoir un état.

— Mais nous sommes encore à temps, mon garçon.

— Vous avez raison, monsieur, dit le futur peintre en faisant quelques pas dans la direction de la *locanda*. Mais il parut se raviser tout à coup ; et se tournant vers moi avec un certain embarras :

— Je réfléchis, dit-il, qu'il vaudra peut-être mieux nous passer de votre ami.

— Et pourquoi cela ?

— Dame ! c'est qu'il aime à rire, comme j'ai pu m'en apercevoir, et qu'il pourrait avoir du désagrément avec mon grand-père ; car dans notre famille nous ne sommes pas endurans. Vous, c'est autre chose... vous ne vous êtes pas trop moqué de mes haillons, et je crois qu'avec un peu de bonne volonté de part et d'autre nous pourrons nous entendre.

— C'est convenu, mon petit Giotto ; et en attendant que vous reveniez un peu de vos préventions sur le compte de mon ami , je profiterai seul de l'hospitalité que vous voulez bien m'offrir.

— Et vous n'en serez pas fâché, je vous le promets. Vous allez voir d'abord mes trois frères, trois garçons les plus forts et les plus beaux de la province, le premier est vigneron, le second pêcheur, le troisième garde-chasse.

— Je serai flatté de faire leur connaissance.

— Puis mes trois sœurs, trois madones.

— De mieux en mieux, mon cher hôte.

— Et puis enfin...

— Comment ! ce n'est pas tout ?

— Puis enfin, répéta le petit paysan en baissant la voix et regardant autour de lui d'un air mystérieux, vous verrez trois tableaux, trois merveilles ; et vous pourrez vous vanter d'avoir une fière chance si vous obtenez que mon grand-père vous les montre.

— Vous piquez furieusement ma curiosité.

— Oui, mais il faut savoir s'y prendre, car, voyez-vous, mon grand-père tient plus à ses tableaux qu'à tous ses enfans ; il verrait mes trois frères se casser le cou, mes trois sœurs se noyer, qu'il ne pousserait pas un cri, qu'il ne verserait pas une larme ; moi-même, qu'il préfère à tous les autres parce que je porte son nom et que je serai peut-être un jour comme lui, je tomberais dans la gueule d'un ours ou dans le fond d'un précipice qu'il en serait médiocrément affligé ; mais, s'il arrivait malheur à quelqu'un de ses tableaux, je crois qu'il en mourrait du coup, ou que tout au moins il en perdrait la raison.

— Je comprends cette passion d'artiste et d'antiquaire ; mais que faut-il donc que je fasse pour mériter les bonnes grâces de votre respectable aïeul ?

— D'abord il ne faudra pas trop lui dire du bien de ses tableaux, car il croirait que vous voulez les acheter et il vous ferait mettre à la porte.

— Soyez tranquille ! j'en dirai du mal.

— Gardez-vous-en bien, il deviendrait furieux et pourrait bien avoir envie de vous faire jeter par la fenêtre.

— Diable ! diable ! Je n'en dirai rien du tout, alors.

— Je vous ai dit, monsieur, que mon grand-père est un vieillard, il faut lui pardonner quelque chose, reprit le petit lazzarone d'un ton grave et sentencieux qui contrastait singulièrement avec sa condition et son âge. Puis, comme s'il se fût ennuyé de jouer un rôle trop sérieux, il partit d'un grand éclat de rire et mesura en quatre bonds la distance qui nous séparait du sentier que nous devions prendre pour arriver à l'atelier rustique du vieux peintre de Sainte-Agathe. Je suivais avec quelque peine mon jeune guide, qui courait devant moi comme un chevreuil, en sautant fossés et barrières, en enjambant torrens et buissons, sans que rien pût arrêter son élan.

Au moment où nous passions sous un de ces berceaux de vigne si communs en Italie, l'enfant leva la tête, et me montra du doigt un très beau garçon de vingt à vingt-cinq ans qui se tenait gracieusement penché au bout d'une longue échelle, et coupait des sarmens avec un couteau recourbé qu'on appelle dans le pays *roncillo*.

— Bonjour, Vito, s'écria joyeusement mon gamin en secouant le pied de l'échelle.

— Bonjour, flâneur, répondit le personnage aérien sans interrompre sa besogne.

— C'est mon frère le vigneron, dit mon guide avec un sentiment de fierté, et il reprit sa course.

Un peu plus loin, il s'arrêta de nouveau aux bords d'une petite rivière qui coupait en deux le chemin. Un jeune homme très brun et très robuste se tenait assis sur la berge, les jambes nues et pendantes, les bras tendus, le corps avancé ; d'une main il jetait de la chaux vive pour troubler le courant, de l'autre il battait les eaux avec une perche. Il était impossible de passer devant cet homme sans l'admirer. C'était une de ces natures riches et puissantes que Michel-Ange eût souhaitées pour modèle.

— Bonjour, André, fit le futur artiste en lui tapant sur l'épaule, combien de truites aurons-nous ce soir ?

— Bonjour, gourmand, répondit l'homme à la perche.

— Ne faites pas attention, monsieur, c'est mon frère le pêcheur.

Enfin, nous étions presque à la porte d'une petite maison blanche et coquette, qu'il m'avait indiquée de loin comme le but de notre promenade artistique, lorsque nous rencontrâmes un troisième paysan, plus remarquable par sa taille et sa bonne mine que les deux autres, quoique, à vrai dire, son costume ne fût pas moins négligé que celui de ses frères. Le seul luxe qu'il se permît, c'était un très beau fusil anglais qu'il portait à l'épaule.

— Bonjour, Orso, s'écria l'enfant gâté de la famille, en lui sautant au cou.

— Bonjour, mauvais garnement, répondit Orso en lui rendant ses caresses.

—C'est mon frère le chasseur, dit mon petit Raphaël en herbe, d'une voix triomphante.

Et sans me laisser le temps de prononcer une parole, il me prit lestement par la main, et m'entraîna dans une de ces petites cours italiennes qui ressemblent si bien à un *impluvium*, pavée d'une mosaïque grossière et abritée d'une verte tonnelle. Nous franchîmes un escalier découvert dont les marches étaient tapissées de mousse et émaillées de ces grandes et belles fleurs dans lesquelles la dévotion napolitaine a découvert tous les emblèmes de la passion, et nous nous trouvâmes dans une assez vaste salle, haute, aérée, lumineuse, qui devait être la pièce de réception et d'apparat. Là, mon petit nègre aux haillons pittoresques me présenta trois jeunes filles qui s'étaient levées à notre approche, et se serraient dans un seul groupe timides et confuses. La plus jeune n'avait pas encore quinze ans, et l'aînée en avait vingt à peine. Je fus ébloui de leur beauté et de leur fraîcheur. Rien de plus gracieux et de plus charmant que leurs jupes flottantes et leurs étroits corsages brodés de filigrane. On eût dit, sans aucune exagération poétique, trois roses blanches sur le même rosier.

— Voici mes sœurs, monsieur, et j'espère que je ne vous ai pas menti en vous disant qu'elles ne me ressemblaient guère ni pour le teint ni pour le costume. Celle-ci s'appelle Concetta, celle-ci Nunziata, celle-ci Assunta, les trois plus beaux noms de la Vierge. Et à chaque nom qu'il prononçait, le petit démon imprimait un baiser sur le front rougissant de celle de ses sœurs qu'il voulait désigner.

—Et maintenant, dit-il, montons à l'atelier de mon grand-père.

XX

Les Héritiers d'un grand Homme.

Je suivis mon jeune guide avec toute la docilité que commandaient les circonstances, mais, je l'avoue, non sans jeter un regard d'admiration et de regret sur le charmant groupe dont je devais me séparer si promptement. Nous traversâmes deux petites chambres dont tout l'ameublement consistait en quatre monceaux d'épis de maïs entassés dans les coins, et dont la tapisserie, formée tout bonnement de bottes d'aulx et d'oignons, se faisait sentir une demi-lieue à la ronde ; puis une cuisine dont le plafond pliait sous les quartiers de lard et les festons de *salami*, et enfin un petit corridor assez mal éclairé, au bout duquel nous trouvâmes un escalier de bois plus raide et plus incommode qu'une échelle. Mon guide le gravit en deux bonds et s'arrêta sur un petit palier carrelé de rouge et de noir, qui n'était pas assez large pour nous contenir tous les deux. Arrivé là, il colla l'oreille à la porte, mit l'œil à la serrure et frappa trois petits coups, après m'avoir fait signe de la main d'écouter et de me taire.

J'entendis d'abord le vieillard grogner sourdement comme un dogue dont le sommeil est tout à coup interrompu par une visite importune. Le gamin me regarda en souriant comme pour me donner du courage, hocha légèrement la tête en homme habitué à une semblable réception, et sachant parfaitément que, si la colère du vieillard était facile à allumer, quelques

·mots suffisaient pour l'éteindre. En effet, ses grognemens s'apaisèrent
bientôt et furent suivis par un bruit de chaises qu'on dérangeait, et par
le craquement d'une porte intérieure qu'on fermait à double tour. Puis
les pas se rapprochèrent lentement, et une voix claire et ferme, où per-
çait cependant un reste de courroux, demanda : — Qui va là?

— C'est moi, mon grand-père, ouvrez.

La voix se radoucit et le vieillard mit la main sur la clé.

— Es-tu seul? demanda-t-il après un instant de réflexion.

— Je suis avec un monsieur qui demande à visiter votre atelier.

— Va-t'en au diable, méchant coureur, s'écria le vieux peintre fu-
rieux ; c'est encore quelque brocanteur que tu auras ramassé sur la grande
route, et qui vient dans l'intention de me marchander mes chefs-d'œuvre.

— Mais je vous jure que non, mon grand-père.

— Alors c'est quelque rustre de Sainte-Agathe qui veut par ses sottises
et par ses âneries me faire renier le bon Dieu.

— Encore moins, mon grand-père ; croyez-vous que votre petit Salva-
tor soit capable de vous causer du chagrin?

— Hum! hum! fit le vieillard ébranlé dans sa résolution, et qui est
donc ce monsieur que tu m'amènes?

— C'est un artiste étranger qui n'a pas le sou pour acheter vos tableaux,
mais en revanche qui a assez de temps pour écouter votre histoire.

— Ah! ah! c'est un confrère, s'écria gaîment le bonhomme en passant
rapidement de la colère à la bonne humeur ; et il fit tourner la clé dans
la serrure.

Je voulus protester par un reste de scrupule, mais l'enfant me fit signe
de me tenir tranquille en mettant son index en croix sur ses lèvres.

La porte s'ouvrit et je me trouvai en face d'une des plus belles têtes de
vieillard que j'aie jamais vues. Une forêt de cheveux blancs ombrageait
son front large et sans rides, ses traits étaient calmes et reposés, et son
sourire avait quelque chose d'affectueux et de bienveillant qui contrastait
fort avec le ton bourru qu'il affectait de prendre dans les grandes occa-
sions pour se débarrasser des fâcheux. Il était vêtu d'une espèce de froc
dont le capuchon retombait sur ses épaules, et dont la couleur primitive
avait disparu sous les différentes couches de graisse et de peinture qui
l'avaient successivement recouvert. Au reste, le plus grand désordre ré-
gnait dans l'atelier malgré l'empressement que le bonhomme avait mis à
ranger quelques objets qui gênaient trop visiblement le passage. C'était
un pêle-mêle inextricable d'outils de paysan et d'instrumens de peintre ;
des faux, des bêches et des râteaux s'accrochaient bizarrement aux che-
valets, aux appuie-mains, aux échelles ; des toiles, des cartons, des es-
quisses étaient enfouis sous un tas de cordes, de paniers, d'arrosoirs ; des
boîtes à couleurs étaient remplies de graines ; des flacons d'essence, à
goulots fracassés, servaient de vase et de prison à la tige d'une fleur ;
des pinceaux, des brosses et des palettes se prélassaient agréablement
sur des cuillers de bois et dans des moules à fromages. Un joyeux rayon
de soleil glissait légèrement à travers cette confusion étrange, et posait
là-bas une aigrette de diamans au front d'une madone enfermée, cares-
sait ici les racines d'une pauvre plante oubliée et frileuse, et piquait plus
loin une paillette au ventre d'un pot de cuivre luisant comme de l'or.

Le vieillard m'observa en silence pendant deux ou trois minutes, pour
me juger sans doute d'après l'effet que produirait sur moi la vue de son

pandœmonium. Mais comme il s'aperçut que, loin de paraître choqué de ces bizarreries criantes qui eussent irrité les nerfs d'un bourgeois, je les contemplais au contraire avec le plus vif intérêt, il se tourna vivement vers son petit-fils et lui dit d'un air satisfait :

— Bien, mon garçon, tu ne m'as pas trompé, monsieur est un brave et digne étranger, et pourvu qu'il soit aussi pauvre qu'il est raisonnable...

— Rassurez-vous, mon cher hôte, repris-je à mon tour, je n'ai pas une obole à dépenser en tableaux ; et fussé-je plus riche qu'un nabab, je comprends qu'il y a certains objets qu'on ne cède pas au prix de l'or.

— Alors soyez le bien-venu, s'écria le vieux peintre avec toute l'expression de son âme, et il me tendit une main calleuse que je m'empressai de serrer dans les miennes. Soyez mille fois le bien-venu, mon hôte et mon confrère. Dieu soit loué, vous ne traitez pas de fou un pauvre vieillard, parce qu'il tient plus à ses tableaux qu'à la vie. Et quand vous les aurez vus, ces tableaux, quand vous aurez su comment ma famille les possède depuis tantôt deux cents ans, vous ne serez pas étonné, vous, de m'entendre dire que je consentirais plutôt à mendier, moi et mes enfans, qu'à me laisser enlever mon trésor. Vous voyez en nous de pauvres paysans, monsieur, mais nous sommes les héritiers d'un grand homme ; et pour garder dignement cet héritage sacré, il y a toujours eu dans notre famille un peintre, bon, médiocre ou mauvais, qui, ne pouvant gagner sa vie par son art sans quitter notre village, a préféré de rester fidèle à son poste de gardien et de laboureur, qui a travaillé le jour dans les champs, la nuit dans l'atelier, et a manié de la même main la bêche et les pinceaux. Mon pauvre fils, le père de tous ces enfans que vous avez peut-être vus, s'est tué à la peine. Il était meilleur peintre que moi, mais moi j'ai été meilleur vigneron que lui ; aussi lui ai-je survécu pour élever notre famille. Mais Dieu a bien fait les choses, et il nous a envoyé assez d'enfans pour faire largement la part du travail et de l'étude. J'ai trois petits-fils qui sont les meilleurs garçons de Sainte-Agathe, et dont chacun n'a pas l'égal dans son métier. Quant à ce petit vagabond, ajouta le bonhomme en lui tapant doucement sur la joue, je le destine à la peinture, et il ne manque pas de dispositions. En attendant, je l'ai nommé Salvator : c'est aussi mon nom, vous en saurez bientôt la cause.

— Eh bien ! monsieur, interrompit le petit Salvator, impatient de rester si long-temps en place, vous voilà au mieux avec mon grand-père, il va vous compter son histoire, ou plutôt l'histoire de ses tableaux. Vous en aurez pour une bonne demi-heure. Comme je connais la chose pour l'avoir entendu raconter au moins trois fois par jour, je vous laisse et je m'en vais veiller au repas. Mon frère le garde-chasse va nous apporter du gibier, le pêcheur nous donnera des carpes et des anguilles, et le vigneron songera au fruit, mes trois petites sœurs font la cuisine à tenter les anges du paradis ; quant à votre serviteur, en ma qualité de futur grand homme, je ne sais que manger pour six ; mais, vu la circonstance et pour faire honneur à notre hôte, je servirai à table. Seulement, si vous vouliez demander une grâce à mon grand-père...

— Voyons, voyons, laisse-nous donc, bavard, s'écria brusquement le vieux peintre.

— Si vous vouliez, monsieur, continua le gamin sans se déconcerter, m'obtenir la permission d'endosser mes habits de fête...

— Pour les mettre en lambeaux, vaurien...

— Mais, grand-papa, s'écria le petit Salvator presque en pleurant, regardez donc comme je suis fait. Puis-je m'approcher d'une table d'honnêtes gens, arrangé de la sorte? C'est pour le coup que monsieur ne voudrait pas toucher au dîner.

— Va te changer, petit misérable, et débarrasse-nous une fois pour toutes de ta présence.

Ma sincérité d'historien m'oblige à faire un aveu, quelque effort qu'il en coûte à mon amitié. Tout ce que je voyais et tout ce que j'entendais me paraissait si nouveau, si étrange et pourtant si simple, que j'avais complétement oublié Jadin, Jadin avec lequel j'avais jusque alors partagé en frère mes plaisirs et mes peines, mes impressions douces ou pénibles, ma bonne et ma mauvaise fortune; Jadin que j'avais laissé dans l'affreux bouge que vous savez, à peu près dans la position d'Ugolin, plus Milord, moins les cadavres de ses enfans. Oui, je l'avais oublié!

Mais je dois le dire aussi à mon honneur : à la seule idée de repas, je me souvins de mon ami, et me penchant à l'oreille du petit Salvator, je lui dis à voix basse :

— J'ai mille grâces à vous rendre pour votre bonne hospitalité; je dois cependant vous déclarer que je n'accepterai le dîner que vous m'offrez qu'à la condition que mon camarade aussi en profitera. Songez donc qu'il se morfond à cette heure, un peu par votre faute, dans cette horrible caverne où vous nous avez envoyés. Il peut bien se passer d'admirer vos tableaux, puisque tel est votre bon plaisir, mais je ne puis pas sans crime et sans remords le laisser mourir de faim là-bas, tandis que je nage ici dans l'abondance.

— Soyez tranquille; je ne suis pas aussi méchant diable que j'en ai l'air. Votre ami aura sa part du festin. Seulement, comme il s'est un peu trop moqué de mes guenilles, on la lui servira à la *nobile locanda del Sole.*

Et sans plus m'écouter il tourna lestement sur ses talons.

— Enfin, dit le vieillard en respirant, il nous laisse un peu en repos! Venez, venez, signor forestiere, mes chefs-d'œuvre vous attendent.

— A vos ordres, signor pittore, lui répondis-je en m'inclinant.

Alors il poussa la porte par laquelle j'étais entré, écarta doucement une vieille tapisserie qui masquait une seconde porte intérieure, celle que nous avions entendu fermer à notre arrivée, tira une clé de sa poche, ouvrit cette seconde porte et me fit passer dans une petite pièce d'une architecture simple et sévère, qui n'avait pour tout ameublement que deux chaises et une armoire.

— Ah ça ! mon cher hôte, lui dis-je en m'asseyant sans façon, mais c'est une véritable chapelle que vous me montrez là, et je commence à croire que vos tableanx pourraient bien être des reliques.

— Vous me rappelez, monsieur, toutes les persécutions que je me suis attirées par ma persistance à garder mes chefs-d'œuvre. On m'a traité tantôt de fou, tantôt d'égoïste, quelquefois de sorcier, quelque autre fois de saint. Tout cela, je vous le répète, parce que j'ai entouré ces peintures d'une espèce de culte, parce que je n'ai jamais pu me décider à les vendre aux juifs ou à les montrer aux sots. J'ai vu passer les habitans de Sainte-Agathe de la curiosité à l'envie, et de l'envie à la superstition. Croiriez-vous qu'ils sont allés jusqu'à prétendre que je devais leur prêter mes tableaux pour guérir les hydropiques et pour exorciser les possédés. Un soir, il y a long-temps de cela, la femme d'un de mes voisins était

en mal d'enfant et souffrait d'atroces douleurs. Quant à cela, je la plains,
la pauvre femme ; mais était-ce ma faute à moi, si elle ne pouvait pas ac-
coucher ? Eh bien ! ne voilà-t-il pas que ses parens et ses amis s'avisent
de venir me demander une de mes images! De mes images! monsieur.
Et vous allez voir bientôt que dans mes trois tableaux il n'y a pas l'ombre
d'un saint. C'est égal, il leur fallait un miracle. Je tins bon au commen-
cement ; mais le pays s'ameutait, on menaçait d'enfoncer les portes et de
mettre le feu à la maison. Il n'y avait pas de temps à perdre. Illuminé
par une idée subite, à la place du chef-d'œuvre demandé, je leur
livre une vieille croûte, ouvrage d'un de mes oncles, qui a été, après
moi, la plus mauvais barbouilleur de la famille. Le tumulte s'apaise,
on reçoit avec des cris de joie le vieux tableau tout noirci de fumée et de
poussière, on le porte en procession à la maison du voisin, on allume
des cierges, on se prosterne et on entonne les litanies. Miracle! les dou-
leurs cessent, la femme est sauvée : elle accouche de deux jumeaux! Le
mari, tout en larmes, veut savoir à quelle sainte effigie il doit l'heureuse
délivrance de sa femme. C'est sans doute la Vierge-aux-Sept-Douleurs, ou
sainte Elisabeth, ou tout au moins sainte Anne. Dans l'excès de sa recon-
naissance, il prend une éponge et commence à laver les nombreuses
couches de poussière qui lui cachent les traits de sa céleste protectrice.
Tous les yeux sont fixés sur le tableau, toutes les lèvres répètent des
prières, lorsque sur la toile mise à nu on voit apparaître tout à coup...
Devinez qui, monsieur?... Le portrait d'un vieil avocat en robe noire ! A
dater de ce jour, on m'a laissé tranquille !

— Votre histoire est parfaite, mon cher maître ; mais, en vérité, il me
tarde de voir enfin ces tableaux qui vous ont donné tant de mal.

— Vous avez raison, monsieur, je vous fatigue avec mes redites, mais
à mon âge il est permis de radoter.

— A Dieu ne plaise, mon hôte, que vous interprétiez si mal mes pa-
roles. Vos récits m'intéressent au plus haut degré, et si j'ai montré quel-
que impatience...

— Allons, allons ! voici la première de mes reliques, comme vous ve-
nez de le dire. Ce n'est, à proprement parler, qu'une esquisse, mais vous
y verrez le germe d'un grand génie.

- Et il tira de l'armoire un petit tableau carré de deux pieds de haut et
de deux de large, ôta avec toutes sortes de précautions le morceau de
drap dont ledit tableau était enveloppé, et s'approchant de la croisée me
montra le précieux croquis dans tout son jour.

C'était prodigieux d'éclat, d'originalité, de vigueur. Peut-être un cri-
tique méticuleux eût trouvé à redire sur quelques parties de cette es-
quisse, peut-être les lignes n'en étaient-elles pas très correctes, ni la
composition irréprochable ; mais il y avait dans cette improvisation de
quelques heures une touche si hardie et si franche, une conception si
puissante et si naïve, une telle vérité de détails, qu'il était impossible de
ne pas y voir le cachet d'un grand maître.

C'était à coup sûr un souvenir des Calabres ou des Abruzzes. Figurez-
vous des rochers noirs, dévastés, menaçans, suspendus comme un pont
sur l'abîme ; une plaine aride et maudite, éclairée par la lumière inter-
mittente et livide d'un ciel orageux ; de vieux troncs séculaires se tordant
sous l'étreinte de l'ouragan, ou calcinés par la foudre. Nul vivant n'est
témoin de cette scène de désolation et d'horreur ; ou plutôt dans la lutte

affreuse que les élémens livrent à la nature, l'homme a succombé le premier. De quelle mort? Dieu seul le sait! Des os fracturés, des lambeaux de chair humaine sont semés çà et là sur le sol, mais nul indice ne pouvait vous dire si le misérable auquel appartenaient ces tristes débris s'est brisé le crâne en tombant du précipice, ou s'il a été broyé sous la dent des bêtes féroces. On dirait une page du Dante traduite en peinture.

Je tournai et retournai le tableau en tous sens; je l'approchai et l'éloignai de ma vue pour le contempler à mon aise, tandis que le vieillard se frottait les mains de satisfaction et jouissait de ma surprise.

— Savez-vous que ce que vous me montrez là est admirable, lui dis-je en lui rendant son esquisse, et que ce petit chef-d'œuvre, bien qu'il ne soit pas fini, ne déparerait pas le musée des Studi, ou la galerie du prince Borghèse?

— Ainsi vous ne trouvez pas que j'aie tort d'en avoir le soin que j'en ai?

— Bien au contraire.

— Et de ne pas jeter mes perles devant... mes compatriotes?

— Je ne saurais que vous approuver.

— Et d'en avoir refusé six cents ducats du prince de Salerne?

— J'en eus fait autant à votre place.

— Cependant vous n'avez vu jusqu'ici que le moins précieux de mes trois tableaux.

— Je verrai les autres avec le même intérêt; mais comment sont-ils en votre possession, mon cher hôte, et quel en est l'auteur?

— Ah! voilà, vous allez me traiter, vous aussi, de vieux bavard, ni plus ni moins que mes bons voisins de Sainte-Agathe. Ma foi, tant pis; je vais vous conter tout cela d'un bout à l'autre, car il faut que vous sachiez que ce n'est pas seulement le prix des tableaux, mais encore, mais surtout le souvenir de celui qui nous les a donnés, qui nous les rend si chers, à moi comme à tous ceux qui m'ont précédé dans ma famille, comme à tous ceux qui viendront après moi. Asseyons-nous là, dit-il en prenant une des chaises, et prêtez-moi quelques momens d'attention.

— Je vous écoute.

— Il y a deux cents ans de cela, comme je crois vous l'avoir dit, que le père du grand-père de mon aïeul, un pauvre paysan comme moi, se tenait sur le pas de sa porte, pour prendre un peu le frais, après une rude journée de travail. La soirée s'annonçait comme devant être orageuse; de gros nuages, amoncelés lentement pendant le jour, enveloppaient de toutes parts l'horizon. La lune, qui s'allumait déjà comme un phare, perçait à peine de sa clarté rougeâtre cet épais rideau de vapeurs. Rosalvo Pascoli (c'est ainsi que se nommait le paysan), après avoir regardé le ciel deux fois du côté de Capoue et deux fois du côté de Gaëte, s'était levé pour rentrer, lorsqu'il vit s'avancer vers lui un jeune homme de dix-huit à vingt ans, d'une taille au dessous de la moyenne, dont l'extérieur annonçait plutôt un mendiant qu'un voyageur. Son teint était presque aussi brun que celui d'un Maure, ses cheveux d'un noir d'ébène flottaient au gré du vent, hérissés et en désordre; ses vêtemens étaient en lambeaux. Figurez-vous, en un mot, le portrait de mon petit Salvator, tel que vous l'aurez rencontré tantôt sur la grande route, mais plus grand, plus maigre et plus déguenillé, si cela est possible.

Cependant l'inconnu aborda Rosalvo d'un pas ferme, et lui demanda d'un ton hardi et cavalier :

— Saurais-tu, mon brave, m'indiquer une auberge dans les environs
où je puisse trouver, pour mon argent, un gîte et du pain?

Mon vieux parent le regarda d'abord avec un étonnement mêlé de dé-
fiance, tant les manières froides et hautaines du jeune homme contras-
taient avec son costume délabré et sa détresse apparente. Mais, rassuré
bientôt par l'air de franchise et d'honnêteté qu'il crut lire sur ses traits,
il lui répondit, non seulement sans humeur, mais avec une bonté tout à
fait paternelle :

— Il y a bien à l'autre bout de Sainte-Agathe un assez mauvais caba-
ret où l'on te donnera à peu près ce que tu cherches; mais comme tu ne
pourrais pas y arriver, mon garçon, avant d'être surpris par l'orage,
entre ici chez nous, et tu trouveras toujours du pain et un asile.

— En ce cas, faisons notre prix d'avance, car je ne suis pas bien riche
pour le moment, et il n'y a rien que je déteste tant que les discussions
après mon dîner et les disputes après mon réveil.

Le paysan s'approcha du jeune homme, le prit par la main, et l'atti-
rant vers lui doucement, lui dit de son ton le plus calme :

— Regarde bien, mon ami, au dessus de ma porte.

— Eh bien, après?

— Y vois-tu une enseigne?

— Qu'est-ce que cela veut dire?

— Cela veut dire, mon ami, que je ne tiens pas auberge, et que je ne
vends ni ne loue mon hospitalité.

— Alors, merci, mon brave homme, répondit brusquement l'inconnu ;
j'irai à l'autre bout du village; j'irai, s'il le faut, jusqu'à Rome sans
prendre un instant de repos ; mais je suis bien décidé de ne rien ac-
cepter de personne.

Et il fit un mouvement pour partir.

Le vieux paysan, blessé par un refus auquel il était loin de s'attendre,
eut envie de tourner le dos à cette espèce de mendiant orgueilleux, pour
le punir ainsi de son mauvais caractère ; mais il pensa que l'injustice ou
la dureté des hommes avait peut-être aigri son cœur, et il n'eut pas le
courage de l'abandonner à sa destinée. De larges gouttes d'eau commen-
çaient à tomber sur les feuilles, le vent sifflait avec furie, et le pauvre
garçon, malgré la fierté de ses paroles et l'assurance affectée de sa dé-
marche, paraissait tellement à bout de ses forces qu'il n'aurait pu faire
trois pas sans succomber à son épuisement et à sa fatigue.

Rosalvo l'arrêta donc par le bras au moment où il allait s'éloigner et
lui dit en souriant :

— Tu es un singulier garçon, sur le salut de mon âme ! et quand tu
serais le vice-roi déguisé, tu n'aurais pas plus de morgue et plus d'or-
gueil. C'est égal, je ne veux pas me reprocher un jour de t'avoir laissé
partir par une nuit pareille, au risque de te casser le cou ou de mourir
de faim sur la route. Tu paieras ton écot, puisque tel est ton bon plaisir.
Je n'y mets qu'une condition : c'est que tu t'en rapporteras à ma probité;
et quoique tu veuilles à toute force transformer ma maison en taverne, je
te promets de ne pas trop t'écorcher.

— Soit, reprit l'inconnu d'un ton d'indifférence, je viderai le fond de
ma bourse, mais il ne sera par dit qu'un paysan de Sainte-Agathe m'a
vaincu de courtoisie et de générosité.

Rosalvo l'introduisit alors dans sa maison et le présenta au reste de sa famille. Le jeune étranger fut reçu sous ce pauvre toit avec tant d'égards et tant de cordialité qu'il passa bientôt de sa froide réserve et de son dédain amer à la plus franche expansion et aux plus vives sympathies.

On lui donna la meilleure place à table ; le paysan lui servit les meilleurs morceaux, sa femme lui versa à boire, ses enfans l'entourèrent. On ne prit garde à ses haillons que pour le fêter davantage. Point de chuchotemens indiscrets, point de curiosité agressive, point de questions importunes. Parloit-il, on l'écoutait avec intérêt ; voulait-il se taire, on respectait son silence. Bref, il fut tellement charmé de cet accueil si affectueux et si simple, qu'à la fin du repas il était de la famille.

— Eh bien, mon enfant, reprit alors le vieux Rosalvo d'un ton sérieux, mais sans colère et sans amertume, voulez-vous encore payer votre compte comme si vous étiez au cabaret?

— Pardonnez-moi, mon père, s'écria le jeune homme en lui serrant la main, tandis que ses yeux se mouillaient de larmes, j'ai été dur et injuste envers vous. Mon orgueil a dû vous paraître bien déplacé et bien ridicule dans l'état où je me trouve ; mais j'ai tant souffert depuis mon enfance! j'ai été si abreuvé d'humiliations et de douleurs dès mes premières années, qu'au moment où les autres ne font qu'entrer dans la vie, je voudrais déjà en sortir. Tenez, mon hôte, vous me disiez tout à l'heure que si j'étais le vice-roi en personne je ne serais ni plus résolu ni plus fier... Eh bien! dussiez-vous m'accuser de folie, ajouta-t-il en portant la main à son front, je me sens là quelque chose qui me rend plus orgueilleux que les rois.

— Calmez-vous, mon jeune homme, reprit le bon Rosalvo moitié étonné, moitié attendri par cet étrange discours, vous n'êtes encore qu'un enfant, et vous avez tant d'années devant vous que vous pouvez bien braver l'injustice du sort et réparer ses erreurs.

— Ma foi, vous avez bien raison, s'écria gaîment le jeune homme en changeant tout à coup d'expression ; au diable la tristesse et les soucis! Vous pourriez croire, grand Dieu! que j'ai le vin morose, ce qui n'est permis que lorsqu'on en a bu de mauvais, tandis que le vôtre était excellent. Mais aussi pourquoi me parlez-vous comme si vous étiez mon père? pourquoi cette belle enfant est-elle tout le portrait de ma sœur? pourquoi enfin me faites-vous songer à ma famille?

— Comment! demanda le paysan d'un ton de reproche, vous avez une famille, et vous pouvez la quitter!

— Hélas! reprit le jeune homme, j'en avais une! Mais mon père n'est plus ; et lorsque le chef est mort, tous les membres se dispersent et se brisent.

Et son front s'assombrit de nouveau.

— Allons! s'écria Rosalvo en frappant du poing sur la table, je ne suis qu'un vieil imbécile ; voilà la deuxième fois que je vous attriste et vous chagrine par mes sottes questions. Vous devez bien m'en vouloir?

— Mais non, je vous assure ; et pour que vous n'alliez pas croire, mes amis, que je veuille m'entourer de mystère, je vous dirai en peu de mots qui je suis, d'où je viens, quel est le but de mon voyage ; car, je ne sais pourquoi, jamais, depuis que je suis au monde, je n'ai éprouvé si vivement le besoin d'épancher mon cœur.

— Tout ce que nous pouvons faire, répondit le paysan, c'est de prier

Dieu, qui vous a amené sous notre toit , de seconder vos projets et de bénir vos espérances.

— J'accepte vos souhaits, mes amis, et je crois que les vœux de brave gens tels que vous êtes ne pourront que me porter bonheur. J'ai dix-neuf ans passés; je ne suis ni le dernier des vagabonds comme mes haillons pourraient le faire croire , ni un gentilhomme déguisé voyageant dans cet accoutrement bizarre pour mieux assurer son incognito. Je suis un pauvre artiste; mais quoique depuis ma naissance j'aie eu de bons et de mauvais momens, je n'ai jamais été aussi pauvre et aussi malheureux que vous me voyez à cette heure. Je suis né dans un petit village aux environs de Naples , connu sous le doux nom de *l'Aranella*. Mon père était un architecte plein de mérite à qui n'a jamais manqué qu'une chose : des maisons à bâtir. Mon oncle maternel était peintre, et on n'a pu lui reprocher qu'un défaut, celui de n'avoir jamais eu une commande de sa vie. Aussi , le premier tort de mes parens fut-il de m'éloigner de l'art pour lequel je me sentais un penchant irrésistible.

— Pauvre garçon ! interrompit Rosalvo, ce n'est pas moi qui aurais jamais empêché mes enfans de suivre leur vocation.

— D'autant plus que cela ne sert à rien, continua l'étranger en souriant. Pliez jusqu'à terre un jeune arbre plein de sève et de vigueur; quand vous l'aurez courbé comme un arc, il vous échappe et se redresse tout à coup vers le ciel. On m'envoya à l'école chez les bons religieux , qui m'ennuyaient à périr. On n'eût pas été fâché de faire de moi un prêtre , voire même un camaldule; mais , au lieu d'apprendre mon latin et de réciter mes psaumes, je volais tout le charbon qui me tombait sous la main pour tracer des paysages sur les murs des cellules, ou dessiner le profil de mon révérend précepteur. Dieu seul peut savoir ce que mes chefs-d'œuvre m'ont coûté de calottes.

— On allait jusqu'à vous battre ! s'écria le paysan indigné.

— Et on n'y allait pas de main morte, je vous en réponds; si bien qu'un jour que la correction m'avait paru un peu rude, je plantai là mon collége et mes maîtres, et je me sauvai au bout du monde, en Pouille, en Calabre, dans les Abruzzes, que sais-je ? J'ai erré de vallée en vallée, de montagne en montagne ; j'ai souffert le froid et la faim. Je suis tombé dans les mains des brigands qui m'ont forcé à être des leurs. Mais à travers tous mes voyages, au milieu de tous mes malheurs , si je pouvais me procurer un crayon ou des pinceaux, si je pouvais jeter sur le papier ou sur la toile tout ce qui me passait par le cerveau, tout ce qui frappait mes regards , j'oubliais mes chagrins et ma misère, je ne pleurais plus que de joie , et je tombais à genoux pour bénir Dieu , qui m'avait donné des yeux pour admirer la nature, un cœur pour en sentir les merveilles, une main pour en retracer les beautés.

— Mon Dieu, que votre état doit être sublime ! interrompit le pauvre paysan , animé par le feu de l'artiste.

— Enfin , je revins à Naples , continua le jeune homme. Mon père était mort ; ma sœur aînée avait épousé Fracanzani, un peintre de talent et de cœur, que la fortune avait traité presque aussi mal que mon père et mon oncle. On dirait que l'indigence est devenue pour nous autres une tradition de famille. Je me mis à travailler nuit et jour pour aider mon beau-frère. Vains efforts! les marchands me jetaient au nez mes paysages, ou bien le prix que j'en retirais ne suffisait pas pour acheter mes brosses et mes couleurs. On m'appelait, comme par mépris, Salvatoriello, et pourtant, j'en jure Dieu, on me nommera un jour Salvator ! Découragé, avili, dévoré de chagrin et de fièvre, j'allais succomber à mon désespoir, lorsque celui dont je porte le nom a daigné me sauver par un miracle.

Je venais de vendre un tableau au plus juif de mes brocanteurs. Le malheureux me reprochait encore les quelques sous qu'il m'avait donnés pour prix de mon œuvre, lorsqu'un beau carrosse armorié s'arrête tout à coup devant sa boutique. La portière s'ouvre, et un personnage d'un noble aspect, d'une tournure imposante, fait signe au revendeur, et demande à voir le tableau qu'on vient d'exposer à l'étalage. Tandis que le marchand se confond en révérences, caché derrière les roues de la voiture, je ne perds pas un mot de leur entretien.

— Quel est le sujet de ce tableau? demandait le cavalier en prenant la toile des mains du brocanteur.

— Vous le voyez, Excellence, c'est une Agar dans le désert.

— Je n'ai jamais rien vu de si profondément senti, répliqua tout 'haut le cavalier, et quel prix demandes-tu de cet ouvrage ?

— Monseigneur, c'est vingt... c'est vingt-cinq ducats tout au juste : c'est le prix qu'il m'a coûté.

J'avais envie de l'étrangler de mes mains.

— Vingt-cinq ducats! reprit le cavalier, mais c'est pour rien : je l'achète. Et quel en est l'auteur ?

— L'auteur, Excellence, balbutia le marchand ; mais qu'est-ce que cela fait, l'auteur, à votre Excellence?

— Comment ! qu'est-ce que cela me fait, imbécile ?

— Monseigneur, le marché est conclu, et, quel que soit le nom de l'auteur, il n'y a plus à s'en dédire.

— Voici tes vingt-cinq ducats, maraud, parleras-tu maintenant?

— L'auteur, Excellence, est un tout jeune homme, qui s'appelle Salvatoriello.

— Eh bien! tu diras à ce jeune homme, de ma part, que, lorsqu'il aura des tableaux à vendre, il vienne chez le cavalier Lanfranco ; je les lui achèterai au prix qu'il en voudra ; car je le dis en vérité, sur mon honneur et sur mon âme, ce petit Salvator est un grand peintre.

Ce peu de mots m'a rendu mon courage ; j'ai quitté Naples, mon ingrate patrie, puisque nul n'est prophète chez soi, et je me suis traîné pas à pas jusqu'ici, les pieds brisés, l'estomac vide, les vêtemens en lambeaux, mais le cœur rempli de foi et d'espoir. Il ne me reste plus qu'une demipiastre pour arriver jusqu'à Rome ; mais Rome, c'est mon pays désormais ; Rome, c'est la fortune; Rome, c'est la gloire !

Tandis que le jeune voyageur racontait son histoire, Rosalvo, mon ancêtre et toute sa famille, se serraient autour de lui et l'accablaient de caresses et d'éloges. La parole ardente et fiévreuse de l'artiste avait jeté comme des étincelles dans les cœurs de ces honnêtes paysans. Ils regardaient leur hôte avec un étonnement naïf, et se sentaient attirés vers lui par un charme dont ils ne savaient se rendre compte dans leur ignorance.

— Ah ça! mes amis, reprit enfin le jeune homme, quoique je comprenne à présent que votre hospitalité ne peut pas se payer au prix de l'or, vous me permettrez que je vous prouve au moins ma reconnaissance.

Demain je quitterai cette maison de bonne heure pour aller où Dieu m'appelle. Mais je ne veux pas me séparer de vous sans vous laisser un souvenir. Je dois avoir ici dans ma besace des pinceaux, des couleurs, des morceaux de toile et d'étoffes, des cordes de luth et des papiers de musique; en un mot, tout mon bagage de bohémien et d'artiste. Vous voyez que ce n'est pas lourd. Je vais vous faire une esquisse. Cela n'a pas une grande valeur pour le moment; mais plus tard, qui sait? vous la vendrez peut-être assez bien, si la prophétie du bon Lanfranco vient à s'accomplir.

Ce fut alors, monsieur, que d'une main ferme et sûre il esquissa le beau paysage que vous venez d'admirer. Vous savez maintenant de qui je veux parler, si toutefois le style du tableau ne vous avait déjà révélé le nom de l'auteur. Je vais vous montrer les deux autres, et je vous dirai, le plus brièvement qu'il me sera possible, à quelle occasion on en fit cadeau à ma famille.

Arrivé à ce point de son histoire, le descendant de Rosalvo Pascoli fit une pause et me regarda avec une légère hésitation, partagé qu'il était, l'honnête vieillard, entre la crainte et le désir de continuer son récit.

Vraiment, il s'écoutait lui-même avec tant de bonheur, qu'il eût été dommage de troubler la joie de ce brave homme, moitié paysan, moitié artiste, de cette excellente nature amphibie, si le lecteur veut bien nous passer le mot. Je le priai donc d'aller toujours; et c'est une justice à lui rendre, il ne se le fit pas répéter deux fois.

— Où en étions-nous donc restés, monsieur?

— Le jeune homme était parti pour Rome, afin d'y retrouver le cavalier Lanfranco, et maître Rosalvo, votre trisaïeul, je crois, avait accepté l'esquisse que vous venez de me montrer.

— Eh bien! continua le vieillard, pendant douze ans on n'entendit plus parler de Salvatoriello. Les paysans de Sainte-Agathe retournèrent à leurs travaux ordinaires, et personne ne songea plus au jeune voyageur qui s'était arrêté par un soir d'orage sous le toit du bon Rosalvo.

Au bout de la douzième année, un jour, vers midi, par un éclatant soleil de juillet, le village entier fut mis en émoi par l'arrivée d'un étranger de la plus haute distinction. A voir le train qu'il menait, on eût dit un prince du Saint-Empire, ou un grand d'Espagne de première classe. Les postillons faisaient claquer leur fouet comme s'ils eussent conduit le duc d'Arcos en personne. Une nombreuse escorte d'estafiers, de valets et de pages suivait ou précédait la voiture attelée de six chevaux qui fumaient sous leur harnais et blanchissaient leurs mors d'une écume bouillante. L'étranger fit arrêter son équipage devant la porte de Rosalvo, et, sans donner le temps à ses domestiques d'abattre le marchepied, il sauta légèrement à terre. C'était un noble et brillant cavalier de trente-deux à trente-quatre ans, d'une beauté mâle et fière, d'une rare élégance. Ses traits vivement accusés, ses yeux très noirs, sa peau très brune, sa moustache fine et retroussée, le faisaient ressembler plutôt à un Espagnol qu'à un Napolitain, et plutôt à un Arabe qu'à un Espagnol.

Il portait le plus beau costume qu'on puisse voir. Cape et pourpoint richement brodés, toque à médaillon d'or à plumes flottantes, épée à fourreau de velours, à poignée de diamans. Tout cela était d'un luxe écrasant, d'une magnificence inouïe. Tandis que le pauvre Rosalvo, les cheveux tout blancs, le dos voûté par les années, s'avançait lentement pour demander quel était l'éminent personnage qui daignait s'arrêter devant sa porte, celui-ci le prévint, et, faisant quelques pas à sa rencontre, lui expliqua en peu de mots l'objet de sa visite.

— Je suis un amateur de tableaux, lui dit-il, un antiquaire forcené; pour l'acquisition d'un chef-d'œuvre qui manque à ma galerie, pour l'achat d'un camée qui manque à ma collection, je donnerais la moitié de ma fortune. Souvent je descends de ma voiture, souvent je fais une demi-lieue à pied pour fouiller les villes et les villages, les châteaux et les chaumières, le palais du riche et le taudis du pauvre; car bien des fois j'ai découvert des meubles rares, des armures de prix, des curiosités d'une grande valeur, là où je m'attendais le moins d'en trouver.

— Seigneur cavalier, répondit le paysan, je suis désolé de la peine que vous avez prise en descendant chez moi, mais vous ne trouverez rien ici qui soit digne de fixer votre attention.

— Peut-être avez-vous quelque objet dont vous ignorez l'importance?

— Je ne le pense pas, monseigneur.

— Voyons toujours, répliqua l'étranger; et, sans attendre d'autre réponse, il entra dans la pièce principale, et se mit à regarder attentivement de tous les côtés.

Tout à coup ses yeux brillèrent, et il s'écria d'une voix triomphante :

— Eh bien! que vous ai-je dit, mon brave homme? Vous avez là un petit tableau dont je m'arrangerai à merveille.

— Ce tableau n'est pas à vendre, répondit sèchement le vieillard.

— Bien, bien, vous ne savez pas que je suis homme à en donner cinquante piastres s'il le faut.

— Je vous ai dit, seigneur cavalier, que ce tableau n'était pas à vendre.

— Alors, je doublerai la somme.

— C'est inutile.

— Je la triplerai.

— Quand vous voudriez m'acheter cette esquisse au poids de l'or, je ne vous la vendrais pas, monseigneur.

— Ah! et qu'y a-t-il donc de si précieux dans ce tableau pour que vous mettiez un tel acharnement à le garder?

— Ce tableau, Excellence, est le souvenir d'un pauvre jeune homme que je n'ai vu qu'une fois, mais que j'aimerai toute ma vie.

— Son âge?

— Il n'avait pas encore vingt ans.

— Sa patrie?

— Naples.

— Son nom?

— Salvatoriello.

— Viens dans mes bras, bon Rosalvo, s'écria l'étranger attendri jusqu'aux larmes; le Salvatoriello que tu aimes tant, c'est moi. Tu vois bien que tes souhaits m'ont porté bonheur : je suis le premier peintre de mon siècle, mes tableaux sont payés au poids de l'or, les cardinaux et les princes se disputent l'honneur d'être admis dans mon atelier. Honneurs, plaisirs, richesses, j'ai tout ce qu'on aurait pu désirer. La réalité a dépassé mes rêves; et pourtant, ajouta-t-il en baissant la voix, pourtant, si tu savais, mon vieux Rosalvo, à quels honteux moyens j'ai dû descendre pour attirer sur moi les regards de la foule, pour saisir dans mes bras ce vain fantôme que nous appelons la gloire, et qui n'est qu'un peu d'air et de fumée, pour fixer ce bruit vague et passager qui se fait tantôt autour d'un nom, tantôt autour de l'autre ; pareil au vent qui souffle tantôt du côté du nord, tantôt du côté du midi ! Si tu savais tout ce que j'ai tenté, tout ce que j'ai souffert ! Je me suis fait comédien, saltimbanque, histrion. Salvator est devenu Coviello. Honte et malédiction sur ce siècle corrompu, sur ces hommes infâmes, sur ces villes maudites !

— Eh quoi ! mon enfant, toujours triste, toujours irrité contre tout ? Rien ne pourra donc calmer au fond de ton cœur cette bile amère qui fait tourner en fiel tout ce qu'on y verse !

— C'est vrai, reprit l'artiste en souriant, j'allais te réciter une de mes satires, sans penser qu'il vaut mieux te la traduire en peinture, puisque tu aimes tant les tableaux. La dernière fois que je suis passé par Sainte-Agathe, il y a douze ans, je t'ai esquissé une scène des montagnes au milieu desquelles j'avais vécu jusque alors : cette fois que je viens de Rome, je te dessinerai une scène de la cour que je viens de quitter. Alors tu t'es contenté d'une esquisse de Salvatoriello, maintenant tu auras un tableau de Salvator.

— Et il me sera doublement cher, car maintenant j'ai dans ma famille un peintre et un savant. Ne croyez pas que je plaisante, seigneur cavalier : depuis le soir où vous avez dormi sous notre toit, mon plus jeune fils a appris le dessin et la grammaire ; et qui sait si un jour il ne pourra copier vos tableaux ou écrire vos Mémoires ! En attendant, que dites-vous de la surprise que je vous ai ménagée ?

— Je vous ai prévenu, mon hôte, s'écria Salvator ; j'ai aussi un fils, moi, et je l'ai appelé Rosalvo.

L'artiste et le paysan s'embrassèrent. Chacun des deux avait été fidèle au souvenir d'une noble et touchante amitié.

Aussitôt Salvator fit signe à un de ses valets, et, ayant demandé sa palette et ses pinceaux, jeta à larges traits sur la toile l'étrange et merveilleux sujet que vous allez voir. C'est le second chef-d'œuvre de ma collection.

A ces mots, le vieillard de Sainte-Agathe tira de l'armoire son second tableau richement encadré, écarta son rideau de soie qui le couvrait et me le montra en silence.

C'était la reproduction fidèle, ou plutôt la conception première, du célèbre tableau de la *Fortune*. La déesse verse de sa corne d'abondance un torrent de mitres, de couronnes, de croix, de pierreries ; tandis que des sénateurs, des cardinaux, des évêques, sous les traits de bêtes immondes ou de reptiles venimeux, se disputent ces trésors. Dire tout ce que l'artiste a jeté de verve, d'imagination et d'esprit dans cette vive et mordante allégorie, ce serait une chose impossible. Je me contentai d'assurer mon paysan de Sainte-Agathe qu'il possédait vraiment un chef-d'œuvre.

— Je crois bien, s'écria mon vieillard, c'est le véritable original de Salvator ; celui qui est en Angleterre n'est qu'une copie.

— Or donc, pour vous finir mon histoire, aussitôt que l'illustre peintre eut achevé ce tableau, il prit congé de Rosalvo ; mais, avant de le quitter, il le tira à l'écart, et tombant à genoux devant lui :

— Mon père, lui dit-il, lorsque j'allais de Naples à Rome, vos souhaits m'ont suivi ; mais à présent que je vais de Rome à Naples, il me faut plus que des vœux ; car j'ai une mission sainte et belle à remplir. Bénissez-moi, mon père ! ma patrie m'a renié, je vais me venger de ma patrie ! mais en brisant ses fers, en exterminant ses tyrans, en lui rendant la liberté !

— Que Dieu t'accompagne et te protège, mon enfant; mais je crains que tes efforts soient inutiles. Les fers sont trop entrés dans la chair ; vous pourrez les secouer peut-être, mais les briser, jamais !

Hélas ! mon pauvre aïeul avait dit vrai. Six mois ne s'étaient pas écoulés après sa dernière entrevue avec l'heureux et brillant Salvator, lorsqu'un soir, à minuit, tandis que les habitans de Sainte-Agathe étaient plongés dans le plus profond sommeil, on entendit frapper à la porte de Rosalvo à coups redoublés.

Le vieillard se trouva debout le premier ; ses enfans sautèrent sur leurs fusils, les femmes poussèrent un cri d'effroi.

— Qui va là ? demanda Rosalvo alarmé.

— C'est moi, Salvator ; ouvrez-moi.

La porte s'ouvrit et Rosalvo recula de trois pas devant l'apparition d'un fantôme. Salvator habillé de noir de la tête aux pieds, les cheveux hérissés, la barbe en désordre, l'épée nue à la main, se présenta à ses amis de la campagne, comme un spectre sortant du tombeau.

— Tout est fini, dit-il. Naples est retombée plus que jamais sous le joug de ses tyrans. Il s'était trouvé un homme, un pêcheur pour se mettre à notre tête et délivrer son pays. Des traîtres l'ont tué. Fracanzani, mon beau-frère, est mort empoisonné dans sa prison. Aniello Falcone se sauve en France ; moi, je retourne à Rome pour ne plus revenir ; c'est la troisième et dernière fois que vous me verrez. Je suis le seul qui reste des chevaliers de la Mort.

— Es-tu poursuivi, mon enfant ? demanda Rosalvo avec cette même tendresse inquiète, cette même sollicitude paternelle qui ne s'étaient pas démenties un seul instant.

— Poursuivi ? reprit le peintre d'un ton égaré ; oui, je le suis par mes idées qui m'accablent, par le chagrin qui me ronge, par la fureur qui me tue. Vite, vite des pinceaux, des couleurs, ou je sens que je vais devenir fou.

Il se promena de long en large dans la chambre, pleura, hurla, s'arracha des poignées de cheveux. Puis, saisissant son pinceau d'une main convulsive, il traça sur la toile le plus affreux carnage qui ait jamais ensanglanté un tableau. Je crois qu'il n'y a pas une bataille au monde qui puisse soutenir la comparaison de ce chef-d'œuvre. Voyez plutôt !

En disant cela, le vieillard, au comble de l'enthousiasme, arrachait son vêtement de brocart à son dernier tableau.

Je ne pus retenir un cri d'admiration. Je n'avais jamais rien vu de plus sublime. Ce n'était plus ni un site agreste et sauvage, ni une éblouissante satire; c'était une scène atroce, flagrante, épouvantab'e de destruction, de mort et de vengeance! Des chevaux nageant dans le sang jusqu'au poitrail; des têtes séparées de leur tronc roulant comme des boulets refroidis, des blessés gémissant, des vainqueurs hurlant, les mourans qui râlent. Je ne pense pas que la réalité soit plus effrayante.

— Eh bien ! que dites-vous de cela, monsieur l'étranger ?

— Je dis que vous avez les trois plus beaux Salvator-Rosa qui soient au monde.

— Et moi je dis que le dîner est servi, s'écria le petit paysan en mettant son nez à la porte de l'atelier.

Quand le repas fut fini, repas gai, aimable et cordial s'il en fut, je quittai mes bons amis de Sainte-Agathe, regrettant jusqu'au fond de mon cœur de ne pouvoir payer royalement leur hospitalité par des chefs-d'œuvre. Tout ce que je puis faire ici, c'est de leur consacrer un souvenir dans ces pages. Admirable puissance du génie ! il a suffi du passage d'un grand artiste au milieu d'une pauvre famille de paysans pour y laisser comme une trace lumineuse qui se perpétue à travers les siècles.

Quant au petit Salvator que nous avions pris, Jadin et moi, pour un nègre, je l'ai, à mon dernier voyage, retrouvé à Rome, où il m'a fait les honneurs de la Farnesina. C'est un des pensionnaires les plus distingués du roi de Naples.

XXI

Route de Rome.

En revenant à Sainte-Agathe dei Gothi, nous apprîmes une chose que nous ignorions : c'est que notre conducteur, ayant cru que nous voulions nous en retourner par la route de Bénévent, ce qui allongeait quelque peu notre chemin, nous avait déjà fait faire huit lieues de trop. Nous ne les regrettâmes point, ou plutôt je ne les regrettai point, car, ainsi qu'on la vu, Jadin n'avait rien eu à faire dans l'aventure qui venait de m'arriver, et dont je ne comptais lui parler qu'à distance convenable, de peur de quelque scène fâcheuse entre lui et son confrère.

Il était tard et nous voulions aller coucher à Caserte, pour visiter le lendemain les deux Capoues. Nous arrivâmes à notre gîte vers les sept heures du soir.

Heureusement, ce que nous désirions voir pouvait se voir au clair de la lune. Caserte est le Versailles napolitain. Bâti par Vanvitelli et commandé par Charles III, ce palais a la prétention d'être le plus grand palais de la terre, ce qui fait que très probablement il en est en même temps le plus triste. Ajoutez que, comme celui de Versailles, il est bâti dans un endroit où ce n'est qu'à force de travaux qu'on a pu lui faire quelques pauvres petits horizons. Il faut, on en conviendra, être bien royalement capricieux, quand on a Naples, Capo di Monte et Resina, pour venir habiter Caserte.

Il est vrai que Caserte a des chasses magnifiques, et que de tout temps, comme nous l'avons dit, les rois de Naples ont été de grands chasseurs devant Dieu. Un des trois parcs, parc fourré, noir, féodal, est encore aujourd'hui fort giboyeux, à ce que l'on assure. Ce beau parc, que nous vîmes à la nuit tombante, et qui n'y perdit certes rien, comme poésie et comme majesté, est flanqué d'un autre parc, bien peigné, bien soigné, bien frisé à la manière de celui de Versailles, avec une cascade assez belle qui tombe d'un sombre rocher qui me paraît être né sur place, ce qui arrive rarement aux rochers des jardins anglais, et une foule de statues représentant Diane, ses nymphes et le malheureux Actéon, d'indiscrète mémoire, déjà à moitié changé en cerf. Ce parc lui-même est voisin d'un jardin anglais, avec grottes, ruisseaux, ponts chinois, chaumières, serres et magnolias.

Nous soupâmes et nous couchâmes à Caserte, fort bien même, consi-

gnons-le en l'honneur de l'aubergiste, cela n'arrive pas souvent sur la
route de Naples à Rome ; il est vrai que je me trompe et que Caserte,
placée en dehors des grands chemins, n'est sur aucune route.

Le lendemain matin, un cicérone, où n'y a-t-il pas de cicérone en
Italie? nous proposa d'aller voir la magnifique filature de San Lucio. J'ai
peu d'enthousiasme en général pour visiter les établissemens industriels :
les directeurs de ces sortes d'établissemens sont presque toujours féroces ;
une fois qu'ils vous tiennent, ils ne vous font pas grâce d'un métier, ils
ne vous épargnent pas un fil de soie. Aussi nous serions-nous privés de
la magnifique filature, si je ne m'étais point rappelé que San Lucio était
la fameuse colonie du roi Ferdinand : car le roi Ferdinand était non
seulement un grand chasseur devant Dieu, mais aussi un grand pécheur
devant les hommes : or, de son temps, il avait, pour le plaisir de ses
yeux sans doute, rassemblé dans cette filature, qu'il avait fondée avec
une bonté toute paternelle, les plus belles filles des environs : ces filles
étaient fort reconnaissantes à leur fonda'eur, et lui prouvaient leur re-
connaissance de toutes les manières. Enfin, le roi Ferdinand fut si pa-
ternel et les belles filles si reconnaissantes, qu'il résulta de ce double
échange de sentimens vertueux toute une population de petits fileurs et
de petites fileuses qui obtinrent de leur royal protecteur une espèce de
constitution beaucoup plus libérale que celle de 1830 : un des articles de
cette constitution porte que les garçons seront exempts de tout service
militaire, et que les filles auront chacune trois cents francs de dot ; aussi
les mariages abondent-ils à San Lucio.

A onze heures du matin nous quittâmes Caserte, et nous neus diri-
geâmes sur l'ancienne Capoue.

Hélas! Capoue est de nos jours un de ces noms menteurs comme neus
en ont tant légués les menteurs historiens de Rome ; cependant il faut le
dire, aux ruines qui existent encore, il est facile de voir de quelle impor-
tance était cette fameuse ville qui, selon Tite-Live, fut le tombeau de la
gloire d'Annibal. Capoue, cette ville de la Campanie, dont la civilisation
étrusque avait de cinq cents ans devancé la civilisation de Rome, et que
Rome, la grande jalouseuse de toutes les gloires, traita comme Carthage,
avait un magnifique amphithéâtre dont on peut encore admirer les
ruines ; car ce fut Capoue, la ville civilisée par excellence, qui inventa les
combats de gladiateurs. D'où venait cette férocité instinctive aux féroces
habitans de la Campanie? de l'excès des voluptés mêmes. Quand on est
blasé sur les plaisirs doux et humains, il faut bien inventer d'autres
plaisirs cruels et sanglans. Cicéron, qui, en sa qualité d'avocat, n'était ja-
mais embarrassé de répondre par un paradoxe ou par une antithèse à
une question quelconque, dit que c'était la fertilité du sol qui faisait la
férocité des habitans. En tous cas, les Romains se chargèrent de faire
oublier par des cruautés plus grandes toutes les cruautés qu'avaient pu
commettre les Campaniens. Capoue, prise par eux, fut livrée au pillage,
un peu démolie et beaucoup brûlée ; ses habitans, réduits en esclavage,
furent vendus à l'encan sur ses places publiques ; enfin, ses sénateurs
furent battus de verges et décapités. Il est vrai, à ce que dit le doux et
bon Cicéron, que c'était une action commandée par la prudence, et
non par l'amour du sang : — *Non crudelitate, sed consilio.* — Ajoutons
qu'un des reproches de mollesse que firent les Romains aux Capouans
fut d'avoir inventé le velarium, grande toile suspendue au dessus des

cirques et des théâtres pour garantir les spectateurs du soleil; il est vrai
que les Romains, s'apercevant bientôt à leur tour que mieux valait être
à l'ombre qu'au soleil, adoptèrent le susdit velarium, si fort reproché à
ces pauvres Campaniens. — Voir Suétone, article Néron.

Il y a un souvenir qu'éveille encore tout naturellement Capoue : c'est
celui d'Annibal. On trouve de par le monde historique une malheureuse
phrase de Florus, qui dit, à propos du héros de Cannes, de la Trebbia
et de Thrasimène : *Cum victoria posset uti, frui maluit;* c'est-à-dire :
Lorsqu'il pouvait user de sa victoire, il aima mieux en jouir. C'est un
fort joli concetti antique, nous n'en disconvenons pas; mais, nous
en sommes bien sûr, son auteur, en l'écrivant, ne comprenait pas toute
la portée qu'il devait avoir. En effet, ce malheureux concetti a été pour
Annibal ce que les deux fameuses chansons de M. de La Palisse et de.
M. de Marlborough ont été pour les deux grands capitaines de ce nom.
Annibal, accusé de s'être endormi dans les délices, a été déshonoré à
tout jamais.

Mais ce qu'il y a surtout de remarquable, ce sont les attaques de nos
professeurs de collége, contre le fils d'Amilcar, à l'endroit de cette mal-
heureuse Capoue ; comme ils traitent ce fainéant d'Annibal ; comme ils
méprisent ce pauvre héros; comme à sa place ils auraient marché sur
Rome ; comme ils auraient pris Rome ; comme ils auraient fait disparaître
Rome de la surface de la terre! Il n'y a pas jusqu'à mon pauvre précep-
teur, un bon et excellent abbé, qui, à part les férules qu'il nous don-
nait, n'aurait pas voulu faire de mal à un enfant, qui n'eût établi son
plan de campagne pour marcher sur Rome. Quand nous en étions à ce
malheureux passage de Florus, il tirait son plan de sa bibliothèque, l'é-
tendait sur notre table d'étude, faisait un compas de ses deux doigts, et
nous montrait comme c'était chose facile que de s'emparer de la ville
éternelle. Ah! s'il eût été à la place d'Annibal!

Il est vrai qu'il y a un autre abbé, et celui-là s'appelle l'abbé de Mon-
tesquiou, qui prétend qu'Annibal n'a fait qu'une halte de quelques jours·
pour reposer son armée, fatiguée par une marche de huit cents lieues et
par trois victoires successives, ce qui équivaut presque à une défaite. Il.
est vrai encore qu'il y a d'autres esprits intelligens qui ont été chercher
à Carthage même le secret de la temporisation d'Annibal, et qui ont vu
que là, comme partout, il y avait de petits rhéteurs qui faisaient la
guerre au grand général, des robes qui morigénaient la cuirasse, des
plumes qui calomniaient l'épée. Annibal demandait des secours à cor et
à cri. Rome était perdue, disait-il, l'Italie était à lui si on lui envoyait
des secours. Mais on lui répondait, ou plutôt les rhéteurs répondaient à
ses messages, car à lui ils n'eussent, selon toute probabilité, pas osé ré-
pondre ; les rhéteurs répondaient donc : « Ou Annibal est vainqueur, ou
Annibal est vaincu. S'il est vainqueur, il est inutile de lui envoyer des.
secours; s'il est vaincu, il faut le rappeler. »

C'est à peu près ce que l'on répondait à Bonaparte quand, lui aussi,
s'endormait dans les délices du Caire, où il avait à lutter contre une in-
surrection tous les huit jours, et contre la peste deux fois par an. Mais
Bonaparte avait affaire au directoire français et non au sénat carthagi-
nois. Bonaparte répondit en traversant, lui troisième, la Méditerranée, et
en venant faire le 18 brumaire.

Il y a encore, il faut le dire, entre ces deux opinions qui divisent en deux cette grande question historique, de savoir si Annibal est resté des mois à Capoue ou s'il n'y a fait qu'une halte de quelques jours, une troisième opinion qui prétend qu'Annibal n'y a jamais mis le pied.

Cette opinion pourrait bien être la vraie.

Cela me rappelle que les Romains, les incrédules s'entend, disent qu'il y a deux hommes qui ne sont jamais venus à Rome. Ces deux hommes, selon eux, sont l'apôtre saint Pierre et le président Dupaty.

Comme nous eussions fort mal dîné, et que, selon toute probabilité, nous n'eussions pas dormi du tout dans la ville des délices, nous partîmes, après avoir visité l'amphithéâtre et les quelques ruines qui l'entourent, pour la moderne Capoue.

La moderne Capoue est une fort jolie ville, selon Vauban, Montecuculli et Folard ; elle est muraillée, bastionnée et poternée, elle a des lunes, des demi-lunes, des chemins de ronde, tout cela donnant sur un beau paysage, avec un horizon de montagnes d'un côté, et la mer de l'autre. Au reste, peu de choses à voir, excepté la cathédrale, soutenue presque entièrement par des colonnes enlevées à l'ancien amphithéâtre.

En sortant de Capoue, nous rencontrâmes un premier fleuve, que je crois être le Volturne : pardon, messieurs les savans, si je me trompe, je n'ai sous les yeux ni mes albums qui sont à Florence, ni mes cartes qui sont rue du Gazomètre, et que je serais obligé d'y aller chercher, ce qui n'en vaut pas la peine ; et un second fleuve qui est à coup sûr le Garigliano, c'est-à-dire l'ancien Liris.

Nous traversâmes ce fleuve poétique de la façon la moins poétique de la terre. On nous mit, nous, nos chevaux et notre voiture, dans un bac, et on nous fit filer le long d'une corde, si bien que nous nous trouvâmes de l'autre côté au bout de cinq minutes. Notre passeur, au reste, était désolé ; on méditait un pont en fil de fer, — un pont de fil de fer sur le Liris !

Pourquoi pas ? on va bien du Pirée à Athènes en omnibus ; et l'on remonte bien l'Euphrate en bateau à vapeur.

Au reste, c'est, on se le rappelle, sur les bords du Garigliano que notre armée fut défaite par Gonzalve, ce qui fait que Brantôme, redevenant Français un instant, après avoir passé, il y a trois cents ans, le Liris, au même endroit où nous venons de le passer nous-mêmes, s'écrie :

« Hélas ! j'ai veu ces lieux là dernier, et mesme le Gariglian, et c'estait male tard, à soleil couchant, que les ombres et les masnes commencent à se paroistre comme fantosmes, plustôt qu'aux autres heures du jour, où il me sembloit que les asmes généreuses de ces braves François là morts s'eslevoient sur la terre et me parloient, et quasi me répondoient sur les plaintes que je leur faisois de leur combat et de leur mort. »

Nous touchions à la voie Appienne, la plus belle des voies antiques, celle sur laquelle les Romains qui avaient quelque prescience de l'endroit où ils mourraient, ordonnaient de placer leurs tombeaux. Elle existait du temps de la république. César, Auguste, Vespasien, Domitien, Nerva, Trajan et Théodoric la réparèrent successivement.

Arrivés où nous nous trouvions, elle s'élançait vers Bénévent, et s'en allait mourir à Brindes : ce fut cette route qu'Horace suivit dans son poétique voyage.

Nous traversions les souvenirs antiques, marchant en plein sur l'histoire et sur la fable , coudoyant à chaque pas Tacite et Horace. Notre postillon (un postillon romain ou napolitain pourrait parfaitement être reçu , soit dit en passant, à l'Académie des inscriptions et belles-lettres) nous apprit que quelques ruines, sur lesquelles nous allions sautillant de décombres en décombres, étaient l'ancienne Minturnes.

— Ainsi, les marais que l'on aperçoit d'ici? demandai-je en étendant le bras dans la direction de la route de San-Germano.

— Sont ceux où se cacha Marius, répondit mon postillon.

Je lui donnai deux pauli.

C'est au même endroit à peu près où Marius se cacha, que Cicéron fut tué et Conradin trahi.

Nous avons raconté ailleurs comment l'orateur antique et le jeune héros du moyen-âge étaient morts.

Nous allâmes dîner à Mola ; on nous conduisit dans une grande salle dont toutes les fenêtres étaient fermées pour maintenir la fraîcheur de l'air ; puis tout à coup, comme étendus dans de bonnes chaises nous nous éventions avec nos mouchoirs, le garçon ouvrit une de ces fenêtres.

Il est impossible d'exprimer la magie du paysage que cette espèce de lanterne magique venait de dévoiler à nos yeux. Nous plongions sur ce golfe si calme qu'il semblait un miroir d'azur, et de l'autre côté, s'avançant jusqu'à l'extrémité du promontoire, nous apercevions Gaëte, Gaëte, célèbre par ses vergers d'orangers , ses deux siéges soutenus , l'un en 1501, l'autre en 1806, et surtout par ses femmes blondes.

C'est une fille de Gaëte qui servit de modèle au Tasse pour le portrait d'Armide.

Pardon, nous oublions encore une des célébrités de Gaëte. C'est sur son rivage que Scipion et Lélius s'amusaient à faire des ricochets, comme plus tard Auguste s'amusait à jouer aux noix avec les petits polissons de Rome.

Après le dîner , nous allâmes faire une promenade jusqu'à Castellone de Gaëte, l'ancienne Formies, dont une portion des murs, plus une porte, existent encore. C'est entre ces deux bourgs qu'était située une des villas de Cicéron ; c'est de cette villa qu'il fuyait, caché dans sa litière, lorsqu'il fut rejoint par le tribun Popilius, dont il avait été l'avocat, qui lui coupa la tête et les mains , en manière de reconnaissance; il est probable que si Popilius a eu pendant le reste de sa vie quelque autre procès, le tribunal aura été forcé de lui nommer un défenseur d'office.

L'emplacement où était, selon toutes les probabilités, située cette villa, fait partie aujourd'hui de la propriété du prince de Caposele.

Une autre tradition veut qu'une source qui coule dans la même propriété soit la fameuse fontaine Artacia, près de laquelle Ulysse rencontra la fille d'Antiphate, roi des Lestrigons, laquelle allait, comme une simple mortelle, y puiser une cruche d'eau.

La voiture nous suivait par derrière ; nous n'eûmes donc qu'à nous y réinstaller, lorsque nous eûmes vu tout ce que nous voulions voir , et nous repartîmes ; une demi-heure après nous étions à Ytry, patrie du fameux Fra Diavolo, si célèbre en Campanie , et surtout à l'Opéra-Comique.

Fra Diavolo était un brave homme de curé , disant son bréviaire comme un autre, confessant tant bien que mal les voleurs des environs,

qui venaient lui conter leurs petites peccadilles, et dont il se faisait des
amis en ne les abîmant pas trop de pénitences, lorsqu'un beau matin,
quand ils fut question de nommer Joseph Napoléon roi de Naples, l'envie
lui prit de s'opposer à cette nomination. En conséquence, sans changer
de costume, il passa une paire de pistolets à sa ceinture, pendit un
sabre par dessus sa soutane, prit une carabine qu'il avait trouvée dans
le presbytère et qui lui venait de son prédécesseur, et, faisant appel à
ses ouailles, au nombre desquelles, comme nous l'avons dit, était bon
nombre de brigands, il se mit en campagne, gardant les défilés de Fondi,
et égorgeant tous les Français isolés qui y passaient. Ces exploits firent
bientôt si grand bruit, que l'écho en alla retentir à Palerme, où étaient à
cette époque Ferdinand et Caroline; leurs augustes majestés invitèrent
alors Fra Diavolo à les aller voir, et, comme il se hâta de se rendre à
cette gracieuse invitation, elles lui conférèrent le grade de capitaine.
Fra Diavolo revint à Ytry investi de cette nouvelle dignité; mais cette
nouvelle dignité ne lui porta point bonheur. Masséna, après avoir pris
Gaëte, ordonna une battue générale dans les environs : Fra Diavolo fut
pris avec deux cents hommes de sa bande à peu près ; ses deux cents
compagnons furent incontinent pendus aux arbres de la route. Mais
comme les Napolitains niaient que Fra Diavolo qui, selon leur opinion,
à eux, opinion que justifie le nom qu'ils lui avaient donné de frère
Diable, avait mille ressources de magie à son service; comme les Napo-
litains, dis-je, niaient que Fra Diavolo eût été assez imprudent pour se
laisser prendre, on conduisit l'ex-curé à Naples, on le promena pendant
trois jours dans les rues de la capitale, après quoi on lui trancha la tête
sur la place du Marché-Neuf.

Tout cela ne fit point que, pendant tout le règne de Joseph et de Murat,
les esprits forts ne niassent la mort de Fra Diavolo.

Qu'une illustration moderne ne nous fasse point perdre de vue un
souvenir antique. Ytry est l'ancienne *Urbs Mamurrarum* d'Horace;
c'est là que Muréna lui prêta sa maison et Capiton sa cuisine :

> Muræna præbente domum, Capitone culinam.

Nous nous arrêtâmes à Ytri. Je me rappelais la nuit qu'à mon premier
voyage j'avais passée à Terracine, nuit terrible parmi les terribles nuits
que j'ai subies en Italie. Je me rappelais ces malheureux lits recouverts
de serge verte, dans lesquels nous nous étions tournés et retournés six
heures, sans pouvoir arriver à fermer l'œil une seule minute. Il est vrai
que, l'esprit exalté par la menace éternelle d'un seul et même danger,
j'avais, à force de chercher, trouvé un costume de nuit qui me mettait à
peu près à l'abri des puces : c'était un pantalon à pied aux coutures ser-
rées et pressant la taille, une chemise qui s'ouvrait juste pour laisser pas-
ser la tête, et qui se refermait hermétiquement au col, enfin, des gants
sur lesquels se boutonnaient mes manchettes : moyennant cette précaution,
le visage seul restait exposé, et j'ai remarqué que la puce, comme le lion,
respecte le visage de l'homme. Restait, il est vrai, la punaise qui ne res-
pecte rien ; mais, au lieu de deux races ennemies, ce n'était plus qu'une
seule à combattre.

Encore une fois, défiez-vous, non pas des fièvres des marais Pontins
que tout le monde vous signale, mais de leurs puces et de leurs punaises
dont personne ne parle.

Le lendemain matin, nous nous abordâmes, Jadin et moi, en disant que nous aurions aussi bien fait de coucher à Terracine.

A l'une des descentes de la route de Fondi, notre postillon s'arrêta et nous raconta que nous étions juste à l'endroit où le *fameux poète français Esménard* s'était tué en tombant de voiture.

En général, les Italiens ne nous abîment pas de louanges; on peut même dire que, dans leur étroit patriotisme, patriotisme de clocher, dernier reste de l'orgueil des petites républiques, ils sont presque toujours injustes pour les autres nations; mais comme toute curiosité vaut une rétribution quelconque, et que cette rétribution est variable selon le plus ou le moins d'intérêt que présente la susdite curiosité, notre postillon avait pensé que la curiosité et par conséquent la rétribution seraient plus grandes, s'il faisait d'Esménard un poète de premier ordre.

La ville de Fondi, que saint Thomas choisit pour y établir une classe, et dans laquelle il fit ce miracle d'horticulture, de planter par la tête un oranger qui prit racine et qu'on montre encore, est aujourd'hui un pauvre et bien misérable bourg. Le fameux corsaire Barberousse, qu'il ne faut pas confondre avec l'empereur Barberousse, le souverain des légendes rhénanes, furieux de n'avoir pu enlever la belle Julie Gonzaga, veuve de Vespasien Colonne et comtesse de Fondi, dont il comptait faire cadeau à Soliman II, brûla la ville. Depuis ce temps-là la pauvre cité n'a pu se remettre de cet accident, et la main de feu du terrible pirate est encore empreinte sur la ville moderne.

Deux heures après nous étions à Terracine.

Terracine est bien encore, en venant de Naples surtout, l'éclatante Axur dont parle Horace :

Impositum saxis latè candentibus Anxur,

avec son gigantesque rocher qui fut sa base de toutes les époques, et les restes de son palais de Théodoric, qui ne la couronne que depuis le cinquième siècle seulement. Comme il n'était que midi, et que j'avais quelques recherches à faire à Terracine, nous nous arrêtâmes à l'auberge où nous nous étions arrêtés en venant, la seule au reste qui soit, je crois, dans toute la ville.

Dix minutes après notre arrivée, nous étions déjà en route, Jadin pour gravir la montagne couverte de ses ruines gothiques, et moi pour courir au bord de la mer, où l'on retrouve encore des vestiges du port, qui, selon toute probabilité, remonte au temps de la république.

En revenant, j'entrai dans la cathédrale. Quelques belles colonnes de marbre blanc qui viennent d'un temple d'Apollon la rendent assez remarquable.

En entrant à l'hôtel, j'avais demandé s'il n'existait pas quelque histoire de Mastrilla. On n'a peut-être pas oublié le nom de ce fameux bandit, que Padre Rocco appela si heureusement à son secours, à propos de l'éclairage de Naples, et de cette fameuse histoire de saint Joseph que l'on nous a tant reprochée.

L'histoire de Mastrilla se trouvait renfermée dans une espèce de complainte à peu près intraduisible, que l'on me procura à grand'peine, mais dont à la honte de mon imagination, je l'avoue, je ne pus rien tirer.

Alors force me fut de me borner aux traditions orales, et de me mettre en quête des rapsodes, qui pouvaient, fragment par fragment, me raconter l'Iliade de cet autre Achille.

Les rapsodes me tinrent jusqu'à sept heures du soir à me conter des rapsodies qui n'étaient que les différens couplets de la complainte, séparés au lieu d'être réunis.

Nous avions passé notre journée à la recherche de l'insaisissable Mastrilla. La journée était perdue, ce qui n'était pas un grand malheur; mais ce qui compliquait notre situation , c'est qu'il fallait ou passer la nuit à Terracine , et l'on sait quelle terreur nous inspirait cette station , ou traverser les marais Pontins pendant l'obscurité. En restant à Terracine, nous étions sûrs d'être dévorés par les puces et par les punaises ; en traversant les marais Pontins, nous risquions d'être dévalisés par les voleurs. Nous balançâmes un instant , puis nous nous décidâmes à traverser les marais Pontins.

Nous fîmes mettre les chevaux , à huit heures du soir ; il faisait un clair de lune magnifique : nous chargeâmes nos fusils , nous montâmes , Jadin et moi, sur le siége de la voiture, et nous partîmes d'un assez bon train.

Les marais Pontins commencent en sortant de Terracine, et presque aussitôt le pays prend un caractère de tristesse particulière, que ne contribuent pas peu, sans doute, à lui donner, aux yeux des voyageurs, la crainte de la fièvre, qu'on y rencontre certainement, et celle des voleurs, qui vous y attendent peut-être. La route, tracée au beau travers du pays , s'étend par une ligne parfaitement droite, qu'accompagne de chaque côté un canal destiné à l'écoulement des eaux. Malheureusement, à ce qu'on assure, ces eaux, se trouvant au dessous du niveau de la mer , ne peuvent s'écouler dans la Méditerranée. Au delà du canal est un terrain mouvant et planté de grands roseaux.

Cette vaste solitude, où Pline comptait autrefois jusqu'à vingt-trois villes, n'offre pas aujourd'hui , à part les relais de poste , une seule habitation. Comme dans les Maremmes toscanes, une fièvre dévorante tuerait, en moins d'une année, l'imprudent qui oserait s'y fixer. Les voleurs qui l'exploitent ne font eux-mêmes qu'y passer, et, aussitôt leurs expéditions finies, ils se retirent dans les montagnes de Piperno, leur véritable domicile.

A mesure que nous avancions , le pays prenait un caractère de plus en plus mélancolique ; et comme si nos chevaux et notre postillon eussent partagé l'inquiétude que sa mauvaise réputation pouvait inspirer , ils redoublaient, les uns de vitesse, l'autre de coups.

Après une heure et demie à peu près , nous aperçûmes à notre droite un grand feu qui jetait une lueur d'incendie à cent pas autour de lui; ce ne pouvaient être des voleurs , car , par cette imprudence , ils se fussent dénoncés eux-mêmes : nous demandâmes à notre postillon ce que c'était que ce feu ; il nous répondit que c'était le relais de poste.

En effet, à mesure que nous avancions, nous apercevions à la lueur de la flamme une espèce de masure , et adossés aux murailles de cette masure, éclairés par le reflet du foyer, cinq ou six hommes immobiles et enveloppés de leurs manteaux. A notre approche et au bruit du fouet de notre postillon , deux se détachèrent du groupe, et montant eux-mêmes à cheval, ils prirent en main une espèce de lance et disparurent. Les autres continuèrent à se chauffer.

Arrivé en face du hangar, notre postillon s'arrêta, et , à peine arrêté, détela ses chevaux, demanda le prix de sa course, ainsi que la bonne main qui en était l'accompagnement obligé, et, sautant sur un de ses deux chevaux aussitôt qu'il les eut reçus, il tourna bride et repartit au galop. Au reste, ses chevaux étaient si bien habitués à ce retour précipité qu'il n'eut pas même besoin d'employer le fouet comme il avait fait en venant : on eût dit que ces animaux, partageant les inquiétudes de l'homme, avaient hâte de fuir ces contrées méphitiques et cet air pestilentiel.

Cependant nous étions restés au milieu de la route avec notre voiture dételée ; et comme nous ne voyions s'avancer aucun quadrupède, comme pas un seul de ces bipèdes grelottans et accroupis autour du feu ne bougeait de sa place, je me décidai, voyant qu'ils ne venaient pas à moi, à aller à eux. En conséquence, je descendis de mon siége, je jetai mon fusil en bandouillère sur mon épaule et je m'avançai vers la masure.

Ils me laissèrent approcher sans faire un mouvement.

En m'approchant je les regardais : ce n'étaient pas des hommes, c'étaient des spectres.

Ces malheureux, avec leur teint hâve, leurs membres frissonnans, leurs dents qui se choquaient, étaient hideux à voir ; le mieux portant des quatre eût pu poser pour une effrayante statue de la Fièvre.

Je les considérai un instant, oubliant pourquoi je m'étais approché d'eux ; puis, par un retour égoïste sur moi-même, je pensai que j'étais moi-même au milieu de ces marais dont les émanations les avaient faits tels qu'ils étaient.

— Et les chevaux ? demandai-je.

— Écoutez, me répondit l'un d'eux, les voilà.

En effet, on entendait un piétinement qui allait se rapprochant, puis un hennissement sauvage, puis, mêlés à ce bruit confus, des juremens et des blasphèmes.

Bientôt les hommes qui s'étaient éloignés avec des lances reparurent chassant devant eux une douzaine de petits chevaux, ardens, sauvages, fougueux, et qui semblaient souffler la flamme par les naseaux.

Aussitôt les quatre fiévreux se levèrent, se jetèrent au milieu du troupeau étrange, saisirent chacun un cheval par la longe qu'il traînait, lui passèrent, malgré sa résistance, un misérable harnais, et, tout en me criant : « Remontez, remontez, » poussèrent l'attelage récalcitrant vers la voiture.

Je compris qu'il n'y avait pas d'observations à faire, et que dans les marais Pontins cela devait se passer ainsi. Je remontai donc vivement sur mon siége et je repris ma place près de Jadin.

— Ah ça ! me dit Jadin, où allons-nous ? Au sabbat ?

— Cela m'en a tout l'air, répondis-je. En tout cas, c'est curieux.

— Oui, c'est curieux, dit-il, mais ce n'est point rassurant.

En effet, il se passait une terrible lutte entre les hommes et les chevaux : les chevaux hennissaient, ruaient, mordaient ; les hommes criaient, frappaient, blasphémaient ; les chevaux essayaient, par des écarts qui ébranlaient la voiture, de casser les cordes qui leur servaient de traits ; les hommes resserraient les nœuds de ces cordes, tout en posant sur le dos de deux de ces démons des espèces de selles. Enfin, quand les selles furent posées, tandis que deux hommes maintenaient les chevaux de devant, deux autres sautèrent sur les chevaux sellés, puis ils crièrent : Laissez aller ! puis nous nous sentîmes emportés comme par un attelage fantastique, tandis que de chaque côté de la route les deux hommes à cheval nous suivaient, criant un fouet à la main, et joignant les gestes aux cris pour maintenir nos coursiers dans le milieu de la route, dont ils voulaient s'écarter sans cesse, et les empêcher d'aller s'abîmer avec notre voiture dans un des canaux qui bordaient chaque côté du chemin.

Cela dura dix minutes ainsi; puis, les dix minutes écoulées, comme nos chevaux étaient lancés, nos escorteurs nous abandonnèrent, et, sortis un instant, par une crise, de leur apathie, s'en retournèrent attendre d'autres voyageurs, en tremblant la fièvre devant leur feu.

Quand nous pûmes un peu respirer, nous regardâmes autour de nous : nous traversions de grands roseaux tout peuplés de buffles qui, réveillés par le bruit que nous faisions, écartaient bruyamment ces joncs gigantesques pour nous regarder passer; puis, effrayés à notre approche, se reculaient en soufflant bruyamment. De temps en temps de grands oiseaux de marais, comme des hérons ou des butors, se levaient en jetant un cri de terreur, et s'éloignaient rapidement, traçant une ligne droite, et se perdant dans l'obscurité; enfin, de temps en temps, des animaux, dont je ne pouvais reconnaître la forme, traversaient la route, parfois isolés, parfois par bandes, J'appris au relais que c'étaient des sangliers.

Nous arrivâmes ainsi en moins d'une heure et demie au second relais. Là la même scène se renouvela : même feu, hommes semblables, pareils chevaux ; après une demi-heure d'attente, nous repartîmes comme emportés par un tourbillon.

Nous fîmes trois relais de la même manière; puis au bout du quatrième nous aperçûmes une ville : c'était Velletri.

Les fameux marais Pontins étaient traversés, et cette fois encore sans rencontrer de voleurs : décidément les voleurs étaient passés pour nous à l'état de mythes.

Sans nous consulter, nos postillons s'arrêtèrent à la porte d'une auberge, au lieu de s'arrêter à la porte de la poste. Comme la susdite locanda ne paraissait pas trop misérable, je ne leur en voulus pas de la méprise; nous descendîmes, et nous demandâmes deux chambres pour le soir, et un bon déjeûner, s'il était possible, pour le lendemain.

Trois choses nous faisaient prendre en patience notre station à Velletri. Je méditais pour le lendemain une excursion à Cori, l'ancienne Cora, et à Monte-Circello, l'ex-cap de Circé; tandis que Jadin, attiré par un autre but, m'avait déjà déclaré qu'il demeurerait sur place pour faire quelque portrait de femme; on sait que les femmes de Velletri passent pour les plus belles femmes (1).

Velletri est la patrie, non pas d'Auguste, mais de ses ancêtres; son père y était banquier (lisez usurier) : les banquiers romains prêtaient à 20 pour 100; c'est à 20 pour 100 que César avait fait pour cinquante-deux millions de dettes. Elle n'offre de remarquable, comme monument, que

---

(1) Velletri, c'est l'Arles de l'Italie. Raphaël, passant un jour à Velletri, vit une mère qui tenait un enfant dans ses bras : la beauté de la mère et de l'enfant exalta le peintre à un tel point, qu'il les pria de ne pas bouger, et qu'à défaut de papier et de crayon il prit un morceau de craie et traça sur le fond d'un tonneau l'esquisse de la Madone à la Seggiola.

De là, la forme circulaire de cet admirable tableau, un des chefs-d'œuvre du palais Pitti à Florence.

le bel escalier de marbre de l'ancien palais Lancelloti, bâti par Lunghi-le-Vieux.

Cori, plus heureuse que sa voisine, possède encore deux temples, élevés l'un à Castor et Pollux, l'autre à Hercule ; du premier il ne reste que les colonnes et l'inscription qui atteste qu'il était consacré aux fils de Jupiter et de Léda ; le second, élevé sous Claude, est parfaitement conservé, et on le regarde, merveilleusement posé qu'il est d'ailleurs sur une base de granit entièrement isolée, comme un des plus complets modèles de l'ordre dorique grec.

Quand à Monte-Circello, c'est, comme l'indique son nom, l'antique résidence de la fille du Soleil. Ce fut sur cette montagne, jadis baignée par la mer et qu'on appelait, comme nous l'avons dit, le cap Circé, que parvint Ulysse, lorsqu'après avoir échappé au cyclope Polyphème et au Lestrigon Antiphate, il aborda sur une terre inconnue, et, montant sur un cap élevé, ne vit devant lui *qu'une île et une mer sans fin : l'île était perdue au milieu des flots ; puis à travers les buissons et les forêts sortaient de la terre des tourbillons de fumée.*

Je suis monté sur le cap, j'ai cherché l'île volcanique et je n'ai rien aperçu ; mais peut-être aussi ai-je moins bonne vue qu'Ulysse.

Mais ce que j'ai découvert, par exemple, ce sont d'immenses troupeaux de porcs, bien autrement nobles que les cochons de M. de Rohan, puisque, selon toute probabilité, ils descendent de ces imprudens compagnons d'Ulysse, qui, attirés par le bruit de la navette et par l'harmonie des instrumens, entrèrent dans le palais de la fille du Soleil malgré les conseils d'Euriloque, qui revint seul aux vaisseaux pour annoncer à leur chef la disparition de ses vingt soldats.

Or, comme je disais, y a-t-il beaucoup de noblesse qui puisse le disputer à celle des cochons de Monte-Circello, dont les ancêtres ont été chantés par Homère ?

Dans la montagne est encore une grotte, appelée *Grotta della Maga,* ou grotte de la Magicienne : c'est le seul souvenir que Circé ait laissé dans le pays. Quant à son splendide palais de marbre, il est bien entendu qu'il n'en reste pas plus de trace que de celui d'Armide.

Nous revînmes assez tard à Velletri ; et, comme rien ne nous pressait, que nous n'avions pas été trop mécontens de l'auberge, nous résolûmes d'y passer la soirée. Jadin y était resté dans l'intention de faire un portrait de femme, il avait fait deux paysages. L'homme propose, Dieu dispose.

Le lendemain, nous nous remîmes en route vers les neuf heures du matin, nous arrêtant un instant à Genzano pour boire de son vin, qui a une certaine réputation, un instant à l'Arriccia pour voir le palais Chigi et l'église de la ville, deux des ouvrages les plus remarquables du Bernin.

Enfin, à deux heures, nous arrivâmes à Albano. C'est à Albano que les riches Romains qui craignent le mal aria vont passer l'été ; à partir de la porte de Rome, en effet, la route monte jusqu'à Albano ; et, comme on le sait, hôte des plaines et des marais, la fièvre n'atteint jamais une certaine hauteur.

Dix ciceroni nous attendaient à la descente de notre voiture pour nous faire voir de force le tombeau d'Ascagne et celui des Horaces et des Curiaces. Nous ne donnerons pas aux savans italiens le plaisir de nous voir nous enferrer dans une discussion archéologique à l'endroit de ces deux monumens. Nous avons dit tout ce que nous avions à dire là-dessus à propos de la grande mosaïque de Pompeïa, à qui Dieu fasse paix.

En sortant d'Albano, on aperçoit Rome à quatre lieues de distance; ces quatre lieues se font vite, le chemin, comme nous l'avons dit, allant toujours en descendant. Aussi, une heure après notre départ d'Albano, nous entrions dans la ville éternelle, que nous avions quittée quatre mois auparavant.

XXII

Gasparone.

Je n'avais plus rien à voir dans la ville éternelle que le représentant éternel de notre religion, le vicaire du Christ, le successeur de saint Pierre. Depuis que j'étais en Italie, j'entendais parler de Grégoire XVI comme d'un des plus nobles et des plus saints caractères qui eussent encore illustré la papauté, et ce concert général d'éloges me donnait une plus ardente envie de me prosterner à ses pieds.

Aussi, le lendemain, dès que l'heure d'être reçu fut arrivée, me présentai-je chez M. de Tallenay, pour le prier de demander pour moi une audience à Sa Sainteté : M. de Tallenay me répondit qu'il allait à l'instant même transmettre ma demande au cardinal Fieschi ; mais en même temps il me prévint que, comme l'audience ne me serait jamais accordée que trois ou quatre jours après la réception de ma demande, je pouvais, si j'avais quelque course à faire soit dans Rome, soit dans les environs, profiter de ce petit retard.

Cela m'allait à merveille. A mon premier passage, j'avais visité toute la campagne orientale de Rome : Tivoli, Frascati, Soubiaco et Palestrine ; mais je n'avais point vu Civitta-Vecchia ; Civitta-Vecchia, au reste, où il n'y aurait rien à voir, si Civitta-Vecchia n'avait point un bagne et dans ce bagne n'avait point l'honneur de renfermer le fameux Gasparone.

En effet, je vous ai bien raconté des histoires de bandits, n'est-ce pas? je vous ai tour à tour parlé du Sicilien Pascal Bruno, du Calabrais Marco Brandi et de ce fameux comte Horace, ce voleur de grands chemins aux charmantes manières, aux gants jaunes et à l'habit taillé par Humann.

Eh bien! tous ces bandits-là ne sont rien près de Gasparone. Il y a plus, prenez tous les autres bandits, prenez Dieci Nove, prenez Pietro Mancino, cet habile coquin qui vola un million en or et qui, satisfait de la somme, s'en alla vivre honnêtement en Dalmatie, faisant, de là, la nique à la police romaine ; prenez Giuseppe Mastrilla, cet incorrigible voleur, qui, au moment de mourir, ne pouvant plus rien voler à personne, vola son âme au diable ; prenez Gobertineo, le fameux Gobertineo, que vous ne connaissez pas, vous autres Parisiens, mais dont le nom est au bord du Tibre l'égal des plus grands noms ; Gobertineo qui tua de sa main neuf cent soixante-dix personnes, dont six enfans, et qui mourut avec le pieux regret de n'avoir pas atteint le nombre de mille comme il en avait fait vœu à saint Antoine, et qui, au moment de la mort, craignait d'être damné surtout pour n'avoir pas accompli son vœu ; prenez Oronzo Albeyna, qui tua son père comme Œdipe, sa mère comme Oreste, son frère comme Romulus, et sa sœur comme Horace ; prenez les Sondino, les Francatripa, les Calabrese, les Mezza Pinta ; et ils n'iront pas au genou de Gasparone. Quant à Lacenaire, ce bucolique assassin qui a fait tant d'honneur à la littérature, il va sans dire que, comme meurtrier et comme poète, il n'est pas même digne de dénouer les cordons du soulier gauche de son illustre confrère.

On comprend que je ne pouvais pas aller à Rome et passer par conséquent à douze lieues de Civitta-Vecchia sans aller voir Gasparone.

Cette fois, nous partîmes par la diligence, tout simplement. La diligence, qui n'est même pas trop mauvaise pour une diligence romaine, se transporte en cinq ou six heures de Rome à Civitta-Vecchia. Il va sans dire que je m'étais muni d'une carte, carte du reste fort difficile à obtenir pour visiter le bagne, et avoir l'honneur d'être présenté à Gasparone. J'étais donc en mesure.

Je ne dirai rien de la campagne de Rome, la description de ce magnifique désert a sa place ailleurs. Rome est une chose sainte, qu'il faut visiter à part et religieusement.

En descendant de voiture, nous fîmes, pour éviter tout retard, prévenir le gouverneur de la forteresse de l'intention où nous étions de visiter son illustre prisonnier : nous joignîmes notre carte à la lettre, et nous nous mîmes à table.

Au dessert, nous vîmes entrer le gouverneur, il venait nous chercher lui-même.

Comme on le pense bien, je m'emparai exclusivement de son excellence, et tout le long de la route je le questionnai.

Il y avait dix ans que Gasparone habitait la forteresse à la suite d'une capitulation, dont la principale condition était que lui et ses compagnons auraient la vie sauve.

On rencontre sur le pavé de Rome une quantité de bons vieillards mis comme nos paysans de l'Opéra-Comique, et se promenant une canne à la Dormeuil à la main. Qu'est-ce que ces honnêtes gens? de bons pères, de bons époux, d'honnêtes citoyens ; de véritables mines d'électeurs, de véritables démarches de gardes nationaux ; vous portez la main à votre chapeau.

Prenez garde, vous allez saluer un bandit qui a capitulé ; vous allez faire une politesse à un gaillard qui, sur la route de Viterbe ou de Terracine, vous eût, il y a trois ou quatre ans, coupé les deux oreilles si vous n'aviez pas racheté chacune d'elles mille écus romains.

Remarquez que les écus romains ne sont pas démonétisés comme les nôtres et valent toujours six francs.

Il y en a même qui ont stipulé une petite rente, que le gouvernement leur paie trimestre par trimestre, aussi régulièrement que s'ils avaient placé leurs fonds sur l'Etat.

Malheureusement pour Gasparone, il s'était fait une de ces réputations qui ne permettent pas à ceux qui en ont joui de rentrer dans l'obscurité. On craignit, si on le laissait libre, qu'il ne lui reprît, un beau matin, quelque velléité de gloire, et que ce Napoléon de la montagne ne voulût aussi avoir son retour de l'île d'Elbe.

Aussi Gasparone et ses vingt-un compagnons furent-ils étroitement écroués dans la citadelle de Civitta-Vecchia.

Pendant les premiers temps, Gasparone jeta feu et flammes, mordant et secouant ses barreaux comme un tigre pris au piége, disant qu'il avait été trahi et que la liberté était une des conditions de la capitulation ; mais le pape Léon XII, d'énergique mémoire, le laissa se démener tout à son aise, et peu à peu Gasparone se calma.

Tout le long de la route, le gouverneur nous entretint de petites espiégleries attribuées à Gasparone: il y en a quelques unes qui émanent d'un esprit assez original pour être racontées.

Gasparone était fils du chef des bergers du prince de L... Jusqu'à l'âge de seize ans sa conduite fut exemplaire : seulement peut-être dans son orgueil était-il un peu trop amoureux des beaux habits, des beaux chevaux et des belles armes qu'il voyait aux jeunes seigneurs romains. Mais cependant il y avait quelque chose que Gasparone préférait aux belles armes, aux beaux chevaux et aux beaux habits, c'était sa belle maîtresse Teresa.

Un dimanche, Gasparone et Teresa étaient chez le prince L...., qui était fort indulgent pour eux : les filles du prince, dont l'une était du même âge que Teresa, et l'autre un peu plus jeune, s'amusèrent à habiller la jeune paysanne avec une de leurs robes et à la couvrir de leurs bijoux. La jeune fille était coquette, cette riche toilette sous laquelle elle s'était trouvée un instant plus belle que sous son costume pittoresque de paysanne lui fit envie : sans doute, si elle eût demandé la robe et même quelques uns des bijoux aux filles du prince, celles-ci les eussent donnés ; mais Teresa était fière comme une Romaine, elle eût eu honte devant les jeunes filles d'exprimer un pareil souhait ; elle renferma son désir au plus profond de son cœur, se laissa dépouiller de sa robe, se laissa reprendre jusqu'à son dernier bijou. Seulement, à peine fut-elle sortie de la chambre des jeunes princesses que son beau front se pencha soucieux. Gasparone s'aperçut de sa préoccupation ; mais à toutes les demandes qu'il lui fit sur ce qu'elle avait, Teresa se contenta de répondre, de ce ton si significatif de la femme qui désire une chose et qui n'ose dire quelle chose elle désire : — Que voulez-vous que j'aie ? — je n'ai rien.

Le soir, Gasparone entra à l'improviste dans la chambre de Teresa, et trouva Teresa qui pleurait.

Cette fois, il n'y avait plus à nier le chagrin; tout ce que pouvait faire Teresa, c'était d'essayer d'en cacher la cause.

Teresa essaya de le faire, mais Gasparone la pressa tellement qu'elle fut forcée d'avouer que cette belle robe qu'elle avait essayée, que ces beaux bijoux dont on l'avait couverte, lui faisaient envie, et qu'elle voudrait les posséder, ne fût-ce que pour s'en parer toute seule dans sa chambre et devant son miroir.

Gasparone la laissa dire, puis, quand elle eut fini :

— Tu dis donc, demanda-t-il, que tu serais heureuse si tu avais cette robe et ces bijoux ?

— Oh ! oui, s'écria Teresa.

— C'est bien, dit Gasparone. Cette nuit tu les auras.

Le même soir, le feu prit à la villa du prince L..., justement dans la partie du bâtiment qu'habitaient les jeunes princesses. Par bonheur, Gasparone, qui rôdait dans les environs, vit l'incendie un des premiers, se précipita au milieu des flammes, et sauva les deux jeunes filles.

Toute cette partie de la villa fut dévorée par l'incendie et l'intensité du feu était telle qu'on n'essaya pas même de sauver les meubles ni les bijoux.

Gasparone seul osa se jeter une troisième fois dans les flammes, mais il ne reparut plus; on crut qu'il y avait péri, mais on apprit que, ne pouvant repasser par l'escalier qui s'était abîmé, il avait sauté du haut d'une fenêtre qui donnait dans la campagne.

Le prince fit chercher Gasparone, et lui offrit une récompense pour le courage qu'il avait montré, mais le jeune homme refusa fièrement, et quelques instances que lui fît Son Altesse, il ne voulut rien accepter.

On approchait de la semaine de Pâques. Gasparone était trop bon chrétien pour ne pas remplir exactement ses devoirs de religion. Il alla comme d'habitude se confesser au curé de sa paroisse; mais cette fois le curé, on ne sait pourquoi, lui refusait l'absolution. Une discussion s'établit alors entre le confesseur et le pénitent; et comme le confesseur persistait dans son refus d'absoudre le jeune homme, celui-ci, qui ne voulait pas s'en retourner avec une conscience inquiète, tua le curé d'un coup de couteau.

Gasparone, que tout cela n'empêchait point d'être bon chrétien à sa manière, alla s'accuser à un autre prêtre, et du crime qui lui avait valu le refus du premier, et du meurtre de celui-ci. Le nouveau confesseur, que le sort de son prédécesseur ne laissait pas que d'inquiéter, refusa tout, juste pour se faire valoir, mais finit par donner pleine et entière l'absolution que demandait Gasparone.

Sur quoi Gasparone, le cœur satisfait, l'âme tranquille, alla s'engager comme bandit dans la troupe de Cucumello.

Ce Cucumello était un bandit assez renommé, quoique de second ordre.: d'ailleurs il était petit, roux et louche, fort laid en somme, défaut capital pour un chef de bande. Cela n'empêchait pas qu'on ne lui obéît au doigt et à l'œil. Mais on lui obéissait, voilà tout : sans entraînement, sans enthousiasme, sans fanatisme.

L'apparition de Gasparone au milieu de la troupe fit grand effet : Gasparone était grand, beau, fort., adroit et rusé. Gasparone était poète et musicien, il improvisait des vers comme le Tasse, et des mélodies comme Paësiello. Gasparone fut considéré tout de suite comme un sujet qui devait aller loin.

On lui demanda quels étaient ses titres pour se faire brigand, il répondit qu'il avait mis le feu à la villa du prince L... pour faire cadeau à sa maîtresse d'une robe, d'un collier et d'un bracelet dont elle avait eu envie, et que, comme le prêtre de sa paroisse lui refusait l'absolution de cette peccadille, il l'avait tué pour l'exemple.

Ce récit parut confirmer la bonne opinion que la vue de Gasparone avait tout d'abord inspirée aux bandits, et il fut reçu par acclamation.

Huit jours après, les carabiniers enveloppèrent la bande de Cucumello, qui, par un ordre imprudent du chef, s'était hasardée sur un terrain dangereux. Gasparone, qui marchait le premier, se trouva tout à coup entre deux carabiniers; les deux soldats étendirent en même temps la main pour le saisir, mais avant qu'ils n'eussent eu le temps de toucher le collet de son habit, ils étaient tombés tous deux frappés de son stylet. Chacun alors, comme d'habitude, tira de son côté. Gasparone s'enfonça dans le makis, poursuivi pour son compte par six carabiniers; mais, quoique Gasparone fût bon coureur, Gasparone ne fuyait pas pour fuir : il connaissait son histoire romaine, l'anecdote des Horaces et des Curiaces lui avait toujours paru des plus ingénieuses, et sa fuite n'avait d'autre but que de la mettre en pratique. En effet, quand il vit les six carabiniers éparpillés dans le makis et égarés à sa poursuite, il revint successivement sur eux, et, les attaquant chacun à son tour, il les tua tous les six ; après quoi il regagna le rendez-vous que les bandits prennent toujours précautionnellement pour une expédition quelconque, et où peu à peu ses compagnons vinrent le rejoindre.

Cependant, la nuit venue, quatre hommes manquaient à l'appel, et au nombre de ces hommes était Cucumello.

On proposa de tirer au sort pour savoir lequel des bandits irait savoir à Rome des nouvelles des absens ; Gasparone s'offrit comme messager volontaire, et fut accepté.

En approchant de la porte del Popolo, il aperçut quatre têtes fraîchement coupées qui, rangées avec symétrie, ornaient sa corniche.

Il s'approcha de ces têtes et reconnut que c'étaient celles de ses trois compagnons et de leur chef.

Il était inutile d'aller chercher plus loin d'autres nouvelles, celle qu'il avait à rapporter aux bandits parut suffisante à Gasparone ; il reprit donc le chemin de Tusculum, dans les environs duquel se tenait la bande.

Les bandits écoutèrent le récit de Gasparone avec une philosophie remarquable ; puis, comme il ressortait clairement de ce récit que Cucumello était trépassé, on procéda à l'élection d'un autre chef.

Gasparone fut élu à une formidable majorité ! — Style du *Constitutionnel*.

Alors commença cette série d'expéditions hasardeuses, d'aventures pittoresques et de caprices excentriques qui firent à Gasparone la réputation européenne dont il a l'honneur de jouir aujourd'hui, et qui autorise sa femme à lui écrire avec cette suscription dont personne ne s'étonne :

ALL ILLUSTRISSIMO SIGNORE ANTONIO GASPARONE ,
Ai bagni di Civitta-Vecchia.

Et en effet Gasparone mérite bien le titre d'illustrissime, tant prodigué en Italie, et qui se réhabiliterait bien vite si on ne l'appliquait qu'à de pareilles célébrités ; car, pendant dix ans, de Sainte-Agathe à Fondi et de Fondi à Spoletto, il ne s'exécuta point un vol, il ne s'alluma point un incendie, il ne se commit point un assassinat, — et Dieu sait combien de vols furent exécutés, combien d'incendies s'allumèrent, combien d'assassinats furent commis, — sans que vol, incendie ou assassinat ne fût signé du nom de Gasparone.

Comme on le comprend bien, tous ces récits ne faisaient qu'augmenter singulièrement ma curiosité, qui était portée à son comble lorsque nous arrivâmes à la porte de la forteresse.

A la vue du gouverneur, qui nous accompagnait, la porte s'ouvrit comme par enchantement ; le custode accourut, s'inclina, puis, sur l'ordre de son excellence, marcha devant nous.

D'abord nous entrâmes dans une grande cour, toute hérissée de pyramides de boulets rouillés, et défendue par cinq ou six vieux canons endormis sur leurs affûts ; tout autour de cette cour, pareille à un cloître, régnait une grille, et sur l'une des quatre faces de cette grille s'ouvraient vingt-deux portes, dont vingt-une donnaient dans les cellules des compagnons de Gasparone, et la vingt-deuxième dans celle de Gasparone lui-même.

A un ordre du gouverneur, chacun des bandits se rangea sur la porte de sa cellule, comme pour passer une inspection.

Nous nous étions à l'avance, et sur leur réputation, figuré voir des hommes terribles, au regard farouche et au costume pittoresque : nous fûmes singulièrement détrompés.

Fous vîmes de bons paysans, toujours comme on en voit à l'Opéra-Comique, avec des figures bonasses et les regards les plus bienveillans.

Nous avions nos bandits devant les yeux que, ne pouvant croire que c'étaient eux, nous les cherchions encore.

Vous rappelez-vous tous les Turcs de l'ambassade ottomane, que nous trouvions si beaux, si romanesques, si poétiques, sous leurs robes brodées, sous leurs riches dolimans, sous leurs magnifiques cachemires, et qui aujourd'hui, avec leur redingote bleue en fourreau de parapluie et leurs calottes grecques, ont l'air de bouteilles à cachets rouges ?

Eh bien ! il en était ainsi de nos brigands.

Nous comptions sur Gasparone pour relever un peu le physique de toute la bande; il était le dernier de ses compagnons, occupant la première cellule en retour, debout comme les autres sur le seuil de sa porte, les deux mains dans les goussets de sa culotte, nous attendant d'un air patriarcal.

C'était là cet homme qui, pendant dix ans, avait fait trembler les États romains, qui avait eu une armée, qui avait lutté corps à corps avec Léon XII, un des trois papes guerriers que les successeurs de saint Pierre comptent dans leurs rangs; les deux autres sont, comme on le sait, Jules II et Sixte-Quint.

Il nous invita d'une voix presque caressante à entrer dans sa cellule.

Ainsi, c'était cette voix caressante qui avait donné tant d'ordres de mort, c'étaient ces yeux bienveillans qui avaient lancé de si terribles éclairs, c'étaient ces mains inoffensives qui s'étaient si souvent rougies de sang humain.

C'était à croire qu'on nous avait volé nos voleurs.

Gasparone me renouvela, avec la politesse qui m'avait déjà étonné dans ses camarades, l'invitation d'entrer dans sa cellule, invitation que j'acceptai cette fois sans me faire prier. J'espérais qu'à défaut du lion je trouverais au moins une caverne.

La caverne était une petite chambre assez propre, quoique fort misérablement meublée.

Parmi ces meubles, qui se composaient du reste d'une table, de deux chaises et d'un lit, un seul me frappa tout particulièrement.

Quatre rayons de bois cloués au mur simulaient une bibliothèque, et les rayons de cette bibliothèque à leur tour soutenaient quelques livres.

Je fus curieux de voir quelles étaient les lectures favorites du bandit, et lui demandai la permission de jeter un coup d'œil sur la partie intéressante de son mobilier.

Il me répondit que les livres, la cellule et son propriétaire étaient bien à mon service.

Sur quoi je m'approchai des rayons et je reconnus, à mon grand étonnement : d'abord un *Télémaque;* près du *Télémaque,* un *Dictionnaire français-italien*, puis, de l'autre côté du *Dictionnaire français-italien*, une pauvre petite édition de *Paul et Virginie,* toute fatiguée et toute crasseuse ; enfin les *Nouvelles morales,* de Soane, et les *Animaux parlans,* de Casti.

Puis quelques autres livres qui n'eussent point été déplacés dans une institution de jeunes demoiselles.

— Est-ce votre propre choix, ou l'ordre du gouverneur qui vous a composé cette bibliothèque? demandai-je à Gasparone.

— C'est mon propre choix, très illustre seigneur, répondit le bandit; j'ai toujours eu du goût pour les lectures de ce genre.

— Je vois dans votre collection deux ouvrages de deux compatriotes à moi, Fénelon et Bernardin de Saint-Pierre; parleriez-vous notre langue?

— Non; mais je la lis et la comprends.

— Faites-vous cas de ces deux ouvrages?

— Un si grand cas que, dans ce moment-ci, je m'occupe à traduire *Télémaque* en italien.

— Ce sera un véritable cadeau que vous ferez à votre patrie que de faire passer dans la langue du Dante l'un des chefs-d'œuvre de notre langue.

— Malheureusement, me répondit Gasparone d'un air modeste, je suis incapable de transporter d'une langue dans l'autre les beautés du style; mais au moins les idées resteront.

— Et où en êtes-vous de votre traduction?

— A la fin du premier volume.

Et Gasparone me montra sur sa table une pyramide de papiers couverts d'une grosse écriture: c'était sa traduction.

J'en lus quelques passages. A part l'orthographe, sur laquelle, comme M. Marle, Gasparone me parut avoir des idées particulières, ce n'était pas plus mauvais que les mille traductions qu'on nous donne tous les jours.

Plusieurs fois je fis des tentatives pour mettre Gasparone sur la voie de sa vie passée; mais chaque fois il détourna la conversation. Enfin, sur une allusion plus directe:

— Ne me parlez pas de ce temps, me dit-il, depuis dix ans que j'habite Civitta-Vecchia, je suis revenu des vanités de ce monde.

Je vis qu'en poussant plus loin mes investigations je serais indiscret, et qu'en restant plus long-temps je serais importun; je priai Gasparone d'écrire sur mon album quelques lignes de sa traduction et de me choisir un passage selon son cœur.

Sans se faire prier, il prit la plume et écrivit les lignes suivantes:

« L'innosenza dei costumi, la buona fede, l'obedienza e l'orrore del vizio abitano questa terra fortunata. Egli sembia che la dea Astrea, la quale si dice ritirata nel celo, sia anche costi nacosta fra questi uomini. Essi non anno bisogno di giudici, giacche la loro propria coscienza gle ne tiene luogo.

» Civitta-Vecchia, li 25 octobre 1835. »

Je remerciai le bandit, et lui demandai s'il n'avait pas besoin de quelque chose.

A cette demande, il releva fièrement la tête:

— Je n'ai besoin de rien, me dit-il, Sa Sainteté me donne deux pauli par jour pour mon tabac et mon eau-de-vie; cela me suffit. J'ai pris quelquefois, mais je n'ai jamais demandé l'aumône.

Je le priai de me pardonner, l'assurant que je lui avais fait cette demande dans une excellente intention et nullement pour l'offenser.

Il reçut mes excuses avec beaucoup de dignité, et me salua en homme qui désirait visiblement en rester là de ses relations avec moi.

Je me retirai assez humilié d'avoir manqué mon effet sur Gasparone;

24

BIBLIOTHÈQUE ROYALE

et comme Jadin avait fini le croquis qu'il avait fait de lui à la dérobée,
je rendis son salut à mon hôte et je sortis de sa cellule.

J'ai cru bien long-temps fermement, et je le crois encore un peu, que
c'est un faux Gasparone qu'on m'a fait voir.

XXIII

Une Visite à sa sainteté le pape Grégoire XVI.

En arrivant à Rome, je trouvai une lettre de M. de Tallenay, mon au-
dience m'était accordée pour le lendemain.

Il m'invitait donc à me tenir prêt le lendemain à onze heures, et en
uniforme.

Mais là s'élevait une grave difficulté : à cette époque, où j'allais en Ita-
lie pour la première fois, je ne connaissais pas la nécessité de l'uniforme,
et j'avais négligé de m'en faire faire un : je me trouvais donc tout bon-
nement possesseur d'un habit noir, encore était-il un peu bien frippé
par quatorze mois de voyage. M. de Tallenay exposa mon embarras, qui
fut exposé à Sa Sainteté, laquelle répondit qu'en égard à la recomman-
dation dont je m'étais fait précéder on dérogerait pour moi aux lois de
l'étiquette.

Il est vrai que cette recommandation était une lettre de la main de la
reine. Mais, hâtons-nous de le dire, ce n'était pas seulement comme ve-
nant de la reine qu'il y était fait droit, mais comme venant de la plus di-
gne, de la plus noble et de la plus sainte des femmes.

Pauvre mère! à qui Dieu enfonça sur la tête la couronne d'épines de
son propre fils !

Le lendemain, à l'heure dite, j'étais à l'ambassade de France ; M. de
Tallenay m'attendait, nous partîmes.

J'éprouvais, je l'avoue, l'émotion la plus profonde que j'eusse éprouvée
de ma vie. Je ne sais s'il existe un homme plus accessible que moi aux
impressions religieuses ; j'avais déjà été reçu par quelques uns des rois de
ce monde ; j'avais vu un empereur qui en valait bien un autre, et qui
s'appelait Napoléon, c'est-à-dire quelque chose comme Charlemagne ou
comme César : mais c'était la première fois que j'allais me trouver face à
face avec la plus sainte des majestés.

Deux fois depuis, j'eus l'honneur d'être reçu par Sa Sainteté, et la der-
nière fois même avec une bonté si particulière que j'en garderai une re-
connaissance éternelle ; mais chaque fois l'émotion fut la même, et je ne
puis la comparer qu'à celle que j'éprouvai lorsque je communiai pour la
première fois.

A moitié de l'escalier du Vatican, je fus forcé de m'arrêter, tant mes
jambes tremblaient. Je passais au milieu des merveilles des anciens et
des modernes sans les voir. J'étais comme les bergers qui suivaient l'é-
toile et qui ne regardaient qu'elle.

On nous introduisit dans une antichambre fort simple, meublée en
bois de chêne. Nous attendîmes un instant, tandis qu'on prévenait Sa
Sainteté. Cet instant fut pour moi presque de l'anxiété, tant mon émotion
était grande ; cinq minutes après, la porte s'ouvrit et l'on nous fit signe
que nous pouvions passer.

M. de Tallenay m'avait mis au courant de l'étiquette ; le pape reçoit toujours debout : trois fois celui qu'il daigne recevoir s'agenouille devant lui — une première fois sur le seuil de la porte — une seconde fois après être entré dans la chambre — une troisième fois à ses pieds. Alors il présente sa mule, sur laquelle est une croix brodée, pour que l'on voie bien que l'hommage rendu à l'homme remonte directement à Dieu, et que le serviteur des serviteurs du Christ n'est que l'intermédiaire entre la terre et le ciel.

Le pape ne parle, dans ses audiences, que latin ou italien, mais on peut lui parler le français qu'il entend parfaitement.

J'arrivai à la porte du cabinet pontifical plus tremblant encore que je ne l'avais été sur l'escalier : je suivais immédiatement l'ambassadeur, et entre lui et la porte j'aperçus Sa Sainteté debout et nous attendant.

C'était un beau et grand vieillard, âgé alors de soixante-sept ou soixante-huit ans, à la fois simple et digne, avec un air de paternelle bonté répandu sur toute sa personne : il portait sur la tête une petite calotte blanche et était vêtu d'une cimarre de même couleur, boutonnée du haut jusqu'en bas et tombant jusqu'à ses pieds.

L'ambassadeur s'agenouilla et je m'agenouillai près de lui, mais un peu en arrière : il lui fit signe alors de s'approcher de lui, indiquant par ce signe qu'il supprimait la seconde génuflexion. Nous nous avançâmes donc alors de son côté ; il fit un pas vers nous, présenta à M. de Tallenay sa main au lieu de son pied, et son anneau au lieu de sa mule. M. de Tallenay baisa l'anneau et se releva. Puis vint mon tour.

Je le répète, j'étais tellement étourdi de me trouver en face de la représentation vivante de Dieu sur la terre, que je ne savais plus guère ce que je faisais; aussi, au lieu de faire comme milord Stain que Louis XIV invitait à monter le premier dans sa voiture, et qui, calculant que venant de si haut toute invitation est un ordre, y monta sans répliquer, lorsque le pape, comme il avait fait pour M. de Tallenay, me présenta son anneau, j'insistai pour baiser le pied : le pape sourit.

— Soit, puisque vous le voulez, dit-il, et il me présenta sa mule.

— *Tibi et Petro!* balbutiai-je, en appuyant mes lèvres sur la croix.

Le pape sourit à cette allusion, et, me présentant de nouveau la main, me releva en me demandant, dans la langue de Cicéron, mais avec l'accent d'Alfieri, quelle cause m'amenait à Rome.

Je priai alors Sa Sainteté de vouloir bien me parler italien, la langue latine m'étant trop peu familière pour que je pusse comprendre couramment cette langue, surtout avec l'accent, si différent du nôtre, que lui ont donné les Italiens modernes. Alors Sa Sainteté me répéta sa question dans la langue de Dante.

Comme cette langue était celle que je parlais depuis plus d'un an, mon embarras passa, et je restai avec ma seule émotion.

Les souverains sont comme les femmes, ils éprouvent toujours un certain plaisir à voir l'effet qu'ils produisent : je ne sais pas si le pape fut accessible à ce petit sentiment d'orgueil; mais ce que je sais, c'est que, pendant toute l'audience, je ne vis luire sur son visage qu'une parfaite sérénité.

Nous parlâmes de toutes choses : du duc d'Orléans, dont il espérait beaucoup ; de la reine, qu'il vénérait comme une sainte; de M. de Châteaubriand, qu'il aimait comme un ami.

Puis la conversation tomba sur le mouvement qui s'opérait en France.

Grégoire XVI le suivait des yeux, mais ne se trompait point sur son résultat : il l'envisageait comme un mouvement plus chrétien que catholique; plus social que religieux.

Puis il me parla des missions dans l'Inde, dans la Chine et le Thibet;
me conduisit devant de grandes cartes géographiques sur lesquelles
étaient marqués, avec des épingles à tête de cire, toute la route suivie
par les missionnaires et les points les plus avancés auxquels ils étaient
parvenus. Il me raconta plusieurs des supplices qu'avaient subis les modernes martyrs avec non moins de courage et de résignation que les
martyrs antiques. Il me cita tous les noms de ces derniers apôtres du
Christ, noms qui, au milieu de nos tourmentes politiques et de nos agitations sociales, ne sont pas même parvenus jusqu'à nous.

Or, pour ce cœur plein d'espérance et de foi, la religion, loin de marcher à sa décadence, n'avait point encore atteint son apogée.

Et, en effet, il est permis de voir ainsi lorsqu'on s'appelle Pie VII ou
Grégoire XVI, et que, du haut d'un trône qui dépasse celui des rois et
des empereurs, on donne au monde l'exemple de toutes les vertus.

Après avoir passé en revue, l'une après l'autre, toutes ces grandes
questions, Sa Sainteté voulut bien revenir à moi.

— Mon fils, me dit-elle, vous venez de me parler en homme qui, tout
en s'écartant parfois de la religion, comme fait un enfant de celle qui lui
a donné son lait le plus pur, n'a point oublié cependant cette mère universelle et sublime. N'avez-vous donc jamais songé que, dans un temps
comme le nôtre, où toutes les nobles croyances ont besoin d'être raffermies, le théâtre était une chaire d'où pouvait descendre aussi la parole
de Dieu ?

— On dirait que Votre Sainteté lit au plus profond de mon cœur, répondis-je. Oui, mon intention est bien celle-là. Mais je ne sais pas si
pour notre époque, gangrenée encore par les doctrines de l'*Encyclopédie*,
les orgies de Louis XV et les turpitudes du Directoire, le temps est arrivé de prononcer de nouveau sur la scène les paroles sévères et religieuses que firent entendre, au dix-septième siècle, Corneille dans *Polyeucte* et Racine dans *Athalie*. Notre génération les écouterait sans
doute; car, chose étrange, ce sont les jeunes gens qui, chez nous, sont
les hommes graves. Mais ceux-là qui ont applaudi, depuis quarante ans,
les sentences de Voltaire, les concetti de Marivaux et les saillies de Beaumarchais, ont tout à fait oublié la Bible et se souviennent fort peu de
l'Evangile. Votre Sainteté m'a parlé tout à l'heure de ses missionnaires.
Si je tentais une pareille œuvre, je pourrais bien avoir, à Paris, le sort
qu'ils ont dans l'Inde, dans la Chine et dans le Thibet.

— Oui, c'est cela, répondit Sa Sainteté en souriant, et vous ne vous
sentez pas assez fort pour le martyre.

— Si fait; mais, je l'avoue, j'ai besoin d'être encouragé par un mot de
Votre Sainteté.

— Avez-vous déjà votre sujet?

— Depuis long-temps ; et le véritable but de mon voyage à Rome et à
Naples était d'étudier l'antiquité, non pas l'antiquité de Tite-Live, de
Tacite et de Virgile, mais celle de Plutarque, de Suétone et de Juvénal.
J'ai vu Pompeïa, et Pompeïa m'a raconté tout ce que je voulais savoir,
c'est-à-dire tous ces détails de la vie privée qu'on ne trouve dans aucun
livre; aussi suis-je prêt.

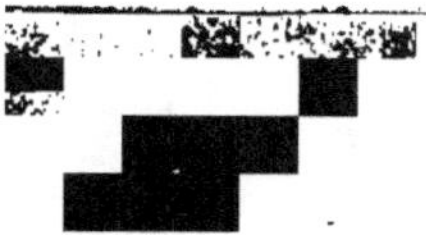

— Et comment s'appellera votre œuvre?

— Caligula.

— C'est une belle époque, mais vous ne pourrez pas y placer les premiers chrétiens : les premiers chrétiens, vous le savez, ne parurent que postérieurement à la mort de cet empereur.

— Je le sais, Votre Sainteté ; mais j'ai trouvé moyen d'aller au devant de cette objection en adoptant la tradition populaire qui fait mourir Madeleine à la Sainte-Baume, et faisant remonter la lumière d'Occident en Orient, au lieu de la faire descendre d'Orient en Occident.

— Faites, mon fils ; ce que vous ferez dans ce but pourra ne pas réussir peut-être aux yeux des hommes, mais aura le mérite de l'intention à ceux du Seigneur.

— Et si j'ai le sort de vos missionnaires de l'Inde, de la Chine et du Thibet, Votre Sainteté daignera-t-elle se souvenir de moi?

— Il est du devoir de l'Eglise, répondit en riant Sa Sainteté, de prier pour tous ses martyrs.

L'audience avait duré une heure. Je m'inclinai.

— Je vais prendre congé de Votre Sainteté, dis-je au pape, mais avec un regret.

— Lequel !

— C'est de ne rien emporter qui soit bénit par elle ; si j'avais su la trouver si bonne pour moi, j'eusse acheté deux ou trois chapelets, qui me seraient bien précieux pour ma mère et pour ma sœur.

— Qu'à cela ne tienne, répondit Sa Sainteté. Je comprends votre désir, et je ne veux pas que vous me quittiez sans qu'il soit accompli.

A ces mots, le pape se dirigea vers une petite armoire qui se trouvait dans l'angle de son cabinet, et en tira deux ou trois chapelets et autant de petites croix en bois et en nacre ; puis, les ayant bénits, il me les mit dans la main.

— Tenez, me dit-il, ces chapelets et ces croix viennent directement de la Terre-Sainte, ils ont été travaillés par les moines du Saint-Sépulcre et ils ont touché le tombeau du Christ. Je viens en outre d'y attacher, pour les personnes qui les porteront, toutes les indulgences dont l'Eglise dispose.

Je me mis à genoux pour les recevoir.

— Que Votre Sainteté accompagne ce précieux cadeau de sa bénédiction, et je n'aurai plus rien à lui demander que de ne pas me confondre dans sa mémoire avec la foule de ceux qu'elle daigne recevoir.

Je sentis les deux mains de ce digne et saint vieillard se poser sur ma tête, je m'inclinai jusqu'à terre et je baisai une seconde fois sa mule ; puis je sortis des larmes plein les yeux et de la foi plein le cœur. —

Deux ans après cette audience *Caligula* parut : ce que j'avais prévu arriva, et si Sa Sainteté m'a tenu parole, mon nom doit être inscrit au Martyrologe.

XXIV

Comment en partant pour Venise on arrive à Florence.

Rien ne me retenait plus à Rome, que j'avais, ainsi que ses environs, visitée pendant mon premier passage. Tous mes préparatifs étaient faits : je pris donc congé de mon bon et brave Jadin, qui comptait y rester un an avec Milord ; et, le cœur tout serré de cette double séparation, je quittai la ville éternelle le jour même, avec l'intention de me rendre à Venise. Mais c'est pour l'Italie surtout qu'a été fait le proverbe : L'homme propose et Dieu dispose.

Le lendemain, comme la voiture s'était arrêtée un instant à Civitta-Castellana pour faire reposer notre attelage, et que je profitais de ce moment pour courir la ville, deux carabiniers m'accostèrent dans la rue pendant que j'essayais de déchiffrer une mauvaise inscription, écrite en mauvais latin, au pied d'une mauvaise statue. Ces messieurs m'invitèrent à me rendre au bureau de le police, où notre hôte, esclave des formalités, avait déjà envoyé mon passeport ; je m'y rendis assez tranquillement, malgré ce qui venait de m'arriver à Naples, et quoique en Italie de pareilles invitations renferment toujours quelque chose de ténébreux et de sinistre. Mais il n'y avait que deux jours que j'avais eu l'honneur d'être reçu, comme je l'ai dit, par Sa Sainteté : j'avais passé une heure avec elle ; elle avait eu la bonté de m'inviter à revenir ; je l'avais quittée avec sa bénédiction, je me croyais donc en état de grâce.

Je trouvai, dans le bureau où l'on me conduisit, un monsieur qui me reçut assis, le chapeau sur la tête et les sourcils froncés ; avant qu'il m'eût adressé une seule parole, j'avais pris un siége, enfoncé ma casquette sur mes oreilles et réglé mon visage à l'unisson du sien. C'est en Italie surtout qu'il faut n'avoir pour les autres que les égards qu'ils ont pour vous : il resta un instant sans parler, je gardai le silence ; enfin il prit, dans une liasse de papiers, un dossier à mon nom, et se tournant de mon côté :

— Vous êtes M. Alexandre Dumas? me dit-il.

— Oui.

— Auteur dramatique ?

— Oui.

— Et vous vous rendez à Venise ?

— Oui.

— Eh bien ! monsieur, j'ai l'ordre de vous faire conduire hors des États pontificaux dans le plus bref délai possible.

— Si vous voulez vous donner la peine de regarder le visa de mon passeport, vous verrez que votre ordre s'accorde merveilleusement avec mon désir.

— Mais votre passeport est visé pour Ancône, et, comme la frontière la plus rapprochée est celle de Pérouse, vous ne vous étonnerez pas que je vous fasse prendre le chemin de cette ville.

— Comme vous voudrez, monsieur, j'irai à Venise par Bologne.

— Oui ; mais j'ai encore à vous signifier qu'en remettant les pieds dans les États de Sa Sainteté, vous encourez cinq ans de galères.

— Très bien. Alors j'irai par le Tyrol ; j'ai le temps.

— Vous êtes de bonne composition, monsieur.

— J'ai l'habitude de ne discuter les lois qu'avec ceux qui les font, de ne résister aux ordres qu'en face de ceux qui les donnent, de ne me regarder comme insulté que par mon égal, et de ne demander satisfaction qu'à ceux qui se battent.

— En ce cas, monsieur, vous ne me refuserez sans doute pas de signer ce papier ?

— Voyons, d'abord.

Il me le présenta.

C'était la reconnaissance que l'ordre m'avait été signifié, l'aveu que je faisais d'avoir mérité cette décision, et l'engagement que je prenais de ne jamais remettre le pied dans les États romains, sous peine de cinq ans de galères. Je haussai les épaules et lui rendis ce papier.

— Vous refusez, monsieur?

— Je refuse.

— Trouvez bon que j'envoie chercher deux témoins pour constater votre refus.

— Envoyez.

Les deux témoins arrivèrent et servirent à un double emploi ; non seulement ils constatèrent mon refus, mais encore ils me donnèrent une attestation que j'avais refusé ; je mis cette attestation dans une lettre à M. le marquis de Tallenay, je la pliai, et la remettant à l'employé de la police de Civitta-Castellana :

— Maintenant, monsieur, lui dis-je, chargez-vous sur votre responsabilité de faire parvenir cette lettre ; elle est tout ouverte ; la police romaine n'aura pas besoin d'en briser le cachet.

L'employé lut la lettre. Je priais M. le marquis de Tallenay d'aller trouver Sa Sainteté, de lui exposer ce qui venait de m'arriver dans ses États, et de lui rappeler l'invitation qu'elle m'avait faite elle-même d'y revenir pour la semaine-sainte. L'employé me regarda d'un air de doute.

— Vous avez été reçu hier par Sa Sainteté? me dit-il.

Voici la lettre de monseigneur Fieschi, qui m'accorde cette grâce.

— Cependant, vous êtes bien M. Alexandre Dumas?

— Je suis bien M. Alexandre Dumas.

— Alors, je n'y comprends rien.

— Comme ce n'est pas votre état de comprendre, ayez la bonté, monsieur, de vous borner à faire votre état.

— Eh bien! mon état, monsieur, est, pour le moment, de vous faire reconduire hors de la frontière.

— Ordonnez que mes effets soient déchargés de la voiture de Venise et faites venir un vetturino.

— Mais je ne dois pas vous cacher que deux carabiniers vous reconduiront jusqu'à Pérouse, et qu'il ne vous sera permis de vous arrêter ni le jour ni la nuit.

— Je connais déjà la route, par conséquent je ne tiens pas à m'arrêter le jour. Quant aux nuits, j'aime autant les passer dans une voiture propre que dans vos auberges sales. Restent donc les voleurs. Vous me donnez une escorte. On n'est pas plus aimable. Je suis prêt à partir, monsieur.

On fit venir mon conducteur, qui me fit payer ma place et mon excédant de bagages jusqu'à Venise, et un vetturino qui, voyant que je n'avais pas le temps de discuter le prix de sa calèche, me demanda deux cents francs pour me conduire jusqu'à Pérouse. C'était cent francs par jour. Je lui comptai les deux cents francs et lui fis signer son reçu. Lorsque je le tins, je lui fis observer qu'il était encore plus bête que voleur, puisqu'il pouvait m'en demander quatre cents, et que j'aurais été obligé de les lui donner de même. Le vetturino comprit parfaitement la chose, et s'arracha les cheveux de désespoir ; mais il n'y avait pas moyen de revenir sur le traité, il était signé.

Un quart d'heure après je roulais sur la route de Pérouse, établi carrément dans mon voiturin, et ayant mes deux carabiniers dans le cabriolet.

Le lendemain j'avais établi, à l'aide d'un vasistas qui communiquait de l'intérieur à l'extérieur, et de quelques bouteilles d'orviette qui étaient sorties pleines et rentrées vides, de si bonnes relations entre le cabriolet et l'intérieur, que mes carabiniers me proposèrent les premiers de faire une station dans la patrie du Pérugin. J'acceptai, sûr que j'étais par l'expérience que j'en avais faite à mon premier passage de retrouver là une des premières auberges d'Italie. Je donnai en conséquence l'ordre au vetturino de nous conduire à l'hôtel de la Poste.

Je m'attendais à ce que la vue de ma suite changerait quelque peu les dispositions de mon hôte ; mais, au contraire, il vint à moi d'un pas plus leste et avec un visage plus gracieux encore que la première fois : c'est qu'en Italie ce sont surtout les idées qu'on reconduit aux frontières, et la considération d'un étranger s'accroît en raison du nombre de gendarmes dont il est escorté. J'eus donc le pas sur un Anglais qui avait eu l'imprudence d'arriver tout seul, et la meilleure chambre et le meilleur dîner de l'hôtel furent pour moi. Quant aux carabiniers qui, étaient vraiment d'excellens garçons, je les recommandai à la cuisine.

L'hôte me servit lui-même à table, chose fort rare en Italie, où l'on n'aperçoit jamais le maître de l'auberge qu'au moment où il vous montre la carte ; encore quelquefois s'épargne-t-il cette peine, et se contente-t-il de vous attendre, le chapeau à la main, près du marchepied de la voiture. Cette formalité a pour but de demander si sa seigneurie est contente, et sur sa réponse affirmative, de se recommander aux amis de son excellence.

Cependant que les voyageurs qui se trouveraient dans la position où je me trouvais fassent attention aux aubergistes qui les serviront eux-mêmes : tous, peut-être, ne rempliraient pas l'office d'écuyers tranchans avec des intentions aussi désintéressées que l'étaient celles de mon ami l'hôtelier de Pérouse, et quelques paroles imprudentes tombées entre le potage et le macaroni pourraient bien amener pour le dessert un surcroît de gendarmerie locale, avec invitation à l'illustre voyageur de se rendre à la prison de la ville ou de continuer sa route, ce qui n'empêcherait pas son excellence de payer le lit, comme je payai l'excédant de bagages.

Mais pour cette fois rien de pareil n'était à craindre : nous causâmes bien pendant le dîner, mais de toutes choses étrangères à la politique, et ce furent le Pérugin et Raphaël qui firent tous les frais de la conversation. Au dessert, mon hôte m'apporta l'affiche du théâtre.

—Qu'est cela? lui dis-je en souriant.

— La liste des pièces que représentent aujourd'hui les comédiens de l'archiduchesse Marie-Louise.

— Que voulez-vous que je fasse de cé papier si vous ne m'apportez pas des cigares avec?

— Je pensais que son excellence irait peut-être au spectacle.

— Certes, mon excellence irait très volontiers ; mais je la crois tant soit peu empêchée de faire pour le moment ce que bon lui semble.

— Et par qui ?

— Mais par les honorables carabiniers qu'elle mène à sa suite.

— Point du tout, ils sont aux ordres qu'elle voudra leur donner, et ils l'accompagneront où il lui plaira d'aller.

— Bah ! vraiment ?

— C'est donc la première fois que son excellence est arrêtée depuis qu'elle voyage en Italie? ajouta avec étonnement mon hôte.

— Je vous demande pardon, c'est la troisième (mon hôte s'inclina) ; mais, les deux premières, je n'ai pas eu le temps de faire d'études, vu que j'ai été relâché au bout d'une heure.

— Je présume que votre excellence est dans la disposition de donner à son escorte une bonne main convenable ?

— Deux ou trois écus romains, pas davantage.

— Eh bien ! mais alors votre excellence peut aller où elle voudra, elle paie comme un cardinal.

— Ah! ah! ah ! fis-je, exprimant ma satisfaction sur trois tons différens.

— Et je vais prévenir les carabiniers.

L'hôte sortit.

Je jetai les yeux sur l'affiche, et je vis qu'on donnait l'*Assassin par Amour pour sa mère*. Diable! dis-je, c'eût été fâcheux de ne pas voir un pareil ouvrage. L'assassin par amour pour sa mère, ça doit être traduit du théâtre de Berquin ou de madame de Genlis. Quand cela devrait me coûter un écu de plus en bonne main, il faut que je voie la chose. En ce moment mes deux carabiniers entrèrent ; — mon hôte les suivait par derrière, il s'arrêta sur la porte de ma chambre de manière à ce que sa figure moitié bonasse, moitié goguenarde, fût seule éclairée par la lumière de ma lampe, et annonça les carabiniers de son excellence. Quant à mes deux hommes, ils firent trois pas vers la table, s'arrêtant comme devant un de leurs officiers, tenant le chapeau de la main gauche, se frisant la moustache de la main droite, l'œil tendre comme des mousquetaires armés, le jarret tendu comme des gardes-françaises à la parade.

— Ah ça ! mes enfans, dis-je, prenant le premier la parole, j'ai pensé qu'il vous serait agréable, à vous qui n'allez pas souvent au spectacle, d'y aller ce soir.—Ils se regardèrent du coin de l'œil. — En conséquence, je vais faire prendre une loge pour moi, deux parterres pour vous. Nous irons ensemble au théâtre ; j'entrerai dans la loge, vous vous mettrez au dessous d'elle ; cela vous convient-il ?

— Oui, excellence, dirent mes deux hommes.

— Que l'un de vous aille donc me chercher une loge, tandis que l'autre me fera monter une frasque de vin. Mes carabiniers s'inclinèrent et sortirent.

— Eh bien ? me dit mon hôte en rentrant.

www.ingramcontent.com/pod-product-compliance
Lightning Source LLC
LaVergne TN
LVHW011954170726
843503LV00001B/100

9 782329 365046